Baedeker

Allianz Ⓜ Reiseführer

Frankreich
Norden

www.baedeker.com

Verlag Karl Baedeker

TOP-REISEZIELE ★ ★

Sehens- und Erlebenswertes – großartige Landschaften, geschichtsträchtige Städte, herausragende Bauwerke – gibt es im Norden Frankreichs in großer Zahl. Für einen Überblick sind hier die wichtigsten zusammengefasst.

1 ★ ★ Elsass
Sanfte Weinberge und romantische Dörfer, dazu die wunderbare Liaison deutscher und französischer Kultur ► Seite 285

2 ★ ★ Straßburg
Von der Freien Reichsstadt zum lebhaften Schnittpunkt Europas ► Seite 566

3 ★ ★ Colmar
Elsässische Bilderbuchstadt mit großartigen Kunstschätzen ► Seite 274

4 ★ ★ Notre-Dame von Ronchamp
Eine Ikone der modernen Sakralarchitektur mit Blick über die Burgundische Pforte ► Seite 317

5 ★ ★ Tal des Doubs
Mit seinem pittoresken, windungsreichen Lauf der landschaftliche Höhepunkt der Franche-Comté und des Juras ► Seite 319

6 ★ ★ Dijon
Große Kunstschätze in der historischen Residenzstadt der burgundischen Herzöge ► Seite 279

7 ★ ★ Burgund
Berühmte Weine, wohltuende Landschaften, ein reiches romanisches Architekturerbe und kulinarische Genüsse ► Seite 233

8 ★ ★ Troyes
Außer mit einer schönen Altstadt mit Fachwerkhäusern und Kathedrale lockt Troyes als Einkaufsparadies. ► Seite 582

9 ★ ★ Nancy
Wo sich Barock und Jugendstil aufs schönste vereinen ► Seite 418

10 ★ ★ Reims
In der herrlichen Kathedrale der Champagner-Metropole wurden viele französische Könige gekrönt. ► Seite 539

BIENVENU DANS LE NORD DE LA FRANCE!

Prachtvolle Zeugen einer großen Geschichte, eine sprichwörtlich gewordene Kultur, dazu herrliche Ferienlandschaften am Meer und im grünen Hinterland – »Leben wie Gott in Frankreich«, könnte es für die schönsten Wochen des Jahres ein besseres Motto geben?

Vor kurzem hat der Kinofilm »Willkommen bei den Sch'tis« Furore gemacht, gerade in Frankreich selbst. Herrlich ironisch nahm er die groteske Phobie der Südfranzosen vor dem Norden des Landes aufs Korn: eine Region kurz vor dem Nordpol, wo es permanent regnet und kalt ist, eine Region mit seltsamen, verschlossenen Bewohnern, deren finstere Sitten Schrecken einjagen. Natürlich ist alles ganz anders, auch nördlich des französischen »Weißwurstäquators« lebt man höchst angenehm und zivilisiert. Selbst das Wetter ist so schlecht nicht; immerhin gehört die südliche Küste der Bretagne zu den sonnenreichsten Teilen Europas, und es gibt auch nicht wenige, die im Sommer eine erfrischende Brise und moderate Temperaturen schätzen.

Paris
Das elegante, das romantische Herz Frankreichs – ein ewiger Mythos

← *Schloss Chambord an der Loire*

Die Nordhälfte des Hexagons

Das französische Festland ähnelt einem Sechseck, weshalb es auch als »Hexagon« bezeichnet wird. Zwischen Dunkerque am Ärmelkanal im äußersten Norden und dem Loire-Tal im Süden, zwischen der Pointe de Corsen, wie die Westspitze der Bretagne heißt, und Lauterbourg bei Karlsruhe breitet sich das Land aus, das Ihnen dieser Reiseführer näherbringen möchte. Sein Zentrum ist das historische und geografische Zentrum ganz Frankreichs, die unsterbliche Metropole Paris, die mit ihrem einzigartigen Flair über 8 Mio. Besucher im Jahr anzieht. Ganz oben in der Gunst nicht nur des deutschen Publikums steht das Elsass mit seiner idyllischen Reblandschaft, seiner Fachwerkromantik und den tiefen Wäldern der Vogesen. Etwas für Kenner und Individualisten sind die sich westlich anschließenden Regionen, die mit wohltuenden Landschaften und kulturellen Highlights aufwarten: in der Mitte und im Norden Lothringen mit der Barock- und Jugendstilstadt Nancy; süd-

Hintergrund

VON DER DOMÄNE DER
KRONE ZUM MODERNEN
WIRTSCHAFTSRAUM UND
BELIEBTEN URLAUBSLAND:
EIN KLEINES PORTRÄT
DER NÖRDLICHEN HÄLFTE
UNSERES WESTLICHEN NACHBARLANDS

Adlige Residenzen
Frankreich ist wie kaum ein anderes Land von der Aristokratie geprägt. Davon zeugen Tausende prächtiger Schlösser wie Vaux-le-Vicomte in der Ile-de-France.

Gut essen & trinken
Ob in einem schlichten Dorfgasthaus oder in einem besternten Gourmetrestaurant, den leiblichen Genüssen wird viel Aufmerksamkeit geschenkt.

Malerische Küsten
Ein schier unerschöpfliches Kaleidoskop eindrucksvoller Landschaften erwartet den Besucher, von den Felsklippen der Bretagne (hier die Pointe du Raz) bis zu den Weinbergen des Elsass.

Institution Strandurlaub
*An den Stränden Frankreichs,
wie hier in Dinard, fühlt man
sich immer noch ein wenig an die
»Ferien des Monsieur Hulot« erinnert.*

Refugium und Logenplatz
*Was wäre Frankreich ohne seine Cafés
wie das Deux Magots in Paris?*

Steife Brise am Atlantik
*Ob an den abwechslungsreichen Küsten
oder im grünen Landesinnern, für
sportliche Betätigung bietet der Norden
Frankreichs alles, was das Herz begehrt.*

lich die Franche-Comté mit der Burgundischen Pforte und dem malerischen Tal des Doubs. Burgund und die Champagne sind berühmt für die Erzeugnisse ihrer Weinberge, aber auch für beeindruckende Sakralbauten der Romanik bzw. Gotik; Liebhaber Letzterer müssen ihre Tour unbedingt in die Picardie ausweiten. Unvergesslich bleibt eine Reise durch den »Garten Frankreichs« entlang der beschaulich strömenden Loire, an der sich mittelalterliche Burgen und prächtige Schlösser aus Renaissance und Klassizismus reihen. Die großen Sommerurlaubsmagneten sind jedoch die sonnenverwöhnten oder sturmumtosten Küsten an Ärmelkanal und Atlantik mit ihren kilometerlangen flachen Sandstränden und senkrecht aufragenden Kreideklippen, am Pas de Calais, in der Picardie und der Normandie sowie rund um die Halbinsel der Bretagne.

La Douce France

Was einen Frankreichurlaub aber immer so angenehm macht, ist die »typisch französische« Lebensart, eine gewisse Leichtigkeit des Seins, verbunden mit großer Aufmerksamkeit für die Dinge, die das Leben schöner machen – im Land spricht man gern von »Douce France«. Im Zentrum französischer Kultur stehen – Klischee hin oder her – Essen und Trinken; viel Enthusiasmus wird auf Einkauf, Zubereitung und Genuss verwendet. Französische Zivilisation ist vor allem in den zahlreichen Zeugen der glanzvollen Geschichte verkörpert: Burgen und Schlösser, Klöster und Kathedralen, historische Städte; viele Baudenkmäler, von Meistern

St-Denis
Die Wiege der Gotik stand in Nordfrankreich

geschaffen, gehören zu den berühmtesten der Welt. Wer sich für Kunst, Museen und Festivals interessiert, wird im Norden Frankreichs ebenso fündig wie derjenige, der in einem familiären oder mondänen Badeort ausspannen will, ländliche Idylle genießen oder sich sportlich betätigen will. Auch wenn der Süden Frankreichs, von der Provence bis Aquitanien, »die« Ferienregion des Landes ist, muss man im Norden in den Monaten Juli und August, wenn ganz Frankreich Urlaub macht, vor allem an der Küste mit Trubel rechnen. Und wer dann berühmte »Großattraktionen« wie die Schlösser im Loire-Tal, den Mont St-Michel, den Eiffelturm in Paris oder das Schloss in Versailles besuchen will, sollte sich mit Geduld wappnen. Aber auch wer Ruhe, Abgeschiedenheit und individuelle Betreuung schätzt, wird auf seine Kosten kommen, auf alle Fälle im Hinterland.

Fakten

Mit welchen Landschaften wartet der Norden Frankreichs auf, was sind Bocages und wo findet man sie? Was ist mit der »cohabitation« von Staats- und Ministerpräsident gemeint? Und wie warm ist das Wasser des Atlantiks im Sommer? Wissenswertes über Land und Leute, Gesellschaft und Alltag.

Natur und Umwelt

Als Nordhälfte Frankreichs gilt in diesem Reiseführer, mit kleinen Abweichungen, das Gebiet nördlich des 47. nördlichen Breitengrads. Konkret heißt das: Seine Südgrenze verläuft von der Burgundischen Pforte quer durch die Franche-Comté und Burgund – eingeschlossen sind der Nordteil des Juras, die Côte d'Or und der Morvan – zur Loire bei Nevers und von dort nach Nantes und zum Atlantik. Erfasst werden also die Hauptstadt Paris und 13 der 21 Regionen Frankreichs (ganz oder teilweise): Alsace (Elsass), Bourgogne (Burgund), Bretagne, Centre, Champagne-Ardenne, Franche-Comté, Ile-de-France, Lorraine (Lothringen), Nord-Pas-de-Calais, Basse Normandie, Haute Normandie, Pays de la Loire und Picardie.

Lage und Ausdehnung

Das nordfranzösische Festland verfügt, abgesehen von seinen Küsten, über drei große Landschaftstypen: fast ebene Becken (Pariser Becken, Burgundische Pforte), alte Mittelgebirge (Armorikanisches Massiv, Morvan/Zentralmassiv, Ardennen, Vogesen) und junge Gebirge (Jura). Die Kernlandschaft Frankreichs – im geografischen Sinn ebenso wie im historischen und ökonomischen – ist das **Pariser Becken** (Seine-Becken) mit der Hauptstadt im Zentrum, eine weite Schichtstufenlandschaft, zu der die Ile-de-France, die Champagne, Lothringen, Burgund, die Picardie und die östliche Normandie gehören. Die **Burgundische Pforte** und der Oberrheingraben sind Teil des kontinentalen Grabensystems, das südlich über die Rhône-Saône-Furche zum Mittelmeer und nördlich bis nach Skandinavien reicht. Das Pariser Becken ist von vier alten Gebirgen umgeben: Ardennen, Vogesen, Zentralmassiv und Armorika. Ihr Kennzeichen ist die starke Abtragung, d. h. geringe Höhe und abgerundete Formen. Die Ausläufer der auf belgischem Gebiet liegenden **Ardennen** (ein Teil des Rheinischen Schiefergebirges) reichen nach Frankreich hinein. Den Abschluss im Osten gegen das Rheintal bilden die waldreichen **Vogesen** mit dem Grand Ballon (Großer Belchen, 1424 m). Der **Morvan** zwischen Burgund und der Loire ist ein nördlicher Ausläufer des Zentralmassivs, eines Vulkangebiets, das etwa ein Sechstel der Fläche Frankreichs einnimmt. Im Nordwesten erreichen die Bergzüge des **Armorikanischen Massivs** (Bretagne, Halbinsel Cotentin, Teile der Normandie, Maine, Anjou) nur mehr knapp 400 m Höhe (Roc'h Trévézel in den Monts d'Arrée, 384 m). Sehr viel jünger ist der **Jura** im Südosten, ein Faltengebirge aus Kalksedimenten, das seine größte Höhe (1717 m) bei Genf erreicht.

Großräumliche Gliederung

Zu den größten Attraktionen Frankreichs zählen seine insgesamt etwa 3100 km langen Küsten, hier die an Ärmelkanal und am Atlantik. Ebbe und Flut, mit einem Tidenhub von 8 bis 14, 15 Metern, sorgen

Küsten

← Mit militärischem Pomp wird in Paris der Nationalfeiertag begangen.

Spektrum der französischen Landschaften: von der grünen Weide in der Normandie ...

für eine sich ständig ändernde Szenerie. In Flandern im Norden prägen weite, flache Sandstrände und Dünen das Bild der Côte d'Opale, schon um 1860 von begüterten Parisern als Ferienziel entdeckt, und der Somme-Bucht. In der Normandie, wo grüne Wiesen bis ans Meer reichen, unterbrechen bzw. begleiten malerische, bis 100 m hohe Kalk- und Kreideklippen die Sand- oder Kiesstrände, besonders eindrucksvoll an der Côte d'Albâtre. In der Bretagne zeugen wild zerklüftete Felsklippen und die vielen vorgelagerten Inseln von der Wucht des heftig anbrandenden Atlantiks; aber auch hier sind fantastische, lange Sandstrände zu finden, wie in der Cornouaille und an der Halbinsel von Quiberon, wo bei 2000 Sonnenstunden im Jahr Windsurfer und Strandsegler in der steifen Brise dahinpreschen.

Flüsse Der längste und historisch bedeutendste Fluss Frankreichs ist die **Loire** (1020 km), die weit im Süden in den Cevennen entspringt, das Zentralmassiv durchquert, in ihrem Mittellauf sich in einem großen Bogen nach Westen wendet und unterhalb Nantes in den Atlantik mündet. Der »zweite« Fluss im Norden ist die **Seine** (775 km), die in der Nähe von Dijon in Burgund entspringt, in nordwestlicher Richtung fließt und bei Honfleur/Le Havre in den Ärmelkanal mündet. In den Vogesen nimmt die Saône ihren Anfang, die nach Süden der Rhône zufließt; über etwa 200 km bildet der **Rhein** (Rhin) im Elsass die Ostgrenze Frankreichs. Neben dem Tal der Loire sind die Täler der kleineren Flüsse besonders reizvoll, etwa Somme, Aisne, Marne, Meuse (Maas), Moselle (Mosel), Indre und Cher; zu großen Teilen recht ursprünglich geblieben, schlängeln sie sich in zauberhaften kleinteiligen Landschaften dahin. Nicht zu vergessen sind die beeindruckenden großen **Mündungslandschaften** von Somme, Seine und Loire. Neben den natürlichen Wasserläufen verfügt Frankreich über ein großes Netz von **Kanälen**, die einst wirtschaftlich sehr wichtig waren und heute wegen ihrer idyllischen Landschaftsbilder als Hausbootreviere sehr beliebt sind (▶Baedeker Special S. 136).

Ein kleiner Blick in die Erdgeschichte soll das Landschaftsbild verständlicher machen. Die »alten« Bergmassive (Armorika, Zentralmassiv, Vogesen, Ardennen) wurden im Erdaltertum vor 600 Mio. Jahren gebildet; später zerbrachen sie und wurden angehoben bzw. gekippt. Sie sind Teile des spätpaläozoischen Variskisch-Armorikanischen Gebirges. Zwischen diesen Massiven liegen große Beckenlandschaften, deren Sedimente ab der Trias bis ins Tertiär vor etwa 225 bis 60 Mio. Jahren abgelagert wurden und später nur wenig gefaltet und gekippt wurden. Sie sind daher flach oder wenig geneigt. Die großen Senken zwischen den alten Massiven und den jungen Faltengebirgen waren für die Wirtschaft von großer Bedeutung, denn hier bildeten sich wertvolle Rohstofflagerstätten. Am Rand und im Innern des Variskischen Gebirges wurden Steinkohle und Erze abgelagert. Auf diesen Vorkommen basierten die alten Industriegebiete wie im Norden das Artois (Kohle) und im Osten Lothringen (Kohle, Eisenerz). Im Pariser Becken wird etwas Erdöl gefördert.

Ein wenig Geologie

… zur Ile de Batz vor der Küste der Bretagne

Frankreich Landschaften

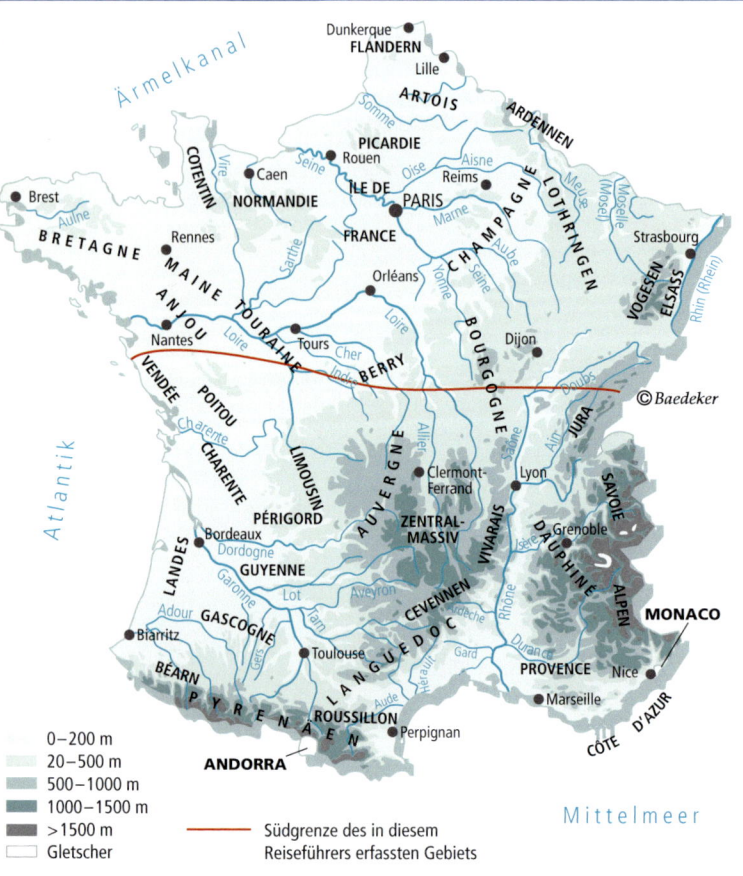

0–200 m
20–500 m
500–1000 m
1000–1500 m
>1500 m
Gletscher

Südgrenze des in diesem
Reiseführers erfassten Gebiets

©*Baedeker*

Klima

Klimabereiche Durch seine Lage zwischen Atlantik und Mittelmeer bzw. Nordsee
ist das Klima Frankreichs überwiegend ausgeglichen und mild. Weder die extreme Hitze des südlichen Mittelmeerraums noch die
Winterkälte von Nordeuropa sind typisch. Im Zentralmassiv treffen
drei Klimabereiche – maritim, kontinental, mediterran – aufeinan-
der. Rein maritim und daher sehr ausgeglichen ist das Klima in der
Bretagne und an der Atlantikküste. Niederschläge zu allen Jahreszeiten mit einem Maximum im Herbst, dazu gemäßigte Temperaturen
und ein fast ständig wehender Wind prägen diese Gebiete. In einem

Régional) jedoch 22 (► S. 111). Darüber hinaus gibt es eine große Zahl von nationalen und regionalen Naturreservaten. Sie liegen häufig in ländlichen Problemgebieten mit starker Abwanderung und sollen nicht nur die Ökosysteme erhalten, sondern auch die Entwicklung von Wirtschaft und Tourismus fördern.

Umwelt

In Frankreich sind eine ganze Reihe großer Umweltsünden zu verzeichnen, so gigantische Industrieanlagen, die Zerstörung von Biotopen durch die Landwirtschaft oder die Nutzung als Müllkippe, die Anlage riesiger Staustufen und die (anscheinend so »saubere«) Nutzung der Kernenergie. Dennoch verfügt Frankreich aufgrund seiner großen dünn besiedelten Teile und der weithin ländlichen Struktur über eine relativ intakte Natur.

Bevölkerung · Politik · Wirtschaft

Besiedelung

Im ganzen Festlandsfrankreich (»Hexagon«) leben nach der Fortschreibung der Volkszählung von 1999 62,2 Mio. Franzosen (10 % der europäischen Bevölkerung) auf 535 285 km² Fläche; im hier beschriebenen Gebiet leben ca. 59 % der Einwohner auf 47 % der Landesfläche. In diesen Zahlen spiegelt sich die starke Polarisierung der Siedlungsstruktur. Allein in Paris und seinem Umland wohnen mit 11,2 Mio. fast 20 % der Gesamtbevölkerung; weitere bedeutende Ballungsgebiete im Norden sind Strasbourg, Douai-Lens, Lille, Rennes und Rouen. Mit durchschnittlich 115 Einw./km² ist in Frankreich die Bevölkerungsdichte nur halb so groß wie in Deutschland (230 Einw./km²), wobei die Zahlen im Norden zwischen 978 (Ile-de-France) und 52 (Burgund, Champagne-Ardenne) differieren. Ländlich-kleinstädtische Züge bestimmen weithin das Bild des Landes.

Bevölkerungswachstum und Einwanderung

Von 1800 bis 1866 stieg die Einwohnerzahl Frankreichs von 27,5 auf 38 Mio., danach veränderte sie sich bis 1950 (41,6 Mio.) nicht wesentlich; die großen Kriegsverluste wurden durch Einwanderung ausgeglichen. Erst nach dem Zweiten Weltkrieg wuchs die Bevölkerung beträchtlich durch eine hohe Geburtenrate, die Repatriierung französischer Bürger aus den Kolonien sowie die Einwanderung. Gegenwärtig sind rund 6 Mio. Ausländer in Frankreich gemeldet, hinzu kommen noch über eine Million, die sich illegal im Land aufhalten (»sans papiers«), und die schon als Bürger anerkannten Ausländer. Somit ist fast jeder fünfte Einwohner Einwanderer oder hat mindestens einen ausländischen Elternteil. Besonders hoch ist der Anteil der Ausländer, die hauptsächlich in der Bauwirtschaft und in der Autoindustrie arbeiten, in den industriellen Ballungsräumen sowie in Paris und den Banlieues großer Städte. Letztere sind mit ihren billigen Plattenbauten z. T. als »soziale Brennpunkte« berüchtigt, in denen

Zahlen und Fakten Frankreich Norden

Fläche
▶ Festlandsfrankreich 535 285 km²
davon Norden 251 584 km² (47 %)
▶ 9 Regionen ganz, 4 Regionen teilweise
von insgesamt 21

Bevölkerung
▶ Festlandsfrankreich 62,2 Mio.
davon Norden 36,7 Mio. (59 %)
▶ Größte Ballungsräume im Norden: Paris
(11,2 Mio.), Lille Metropole (1,3 Mio.),
Nantes (0,8 Mio.), Straßburg (0,7 Mio.)

Frankreich/Nord

©*Baedeker*

REGIONEN

Alsace (Elsass)
▶ Hauptstadt: Strasbourg (Straßburg)
▶ Fläche 8280 km²
▶ Einwohner 1 847 000

Bourgogne (Burgund)
▶ Hauptstadt: Dijon
▶ Fläche 31 582 km²
▶ Einwohner 1 637 000

Bretagne
▶ Hauptstadt: Rennes

▶ Fläche 27 208 km²
▶ Einwohner 3 163 000

Centre
▶ Hauptstadt: Orléans
▶ Fläche: 39 151 km²
▶ Einwohner: 2 544 000

Champagne-Ardenne
▶ Hauptstadt: Châlons-en-Champagne
▶ Fläche: 25 606 km²
▶ Einwohner: 1 336 000

Franche-Comté
▶ Hauptstadt: Besançon
▶ Fläche: 16 202 km²
▶ Einwohner: 1 168 000

Ile-de-France
▶ Hauptstadt: Paris
▶ Fläche: 12 012 km²
▶ Einwohner: 11 746 000

Lorraine (Lothringen)
▶ Hauptstadt: Metz
▶ Fläche: 23 547 km²
▶ Einwohner: 2 342 000

Nord-Pas-de-Calais
▶ Hauptstadt: Lille
▶ Fläche: 12 414 km²
▶ Einwohner 4 022 000

Basse-Normandie
▶ Hauptstadt: Caen
▶ Fläche 17 589 km²
▶ Einwohner 1 467 000

Haute-Normandie
▶ Hauptstadt: Rouen
▶ Fläche: 12 317 km²
▶ Einwohner: 1 822 000

Pays de la Loire
▶ Hauptstadt: Nantes
▶ Fläche: 32 082 km²
▶ Einwohner: 3 538 000

Picardie
▶ Hauptstadt: Amiens
▶ Fläche: 19 399 km²
▶ Einwohner: 1 906 000

aufgrund großer Arbeitslosigkeit und Diskriminierung besonders unter jungen Leuten Kriminalität und Drogenkonsum grassieren.

Über 80 % der Franzosen sind katholisch getauft, doch die Bedeutung der katholischen Kirche schwindet: Nur etwa 55 % bezeichnen sich als katholisch, weniger als 10 % können als praktizierende Katholiken gelten. Seit 1905 sind Kirche und Staat getrennt (damals wurden die meisten Kirchenbauten dem Staat übertragen). Seitdem finanziert sich die Kirche über Spenden, ihren Grundbesitz und eigene Unternehmen. Es gibt weder einen staatlichen Kirchensteuereinzug noch einen Religionsunterricht an staatlichen Schulen. Jedoch ist die katholische Kirche der Hauptträger der in Frankreich überaus bedeutenden privaten Schulen. In den Départements Haut-Rhin, Bas-Rhin und Moselle, dem ehemals deutschen Elsass-Lothringen, hat die Kirche eine Sonderstellung inne; hier gilt noch das Konkordat

Konfessionen

Frankreich *Verwaltung*

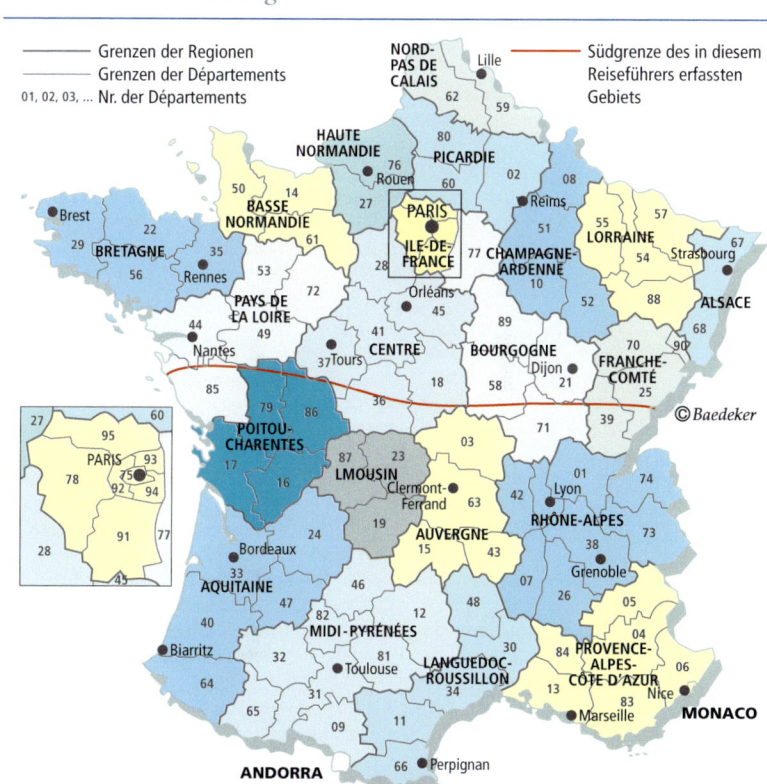

© Baedeker

von 1801. Die zweitgrößte Konfession bilden die schätzungsweise 4–7 Mio. Muslime, meist Einwanderer aus Nordafrika. Neben den Juden stellen sie das Hauptangriffsziel der rechten Gruppierungen dar. In jüngerer Zeit wird auch ein »neuer« Antisemitismus unter Muslimen und Farbigen verzeichnet. Die anderen Glaubensrichtungen spielen im öffentlichen Leben eine untergeordnete Rolle: 950 000 Protestanten, etwa 520 000 Juden und 120 000 Orthodoxe.

Hochsprache und Regionalsprachen

Die französische Hochsprache ist eine Weiterentwicklung des Vulgärlateins, das nach der römischen Eroberung von den keltischen Galliern angenommen wurde; zahlreiche Wörter keltischen und germanischen Ursprungs blieben jedoch erhalten. Sie entstand in Paris und in der Ile-de-France (Langue d'oïl) als Sprache des Königs und seines Hofs. Ihre Ausbreitung in die übrigen Regionen des Hexagons war mit der Eroberung und Zentralisierung durch die Krone verbunden. Mit dem Edikt von Villers-Cotterêts wurde 1539 Französisch als Amtssprache vorgeschrieben. Die Französische Revolution und Napoleon vollendeten diesen Prozess. Einige Volksgruppen, die in der »Provinz«, d. h. außerhalb der Ile-de-France, beheimatet sind, besitzen eigene Sprachen, die trotz jahrhundertelanger Schikanen überlebt haben. In der Nordhälfte Frankreichs sind das im äußersten Westen **Bretonisch** (Brezhoneg, ca. 0,2 Mio.); in Flandern **Flämisch** (20 000); in Elsass und Teilen Lothringens das alemannische **Elsässerditsch** (ca. 0,7 Mio.). Der Wiederbelebung der Regionalsprachen, die mit der Förderung regionaler Kultur einherging, nehmen sich seit den 1970er-Jahren v. a. Pädagogen und Literaten an. Das Festhalten an einer vom Französischen abweichenden Regionalsprache verbindet sich dabei mit der Forderung nach stärkerer politischer und kultureller Unabhängigkeit der Regionen von der Zentrale Paris.

Politik und Verwaltung

Staatsform und politische Institutionen

Frankreich ist eine demokratisch-parlamentarische Republik mit starker Stellung des Staatspräsidenten, wie es in der durch Volksabstimmung am 6. Oktober 1958 in Kraft getretenen und mehrmals geänderten Verfassung der Fünften Republik niedergelegt ist. Das aktive Wahlalter ist 18, das passive 23 Jahre. Das Parlament besteht aus zwei Kammern, der Nationalversammlung (Assemblée Nationale) und dem Senat (Senate). Die 577 Abgeordneten der Nationalversammlung werden für fünf Jahre direkt gewählt. Die 343 Mitglieder des wenig bedeutenden Senats werden durch Wahlmänner für sechs Jahre gewählt, alle drei Jahre wird die Hälfte der Senatoren ausgetauscht. An der Gesetzgebung haben beide Kammern Anteil, die Nationalversammlung hat die letzte Entscheidungsbefugnis. Sie kann auch über ein Misstrauensvotum die Regierung stürzen. Der Staatspräsident wird auf fünf Jahre direkt gewählt und kann einmal wiedergewählt werden. Er ist nur unter ganz schwerwiegenden Umständen abrufbar, kann aber seinerseits das Parlament auflösen. Er er-

Die Nationalversammlung (Assemblée Nationale) tagt im Pariser Palais Bourbon.

nennt den Premierminister, bestätigt bzw. weist Gesetze zurück und ist Oberbefehlshaber der Streitkräfte; im Falle eines Staatsnotstands hat er die Alleinentscheidung. Die Exekutivbefugnisse werden vom Präsidenten und dem Ministerkabinett geteilt, dem ein Premierminister voransteht; dieser ist dem Parlament verantwortlich, in der Praxis aber dem Präsidenten untergeordnet. Im Fall einer »cohabitation« – wenn Präsident und Premier nicht derselben Partei angehören – bestimmt der Premierminister die Innenpolitik, während der Präsident in Außenpolitik und Verteidigung maßgebend ist.

Verwaltungsgliederung

Das europäische Frankreich gliedert sich seit 1972 in 2! Régions, die in 96 Départements mit einer gewählten Versammlung aufgeteilt sind, die wichtigsten Gebietskörperschaften zwischen der Zentralverwaltung und den Gemeinden. Die Départements sind weitgehend nach dem Alphabet nummeriert, diese Nummer bildet die letzten Ziffern des Kfz-Kennzeichens und die beiden ersten Ziffern der Postleitzahl. Die Départements, denen ein Präfekt (Préfet) voransteht, sind in Arrondissements (oder Sous-Préfectures; 325), diese in Cantons (3876) und Gemeinden (Communes, 36 566) unterteilt.

Wirtschaft

Allgemeine Situation

Frankreich ist, gemessen am Bruttoinlandsprodukt (BIP), die fünftgrößte Wirtschaftsnation der Erde. Der größte Wirtschaftssektor sind die Dienstleistungen inkl. Tourismus (77 % des BIP), die Industrie erwirtschaftet rund 20 % des BIP; ihre wichtigsten Zweige sind Automobilbau (ca. 6 Mio. Kfz jährlich), Agrar- und Nahrungsmittelindustrie (größter Produzent und Exporteur in der EU), Energie (Erdöl, Atomkraft), Telekommunikation, Luft- und Raumfahrt (nach den USA an 2. Stelle), Metall (drittgrößter Exporteur weltweit), Chemie (viertgrößter Exporteur weltweit), Textil und Bekleidung sowie Luxusgüter. Seit ca. 2000 zeigen sich im Außenhandel große Schwächen, im Jahr 2008 verzeichnete man ein Rekorddefizit von 56 Mrd. Euro. Ursachen sind ein relativ schwacher Mittelstand, hohe Lohnkosten und eine kleine Angebotspalette. Nach einem Tiefstand 2008 mit ca. 7,2 % Arbeitslosen ist deren Zahl bis Anfang 2010 auf 9,5 % gestiegen. Frankreich und Deutschland sind gegenseitig die wichtigsten Handelspartner.

Strukturwandel Nach dem Zweiten Weltkrieg war die Wirtschaft durch schnelles Wachstum und durch einen Strukturwandel von einem Agrarland zu einer Industrienation gekennzeichnet. Staatliche Wirtschaftslenkung und die starke Förderung von Konzentration von Unternehmen gehörten zu den wichtigsten Merkmalen. Nach dem Wiederaufbau ging die im Nordosten des Landes konzentrierte Schwerindustrie mit der Förderung und Verarbeitung von Kohle und Eisenerz zugrunde. In der Landwirtschaft ging der Anteil der Beschäftigten von 40 % im Jahr 1946 auf 3,3 % 2008 zurück, während er bei Dienstleistungen, Handel, Verkehr und im öffentlichen Dienst stark anstieg.

Industrie im Norden Rund drei Viertel der Industriebetriebe haben ihren Firmensitz im Großraum Paris/Ile-de-France. Ansässig sind hier v. a. Elektronik, Elektrotechnik, Flugzeug- und Fahrzeugbau; aber auch der Dienstleistungssektor (Banken, Großhandel, Versicherungen) und viele andere Unternehmen – Konfektion, Schmuck, Druck- und Verlagswesen, Parfüm – sind auf die Hauptstadt konzentriert. Der äußerste

Im Airbus-Werk bei St-Nazaire werden Teile für den Riesenvogel A 380 hergestellt.

Ein normales Bild: Kernkraftwerk in ländlicher Idylle (Chinon an der Loire)

Norden verfügt über traditionsreiche Standorte für Chemie-, Textil-
und Maschinenbauindustrie, ergänzt durch Kraftfahrzeug- und Zu-
lieferindustrie in Elsass und Lothringen.

Die französische Kohle hat die Konkurrenz mit der billigen ausländischen Kohle (v. a. aus Australien, den USA und Südafrika) sowie
mit Erdöl und Erdgas verloren. Die produktivsten Bergwerke befan-
den sich in Lothringen, wo 2004 das letzte des Landes schloss. Erdöl-
und Erdgasförderung sind vernachlässigbar gering. Die Gesellschaft
Total (nach Umsatz das größte französische Unternehmen, ihre Geschichte ist mit Bestechungs- und anderen Skandalen gespickt), ist
daher im Ausland tätig, wo sie auch offshore bohrt und fördert.
Lothringen und die Normandie verfügen über große Eisenerzlager,
Frankreich war einmal einer der größten Eisenproduzenten der Welt.
Aufgrund hoher Kosten und weltweiter Konkurrenz ging der Abbau
rapide zurück; die letzte Mine wurde 1993 geschlossen. Die zahlreichen Uranlagerstätten waren für die Entstehung der Atomwirtschaft
bedeutend, der Abbau wurde 2001 eingestellt.

Bodenschätze

Frankreich ist arm an konventionellen Energiequellen. Die hohen
Ausgaben für Energieimporte und die Abhängigkeit vom Ausland
führten zu einem massiven Ausbau der Kernenergie. 2008 verteilten
sich die Quellen der verbrauchten Energie so: 43 % Atomkraft, 33 %
Erdöl, 15 % Erdgas, 4 % Kohle und 5 % erneuerbare Energien.
Frankreich kann ca. 30 % mehr Strom erzeugen, als es selbst benötigt, ca. 60 Mrd. kWh umfasst der Exportüberschuss.

**Energie-
gewinnung**

Bis zur Ölkrise 1973 deckte Frankreich seinen Energiebedarf zu 77 %
mit importiertem Erdöl. Dann wurde das Nuklearprogramm der
Electricité de France (EDF) begonnen, die mit rund 96 % das Mono-

Atomenergie

pol in der Energiewirtschaft des Landes hat. Gegenwärtig kommen ca. 78 % des in Frankreich erzeugten Stroms aus den 21 Kernkraftwerken mit 59 Kraftwerksblöcken. Die Wiederaufarbeitungsanlage UP 2 am Cap de La Hague (Bretagne) wurde 1966 in Betrieb genommen. Um die hoch verschuldete Elektrizitätswirtschaft zu entlasten, werden Aufbereitungsleistungen verkauft; in La Hague werden 80 % der in der westlichen Welt anfallenden Brennelemente aufgearbeitet.

Landwirtschaft Trotz der geringen Wertschöpfung (2,5 % des BIP) ist die Landwirtschaft von großer Bedeutung. 50 % der Festlandsfläche werden landwirtschaftlich genutzt, davon 58 % für Ackerbau, 37 % als Weideland und 5 % für Obst- und Weinbau. Mit 15 Mio. ha (30 % der Gesamtfläche) ist der französische **Waldbestand** der größte in der EU. Frankreich ist nach den USA der zweitgrößte Agrarexporteur der Welt und der größte in der EU. Zwei Drittel der Agrarexporte, v. a. Getreide, Milchprodukte, Obst, Gemüse und Wein, gehen in die EU-Länder (Deutschland 16 %). Der Strukturwandel – Mechanisierung und Automatisierung, verbesserte Anbaumethoden, Flurbereinigung – führte zu anhaltender Landflucht und Betriebskonzentration (von 1970 bis 2007 ein Rückgang von ca. 1,5 Mio. auf ca. 545 000 Betriebe).
Lage, Böden und Klimaverhältnisse bedingen die reiche Vielfalt der Agrarprodukte. Der Norden produziert mit mittelgroßen Betrieben v. a. Getreide, Mais, Kartoffeln und Zuckerrüben, auch die Milch- und Fleischproduktion ist beachtlich. In der westlichen Normandie, in der Bretagne und südlich bis zum Zentralmassiv werden Futter angebaut und Viehwirtschaft betrieben. In diesen Regionen herrscht

Die französische Landwirtschaft ist nach wie vor von großer Bedeutung.

die »bocage« vor, ein Netz von Heckenwällen, den schleswig-holsteinischen Knicks vergleichbar, die seit alter Zeit den Wind abhalten und den Besitz abgrenzen. Das Pariser Becken ist mit seinen offenen Ackerlandschaften (»campagne«) durch Getreide- und Maisanbau in Großbetrieben (meist über 200 ha) gekennzeichnet

Weinbau

Im Allgemeinen ist Frankreich mit ca. 53 Mio. hl pro Jahr nach Italien quantitativ das **zweitgrößte Weinerzeugerland** der Welt; qualitativ gilt es trotz der Konkurrenz in aller Welt weiterhin als führend. Hauptanbaugebiete sind in der Nordhälfte Frankreichs Burgund, das Loire-Tal, die Champagne und das Elsass.

Fischerei

Frankreich nimmt bei den Fangmengen weltweit nur den 27. und in Europa den 7. Rang ein. Der Schwerpunkt liegt an der Atlantik- und Kanalküste; ein Drittel aller Kutter sind in der Bretagne registriert. Die wichtigsten Fischerhäfen sind (nach versteigerter Menge) Boulogne-sur-Mer, Le Guilvinec, Lorient, St-Guénolé, Granville, Erquy, St-Quai Portrieux und Concarneau. Wachsende Bedeutung hat am Atlantik die Austern- und Muschelzucht, die fast ein Viertel des gesamten Umsatzes im Fischereisektor erzielt.

Schifffahrt

Mit ca. 3120 km Küste verfügt Frankreich über eine große Zahl von Häfen. Die Marine ist im Norden in Cherbourg, Brest und Lorient stationiert, die bedeutendsten Fährhäfen sind Calais und Cherbourg, als Fischereihäfen sind Boulogne, Lorient und Concarneau zu nennen. Nach Marseille sind Le Havre, Dunkerque, Nantes-St-Nazaire, Rouen und Calais die wichtigsten Handelshäfen in Frankreich.

Binnenschifffahrt

Im 18. Jh. setzte in Frankreich ein echter Kanalbauboom ein. Es entstand ein einzigartiges Wasserstraßennetz, das längste in Westeuropa und auch heute noch länger als die französischen Autobahnen. Von den ca. 13 200 km schiffbaren Wasserstraßen werden noch 6500 km genutzt, davon gut 2600 km Flüsse und 3900 km Kanäle. Die wichtigsten sind die Seine unterhalb von Paris, die Rhône unterhalb von Lyon und der elsässische Teil der Rhein-Rhône-Verbindung. Der bedeutendste Binnenhafen ist Paris, gefolgt von Straßburg und Rouen.

Tourismus

Frankreich zählt weltweit die meisten ausländischen Gäste. Nach zügigem Wachstum (1992: 60 Mio., 2002: 76 Mio., 2007: 82 Mio. Ausländer) ist auch hier die Rezession zu spüren (2009: 74 Mio.). »Echte« Touristen, d. h. Urlauber, machen davon ca. 70 % aus; hinzu kommen noch etwa 115 Mio. Tagesgäste. Das stärkste Kontingent stellen Großbritannien und Irland, dahinter liegt Deutschland (18 bzw. 16 %). Der Tourismus ist der wichtigste Wirtschaftszweig im Dienstleistungsbereich und der größte Devisenbringer vor Landwirtschaft und Automobilindustrie; er sichert direkt ca. 1 Mio. Arbeitsplätze. 30 % dieser Jobs sind dabei auf Paris und die Ile-de-France konzentriert, gefolgt von der Provence mit gut 10 %.

Geschichte

Die »Francia«, das Gebiet um Paris und Orléans, wurde als als persönlicher Besitz des ersten Königs zur Keimzelle Frankreichs. Epochen der französischen Geschichte von der Steinzeit über die Römer zu Karl dem Großen, von Hugo Capet über Ludwig XIV. zur Revolution, von Napoleon zu Nicolas Sarkozy.

Vorgeschichte und Antike

Ab 500 000 v. Chr.	Acheuléen (nach St-Acheul bei Amiens)
ab 5000 v. Chr.	Megalithkultur in der Bretagne
8. Jh. v. Chr.	Einwanderung der Kelten
58 – 51 v. Chr.	Caesar erobert Gallien

Das Hexagon, wie man das französische Festland oft bezeichnet, war schon in vorgeschichtlicher Zeit besiedelt. Aus der Steinzeit sind hervorragende Zeugnisse erhalten. Die Fundstätte von St-Acheul bei Amiens gab dem Acheuléen, einer Epoche der Altsteinzeit, den Namen (ab ca. 500 000 vor heute). 100 000 Jahre alt sind die menschlichen Spuren in den Grottes d'Arcy in Burgund. Zur Jüngeren Altsteinzeit gehören die Skelette von Neanderthaler und Homo sapiens sowie die weltberühmten Malereien, die man in Höhlen in Südfrankreich fand. Nicht weniger bekannt ist die **Megalithkultur der Bretagne**; gegen Ende der Jungsteinzeit, zu Beginn der Bronzezeit werden dort monumentale Steinsetzungen errichtet, die immer noch nicht sicher gedeutet sind (▶ Baedeker Special S. 228).

Vorgeschichte

Ab etwa 1500 v. Chr. dringen **Kelten** von Osten ein. Um 300 v. Chr. lassen sich die Parisier auf einer Seine-Insel nieder, woraus später Paris entsteht. Die **Römer** gründen 121 v. Chr. im Süden Frankreichs die Provincia Gallia Narbonensis. Durch die Siege über die Sueben unter Ariovist (58/52 v. Chr.) und die Gallier unter Vercingetorix bei Alesia (52 v. Chr.) besiegelt Caesar die Eroberung Galliens. In »gallorömischer« Zeit übernehmen seine Bewohner Kultur und Sprache der Sieger, aus der später das Altfranzösische hervorgeht. Städte und ein Netz befestigter Straßen entstehen,

Vercingetorix, der Held von Alesia, wurde im 19. Jh. zum ersten Widerstandskämpfer verklärt.

← *Charles de Gaulle und Konrad Adenauer am 9. Februar 1961 vor dem Elysée-Palast*

Steinbauten lösen Holzhütten ab. Wirtschaftliche und kulturelle Blüte bis ins 3. Jh. n. Chr. **Römische Bauten** sind im Norden Frankreichs nur spärlich erhalten (▸S. 55).

Spätantike Um 250 n. Chr. wird Gallien von der Völkerwanderung erfasst. Alemannen, Franken, Vandalen, Burgunder und Goten dringen in immer neuen Wellen ein. 443 n. Chr. gründen die Burgunder, am Mittelrhein von den Hunnen besiegt, unter römischem Schutz ein Reich im Rhône-Raum (Burgund). Aus Britannien vertriebene Kelten weichen 449 nach Gallien aus und siedeln sich in der nach ihnen benannten Bretagne an. In der Schlacht auf den Katalaunischen Feldern bei Troyes im Jahr 451 werden die Hunnen unter Attila vom römischen Feldherrn Aëtius besiegt und ziehen sich nach Ungarn zurück. Mit dem Schwinden der römischen Macht im 3./4. Jh. geht die Christianisierung des Landes und die Einteilung in Bistümer einher.

Merowinger und Karolinger

482–751	Herrschaft der Merowinger
751–887	Herrschaft der Karolinger

Entstehung des Frankenreichs Die Gründung des Fränkischen Reichs ist die Basis für die politische, soziale und kulturelle Entwicklung der Territorien, die später zu Frankreich und Deutschland werden. Die Franken – germanische Stämme, die sich im Niederrheingebiet angesiedelt hatten – dringen ab etwa 250 immer wieder nach Gallien bis zur Seine und Loire vor. Der Merowingerkönig Chlodwig (franz. Clovis, reg. 482–511) einigt die Franken, erobert Gallien und wird damit zum Begründer des Frankenreichs. 496 besiegen die Franken die Alamannen, im selben Jahr lässt sich Chlodwig in Reims von Bischof Remigius taufen, Grundlage für die enge Verbindung der französischen Herrscher mit der römischen Kirche.

Merowingerreich Nach dem Tod Chlodwigs 511 entstehen durch wiederholte Erbteilung drei Teilreiche: das germanische Austrasien mit der Hauptstadt Reims (später Metz), das romanische Neustrien mit Paris und Burgund mit Orléans. Innere und äußere Konflikte schwächen die Macht der Merowinger; sie wird allmählich von aufgestiegenen Dienstmannen, den »Hausmeiern«, übernommen.

Aufstieg der Karolinger Pippin der Mittlere, Hausmeier von Austrasien, regiert ab 687 als Majordomus im fränkischen Gesamtreich. In der Schlacht von Tours und Poitiers 732 besiegt sein Sohn Karl Martell (»Hammer«) die aus Spanien vordringenden Araber. Pippin der Jüngere lässt sich 751 von einer Reichsversammlung in Soissons zum König erheben und wird – damit beginnt die für Frankreich höchst bedeutsame Verbindung von weltlicher und päpstlicher Macht, zudem die Stilisierung zum

»König von Gottes Gnaden« – vom päpstlichen Legaten, dem hl. Bonifatius (»Apostel der Deutschen«), gesalbt, nachdem Papst Zacharias der Absetzung des letzten Merowingerkönigs zugestimmt hat.

Karl der Große (franz. Charlemagne, reg. 768 – 814) vergrößert mit Waffengewalt das Reich der nach ihm benannten Karolinger um Oberitalien und die Gebiete der westgermanischen Stämme (Sachsen, Baiern). Das Reich wird in Grafschaften gegliedert und nach außen mit Marken gesichert. Kaiserpfalzen und Klöster werden zu wirtschaftlichen und kulturellen Zentren; die kulturelle Blüte in Anknüpfung an antike Traditionen ist als »Karolingische Renaissance« bekannt. Die Krönung Karls zum Kaiser im Jahr 800 durch den Papst in Rom bestätigt seine Macht. **Karl der Große**

Vom Vertrag von Verdun zum Absolutismus

843	Vertrag von Verdun: Teilung des Frankenreichs
987	Hugo Capet erster »französischer« König
1339 –1453	Hundertjähriger Krieg gegen England. 1429 – 1431 Wirken der Jeanne d'Arc
1562 –1598	Religionskriege zwischen Katholiken und Protestanten

Die Herrschaft der Könige Frankreichs, die sich auf die Kirche und die Städte stützt, festigt sich allmählich. Einerseits setzt sich das Königtum gegenüber zahlreichen selbständigen Fürstentümern als Erbmonarchie durch, andererseits werden die Engländer in ihrer Expansion gestoppt und schließlich vertrieben.

Im Vertrag von Verdun 843 wird das Frankenreich geteilt: Karl II. der Kahle erhält den romanischen Westen, dessen Ostgrenzen im Wesentlichen bis ins späte Mittelalter die Grenzen zwischen Frankreich und Deutschland bleiben. Letzter karolingischer König, gleichzeitig König des Gesamtreichs, ist bis 887 Karl III. der Dicke. **Reichsteilung**

Ab dem 7. Jh. dringen die Normannen auf ihren Raubzügen in das Westfrankenreich ein; 845 plündern sie Paris. Sie lassen sich allmählich nieder und 911 überlässt Karl III. ihnen die Normandie als Herzogtum. 1066 siegt Herzog Wilhelm von der Normandie (Wilhelm der Eroberer, franz. Guillaume le Conquérant) in der Schlacht von Hastings und gewinnt damit die Herrschaft in England. **Normannen**

Das Fehlen einer starken Zentralmacht führt zur Herausbildung von großen Fürstentümern: Francia (der Kern des späteren Königreichs), Champagne, Aquitanien, Gascogne, Toulouse, Bretagne, Normandie und Flandern. Ihre Herren wählen sich aus den eigenen Reihen den König. Im Jahr 987 wird Hugo Capet (von »cappa«, d. h. »Mäntel- **Der Weg zu den Kapetingern**

Im »Teppich von Bayeux« wird die Eroberung Englands durch den Normannenherzog Wilhelm dargestellt.

chen«) erster »französischer« König. Als Hausmacht besitzt er das Herzogtum Francia, das Gebiet um Paris und Orléans. In direkter Linie herrschen die Kapetinger bis 1328, in Nebenlinien (außer 1792 bis 1814) sogar bis 1848. Gegenüber den Regionalfürsten ist die königliche Macht gering, sie gewinnt jedoch die Kirche als Verbündeten; auch können die Kapetinger die Erblichkeit der Krone wieder einführen. Das im 11. Jh. einsetzende Schrifttum zeigt schon deutliche Unterschiede zwischen dem fränkisch geprägten Norden (Langue d'oïl) und dem Süden (Langue d'oc), der dem Keltoromanischen näher geblieben ist.

Die **Kreuzzüge** erhalten ihren Hauptantrieb in Frankreich. Führer sind Fürsten und Adlige, geistige Wegbereiter die Mönchs- und Klerikerorden. 1095 ruft der aus Châtillon-sur-Marne stammende Papst Urban II. in Clermont zum Ersten Kreuzzug (1096–1099) auf. Ideen zu einer **Kloster- und Kirchenreform** gehen von der Abtei Cluny in Burgund aus (gestiftet 910). Der Zisterzienserorden, der aus dem 1098 gegründeten Kloster Cîteaux hervorgeht, fördert sowohl Wissenschaft und Baukunst als auch die Christianisierung und Kolonisierung des deutschen Ostens. Der Zisterzienser Bernhard von Clairvaux ist einer der bedeutendsten Gelehrten seiner Zeit, zudem Motor des Zweiten Kreuzzugs. Die Expeditionen in den Orient und die damit verbundenen Kontakte mit der Kultur des Islams unterstützen den politischen, wirtschaftlichen und kulturellen Aufstieg Frankreichs im 12. Jh.; der Adel wird zum Vorbild des europäischen Rittertums. Zur selben Zeit entwickeln sich gotische Baukunst und französische Ritterdichtung, die in ganz Europa Wirkung entfalten.

Erster französisch-englischer Konflikt
Eleonore, die Erbin Aquitaniens, heiratet 1137 König Ludwig VII. (1137–1180) und nach der Scheidung 1152 Heinrich Plantagenêt, Graf von Anjou und Herzog der Normandie, der 1154 englischer König wird. Zusammen mit Aquitanien ist nun mehr als die Hälfte des Hexagons englisch. Ab 1202 erobert König Philipp II. (1180 bis 1223) den Besitz des englischen Königs in Frankreich mit Ausnahme der Guyenne (v. a. Normandie 1204). Der glänzende Sieg Philipps

1214 bei Bouvines über die Engländer und den deutschen Kaiser Otto IV. stärkt die Stellung des Königs bedeutend; Philipp erhält den Beinamen »Augustus«.

Konsolidierung der Königsmacht

Mit Ludwig VIII. setzt sich die Erbmonarchie durch; Krönungsstadt ist ab 988 Reims. Unter Ludwig IX. dem Heiligen (1226 – 1270) erlebt Frankreich seine glänzendste Zeit im Mittelalter (»siècle de St-Louis«). Im Frieden von Paris 1258 verliert der englische König Heinrich III. alle Festlandsbesitzungen nördlich der Charente und leistet für die Guyenne den Lehnseid. In Paris wird ein Hofgericht etabliert, das »Parlement«, dessen Urteile im Land maßgebend werden. König Philipp IV. der Schöne (1285 bis 1314) erwirbt die Grafschaft Champagne und das Erzbistum Lyon. 1328 geht die Königswürde an die Valois, eine Nebenlinie der Kapetinger (bis 1498).

Grabmal von Heinrich II. und Eleonore von Aquitanien in Fontevraud

Mit der Konfiskation der Guyenne 1337 durch Philipp VI. beginnt der Hundertjährige Krieg zwischen Frankreich und England (bis 1453). Kostspielige Feldzüge, verheerende Niederlagen gegen die zahlenmäßig weit schwächeren Engländer, die Pest (1347 – 1349), Konflikte zwischen Adel und Bürgertum sowie Bauernaufstände erschüttern die Stellung des Königs. Der englische König Eduard III. hatte als Enkel Philipps des Schönen schon 1328 Ansprüche auf den französischen Thron angemeldet. Erste katastrophale Niederlage der Franzosen bei Crécy 1346. 1356 siegt der Sohn Eduards, der »Schwarze Prinz«, bei Maupertuis südöstlich von Poitiers über Johann II. den Guten. Im Frieden von Brétigny 1360 erhält Eduard III. die Souveränität über den Südwesten Frankreichs, dazu Calais, das bis 1559 englisch bleibt; dafür verzichtet er auf die französische Krone. Karl V. der Weise eröffnet 1369 erneut den Kampf gegen die Engländer, die auf wenige Stützpunkte zurückgedrängt werden. 1415 landet Heinrich V. von England in Honfleur und schlägt das französische Ritterheer bei Azincourt. Von Burgund unterstützt, besetzen die Engländer bis 1420 ganz Nordfrankreich inklusive Paris. Fast wäre das Hexagon auf Dauer englisch geworden, wäre nicht Jeanne d'Arc auf den Plan getreten: Im Bewusstsein göttlicher Sendung motiviert sie das französische Heer und durchbricht 1429 die englische Belagerung von Orléans. Sie führt Karl VII. zur Salbung nach Reims. Beim Versuch, Paris zu erobern, wird sie 1430 von den Burgundern gefangengenommen und den Engländern ausgeliefert. Nach Verhör und

Hundertjähriger Krieg

Folter stirbt sie am 30. Mai 1431 in Rouen auf dem Scheiterhaufen; der König unternimmt nichts zu ihrer Rettung (1920 wird »La Pucelle« heiliggesprochen). Die 1439 eingeführte »taille royale«, ein Steuersystem, ermöglicht die Bildung eines stehenden Heeres. Bis 1453 verlieren die Engländer ihren Festlandsbesitz bis auf Calais.

Ausweitung des Königreichs

Durch Kauf gewinnt Philipp VI. 1349 die Dauphiné, die in der Folge jeweils den Thronfolgern zu Lehen gegeben wird; sie nennen sich daher fortan **»Dauphin«**. König Johann II. überlässt 1363 seinem Sohn Philipp dem Kühnen das Herzogtum Burgund, das sich in wenigen Jahrzehnten zu einer glanzvollen Großmacht und zum Konkurrenten der Krone entwickelt. Die »Pragmatische Sanktion« 1438 sichert die Autonomie der französischen Kirche gegenüber dem Papsttum; die »Gallikanische Nationalkirche« entsteht. Nach dem Tod des burgundischen Herzogs Karl der Kühne in der Schlacht bei Nancy 1477 fallen Burgund und Picardie an die Krone, während seine übrigen Besitzungen (Niederlande, Flandern, Franche-Comté) an Maximilian I. kommen – der Beginn des französisch-habsburgischen Konflikts, der sich mit verlustreichen Kriegen bis 1559 hinzieht. Weitere Erwerbungen sind Anjou (1480), Provence (1481) und Bretagne (1491).

Der Krieg mit Habsburg

Karl VIII. (1483 – 1498) beansprucht als Erbe der Anjou das Königreich Neapel. Ab 1494 Feldzug gegen italienische Stadtstaaten, die sich mit Habsburg, Aragon und dem Papst zur Heiligen Liga verbünden; aus Neapel muss sich Karl schon 1495 wieder zurückziehen. Ludwig XII. erobert 1500 das Herzogtum Mailand, unterliegt aber bei Novara 1513. 1515 gewinnt Franz I. durch den Sieg über die Eidgenossen bei Marignano Mailand zurück. Gegen die spanisch-habsburgische Übermacht Kaiser Karls V. führt Franz I. (1521 – 1544) vier Kriege; sie haben den Verlust Mailands und den Rückzug der französischen Politik aus Italien zur Folge. Im Zug der italienischen Unternehmungen gelangen die Ideen der Renaissance nach Frankreich, der kulturelle Import auf allen Gebieten ist beträchtlich, von der Küche über die Philosophie bis zu Kunst und Technik. Franz I. lässt grandiose Schlösser errichten und ausstatten (Fontainebleau, Louvre in Paris, Chantilly); Leonardo da Vinci holt er nach Amboise. Heinrich II. (reg. 1547 – 1559), seit 1533 mit Katharina von Medici verheiratet, führt ab 1556 noch einmal Krieg gegen Spanien-Habsburg. Er hilft deutschen Fürsten gegen Kaiser Karl V., wofür sie ihm 1552 die Bistümer Metz, Toul und Verdun überlassen. Im Frieden von Cateau-Cambrésis 1559 verzichtet er auf Flandern-Artois und die Franche-Comté, kann aber Calais von den Engländern erwerben.

Die Religionskriege

Die **Reformation** in Form des Calvinismus erfasst breite Schichten des wohlhabenden Bürgertums und Teile des Adels. Zwischen 1562 und 1598 (Edikt von Nantes) zählt man acht Kriege, die das Land ins Chaos stürzen und im Verein mit Hunger und Pest über eine Million Menschen das Leben kosten. Der religiöse Konflikt ist dabei nur ein Faktor, im Grund geht es um die unterschiedlichsten Interessengegensätze zwischen Adelsparteien, Territorialfürsten, Königshaus und aufstrebendem Bürgertum, das Ganze verkompliziert durch ausländische Einflussnahme. Die katholische Partei wird durch die Brüder von Guise (zwei Herzöge und ein Kardinal) angeführt, die der Protestanten durch die Bourbonen. Bei der Hochzeit Heinrichs von Navarra (König Heinrich IV.) mit Margarete von Valois am 24. August 1572 lässt deren Mutter Katharina von Medici über 3000 Hugenotten ermorden (**»Bartholomäusnacht«**, »Pariser Bluthochzeit«). Mit Heinrich IV. (1589–1610) gelangen die Bourbonen auf den Thron (bis 1792). Um das Land zu befrieden, wird Heinrich IV. 1593 katholisch (»Paris ist eine Messe wert«). Im **Edikt von Nantes** 1598 gewährt er den Hugenotten weitgehende Religionsfreiheit und zivile Gleichberechtigung; in ca. 150 »Sicherheitsplätzen« wohnen 1,2 Mio. Protestanten, fast 10 % der französischen Bevölkerung.

Vom Absolutismus zur Revolution

1643–1715	»Sonnenkönig« Ludwig XIV.: Frankreich wird Großmacht. 1682 zieht der Hof nach Versailles.
1685	Aufhebung des Edikts von Nantes
1789	Abbé Sieyès: »Qu'est-ce que le Tiers Etat?«

Die Zeit des Absolutismus ist der Höhepunkt der königlichen Staatsgewalt, zugleich aber zerfällt die ständische Ordnung infolge der wirtschaftlichen und sozialen Veränderungen. Die Gedanken der Aufklärung, die die Französische Revolution durchsetzen will, führen noch nicht zu einer dauerhaften Staatsordnung in Frankreich, werden aber richtungweisend für das Europa des 19. Jahrhunderts.

Kardinal Richelieu (1585–1642) übernimmt 1624 unter dem schwachen Ludwig XIII. (1610–1643) die Leitung des Staats. Seine Ziele sind die absolute Macht des Königs (gegen Protestanten und Adel) und die Hegemonie in Europa, v. a. gegen Spanien-Habsburg. Nach der Einnahme von La Rochelle 1628 beseitigt er die politische Sonderstellung der Hugenotten, nicht jedoch die Glaubensfreiheit. Er unterdrückt die Opposition des Hochadels und richtet eine straffe Provinzverwaltung ein. Auf seine Initiative wird 1635 die »Académie Française« zur Förderung von Kunst und Wissenschaft gegründet. Im selben Jahr tritt Frankreich offen in den Dreißigjährigen Krieg ein; bis dahin unterstützte es die reformierten (!) Schweden. **Richelieu**

Für den unmündigen Ludwig XIV. (*1638) übernehmen seine Mutter Anna und Kardinal Mazarin die Staatsgeschäfte. 1648 erhebt sich die Fronde (d. h. Parlement und Bevölkerung von Paris, denen sich der Hochadel anschließt) gegen die Königsgewalt und dessen Zentralisierung von Verwaltung und Steuerpolitik; 1653 niedergeschlagen. **1643–1660**

Höfischer Prunk: Ludwig XIV. veranstaltet 1662 in den Tuilerien ein »Grand Carrousel«, ein Reiterspiel mit über 1000 Teilnehmern und 15 000 Zuschauern.

Zweifacher Triumph über Habsburg: Im Westfälischen Frieden 1648 erhält Frankreich dessen Besitzungen im Elsass; der Pyrenäenfrieden 1659 beendet den Krieg mit Spanien, dessen Macht gebrochen ist. Frankreich steigt zur europäischen Großmacht auf.

Herrschaft des Sonnenkönigs Nach dem Tod Mazarins 1661 herrscht der »Sonnenkönig« Ludwig XIV. allein. Unter ihm erreicht der Absolutismus seine größte Macht, der Hof in Versailles wird zum Vorbild der aristokratischen Gesellschaft Europas. Kunst und Architektur des Barocks, die klassische Literatur (Corneille, Racine, Molière, La Fontaine), Philosophie (Descartes, Pascal) und Malerei (Poussin, Watteau) erleben eine Hochblüte. Die Finanz- und Wirtschaftspolitik (Merkantilismus) unter Colbert und die Reorganisation des Heereswesens durch Louvois schaffen die Voraussetzungen für Eroberungskriege, meist unter dem Vorwand fingierter Erbansprüche: 1667–1668 »Devolutionskrieg« gegen die spanischen Niederlande; 1672–1678 Krieg gegen Holland, im Frieden von Nimwegen erhält Frankreich die Freigrafschaft Burgund und Grenzgebiete in Flandern. Gewaltsame Annexion (»reunion«) elsässischer Orte ab 1679; 1681 Besetzung von Straßburg. Die Aufhebung des Edikts von Nantes 1685 veranlasst eine halbe Million Hugenotten zur Flucht. Im Spanischen Erbfolgekrieg 1701 bis 1714 erleidet Ludwig schwere Niederlagen gegen die Große Allianz mit Kaiser und Reichsfürsten, Spanien, Schweden, England, Holland und Savoyen. Im Frieden von Utrecht (1713/1714) wird Philipp V., der Enkel Ludwigs XIV., als König von Spanien anerkannt; die beiden Länder dürfen jedoch nie vereint werden, außerdem verliert Frankreich große Teile seiner Kolonien an England. 1715 stirbt Ludwig XIV.; die ständigen Kriege und die verschwenderische Hofhaltung haben die Wirtschaft des Landes ruiniert (riesige Staatsverschuldung, Verarmung der Bauern).

Die Schwächen des absolutistischen Systems, das den Anforderungen der Zeit nicht mehr entspricht, forcieren den **Verfall des Ancien Régime**. Der Autoritätsverlust der Krone unter dem unfähigen Ludwig XV., außenpolitische Misserfolge und Verschwendung bei katastrophalen finanziellen Verhältnissen provozieren grundsätzliche Kritik. Die Feudalordnung (u. a. Steuerfreiheit des Adels und des Klerus) ist Hauptursache für die Spannungen unter den Ständen. Das reiche Bürgertum, das mehr politische Rechte verlangt (Abbé Sieyès, »Qu'est-ce que le Tiers Etat?«), übernimmt die Führung im Kampf gegen König, Adel und Kirche. Wirtschaftskrisen mit großer Arbeitslosigkeit und Hungerepidemien aufgrund von Missernten führen zur Verarmung der Kleinbürger und Bauern. Die Kritik am Ancien Régime wird auch von den Ideen der Aufklärung (Enzyklopädisten; Voltaire, Montesquieu, Rousseau u. a.) und den Unabhängigkeitskriegen in Nordamerika gefördert. Unter Ludwig XV. (* 1710, reg. 1723 – 1774) versucht der Schotte John Law, die Finanznot durch Währungsspekulationen zu beheben; der Zusammenbruch des Bank- und Geldsystems 1720 halbiert die Staatsschulden und heizt die Inflation an. Durch lange Friedenszeiten nehmen Handel und Gewerbe Aufschwung, während die arbeitende Bevölkerung, insbesondere auf dem Land, weiter verarmt. Die Unterstützung im Polnischen Thronfolgekrieg 1733 –1738 bringt Frankreich die Anwartschaft auf Lothringen, das 1766 nach dem Tod von Stanisław Leszczyński, dem vertriebenen polnischen König und letzten Lothringer Herzog, französisch wird. Unter König Ludwig XVI. (1774 – 1789) eskalieren die Finanzprobleme. Die Reformversuche seiner Finanzminister scheitern am massiven Widerstand der privilegierten Stände Adel und Klerus. Offenkundig wird jedoch erstmals die Zerrüttung der Staatsfinanzen. Um Maßnahmen zur Beseitigung des Defizits einzuleiten, ruft Ludwig XVI. im August 1788 die **Generalstände** für den Mai 1789 ein; am 16. August wird der Staatsbankrott erklärt.

Auf dem Weg zur Revolution

Französische Revolution

14.7.1789	Sturm auf die Bastille
3.9.1789	Konstitutionelle Monarchie
10.8.1792	Gefangennahme der Königsfamilie
21.1.1793	Enthauptung Ludwigs XVI.
6.4.1793	Wohlfahrtsausschuss: Schreckensherrschaft
23.9.1795	Direktorium

Errichtung der konstitutionellen Monarchie

Die Generalstände treten am 5. Mai 1789 in Versailes zusammen. Der Dritte Stand, das Bürgertum, erklärt sich am 17. Juni zur Nationalversammlung und schwört am 20. Juni im Ballhaus, erst auseinanderzugehen, wenn der König eine Verfassung angenommen hat. Lebensmittelknappheit, die Entlassung des populären Finanzministers Necker und Gerüchte über eine Auflösung der Nationalversammlung führen zum **Sturm der Bastille** am 14. Juli. Viele Adlige emigrieren, darunter der Bruder Ludwigs XVI., später Ludwig XVIII. und Karl X. In Juli/August »Grande Peur«: Bauern plündern Herrensitze und zerstören die Dokumente über ihre Abgabenlasten. Die Nationalversammlung hebt am 4./5. August die Feudalrechte inkl. des Kirchenzehnten auf und proklamiert am 26. August die Bürger- und Menschenrechte. Das Pariser Volk zwingt Ludwig XVI. am 5. Oktober zur Übersiedlung in die Tuilerien. Politische Klubs entstehen: radikale Jakobiner (Robespierre, Saint-Just), radikale Cordeliers (Danton, Desmoulins, Marat), gemäßigte Feuillants (Bailly, Lafayette) u. a. Die Gesetzgebende Versammlung steht unter einer Mehrheit der gemäßigten »Girondisten«. Der Fluchtversuch Ludwigs XVI. 1791 (am 20. Juni in Varennes entdeckt) und die Niederschießung einer Kundgebung auf dem Marsfeld durch Lafayette bewirkt weitere Radikalisierung. Die Verfassung vom 3. September verkündet die konstitutionelle Monarchie. Mit der Kriegserklärung an Österreich im April 1792 beginnen die sog. Revolutionskriege.

Herrschaft des Konvents und »Terreur«

Aufgrund der Bedrohung durch die Heere der europäischen Fürsten stürmt das Volk die Tuilerien; am 10. Aug. 1792 wird die königliche Familie gefangengesetzt und damit die Monarchie gestürzt. Die Agitation Dantons und Marats löst Lynchjustiz an ca. 1200 Gefangenen aus (Septembermorde). Am 22. Sept. 1792 Ausrufung der Ersten Republik durch den Konvent mit radikaler Mehrheit. Nach der Kanonade von Valmy (20. Sept.) Rückzug des preußischen Heers; die Revolutionsarmee erobert Belgien und besetzt das linke Rheinufer. Ab 11. Dez. Prozess gegen den »Bürger Capet« (Ludwig XVI.), das Todesurteil wird am 21. Jan. 1793 auf der Guillotine vollstreckt. Royalistische Aufstände in der Vendée, der Bretagne und in großen Städten werden im Frühjahr 1793 mit Hunderttausenden von Opfern niedergeworfen. Weitere Radikalisierung: Girondisten werden hingerichtet, am 6. April 1793 wird der »Wohlfahrtsausschuss« unter Robespierre geschaffen. **Schreckensherrschaft** (»Terreur«); ein Revolutionstribunal lässt Tausende Verdächtige hinrichten, auch Königin Marie-Antoinette. In den Provinzen schreckliche Strafaktionen durch die Konventskommissare, u. a. in Nantes und Lyon. Einführung von Höchstpreisen für Grundnahrungsmittel, Ersatz des Christentums durch den »Kult der Vernunft«. Nach militärischen Niederlagen stellt Carnot ein Volksheer auf (ab 23. Aug. Wehrpflicht, »levée en masse«). Mit dem Sturz und der Hinrichtung Robespierres im Juli 1794 endet die Schreckensherrschaft. Im Konvent gewinnen gemäßigte Republikaner wieder die Oberhand.

Der Sturm auf die Bastille (Lithografie, um 1840)

Direktorium

Im Sept. 1795 wird die Direktorialverfassung verkündet, der Konvent löst sich auf. Ein Zensus-Wahlrecht sichert die Macht des reichen Bürgertums. Das Direktorium mit 5 Mitgliedern ist zu schwach, um die Wirtschafts- und Finanzkrise zu lösen (Staatsbankrott im Sept. 1797); Aufstände von rechts (Royalisten) und links (Sansculotten, Babeuf) werden niedergeschlagen.

Aufstieg und Fall Napoléon Bonapartes

1796	Bonaparte General der Italien-Armee
1799	Staatsstreich, Erster Konsul
1804	Kaiser Napoleon I.
1814	Abdankung, Exil auf Elba
1815	»Hundert Tage«, Verbannung nach St. Helena

Erste Koalition gegen Frankreich

Der aus Korsika stammende General Napoléon Bonaparte, ab März 1796 Kommandeur der Italien-Armee, besiegt die Österreicher und erobert die Lombardei (Frieden von Campo Formio im Okt. 1797). Die Cisalpinische Republik (Mailand) und die Ligurische Republik (Genua) werden errichtet, 1798 die Schweiz zur Helvetischen Republik erklärt, der Kirchenstaat zur Römischen Republik und Neapel zur Parthenopäischen Republik. In der »Ägyptischen Expedition«, die gegen England gerichtet ist, besiegt Bonaparte die Mamelucken bei den Pyramiden; die französische Flotte wird aber 1798 bei Abukir von der britischen unter Admiral Nelson vernichtend geschlagen.

Staatsstreich

Nach abenteuerlicher Flucht aus Ägypten löst Bonaparte in einem Staatsstreich 1799 das Direktorium auf – »Die Revolution ist zu Ende« – und wird durch Plebiszit zum Ersten Konsul auf zehn Jahre ernannt. Er zentralisiert die Verwaltung, ermöglicht die Rückkehr der Emigranten und bindet die katholische Kirche durch ein Konkordat (1801) an den Staat.

Zweite Koalition gegen Frankreich

Nach Niederlagen am Oberrhein 1799 und in Oberitalien siegt Frankreich 1800 bei Marengo und Hohenlinden. 1801 Friede von Lunéville zwischen Frankreich und Österreich, das linke Rheinufer bleibt französisch. Eine Volksabstimmung verlängert das Konsulat Bonapartes auf Lebenszeit. Am 2. Dez. 1804 krönt er sich in der Pariser Notre-Dame in Gegenwart des Papstes zum Kaiser Napoleon I. Das Recht wird im **Code Civil** (Code Napoléon) vereinheitlicht.

Eroberung Festlandeuropas

Teils durch Interessengegensätze im europäischen Umfeld motiviert, in erster Linie aber aufgrund seines krankhaften Machthungers führt Napoleon bis 1815 Eroberungsfeldzüge fast in ganz Europa. Nach spektakulären Erfolgen richtet er abhängige Staaten ein, meist unter

Napoleon Bonaparte (J. L. David)

der Herrschaft eines seiner Brüder, Schwäger oder Generäle. Er kann kein dauerhaftes politisches System etablieren; dazu kommt die wirtschaftliche Erschöpfung durch die Kriegskosten. Nationale Aufstände münden in die **»Freiheitskriege«**, in denen Napoleon schließlich vertrieben wird. Nach der siegreichen Völkerschlacht bei Leipzig 1813 marschieren die Verbündeten 1814 in Paris ein. Am 6. April 1814 dankt Napoleon ab; er erhält Elba als Fürstentum. Mit Ludwig XVIII. kehren die Bourbonen auf den Königsthron zurück. Im Wiener Kongress (Sept. 1814 – Juni 1815) versuchen die europäischen Fürsten, den Stand vor der Revolution wiederherzustellen; sie ordnen die Territorien neu und unterdrücken freiheitliche Bestrebungen. Der Erste Pariser Frieden beschränkt Frankreich auf die Grenzen von 1792.

Hundert Tage

Napoleon kehrt 1815 nach Frankreich zurück (»Herrschaft der Hundert Tage«). Er verliert die Schlacht bei Waterloo (bei Brüssel) gegen die Preußen und Briten und wird auf die britische Südatlantikinsel St. Helena verbannt, wo er 1821 stirbt. Im Zweiten Pariser Frieden (Nov. 1815) wird Frankreich auf die Grenzen von 1790 reduziert.

Von der Restauration zum Ersten Weltkrieg

1814 – 1848	Restauration der Monarchie
1848 – 1870	Februarrevolution 1848, Zweite Republik. 1851 Staatsstreich, Zweites Kaiserreich bis 1870
1870/1871	Deutsch-Französischer Krieg
1870 – 1914	Ausrufung der Dritten Republik (bis 1940) Pariser Weltausstellung 1889: Eiffelturm

Im 19. Jh. wird die Geschichte Frankreichs durch die Auswirkungen der Revolution und die umwälzenden Fortschritte von Technik und Industrie bestimmt. Die Revolutionen der Jahre 1830 und 1848 lösen auch in den meisten europäischen Ländern politische Veränderungen aus. Nach 1850 verfolgt der französische Staat dieselbe imperialistisch-kolonialistische Politik wie die anderen Großmächte.

Die Zeit bis 1830 ist durch den Konflikt zwischen den Anhängern des Ancien Régime, den Verteidigern der revolutionären Errungenschaften und der immer radikaleren Arbeiter- bzw. Unterschicht geprägt. Ludwig XVIII. (1814 – 1824) erlässt 1814 die Charte Constitutionelle (Verfassung), die auf Ausgleich bedacht ist, aber auch die

Restauration

Côte d'Émeraude   4449. **DINARD.** - La Cale - Au loin, Saint-Malo - G. F

In Dinard warten Ende des 19. Jh.s Kutscher auf neue Gäste.

Privilegien des Adels und der Besitzenden sichert. Verfolgung der Jakobiner und Bonapartisten im »terreur blanche« (1815). Karl X. setzt die zunehmend reaktionäre Politik fort; 1825 entschädigt er die adligen und anderen Emigranten. Die Aufhebung der Pressefreiheit, die Auflösung der Kammer und eine Wahlrechtsänderung führen 1830 zur Julirevolution, Karl dankt ab. Der liberal-großbürgerliche Herzog Louis-Philippe von Orléans wird zum König gewählt (»Bürgerkönig«). Mit der wachsenden Armut des Proletariats breiten sich sozialistische Ideen aus (Fourier, Proudhon, Blanc, Blanqui); von 1843 bis 1848 lebt Karl Marx in Paris. Die Probleme führen zusammen mit der Unzufriedenheit über das Zensuswahlrecht 1848 in Paris zur Februarrevolution, Louis-Philippe geht ins Exil, Frankreich wird Republik (Zweite Republik). Die Schließung der Nationalwerkstätten führt zum Arbeiteraufstand in Paris, der blutig niedergeworfen wird (Juni 1848). Prinz Louis Napoléon, Neffe Napoleon Bonapartes, wird zum Präsidenten der Republik gewählt.

Julimonarchie ►

Zweite Republik ►

Zweites Empire Staatsstreich Louis Napoléons im Dez. 1851. Zunächst Präsident auf 10 Jahre, lässt er sich ein Jahr später durch Volksabstimmung als Kaiser Napoleon III. bestätigen (»plebiszitärer Cäsarismus«). Gestützt auf Armee und katholische Kirche, fördert er industrielle Entwicklung und Sozialpolitik (Schwerindustrie, Eisenbahnbau, Städtebau, Neugestaltung von Paris unter dem Präfekten Haussmann ab 1853) und unterstützt die nationalen Einigungsbewegungen in Europa.

Deutsch-Französischer Krieg Der Konflikt um eine hohenzollerische Thronkandidatur in Spanien führt zum Deutsch-Französischen Krieg 1870–1871. Als Napoleon III. in der Niederlage bei Sedan (1. Sept. 1870) in deutsche Gefangenschaft gerät, wird in Paris die Dritte Republik ausgerufen. Das ausgehungerte Paris ergibt sich am 28. Jan. 1871; schon am 18. Jan. war in Versailles das deutsche Kaiserreich proklamiert worden. Der Aufstand der **Pariser Commune** wird im Mai von Mac-Mahon mit Unterstützung durch die deutschen Besatzer niedergeschlagen; ca. 30 000 Einwohner kommen dabei um. Im Frieden von Frankfurt verliert Frankreich Elsass-Lothringen an das Deutsche Reich.

Dritte Republik Die Dritte Republik (1870–1940) ist bis zum Ersten Weltkrieg durch wirtschaftliche Konsolidierung (»Belle Epoque«), Entstehung von Arbeiterorganisationen, Fortführung der Kolonialpolitik und wachsenden Nationalismus (Vergeltung für 1871) gekennzeichnet. In Paris finden Weltausstellungen statt, zur Hundertjahrfeier der Revolution 1889 errichtet man den Eiffelturm. Der jüdische Offizier Dreyfus wird 1896 der Spionage für Deutschland bezichtigt, aufgrund gefälschter Dokumente verurteilt und erst 1906 rehabilitiert. Diese »Affäre Dreyfus« stärkt den »Bloc républicain« gegen die nationalistisch-klerikal-konservative Opposition, der 1905 auch das Gesetz über die Trennung von Staat und Kirche durchsetzen kann. Blériot überfliegt 1909 als Erster den Ärmelkanal.

Erster Weltkrieg und Zwischenkriegszeit

1914–1918	Erster Weltkrieg
1919	Vertrag von Versailles
1930	Frankreich räumt das Rheinland
1938	Münchner Abkommen

Frankreich, insbesondere seine Nordhälfte, ist in beiden Weltkriegen ein Hauptschauplatz. Nach dem Versailler Vertrag tragen das Sicherheitsbedürfnis Frankreichs und Interessen der anderen Länder dazu bei, dass eine Neuordnung Europas nicht zustande kommt.

Am 3. Aug. 1914 erklärt das Deutsche Reich Frankreich den Krieg. In der Marne-Schlacht im Sept. hält ein französischer Gegenangriff den Vorstoß der Deutschen auf; Übergang vom Bewegungs- zum Stellungskrieg. 1916 tobt die Schlacht bei Verdun, die auf beiden Seiten je ca. 400 000 Tote fordert. Im Juli 1918 beginnt die letztlich erfolgreiche Gegenoffensive unter Marschall Foch; im Nov. wird in Compiègne der Waffenstillstand unterzeichnet. **Erster Weltkrieg 1914–1918**

Die Schäden, die Frankreich erlitten hat, sind gewaltig: über 1,3 Mio. Tote, 3 Mio. Invalide, ganze Landstriche verwüstet, riesige Auslandsschulden, zerstörte Industrieanlagen und Infrastruktur. Im **Frieden von Versailles** 1919 erhält Frankreich zwar den Hauptanteil an den deutschen Reparationen, Elsass-Lothringen, die Wirtschaftshoheit über das Saargebiet und die befristete Besetzung des Rheinlands; doch wird dies als unzureichend empfunden (»L'Allemagne payera«). Die Außenpolitik unter Clemenceau und Poincaré fährt daher gegenüber Deutschland eine harte Linie, während die USA unter Präsident Wilson auf einen »vernünftigen« Frieden setzen. Mit der Räumung des Ruhrgebiets 1925 beginnt unter den Außenministern Aristide Briand und Gustav Stresemann eine kurze Epoche der französisch-deutschen Verständigung. In den Verträgen von Locarno 1925 garantiert Deutschland die Unverletzlichkeit der französischen Ostgrenze, 1930 räumt Frankreich das Rheinland vorzeitig und stimmt der Herabsetzung der deutschen Reparationen zu. Dennoch wird 1929 mit dem Ausbau der Maginot-Linie begonnen (► Special S. 390). **Versailles und danach**

Die Wirtschaft erlebt aufgrund der großen Nachfrage einen Boom, 1924 hat die industrielle Produktion wieder den Stand von 1913 erreicht. Als die großen Kriegsgewinnler gelten die »200 Familien«, die 200 größten Aktionäre der französischen Staatsbank. Auch Frankreich erlebt seine »Roaring Twenties«, insbesondere in Paris mit seiner intellektuellen Avantgarde und seiner freigeistigen Atmosphäre, vom Jazz bis zu Josefine Baker. Der Ausfall eines großen Teils der Männer hat zur Folge, dass viele Frauen arbeiten und größere Unab- **Frankreich im Inneren** hängigkeit gewinnen; 1938 erhalten die Frauen die gesetzliche Mündigkeit, das Wahlrecht erst 1945. 1936 erlässt die linke Regierung von Léon Blum fortschrittliche Sozialgesetze, u. a. 40-Stunden-Woche und bezahlter Urlaub – der Beginn des Massentourismus.

Vom Zweiten Weltkrieg zur Vierten Republik

1940	Deutsche Truppen besetzen Frankreich.
1944	Landung der Alliierten in der Normandie
1945	Deutsche Kapitulation. De Gaulle Regierungschef
1946–1958	Vierte Republik

Zweiter Weltkrieg 1939–1945 Nach dem deutschen Überfall auf Polen erklärt Frankreich am 3. Sept. 1939 Deutschland den Krieg. Doch erst ab 10. Mai 1940 (»drôle de guerre«) stoßen deutsche Panzer die Maginot-Linie umgehend durch Belgien vor, kesseln die Alliierten in Dünkirchen ein und besetzen am 14. Juni Paris, das kampflos übergeben wird. Waffen-

Landung der Alliierten in der Normandie im Juni 1944

stillstand in Compiègne (22. Juni); Frankreich wird in **ein besetztes und ein unbesetztes Gebiet** geteilt. Die mit dem Dritten Reich »kollaborierende« Regierung des Verdun-Helden Pétain nimmt ihren Sitz in Vichy. In London bildet General de Gaulle eine Exilregierung und die Forces Françaises Libres; in Frankreich kämpft der Widerstand (Résistance) gegen Besatzer und Kollaborateure. Im reaktionär-antirepublikanischen Vichy-Regime kommt der traditionelle französische Antisemitismus zum Tragen; ohne deutschen Druck werden Juden Repressalien ausgesetzt, in Lagern interniert und an die Nazis ausgeliefert. Elsass und Lothringen werden deutsche Gaue, die Männer eingezogen – nicht nur an die Ostfront, sondern auch zum Einsatz in Frankreich. Am 6. Juni 1944 landen die Alliierten in der Normandie. Die Alliierten gewähren de Gaulle die Ehre, am 25. August im Triumphzug in Paris einzumarschieren. Am 7. Mai 1945 wird im alliierten Hauptquartier in Reims die Kapitulation unterzeichnet.

De Gaulle wird in der Stabilisierung der Verhältnisse zur großen Integrationsfigur. Im September 1944 bildet er eine »Regierung der Einmütigkeit«. Die Rache an Kollaborateuren und Vichy-Anhängern (»épuration«), die in der ersten Zeit ohne Urteil hingerichtet werden, wird in legale Bahnen gelenkt; etwa 10 000 Todesurteile werden vollstreckt. Die wirtschaftliche Situation ist katastrophal; die deutschen Besatzer haben das Land ausgebeutet, Infrastruktur wie Brücken und Bahnstrecken, Zigtausende Häuser und Fabriken sind zerstört. Im Oktober 1945 wird De Gaulle Regierungschef; er tritt allerdings im folgenden Januar zurück, da das Parlament seine Vorstellungen von einer zentralen Rolle des Staatspräsidenten ablehnt.

Erste Regierung De Gaulle

Schon 1945 tritt de Gaulle nach Reisen durch die französische Besatzungszone dafür ein, »etwas Neues aufleben zu lassen«. Neben dem Gedanken der **deutsch-französischen Aussöhnung** ist die eigene Sicherheit ein wesentlicher Faktor der französischen Politik; beides versucht man durch die Schaffung eines europäischen Systems zu vereinen (1949 Europarat, 1951 Europäische Gemeinschaft für Kohle und Stahl, 1957 Europäische Wirtschaftsgemeinschaft). Große Verdienste erwerben sich in diesem schwierigen Prozess v. a. Robert Schuman, Jean Monnet und Pierre Pflimlin, so wie die jeweiligen Staatspräsidenten und Bundeskanzler – de Gaulle/Adenauer, Pompidou/Brandt, Giscard d'Estaing/Schmidt und Mitterrand/Kohl – Meilensteine der Freundschaft setzen. 1963 wird der »Elysée-Vertrag« geschlossen, der eine enge politische, wirtschaftliche und gesellschaftliche Partnerschaft begründet.

Aussöhnung mit Deutschland

Im Oktober 1946 wird in einem Referendum eine neue Verfassung angenommen. Aufgrund des Verhältniswahlrechts und der Zerstrittenheit der Blöcke und Koalitionen verzeichnet man in 13 Jahren 25 Kabinette. Banken, Versicherungen, Autobauer und Energieunternehmen werden verstaatlicht. 1949 Beitritt zur NATO und zum Eu-

Vierte Republik 1946 – 1958

roparat. In den 1950er-Jahren beginnt ein Wirtschaftsboom, der bis zur Ölkrise 1974 anhält. Die Geburtenrate steigt steil an, nach der Konsolidierung der Schwerindustrie auch der private Konsum.

Fünfte Republik

ab 1958	Fünfte Republik unter Charles de Gaulle
Mai 1968	Studentenunruhen und Generalstreik
1969 – 1974	Staatspräsident Georges Pompidou. »Modernisierung« Frankreichs
1981 – 1994	Staatspräsident François Mitterrand
1994 – 2007	Staatspräsident Jacques Chirac
seit 2007	Staatspräsident Nicolas Sarkozy

Politische Grund-
strukturen

Mit der Verfassung von 1958 und der Direktwahl des Staatspräsidenten, die de Gaulle 1962 durchdrückt, sind die politischen Strukturen geschaffen, die bis heute gelten. Die zunächst auf die Persönlichkeit de Gaulles zugeschnittene Mischung aus präsidialem und parlamentarischem System wird von seinen Nachfolgern bis heute beibehalten. Die ungebrochene Tendenz, Personen anstelle von Programmen zu wählen, setzt die ebenso ungebrochene Bewunderung für Napoleon fort; die »grandeur« der Nation und ihres obersten Repräsentanten ist bis heute ein wesentlicher Faktor des Selbstverständnisses und der praktischen Politik. Das Nebeneinander von Staats- und Ministerpräsident, die separat bestimmt werden, führt zu einer komplizierten Parlamentsgeschichte, wobei sich die Konstellationen rasch ändern, bis hin zur **»cohabitation«**, bei der Staats- und Ministerpräsident gegensätzlichen Lagern angehören.

Wirtschaftlich-
gesellschaftliche
Entwicklung

Das Wirtschaftswunder hält von 1945 etwa bis zur Ölkrise 1974 an (»Trente Glorieuses«). Dieser Boom bringt vielen mehr oder weniger großen Wohlstand, hat aber auch Verlierer, die Lebensbedingungen »ganz unten« sind bedrückend. Die Modernisierung der Landwirtschaft lässt Millionen Arbeitskräfte in die Industrie abwandern, ebenso zieht das Wachstum viele Einwanderer an, die geringe Löhne akzeptieren. Die Studentenunruhen und der Generalstreik 1968 machen auf die Probleme des gesellschaftlichen Wandels aufmerksam, denen die etablierte Politik nicht gerecht wird. Mitte der 1970er-Jahre kündigt sich das Ende der Wachstumsgesellschaft an; der Kampf gegen die Rezession beginnt, der unter den diversen Regierungen mit unterschiedlichsten Mitteln geführt wird. Der Produktivitätszuwachs durch Automatisierung und Computertechnik lässt die Arbeitslosenzahlen drastisch steigen; später kommt verschärfend die Globalisierung der Wirtschaft hinzu. Wie in den meisten europäischen Ländern wächst der »untere« Bevölkerungsanteil, der über immer weniger Geld verfügt, im Gegensatz zu den wohlhabenden Schichten.

De Gaulle setzt trotz des gewalttätigen Widerstands der rechten Kolonisten die Unabhängigkeit Algeriens durch. Etwa 800 000 »pieds noirs« siedeln nach Frankreich um. Außen- und sicherheitspolitisch verfolgt de Gaulle die Linie der »Grande Nation«, die gegenüber den USA und UdSSR sowie den anderen europäischen Staaten ein Eigengewicht behauptet: Eine Atomstreitmacht (»force de frappe«) wird aufgebaut, 1966 entzieht Frankreich seine Truppen der NATO. Sein Modell für Europa ist das »Europa der Vaterländer«, die bei Wahrung ihrer Souveränität wirtschaftlich zusammenarbeiten. Die Studentenrevolte im Mai 1968, v. a. in Paris, weitet sich, provoziert durch die brutale Reaktion der Polizei, zu einer schweren politischen Krise aus; 10 Mio. Beschäftigte treten in den Generalstreik. De Gaulle kann die Situation entschärfen, Premierminister Pompidou besänftigt die Arbeiter durch Lohnerhöhung, Anhebung des Mindestlohns und weitere Reformen, in den Parlamentswahlen gewinnen die Gaullisten. Dennoch tritt de Gaulle im Zusammenhang mit der Ablehnung einer Regionalreform im April 1969 zurück; er stirbt 1970.

Charles de Gaulle 1958 – 1969

Sein Nachfolger Pompidou hat das Ziel, das Land zu einer führenden Industrienation zu machen: Ehrgeizige Investitionsprogramme fördern – unter Stärkung regionaler Kompetenzen – Luft- und Raumfahrt (Concorde), Telekommunikation, Atomenergie, Erölraffinerien und Tourismus. Unter seiner Ägide beginnt die architektonische Modernisierung von Paris (u. a. Verlagerung der Halles, Centre Pompidou, La Défense). Außenpolitisch setzt Pompidou mehr auf Annäherung und eine Stärkung Europas; insbesondere stimmt er 1972 dem Beitritt Großbritanniens zur EWG zu. Die Ölkrise ab Ende 1973 trifft auch Frankreich hart; Arbeitslosigkeit, Inflation und soziale Unsicherheit wachsen. Am 2. April 1974 stirbt Pompidou.

Georges Pompidou 1969 – 1974

Giscard d'Estaing hat mit der Rezession ebenso zu kämpfen wie mit dem Fast-Patt in der Nationalversammlung: einerseits Gaullisten (seit 1976 RPR) und Parteien der Liberalen, Mitte und gemäßigten Rechten (seit 1978 UDF), andererseits Sozialisten, Kommunisten usw. Er führt eine Reihe von Reformen durch, z. B. in der Gleichberechtigung: Frauen dürfen ohne Einwilligung des Ehemanns ein Bankkonto eröffnen, sie müssen denselben Lohn wie Männer erhalten.

Valéry Giscard d'Estaing 1974 – 1981

Die Machtübernahme durch die Sozialisten wird mit großen Hoffnungen begrüßt. **Umfangreiche Reformen**: Anhebung von Mindestlohn, Renten, Wohngeld etc., Verkürzung der Arbeitszeit auf 39 Std., fünfte bezahlte Urlaubswoche, Abschaffung der Todesstrafe; außerdem weitere Dezentralisierung (Einrichtung der Regionen). In Paris werden gigantische Bauprojekte begonnen, u. a. Grande Arche, Opéra Bastille, Umbau des Louvre. 1981 wird die TGV-Strecke Paris – Lyon eröffnet. Der Ernst der wirtschaftlichen Lage wird jedoch unterschätzt; die keynesianische Politik und Steuererhöhungen können die Staatsausgaben ebensowenig finanzieren wie die Verstaatli-

François Mitterrand 1981 – 1995

Sarkozy besucht mit Carla Bruni Südafrika (rechts Thabo Mbeki).

chung von Industriekonzernen (u. a. Stahlgruppen Usinor und Sacilor-Sollac), Banken und Finanzholdings. Der Versuch, die katholischen Privatschulen in das öffentliche Schulwesen einzubeziehen, löst 1984 massiven Widerstand und die größte Kundgebung der französischen Geschichte mit über 1 Mio. Teilnehmern aus. Nach den Parlamentswahlen 1986 regiert erstmals ein sozialistischer Staatspräsident mit einem gaullistischen Premierminister (Chirac) und einer Parlamentsmehrheit der Opposition. Zur Stärkung der Wirtschaft wird die Reprivatisierung von 65 Staatsunternehmen angegangen, darunter 41 Banken, Industrie- und Rüstungskonzerne und der Erdölkonzern Elf-Aquitaine. 1992 votieren nur 51,5 % der Franzosen für den Vertrag von Maastricht, der eine europäische Währung schaffen soll. Die Banque Nationale de Paris (BNP) wird privatisiert.

Jacques Chirac 1995 – 2007 Im Mai 1995 wird der Neogaullist Jacques Chirac Staatspräsident. Sein Versuch, die Staatsausgaben durch Verkleinerung des öffentlichen Sektors zu verringern, stößt auf massiven Widerstand. Vor dem Hintergrund hoher Arbeitslosigkeit und sich verschärfender sozialer Probleme werden ein neues Einwanderungsrecht verabschiedet und die 35-Stunden-Woche eingeführt. Am 1. Januar 2002 ersetzt der Euro den Franc. Im Juni 2004, zum 60. Jahrestag der Invasion in der Normandie, nimmt mit Gerhard Schröder zum ersten Mal ein deutscher Bundeskanzler an den Gedenkfeiern teil.

Die Präsidentschaftswahlen im Mai 2007 gewinnt Nicolas Sarkozy, Kandidat der konservativen gaullistischen UMP. Der 1955 geborene Sohn eines ungarischen Kleinadligen und Rechtsanwalt hat eine steile Karriere hinter sich: von 1983 bis 2002 Bürgermeister von Neuilly-sur-Seine, einem feinen Vorort von Paris, 1993 – 1995 Haushaltsminister der Regierung Balladur, 2002 – 2004 Innenminister und im selben Jahr einige Monate Superminister für Wirtschaft, Finanzen und Industrie. Hat er, u. a. mit dem Slogan »Alles wird möglich«, die sozialistische Konkurrentin Ségolène Royal knapp geschlagen, so sind ein Jahr später zwei Drittel der Franzosen mit ihm unzufrieden. Dies allerdings weniger wegen seiner Law-and-order-Gesinnung – 2005 machte sein Spruch Schlagzeilen, man müsse die Kriminalität in den Pariser Banlieues mit dem Kärcher-Hochdruckreiniger angehen. Negativ vermerkt wird sein persönlich wie politisch wenig stilvolles Auftreten, das die Würde des Präsidentenamts beschädige (er wurde schon »Président Bling-Bling« getauft, d. h. etwa »Proll-Präsident«), und dass seine forschen Reformvorhaben und vollmundigen Versprechungen nicht die propagierten Effekte haben.

Nicolas Sarkozy seit 2007

Kunst und Kultur

Frankreich – das gilt besonders für seine Nordhälfte – ist ein Kulturland par excellence. Großartige Bauwerke prägen Städte und Dörfer oder liefern herrliche Kontrapunkte zur Landschaft. Weltberühmte Museen dokumentieren die überragende Rolle Frankreichs in der Kunstgeschichte. Und nicht zuletzt sind die Traditionen der vielfältigen Volkskultur überall lebendig.

Kunstgeschichte

Von der Antike bis ins Mittelalter waren für die kulturelle Entwicklung Frankreichs der Süden, der mit den Mittelmeerkulturen in Kontakt stand, und die Mitte des Landes bestimmend. Erst in der Zeit der Gotik, ab 1130/40, übernahm der Norden die führende Rolle. Abseits von Paris liegen in der Ile-de-France, an den großen Flüssen Seine und Loire sowie in Burgund und in der Champagne die Orte, in denen das Mittelalter seine größten Zeugnisse hinterlassen hat. Erst in der Neuzeit setzte sich mit dem Königtum Paris als die Stadt durch, die bis heute die künstlerische Entwicklung dominiert.

Vorgeschichte und Antike

Megalithkultur

Überwiegend in der Jungsteinzeit (ab 7000 v. Chr.) entstanden die Steinsetzungen der Bretagne, v. a. bei Carnac, die immer noch Rätsel aufgeben (► Baedeker Special S. 228). Sie könnten im Zusammenhang mit Bestattungen stehen, die bis 1 km langen Steinreihen oder -kreise werden als Monumentalstraßen zu Heiligtümern interpretiert. Auf Dolmen im Innern von Grabhügeln, etwa im benachbarten Locmariaquer, sind frühe, schwer deutbare Ritzzeichnungen zu sehen.

Keltische Kunst

Bei den Römern hießen die Kelten Gallier, woraus die Bezeichnung für die Bewohner des alten Frankreichs wurde. In Nordburgund wurden 1953 in Vix in der Grabkammer einer Frau bedeutende Beigaben gefunden, darunter Schmuck, Reste eines Wagens und ein 1,64 m hoher, mit figürlichem Relief verzierter Bronzekrater aus Unteritalien (Magna Graecia, um 500 v. Chr.; Museum von Châtillon-sur-Seine). Bei den Ausgrabungen von Bibracte, einem Oppidum auf dem Mont Beuvray, wurden Handwerksprodukte gefunden, die Kontakte mit dem Mittelmeerraum bezeugen. Münzen weisen auf einen weiten Handel; ihre Bilder, stilisierte Herrscherköpfe, Pferde und andere Tiere darstellend, sind Schlüsselzeugnisse der keltischen Symbolwelt. Bei Alise-Ste-Reine (Alesia) in Burgund scheiterte 52 v. Chr. der von Vercingetorix angeführte Aufstand gegen die römischen Invasoren; Ausgrabungen lassen das keltische, später von Römern und Merowingern besiedelte Areal erkennen. Der Nationalstolz des 19. Jh.s hat in der monumentalen Figur des Vercingetorix (► Abb. S. 33) Ausdruck gefunden, die 1856 auf dem benachbarten Mont Auxois aufgestellt wurde. Für die vorrömische Kunst ist das Musée des Antiquités Nationales in St-Germain-en-Laye die große Schatzkammer.

Römisches Erbe

Ab dem 2. Jh. v. Chr. drangen die Römer über Massilia (Marseille) nach Frankreich vor; bis zur Völkerwanderung im 5./6. Jh. prägten

← *Paul Gauguin suchte in Form und Farbe nach neuen Ausdrucksmitteln. 1894 malte er die »Bretonischen Bäuerinnen«.*

römische Verwaltung und Zivilisation das Land. Oft erkennt man in der Anlage der Städte noch die römische Hauptstraße (cardo) und die große Querstraße (decumanus), gelegentlich sind Gebäude oder Monumente erhalten. Im Norden sind nur wenige Zeugnisse erhalten: in Paris Arena und Thermen (Hôtel de Cluny); Reste von Stadtmauern in Angers, Besançon und – die bedeutendsten – in Le Mans; in Autun im nördlichen Burgund, dem »Rom Galliens«, zwei Stadttore und Reste des größten römischen Theaters in Gallien. Das größte erhaltene römische Mosaik in Frankreich ist im südlothringischen Grand zu sehen, in Reims die 33 m hohe Porte de Mars (3. Jh.), Ausgrabungen am Forum und das Friedhofsareal bei St-Rémi. In Bliesbruck im Norden Lothringens wurde eine Kleinstadt freigelegt. Das bedeutendste Museum zum Thema ist der Pariser Louvre.

Frühes Mittelalter

Frühes Christentum

Das Erbe des frühen Christentums ist spärlich, die kleinen Kirchen der Merowingerzeit wurden fast überall durch größere ersetzt. Zu den ältesten erhaltenen Kirchen zählt St-Pierre-aux-Nonnains in Metz aus dem 7. Jh., deren Fundamente ins 4. Jh. datiert werden. Um 660 entstand der unterirdische Kapellenbau der Abtei Jouarre bei Meaux, in dem gallorömische Kapitele wiederverwendet wurden; bekannt ist dort auch der aufwendig skulptierte Sarkophag des hl. Agilbert aus dem 7./8. Jh., der römische und koptische Elemente verbindet. Besonders eindrucksvoll ist die Geschichte der Krypta von **St-Germain in Auxerre**. Die Kirche wurde Mitte des 9. Jh.s dort errichtet, wo sich das Grab des hl. Germanus und der burgundischen Königin Clothilde befand; Letztere hatte hier Anfang des 6. Jh.s eine Krypta errichten lassen. Die Fresken der Stephanuslegende und der Bischöfe von Auxerre (vor 856) zählen zu den ältesten bekannten mittelalterlichen Wandbildern in Frankreich. Prachtvolle Zeugnisse des Kunsthandwerks sind im Pariser Musée National du Moyen Age (Hôtel de Cluny) zu bewundern.

Karolingische Zeit

Eines der berühmtesten Werke der karolingischen Kleinplastik ist die Reiterfigur Karls des Großen aus der Metzer Kathedrale (Paris, Louvre). Die Kleinbronze zeigt, wie die antike Porträtkunst und das Reitermonument in karolingischer Zeit wieder lebendig wurden. Höchst produktiv waren im 9. Jh. die Metzer Werkstätten in Elfenbeinschnitzerei, Steinschnitt und Buchmalerei. Auch an den großen Klöstern und Hofschulen wie in Reims, Soissons und Tours erlebte die Buchmalerei eine Blüte. Karolingische Bauwerke sind nur spärlich erhalten; Klöster, die von Mitte des 8. bis Ende des 9. Jh.s entstanden, wurden meist später erneuert, so dass nur Mauerreste den Ursprung verraten. Am bekanntesten ist der ältere Teil der Kapelle von Germigny-des-Prés an der Loire, den Bischof Theodulf von Orléans ab 806 errichten ließ. Der Zentralbau zeigt, was in der karolingischen Architektur mehrfach vorkommt, einen überraschend individuellen

Plan: der auf vier Pfeilern ruhende Mittelteil wird schachtartig in eine durch Fenster erhellte obere Zone geführt, eine Lösung, die mit der komplexeren der Aachener Pfalzkapelle Karls des Großen vergleichbar ist. Im Gewölbe der Ostapsis ist ein herrliches Mosaik aus der Ursprungszeit erhalten, das Engel mit der Bundeslade darstellt.

Romanik

Von Anfang des 11. Jh.s bis Mitte des 12. Jh.s entwickelte sich die Romanik, der erste monumentale Baustil seit der Antike, der das christliche Abendland architektonisch einte. Romanisch heißt dieser Stil, weil das Formenrepertoire der Bauelemente auf römisch-spätantike und byzantinisch-orientalische Vorbilder zurückging. Die Gestaltung der Fassade, der Portale und des Innenraums wurde vielfältig variiert, was sich nicht so sehr in den »großen« Baudenkmälern zeigt, weil sie voneinander lernten und sich daher annäherten, als in den kleinen Landkirchen. Romanische Bauten verwenden Elemente, die aus dem Quadrat bzw. Kubus und aus dem Kreis bzw. der Kugel abgeleitet sind: solide gemauerte Wandflächen, Rundbögen und Kalotten, Tonnen- und Kreuzgratgewölbe. Elemente mit diesen Grundproportionen gruppieren sich pyramidenförmig um den Vierungsturm und gliedern den Raum in abgestufte Bauteile. Das Schlicht-Monumentale des romanischen Baus wird durch Ornamentfriese an Wänden, Portalen und Fenstern kontrapunktiert, v. a. aber durch einen Kapitellschmuck von einzigartiger Vielfalt.

Aufgrund liturgischer Erfordernisse bildeten sich zwei wesentliche Formen des Ostabschlusses heraus: als Chor mit Umgang und Kapellenkranz, erstmals in der Pilgerkirche St-Martin in Tours, oder als Chor mit hervorgehobener Haupt- und kürzeren Nebenapsiden, wie er im zweiten Bau der Benediktinerabtei Cluny ausgebildet war. Beide Bauten sind nicht erhalten, ihr Schema kehrt jedoch in anderen Kirchen wieder. Umgangschöre erlaubten einer größeren Zahl Pilger, um den Chor zu wandeln, womit sie den verehrten Heiligenreliquien näher waren. Ein Kapellenkranz oder eine Staffel von Kapellen war in den von einer größeren Zahl von Mönchen, Geistlichen oder Gläubigen besuchten Kirchen die Lösung, gleichzeitig mehrere Messen lesen zu können oder die individuelle Andacht zu ermöglichen

Ihr Zentrum hat die Romanik in Burgund, das in dem in Cluny machtvoll erneuerten Benediktinerorden und in dem 1098 in Cîteaux begründeten Zisterzienserorden Zentren von europäischer Bedeutung besaß. Die **Benediktiner** bauten weithin sichtbare, kunstvoll ausgestattete Abteikirchen. Ihre größte, die dritte Kirche von Cluny (ab 1088), war mit 187 m Länge die größte Europas. Sie wurde nach der Französischen Revolution fast ganz zerstört und teilte damit das Schicksal der Abteikirche von Cîteaux, dem Mutterkloster der Zisterzienser. Elemente der cluniazensischen Architektur sind in den Abteikirchen von Nevers (um 1063–1097), St-Benoît-sur-Loire

Grundzüge der Architektur

Burgund

Ste-Madeleine in Vézelay, ein Meisterwerk der Romanik

(um 1070–1150), La-Charité-sur-Loire (um 1135) und in der Kathedrale von Autun (2. Viertel 12. Jh.) zu erkennen, frühen Meisterwerken des Gewölbebaus. Einen eigenen Klostertyp entwickeln die **Zisterzienser** mit ihrer kompromisslos asketischen Religiosität. Bernhard von Clairvaux, die große Persönlichkeit des Ordens, propagierte einen strengen Stil in der Lebensweise wie in der Ausstattung der Klöster. In den Abteien Fontenay (1139–1147) und Pontigny lässt sich dieses Ideal fassen: strenge, schmucklose Bauten mit turmlosen Kirchen über kreuzförmigem Grundriss.

Champagne, Normandie, Anjou

In der Champagne zählt das Langhaus von St-Rémi in Reims (1005 bis 1049) zu den wichtigsten frühen Zeugnissen der Romanik. In der Normandie war man besonders in der Gestaltung der Hochschiffwände innovativ. Die als malerische Ruine sehr sehenswerte Abteikirche von Jumièges (1040–1067) und die Kirche des Mont St-Michel (um 1035) leiteten ein neues Konzept ein. Die Schwere der Romanik wurde durch immer schlankere Architekturglieder ersetzt; erkennbar wird das Bestreben, höhere Kirchen zu errichten und die Gewölbe durch Rippen zu gliedern. Die Entwicklung in den Klosterkirchen Ste-Trinité und St-Etienne in Caen (beide um 1060–1120) enthält die konstruktiven Gedanken für die folgende Architektur der Gotik. Eine von Zentralfrankreich abweichende Stilrichtung, den Plantagenet- oder Anjou-Stil, zeigt die Kirche St-Serge in Angers, deren zierliche Kuppelarchitektur in dem vom englisch-französischen Adel beherrschten Westen und Südwesten Frankreichs häufig zu sehen ist.

Skulptur und Malerei

Dieselbe plastische Kraft, mit der der Baukörper durchgeformt wurde, erneuerte auch die Bildhauerkunst. Kapitelle wurden mit aufwendigen Reliefs versehen, die Menschen, Tiere, Fabelwesen und Pflanzen auf kleinstem Raum zu drastisch-dramatischen Szenen verschmelzen. Ihr Bildrepertoire, das v. a. in Autun, Vézelay und St-Benôit-sur-Loire in hoher Qualität und großem Umfang erhalten ist, umfasst biblische wie profane Themen. Die burgundischen Bauten sind zudem für ihrer skulptierten Portale, mit Christus als thronendem Weltenrichter im Tympanon, berühmt. In Vézelay ist die in heftige Unruhe gesteigerte Bewegung der Figuren ein erstaunliches Phänomen. Die Wandflächen wurden von Wanderkünstlern mit Szenen aus dem Alten und Neuen Testament sowie Heiligenlegenden ausgemalt. Für die Glasmalerei sind die Fenster der Kathedralen von Le Mans, Angers, St-Denis und Chartres mit ihrer mystischen Leuchtkraft zu nennen. Ein außerordentliches Zeugnis romanischer Bildkunst ist der 70 m lange Bildteppich, der in Bayeux verwahrt wird; er schildert in zeitgenössischer Perspektive die Eroberung Englands durch den Normannenfürsten Wilhelm im Jahr 1066 (►Abb. S. 36).

Gotik

Grundzüge

Italienische Künstler und Kunsthistoriker der Renaissance (Vasari) prägten den Begriff »Gotik« als Schimpfwort für eine Stilform, die sie nicht verstanden. »Gotico« war einfach eine »barbarische« Kunst. Ihren geistigen Hintergrund bildete, als Gegenbewegung zur Scholastik, die Mystik mit ihrem Streben zum Jenseits. Die Produktivität in Architektur, Plastik und Malerei wäre aber auch nicht denkbar ohne die Frömmigkeit der Menschen und die Wirtschaftskraft der aufstrebenden Städte mit ihrem an Macht und Selbstbewusstsein gewinnenden Bürgertum. Man schätzt, dass der Bau von Notre-Dame in Paris 120 Millionen Goldfrancs verschlang, eine horrende Summe.

Bauformen

Die Gotik schuf ein **neues Bausystem** und ein neues Raumgefühl: Die Massen streben in ferne Höhen. Die Mittel dazu sind Spitzbogen, Kreuzrippengewölbe und Strebepfeiler, ihre Verbindung ergab eine zuvor unerreichbare Leichtigkeit. Die Last der Kreuzrippengewölbe wird nach außen auf ein Strebewerk abgeleitet, die Wandflächen werden in ein steinernes Gerüst aufgelöst, das die großzügige Verwendung von Glasfenstern erlaubt. Bündelpfeiler und Dienste (Halbsäulen) gliedern die Wand und ziehen den Blick empor in immer höhere Gewölbe (im unvollendeten Bau von Beauvais fast 50 m hoch). Zudem gibt die bunte Verglasung dem Inneren eine magische Aura. Markantestes Beispiel ist die Fensterrose in den Fassaden, eines der sinnfälligsten Merkmale des neuen Stils. Auch der Außenbau tritt mit demonstrativer Pracht auf, wobei berücksichtigt wurde, dass aus den engen Gassen um die Kirche eine umfassende Sicht auf den Bau versperrt war: Der Gläubige sollte ihn nicht als Gesamtheit aufnehmen, sondern von den himmelstrebenden Linien beeindruckt werden. Die reich gegliederte Hauptfassade, meist im Westen, erhält zwei mächtige Türme und bildet sozusagen ein monumentales Tor.

Die Kathedrale Notre-Dame in Rouen, erbaut Anfang des 13. Jh.s, gilt als eine der schönsten und größten des Landes.

DIE GROSSEN KATHEDRALEN DER GOTIK

Kathedralen prägen das Bild vieler Städte, besonders im Norden Frankreichs. Ihre Errichtung im 12. und 13. Jh. lässt darauf schließen, dass sich das Land damals wirtschaftlich und kulturell in einer Zeit hoher Blüte befand.

Der neue Stil entstand in Nordfrankreich, im französischen Kronland. Die Könige, von Philipp II. Augustus bis zu Ludwig dem Heiligen, setzten mit den Kathedralen Zeichen ihrer christlichen Herrschaft und ihrer Macht. Man kann den Stellenwert des gotischen Stils für die europäische Kunstentwicklung daran ermessen, dass er als erster Stil des Mittelalters gilt, der sich vom Vorbild der Antike löste. Dabei ist eine offene Frage, ob die himmelstrebenden Gewölbe eher als künstlerisch-technische Entwicklung anzusehen sind oder ob das symbolische Verständnis der Kirche als Heiliges Jerusalem (H. Sedlmayr) zu den enormen Leistungen geführt hat. Sicher ist aber, dass die französische Kultur zu jener Zeit in der Scholastik, in Architektur und bildender Kunst, in Literatur und Musik neue, zukunftweisende Errungenschaften zeitigte.

St-Denis bei Paris

Als Gründungsbau der Gotik gilt die Abteikirche von St-Denis, die Grablege der Könige. **Abt Suger**, Kanzler Ludwigs VII., ließ an einer älteren Kirche ab 1137 einen neuen Chor errichten, dessen Umgang mit Kapellenkranz aufgrund der klaren Architektur zum Vorbild wurde. Der gelehrte Abt schrieb, dass der neuartige Bau wegen »seiner geschmackvollen und gepriesenen Erweiterung …, wodurch das Innere im wunderbaren und ununterbrochenen Licht seiner hellen Glasfenster in Schönheit glänzt«, die Zeitgenossen in Erstaunen versetze. Daneben klingt bei Suger auch die Symbolik des Höhenstrebens gotischer Architektur an: »Je höher und besser wir das irdische Kirchengebäude zu errichten versuchen, um so mehr werden wir durch uns selbst geistlich mitberaut zu einer Behausung Gottes.«

Meisterwerke der Gotik

Eine Reihe bedeutender Kathedralen entstand vor und um 1200, im Süden in **Sens** mit einem weiten überwölbten Raum, im Norden in **Laon**, wo im Grundriss des langen, flach schließenden Chors der Einfluss normannisch-

englischer Bauweise erkennbar ist. Am Außenbau dieser von weitem sichtbaren Kathedrale bestechen die zahlreichen Türme. In der Kathedrale **Notre-Dame in Paris** verbindet sich die Frühgotik des Langhauses mit dem fortgeschrittenen Stil der Rayonnant-Gotik im Querhaus. Hauptwerke dieser »strahlenden« (frz. rayonner) Maßwerkkunst sind die Fensterrosen,

am berühmtesten sind dafür die Kathedralen von Chartres, Reims und Amiens. In **Chartres** gelang durch gestufte Strebepfeiler, die den Schub der Gewölbe ableiten, ein schon außen prachtvolles Werk. An den Königsportalen (Abb. ► S. 62) schufen die Bildhauer um 1150 eine neue Kunst, die durch körperhafte Qualität wie durch die Klarheit und

Durchsichtigkeit der Gliederung in eine neue Richtung weist und das bis dahin umfangreichste Bildprogramm mittelalterlicher Bauskulptur darstellt. In der Kathedrale ist der größte Bestand mittelalterlicher Glasmalerei erhalten. Besonders wertvolle und gut sichtbare Glasmalereien besitzt auch der Chor der gewaltigen fünfschiffigen Kathedrale von **Bourges**.

Monumentale Größe zeichnet auch die Kathedrale von **Reims** aus. Die Einheitlichkeit ihres Raums wird vor allem durch die Plastizität der Bauglieder hervorgerufen. Architekturgeschichtlich ist sie bedeutsam, weil hier um 1210 erstmals die Fenster mit Maßwerk geschmückt wurden. In die Zwickel über den Lanzetten wurden Vielpassformen aus dem gut zu bearbeitenden Sandstein der Champagne eingefügt, die sich bald in den Fensterrosen der Fassaden zu erstaunlichen Werken entwickelten. In Reims ist an den Portalen und in den oberen Bereichen des Gebäudes der wichtigste Bestand gotischer Bauskulptur in Frankreich erhalten. Anhand des unterschiedlichen Stils dieser Figuren ist nachvollziehbar, dass hier zwischen 1200 und 1250 mehrere Bildhauer beschäftigt waren. An den Westportalen begegnen neben der antikischen Richtung der Heimsuchungsgruppe der verfeinerte, zierliche Stil des lächelnden Verkündigungsengels oder des hl. Joseph. Von letzterem erhielt die gotische Skulptur in Paris oder Straßburg Anregungen. Auch die berühmten Skulpturen deutscher Dome in Bamberg oder Naumburg zeigen den Einfluss der Reimser Skulptur. Die Bildhauer sind nicht namentlich bekannt, doch wissen wir immerhin durch Grabmäler von Architekten, wie den in der Kathedrale aufgestellten Grabstein von Hugues Libergier († 1263), dass Künstler durchaus zu Vermögen und Ansehen kamen.

Die etwas später erbaute Kathedrale von **Amiens** gilt als eine Synthese der Bestrebungen, die um die Mitte des 13. Jh.s erreicht wurde. In der vertikalen Folge von Arkade, Triforium und Obergaden findet sich der Formenschatz der Hochgotik, die Proportionen des Innenraums sind überaus schlank. An den drei Westportalen entstand eine stilistisch homogene Skulpturengruppe, die ein umfangreiches, planvoll von Christus aus entwickeltes Programm der mittelalterlichen Bilderwelt aufweist. Die weitgehend verlorene ursprüngliche Farbigkeit der Skulpturen wird – heute ein in ganz Frankreich beliebtes Spektakel – in nächtlichen Illuminationen wieder sichtbar gemacht.

Die romanische Architektur der Normandie schuf wichtige Voraussetzungen für das Aufblühen der Gotik. Die wichtigsten Bauten entstanden im französischen Kronland; als erster gilt die Abteikirche St-Denis nördlich von Paris. Seinen Höhepunkt hatte er im 13. Jh., als die meisten großen Kathedralen des Nordens entstanden (Chartres, Laon, Paris, Reims, Amiens, Beauvais, Bourges, Straßburg; dazu die Ste-Chapelle in Paris). Werke der Zeit nach 1250 finden sich im Norden und Westen, insbesondere mit den großen Kathedralen in Rouen, Le Mans und Coutances, letztere eines der schönsten Beispiele der normannischen Hochgotik. Auch das Burgund und die Champagne besitzen bedeutende Kirchen (Dijon, Nevers, Auxerre, Semuren-Auxois, Troyes). Den Endpunkt des gotischen Höhendrangs stellte der Einsturz des Chorgewölbes in Beauvais 1284 dar, wo man 48 m Höhe erreicht hatte und damit einige Meter mehr als sonstwo. Eine Spätform der französischen Gotik ist der **Flamboyant-Stil** (frz., »Flammenstil«, ca. 1400–1550), der seine Gestaltungskraft besonders im kunstreichen Maßwerk entfaltete. Hervorragende Beispiele finden sich etwa in Rouen (St-Maclou), Vendôme (La Trinité) oder Amiens mit der großen Fensterrose.

Entwicklung

Die ritterliche Kultur des Hoch- und Spätmittelalters spiegelt sich in zahlreichen Burgen. Eindrucksvolle Beispiele sind die Ruinen des Château Gaillard an der Seine, das der englische König Richard Löwenherz 1196–1198 erbauen ließ, von Coucy (Bretagne) mit seinem für die Innenarchitektur berühmten Wehrturm (1230–1242; im Ersten Weltkrieg stark beschädigt) oder La-Ferté-Milon (14. Jh.) im Dep. Aisne. Der Aufschwung des Bürgertums zeigt sich im ganzen Land durch die große Zahl von Rathäusern, Justizpalästen, Hospizen und Wohnhäusern, etwa in Paris die Conciergerie (ab 1299), in Bourges das Hôtel Jacques-Cœur (um 1450), in Beaune das Hôtel-Dieu (um 1450) und das Palais de Justice in Rouen (ab 1508).

Profanbauten

Ihre Bedeutung erhalten die Kirchenportale besonders durch die Statuen, die nun – zwar mit der Architektur verbunden – frei im Raum stehen. Die Frauengestalt tritt in den Vordergrund wie in Reims, Paris und Amiens; die Madonna wird zur Dame, die lächelnd Würde ausstrahlt. Besonders deutlich wird der Stil in Chartres, wenn man die steif wirkenden romanischen Figuren der Westfassade mit denjenigen ab 1200 entstandenen Figuren an den Querhausfronten vergleicht. Der größte Meister der Spätzeit ist der Bretone Michel Colombe, sein Hauptwerk das Grabmal in der Kathedrale in Nantes. Beispiele für das bedeutende Kunsthandwerk finden sich in allen größeren Museen und Kirchenschätzen. Die Enclos paroissiaux (Kirchhöfe) der Bretagne, die zwischen 1450 und 1650 entstehen, weisen neben Triumphtor, Kirche, Beinhaus und Friedhof einen mit Skulpturen »bevölkerten« Kalvarienberg auf. Schlüsselwerke der nordeuropäischen Kunst des Spätmittelalters sind in Burgund, das im 15. Jh. von reichen und kunstsinnigen Herzögen regiert wurde,

Skulptur und Malerei

die Kartause von Champmol, die als Grablege der Herzöge mit aufwendigen Tumbengrabmälern und Skulpturen von Claus Sluter ausgestattet wurde, und das Hôtel-Dieu in Beaune, wo der Brüsseler Maler Rogier van der Weyden ein Gemälde mit dem Jüngsten Gericht schuf. Weitere Zeugnisse der gotischen Malerei sind v. a. die Altarmalerei des 15. Jh.s (z. B. im Pariser Louvre und in Beaune) und die herrliche Buchmalerei in den »Stundenbüchern« (Gebetbücher) des 14./15. Jh.s, an denen niederländische Meister arbeiteten (Brüder Limburg u. a.). Großartige Beispiele besitzen die Pariser Nationalbibliothek und das Musée Condé in Chantilly. Auch bei den Bildteppichen zeigt die Gotik ihre Bedeutung; im Louvre und in der Kathedrale von Angers (»Tenture de l'Apocalypse«, 14. Jh.) lassen sich Beispiele eines erstaunlichen Realismus bewundern.

Renaissance

Grundzüge Die »Wiedergeburt« der Antike im 16. Jh., von Humanismus, Reformation und den großen Entdeckungen zu Beginn der Neuzeit geprägt, äußert sich in Frankreich nicht mehr in erster Linie in Sakralbauten, sondern **in der weltlichen Architektur**, insbesondere Schlössern. Schon vor den Kriegszügen der französischen Könige in Italien (ab 1494) drang die Renaissance nach Frankreich vor; in der Folge kamen jedoch vermehrt italienische Künstler ins Land, so unter Franz I. der geniale Leonardo da Vinci, der von 1516 bis zu seinem Tod 1519 in Amboise lebte. Der gotische Spitzbogen weicht dem Rund- und Korbbogen, das Kreuzrippengewölbe der Kassettendecke. Die meisten Schlösser werden um einen rechteckigen Hof angelegt; die Gebäudeflügel sind an den Enden mit Pavillons versehen, die Dächer steil hochgezogen. Wichtigste Zeugnisse sind die Loire-Schlösser (s. u.) mit ihren klaren Linien und Pierre Lescots Neubau des Pariser Louvre, begonnen 1546 (Hoffront).

Architektur Ein Beispiel für die allmähliche Übernahme der Renaissance ist die Pariser Kirche St-Eustache (1532), die den typischen gotischen Gliederbau repräsentiert, im antikischen Dekor aber schon die neue Formensprache zeigt. Der große Kunstmäzen der Zeit war König Franz I., der die unter Karl VIII. begonnenen Schlösser Langeais, Chaumont und Amboise vollendete und dazu Châteaudun, Chenonceaux, Blois, Chambord und Azay-le-Rideau in Auftrag gab. Auch an den Schlössern, etwa bei Chambord mit seiner reich dekorierten Dachlandschaft, sind noch gotische Stilmerkmale zu entdecken. In der Umgebung von Paris entstanden die Schlösser von St-Germain-en-Laye und Fontainebleau. Als geschlossene Stadtarchitektur verdient das unter Heinrich IV. angelegte Marais in Paris mit der schönen Place des Vosges Beachtung, bevorzugtes Wohngebiet des Adels.

Skulptur und Malerei Karl XIII. rief Guido Mazzoni aus Modena, dessen realitätsnahe Figurengruppen aus Ton sehr geschätzt wurden. Die Brüder Giusti, die sich 1513 in Tours niederließen und sich in Juste umbenannten, begründeten eine erfolgreiche Bildhauerdynastie, die immer wieder für den König tätig war. Das Formengut der Renaissance begegnet besonders prägnant am Doppelgrab von Franz II. und Marguerite de Foix von Michel Colombe in Nantes und den drei Königsgrabmälern in St-Denis, die von Mitgliedern der Familie Juste, Philibert de l'Orme und Germain Pilon errichtet wurden. Letztere liefern ein ganzes Panorama französischer Bildhauerkunst der Renaissance von 1516 bis 1571 und vereinen die französische Grabmaltradition des Mittelalters mit der antik inspirierten Ornamentik der Renaissance.

Die antike Mythologie prägte auch die Hauptwerke der Malerei. Franz I., der eifrig italienische Werke von Leonardo bis Raffael sammelte, schuf mit der Galerie in Fontainebleau (1533–1540) die Ausgangsposition für die Entwicklung der französischen Renaissancemalerei. Die hier tätigen italienischen Künstler, der Maler und Stukkateur Francesco Primaticcio und der Manierist Rosso Fiorentino, begründeten die Schule von Fontainebleau, der sich viele französische Maler anschlossen. Das Bildprogramm diente mit allegorisch-mythologischen Szenen der Selbstdarstellung Franz' I. und übertraf selbst die zeitgenössischen humanistischen Ausstattungen in Italien. Die Franzosen Jean Fouquet und François Clouet arbeiteten zwar ebenfalls für Franz I., blieben aber gegenüber der Schule von Fontainebleau weitgehend eigenständig.

Nach dem Vorbild der italienischen Renaissance gestaltet: Hôtel Gouin in Tours

Barock und Klassizismus

Architektur Während in Italien und Deutschland sich eine bewegte Form des Barocks entwickelte, entschied sich Frankreich für die Wiederaufnahme von Formen der griechisch-römischen Antike, die sich vom »classicisme« des 17. Jh.s über den Klassizismus im engeren Sinn, die Revolutionsarchitektur und das Empire bis zum Historismus des späten 19. Jh.s hinzieht. Regency und Rokoko bilden nur Zwischenspiele, die sich zudem auf die Innengestaltung beschränken. Die bedeutendste Bauaufgabe bleibt das Schloss; prachtvolle Beispiele für die Sakralarchitektur sind in Paris die monumentalen Kirchen St-Gervais (Salomon de Brosse, 1621), Eglise de la Sorbonne (J. Lemercier, ab 1635), Val-de-Grâce (François Mansart/Lemercier, ab 1645) und Dôme des Invalides (Jules Hardouin-Mansart, ab 1677).

Eine reiche Bautätigkeit entfalteten in der ersten Hälfte des 17. Jh.s Königin Maria de' Medici mit ihrem Hofarchitekten de Brosse sowie Kardinal Richelieu, der den an römischen Bauten geschulten Jacques Lemercier beschäftigte. Um die Jahrhundertmitte entstand eine Reihe von Adelsschlössern; das berühmteste ist **Vaux-le-Vicomte** (1661), dessen Gestalter – den Architekten Le Vau, den Maler Le Brun und den Gartengestalter Le Nôtre – Ludwig XIV. für seinen Prunkbau **Versailles** engagierte (ab 1661), den Inbegriff absolutistischer Machtarchitektur. Etwa zur selben Zeit bekam der Louvre seine Ostfassade, für die Ludwig XIV. zunächst Lorenzo Bernini berief, den berühmtesten Baumeister Europas; doch man entschied sich gegen den »unfranzösischen« römischen Barock. Nach Plänen von C. Perrault ent-

Französischer Barock: Rathaus in Rennes (um 1740) von Ange-Jacques Gabriel

stand bis 1674 eine mächtige Säulenhalle, die nach der Gotik erstmals wieder einen eigenständigen, nationalen Stil etablierte. Nur in den Räumen triumphierte eine »barocke« Pracht, wie sie Le Brun in Versailles zelebrierte. Nach dem Tod von Ludwig XIV. 1715 räumte Robert de Cotte mit dem schweren Louis-Quatorze auf, weiße Wände bekamen eine leichte Dekoration (Régence). Dies setzte sich fort im Rokoko des Louis-Quinze, gekennzeichnet durch muschelähnliche Ornamente (»rocaille« = »Muschelwerk«); Hauptbeispiele sind der Ovale Salon im Pariser Hôtel de Soubise und die Innengestaltung des Petit Trianon in Versailles. Das einzige große Rokoko-Ensemble Frankreichs, die wunderbare Place Stanislas in **Nancy** (um 1755), hatte einen an deutscher Kunst orientierten Auftraggeber; die »französische« Lösung veranschaulicht die Place de la Concorde in Paris (Ange-Jacques Gabriel, 1763).

Um 1765 wurde mit dem antikisierenden Louis-Seize der eigentliche Klassizismus dominierend (in Paris z. B. St-Sulpice und Pantheon, in Versailles das Petit Trianon). Die sog. Revolutionsarchitektur (C.-N. Ledoux, E.-L. Boullée) entwickelte visionäre Projekte, die auf reinen geometrischen Elementen (Würfel, Kugel, Kegel) beruhten. Die unruhigen Zeiten ließen eine Realisierung jedoch nur ansatzweise zu. Einen bedeutenden Beitrag zur europäischen Kunstgeschichte lieferte die **Gartenarchitektur** von Le Nôtre. Natur begegnet hier als kunstvoll gestaltete Architektur, die mit geometrischen Mustern, Blickachsen und Zielpunkten der Gestaltung des Menschen unterworfen ist.

Malerei

1648 wurde in Paris die königliche Akademie für Malerei und Skulptur gegründet. Damit entstand ein Gegengewicht zur Akademie in Rom, an der die bedeutendsten französischen Maler studiert hatten, darunter Nicolas Poussin, Simon Vouet und der Landschaftsmaler Claude Lorrain. Mit Vouet kam der römisch geprägte Caravaggismus nach Frankreich, den der größte lothringische Barockmaler, Georges de La Tour, in eine eigenständige, rätselhafte Bildsprache überführte. Das Gegengewicht zur Helldunkelmalerei der Caravaggisten bildete die klassizistische Bildsprache der Pariser Maler mit Charles Le Brun als wichtigstem Vertreter; seine pathetischen Gemälde entsprachen ganz dem höfischen Geschmack. Mit dem Tod Ludwigs XIV. 1715 endete eine Kunstepoche, die von der Propaganda des Hofs bestimmt war. Nun entwickelte die Malerei neue Themen: Das Porträt, das Genre und die Fête Galante. In ihnen spiegelt sich das höfische Leben mit seinen Galanterien, Schäferspielen und Vergnügungen in der Natur. François Boucher wird zum Lieblingsmaler der Mme de Pompadour, der Mätresse Ludwigs XV. Das Rokoko wird vorzüglich von J.-A. Watteau repräsentiert, der der verfeinerten Kultur des 18. Jh.s vollendeten Ausdruck gibt; eine ähnlich lockere Pinselschrift besitzt J.-H. Fragonard. In der Genremalerei erschließen J.-S. Chardin und J.-B. Greuze einen neuen Zugang zu den intimen Regungen des Menschen. Als Begründer und Hauptmeister des französischen Klassizismus gilt jedoch Jacques-Louis David, der die Sittenstrenge des alten Roms wiederzubeleben sucht und damit auch zum offiziellen Maler des Nationalkonvents und der Kaiserzeit wird.

Das 19. Jahrhundert

Architektur

»Empire« hieß der in der Tat »imperiale« Stil der Zeit Napoleons. Sein Betätigungsfeld war hauptsächlich die Innenausstattung, die von ägyptisch-pompejanischen Erinnerungen geprägt ist. Ihre Leichtigkeit ist allerdings in den Bauten nicht zu finden, die sich antiker Formen bedienten: in Paris v. a. der nach der Schlacht von Austerlitz 1806 begonnene, erst 1836 vollendete Arc de Triomphe; das 1806 als Ruhmeshalle begonnene, 1840 zur Kirche Madeleine umgewidmete Gebäude; der Arc du Carrousel vor dem Louvre. Georges-Eugène Haussmann realisierte in Paris unter Napoléon III. 1853 – 1870 ein neues Straßensystem mit zentralen Plätzen und breiten Achsen, das die Enge der alten Straßen überwand und die Stadt zu einer Metropole des Industriezeitalters machte. Die Orientierung an alten Stilen weitete sich zum Historismus aus. Große Beispiele sind in Paris die Opéra im Stil der Renaissance von Charles Garnier (1875) und die neobyzantinische Sacré-Cœur auf dem Montmartre. Um die Mitte des Jahrhunderts übernahm man aus England die industrielle Technik der Eisenkonstruktion. Zur Weltausstellung 1889 baute Gustave Eiffel den Eiffelturm; beeindruckend sind in Paris auch die Bibliothèque Ste-Geneviève und die Bahnhofshallen.

? **WUSSTEN SIE SCHON …?**

■ Der Architekt Victor Baltard (1805 – 1874) entwarf die berühmten Markthallen in Paris, die 1855 – 1857 erbaut und rasch im ganzen Land kopiert wurden (»halles de style Baltard«). Vom Original blieb immerhin ein Pavillon erhalten: im östlichen Pariser Vorort Nogent-sur-Marne, genützt als atmosphärereicher Rahmen für Veranstaltungen.

Vom Klassizismus zum Realismus

Ab 1800 entwickeln sich die Pariser Salons zu vieldiskutierten Kunstausstellungen. Die tiefgreifenden Veränderungen der Französischen Revolution und der anschließenden Restauration werden in Bildern kommentiert, die Schlüsselwerke der Zeitgeschichte sind. Berühmt sind z. B. »Der Tod des Marat« (J.-L. David) und das düstere »Floß der Medusa« (Th. Géricault, 1819), das auch als Kritik an Ludwig XVIII. interpretiert wird. Nach der Julirevolution malt Eugène Delacroix, an Rubens geschult, mit breitem Pinsel und leuchtenden Farben ausdrucksvoll-leidenschaftliche Werke (»Die Freiheit auf den Barrikaden«, 1830). Gemäßigter in den Themen war J.-A.-D. Ingres, der den Adel porträtierte und in glänzender Feinmalerei hervorragende Akte schuf. Camille Corot war einer der ersten, die ihre Bilder in Auseinandersetzung mit der freien Natur schufen und dafür ab Mitte der 1830er-Jahre in verschiedenen Teilen Frankreichs arbeiteten, etwa an der Kanalküste oder in Auvers. Befreundet war er mit dem Landschaftsmaler Ch.-F. Daubigny, der mit Théodore Rousseau

*In seinem »Ball im Moulin de la Galette« von 1876 hat Auguste Renoir
ein bezauberndes Lichterspiel eingefangen.*

die Schule von Barbizon begründete; ihre Freiluftmalerei hatte gegen
1830 die Entdeckung der Landschaft zum Programm. Um 1850 wid-
meten sich Jean-François Millet und Gustave Courbet ebenfalls dem
ländlichen Leben, sie richteten ihre Aufmerksamkeit jedoch auf die
Tätigkeit der einfachen Menschen, insbesondere der Bauern. Der
Blick für die Psyche des einzelnen Menschen und ein facettenreiches
Œuvre charakterisieren das Schaffen von Edouard Manet, dem großen intellektuellen Maler in Frankreich nach 1850.

Bei der Arbeit im Freien (Pleinair) entdeckte eine neue Malergenera- **Impressionismus**
tion die große Veränderbarkeit der Farben je nach Beleuchtung und
Umgebung; sie geht dazu über, die subjektive Wahrnehmung festzu-
halten, den Eindruck (franz. »impression«). Claude Monet etwa malt
die Kathedrale von Rouen 28-mal vom (fast) selben Standpunkt aus,
um verschiedene Stimmungen einzufangen. Weitere große Namen
sind Edgar Degas, Auguste Renoir, Camille Pissarro und Alfred Sisley. Dem Impressionismus nahe standen Paul Cézanne, Vincent van
Gogh und Henri de Toulouse-Lautrec, der Maler der Bohème, der
der Plakatkunst wichtige Anregungen gab. Eine Steigerung erfuhr
der Impressionismus mit der Farbzerlegung und Mischung der Farben nach wissenschaftlichen Gesichtspunkten. Was bei Pissarro mit
hingetupften Farben begonnen hatte, wurde von Georges Seurat und
Paul Signac als Pointillismus fortgesetzt: Hier erzeugt das Zusammenspiel der Farbpunkte (franz. »point«) die Impression.

Der wichtigste französische Bildhauer gegen Ende des 19. Jh.s ist Au- **Skulptur**
guste Rodin; seine an der Antike und an Michelangelo geschulte

Kunst fand in den »Bürgern von Calais«, die u. a. vor dem Rathaus von Calais stehen, einen erschütternden Ausdruck menschlicher Größe. Seinen Arbeiten ist das Musée Rodin in Paris gewidmet.

Nach dem Impressionismus Die Gruppe der Nabis (Sérusier, Bonnard, Vuillard) stellten der impressionistischen Formauflösung klare Vorstellungsbilder entgegen, wobei die Farbe ein Eigengewicht erhält. Vergleichbar arbeiten die Symbolisten (u. a. Doré, Moreau) mit ihren irrationalen Themen und fantastischen Visionen im Hell-Dunkel-Kontrast. Paul Cézanne erreicht durch die Identifizierung von Darstellungsgegenstand und Farbe eine eigengesetzliche Bildordnung und neue Wirklichkeit. Die Porträts und Landschaftsbilder des ihm nahestehenden Vincent van Gogh bestechen durch ihre Kraft in den Farben wie im Pinselstrich.

Jugendstil Gegen Ende des 19. Jh.s setzte sich der Jugendstil – in Frankreich **»Art Nouveau«** – gegen den Historismus mit fließenden Formen zur Wehr, die der Natur, insbesondere Pflanzen, abgeschaut wurden. Außer Paris, z. B. mit den Métro-Eingängen von H. Guimard, ist Nancy die französische Stadt des Jugendstils (Musée de l'Ecole de Nancy).

Das 20. Jahrhundert

Les Fauves Neue bildnerische Mittel entwickelten zu Beginn des 20. Jh.s der Fauvismus und der Kubismus. Im Pariser Herbstsalon 1905 stellte eine Gruppe aus, die von einem Kritiker »Les Fauves« (Die Wilden) genannt wurde. Zu dieser stark von Gauguin und van Gogh beeinflussten Gruppe zählten Matisse, Rouault, Vlaminck, Derain, Dufy und Braque; sie legten bei der Wiedergabe von Natureindrücken das Gewicht auf die reine Farbe. Der Fauvismus erwies sich als sehr einflussreich, v. a. in der Entstehung des deutschen Expressionismus.

Kubismus Französische, spanische und russische Maler entwickelten den Kubismus, der Gegenstände und andere Elemente der Realität in einfache Formen (Kubus, Kreis etc.) zerbricht und die Fragmente multiperspektivisch neu kombiniert. Vorreiter waren Georges Braque und Pablo Picasso, später schlossen sich Juan Gris und Fernand Léger an. Der aus Spanien stammende Maler, Bildhauer, Grafiker und Keramiker Picasso, wohl der bedeutendste Künstler des 20. Jh.s, prägte acht Jahrzehnte mit immer wieder neuen Gestaltungsweisen die Kunst dieses Jahrhunderts (Musée Picasso in Paris).

Paris Unter wachsender internationaler Beteiligung wurde Paris nach 1920 die »Welthauptstadt der Kunst«, Zentrum des Surrealismus, Konstruktivismus und nach 1931 der Gruppe »Abstraction-Création«, die sich nach 1945 als »Informel« endgültig durchsetzte. Um 1950 wurde die »Ecole de Paris« zum Mittelpunkt der informellen Kunst, besonders des Tachismus (franz. »tache«, Fleck). Künstler wie Jean Dubuffet, Wols und Henri Michaux stehen für diesen Neuentwurf.

In den 1980er-Jahren setzte sich eine den Neuen Wilden Italiens und Deutschlands vergleichbare Richtung durch, die »Figuration libre«, auch Neoexpressionismus genannt (Robert Combas, Hervé di Rosa, J.-C. Blais). Zu den wichtigsten Künstlern gehören Boltanski und Daniel Buren (Place du Palais Royal in Paris). Die bedeutendsten Museen für die Kunst der Moderne sind in Paris (Musée d'Art Moderne, Musée Picasso, Musée National d'Art Moderne), Calais, Le Havre, Lille, Metz und Straßburg zu finden.

In der Architektur setzt sich nach dem Ersten Weltkrieg die neuzeit- liche Bauweise unter Verwendung von Stahl, Beton und Glas durch. Die Entwicklung setzt sich über den »Stahlbeton-Papst« Auguste Perret (Wiederaufbau von Le Havre) und Eugène Freyssinet fort. Eine weltweit prägende Figur wurde der Schweizer Le Corbusier (Ch.-E. Jeanneret); sein auf wenige Stützen beschränktes statisches System machte tragende und umschließende Mauern entbehrlich und ermöglichte freie Grundrisslösungen. 1922 lieferte er Pläne für eine Umgestaltung des Pariser Stadtbilds, die in der Rue de Rivoli teilweise verwirklicht wurde. Die Kirche Notre-Dame in Ronchamp, die Villa Savoye in Poissy, ein Fabrikgebäude in St-Dié und die »Cités Radieuses« in Brieu und Nantes lassen seine nüchtern-rationalistische Architektursprache und seine städtebaulichen Visionen erkennen. Mit den »Villes Nouvelles« in der Umgebung von Paris Mitte der 1960er-Jahre begann eine neue Ära staatlicher Baupolitik. Wichtige Beispiele sind La Défense an der westlichen Peripherie von Paris oder Marne-la-Vallée (Bofill). Nicht weniger frappieren in Paris das

La Défense in Paris, Ikone der modernen französischen Architektur

Centre Pompidou (R. Rogers/R. Piano, 1977) und der Parc La Villette (1989). Weitere »Grands Projets« der Ära Mitterrand sind die gläserne Pyramide und der Umbau des Louvre durch Ieoh M. Pei, die Opéra de la Bastille (1989), die Bibliothèque de France (1995) und das Finanzministerium in Bercy (1997). Auch zahlreiche Bauten im übrigen Nordfrankreich, etwa in Evry (Kathedrale), Lille (Euralille), Metz (Centre Pompidou), Straßburg (Europastadt), werden in die Architekturgeschichte eingehen.

Traditionen

In Frankreich ist eine große Zahl regionaler Traditionen lebendig – Bräuche, Trachten, Feste, Musik –, denn immer noch fühlen sich viele ethnische Gruppen zunächst als »Bretonen« oder »Provenzalen«, dann erst als Franzosen. Die Liste der regionalen Feste ist schier endlos; einige wichtige seien vorgestellt.

Weihnachten Trotz der katholischen Tradition des Landes spielen die kirchlichen Feste eine geringere Rolle als etwa in Spanien oder Italien. Zu Weihnachten (Noël) ist im Elsass und in Lothringen sowie Teilen Nordfrankreichs der Weihnachtsbaum verbreitet; er soll ja im elsässischen Sélestat erfunden worden sein. Mit jahrhundertealten Liedern hat sich das Fest einen Rest von Mysterium bewahrt. Wohl vom Elsass ausgehend haben sich die Weihnachtsmärkte heute fast im ganzen Land ausgebreitet. Ansonsten ist Weihnachten eher ein Familienfest, zu dem ein großes Essen (réveillon) ebenso gehört wie Wein und Champagner, Musik und Tanz. Die Kinder werden meist am 6. Dezember (St-Nicolas) oder am 6. Januar (Les Rois Mages, Dreikönigstag) beschert. Im Elsass kommt das Christkind, anderswo gibt es an Heiligabend nur Süßigkeiten. Mit Réveillons und Geschenken wird auch Neujahr (Jour de l'An) gefeiert.

Der **Karneval** (carnaval) war in vergangenen Jahrhunderten von der Obrigkeit verpönt, ja verboten, da er als Symbol der Auflehnung galt. Traditioneller Karneval wird heute selten gefeiert, doch ist wachsendes Interesse festzustellen. Im Elsass gibt es eine Fastnacht nach alemannischer Art, oft auch

Grand Pardon in Tréguier zu Ehren von St-Yves

zu einem späteren Termin als in Deutschland. Berühmt ist der Karneval im Norden (z. B. Lille, Dünkirchen) mit Umzügen, riesigen Figuren, Konfettischlacht und Feuerwerk.

Viele religiöse Feste und Wallfahrten haben sich zu folkloristischen Veranstaltungen gewandelt; v. a. in kleinen, abgelegenen Gemeinden ist ihr ursprünglicher Charakter noch vorhanden. Dies gilt besonders für die Wallfahrten in der Bretagne (pardons); dort wird auch die große »Tro Breizh« gepflegt, die zu den Gräbern der sieben »Gründungsheiligen« des Landes führt. Einige Wallfahrtsorte sind hochberühmt, im Norden v. a. Ste-Anne-d'Auray, Mont St-Michel, Lisieux und Chartres; in vielen Dörfern werden Feste des Ortsheiligen gefeiert und Prozessionen zu abgelegenen Kapellen abgehalten.

Religiöse Feste

Unter den weltlichen Festen ragen der 1. Mai (Tag der Arbeit) und der 14. Juli (Quatorze Juillet) heraus, der Nationalfeiertag. Am 1. Mai kauft und verschenkt man Maiglöckchen. Der Nationalfeiertag erinnert an die Erstürmung der Bastille im Jahr 1789, ein Ereignis, das bis heute in allen Bevölkerungsgruppen Begeisterung weckt; allerdings ist vom revolutionären Hintergrund nicht mehr viel zu erkennen, allenthalben herrschen harmlose Freude, in den Straßen der meisten Städte und Dörfer gibt es Paraden, Musik und Tanz.

Historische Feste

Feste werden aus allen möglichen Anlässen gefeiert. Das reicht vom Winzer- und Weinfest (z. B. »Trois Glorieuses« in Burgund, Cidre-Fest in der Normandie) bis zum Tag des Käses (u. a. Champagne, Brie), vom Austern-Fest zum Nougat-, Kirschen- oder Sauerkrautfest (Elsass), alles Grund zu gutem Essen, Trinken und Musik. Zu einem nationalen Festtermin hat sich die **Fête de la Musique** am 21. Juni entwickelt, die 1982 von Kulturminister Jack Lang eingeführt wurde.

Sonstige Feste

Auch in anderen Gegenden Frankreichs, besonders auf dem Land und in Regionen mit ethnischen Minderheiten, werden zu festlichen Anlässen Trachten getragen und die alten Lieder gesungen. Im **Elsass** tragen die Mädchen einen roten Rock mit schwarzer Schürze und die Männer zur schwarzen Hose rote Westen und weiße Hemden. Die elsässische Blasmusik klingt deutschen Ohren durchaus vertraut; Liedermacher setzen sich im Dialekt mit den Problemen, die die Lage zwischen zwei großen Kulturräumen mit sich bringt, und anderen aktuellen Themen auseinander. In der **Bretagne** tragen die Frauen dunkle Kleider mit kunstvoll verzierten Schürzen und Hauben, die manchmal gewaltige Ausmaße annehmen und mit einer Halskrause verbunden sind. Alle möglichen Formen keltischer Volksmusik werden gepflegt, in großen Festen und nächtlichen Tänzen (Fest Noz) feiert man die Zusammengehörigkeit der keltischen Regionen, mit Irland, Cornwall, Wales, Schottland und Galizien. Zahlreiche Cercles celtiques pflegen die Volksmusik, zu deren typischen Instrumenten der Dudelsack und die keltische Harfe gehören.

Trachten und Volksmusik

Berühmte Persönlichkeiten

Wer gab dem Pariser Eiffelturm seinen Namen, wer dem Verfahren der Pasteurisierung? Was verbindet den »Sonnenkönig« Ludwig XIV. mit Charles de Gaulle? Einige bedeutende Figuren aus Wissenschaft und Kunst, aus Geschichte und Politik, die entscheidende Entwicklungen in Gang gesetzt haben.

Anne de Bretagne (1477 – 1514)

Bis heute ist Anne, Herzogin der Bretagne, die beliebteste historische Figur der Bretonen. Nach seinem Sieg bei St-Aubin 1488 hatte der König das Recht zu bestimmen, wen die in Nantes geborene Anne heiraten darf; dennoch wurde sie 1490 mit 13 Jahren per Fernehe mit Erzherzog Maximilian von Österreich, später Kaiser des Heiligen Römischen Reichs, vermählt. Daraufhin belagerte Karl VIII. Rennes, wo die Herzogin Zuflucht gesucht hatte. Auf Drängen der Bevölkerung willigte Anne in Karls Begehren ein: Nachdem der Papst ihre (nie vollzogene) Ehe annulliert hatte, gaben sich am 6. Dezember 1491 Anne und Karl im Schloss Langeais an der Loire das Ja-Wort. Mittels Schenkungsurkunden gelang es Anne, der Bretagne die Souveränität zu sichern. 1498 kam Karl VIII. ums Leben, Anne kehrte in die Bretagne zurück. Da sie laut Ehevertrag den Nachfolger auf dem französischen Thron ehelichen musste, heiratete sie 1499 Karls Bruder Ludwig XII. (1462 – 1515). Als sie 1514 starb, erbte ihre Tochter Claude das Herzogtum; bei der Heirat mit Franz von Angoulême übernahm es ihr Gemahl. Als er 1532 König Franz I. von Frankreich wurde, war die Unabhängigkeit der Bretagne Vergangenheit.

Herzogin der Bretagne

Bernhard von Clairvaux (um 1090 – 1153)

Der auf Schloss Fontaines-lès-Dijon in Burgund geborene Mönch wurde als Reformer des Benediktinerordens eine der großen Figuren seiner Zeit, nicht nur in der Kirche. 1112 trat er in das Zisterzienser-Urkloster Cîteaux ein, schon 1115 wurde er mit der Gründung eines Klosters in Clairvaux bei Troyes betraut, dessen Abt er zeitlebens blieb. Zwar lehnte er alle Ämter einschließlich des Papstthrons ab, doch stand er mit wichtigen Persönlichkeiten in regem Kontakt, und sein Ansehen verschaffte ihm weitreichenden Einfluss. So unterstützte er Papst Innozenz II. gegen den Gegenpapst Anaklet II. und rief zum Zweiten Kreuzzug auf, u. a. in Vézelay und Speyer. Die Scholastik lehnte Bernhard ab, 1140 betrieb er auf dem Konzil von Sens die Verurteilung der Lehre von Petrus Abaelard. Er machte seinen Orden zu einem der mächtigsten in Europa (er gründete 68 Klöster), er reformierte die Ordensregeln und -organisation, die Klosterarchitektur und den liturgischen Gesang, und er war der Hauptpropagator des Zweiten Kreuzzugs. Im 15. Jh. gab man ihm den Beinamen »doctor mellifluus« (»honigfließender Lehrer«); daher wird der 1830 zum Kirchenlehrer Erhobene u. a. mit Bienenkorb dargestellt.

Erneuerer des europäischen Klosterwesens

← *Ludwig XIV., Le Roi Soleil, porträtiert 1701 von Hyacinthe Rigaud.*

Louis Blériot (1872–1936)

Flugpionier

Der aus Cambrai stammende Ingenieur Louis Blériot vollbrachte eine Pioniertat in der Geschichte der Fliegerei: Er überquerte am 25. Juli 1909 als erster den Ärmelkanal zwischen Calais und Dover, und zwar in 37 Minuten in durchschnittlich 100 m Höhe. Er flog dabei seinen selbstentwickelten Monoplan Type XI, einen Eindecker mit 25-PS-Motor; auch war die Bauform des Eindeckers zu dieser Zeit noch sehr umstritten. Diese Glanzleistung verhalf ihm zu großem Erfolg als erster kommerzieller Flugzeughersteller. Im Ersten Weltkrieg waren seine SPAD-Kampfflugzeuge berühmt.

Alexandre Gustave Eiffel (1832–1923)

Genialer Konstrukteur

Mit dem berühmten Turm in Paris, zur Weltausstellung 1889 errichtet, schuf Eiffel *das* Wahrzeichen der Metropole, wenn nicht Frankreichs. Der in Dijon geborene Chemie-Ingenieur begann 1856 als Konstrukteur von Eisenbahnbrücken, und auch mit einem eigenen Metallbauunternehmen hinterließ er im ganzen Land bedeutende Werke; die bekannteste Eisenbahnbrücke ist der Viaduc de Garabit in der Auvergne. Idee und Konstruktion des Eiffelturms, erbaut ab 1887, verdankte er seinen Ingenieuren M. Koechlin und E. Nougier. Eiffels Begeisterung erwachte jedoch erst, als der Architekt Stephen Sauvestre den Turm durch die Dreiteilung und die Rundbogen im unteren Teil harmonischer gestaltete. Für die Freiheitsstatue in New York konstruierte Eiffel das tragende Eisengerüst. Auch am Bau des Panamakanals war Eiffels Firma beteiligt. Ab 1903 befasste er sich intensiv mit aerodynamischen Problemen. 1923 starb er in Paris.

Léon Foucault (1819–1868)

Bedeutender Experimentator

Der gebürtige Pariser Léon Foucault wurde 1845 Wissenschaftsredakteur, 1855 Physiker an der Pariser Sternwarte, 1862 Mitglied des Bureau des Longitudes und 1865 der Académie des Sciences in Paris. 1850 erfand er das Drehspiegelverfahren zur Messung der Lichtgeschwindigkeit; 1862 verhalf er der Wellentheorie des Lichts zum Durchbruch. Berühmt wurde er durch seinen 1850/1851 in Paris durchgeführten Pendelversuch, mit dem er die Erdrotation sichtbar machen konnte. Darüber hinaus leistete der Physiker wichtige Beiträge auf den Gebieten der Elektrizitäts- und Wärmelehre.

Franz I. (1494–1547)

Erster französischer König der Renaissance

Trotz viel zu langer Nase, schmalem Mund und schmalen Augen galt Franz als Inbegriff des schönen Mannes. Der einer Seitenlinie des Hauses Valois entstammende, beeindruckende 2,03 m große König (ab 1515) liebte rauschende Feste und die Jagd, unterhielt, obwohl zweimal verheiratet, viele Liebschaften und blieb nie länger als ein paar Tage an einem Ort. Wenn er reiste, folgte ihm ein Tross von rund 12 000 Menschen: Adlige, Geistliche, Soldaten, Mediziner, Köche, Musiker, Handwerker. Dennoch gelang es ihm, den Hof zum Mittelpunkt des Staats zu machen, womit er dem Absolutismus den Weg ebnete. Unter ihm wurde der Hof auch zum Zentrum von Eleganz, Kultur und Geschmack. Er förderte Kunst und Bildung, er holte die italienische Renaissance, die er auf seinen Kriegszügen in Italien kennengelernt hatte, nach Frankreich. Das beste Beispiel dafür ist Chambord, das prächtigste und größte Schloss der Loire. Seine Außenpolitik war vom Konflikt mit den Habsburgern und Karl V. geprägt,

dem er bei der Kaiserwahl 1519 unterlegen war. Bei seinem Versuch, Mailand und damit die Hoheit in Norditalien zu erobern, geriet Franz in der Schlacht bei Pavia (1525) in kaiserliche Gefangenschaft. Trotzdem konnte er immer wieder dem Kaiser gleichwertig entgegentreten. So ließ er 1539 seinen größten Feind durch Frankreich reisen und in Amboise und Chambord mit allen Ehren empfangen. In Vorbereitung auf einen neuen Krieg um Mailand starb Franz 1547 – wie immer auf Achse – in Rambouillet.

Jean Gabin (1904 – 1976)

Der berühmte Filmschauspieler, als Jean-Alexis Moncorgé in Neuilly-sur-Seine geboren, wirkte von den 1930er-Jahren bis kurz vor sei-

Ikone des französischen Films

nem Tod in vielen Filmen mit. Meist stellte er einfachere, benachteiligte Menschen dar, in späteren Jahren auch etablierte Männer – vom Leben gezeichnete Figuren, deren bärbeißiger Charme durchaus sympathisch wirkte. Ab 1957 prägte er die Rolle des Kommissars Maigret in den Kriminalfilmen nach Georges Simenons Romanen. Zu den bekanntesten Filmen zählen »Pépé le Moko – Im Hafen von Algier« (1936), »Hafen im Nebel« (1938) und »Die Affaire Dominici« (1973).

Charles de Gaulle (1890 – 1970)

Der aus Lille stammende General und Politiker (▶ Abb. S. 32) hat Frankreichs Geschicke nachhaltig bestimmt. Er nahm am Ersten Weltkrieg teil, wurde 1921 Dozent für Militärgeschichte und gehörte

Symbolfigur des Widerstands und des Wiederaufbaus

ab 1925 dem Obersten Kriegsrat an. In einer berühmten Radioansprache von London aus (18. Juni 1940) forderte er seine Landsleute auf, mit Großbritannien den Krieg gegen die Achsenmächte fortzusetzen, und trat an die Spitze der Résistance. Er erklärte sich zum Inhaber der französischen Staatsgewalt (»Nous, Général de Gaulle, Chef des Français Libres«). 1944 trat er die provisorische Regierung in Paris und 1945 im November das Amt des Ministerpräsidenten und vorläufigen Staatspräsidenten an, schied jedoch 1946 aus der aktiven Politik aus, da er die Erweiterung seiner präsidialen Befugnisse nicht durchsetzen konnte. 1958 zum Präsidenten der Fünften Republik gewählt, verfolgte er die Unabhängigkeit der »Grande Nation« durch die Aufgabe der Kolonien, die Stärkung der Atomstreitmacht und den Austritt Frankreichs aus der NATO. Aufgrund innenpolitischer Spannungen trat der umstrittene Patriot mit dem Gebaren eines absolutistischen Monarchen im Jahre 1969 endgültig zurück.

Patricia Kaas (geb. 1966)

Musikalische Grenzgängerin

Sie gilt als Aushängeschild des französischen Chansons, sie hat international eine große Fangemeinde, ihre Alben sind weltweit Bestseller.

Im lothringischen Forbach an der Grenze zum Saarland als jüngstes von sieben Kindern geboren – mit französischem Vater und deutscher Mutter –, stand Patricia Kaas schon mit acht Jahren auf der Bühne. Lange gastierte sie in der Saarbrücker »Rumpelkammer«, bis sie 1985 von Gérard Depardieu entdeckt wurde. Drei Jahre später hatte sie ihren Durchbruch mit »Mademoiselle chante le blues«. Auch die folgenden Alben wie »Scène de vie« und »Je te dis Vous« wurden Hits; auf Tourneen feiert sie weltweit Erfolge. Stilistisch geht sie über das klassische Chanson hinaus, wie es Edith Piaf verkörperte, da in ihren Liedern Jazz-, Blues- und Rock-Elemente zu finden sind. Einen Großteil ihres Erfolgs macht ihre Bühnenpräsenz aus. 2001 debütierte sie in »And now … Ladies and Gentlemen« neben Jeremy Irons als Schauspielerin.

Jeanne d'Arc (um 1410–1431)

Befreierin Frankreichs

Jeanne d'Arc, die Nationalheldin der Franzosen, war die Tochter von Bauern in den Vogesen. Streng gläubig erzogen, fühlte sie sich durch »Stimmen« dazu berufen, Frankreich von den Engländern zu befreien, die im Hundertjährigen Krieg (seit 1339) versuchten, ihren Anspruch auf den französischen Thron durchzusetzen. Jeanne d'Arc bewegte in Chinon und Sully-sur-Loire den Dauphin dazu, sich zum

König krönen zu lassen (Karl VII.). Ihr bedeutendster militärischer Erfolg war der Entsatz der von den Engländern belagerten Stadt Orléans (8. Mai 1429), der die Wende im Krieg einleitete. Im weiteren Verlauf der Kämpfe geriet sie in die Gefangenschaft der Burgunder, die sie den verbündeten Engländern auslieferten. Man stellte sie vor ein kirchliches Tribunal, und am 30. Mai 1431 wurde sie in Rouen lebendig verbrannt. Der König hingegen, dem sie die Macht zurückgegeben hatte, war froh, eine lästige Sektiererin und nicht standesgemäße »Konkurrenz« loszuwerden. Mit ihrer Heiligsprechung 1920 wurde sie zur zweiten Patronin Frankreichs erklärt.

Ludwig XIV. (1638–1715)

Ludwig XIV., geboren im Schloss von St-Germain-en-Laye und »le Roi Soleil« genannt, war der Inbegriff des absolutistischen Prinzips schlechthin (»L'Etat c'est moi«, »Der Staat bin ich«). Um die Einheit des Landes zu wahren, hob er 1685 das Edikt von Nantes auf und ging auch gegen andere religiöse Reformbestrebungen vor. Andererseits verteidigte er die Sonderstellung, die der gallikanische Katholizismus genoss, auch gegenüber dem Papst. Den Hegemonieanspruch Frankreichs in Europa konnte er trotz großer politischer und militärischer Erfolge nicht durchsetzen.

»Sonnenkönig«

Louis Pasteur (1822–1895)

Der Chemiker, Biologe und Mediziner Louis Pasteur aus Dôle in der Franche-Comté war ab 1848 Professor in Dijon, Straßburg und Lille und ab 1857 in Paris. Er entwickelte das nach ihm benannte Konservierungsverfahren durch Erhitzung auf 60–70 °C, die Hefepilze und andere Keime abgetötet. Seine grundlegende Entdeckung war, dass Mikroorganismen z. B. über die Luft in keimfreie Stoffe eindringen, wodurch er zum Mitbegründer der Bakteriologie und Sterilisationstechnik wurde. Auf medizinischem Gebiet machte er sich entscheidend um die Volksgesundheit verdient, indem er verschiedene Impfstoffe entdeckte, von denen der gegen die Tollwut der bedeutendste ist. In aller Welt wurden nach dem Vorbild des Pariser »Institut Pasteur« Forschungsinstitute gegründet. Als Nationalheld verehrt starb Pasteur in Villeneuve-l'Etang bei Paris.

Erforscher der alkoholischen Gärung

Pierre Pflimlin (1907–2000)

»Ein großer Gegner von de Gaulle, ein großer Freund der Deutschen«, schrieben nach seinem Tod die Medien. Pierre Pflimlin stammte aus Roubaix, wuchs in Mülhausen auf und sprach perfekt

Mittler zwischen Deutschland und Frankreich

Französisch und Deutsch. Zeit seines Lebens setzte er sich für die deutsch-französische Freundschaft ein. 1958, auf dem Höhepunkt der Algerienkrise, wurde er zum Ministerpräsidenten ernannt. Es gelang ihm jedoch nicht, die politische Lage zu beruhigen, und so musste er zwei Wochen später Charles de Gaulle weichen. Ihm stand Pflimlin, der als junger Anwalt aus religiöser Überzeugung keine Scheidungsprozesse führte, grundsätzlich skeptisch gegenüber. 1962 verließ er mit Parteigenossen aus Protest gegen de Gaulles Europapolitik die Regierung. Von 1959 bis 1983 Oberbürgermeister von Straßburg, erreichte er als Verfechter der europäischen Einigung, dass Europarat und Europäisches Parlament, dessen Präsident er 1984–1987 war, in seiner Stadt ansässig wurden.

Marquise de Pompadour (1721–1764)

Mächtige Königsmätresse

Die Marquise de Pompadour, geboren als Jeanne Antoinette Poisson, war eine der Frauen, die als Geliebte von Herrschern Geschichte machten. Zielstrebig und mit guter Erziehung ausgestattet, die ihr der Liebhaber ihrer Mutter angedeihen ließ, fand sie Zugang zu König Ludwig XV., der sie 1745 am Hof von Versailles einführte. Verheiratet mit dem Unterfinanzpächter Le Normand d'Etiolles, wurde sie die offizielle Geliebte des Königs. Daneben widmete sie sich zunächst der Förderung von Kunst und Wissenschaft; so ließ sie, angestachelt vom Erfolg des Meißner Porzellans, die Manufaktur von Sèvres einrichten. Als Ludwig XV. nach einigen Jahren das Interesse an ihr verlor, war ihre Stellung mächtig genug, um weiterhin Einfluss zu nehmen, auch auf die königlichen Ministerien. So soll sie maßgeblich an dem 1756 getroffenen Bündnis Frankreichs mit Österreich gegen Preußen und England beteiligt und im Siebenjährigen Krieg befugt gewesen sein, Heerführer zu ernennen.

Jean-Paul Sartre (1905–1980)

Philosoph des Nichts

Sartre wurde als Sohn einer bürgerlichen Familie in Paris geboren, wo er auch seine Studienzeit verbrachte. In den 1930er-Jahren war er als Professor für Philosophie in Le Havre und Berlin tätig, im Zweiten Weltkrieg wurde er nach der Kriegsgefangenschaft 1940/1941 Mitglied der Résistance. 1945 gründete er die Zeitschrift »Les Temps modernes«, 1973 war er Mitbegründer der Zeitung »Libération«. Aus der französischen KP trat er 1956 aufgrund der sowjetischen Intervention in Ungarn aus, die er heftig kritisierte. Er agitierte gegen das Vorgehen des Warschauer Pakts 1968 in der CSSR, leitete das von Bertrand Russell initiierte Vietnam-Tribunal und verteidigte linke Bewegungen. Seine Abhandlung »L'être et le néant« (»Das Sein und das Nichts«, 1943) gilt als grundlegendes Werk des französischen Existenzialismus. Ausgehend von Kierkegaard, Husserl, Heidegger, Hegel und Jaspers entwickelte er darin die atheistische, alle transzendenten Vorstellungen negierende Grundidee, dass die Existenz der

Jean-Paul Sartre mit seiner Lebensgefährtin Simone de Beauvoir im Jahr 1970

Essenz vorausgehe. Demnach existiert der Mensch in einer an sich sinnlosen Welt, in der er nach einer Essenz, einem Sinn strebt. In voller Eigenverantwortung entwickelt er dabei seine Freiheit im bewussten Handeln. In seinem zweiten Hauptwerk, »La Critique de la raison dialectique« (Kritik der dialektischen Vernunft; 1. Band 1960) erweiterte Sartre die individuelle Freiheit durch ein kollektives Bewusstsein und das politische Engagement, dem er eine modifizierte marxistische Dialektik zugrunde legte. Die Auseinandersetzung mit philosophisch-existenzialistischen Fragestellungen kennzeichnet auch Sartres literarische Produktion (»Littérature engagée«).

Jules Verne (1828 – 1905)

Der aus Nantes stammende Jules Verne studierte in Paris Jura und schrieb Opernlibretti und Dramen, bevor er sich 1863 dem technischen, exotischen und utopischen Roman zuwandte. Mit seinen »Forschungsreisen« auf und unter der Erde wurde er einer der ersten Schriftsteller, die populärwissenschaftlich schrieben und den technischen Fortschritt des Industriezeitalters ins Utopische steigerten. Lange Zeit galten Jules Vernes spannende Romane als Lektüre für Jugendliche, bei denen sie großer Beliebtheit erfreuten und immer noch erfreuen. Im Zug der Aufwertung von Sciencefiction-Literatur wird sein Werk heute jedoch auch von der »seriösen« Literaturkritik gewürdigt. Die bekanntesten Romane sind »Vingt mille lieues sous les mers« (»20 000 Meilen unterm Meer«; 1869/1870) und »Le tour du monde en 80 jours« (»Die Reise um die Erde in 80 Tagen«).

Erfinder der Zukunft

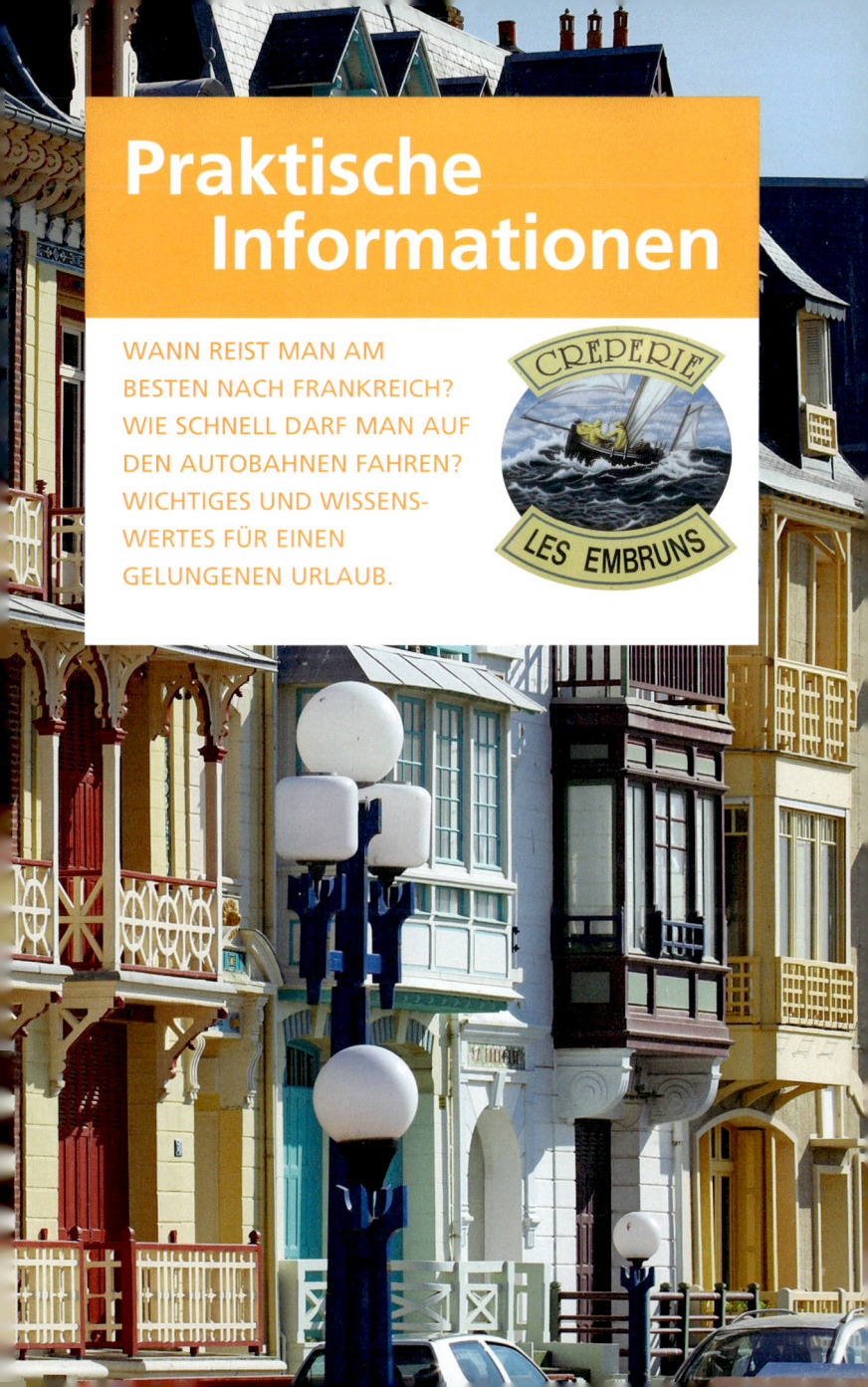

Praktische Informationen

WANN REIST MAN AM
BESTEN NACH FRANKREICH?
WIE SCHNELL DARF MAN AUF
DEN AUTOBAHNEN FAHREN?
WICHTIGES UND WISSENS-
WERTES FÜR EINEN
GELUNGENEN URLAUB.

Anreise · Reiseplanung

Anreise

Mit dem Auto — Aus dem Norden Deutschlands führt die schnellste Autobahnverbindung über Aachen und Belgien nach Lille und von hier auf der A 25 zum Ärmelkanal oder auf der A 1/Autoroute du Nord nach Paris oder über Trier–Luxemburg–Thionville zur A 4 Metz–Paris bzw. zur A 31 nach Dijon. Aus Süddeutschland und Österreich erreicht man über Straßburg die A 4 (Autoroute de l'Est), die über Nancy, Metz und Reims nach Paris bringt; alternativ von Mülhausen (A 36) über Dijon nach Paris. Aus der Schweiz kommt man über Dôle oder Genf zur A 6/A 7, die Paris mit Lyon verbindet. Die Benützung der französischen Autobahnen ist meist gebührenpflichtig. Weiteres ►S. 143.

Mit dem Bus — Die Eurolines, ein Zusammenschluss von über 30 europäischen Busunternehmen, verbinden durch die DB-Tochterfirma Deutsche Touring auch Deutschland mit Frankreich. Die Preise sind niedrig, die Fahrzeiten lang. Für Radurlauber bieten spezialisierte Unternehmen Busreisen an (►Urlaub aktiv, S. 139).

Mit der Eisenbahn — Für die westlichen und nördlichen Teile Nordfrankreichs ist Paris meist das obligatorische Zwischenziel, da die Hauptstrecken der SNCF inkl. TGV radial von der Hauptstadt ausgehen (Weiteres ► Verkehr, S. 148). Der TGV verbindet auch einige deutsche und Schweizer Städte mit Paris. Autoreisezüge werden für Nordfrankreich nicht angeboten.

Mit dem Flugzeug — Viele französische Städte sind von Deutschland, Österreich und der Schweiz aus direkt oder mit Zwischenlandung zu erreichen (► S. 147). **Hauptdrehscheibe** ist der Pariser Flughafen Charles de Gaulle (CDG) bei Roissy 23 km nördlich des Zentrums; ein Teil der Billigfluglinien steuert Orly 14 km südlich des Pariser Zentrums an. Die Air France fliegt von Berlin, Bremen, Düsseldorf, Frankfurt a. M., Hamburg, Hannover, Leipzig, München, Münster, Nürnberg und

← Mers-les-Bains

▶ INFORMATIONEN BAHN UND BUS

▶ **Bahnunternehmen**
Deutsche Bahn Reiseservice
Tel. 0 18 05 99 66 33 (14 ct/Min.)
www.bahn.de
Österreichische Bundesbahn
www.oebb.at
Schweizerische Bundesbahnen
www.sbb.ch

SNCF/Rail Europe
►S. 144

▶ **Touring/Eurolines**
Deutschland: (0 69) 79 03-501
www.touring.de
Frankreich: Tel. 08 92 89 90 91
www.eurolines.fr

Stuttgart, von Wien sowie von Zürich und Genf nach Paris, von Düsseldorf, Frankfurt, Hamburg, München, Stuttgart, Zürich und Wien nach Lyon. Wechselt man in Paris CDG die Air-France-Maschine für den Weiterflug in die Provinz, braucht man nicht aus- und neu einzuchecken, das Gepäck wird zur Anschlussmaschine gebracht. Die Lufthansa fliegt Paris, Mülhausen und Lyon an, die AUA von Wien aus Paris, Mülhausen und Lyon. Die SWISS verbindet Zürich und Genf mit Paris. Über die aktuellen Angebote der Billigflieger wie Airberlin, Easyjet etc. kann man sich im Internet oder im Reisebüro informieren. Von Paris CDG kann man direkt mit dem TGV weiterfahren. Weiteres zum Flugverkehr in Frankreich ▶S. 147.

Ein- und Ausreisebestimmungen

Personalpapiere Zur Einreise nach Frankreich benötigen Bürger der EU und der Schweiz einen gültigen Personalausweis oder Reisepass. Für Kinder unter 16 Jahren ist ein Kinderausweis oder ein Eintrag im Elternpass erforderlich.

Fahrzeugpapiere Mitzuführen sind der nationale Führerschein, der Kraftfahrzeugschein und die grüne Internationale Versicherungskarte. Kraftfahrzeuge, die noch kein EU-Kennzeichen tragen, müssen das ovale Nationalitätenkennzeichen besitzen.

Haustiere Wer Haustiere mitnehmen möchte, benötigt für sie den Heimtierpass der EU. Das Tier muss zur Identifizierung eine Tätowierung oder einen Mikrochip tragen. Die letzte Tollwutimpfung muss zwischen 30 Tage und 12 Monate alt sein.

Kopien Für den Fall, dass Papiere verloren gehen, sind Fotokopien sehr hilfreich, um der Polizei den Verlust zu melden und beim Konsulat provisorische Papiere zu bekommen. Die Kopien am besten getrennt von anderen Dokumenten aufbewahren; es ist auch sinnvoll, einen Satz Kopien bei einer Vertrauensperson zu Hause zu deponieren.

Zollbestimmungen Innerhalb der EU ist der private Warenverkehr weitgehend zollfrei. Zur Abgrenzung zwischen privater und gewerblicher Verwendung gelten folgende Richtmengen: 800 Zigaretten, 400 Zigarillos, 200 Zigarren, 1 kg Rauchtabak; 10 l Spirituosen, 20 l Zwischenerzeugnisse, 90 l Wein (davon maximal 60 l Schaumwein) und 110 l Bier. Bei einer Kontrolle ist glaubhaft zu machen, dass die Waren nur für den privaten Verbrauch bestimmt sind.

Einreise nach Frankreich aus der Schweiz Für Reisende aus Nicht-EU-Ländern (Schweizer Staatsbürger) liegen die Freigrenzen für Personen über 17 Jahre bei 200 Zigaretten oder 100 Zigarillos oder 50 Zigarren oder 250 g Rauchtabak, ferner bei 4 l Wein und 2 l Schaumwein oder 1 l Spirituosen mit über 22 Vol.-% Alkoholgehalt oder 2 l alkoholische Getränke mit maximal 22 Vol.-%

Alkohol, 500 g Kaffee oder 200 g Kaffeeauszüge, 100 g Tee oder 40 g Tee-Extrakt, 50 g Parfüm oder 0,25 l Eau de Toilette. Zollfrei sind außerdem andere Waren bis zu einem Wert von 300 €.

Wiedereinreise in die Schweiz

Abgabenfrei für Personen ab 17 Jahre sind 200 Zigaretten oder 50 Zigarren oder 250 g Tabak, an alkoholischen Getränken 2 l mit bis zu 15 Vol.-% Alkoholgehalt und 1 l mit über 15 Vol.-% Alkoholgehalt, ferner andere Waren; der Gesamtwert darf 300 CHF nicht überschreiten. Auskunft gibt die Eidgenössische Oberzolldirektion, Monbijoustr. 40, 3000 Bern, Tel. (031) 322 61 11, www.ezv.admin.ch.

Transit durch die Schweiz

Da die Schweiz nicht zur EU gehört, sind beim Transit Waren für den privaten Gebrauch anzumelden, wenn man mehr dabei hat als die für die Schweiz geltenden Freimengen an Alkohol, Tabak und Fleischwaren (s. o.) oder wenn die Waren über 1000 CHF wert sind. Für Waren, die das Limit überschreiten, muss eine Kaution in CHF hinterlegt werden, die bei der Wiederausfuhr erstattet wird.

Devisen-bestimmungen

▶Geld

Versichert auf Reisen

Kranken-versicherung

Versicherte deutscher Krankenkassen haben in Frankreich Anspruch auf ärztliche Behandlung nach den in Frankreich gültigen Vorschriften, jedoch nur bei Notfällen und chronischen Krankheiten, nicht wenn sich jemand bewusst dort anstatt in Deutschland behandeln lässt. Die Europäische Krankenversichertenkarte (EHIC) ist beim Arzt oder Krankenhaus vorzulegen. In den meisten Fällen sind Zuzahlungen zu leisten. Wird die EHIC nicht akzeptiert, sind die Rechnungen zu bezahlen und zur Erstattung der Krankenkasse vorzulegen. Aus den quittierten Arzt- und Apothekenrechnungen müssen die erbrachten Leistungen hervorgehen. Privat Versicherte reichen zur Kostenerstattung die französischen Unterlagen ein.
Schweizer Staatsbürger müssen ihre Krankheitskosten selbst tragen.
Der Abschluss einer privaten Auslandsreisekrankenversicherung ist empfehlenswert, auch weil eine Rückholung von den gesetzlichen Krankenkassen nicht bezahlt wird.

Auskunft

Tourismusorganisationen

Atout France

Die Französische Zentrale für Tourismus »Atout France« (früher Maison de la France) bietet vielfältigen Service, v. a. mit Informationen und Prospekten aus den Regionen und Départements bezüglich Unterkunft, Verkehrsmittel, Sehenswürdigkeiten, Sportmöglichkeiten

u. v. m. Reichhaltiges Material bieten die Tourismuszentren der Regionen (Comité Régional de Tourisme, CRT) und der Départements (Comité Départemental de Tourisme, CDT). Ihren Prospekten können die Adressen der lokalen Tourismusbüros (Office de Tourisme, OdT) entnommen werden, die in Detailfragen – z. B. Restaurant- und Unterkunftsverzeichnisse (auch Reservierung, meist gegen eine geringe Gebühr), sportliche und andere Aktivitäten, Veranstaltungen, Museen, Naturparks etc. – weiterhelfen. Im Kapitel »Reiseziele von A bis Z« werden die Adressen des jeweils zuständigen Office de Tourisme oder Comité Régional/Départemental de Tourisme genannt.

Internet

Das Internet ist auch für Frankreich eine reiche Quelle für Informationen aller Art, über Orte, Regionen, Sehenswürdigkeiten, Verkehrsmittel, Reiseveranstalter, Hotels und andere Unterkünfte, Museen, Sport, Veranstaltungen usw. Eine Recherche mit einer der bekannten Suchmaschinen ergibt immer eine große Zahl von Treffern. Im Teil »Reiseziele von A bis Z« sind gegebenenfalls wichtige Adressen vermerkt, im folgenden Kasten werden einige Websites genannt, die für Frankreich allgemein hilfreich und informativ sind.

▶ ADRESSEN AUSKUNFT

ATOUT FRANCE

▶ **In Deutschland**
Zeppelinallee 37
60325 Frankfurt a. M.
Tel. 09001 57 00 25 (0,49 €/Min.)
www.franceguide.com

▶ **In Österreich**
Lugeck 1/1/7, 1010 Wien
Tel. 0900 25 00 15
(0,68 €/Min.)

▶ **In der Schweiz**
Rennweg 42
8021 Zürich
Tel. (044) 217 46 00

FRANZÖSISCHE BOTSCHAFTEN

▶ **In Deutschland**
Pariser Platz 5, 10117 Berlin
Tel. (0 30) 590 03 90 00
www.botschaft-frankreich.de

▶ **In Österreich**
Technikerstraße 2, 1040 Wien
Tel. (01) 50 27 50-0
www.ambafrance-at.org

▶ **In der Schweiz**
Schosshaldenstrasse 46
3006 Bern
Tel. (031) 3 59 21-11
www.ambafrance-ch.org

BOTSCHAFTEN IN FRANKREICH

▶ **Deutsche Botschaft**
13/15 Avenue F. Roosevelt
75008 Paris

Tel. 01 53 83 45 00
www.paris.diplo.de

▶ **Österreichische Botschaft**
6 Rue Fabert
75007 Paris
Tel. 01 40 63 30 63
www.amb-autriche.fr

▶ **Schweizer Botschaft**
142 Rue de Grenelle
75007 Paris
Tel. 01 49 55 67 00
www.eda.admin.ch/paris

INTERNET

▶ **www.franceguide.com**
Sehr informative Site der franzö-
sischen Tourismuszentrale Atout
France (▶S. 87).

▶ **www.tourisme.fr**
Portal der nationalen Offices de
Tourisme: Sammlung von Links
zu (fast) allen Orten und Regionen, mit knappen Informationen.

▶ **www.frankreich-links.de**
Links meist zu Tourismusbüros
und anderen Einrichtungen des
Fremdenverkehrs.

▶ **www.botschaft-frankreich.de**
Französische Botschaft in
Deutschland.

▶ **www.diplomatie.gouv.fr/de**
Französisches Außenministerium:
Frankreich im Überblick (in
deutscher Sprache).

▶ **www.institut-francais.fr**
Umfassende Info über Tätigkeit
und Veranstaltungen der Kultur-
abteilung der französischen
Botschaft und der 23 französischen Kulturinstitute in Deutschland.

▶ **www.deutschland-frankreich.
diplo.de**
Website der Beauftragten für
deutsch-französische Zusammenarbeit.

▶ **www.linternaute.com**
Ausgezeichnetes umfassendes
Magazin: Aktuelles, Veranstaltun-
gen, Restaurants, Einkaufen …

▶ **www.frankreich-info.de**
Gute Website mit Nachrichten,
Veranstaltungskalender und kom-
mentierten Links zu zahlreichen
touristischen, politischen und
kulturellen Themen.

▶ **www.fplusd.de**
Portal des deutschen und des
französischen Außenministeriums
in Zusammenarbeit mit den In-
stituts Français, den Goethe-Insti-
tuten u. a., für junge Leute:
Französisch lernen, Schule und
Studium in Frankreich, Arbeit,
Jobs und Praktika, Kultur u. a. m.

▶ **www.culture.gouv.fr**
Interessante, reichhaltige Site zu
den Kulturstätten und -veranstal-
tungen, geordnet nach Regionen.

▶ **www.monum.fr**
Das Centre des Monuments
Nationaux informiert (auch in
Englisch) über die großen Schätze
der Nation, Besuchszeiten etc.

▶ **www.tripadvisor.de**
Tourismus-Website mit jeder
Menge Informationen über
Frankreich. Besonders wertvoll
sind die Erfahrungsberichte an-
derer Reisender.

▶ **www.concertandco.com**
Infos zu populärer Musik aller Art

mit Konzertterminen, Ticket-
adressen etc.

► **www.plusbeauxdetours.com**
Über 100 besonders hübsche
kleinere Orte, vorgestellt von der
Vereinigung der »Schönsten Um-
wege in Frankreich«.

► **www.liberation.fr**
www.lemonde.fr
www.lefigaro.fr
www.leparisien.fr
www.humanite.fr
www.lexpress.fr
www.lesechos.fr
Die Websites der großen
französischen Zeitungen und
Zeitschriften.

Badestrände

Breite, feinsandige Strände, mit nur wenigen Steilabbrüchen, ziehen   **Kanalküste**
sich von Dünkirchen bis über die Somme-Mündung hinaus nach
Südwesten; berühmt ist insbesondere ihr Mittelteil, die Côte d'Opale.
Zwischen den Mündungen von Authie und Somme erstreckt sich das
größte Dünengebiet Nordfrankreichs, die Marquenterre: feiner Sand,
bis zu 30 m hoch aufgetürmt. Weiter südlich, bei Ault und Mers-les-
Bains, ist der Sandstrand von Kieseln bedeckt und von imposanten
Felsabbrüchen gesäumt. Die lange normannische Küste hat viele Ge-

Hier wurde der Badetourismus geboren: wunderschöner Sandstrand in Cabourg

sichter: dramatische Kreideklippen und Kiesstrände an der Côte d'Albâtre, flache, breite, gelb-feinsandige Badestrände an der Côte Fleurie, flache Sand- und Kiesstrände an der Côte de Nâcre.

Atlantik Auch die Küsten der Bretagne bieten ein buntes Bild: breite Sandstrände und große Wattflächen, kleine geschützte Sand- und Kiesbuchten selbst im Westen, wo sich das Meer von seiner wilden Seite zeigt und die Küste nicht immer zum Baden einlädt. Die Gezeitenunterschiede sind sehr groß, bei Hochwasser werden die breiten Sandstrände großenteils überspült. An der Küste des Pays de la Loire, südlich von Nantes, trifft man auf kleine, von hohen Klippen gerahmte, feinsandige Buchten, auf endlos lange Strände mit weißem Sand und von Pinienwäldern gesäumte Dünen.

Wassertemperatur und -qualität Das Baden in den Gewässern von Atlantik und Ärmelkanal ist etwas für Abgehärtete: Im Juni verzeichnet man 16 – 18 °C, im August in geschützten Buchten maximal 22 °C. An der Atlantikküste ist die Wasserqualität aufgrund des ständigen Austauschs und der Gezeiten gut. Durch die nahen Tankerrouten sind die Strände allerdings ständig der Gefahr einer Ölverschmutzung ausgesetzt. Das Französische Umweltministerium lässt die Wasserqualität überprüfen, die Daten müssen an den Rathäusern und an den offiziellen Badeständen aushängen. Informationen unter www.maplage.com.

Strandwache Die bedeutenderen Badestrände werden überwacht. Ein Warndienst signalisiert, ob Wind, Wetter und Strömungsverhältnisse gefahrloses Baden zulassen. Die Anzeige erfolgt durch farbige Wimpel:
grün: Baden uneingeschränkt möglich
orange: Baden gefährlich
rot: Baden verboten (Überwachung wird eingestellt!)
violett: wegen Wasserverschmutzung nicht baden
Vor allem am Atlantik gibt es auch bei Windstille oft heftigen Wellengang. Der beträchtliche Tidenhub (am Mont St-Michel z. B. bis 14 m) verlangt besondere Vorsicht.

FKK An allen Stränden ist »oben ohne« verbreitet, FKK (naturisme) ist nur an offiziell zugelassenen Stränden und Buchten abseits des großen Rummels gestattet. Informationen darüber und über die beliebten FKK-Zentren (Domaines naturistes) geben Atout France und die Fédération Française du Naturisme (www.ffn-naturisme.com).

Mit Behinderung unterwegs

Die französischen Tourismusbüros versorgen auch mit Informationen aller Art für Menschen mit Behinderungen. Touristische Einrichtungen, die sich darauf eingestellt haben, können das Label »Tou-

▶ INFORMATIONEN FÜR BEHINDERTE

▶ **Association des Paralysés de France (APF)**
17 Boulevard Auguste Blanqui
75013 Paris
Tel. 01 40 78 69 00
www.apf.asso.fr

▶ **Bundesarbeitsgemeinschaft der Clubs Behinderter und ihrer Freunde**
Langenmarckweg 21
51465 Bergisch Gladbach
Tel. (0 22 02) 9 89 98-11
www.bagcbf.de

▶ **BSK Reiseservice**
Altkrautheimer Straße 20
74238 Krautheim
Tel. (0 62 94) 42 81-50
www.bsk-ev.de

▶ **Mobility International Schweiz**
Froburgstrasse 4, 4600 Olten
Tel. (0 62) 206 88 35
www.mis-ch.ch

▶ **Verband aller Körperbehinderten Österreichs**
Schottenfeldgasse 29, 1070 Wien
Tel. (01) 9 14 55 62

risme et Handicap« tragen (Info: www.franceguide.com). Die Zeitschrift »Faire Face« der Association des Paralysés de France gibt jährlich als Sondernummer einen »Guide Vacances« heraus. Auch über Hotels und Restaurants für Rollstuhlfahrer informiert die APF. Um auf den Parkplätzen für Behinderte parken zu dürfen, benötigt man einen (internationalen) Behinderten-Parkausweis.

Elektrizität

In Frankreich beträgt die Netzspannung 220 Volt. Flachstecker (Eurostecker) passen in alle französischen Steckdosen, für Schukostecker braucht man einen Adapter (*adaptateur*).

Essen und Trinken

Die französische Küche ist weltberühmt, sowohl für ihre Qualität als auch für ihre Vielseitigkeit. Das Essen ist ein wichtiger Bereich des täglichen Lebens und die Pflege der Küche ein unverzichtbarer Bestandteil der Kultur. Man legt großen Wert auf eine abwechslungsreiche Speisenfolge und lässt sich für eine »richtige« Mahlzeit ein bis zwei Stunden Zeit. Doch auch Frankreich hat die üblichen neuzeitli-

Französische Esskultur

Bodenständiges gibt es an diesem Stand in Concarneau.

chen Essgewohnheiten entwickelt – der Verfall der allgemeinen Esskultur wird vielfach beklagt –, wovon u. a. die große Zahl von Fastfood-Lokalen, Pizzerien etc. und das große Angebot von Fertiggerichten in Supermärkten zeugen. Zudem haben viele französische Familien die Sitte des Essengehens drastisch eingeschänkt, weil sich für viele die Schere zwischen den Preisen und dem frei verfügbaren Einkommen immer weiter öffnet.

Wie isst man wann? Das französische Frühstück (*petit déjeuner*) ist eher als karg zu bezeichnen. Es besteht zumeist aus einer Tasse Kaffee, in der Regel Milchkaffee (*café au lait*), Tee oder Schokolade, einem *croissant* (Hörnchen), einem *brioche* (Hefebrötchen) oder einem Stück *baguette* mit Butter und Marmelade. Dem Essen mittags und abends wird jedoch große Bedeutung beigemessen; in der Regel isst man zweimal am Tag warm. Zum Mittagessen (*déjeuner*) zwischen 12.00 und 14.30 Uhr und Abendessen (*dîner, souper*) zwischen 19.00 und 22.30 Uhr werden drei bis fünf oder sechs Gänge serviert.

Die arbeitende Bevölkerung begnügt sich mittags normalerweise mit einer Kleinigkeit: Meist wird im Bistro schnell ein *steak frites* (Steak mit Pommes) oder ein *baguette crudités* (mit Salat und rohem Gemüse belegtes Baguette) verzehrt. Abends speist man gerne reichlich und lange – zwei Stunden und mehr. Ein großes Menü ist etwa so aufgebaut: *amuse geule* (Appetitanreger), *hors d'œuvre* (auch *entrée*, Vorspeise), *menu principal* (Hauptgang), *fromage* (Käse), *dessert*

(Nachtisch). Beispiel für ein solches Menü: Als Aperitif (*apéro*) Pastis, ein mit Wasser verdünnter Anisschnaps, oder Kir, ein weißer Burgunder mit einem Schuss *crème de cassis* (Johannisbeerlikör). Als Hors d'œuvre eine Suppe, ein Salat (z. B. *salade niçoise*), Omelett, Pastete oder eine regionale Wurstspezialität (*charcuterie*); als Hauptgericht Fleisch (*viande*) oder Fisch (*poisson*) mit einer Gemüsebeilage. Der Käsegang hat große Bedeutung, immerhin gibt es in Frankreich mindestens 500 Sorten Hart- und Weichkäse. Als Dessert wird gern *mousse au chocolat*, *crème caramel*, ein Eis oder eine *tarte* (z. B. *tarte Tatin*, ein gestürzter Apfelkuchen) serviert. Als *digestif* trinkt man Cognac, Armagnac, Calvados oder einen regionalen Obstschnaps. Den Abschluss bildet ein kleiner schwarzer Kaffee (*café noir*, *café exprès*). Zum Essen wird Weißbrot gereicht, das von langen, knusprigen *baguettes* geschnitten wird. Zu einem mehrgängigen Menü trinkt man am liebsten Wein, zuweilen mit Wasser verdünnt (Wein wird übrigens fast ausschließlich zum Essen getrunken).

Die Küche Nordfrankreichs

Frankreich ist ein Land der Regionen, was sich ganz besonders auch in der Küche zeigt. Hier ein kleiner kulinarischer Streifzug.

Im äußersten Norden ist die flämische Küche zu Hause. Fleisch, Fisch und Meeresfrüchte, Kartoffeln, Gemüse, Käse, Äpfel sowie feine Confiserie zählen zu den Spezialitäten. In fast jedem Restaurant gibt es die auch in Belgien und den Niederlanden beliebten *moules frites* (Muscheln mit Pommes Frites). **Nord-Pas de Calais**

Mit ihrem üppigen Gemüseangebot wie Lauch, Karotten, Erbsen, grünen Bohnen und allen möglichen Kohlsorten ist die Picardie ein Schlaraffenland für Vegetarier. Es gibt wohl kaum eine Gegend, wo Chicorée in so zahlreichen Varianten zubereitet wird. Eine picardische Spezialität ist die *ficelle* (mit Schinken und Champignons gefüllter Pfannkuchen). Weitere Delikatessen sind Enten- und Gänseleberpastete, die oft als Vorspeise auf den Tisch kommen, und Käsesorten wie der *maroilles*, ein sehr würziger Weichkäse mit Rotschmiere, der gern auf eine recht exotische Art genossen wird: auf Toast und in Malzkaffee getunkt. Er lässt sich auch mit Marmelade kombinieren. **Picardie**

Ein doppeltes Gesicht hat die Küche des Landes am Ärmelkanal. Einmal ist die Küste mit ihrem großen Angebot an Fisch und Meeresfrüchten, das dem der Bretagne (s. u.) nicht nachsteht. Die *marmite dieppoise* (Fischtopf nach Art von Dieppe) vereint den ganzen Reichtum des Meeres; die *sole normande* (Seezunge normannisch) wird mit Meeresfrüchten und Champignons serviert. Mit ihrem Quantum Sahne sind beide auch Produkte des grünen Weidelandes Normandie, das Sahne, Butter und Käse produziert. Unter den Käsesorten – neben Pont-l'Evêque, Pavé d'Auge und Livarot, alles mehr oder weni- **Normandie** ger rezente Stinker – ist der Camembert die berühmteste; um seine Geburt rankt sich eine Legende (▶ S. 448). Unter den fleischlichen Genüssen ragen *tripes à la mode de Caen* (Kutteln) und *côte de veau à la normande* (Kalbskotelett mit Calvados, Cidre, Sahne, kleinen Zwiebeln und Champignons) heraus; im Vallee d'Auge ergänzt man diese Zubereitungsart gern mit Äpfeln, etwa beim *poulet* (Huhn). Deftig die Erzeugnisse der Charcuterie mit *boudin noir* (Blutwurst) oder *andouille/andouillette* (Wurst aus Innereien). Derlei verlangt zwischendurch nach einer Erholung, dem *trou normand* (▶ S. 97). Zum Nachtisch folgt Käse oder etwas Süßes wie *douillon* (Apfel oder Birne in Blätterteig), *tarte normande* (Apfelkuchen), mit Calvados flambierter Apfel oder eine *crêpe normande* mit eingebackenen Apfel-stücken.

Bretagne Für die Freunde von erstklassigem frischem Fisch aus Meer und Süß-wasser, von Meeresfrüchten und Krebsen ist die Bretagne ein Para-dies. Wer *fruits de mer* (Krusten- und Schalentiere) mag, dem sei ein *plateau* davon empfohlen, ein Teller mit Fleisch von Seespinnen (*araignées de mer*), Krabben (*crabes*), Taschenkrebsen (*tourteaux*), Seeigeln (*oursins*), Miesmuscheln (*moules*), Venusmuscheln (*palour-des* bzw. *praires*, wenn sie kleiner sind), Garnelen (*crevettes*), Hum-mer (*homard*) und Langusten (*langoustes*). Eine Delikatesse ist auch die Jakobsmuschel (*coquille St-Jacques*). Hummer und Austern (*huît-*

Verschiedenste Meeresfrüchte – eine köstliche Spezialität an Frankreichs Küsten

res) sind durchaus erschwinglich. Die besten Austern soll es in Cancale, Riec-sur-Belon und in der Bucht von Quiberon geben. Fleischspezialitäten sind *kig ha fars* (Eintopf aus Gemüse, Rindfleisch und Schweinshaxe), *andouille* (Wurst aus Innereien), *saucisse aux choux* (Brühwurst aus Schweinefleisch mit Weißkraut) und *rillettes* (Schmalzfleisch vom Schwein). Wem derlei zu deftig ist, der kann sich für *canard nantais* (gebratene Nantaiser Ente) oder das nach dem Staatsmann und Schriftsteller benannte Chateaubriand entscheiden (doppeltes Filetsteak mit Sauce Béarnaise). Berühmt ist das *agneau pré-salé*, das Lamm von den Salzwiesen um den Mont St-Michel. Von dem reichen Gemüseangebot verdienen die Artischocken besondere Erwähnung, schließlich liefert die Bretagne die meisten der französischen Edeldisteln. Als das bretonische Nationalgericht gelten *crêpes* (aus Weizen) und *galettes* (aus Buchweizen), dünne Pfannkuchen in verschiedenen Geschmacksrichtungen: Galettes pikant mit Schinken, Käse, Muscheln oder Garnelen, Crêpes süß mit Marmelade, Obst, Eis oder einfach Zucker. Die typischste Süßspeise ist der *far breton*, eine Art Eierkuchen mit Vanillearoma und eingebackenen Pflaumen oder Rosinen.

Loire-Tal

Diese einst königliche Region wartet mit vielen Spezialitäten auf: Wild wie Fasan, Perlhuhn, Reh und Wildschwein, Flussfisch wie Karpfen, Barsch und Forelle, Obst und Gemüse, unter denen Spargel und Erdbeeren einen Spitzenplatz einnehmen, aber auch vielfältige Confiserie und Desserts wie die *tarte Tatin* (gestürzter Apfelkuchen).

Ardennen

Die Ardennen sind bekannt für Rustikales: luftgetrockneter Schinken, weiße Schweinswurst aus Rethel (*boudin blanc*), Zuckerkuchen (*tarte au sucre*) sowie Truthahn, Kaninchen, Wildschwein, aber auch Kalb und Rind sind vielfach vertreten.

Elsass

Die elsässische Küche liebt Deftiges aus heimischen Produkten: *choucroute garni* (Schlachtplatte mit Sauerkraut), *chou au lard* (Weißkraut mit Speck), *tarte à l'oignon* (Zwiebelkuchen), den berühmten Flammekuchen (*tarte flambée*), *baeckeoffe* (Eintopf aus Fleisch, Kartoffeln, Zwiebeln und Weißwein), Schweinehaxen, Fleischpasteten, Kassler und Käse aus Munster.

Burgund

Moutarde de Dijon (Senf aus Dijon, der Haupstadt Burgunds), *bœuf bourgignon*, *pot au feu* (Schmorfleisch mit Gemüse), *jambon persillé* (Schinken in Petersilaspik)*, kir* – bekannte Spezialitäten, die ihren Ursprung in Burgund haben. Vor allem das Fleisch der heimischen weißen Charolais-Rinder und der aromatischen Bresse-Hühner kommt oft auf den Tisch, zubereitet in Sahne- oder Senfsauce. Der Kir entstand übrigens aus einer Verlegenheit: Weil er Weißwein pur nicht vertrug, mischte ihn der Bürgermeister von Dijon Felix Kir (1876 – 1968) mit dem Johannisbeerlikör Cassis. Cassis mit Champagner ergibt den Kir Royal.

Zur Foie gras passt am besten ein Süßwein, z. B. ein Monbazillac

Atlantikküste Meeresgetier aller Art steht hier in fast jedem Restaurant auf der Karte. Besondere Spezialität ist *mouclade*, Miesmuscheln in einem Sud aus Weißwein, Lorbeerblättern und Zwiebeln, verfeinert mit Crème fraîche, Eigelb und Curry. Genießer, die sich nicht so sehr an Fisch und Meeresfrüchten erfreuen, können sich mit *daube des Charentes* anfreunden, einem mit Wein und Cognac geschmorten Rindsragout, oder mit *gigot d'agneau*, einer mit Knoblauch gespickten Lammkeule, zu der weiße Bohnen (*mohettes*) serviert werden.

Was trinkt man?

Wein Zu den Mahlzeiten gehört fast selbstverständlich französischer Wein. Im Allgemeinen ist der offene Tischwein (*un petit blanc, un petit rouge*) durchaus zu empfehlen, von dem man *une carafe* (etwa 0,5 l) oder *un carafon* (etwa 0,25 l) bestellt. Bei der Wahl von Flaschenweinen, als ganze (*entière bouteille*) oder halbe Flaschen (*demie bouteille*), lässt man sich am besten vom Ober beraten.

Bier Gut und beliebt sind die Biere aus dem Elsass (Pêcheur, Kronenbourg, Kanterbräu, Mutzig), aus Lothringen (Champigneulles, Vézélise) und aus der Region Nord-Pas-de-Calais, in der zwei Drittel aller Brauereien Frankreichs ansässig sind. Man unterscheidet zwischen Flaschenbier (*anette*) und Bier vom Fass (*bière pression*). Ein kleines Glas vom Fass (0,25 l) wird als *demi* bezeichnet, eine »Halbe« (0,5 l) meist als *véritable*, der Liter als *formidable*.

Das Essen wird häufig mit einem starken, schwarzen Kaffee abgeschlossen. Wer einen *café* bestellt, erhält einen kleinen Espresso. Wünscht man einen Milchkaffee, verlangt man *café crème, grand crème* oder *café au lait*. Dem Freund von Tee (*thé*) seien auch die beliebten Kräutertees empfohlen (*tisane, infusion*). **Kaffee und Tee**

Mineralwasser gibt es still (*eau minérale, plat*) oder mit Kohlensäure (*gazeuse*). In ganz Frankreich verbreitet sind Perrier, Vichy, Evian, Vittel und Contrexéville. **Mineralwasser**

Seit dem 13. Jh. wird in der Normandie und anderen Obstanbaugebieten Cidre gekeltert: Apfelsaft vergärt zu einem moussierenden Wein – gekühlt ein beliebter Durstlöscher. Es gibt ihn *doux* (süß, mit 2,5 – 3 % Alkohol), *brut* (herb, 4 – 5 %), *demi-sec* (leicht süß) und *sec* (trocken). Aus Cidre wird der Calvados mit über 40 % Alkohol gebrannt, der in der Normandie gern während der Mahlzeit genossen wird, eine Sitte, die man als *trou normand* (»normannisches Loch«) bezeichnet. Für die besten Calvas wird 2- bis 3-jähriger Cidre benötigt, der ein- oder zweimal gebrannt wird; das Destillat lagert in Eichenfässern, wodurch es die braune Farbe und das Bouquet erhält. Aus den Charentes stammt der Cognac, der in Eichenfässern reift und so berühmte Namen trägt wie Hennessy, Martell oder Rémy Martin. Hervorragend sind die meist aus kleineren Brennereien stammenden klaren Obstwässer aus dem Elsass, berühmt der Orangenlikör Cointreau aus St-Barthélémy bei Angers. **Regionale Spezialitäten**

Wein

In der Provence gediehen schon Reben, als griechische Händler um 600 v. Chr. in der von Phönikern gegründeten Stadt Marseille ankamen; größter Weinlieferant Frankreichs ist heute der Midi (Languedoc, Roussillon). Die Nordhälfte des Landes verfügt naturgemäß über weniger günstige Bedingungen für den Weinbau. Die großen Bereiche sind das Elsass, das nördliche Burgund (mit Côte de Nuits und Chablis), die Champagne und das Loire-Tal (s. u.). »Champagner« darf sich nur der Schaumwein aus der Champagne nennen, der nach festgelegtem Verfahren hergestellt ist (▶Baedeker Special S. 256); Schaumweine aus anderen Teilen Frankreichs, etwa von der Loire oder aus dem Elsass, heißen »Vin Mousseux« oder »Crémant«. Werden sie nach dem klassischen Champagner-Verfahren erzeugt, wird dies mit dem Hinweis »Méthode traditionelle« vermerkt. In den Weinregionen und -orten informieren die Tourismusbüros über Kellereien, ihre Besichtigung, Verkostung, Seminare, geführte Wanderungen etc.

Die meisten Weinbaugebiete besitzen eine Appellation d'Origine Protegée (AOP), die vom Institut National de l'Origine et de la Qualité (INAO) vergeben wird. Die AOP (bis 2009 AOC) garantiert Her- **Appellationen** kunft und Herstellungsmethode, Rebsorten und Produktionsmengen. Weine, die den Vorschriften der AOP nicht entsprechen – das tun auch einige hochklassige, teure Tropfen –, tragen die Bezeichnung VDQS (Vin Délimité de Qualité Supérieure). Der Vin de Pays (Landwein) wurde zur Indication Géographique Protégée (IGP) aufgewertet und strenger reglementiert, das Etikett Vin de Table durch Vin sans IG (Wein ohne Herkunfsbezeichnung) bzw. Vin de France ersetzt. Darüber hinaus gibt es weitere regionale Herkunfts- und Klassenbezeichnungen: in Burgund Grand Cru und Premier Cru für bestimmte Lagen; in der Champagne sind Orte als Grand Cru oder Premier Cru eingestuft, im Elsass gilt das Prädikat Grand Cru für bestimmte Weinberge.

Elsass   Die Weinberge des Elsass bilden einen etwa 1 bis 5 km schmalen Streifen, der am Fuß der Vogesen von Wasselonne bei Straßburg im Norden bis Thann bei Mülhausen reicht. Die Böden der Rebberge, die von den Vogesen vor den feuchtkalten Winden aus Nordwest geschützt werden, bestehen aus Gneis und Granit, Buntsandstein oder Kalk, was zusammen mit den unterschiedlichen Kleinklimaten Weine recht unterschiedlichen Charakters ergibt. Das Weinbaugebiet wird in seiner ganzen Länge von der Route du Vin (Weinstraße) durchzogen, die von Weindorf zu Weindorf führt. Hochwertige Weine kommen in die typischen schlanken Flaschen (flûtes). Hergestellt werden fast ausschließlich weiße Weine v. a. aus den Rebsorten Riesling, Gewürztraminer, Muscat und Pinot Gris (Tokay d'Alsace, Ruländer), daneben auch Sylvaner, Pinot Blanc (Weißburgunder, Clevner) und als einzige rote Traube Pinot Noir (Blauer Burgunder). Zwicker und Edelzwicker sind Verschnitte verschiedener Weißweine. Der »Crémant d'Alsace«, ein ausgezeichneter Schaumwein, wird nach dem Champagnerverfahren hergestellt.

Champagne   ▶Baedeker Special S. 256

Burgund   Welchen Stellenwert der Weinbau in Burgund hat, kann man daran ermessen, dass auf nur rund 40 000 ha Rebfläche fast 30 % des Werts der gesamten landwirtschaftlichen Produktion erzielt wird. Im Gebiet dieses Reiseführers liegen die berühmte Côte d'Or südlich von Dijon und Chablis weit im Norden (das rechte Ufer der oberen Loire mit Pouilly und Cosne zählt weintechnisch nicht mehr zu Burgund). An der **Côte de Nuits**, dem Nordteil der Côte d'Or, reihen sich klangvolle Ortsnamen wie Gevrey-Chambertin, Chambolle-Musigny und Vosne-Romanée, die alle für große Rotweine aus der Pinot Noir stehen. Hin und wieder stößt man auf (hochklassige) Weißweine aus Chardonnay, etwa aus Fixin, Musigny oder Morey-St-Denis. Die größere **Côte de Beaune** zwischen Aloxe-Corton und Santenay liefert ebenfalls großartige Pinots Noirs, doch liegen hier sieben von acht weißen Grands Crus des Burgund (Chardonnay), darunter die diversen Meursaults und Bâtard-Montrachet. (Der Bourgogne Grand Ordinaire ist eher ordinär als groß, auch der Bourgogne Passetoutgrains ist recht bescheiden.) **Chablis**, das schon im Pariser Becken liegt, ist mit seinen sieben Grands Crus ein in aller Welt berühmtes Synonym für Chardonnay, der in kaltem Klima und auf Kalkboden einen rassigen Charakter annimmt. Wer diesen schätzt, wählt einen im Edelstahltank ausgebauten Wein; weicher und runder, allerdings durch den Holzton verändert, sind die Weine aus dem Eichenfass.

An dem insgesamt gut 1000 km langen Herzstrom Frankreichs reihen sich auf ca. 500 km einige unterschiedliche Weinbaugebiete: Zentralfrankreich/Obere Loire, Touraine, Anjou-Saumur und Pays Nantais. Die absoluten Stars der **Oberen Loire** sind Pouilly-Fumé und Sancerre aus der Sauvignon-Blanc-Traube; auch die benachbarten Gebiete Ménétou-Salon und Quincy liefern guten Sauvignon. In den Coteaux du Giennois weiter nördlich macht man Rot- und Roséwein (Pinot Noir, Gamay) und Sauvignon Blanc. Weniger renommiert ist der Bereich um Orléans, der aber mit einem interessanten Chardonnay aufwartet. Die große **Touraine** entspricht in etwa dem »Loiretal der Schlösser«. Die Hauptrebsorte ist hier die rote Cabernet Franc, die meist jung und gekühlt zu trinkende gute Alltagsweine mit Himbeer-/Erdbeeraroma ergibt. Die Cabernets Francs aus den zwischen Tours und Saumur liegenden Appellationen Bourgueil und Chinon gelten jedoch als Spitzenprodukte des Loiretals; gereifte gute Jahrgänge werden mit einem St-Emilion verglichen. Der Sauvignon Blanc der Touraine ist eine preiswerte, unprätentiöse Alternative zum Sancerre. Die renommierten Weißweine der Touraine, aus den Appellationen Vouvray und Montlouis östlich von Tours, werden jedoch aus der Sorte Chenin Blanc gekeltert. Das Gebiet **Anjou-Saumur** mit den Hauptorten Saumur und Angers ist v. a. für zwei Weine bekannt: den süffigen, leichten, jung zu trinkenden Rosé d'Anjou, der aus verschiedenen Sorten

Loire

Pouilly-Fumé, einer der Stars der Oberen Loire, ein eleganter Sauvignon Blanc

verschnitten wird, und den Crémant de Saumur, einen ausgezeichneten »Champagner für Arme«, der nach der Méthode traditionelle v. a. aus der Sorte Chenin Blanc gemacht wird. Weitere beachtliche Weine sind Anjou-Villages (rot), Savennières (weiß), Coteaux du Layon (weiß, süß) und die Auslesen Bonnezeaux und Quarts de Chaume, die zu den besten edelsüßen Weinen Frankreichs zählen. Das **Pays Nantais** schließlich, rund um Nantes nahe der Loire-Mündung, ist das Reich des Muscadet, eines leichten Weißweins aus der gleichnamigen Rebsorte, der mit seiner frischen Säure hervorragend zu Meeresfrüchten passt. Am bekanntesten und besten ist der Muscadet de Sèvre-et-Maine, der häufig auf der Hefe (»sur lie«) reift und dadurch weicher und fülliger wird.

Essen gehen

Was gibt es wo? In Frankreich gibt es Restaurants jeder Art in Hülle und Fülle: Tempel der Haute Cuisine ebenso wie familiäre Lokale mit traditionellen Spezialitäten der Regionen oder mit Gerichten aus aller Herren Länder. Fastfood-Lokale und Pizzerien findet man wie in ganz Europa zuhauf. Billig isst man in Selbstbedienungsrestaurants (self), Schnellgaststätten (buffet) und – Tipp! – in den Cafeterias und Restaurants der Universitäten, die meist auch Nichtstudenten offen stehen. In »richtigen« Restaurants sind kleine Mahlzeiten zu moderatem Preis kaum zu erhalten; dafür geht man in ein Bistro oder eine Brasserie.

Menüs Die meisten Restaurants bieten zwei bis drei Menüs zu festem Preis an (Vorspeise, Hauptgericht, Dessert; ohne Getränke). Oder man isst à la carte, d. h. man stellt sich die Speisenfolge selbst zusammen, doch das ist um einiges teurer. Häufig kann man zwischen einem *plat du jour* (Tagesgericht ohne Vor-, meist aber mit Nachspeise), der *formule* (Hauptgericht und wahlweise Vorspeise oder Dessert) oder dem *menu du jour* (drei Gänge) wählen, das üppigste und teuerste ist ein *menu gastronomique/menu dégustation*. Viele edle Restaurants bieten mittags preiswertere Menüs an; wer bei schmälerem Geldbeutel einmal »prassen« will, sollte also mittags essen gehen. Meiden sollte man – v. a. in Großstädten – das *menu touristique*, hier bezahlt man für das Gebotene meist zuviel.

Getränke In den meisten Restaurants wird offener Wein angeboten, der im *pichet* (Krug, Minimum 1/4 l) serviert wird. Wer Flaschenwein bevorzugt, muss nicht gleich eine ganze *bouteille* bestellen, oft sind auch halbe Flaschen erhältlich. In Frankreich wird viel Wasser zum Essen getrunken, Mineralwasser mit Kohlensäure (*eau gazeuse*) oder

Für viele so etwas wie ein zweites Zuhause: die Bar

ohne (*eau naturelle*); auch kann man Leitungswasser (*une carafe d'eau, de l'eau plate*) bestellen. Den Abschluss bilden ein kleiner schwarzer Kaffee und/oder ein *digestif*, etwa ein Cognac, Armagnac oder Calvados.

Kleiner Knigge

Mittags haben die Restaurants zwischen 12.00 und 14.30 geöffnet, abends zwischen 19.00 und 22.30 Uhr. In frequentierten Orten sollte man frühzeitig einen Tisch bestellen. Während in »richtigen« Restaurants mittags legere Kleidung üblich ist, ist sie abends nicht angezeigt. Zu einem stilvollen Abendessen gehört auch, dass der Tisch reserviert wird und niemand mit der Suche nach einem freien Platz stört. Nach dem Betreten des Lokals wird man normalerweise an einen Tisch geführt; natürlich kann man auch Wünsche äußern. In kleineren, informellen gastronomischen Einrichtungen sucht man sich selbst einen Platz; unüblich ist es allerdings, sich zu anderen Gästen dazuzusetzen. Kellnerin und Kellner werden nicht – ein absoluter Fauxpas – mit »Garçon!« gerufen, sondern mit »Madame!« bzw. »Monsieur!« oder »S'il vous plaît«. Brot und Leitungswasser im Krug werden kostenlos serviert. Wer zahlen möchte, verlangt »L'addition, s'il vous plaît!« Getrennte Rechnungen sind nicht üblich. Der eigentliche Bedienungslohn ist in den Preisen inbegriffen (*service compris*), als Trinkgeld hinterlässt man bis 10 %, bei Bezahlung mit einer Kreditkarte in bar.

Weitere gastro-
nomische
Einrichtungen

Die Bar ist keine Nachtbar, sondern eine Mischung aus Café und Kneipe, oft bekommt man hier auch Zigaretten, Briefmarken und Telefonkarten. Das Bistro (Bistrot) ist ursprünglich vergleichbar mit einer Bar bzw. einem Café, kann heute aber auch ein echtes Restaurant sein. Die Cafés konzentrieren sich auf Kaffee und andere Getränke, servieren aber auch Imbisse wie belegtes Baguette oder Croque-Monsieur (Toast mit Schinken und Käse). Ein Café nach deutscher oder österreichischer Art heißt Salon de Thé. Die Brasserie, ursprünglich ein Brauereiausschank, vereinigt Café und Restaurant; sie kann schlicht, aber auch sehr edel sein. Die Relais Routiers sind preisgünstige Fernfahrerlokale, die nicht nur von den »Kapitänen der Landstraße« gern aufgesucht werden.

Feiertage, Feste und Events

Frankreich ist überreich an Festivals, kleinen und großen, regionalen und internationalen. Klassische und moderne Musik, Chanson, Theater, Kino und Tanz sind die wichtigsten Themen. Dazu kommt eine unübersehbare Zahl von traditionellen Festen, Weinfesten, Sportveranstaltungen, Antiquitätenmessen und vielem mehr. Informationen geben Atout France (▶ Auskunft) und die diversen Tourismusbüros.

 FESTKALENDER

GESETZLICHE FEIERTAGE

1. Januar: Neujahr (Jour de l'An)
Karfreitag (Vendredi Saint, nur im Elsass)
März/April: Ostermontag (Lundi de Pâques)
1. Mai: Tag der Arbeit (Fête du Travail)
8. Mai: Tag des Waffenstillstands (Armistice) 1945
Mai/Juni: Christi Himmelfahrt (Ascension)
14. Juli: Nationalfeiertag (Fête Nationale, zum Gedenken an den Sturm auf die Bastille 1789)
15. August: Mariä Himmelfahrt (Assomption)
1. November: Allerheiligen (Toussaint)
11. November: Tag des Waffenstillstands (Armistice) 1918
25. Dezember: 1. Weihnachtsfeiertag (Noël)
26. Dezember: 2. Weihnachtsfeiertag (nur im Elsass)

VERANSTALTUNGS-KALENDER

▶ **Januar**
Gérardmer, Ende Jan.: Fantastic' Arts (Festival des Fantasy-Films). Nantes, Ende Jan.: Folle Journée (großes Klassikfestival).

▶ **Ende Januar – Mitte März**
An vielen Orten Karneval (bzw. Fasnet), besonders in Nord-Pas-de-Calais (v. a. Dunkerque), Elsass (etwa Colmar und Mulhouse) und

Burgund (z. B. Auxonne, Chatillon-sur-Seine), aber auch in der Bretagne (Lannion).

▶ **März/April**
Rouen: Festival du Cinéma Nordique
Deauville, Ostern: Festival de Pâques (klassische Musik).

▶ **April**
Bourges: Festival du Printemps (Pop- und Rockfestival).
Carnac: Ende April Katamaran-Wettbewerb.
Fahrradrennen Paris–Roubaix.

▶ **April/Mai**
Orléans, 7./8. Mai: Les Fêtes de Jeanne.

Rouen, letztes Mai-Wochenende: Fêtes de Jeanne d'Arc.

▶ **Mai/Juni**
Zum 1. Mai schenkt man sich Maiglöckchen.
Chaumont, Mitte Mai bis Mitte Okt.: Internationale Garten-ausstellung im Schlosspark.

▶ **Mai – September**
Bretagne: Volksfeste und »Pardons«, d. h. Prozessionen zu Ehren des Ortsheiligen; die bedeutendsten: Tréguier, 3. Mai-So.; St-Brieuc, letzter Mai-So.; der größte am 25./26. Juli in Ste-Anne-d'Auray (am 25. Lichterprozession, am 26. Ste-Anne-Prozession).

Das elsässische Obernai feiert meist am Wochenende nach dem 14. Juli das große Volksfest »Hans em Schnokeloch«, das durch ein altes Lied inspiriert ist.

In geraden Jahren treffen sich Ende Juli im bretonischen Douarnenez herrliche alte Segelschiffe.

▶ **Juni – August**
Beaune: Festival International de Musique Baroque et Classique.
Dijon: Musikalischer Sommer (Klassik).

▶ **Juni**
Le Lude, 1. Juni-Wochenende: Großes Gartenfest im Schloss.
Le Mans, Mitte Juni: 24-Stunden-Autorennen.
Sully-sur-Loire: Festival International de Musique Classique (im Schloss).
Tours, um den 20. Juni: Fêtes Musicales in der Grange de Meslay
21. Juni: Fête de la Musique, eingeführt 1982 von Kulturminister Jack Lang und fast so wichtig wie der Tag der Bastille: Im ganzen Land wird Musik gemacht.
Elsass, um den 24. Juni: Feu de St-Jean (große Johannisfeuer).

Orléans, Ende Juni: Orléans Jazz (Open Air).
Paris, Ende Juni: French Open im Tennis (Stade Roland-Garros).

▶ **Juli**
Rennes, Anfang Juli: Tombées de la Nuit (Musik, Kino, Tanz).
Villandry, Anfang Juli: Nuits de Mille Feux (illuminierter Park).
Rouen, Anf. – Mitte Juli, alle 4 – 5 Jahre, zuletzt 2008: »Armada« (Großseglertreffen).
Locronan, 2. Juli-So.: Kleine Troménie (Kombination von Pardon und Volksfest); alle sechs Jahre: Große Troménie (2013).
Blois: Festival »Tout sur le pont« (Musik, auch auf der Straße).
14. Juli: Fête Nationale. Den Nationalfeiertag feiert man überall – besonders prächtig in Paris – mit Paraden, Tanz auf den Straßen und Feuerwerk.

Saumur, Mitte Juli: »Le Carrousel« (Fest der Kavallerie und des Cadre Noir).
Quimper, Woche vor dem 3. So.: Festival de Cornouaille (Folklore-fest mit Teilnehmern aus allen keltischen Gebieten Europas).
Douarnenez, Ende Juli in geraden Jahren: Fêtes Maritimes (mit ca. 1200 Segelschiffen).

► August

Chablis, 1. Aug.-So.: Weinfest.
Saumur, 1. Aug.-Wochenende: La Grande Table (Weinfest in den Straßen mit Gelage und Tanz).
Lorient, 1. Aug.-Hälfte: Festival Interceltique (keltische Musik).
15. August (Mariä Himmelfahrt): überall Volksfeste mit Umzug, Blumenkorso und Feuerwerk.
Concarneau, 3. Aug.-Woche: Fes-tival des Filets Bleus (Fischerfest).

► September

Ribeauvillé, 1. So.: Pfifferdaj.
Deauville: 11-tägiges Festival des amerikanischen Films. Viele Stars sind präsent.
Mont St-Michel, So. nach dem 29. Sept.: Fête de St-Michel.
Villandry (Loire), Ende Sept.: Journées du Potager.

► Oktober

Romorantin-Lanthenay, letztes Okt.-Wochenende: Journées Gas-tronomiques de la Sologne.

► November

Paris, 11. Nov. (Tag des Waffen-stillstands 1918): Große Militär-zeremonie am Arc de Triomphe.
Nevers, Anf. Nov.: Internat. Jazz-festival. Weinfeste in allen Anbau-gebieten. Berühmt sind die »Trois Glorieuses« der Côte d'Or (Bur-gund) am 3. Nov.-Wochenende: Sa. Bankett der Bruderschaft der Chevaliers du Tastevin im Château Clos-de-Vougeot; So. Versteige-rung des neuen Jahrgangs im Hospiz von Beaune; Mo. »Paulée« mit großem Gelage in Meursault.
Chablis, 4. Nov.-So.: großer Weinmarkt.
Heringsmärkte in Dieppe und Fécamp.

► Dezember

Weihnachtsmärkte in vielen Orten, besonders traditionsreich und schön im Elsass (Straßburg, Colmar, Kaysersberg), in Lothrin-gen (Metz, Plombières-les-Bains) und Nord-Pas-de-Calais (Amiens, Arras, Lille), aber auch anderswo, etwa in Montbéliard und Saumur.

Geld

Der Euro ist in Frankreich ebenso wie in Deutschland und Öster-reich das Zahlungsmittel (1 Schweizer Franken = ca. 0,70 €). Beach-ten: Da das französische Wort »cent« auch »hundert« bedeutet, be-nützt man für den Euro-Cent meist das alte »centime«.

Euro

Die Ein- und Ausfuhr in- und ausländischer Zahlungsmittel nach Frankreich unterliegt keinen Beschränkungen. Beträge über 10 000 € sind bei Ein- und Ausreise zu deklarieren.

Devisen-bestimmungen

Öffnungszeiten
Banken

Die Banken haben Mo. – Fr. oder Di. – Sa. von 9.00/10.00 bis 12.00/13.00 und von 14.00/15.00 bis 16.30/17.00 Uhr geöffnet, in größeren Städten teils auch durchgehend. Vor einem Feiertag ist in der Regel schon ab 12.00 Uhr geschlossen.

ℹ Karte verloren?

- Unter der Rufnummer **00 49/116 116** (aus dem Ausland) kann man verlorengegangene Bank- und Kreditkarten, Handys und Krankenkassenkarten sperren lassen.
- Weitere Rufnummern aus dem Ausland: Visa: Tel. 800 819 014 (gebührenfrei, nur Festnetz), Mastercard: Tel. 800 870 866, American Express: Tel. 00 49/69 97 97 20 00

Mit Bank-/Kreditkarte und Geheimnummer kann man an **Automaten** (distributeur, point d'argent) gegen eine Gebühr Geld abheben.

In Frankreich wird sehr häufig mit der **Kreditkarte** bezahlt, sei es im Hotel, im Restaurant, an der Tankstelle oder im Supermarkt. Das bedeutet, dass man immer kleine Scheine dabei haben sollte, auf große kann häufig nicht herausgegeben werden. Auch viele Einzelhandelsgeschäfte akzeptieren die internationalen Kreditkarten. Achtung: Mit einer heimischen **Bankkarte** kann man nur selten bezahlen!

Kartenverlust

Eine verloren gegangene Kredit- oder Bankkarte lässt man umgehend sperren, auch sollte man den Verlust unbedingt der Polizei melden. Dafür am besten vor der Reise Bankleitzahl, Kontonummer, Kartennummer und Gültigskeitsende notieren.

Autobahn-
gebühren

Autobahngebühren können mit Bargeld oder den gebräuchlichen Kreditkarten bezahlt werden, nicht jedoch mit Bankkarten.

Gesundheit · Wellness

Ärzte

Die Adressen von Ärzten (médecins) und Zahnärzten (dentistes) findet man in den »Pages Jaunes« (Gelbe Seiten) des örtlichen Telefonbuchs. Die Tourismusbüros können oft Ärzte mit Fremdsprachenkenntnissen (meist Englisch) nennen. Auch die Hotelrezeptionen und die Polizei helfen bei der Suche nach einem Arzt. Der Bereitschaftsdienst der Ärzte wird in der Lokalpresse veröffentlicht.

Apotheken

Apotheken (pharmacie) werden durch ein grünes Kreuz signalisiert. Öffnungszeiten: 9.00 – 12.00, 14.00 – 18.30 Uhr. Welche Apotheke nachts und am Wochenende Dienst hat, wird an den Türen der Apotheken und in der Lokalpresse angezeigt.

Kranken-
versicherung

▶Anreise

Notrufe

▶dort

Wellness

Schon die Römer nutzten Frankreichs Thermal- und Mineralquellen **Heilbäder**
und heute sprudeln in etwa 100 Heilbädern – deren Name oft den
Zusatz »les Bains« aufweist – an die 1200 Quellen zur Linderung
oder Heilung der verschiedensten Krankheiten. Viele Badeorte, die
häufig zu beliebten Ferienzentren mutierten, haben sich das nostalgi-
sche Bild aus ihrer großen Zeit im 19. Jh. bewahrt.

»Thalassa« hieß bei den antiken Griechen das Meer, und sie wussten, **Thalasso-**
wie heilsam das Salzwasser für den Körper ist. Im 19. Jh. entdeckte **therapie**
man die Heilwirkung des Salzwassers neu und heute gibt es an den
Küsten viele Thalassotherapiezentren (Bäder mit Meerwasserkuren).
Mit unterschiedlich temperierten Bädern, Algen- und Schlamm-
packungen, Hydromassage, Sprudelbädern, Gymnastik im Meerwas-
serpool, Spaziergängen in jodhaltiger Luft sowie Diät, Entspannungs-
und Fitnessprogrammen werden u. a. Rheuma, Arthrosen, Kreislauf-
störungen, Störungen des Stoffwechsels und des vegetativen Nerven-
systems und Verletzungsfolgen bekämpft, aber auch Stress und Erschöpfung. Immer mehr entwickeln sich die Thalasso-Institute zu
komfortablen bis exklusiven Erlebnisbädern, die auch von einer be-
tuchten Klientel ohne akute Beschwerden, aber z. B. mit zu großen
Fettpolstern, aufgesucht wird.

Informationen geben die regionalen und lokalen Tourismusbüros. **Auskunft**
Einige exklusive Wellness-Hotels sind in der Broschüre »Wellness in
Frankreich« von Atout France (▶ Auskunft) verzeichnet, mehr ent-
hält die Website von Atout France.

Jugendreisen

Frankreich ist ein echtes Jugendreiseland. Die Schulferien werden bevorzugt am Meer, auf dem Land oder in anderen Städten mit vielfältigen Aktivitäten verbracht. Dementsprechend gut organisiert und
umfangreich sind die Angebote der Tourismuseinrichtungen für junge Leute. Atout France (▶ Auskunft) informiert mit seiner Broschüre
»Frankreich – Reiseziel für junge Leute« über alles Wichtige und In-

▶ ORGANISATIONEN FÜR JUGENDLICHE

▶ **Accueil des Jeunes en France**
119 Rue St-Martin
75004 Paris
Tel. 01 42 77 87 80

▶ **Ethic Etapes**
27 Rue de Turbigo, 75002 Paris
Tel. 01 40 26 57 64
www.ethic-etapes.fr

teressante: Verkehrsmittel (Ermäßigungen, Mitfahrzentralen), Unterkunft (von Jugendherbergen bis zu den Zentren für Internationale Begegnung und Studentenwohnheimen), Aktivurlaub (Sprachkurse, Sport, kulturelle Arbeit, auch Jobs) und die notwendigen technischen Dinge. Unterkunft ▶Übernachten.

Kleiner Knigge

Gute Umgangs-formen In Frankreich legt man Wert auf Höflichkeit; stilvolles Auftreten und rhetorische Feinheiten sind Verhaltensstandards. Man hält der Person hinter sich die Tür auf und entschuldigt sich mit einem »Pardon!« oder »Excusez-moi!«, wenn man sich den Weg bahnen muss oder jemanden versehentlich anrempelt. Man grüßt nicht nur mit »Bonjour«, sondern höflich mit »Bonjour Madame/Monsieur«. Eine Anrede sollte man auch nicht bei Bitte oder Dank vergessen: »S'il vous plaît/Merci, Madame/Monsieur«. Männer begrüßen sich mit Handschlag, Frauen mit (je nach Region zwei bis vier) angedeuteten Küsschen links und rechts.

Fremdsprachen Die »Grande Nation« ist stolz auf ihre Kultur, was leider auch bedeutet, dass Fremdsprachenkenntnisse nicht hoch im Kurs stehen. Andererseits werden Sie freundliche Anerkennung finden, wenn Sie sich auf Französisch verständlich machen können; eignen sie sich daher vor der Reise die wichtigsten Wörter und Redewendungen für Begrüßung, Zimmerreservierung und Bestellung im Restaurant an.

Trinkgeld Im Allgemeinen wird ein Trinkgeld (*pourboire*) bei denselben Gelegenheiten und in ähnlicher Höhe gegeben, wie man es von zu Hause gewohnt ist (Restaurants ▶ Essen und Trinken). In Cafés und Bars lässt man einfach das Geld auf dem Tellerchen liegen. Auch Taxifahrer (0,50 – 1 €), Fremdenführer (1 – 2 €), Toilettenfrauen und der Zimmerservice freuen sich über ein Trinkgeld.

Rauchverbot In Frankreich gilt für alle »öffentlichen« Orte – d. h. für den Touristen: Museen, Kinos, Verkehrsmittel, Bahnhöfe, Restaurants, Cafés, Discos, Hotels und überdachte Plätze – ein absolutes Rauchverbot.

Literaturempfehlungen

Informatives **Ardagh, J., Jones, C.:** Bildatlas der Weltkulturen Frankreich. München 1992/Augsburg 1997. Eine Landeskunde in Bild und Text.
Jones, C.: Frankreich: Eine illustrierte Geschichte. Frankfurt a. M. 1995 (Original: The Cambridge Illustrated History of France). Französische Geschichte wird hier »anschaulich« gemacht.

Febvre, Lucien: Der neugierige Blick. Leben in der französischen Renaissance. Berlin 1989. Die Zeit der Loire-Schlösser, anregend und farbig porträtiert von einem renommierten Historiker.

Haensch, G., Fischer, P.: Kleines Frankreich-Lexikon. Beck'sche Reihe Länder. Wissenswertes über Frankreich und seine Menschen.

Harpprecht, Klaus: Mein Frankreich. Reinbek 2000. Eine Analyse der politischen Geschichte Frankreichs.

Thomas, Heinz: Jeanne d'Arc. Berlin 2000. Akribisch recherchierte, detailreiche Biografie der faszinierenden historischen Figur.

Ulrich, K., Lesbros, D.: Zeit für Paris: Metropole für Entdecker und Genießer. München 2007. Wer mehr genaueren Einblick in die faszinierende Stadt gewinnen will, in ihre Geschichte, ihre Schönheiten und Stimmungen, findet hier jede Menge »Stoff«.

Wickert, Ulrich: Frankreich. Die wunderbare Illusion. Hamburg 1989. Der frühere Pariser ARD-Korrespondent und »halbe Franzose« über unsere Nachbarn, ein vielschichtiges Porträt Frankreichs.

Baedeker Reiseführer: Bretagne, Burgund, Elsass und Paris.

Balzac, Honoré de: Die Chouans oder die Bretagne im Jahre 1799. Die Liebe zwischen einer Republikanerin und einem Aristokraten während der Kämpfe der bretonischen Königstreuen gegen die Parteigänger der Französischen Revolution.   *Literarisches*

Charef, Mehdi: Tee im Harem des Archimedes (1983). Schräge Schilderung des Lebens junger Leute mit »Migrationshintergrund« in den Betonvorstädten von Paris. 1985 verfilmt.

Chevallier, Gabriel: Clochemerle (1934): Das blühende Leben auf französische Art, geschildert am Beispiel eines burgundischen Städtchens und dem Bau eines öffentlichen Pissoirs. Hochkomisch, unverblümt, ironisch und erotisch, ein Lesevergnügen erster Klasse.

Colette: Mein Elternhaus (1922). Roman mit autobiografischen Zügen, der u. a. in Burgund spielt.

Flaubert, Gustave: Madame Bovary (1857). Roman über die Affäre einer Landarztfrau mit herrlichen Schilderungen der Normandie.

Genet, Jean: Querelle (1947). Das Leben der Unterwelt im Hafen von Brest, schockierend und grausam.

Grimkowski, S. (Hrsg.): Normandie. Ein literarischer Reisebegleiter. Frankfurt 2007. Berühmte Schriftsteller der Normandie, ihre Wohn- und Arbeitsstätten und die Schauplätze ihrer Literatur.

Guntz, Emma (Hrsg.): Elsass. Ein literarischer Reisebegleiter. Frankfurt 2001. Emma Guntz hat sich um die Erhaltung der elsässisch-deutschen (Sprach-)Kultur verdient gemacht. Ein elsässisches Panorama in Gedichten und Prosa vom Mittelalter bis heute.

Harig, Ludwig: Gauguins Bretagne. Ein Tagebuch. Hamburg 1998

Proust, Marcel: Auf der Suche nach der verlorenen Zeit (1913 bis 1927). Der siebenteilige Riesenroman entfaltet sein psychologisches Panorama verfallender Aristokratie und dekadenter Bourgeoisie vor dem Hintergrund von Paris und der Sommerfrische an der normannischen Küste.

Rabelais, François: Pantagruel und Gargantua (1532–1534). Satirisch-fantastischer Roman mit Beschreibungen der Loire-Landschaften.

Rouaud, Jean: Die Felder der Ehre. München 1993. Familiensaga über drei Generationen mit Porträt der Landschaft an der Loire-Müncung und ihrer Bewohner.

Soupault, Ré (Hrsg.): Bretonische Märchen. Diederichs Verlag 1959

Zola, Emile: Germinal (1885). Das Epos beschreibt das Milieu der Bergarbeiter Nordfrankreichs in der 2. Hälfte des 19. Jh.s und den Kampf der Kumpel um mehr Rechte. Mit G. Dépardieu verfilmt.

Bildatlanten
DUMONT Bildatlanten: Paris, Bretagne, Elsass, Normandie. Atmosphäre- und facettenreiche Porträts der Regionen bzw. der Hauptstadt mit ihren Highlights.

Landkarten
Außer der zu diesem Band gehörenden Reisekarte sind Karten mit kleinerem Maßstab wie z. B. die Marco Polo Regionalkarte Frankreich 1:300 000 zu empfehlen. Französische Karten können über jede Buchhandlung bezogen werden, sind in Frankreich jedoch billiger.

Wanderkarten ▶
Das Institut Géographique National (IGN) gibt ausgezeichnete Kartenwerke verschiedener Maßstäbe heraus:

Cartes Tourisme et Découverte TOP 100: Straßen- und Wanderkarten 1:100 000 mit touristischen Informationen
Série Orange 1:50 000
TOP 25/Serie Bleue 1:25 000: Wanderkarten als Sonderausgaben der topografischen Karten für touristische Gebiete.

Fahrradkarten ▶
Für Radwanderer sind die Michelin-Straßenkarten 1:200 000 zusammen mit den IGN TOP 100 für Details zu empfehlen.

Museen und Schlösser

Öffnungszeiten
Die städtischen Museen haben meist am Montag geschlossen, die Nationalmuseen meist am Dienstag. Zur Hauptreisezeit haben wichtige Häuser meist keinen Ruhetag. Im Winter, etwa Nov.– März/April, haben manche Museen und Schlösser geschlossen oder schränken ihre Öffnungszeiten stark ein. Achtung: **Letzter Zutritt** ist häufig eine halbe bis eine ganze Stunde vor dem Ende der Öffnungszeit!

Eintritt
Die Nationalmuseen und staatlich verwalteten Baudenkmäler – außer denen in Versailles – sowie viele städtische Museen sind am ersten Sonntag des Monats gratis zugänglich, an den anderen gilt ein reduzierter Tarif. Für Jugendliche bis 18 Jahre und Studenten (Ausweis) ist der Eintritt meist gratis, auf jeden Fall in den staatlichen Musées Nationaux. Lokale und regionale Museumspässe schließen den Zutritt zu den meisten Institutionen ein, teils auch die Benutzung des ÖPNV. Nicht immer ist mit einem solchen Pass eine finanzielle Er-

sparnis verbunden, da man in der zur Verfügung stehenden Zeit nur einen Teil der Sehenswürdigkeiten besuchen kann; von Vorteil ist aber auf jeden Fall, den Schlangen an den Kassen zu entgehen.

Naturschutzgebiete

Von den 46 regionalen Naturparks in Frankreich (Parc Naturel Régional, http://parcs-naturels-regionaux.fr) liegen 22 in der Nordhälfte des Landes. Darüber hinaus gibt es eine große Zahl von nationalen und regionalen Naturreservaten (Réserve Naturelle, www.reserves-naturelles.org). Einige unterhalten interessante Freilichtmuseen (*eco-musée*). Informationen aller Art – insbesondere zu vielen Aktivitäten wie Bergwandern, MTB, Paragliding, Skitouren, Segelfliegen, Rafting, Kajakfahren, Angeln, Reiten etc. – geben die Verwaltungen der Naturparks sowie die lokalen und regionalen Tourismusbüros. Auf den reichhaltigen Websites der Parks und Reservate kann man auch eine Unterkunft, geführte Touren etc. buchen.

Notrufe

IN FRANKREICH

Polizei, Notarzt und Feuerwehr können von öffentlichen Telefonen aus ohne Münzen oder Télé-carte gerufen werden.

► Notruf
Tel. 112

► Polizei
Tel. 17

► Krankenwagen/Notarzt
SAMU Tel. 15 (auch in Englisch)

► Feuerwehr
Sapeurs pompiers Tel. 18

► ADAC-Notrufzentrale Lyon
Tel. 08 25 80 08 22
(auch aus Mobilfunknetzen)

► Pannenhilfe
AIT Assistance
Tel. 0800 08 92 22 (0 – 24 Uhr)
Deutschsprachig, zuständig für alle Straßen außer Autobahnen.

IN DEUTSCHLAND

► ACE-Notruf
Tel. 00 49/18 02 34 35 36
(0 – 24 Uhr)
Fahrzeug- und Kranken-rückholdienst

► ADAC-Notrufzentrale München
Tel. 00 49/89/76 76 76
Medizinische Beratung und Rückholdienst
Tel. 00 49/89/22 22 22
(0 – 24 Uhr)
Beratung bei Pannen, Unfällen, Verlust von Dokumenten etc.

► **Deutsche Rettungsflugwacht**
Tel. 00 49/7 11/70 10 70

► **DRK-Flugdienst Bonn**
Tel. 00 49 / 2 28 / 23 00 23

Post und Telekommunikation

Postämter Die Postämter erkennt man am gelben Schild »La Poste«. Manchmal weisen noch alte PTT-Schilder (»Postes, Télégraphes, Téléphones«) den Weg. Außer Briefe und Pakete aufzugeben kann man dort telefonieren, häufig auch faxen und ins Internet gehen. In größeren Städten haben die Postämter Mo. – Fr. durchgehend von 8.30 bis 18.00/19.00 geöffnet, in kleineren Orten von 9.00 bis 12.00 und von 14.00 bis 17.00/18.00, am Samstag bis 12.00 Uhr.

Porto Briefmarken (timbres) erhält man einzeln oder in Heftchen (carnets) in Postämtern, Tabakläden (tabac) und manchen Bars. Postkarten und Briefe bis 20 g nach Deutschland, Österreich und in die Schweiz sind mit 0,70 € (prioritaire) zu frankieren.

Briefkästen Die Briefkästen in Frankreich sind gelb und haben in der Regel zwei Einwurfschlitze: einen für das Département, in dem man sich befindet, den anderen für den Rest der Welt (Autres destinations).

Telefonzellen Die Telefonzellen sind nur mit Telefonkarten (Télécarte mit Chip, Ticket Téléphone mit Code zum Freirubbeln) zu benützen, die bei der Post, bei Orange, in Tabakläden, SNCF- und Metrostationen erhältlich sind. In Cafés, Bistros und Postämtern kann man noch mit Münzen telefonieren. In vielen Telefonzellen kann man sich auch anrufen lassen, ihre Nummer ist nicht zu übersehen.

Mobiltelefon Das französische Mobiltelefonnetz wird von drei Betreibern versorgt: Bouygues, Orange und SFR. Informieren Sie sich bei Ihrem Provider über die (hohen) Roaming-Kosten. Viel billiger ist es, sich eine französische SIM-Card auf Prepaid-Basis zu besorgen, die gibt es in den Filialen der französischen Betreiber, in Supermärkten, Tabakläden, FNAC-Filialen und bei der Post.

LÄNDERVORWAHLEN

► **Nach Frankreich**
00 33
Die führende Null der zehnstelligen Teilnehmernummer entfällt.

► **Von Frankreich**
nach Deutschland   00 49

nach Österreich   00 43
in die Schweiz   00 41
Die führende Null der Ortsvorwahl entfällt.

TELEFONAUSKUNFT

national 12
international 3212

In vielen Postämtern in ganz Frankreich kann man ins Internet gehen (Cyberposte, www.cyberposte.fr). Man kauft dafür am Schalter eine Chipcard mit unterschiedlichem Guthaben. Komfortabler, aber teurer ist es in einem der vielen Internetcafés. Wer seinen eigenen Computer am Festanschluss nützen will, sollte sich vor der Reise ein internationales Adapterset besorgen. Viele Hotels, Tourismusbüros und öffentliche Bibliotheken bieten einen kostenlosen oder sehr preisgünstigen WLAN-Zugang (»WiFi«).

Internetzugang

Preise und Vergünstigungen

Das Preisniveau entspricht im Allgemeinen demjenigen in Deutschland. Als Untergrenze für das tägliche Budget sind – ohne Fahrtkosten und für zwei Menschen, die sich ein Zimmer teilen – etwa 75 € pro Nase anzusetzen. In Paris sind Essen und Nächtigen teurer als in der Provinz, wobei jedoch die Preise je nach Lage des Hotels bzw. Restaurants (und der Entfernung von den großen Sehenswürdigkeiten) stark variieren, sodass man auch hier den Geldbeutel nicht übermäßig strapazieren muss. Häufige Museumsbesuche können erheblich zu Buche schlagen; bedeutende Einrichtungen verlangen für Erwachsene 8 – 10 €, manche in der Hochsaison noch deutlich mehr.

Preisniveau

Es ist von Vorteil, wenn man die Reise in die Nebensaison legen kann; in frequentierten Feriengebieten, d. h. vor allem am Meer und an der Loire, sind die Hochsaisonpreise spürbar höher. Allerdings kann man in den »untouristischen« Gebieten gerade dann preiswert urlauben; in Paris verlangen etliche Hotels im Juli/Aug. niedrigere Preise. Die Chambres d'hôtes (► Übernachten) sind preiswerter als ein gleichwertiges Hotel; sehr günstig nächtigt man in den Formule-1-Hotels. Zum Tanken steuert man am besten die großen Supermärkte (Hypermarchés) an. Viele Städte bieten preisgünstige Arrangements, die Hotel, Benutzung des ÖPNV, Museumseintritt, Rundfahrten etc. umfassen. Regionale und lokale Gästekarten für öffentliche Verkehrsmittel und Museen sind ebenso gang und gäbe wie reine Museumspässe bzw. Sammelkarten. Viele Museen verlangen am ersten Sonntag des Monats keine oder nur eine ermäßigte Eintrittsgebühr; für junge Leute bis 25 Jahre aus den EU-Staaten sind sie meist gratis. In Cafés bezahlt man am wenigsten an der Bar, am Tisch sowie draußen kostet es mehr. Will man »richtig speisen«, ohne seinen Geldbeutel allzu sehr zu belasten, tut man das am besten mittags unter der Woche. Nicht nur zum Sparen, sondern weil es Spaß macht, kann man sich in einem der bestens sortierten Supermärkte oder bei einem *traiteur* (Feinkostgeschäft mit fertigen Speisen) gut für ein Picknick versorgen.

Möglichkeiten zum Sparen

WAS KOSTET WIE VIEL?

Doppelzimmer
ab 40 €

Einfache Mahlzeit
ab 8 €

3-Gänge-Menü
ab 18 €

Benzin (1 l Super)
ca 1,35 €

1 Tasse Café au lait
ab 3,00 €

Softdrinks
ab 3,00 €

Reisezeit

Schulferien In den Sommerferien, die etwa von Anfang Juli bis Mitte September dauern, ist das wirtschaftliche und politische Leben im ganzen Land auf das Notwendigste reduziert, viele Betriebe und öffentliche Einrichtungen schließen: Frankreich nimmt dann den Jahresurlaub oder macht Betriebsferien (*congé annuel*). Hauptreisezeit ist Mitte Juli bis Ende August. Die Großstädte, auch Paris, leeren sich; in Orten und Gebieten, die keine wichtigen Urlaubsziele sind, haben viele Restaurants, Hotels, Geschäfte etc. geschlossen. Dafür sind dann die Ferienorte und Campingplätze am Meer, im Gebirge und sonstigen schönen Punkten des Landes überfüllt. Auf jeden Fall meiden sollte man Autobahnen und wichtige Nationalstraßen am 1. Juli- und am 1. August-Wochenende. Unterkunft in den beliebten Ferienregionen ist für diese Zeiten frühzeitig zu reservieren; in anderen Monaten kommt man meist billiger unter.

Frühling Die besten Zeiten für das nördliche Frankreich sind Mai/Juni und September/Oktober. Im späten Frühling lohnt sich eine Fahrt ins Elsass oder zu den Schlössern der Loire; in der Normandie blühen **Sommer** dann die Obstbäume. Der Sommer ist richtig für Bergregionen wie Vogesen und Jura und natürlich für die Küsten an Ärmelkanal und Atlantik; Spaß an Trubel und Highlife muss man dann allerdings mitbringen. Die Sommermonate – Ferienzeit – sind überall reich an **Herbst** Unterhaltungen wie Musik- und Theaterfestivals. Im Herbst empfiehlt sich vor allem ein Besuch der vielen schönen Städte mit ihren Kunstschätzen und der großen Weinregionen Elsass, Burgund und Loire; doch kann man auch in allen anderen Landschaften herrliche Tage verbringen. An der Loire sind im Herbst Morgennebel häufig, **Winter** die sich erst gegen Mittag auflösen. Der Winter ist vor allem etwas für wetterfeste Menschen, die eine »normale« Atmosphäre schätzen und hauptsächlich Kunst und Kultur genießen wollen. Dem Wintersport kann man in den Hochvogesen frönen. Stimmungsvoll ist die Adventszeit, in vielen Orten gibt es Weihnachtsmärkte und Konzerte in den Kirchen. Klima, Wassertemperaturen ▶S. 20, 21.

Paris ist zu jeder Jahreszeit ein attraktives Reiseziel. Im Winter erstrahlt es im Glanz seiner Lichter und die Theater- und Konzertsaison bietet vielfältige Abwechslung (die Zahl der Regentage ist nicht größer als sonst). Im Frühjahr und Herbst sind die Stadt und ihre Umgebung am farbenprächtigsten, die Temperaturen angenehm und die Besucherströme relativ gering. Ein Tipp: Die Schönwetterphase des »Mittfrühlings« (um den 22. April) nützen! Im Sommer fährt halb Paris in die Ferien, weshalb es dann besonders ruhig ist; viele Geschäfte und Restaurants haben im August geschlossen, die Hauptsehenswürdigkeiten verzeichnen großen Besucherandrang, viele Hotels verlangen deutlich niedrigere Preise als sonst. Hitze und Schwüle können in Paris sehr unangenehm werden – dann macht man an der Seine das Beste draus (»Paris Plage«).

Paris

Shopping

In jedem Dorf gibt es eine *boulangerie* (Bäckerei) und eine *boucherie* (Metzgerei) und in der Regel auch eine *epicerie* oder *alimentation*, d. h. einen kleinen Lebensmittelladen. Am Rand größerer Orte findet man die *supermarchés* (Supermarkt), die meist auch ein großes, ausgezeichnetes Angebot an feineren Dingen haben (und eine billige Tankstelle). Größere Städte verfügen über autofreie Einkaufsstraßen mit Kaufhäusern und Geschäften aller Art.

Einkaufsmöglichkeiten

Ein Vergnügen ist der Besuch einer der bunten, an Düften reichen Märkte: Lebensmittel-, Gemüse- und Blumenmärkte, auf denen die kulinarischen Schätze der Region, aber auch Kleidung, Küchenutensilien, CDs etc. feilgeboten werden; Fischmärkte an der Küste; dazu kommen Kunstgewerbe-, Antiquitäten-, Floh-, Briefmarken- und Buchmärkte. Eine Besonderheit sind die lebhaften Fischauktionen (Criées) in Hafenstädten; allerdings muss man für dieses Erlebnis sehr früh aufstehen. Auskunft geben die örtlichen Tourismusbüros.

Märkte

In Frankreich sind die Ladenschlusszeiten nicht gesetzlich geregelt. Deshalb sind die folgenden Angaben nur Anhaltspunkte. (Achtung: Hauptreisemonate sind Juli und August, in denen – außer in Feriengebieten – viele Geschäfte schließen oder die Öffnungszeiten einschränken.) Einzelhandelsgeschäfte haben meist von 9.00/10.00 19.00/20.00 Uhr geöffnet. Lebensmittelläden und Bäckereien öffnen

Öffnungszeiten

◄ Einzelhandel

Hier macht das Einkaufen Spaß: Markthallen in Dijon

meist sehr früh, die kleineren schließen meist mittags etwa von 12.30 bis 16.00 Uhr und stehen dafür abends länger zur Verfügung. Normalerweise ist nur der Sonntag Ruhetag; Bäckereien und einige andere Lebensmittelläden sind jedoch häufig bis 12.00/13.00 Uhr geöffnet. Am Sonntag offene Betriebe haben Mo., bisweilen auch Mi., Ruhetag. **Kaufhäuser, Einkaufszentren ▶** Kaufhäuser und viele größere Geschäfte sind werktags von 9.30 bis 18.30 Uhr geöffnet. Die großen Einkaufszentren (Centre commercial, Supermarché) haben Mo. bis Sa. von 9.00 bis 19.00, teils auch bis 20.00/21.00 Uhr offen, einige schließen dafür Montag vormittags.

Souvenirs Im Bereich des Kunsthandwerks haben viele Regionen schöne Erzeugnisse zu bieten. Zu nennen sind etwa Fayencen, Spitzen, mundgeblasene Gläser und Töpferwaren aus der Bretagne; Korbwaren, feines Porzellan und Steingut aus Burgund; Spitzen aus der Normandie; Töpfer- und Goldschmiedearbeiten, Möbel und mundgeblasenes Glas aus der Picardie; Keramik aus dem Elsass. In den Läden für Schiffszubehör und Seekleidung am Atlantik findet man wetterfeste Kleidung für den Urlaub an der Küste sowie Seemannspullover, Matrosenhemden und Fischermützen als Mitbringsel.

Delikatessen ▶ Frankreich ist ein Füllhorn kulinarischer Spezialitäten. Neben der fast unendlichen Palette an regionalen Weinen, Käsesorten und Süßigkeiten seien nur einige Produkte genannt: Galettes (Butterkekse), Andouille (Kaldaunenwurst) und Foie gras (Stopfleber von Gans oder Ente) aus der Bretagne, Calvados aus der Normandie, Senf aus Dijon, Essig, Rillons und Rillettes (Schmalzfleisch von Schwein, Gans

Petrossian in Paris (Blvd. Latour-Maubourg), eine legendäre Adresse für Feinkost

oder Ente) sowie Quittengelee aus dem Tal der Loire. Wer seinen heimischen Weinkeller bereichern will, lässt sich beim Winzer, in einer Cave Coopérative (Genossenschaftskellerei) oder einer Maison du Vin beraten. Höchstmengen für die zollfreie Einfuhr ▶ S. 85. Spirituosen sind in Frankreich hoch besteuert und daher nicht preisgünstiger als zu Hause.

◀ Getränke

Soldatenfriedhöfe

Auskunft über die zahlreichen Soldatenfriedhöfe in Frankreich aus dem Ersten und Zweiten Weltkrieg gibt der Volksbund Deutsche Kriegsgräberfürsorge (Werner-Hilpert-Str. 2, 34112 Kassel, Tel. 0180 570 09 99, www.volksbund.de). Er führt auch Reisen durch, z. B. nach Verdun und in die Normandie.

Son et Lumière

Sehr beliebt sind die »Spectacles Son et Lumière« (Klang-und-Licht-Schauspiele), die in der Sommersaison an touristisch besonders attraktiven Plätzen, vor allem an Schlössern, an Kathedralen und in

Altstadtvierteln, etwa zwischen 20.00 und 22.00 Uhr herum veranstaltet werden. Grandiose Beleuchtungseffekte – teils mit farbigem Laser –, Musik und gelegentlich auch historisch gewandete Personen sollen dem Besucher Szenen aus der Vergangenheit nahebringen. Ob man derlei als Kitsch empfindet oder nicht, sprich ob sich gegebenenfalls die Eintrittsgebühren lohnen, mag jeder selbst beurteilen.

Sprache

Auch wenn an den höheren Schulen in Frankreich Deutsch gelehrt wird, kann man sich nur sehr selten auf Deutsch verständlich machen; viel eher wird Englisch gesprochen. Wer nicht einigermaßen gut Französisch spricht, sollte daher ein Wörterbuch und einen Sprachführer mitnehmen. Sprachkurse ▶Urlaub aktiv.

SPRACHFÜHRER FRANZÖSISCH

Das Wichtigste

Ja / Nein	Oui / Non
Vielleicht	Peut-être
Bitte	S'il vous plaît (s. v. p.)
Danke	Merci
Gern geschehen.	De rien.
Entschuldigen Sie!	Excusez-moi!
Wie bitte?	Comment?
Ich verstehe nicht.	Je ne comprends pas.
Ich spreche nur wenig Französisch.	Je parle un tout petit peu français.
Können Sie mir bitte helfen?	Vous pouvez m'aider, s. v. p.?
Sprechen Sie Deutsch / Englisch?	Vous parlez allemand / anglais?
Ich möchte / würde gerne …	J'aimerais …
Das gefällt mir nicht.	Ça ne me plaît pas.
Haben Sie … ?	Vous avez … ?
Wieviel kostet das?	Ça coûte combien?
Wieviel Uhr ist es?	Quelle heure est-il?

Grüßen

Guten Morgen / Tag!	Bonjour!
Guten Abend!	Bonsoir!
Hallo / Grüß dich!	Salut!
Wie heißen Sie?	Comment vous appelez-vous?
Wie heißt du?	Comment t'appelles-tu?

Wie geht es Ihnen / dir? .... Comment allez-vous / vas-tu?
Auf Wiedersehen! / Tschüs! .... Au revoir! / Salut!

Unterwegs

links / rechts .... à gauche / à droite
geradeaus .... tout droit
nah / weit .... près / loin
Verzeihung, wo ist … ? .... Pardon, où se trouve … , s. v. p.?
Wieviele Kilometer sind das? .... C'est à combien de kilomètres d'ici?
Was ist der kürzeste Weg nach … ? ...... Quel est le chemin le plus court
                                              pour aller à … ?

Tanken

Wo ist die nächste Tankstelle? .... Où est la station-service la plus
                                              proche?
Ich möchte … Liter .... Je voudrais … litres …, s'il vous plaît.
… Super .... … du super
… Diesel .... … du diesel
… mit … Oktan .... … octanes.
Volltanken, bitte .... (Faites) Le plein, s. v. p.

Panne

Ich habe eine Panne. .... Je suis en panne.
Können Sie mir einen Abschleppwagen ... Est-ce que vous pouvez
   schicken? .... m'envoyer une dépanneuse?
Gibt es hier in der Nähe eine Werkstatt? . Est-ce qu'il y a un garage près
                                              d'ici?
… ist defekt. .... … est défectueux.

Unfall

Hilfe! .... Au secours!
Achtung! Vorsicht! .... Attention!
Rufen Sie schnell … .... Appelez vite …
… einen Krankenwagen. .... … une ambulance.
… die Polizei. .... … la police.

Essen gehen

Wo gibt es hier … .... Pourriez vous m'indiquer …

… ein gutes Restaurant? … un bon restaurant?
… ein nicht zu teures Restaurant? … un restaurant pas trop cher?
Gibt es hier ein nettes Café (Bistro)? Y-a-t'il un café (bistrot) sympa?
Ich möchte für heute Abend einen Je voudrais réserver une table pour ce soir,
   Tisch für 4 Personen reservieren.   pour quatre personnes.
Wo ist bitte die Toilette? Où sont les toilettes, s. v. p.?
Auf ihr Wohl! A votre santé! / A la vôtre!
Die Rechnung bitte. L'addition, s. v. p.
C'etait bon? Hat es geschmeckt?
Das Essen war ausgezeichnet. Le repas était excellent.

Übernachtung

Könnten Sie mir … empfehlen? Pourriez-vous m'indiquer …?
… ein gutes Hotel … un bon hôtel
… eine Pension … une pension de famille
Haben Sie noch … frei? Est-ce que vous avez encore …?
… ein Einzelzimmer … une chambre pour une personne
… ein Doppelzimmer … une chambre pour deux personnes
… mit Bad … avec salle de bains
… für eine Nacht … pour une nuit
… für eine Woche … pour une semaine
Was kostet ein Zimmer mit … Quel est le prix de la chambre …
… Frühstück? … petit déjeuner compris?
… Halbpension? … en demi-pension?

Arzt

Können Sie mir einen guten Arzt Pourriez-vous me recommander
   empfehlen?   un bon médecin?
Ich habe hier Schmerzen. J'ai mal ici.
Où est la pharmacie la plus Wo ist die nächste Apotheke?
   proche?

Post

Was kostet ein Brief Quel est le tarif pour affranchir une lettre
… eine Postkarte … une carte postale
… nach Deutschland? … pour l'Allemagne?

Zahlen

0	zéro	1	un, une
2	deux	3	trois

4	quatre	5	cinq
6	six	7	sept
8	huit	9	neuf
10	dix	11	onze
12	douze	13	treize
14	quatorze	15	quinze
16	seize	17	dix-sept
18	dix-huit	19	dix-neuf
20	vingt	21	vingt-et-un,une
22	vingt-deux	23	vingt-trois
30	trente	40	quarante
50	cinquante	60	soixante
70	soixante-dix	80	quatre-vingts
90	quatre-vingt-dix	100	cent
200	deuxcents	1000	mille
2000	deuxmille	10 000	dixmille
1/2	undemi	1/4	unquart

Wochentage und Monate

lundi	Montag	mardi	Dienstag
mercredi	Mittwoch	jeudi	Donnerstag
vendredi	Freitag	samedi	Samstag
dimanche	Sonntag		
janvier	Januar	février	Februar
mars	März	avril	April
mai	Mai	juin	Juni
juillet	Juli	août	August
septembre	September	octobre	Oktober
novembre	November	décembre	Dezember

Petit déjeuner / Frühstück

café noir	schwarzer Kaffee
café au lait	Kaffee mit Milch
décaféiné (déca)	koffeinfreier Kaffee
thé au lait / au citron	Tee mit Milch / Zitrone
tisane / infusion	Kräutertee
chocolat (chaud)	(heiße) Schokolade
sucre	Zucker
jus de fruit	Fruchtsaft
œuf à la coque	weiches Ei
œufs brouillés	Rührei
œufs au plat avec du lard	Spiegeleier mit Speck
pain / petit pain / toast	Brot / Brötchen / Toast

croissant	Hörnchen
beurre	Butter
fromage	Käse
charcuterie	Wurst und Schinken
jambon	Schinken
miel / confiture	Honig / Marmelade
yaourt	Joghurt
céréales	Müsli, Getreideflocken

Soupes et hors-d'œuvres / Suppen und Vorspeisen

bisque d'écrevisses	Krebssuppe
bouchées à la reine	Königinpastetchen
bouillabaisse	südfranzösische Fischsuppe
consommé de poulet	Hühnerbrühe
crudités	verschiedene Gemüse, roh oder blanchiert
galette	Crêpe aus Buchweizenmehl
pâté de campagne	Bauernpastete
pâte de foie	Leberpastete
salade lyonnaise	grüner Salat mit gebratenen Speckwürfeln und Croûtons
salade niçoise	grüner Salat mit Tomaten, grünen Bohnen, hartem Ei, Thunfisch und Oliven
saumon fumé	Räucherlachs
soupe à l'oignon	Zwiebelsuppe
soupe de poisson	Fischsuppe

Viandes / Fleisch

agneau / gigot d'agneau	Lamm / Lammkeule
bifteck	Steak
bœuf	Rindfleisch
cassoulet	Fleisch und weiße Bohnen aus dem Ofen
confit	eingemachtes Fleisch
côte de bœuf	Ochsenkotelett
crépinette	kleine Frikadelle im Netzmantel
filet de bœuf	Rinderfilet
foie gras	Gänse-/Entenstopfleber
foie	Leber
grillades	Grillplatte
mouton	Hammel
porc	Schwein
rognons	Nieren
rôti	Braten
sauté de veau	Kalbsragout
steak tatare	Tatar

tripes .... Kutteln
saignant .... blutig
à point / medium / bien cuit .... medium / halbdurch / durchgebraten

Volailles et gibier / Geflügel und Wild

canard (à l'orange) .... Ente (mit Orangensauce)
cerf .... Hirsch
cuissot de chevreuil .... Rehkeule
coq au vin .... in Rotwein geschmorter Hahn
dinde .... Truthahn, Pute
faisan .... Fasan
lapin chasseur .... Kaninchen nach Jägerart
oie .... Gans
poulet (rôti) .... Hähnchen (Brathähnchen)
sanglier .... Wildschwein

Poissons et crustacés / Fisch und Krustentiere

cabillaud .... Kabeljau
calmar frit .... gebackener Tintenfisch
daurade .... Goldbrasse
lotte .... Seeteufel
loup de mer .... Seewolf
maquereau .... Makrele
morue .... Stockfisch
omble chevalier .... Saibling
perche .... Barsch
petite friture .... gebackene kleine Fische
rouget .... Rotbarbe
sandre .... Zander
sole au gratin .... überbackene Seezunge
truite meunière .... Forelle Müllerin
turbot .... Steinbutt
coquilles Saint-Jacques .... Jakobsmuscheln
crevettes .... Garnelen, Shrimps
homard .... Hummer
huîtres .... Austern
moules .... Miesmuscheln
plateau de fruits de mer .... Meeresfrüchteteller

Légumes, pâtés, riz / Gemüse, Teigwaren, Reis

artichaut .... Artischocke
choucroute .... Sauerkraut

courgettes	Zucchini
épinards	Spinat
fenouil	Fenchel
haricots (verts)	(grüne) Bohnen
nouilles	Nudeln
oignons	Zwiebeln
petits pois	Erbsen
poivrons	Paprikaschoten
pommes dauphine / pommes duchesse	Kartoffelkroketten
pommes de terre	Kartoffeln
pommes de terre nature	Salzkartoffeln
pommes de terre sautées	Bratkartoffeln
riz au curry	Curryreis
tomates	Tomaten

Desserts / Nachspeisen

charlotte	Löffelbiskuits mit Früchten und Vanillecreme
crème brûlée	Sahnepudding mit Karamell
crème Chantilly	Schlagsahne
gâteau	Kuchen
glace	Speiseeis
pâtisserie maison	Feingebäck nach Art des Hauses
profiteroles	kleine Windbeutel mit Creme oder Sahnefüllung
sabayon	Weinschaumcreme
tarte aux pommes	Apfelkuchen
tarte Tatin	gestürzter karamellisierter Apfelkuchen

Fruits / Obst

abricots	Aprikosen
cerises	Kirschen
fraises / framboises	Erdbeeren / Himbeeren
macédoine	Fruchtsalat
mures / myrtilles	Brombeeren / Blaubeeren
pêches	Pfirsiche
pommes / poires	Äpfel / Birnen
prunes	Pflaumen
raisins	Trauben

Liste des consommations / Getränkekarte

coca	Cola
eau minérale	Mineralwasser

bière	Bier
bière blonde	helles Bier
bière brune	dunkles Bier
bière pression	Bier vom Fass
bière bouteille	Flaschenbier
bière sans alcool	alkoholfreies Bier
vin	Wein
café arrosé	Kaffee mit Schuss
café exprès	Espresso
café au lait	Milchkaffee
un (verre de vin) rouge	ein Glas Rotwein
un quart de vin blanc	ein Viertel Weißwein
jus de fruit	Fruchtsaft
jus d'orange / de pamplemousse	Orangen- / Grapefruitsaft
lait	Milch
limonade	Limonade

Übernachten

Hotels

Die französischen Hotels werden vom Comité Régional du Tourisme nach Komfort und Service klassifiziert, in 5 Kategorien von 1 Stern (unterste Kategorie) bis 4 Sterne mit dem Zusatz L (Luxushotels). Diese Hotels sind durch ein sechseckiges, blaues Schild mit dem weißen Buchstaben »H« und den Sternen gekennzeichnet.   *Klassifizierung, Preise, Betten*

Für die Hauptreisegebiete und -zeiten ist frühzeitige Buchung unabdingbar. Häufig wird sie unter Mitteilung der Kreditkartennummer oder mit einer Anzahlung (*arrhes*) vorgenommen. Man kann auch in vielen Tourismusbüros eine Unterkunft buchen, ggf. gegen eine geringe Gebühr. Die Übernachtungspreise müssen am Eingang des Hotels und im Zimmer aushängen. Das Frühstück ist normalerweise nicht inbegriffen. In Orten mit ausgeprägten Reisezeiten sind die Preise in der Nebensaison deutlich niedriger (ca. 25 – 30 %) als in der Hochsaison. Einzelzimmer sind nur selten verfügbar; die Benutzung eines Doppelzimmers durch eine Person kostet nur manchmal etwas weniger. Die meisten Zimmer sind mit einem »französischen« Doppelbett mit einteiliger

Preiskategorien

- Die im Teil »Reiseziele von A bis Z« verwendeten Kategorien beziehen sich auf eine Übernachtung für zwei Personen im Doppelzimmer mit Bad, aber ohne Frühstück.
  Günstig: bis 80 €
  Komfortabel: bis 150 €
  Luxus: über 150 €

Matratze und gemeinsamer Bettdecke ausgestattet. Zieht man getrennte Betten vor, fragt man nach »deux lits« oder »des lits séparés«. Zu einem Aufpreis von etwa 30 % kann meist ein drittes Bett zur Verfügung gestellt werden. In vielen Tourismusorten wird eine Kurtaxe erhoben (0,50 – 1,50 €).

Logis de France

In der Fédération Logis de France haben sich ca. 3000 kleinere und mittlere Hotels zusammengeschlossen, die familiär geführt werden und zu mäßigen Preisen persönliche Atmosphäre, zeitgemäßen Komfort und gute regionale Küche bieten. Sie sind an einem hellgrünen Schild (oder braunen für ein »Logis d'Exception«) mit »Logis« und stilisiertem Kamin zu erkennen. Eine Reihe von Häusern hat sich besonders auf Familien, Wanderer, Radwanderer, Angler, Wintersportler, Weinfreunde etc. eingestellt; sehr interessant sind die »Logis de Caractère« in historischen Häusern. Das Verzeichnis erscheint jährlich und ist in Buchhandlungen sowie bei Logis de France erhältlich.

Hier steht der Gast im Mittelpunkt: ein Hotel-Restaurant auf dem Land

Die in »Relais & Châteaux« zusammengeschlossenen gehobenen Häuser bieten ein besonders stilvolles Ambiente, meist verfügen sie auch über ein ausgezeichnetes Restaurant. Hotels und Restaurants in über 500 besonderen Häusern verschiedener Kategorien, meist in privilegierter Lage, haben sich in der »Châteaux & Hôtels Collection« zusammengeschlossen. Die »Grandes Etapes Françaises« sind eine kleine Gruppe von noblen Schlössern und Herrenhäusern.

Im »Schloss« wohnen

Die besonders preiswerten Relais Routiers an den Hauptstraßen werden hauptsächlich von Fernfahrern benützt und sind meist einfach, aber gut. Der »Guide des Relais Routiers« ist in französischen Buchhandlungen zu erwerben (www.relais-routiers.com).

Relais Routiers

Verzeichnisse der genannten Organisationen sowie zahlreicher verbreiteter Hotelketten (darunter besonders preiswerter wie Etap, Fasthotel, Formule 1) sind auch bei Atout France, den Tourismusbüros (▶Auskunft) und im Buchhandel erhältlich. Auch die örtlichen Tourismusbüros geben Hotelverzeichnisse heraus.

Informationen

Ferien auf dem Land · Ferienwohnungen

Unter dem Begriff »Tourisme rural« werden verschiedene Möglichkeiten angeboten, Ferien auf dem Land zu verbringen. Die »Fédération Française des Gîtes de France« bietet preiswerte Wohnmöglichkeiten an, vom Hotel über einfache Landgasthöfe (Ferme-auberge), Ferienwohnungen und -häuser (Gîte rural), einfache Unterkünfte an Wanderwegen (Gîte d'etape) bis zum Camping auf dem Bauernhof (Camping à la ferme). Verzeichnisse sind bei den Tourismusbüros (▶ Auskunft) sowie bei Gîtes de France zu bekommen. Gîtes de France gibt auch die Verzeichnisse »Chambres et tables d'hôtes«, »Gîtes de charme«, »Chalets, campings et campings à la ferme« und »Gîtes d'étape« heraus. Darüber hinaus vermitteln eine große Zahl privater Unternehmen Ferienhäuser und -wohnungen.

Tourisme rural

Privatzimmer · Bed & Breakfast

Ein Aufenthalt bei Privatvermietern bietet ein persönliches Frankreich-Erlebnis, meist ist er auch preiswerter als in einem vergleichbaren Hotel. Die französischen Begriffe sind *chambre d'hôtes* (Zimmer mit Frühstück) und *table d'hôtes* (mit Essen). Die Schilder an den Durchgangsstraßen machen auf abseits gelegene Häuser aufmerksam. Zimmer (Meublés) und Appartements bei Privatvermietern sind in vielen Orten zu finden (meist für mindestens eine Woche zu mieten). Verzeichnisse gibt es bei Gîtes de France (▶S. 128), bei Clévacances und den örtlichen Tourismusbüros; für »Chambres d'hôtes de charme« gibt Gîtes de France ein eigenes Verzeichnis heraus. Rund 700 Häuser stellt der Führer Bed & Breakfast Frankreich aus dem Verlag Busche (Dortmund) vor.

Privatzimmer Bed & Breakfast

► ADRESSEN ÜBERNACHTEN

HOTELS

► **Logis de France**
83 Avenue d'Italie, 75013 Paris
Tel. 01 45 84 83 84
www.logishotels.com

► **Relais & Châteaux**
in Deutschland/Österreich/
Schweiz Tel. 00800 2000 0002
in Frankreich Tel. 08 25 82 51 80
www.relaischateaux.com

► **Châteaux & Hôtels de France**
84 Avenue Victor Cresson
92441 Issy-les-Moulineaux
Tel. 01 72 72 92 02 www.cha-
teauxhotels.com

► **Grandes Etapes de France**
21 Square St-Charles, 75012 Paris
Tel. 01 40 02 99 99 www.grande-
setapes.com

PRIVATZIMMER
BED & BREAKFAST

► **Gîtes de France**
►unten

► **Bienvenue au Château**
Les Alizés, La Rigourdière
35510 Cesson Sevigne
www.bienvenue-au-chateau.com

► **Weitere Webportale**
www.bedbreak.com
www.bbfrance.com

FERIENHÄUSER

► **Gîtes de France**
59 Rue Saint-Lazare
75439 Paris Cedex 9
www.gites-de-france.com

► **Interchalet**
Heinrich-von-Stephan-Str. 25
79100 Freiburg

Tel. (07 61) 21 00 77
www.interchalet.com

► **Interhome**
Hoeschplatz 5, 52349 Düren
Tel. (0 24 21) 12 2-0
www.interhome.de

► **Clévacances**
BP 52166
31022 Toulouse Cedex 2
www.clevacances.com

CAMPING & CARAVANING

► **Fédération Française de
Camping et de Caravaning**
78 Rue de Rivoli, 75004 Paris
Fax 01 42 72 70 21
www.ffcc.fr

► **Les Castels**
Manoir de Terre-Rouge 35270
Bonnemain
Tel. 02 23 16 03 20
Fax 02 23 16 03 23
www.les-castels.com

JUGENDHERBERGEN
UND -REISEN

► **Deutsches Jugendherbergs-
werk · DJH Service**
Bismarckstr. 8, 32756 Detmold
Tel. (052 31) 74 01-0
www.djh.de

► **Österreicher Jugend-
herbergsverband**
Schottenring 28, 1010 Wien
Tel. (01) 533 53 53
www.oejhv.or.at

► **Schweizer Jugendherbergen**
Schaffhauserstrasse 14
8042 Zürich
Tel. (044) 360 14 00
www.youthhostel.ch

▶ **Fédération Unie des Auberges de Jeunesse (FUAJ)**
27 Rue Pajol
75018 Paris
Fax 01 44 89 87 49
www.fuaj.org

▶ **Ligue Française pour les Auberges de Jeunesse (LFAJ)**
67 Rue Vergniaud
75013 Paris
www.auberges-de-jeunesse.com

▶ **Accueil des Jeunes en France**
119 Rue St-Martin
75004 Paris
Tel. 01 42 77 87 80
Zimmervermittlung in Paris.

▶ **Ethic Etapes**
27 Rue de Turbigo
75002 Paris
Tel. 01 40 26 57 64
www.ethic-etapes.fr
Organisation für Jugendferien mit 25 Häusern in Nordfrankreich.

Es ist nicht verwunderlich, dass im schlösserreichen Frankreich viele Eigentümer stilvoller alter Gemäuer – ob ländlich-schlicht oder höchst nobel – Gäste willkommen heißen. Die Preise sind, gemessen am Gebotenen, meist moderat. Die Association Bienvenue au Château (www.bienvenue-au-chateau.com) gibt ein Verzeichnis für Nordwestfrankreich mit über 130 Adressen heraus.

Bed & Breakfast im Schloss

Camping

Camping spielt in Frankreich eine große Rolle. Praktisch jeder Ort von nur einigem touristischem Interesse besitzt einen, nicht selten auch mehrere Campingplätze (*terrains de camping*), gemeindeeigene oder private. Je nach Komfort werden sie mit einem bis vier Sternen klassifiziert. Ein Stern bedeutet einfacher Standard (z. B. nur mit Kaltwasserduschen), vier Sterne weisen auf luxuriöse Ausstattung hin. Zur Hauptreisezeit sind die Plätze entlang der großen Urlaubsrouten meist belegt, doch findet man in der Regel etwas abseits im Hinterland fast immer noch Platz. Wildes Zelten (*camping sauvage*) ist nur mit Genehmigung des Grundstückseigentümers erlaubt, außerdem auf den sehr billigen, kleinen *aires naturelles de camping*, naturbelassenen Plätzen meist ohne Warmwasser- und Stromanschluss; an Stränden und in geschützten Gebieten ist es ganz untersagt. Außerhalb der Saison, d. h. Okt.–Mai, sind die meisten Campingplätze geschlossen. Nützlich ist der Internationale Campingausweis, den man bei den nationalen Campingclubs erhält.

Campingplätze

◄ Wildes Zelten

◄ Campingausweis

Auch Camper-Stellplätze gibt es in großer Zahl, von einfachen nur mit den notwendigsten Ver- und Entsorgungseinrichtungen bis zu komfortablen Anlagen mit Laden, Sanitärblock, Pool und Aufenthaltsräumen. Sie liegen am Ortsrand oder auch im Ort und sind oft gratis, manche kosten 5 – 10 € pro Nacht.

Camper-Stellplätze

Camping à la ferme Immer beliebter wird das Camping à la ferme, das Campieren auf dem Bauernhof (▶ Ferien auf dem Land). Zur Verfügung stehen meist nur wenige Stellplätze und der Komfort ist eher bescheiden, dafür ist der Kontakt mit Land und Leuten besonders eng. Eine Besonderheit sind die Castel Campings, 4-Sterne-Campingplätze auf dem Gelände bzw. in den Parks von Landschlössern und Adelssitzen in wunderbarer Umgebung (Les Castels).

Informationen Die Fédération Française de Camping et de Caravaning (FFCC) gibt umfassende Verzeichnisse heraus, die Zeitschrift »Camping Car Magazine« den »Guide Officiel Camping Caravaning« (jährlich), die Fédération Française des Associations et Clubs de Camping-Cars (FFACC) den »Guide National des Aires de Services Camping-cars« für Wohnmobile; darüber hinaus halten Buchhandlungen und Zeitungskioske viele regionale Führer bereit.

Eine große Auswahl geprüfter Campingplätze beschreiben der ADAC-Camping-Führer Südeuropa (jährlich) und der Führer »Camping France« von Michelin. Informationen geben auch regionale und lokale Tourismusbüros.

Jugendherbergen

Die Jugendherbergen (Auberges de Jeunesse) der Organisationen FUAJ und LFAJ kann jeder nützen, der einen internationalen Jugendherbergsausweis besitzt, erhältlich bei der Organisation des Heimatlandes. Für die Hauptreisezeiten ist eine frühzeitige Anmeldung erforderlich; die Aufenthaltsdauer ist in dieser Zeit auf drei Übernachtungen beschränkt. Das Internationale Jugendherbergsverzeichnis ist bei den Mitgliedsorganisationen und im Buchhandel zu bekommen.

Urlaub aktiv

Sportbegeisterte finden im Norden Frankreichs ein wahres Paradies vor. Viele Zuschauersportarten werden gepflegt, etwa Tennis, Fußball, Pferderennen und Segeln, das ganze Jahr über finden Turniere, Regatten und Motorsportrennen statt. Aktivsportler kommen ebenso auf ihre Kosten. Wassersport wie Segeln, (Wind-)Surfen, Tauchen und Kajakfahren steht hoch im Kurs, kein Wunder bei Tausenden Kilometern Küste sowie unzähligen Flüssen und Kanälen. Auch für Landsportarten wie Reiten, Golf und Wandern gibt es zahllose attraktive Möglichkeiten. Beliebt ist zudem das Gleitschirmfliegen. Die Ausrüstung kann man häufig mieten, Unterricht gehört selbstverständlich zum Angebot. Man kann auch Lehrgänge inklusive Unterkunft und Verpflegung buchen. Informationen bekommt man bei Atout France sowie bei den regionalen und örtlichen Tourismusbüros (▶Auskunft).

Zuschauersport

Fußball ist in Frankreich ebenso beliebt wie in Deutschland und **Fußball und** Rugby ebenso wie in Großbritannien. In Paris sind die beiden größ- **Rugby** ten Stadien des Landes zu finden: das Stade de France (80 000 Plätze, in St-Denis), in dem Frankreich 1998 Weltmeister wurde, und der Parc des Princes (48 000 Plätze, 16. Arr.). Karten für Veranstaltungen wie die »Coupe de France« (Fußball-Pokalmeisterschaften) oder den »Grand Tournoi« (Fünf-Nationen-Turnier im Rugby) sind u. a. in FNAC-Filialen, Virgin Megastores und unter www.francebillet.com zu bekommen.

Pferderennen und -wetten gehören zu den großen Leidenschaften **Pferderennen** der Franzosen. In Paris und Umgebung gibt es unzählige Pferderennen und in keiner anderen Stadt der Welt kann man so viele Rennwetten abschließen. Am ersten Oktober-Wochenende findet im Hippodrome de Longchamp in Paris – dem »französischen Ascot« – das wichtigste Pferderennen der Welt statt, der »Prix Qatar de l'Arc de Triomphe«. Weitere berühmte Hochburgen sind in der Umgebung von Paris Auteuil, Chantilly, Maisons-Laffitte und Saint-Cloud sowie in der Normandie Deauville. Info: www.france-galop.com.

Jedes Jahr im Juli findet die dreiwöchige Tour de France statt, die auf **Radrennen** den Champs-Elysées in Paris endet. Weitere berühmte Klassiker sind Paris–Roubaix und Paris–Tours (Termine ▶ Feiertage, Feste und Events). Ausführlich informieren das monatliche »Vélo-Magazine« und die Sporttageszeitung »L'Equipe«.

Zu den bekanntesten Tennisturnieren der Welt gehören die French **Tennis** Open (Internationale Tennismeisterschaften von Frankreich) im Pariser Stade Roland-Garros (Ende Mai, www.fft.fr/rolandgarros).

In manchen Regionen Frankreichs werden noch traditionelle Sport- **Traditionelle** arten gepflegt. In der Bretagne kann man auf vielen keltischen Festen **Sportarten** Kraftsportarten erleben, wie eine Art Ringkampf (*gouren, lutte bretonne*; www.gouren.fr), Baumstamm- oder Diskuswerfen, Tauziehen und *tire-bâton*, bei dem die Wettkämpfer sich gegenseitig mit einem Pfahl hochheben.

Sport & Spaß

Das Angeln ist in Frankreich ein beliebter Zeitvertreib. Bäche, Seen **Angeln** und Flüsse sind Reviere für das Grund-, Spinn- und Fliegenfischen. Man unterscheidet Gewässer der 1. Kategorie (vorwiegend Salmoniden) und der 2. Kategorie (vorwiegend andere Arten). Für die zweite genügt eine Grundmarke (*timbre de base*), für Erstere benötigt man eine Steuermarke (*supplément*). Reglementierungen und Verbotszeiten hängen von Gegend und Gewässerkategorie ab. Für öffentliche

Gewässer (*eaux libres*) braucht man den Erlaubnisschein der zuständigen Société de Pêche, für private Gewässer (*eaux closes*) die Erlaubnis des Besitzers bzw. Pächters. Das Angeln im Meer ist vom Ufer aus mit maximal zwei Ruten erlaubt; doch sollte man sich über Sperrgebiete informieren. Für den Fang vom Boot aus (auch von der privaten Segeljacht!) oder mit Netzen braucht man eine eigene Erlaubnis. Da und dort kann man mit einem Fischer in seinem Boot hinausfahren. Für die *pêche à pied* (»Fischerei zu Fuß«), d. h. die Jagd auf Meeresgetier in den Wattflächen, braucht man keine Erlaubnis. Es können allerdings bestimmte lokale Verbote bestehen, auch sollte man die Regeln für die Mindestgröße beachten.

Boule Boule bzw. Pétanque ist ein echter Nationalsport mit einer Reihe regionaler Varianten. Im Allgemeinen spielen zwei Mannschaften auf einer festen Sandbahn mit bis zu 12 Kugeln unterschiedlichen Durchmessers aus Holz, Metall oder Plastik. Gewonnen hat die Mannschaft, deren Kugeln der kleinen Zielkugel (*cochonnet*, »Schweinchen«) am nächsten gekommen sind. In der Bretagne pflegt man die »Boule bretonne«: auf 16 – 20 m langen Bahnen mit Banden und großen, schweren Kugeln (bis 120 mm Durchmesser, 0,5 – 1 kg).

Wieder eigene Regeln hat die »Boule Nantaise« oder »Boule de Fort« im unteren Loire-Tal: meist in einer Halle, auf einem leicht wannenförmigen Spielfeld mit dem tiefsten Punkt in der Mitte, mit großen Kugeln aus Holz, die von einem Metallring umgeben sind.

Motor-, Segel-, Drachen- und Gleitschirmfliegen kann man an vielen Orten lernen. Viel Wind bieten außer den Vogesen die Küsten und küstennahen Gegenden, weshalb etwa die Klippen der Normandie oder der Menez-Hom in der Bretagne beliebte Paraglider-Reviere sind. In vielen Regionen werden Fahrten mit dem Heißluftballon angeboten, z. B. an der Loire oder im Elsass.

Was das **Golfen** angeht, ist Frankreich immer noch ein Geheimtipp – hier finden sich wunderbare Plätze in allen Landesteilen, die mit wenigen Ausnahmen nicht überlaufen sind. Auch wenn der Sport

Die herrliche Landschaft des Elsass aus der Vogelperspektive

heute ein breiteres Publikum anspricht, hat er seinen distinguierten Charakter bewahrt. Als vielleicht großartigster Platz gilt Les Bordes südöstlich von Beaugency an der Loire; aber auch die Bretagne und die Normandie warten mit spektakulären Szenerien auf; viele Plätze liegen unmittelbar an der Küste und in Etretat spielt man an der Kante der berühmten Kalkklippen (der Wind spielt überall mit …). Interessant sind Pässe unterschiedlicher Gültigkeitsdauer, die es er- lauben, auf den Plätzen einer ganzen Region zu spielen (z. B. Côte d'Opale, Bretagne, Pays de la Loire); für eine Reihe von Plätzen ge- währt der Pass Formule Golf preisgünstigen Zugang (www.formule- golf.com). Bei Atout France (▶Auskunft) ist die Broschüre »Golf in Frankreich« mit den Daten der Plätze zu bekommen; Infos geben auch die regionalen Tourismusbüros und die Fédération Française de Golf.

Mit Kajak und Kanu kann man in Nordfrankreich zwei Arten von Revieren befahren: beschaulich strömende Flüsschen und Flüsse – auch die Loire und die Seine – sowie das Meer, entlang der Küste oder in geschützten Buchten. Am Meer erfordern Gezeiten und Strömungen, sich vor einer Ausfahrt zu informieren (gute Vermiet- stationen informieren von sich aus); man kann sich auch von erfah- renen Kanuten einweisen lassen oder geführte Touren unternehmen. Sinnvollerweise achtet man auf die Qualitätsbezeichnungen »point kajak de mer« bzw. »point canoë nature«, die von der Fédération Française de Canoë-Kayak vergeben werden (▶S. 142). Wildwasser- fans finden im Morvan (Burgund) ein kleines Revier.

Kajak und Kanu

Insbesondere die Normandie ist ein Pferdeparadies mit großer Tradi- tion, doch sind Möglichkeiten zum Reiten und markierte Reitwege praktisch im ganzen Land zu finden. Zahlreiche Organisationen bie- ten Unterricht und ein- oder mehrtägige Touren an.

Reiten

Die Küsten an Atlantik und Ärmelkanal sind die Heimat der franzö- sischen Seefahrt und auch heute wird dort das Segeln großgeschrie- ben. Hunderte von »Ecoles de voile« und »Centres nautiques« bieten in der Saison Leihboote und Kurse an. Das offene Meer ist nur etwas für erfahrene Segler; in den großen Buchten bzw. Binnenmeeren – in der Bretagne etwa die Reede von Brest, die Bucht von Douarnenez oder der Golf von Morbihan – können auch Anfänger problemlos segeln. Infos über Häfen, Segelschulen und -reviere geben die regio- nalen Tourismusbüros und die Fédération Française de Voile.

Segeln

An den Küsten Nordfrankreichs laden kilometerlange, breite Strände mit hartem Sand zum Strandsegeln mit dreirädrigen Segelwagen (*char à voile*) ein; beim *char à cerf volant* zieht ein Drachen den Wa- gen. Dabei werden Geschwindigkeiten von über 100 km/h erreicht. Eine weitere trendige Variante ist das Speed-Sailing: mit einem Windsurf-Rigg auf einer Art überdimensionalem Skateboard.

Strandsegeln

Surfen und Windsurfen

Wellensurfen (*surf*) und Windsurfen (*planche à voile*) werden fast überall betrieben, aufgrund der Windverhältnisse bevorzugt in der Bretagne. Voll im Trend ist das Kitesurfen, bei dem man sich von einem Drachen übers Meer ziehen lässt; spektakuläre Jumps und kurze Flüge sorgen für Adrenalinkicks. An der Nordküste der Bretagne machen die Brandung und die großen Gezeitenunterschiede das Surfen schwierig, im Westen starker Wind, Brandungen und Strömungen. Ideale Bedingungen zum Windsurfen finden sich dort an der Südküste, etwa in der Bucht von Quiberon, bei La Baule oder an der Pointe de la Torche, wo auch Weltcuprennen abgehalten werden. Auch die Reede von Brest, in der Mitte Mai internationale Windsurfmeisterschaften stattfinden, und die Bucht von Douarnenez sind Surferparadiese. Das (Wind-)Surfen lernen und ein Brett ausleihen kann man bei vielen Clubs und Schulen. Die besten Windverhältnisse gibt es im Frühjahr und ab September.

Tauchen

Frankreich ist in Tauchsport, Unterwasserarchäologie und Meeresforschung traditionell führend. An den nordfranzösischen Küsten ist das Wasser immer mehr als frisch, doch finden Sporttaucher eine abwechslungsreiche Meeresflora und -fauna, dazu eine große Zahl von Schiffswracks. Besonders attraktiv und beliebt ist die Bretagne (und dort die Küsten des Finistère und der Côtes d'Armor); im Golf von Morbihan haben Taucher so manchen archäologischen Schatz entdeckt. Wer den Rausch der Tiefe auf eigene Faust erleben will, muss den Tauchgang bei der Hafenbehörde anmelden. Wegen der Gezeiten und Strömungen sollte man aber auf kundige Führung nicht verzichten. In manchen Bereichen ist das Tauchen nicht gestattet, für die Unterwasserjagd ist eine Lizenz erforderlich. Informationen geben die regionalen Tourismusbüros (▸ 87).

Tennis

Praktisch alle größeren Orte, die Ferienregionen und gehobene Hotels verfügen über Tennisanlagen. Informationen über Tennisferien und Kurse verschiedener Anbieter geben die Tourismusbüros.

Wintersport

Die Nordhälfte Frankreichs ist keine Wintersportregion, allenfalls lohnen sich für Einwohner Badens und der Pfalz Ausflüge in die Vogesen, die ein reichhaltiges Programm anbieten: (eher sanfte) alpine Abfahrten, Langlaufen, Snowboarden, Hundeschlittenfahrten, Schneeschuhwandern u. a. m. Wintersportzentren sind Le Bonhomme/Lac Blanc, La Bresse, Champ du Feu, Gérardmer, Le Markstein, Schnepfenried, Ventron und St-Maurice-sur-Moselle. Info beim regionalen Tourismusbüro sowie im Internet: www.skifrance.fr, www.skiregio. net, www.skiinfo.de.

Bootstourismus

Sehr beliebt sind Bootsreisen auf den rund 8500 km langen Kanälen und Flüssen Frankreichs(▸Baedeker Special S. 136). Zahlreiche Un-

▶ HAUSBOOTVERLEIH

▶ **Le Boat/Crown Blue Line**
Theodor-Heuss-Str. 53 – 63
61118 Bad Vilbel
Tel. (0 61 01) 5 57 91 75
www.leboat.de

▶ **Locaboat Holidays**
Ludwigstr. 1, 79104 Freiburg
Tel. (07 61) 2 07 37-0
www.locaboat.com

▶ **Nicols**
Auenheimer Str. 26 a, 77694 Kehl
Tel. (0 78 51) 88 51 98-0
www.nicols.com

▶ **France Passion Plaisance**
71602 Paray-le-Monial Cedex
Tel. 03 85 53 76 70
www.france-passion-plaisance.fr

▶ **Der Freizeit-Kapitän**
Postfach 10 05 32, 47705 Krefeld
Tel. (0 21 51) 60 88 97
www.hausboot.de
Reisebüro für Bootsferien.

▶ **Cruise France**
Tel. 00 44/17 56 70 12 00
www.cruisefrance.com
Ein britischer Anbieter.

ternehmen, auch solche mit Sitz außerhalb Frankreichs, bieten Hausboote und komplette Tourenarrangements an. Möglich sind Hin- und-zurück-Fahrten oder Einwegmieten, teils auch mit dem Service, dass das Auto an den Zielort gebracht wird. Informationen über Anbieter etc. geben Reisebüros, die regionalen und lokalen Tourismusbüros sowie Atout France (▶Auskunft).

Technisches

Verliehen werden motorisierte Boote unterschiedlicher Bauart mit 2 – 12 Schlafplätzen und 5,50 – 11 m Länge, die sehr leicht zu steuern sind; ein Bootsführerschein ist nicht nötig (technische Einweisung durch den Vermieter). Sie sind mit Kabinen, Küche, Kühlschrank, Heizung, Nasszelle und Toilette ausgestattet. Meist können Fahrräder gemietet werden, was die Beweglichkeit, z. B. für Ausflüge, Besichtigungen und Einkäufe, bedeutend erhöht. Pro Tag kann man 20 – 25 km zurücklegen, in einer Woche ca. 150 km.Vorsicht ist in Küstennähe geboten, wo die Gezeiten des Atlantiks Pegel und Strömungen der Binnengewässer bestimmen.

Reviere in Nordfrankreich

Die kleine Region **Nord-Pas-de-Calais** besitzt mit dem benachbarten belgischen Hainaut zusammen über 900 km schiffbare Wasserstraßen, die ein richtiges Netz bilden, sodass Rundfahrten möglich sind. Die Hauptadern: Canal Neuffossé (Dunkerque–Aire-sur-la-Lys), Canal d'Aire und Canal de la Deûle (Aire–Douai bzw. Aire–Lille–Deulemont), Canal de la Sensée/L'Escaut (Douai–Mortagne-du-Nord, mit Abzweigung nach Arras). In der **Picardie** bildet die Somme zusammen mit dem Canal du Nord, dem Canal de l'Oise à l'Aisne und dem Canal des Ardennes das Rückgrat des Netzes. Die **Normandie**

◀ weiter auf S. 138

Der Halt an einer Schleuse wird gern zum Austausch von Tipps genutzt.

FRANKREICH MIT TEMPO ZEHN

»Man sieht das Land besser als von der Postkutsche aus«, schwärmte schon Stendhal. Die Fahrt in einem Hausboot ist eine der reizvollsten Möglichkeiten, Frankreich kennenzulernen, und sicher die geruhsamste.

Wie in Zeitlupe gleitet man an Wiesen, Feldern, Wäldern und Dörfern vorbei, durch tiefe Täler oder weite Weinberge, unter Brücken hindurch und auch durch dunkle Tunnels. Man sieht Enten und Reiher, am Ufer Kühe und Pferde, Spaziergänger auf dem Treidelpfad und meditierende Angler, während Pappeln und Platanen, Zypressen und Pinien für angenehme Kühle sorgen.

All hands on deck

Vielleicht hat man anfangs noch etwas Herzklopfen beim Gedanken an die erste Schleuse oder an das erste Anlegemanöver. Zwar hat der Vermieter erklärt, wie man das Schiff navigiert (vorwärts, rückwärts, Gas, mehr gibt es nicht), wie man eine Schleuse passiert und welche Handgriffe nötig sind, um die »pénichette«, das Hausboot, sicher anzulegen; auch ist man mit umfangreichem Infomaterial in deutscher Sprache ausgestattet, in dem alle Brücken, Schleusen und Anlegestellen verzeichnet sind. Doch nun ist man seinem Schicksal überlassen und tuckert los. Die Hausboote sind nur 10 km/h »schnell«. Mit

Gedränge ist, außer in der Hochsaison, nicht zu rechnen, und dann sind es nur andere Hausboote, denn die meisten Kanäle und Flüsse werden nicht mehr kommerziell genützt. Die Boote lassen sich leicht manövrieren, nur echte alte Pénichettes mit flachem Boden, wie sie z. B. im Saar-Kohle-Kanal verkehren, sind etwas diffiziler zu steuern. An den Schiffen kann man auch nicht viel kaputtmachen: Sie dürfen ruhig mal an der Schleusenwand entlangscheuern, denn rundherum sind sie mit Gummifendern geschützt. Etwas Muskelkraft benötigt man bei einer Bootstour auch, d. h. die Equipe darf gern mit anpacken – bei den Schleusen, die von Hand bedient werden. Jedes der beiden Schleusentore muss auf- und wieder zugekurbelt werden, eine nicht zu unterschätzende Anstrengung. Natürlich gibt es immer einen »éclusier«, einen Schleusenwärter, der die Kurbelei auch selber bewerkstelligt. Aber die meisten Wärter – und nicht nur diejenigen, die in der Hochsaison über 200 Boote pro Tag durchschleusen müssen – freuen sich, wenn ihnen ein Freizeitkapitän zur Hand geht.

Gegen eine freundliche Plauderei ist auch niemand abgeneigt. Außerdem erfährt man einiges über Land und Leute und erhält nicht selten Tipps für gute Lokale (Französischkenntnisse sind immer von Vorteil). Heute versorgen viele Ehefrauen von Eclusiers die Schleusen, während ihre Männer anderswo das Baguette verdienen, denn außer dass das Schleuserhäuschen mietfrei ist, wird diese Arbeit schlecht entlohnt.

Komfort und Idylle

Die Boote für 2 bis 12 Personen sind mit allem ausgestattet, was man von einer komfortablen Unterkunft erwarten darf: eine komplette Küche, geräumige Schlafkabinen, Dusche und WC. Versorgen können sich die Hausbooturlauber in den Dörfern und Städten unterwegs. Dabei sind (mietbare) Fahrräder sehr hilfreich. An den meisten Schleusen kann Wasser nachgefüllt werden, oft verkaufen die Schleusenwärter auch Gemüse und Salat aus dem eigenen Garten oder andere Produkte wie Honig oder Wein. Bei vielen Anbietern, darunter auch deutsche Unternehmen, kann man Einweg-Touren buchen, d. h. das Auto vom Vermieter an den Zielort bringen lassen.
Langeweile kommt nie auf. Dafür sorgen schon die Schleusen, die An- und Ablegemanöver, die täglichen

Besorgungen oder die Angler, die bereits von weitem gestikulieren, damit man einen Bogen um ihre Angeln fährt. Man kann Ausflüge unternehmen, auf den Treidelpfaden joggen oder radeln, während ein anderes Besatzungsmitglied das Boot fährt, und sich darüber Gedanken machen, ob man für die nächste Nacht den Komfort einer Anlegestelle mit benachbartem Restaurant in Anspruch nehmen möchte oder ein romantisches Plätzchen am Busen der Natur vorzieht. Kleinkinder haben allerdings nicht viel von der Fahrt auf einer Pénichette; die Boote bieten zu wenig Platz zum Herumtollen.
Insgesamt stehen ca. 8000 km Kanäle und Flüsse zur Verfügung, die – bis auf die Bergregionen – praktisch das ganze Land durchziehen. Der berühmteste Wasserweg ist der Canal des Deux Mers zwischen Atlantik und Mittelmeer. Doch hat jede Landschaft ihren Reiz: die sanften Weinberge Burgunds und der Champagne, die blühenden Obstgärten Aquitaniens, die malerischen Dörfer, Burgen und Schlösser an der Loire, selbst die Bretagne ist auf Flüssen und Kanälen zu durchqueren. Da und dort gibt es alte Technik zu bestaunen, wie die schöne Kanalbrücke, die in Briare über die Loire führt, oder die »Schiefe Ebene« von Arzviller, die einen Höhenunterschied von 45 m überwindet.

Eine beliebte Art zu reisen: mit dem Hausboot unterwegs auf Frankreichs Kanälen

fällt als Hausbootrevier aus. In **Elsass und Lothringen** sind der Canal du Rhône au Rhin, der Canal de la Marne au Rhin (mit dem Hebewerk von Arzviller), der Canal des Houillères de la Sarre und die Moselle (Mosel) von Nancy bis zur luxemburgischen Grenze befahrbar; die Weiterfahrt nach Luxemburg/Deutschland erfordert den Sportbootführerschein. In **Burgund** und im **östlichen Loire-Tal** ist eine Rundfahrt auf dem Canal de Bourgogne zur Petite Seine und zurück über Canal de Briare, Canal latéral à la Loire und Canal du Centre möglich (zu den Höhepunkten zählt die Fahrt über die Kanalbrücke von Briare), der Canal du Nivernais stellt eine Abkürzung dar. Durch die **Champagne** schlängelt sich die Marne von Epernay bis Meaux durch wunderschöne Weinberge in Richtung **Paris**, das man dann über den Canal de l'Ourc erreicht (Port Arsenal); die Seine im Pariser Stadtgebiet ist nur mit Führerschein befahrbar. Auf der ganzen **Seine** werden keine Hausboote zur Miete angeboten. Die untere **Loire** ist wegen ihrer Untiefen und Sandbänke nur zwischen Angers und Nantes schiffstauglich. Nördlich der unteren Loire bieten **Sarthe** (besonders zwischen Le Mans und Sablé) und **Mayenne** wenig bekannte, reizvolle Flusslandschaften. Auch die **Bretagne** ist ein beliebtes Revier für Freizeitskipper. Zwischen Dinan, Redon, Lorient und Nantes sind Rance (Canal d'Ille et Rance), Odet, Aulne, Oust, Blavet, Erdre und Vilaine befahrbar. Das Highlight ist der Canal de Nantes à Brest (bis Pontivy, weiter auf dem Blavet nach Lorient).

ADFC. Eine Reihe von Veranstaltern gibt zusammen mit dem ADFC einen Katalog heraus, zu beziehen über Rückenwind-Reisen.

Etwas umständlich, insgesamt aber problemlos und meist kostenlos ist die Mitnahme des Fahrrads im Zug, auch im TGV und anderen Schnellzügen (Weiteres ▶Verkehr). Unternehmen wie Natours bieten eine bequeme An- und Rückreise mit dem Bus.

Anreise mit Bahn oder Bus

Die SNCF bietet an einer Reihe von Bahnhöfen Fahrräder an, die man ausleihen und an einem anderen Bahnhof wieder abgeben kann. Das Gleiche gilt für die RER in Paris und Umgebung. Praktisch an allen touristisch interessanten Orten und Plätzen, z. B. in Schloss-parks wie Versailles, werden Räder verliehen.

Fahrradverleih

Wandern

Frankreich ist von einem gut ausgebauten Netz von Wanderwegen unterschiedlicher Schwierigkeitsgrade durchzogen. Auf den Grandes Randonnées (GR, Fernwanderwege; rot-weiß markiert) kann man ganze Landesteile erleben, auf den Petites Randonnées (PR, gelb markiert) kleine Rundtouren von max. 1 Tag Länge machen; die GR de Pays (rot-gelb markiert) sind Rundtouren, die eine Region (z. B. die Ile de France) erschließen. Eine Spezialität der französischen Küsten sind die »Zöllnerpfade« (Sentiers des Douaniers), auf denen einst Vertre-ter der Staatsmacht patrouillierten und den Schmuggel übers Meer zu unterbinden suchten; heute sind sie als GR eingestuft, auf denen man grandiose Szenerien erleben kann.

Zum Übernachten gibt es an den Wanderstrecken Gîtes d'étape (Herbergen) in ausreichender Zahl (▶ Übernachten). Komfortabler sind die Hotels, die sich auf die Bedürfnisse von Wanderern ein-gestellt haben, wie die Rand'hotels (www.rando-accueil.com) und die Logis de France.

Unterkunft

Die Fédération Française de la Randonnée Pédestre kümmert sich um den Ausbau und die Pflege des Wegenetzes. Sie gibt mehrere Rei-hen von empfehlenswerten Wanderführern heraus (Topo Guides, auf Französisch): »Grande Randonnée« (GR mit Anreise-, Übernach-tungs- und Einkaufsmöglichkeiten), »Promenade et randonnée« für kurze Touren in bestimmten Gebieten, »A pied en famille« (Wandern mit der Familie), »Sentiers des patrimoines« (für Kulturinteressierte) u. a. Ihre Website enthält wertvolle praktische Ratschläge und Links. Auch deutschsprachige Verlage veröffentlichen gute Wanderführer. Wanderkarten ▶Landkarten.

Wanderführer

← *Frankreich, ein Paradies für Radfahrer, hier Schloss Ussé im Loire-Tal*

▶ ADRESSEN AKTIVURLAUB

▶ **Fédération Nationale
de la Pêche en France**
17 Rue Bergère, 75009 Paris
Fax 01 48 01 00 65
www.federationpeche.fr

▶ **Fédération Nationale
Aéronautique**
155 Avenue Wagram, 75017 Paris
Fax 01 44 29 92 01, www.ff-aero.fr

▶ **Fédération Française
de Vol Libre**
4 Rue de Suisse, 06000 Nice
Fax 04 97 03 82 83, www.ffvl.fr

▶ **Fédération Française de Golf**
68 Rue Anatole France
92309 Levallois-Perret Cedex
Fax 01 41 49 77 01, www.ffgolf.org

▶ **Fédération Française
de Canoë-Kayak**
87 Quai de la Marne
94340 Joinville-Le Pont
Fax 01 48 86 13 25, www.ffck.org

▶ **AN Rafting**
58140 Plainefas, Fax
03 86 22 64 85, www.anrafting.com
Wildwasserabenteuer im Morvan.

▶ **Fédération Française
d'Equitation – Tourisme**
Parc Equestre, 41600 Lamotte
Fax 02 54 94 46 81
www.ffe.com

▶ **Fédération Française de Voile**
17 Rue H. Bocquillon
75015 Paris, Fax 01 40 60 37 37
www.ffvoile.org

▶ **Fédération Française de Surf**
Plage Nord, BP 28
40150 Hossegor
Fax 05 58 43 60 57
www.surfingfrance.com

▶ **Fédération Française d'Etudes
et de Sports Sous-marins**
24 Quai de Rive-Neuve
13284 Marseille Cedex 07
Fax 04 91 54 77 43
www.ffessm.fr

▶ **Fédération Française
de la Randonnée Pédestre**
64 Rue du Dessous des Berges
75013 Paris
Fax 01 40 35 85 67
www.ffrandonnee.fr
www.gr-infos.com

Weitere Aktivitäten

Sprachkurse Eine ganze Reihe deutscher und französischer Veranstalter bietet Sprachkurse in Frankreich an, teils mit Unterbringung bei französischen Familien. Neben Ferienkursen von zwei bis vier Wochen gibt es wenige Tage dauernde Intensivkurse und Langzeitaufenthalte. Spezielle Angebote wenden sich an Schüler und Jugendliche. Schulen gibt es in ganz Frankreich, besonders zahlreich in Paris, Informationen bei Atout France (▶ Auskunft) und bei den französischen Kulturinstituten (die Institute in Deutschland sind unter www.institut-francais.fr zu erreichen).

Kurse zum Thema Wein – über Anbaugebiet, Rebbau, Kellertechnik, Verkostung, Geschichte etc. – werden von den Zentralorganisationen der jeweiligen Anbaugebiete angeboten. **Weinseminare**

Ein weltbekanntes Institut für Profis und ambitionierte Amateure ist die 1895 gegründete Kochschule Le Cordon Bleu in Paris. In der Hauptstadt kann man auch im berühmten Hotel Ritz oder im Unternehmen des legendären Konditors Gaston Lenôtre sein Talent üben. Darüber hinaus sind im ganzen Land gute Kochschulen zu finden (Adressen und kulinarische Info unter www.goosto.fr/guide). **Kochkurse**

Verkehr

Straßenverkehr

Die Autobahnen (*autoroutes*, A) sind durch blau-weiße Wegweiser markiert. Sie sind meist gebührenpflichtig (*péage*); keine Gebühren werden v. a. auf Zubringern und Verbindungen in der Umgebung größerer Städte erhoben, außerdem auf den vierspurigen Schnellstraßen im Elsass und in der Bretagne (offiziell nicht als Autobahnen ausgewiesen). Die Gebühren (7 – 8 € pro 100 km) können am Kassenhäuschen bar oder am »CB«-Schalter mit einer Kreditkarte, aber nicht mit einer Maestro-Bankkarte bezahlt werden. Unter www.auto routes.fr ist ein Gebührenrechner zu finden. **Autobahnen**

Hauptträger des Fernverkehrs sind die vorzüglich ausgebauten Nationalstraßen (*routes nationales*, N), die den deutschen Bundesstraßen entsprechen. Sie sind durch grün-weiße Wegweiser und rot-weiße Kilometersteine gekennzeichnet. Die Verkehrsdichte ist meist recht gering; zu langen Staus kann es jedoch auf den Hauptstrecken in der Urlaubszeit (Anfang Juli und Anfang August) kommen. Zur Zeit werden viele Abschnitte den Départements unterstellt, sodass sie von Routes Nationales zu Routes Départementales (s. u.) werden und eine D-Nummer erhalten. Häufig bleibt ihre Nummer in den letzten beiden Stellen der D-Nummer erhalten. **Nationalstraßen**

Die Departementsstraßen (*routes départementales*) sind durch weiß-schwarze Wegweiser und gelb-weiße Kilometersteine mit der Nummer (z. B. D 555) gekennzeichnet. Wichtige Strecken stehen den Nationalstraßen qualitativ nicht nach. Hinweise über den Zustand der Straße (z. B. »chaussée déformée«) sollte man ernst nehmen! **Departementsstraßen**

Der AvD (►S. 144) gibt auf seiner Website Informationen für Auslandsreisen, u. a. zu den Verkehrsregeln. Infos (auch auf Englisch) rund um die Benützung der Autobahnen bekommt man unter **Informationen für Autofahrer**

▶ INFORMATIONEN VERKEHR

AUTOMOBILCLUBS

▶ ADAC
Infoservice Tel. 018 05 10 11 12
www.adac.de

▶ AvD
Zentrale Tel. (0 69) 66 06 – 0
www.avd.de

MIETWAGEN

▶ Avis
www.avis.de, www.avis.fr
Tel. 018 05 21 77 02 (Deutschland)
Tel. 08 21 23 07 60 (Frankreich)

▶ Europcar
www.europcar.de, www.europcar.fr
Tel. 018 05 80 00 (D)
Tel. 08 25 35 83 58 (F)

▶ Hertz
www.hertz.com, www.hertz.fr
Tel. 018 05 33 35 35 (D)
Tel. 01 39 38 38 38 (F)

▶ Sixt
www.sixt.de, www.e-sixt.com
Tel. 018 05 23 22 22 (D)
Tel. 08 20 00 74 98 (F)

FLUGLINIEN

▶ Air France
Deutschland: Tel. 018 05 83 08 30
Österreich: Tel. (01) 502 22 24 00
Schweiz: Tel. 0848 747 100
Frankreich: Tel. 36 54
www.airfrance.com

▶ Deutsche Lufthansa
Deutschland: Tel. 01 85 80 58 05
018 05 83 84 26
Paris CDG 1: Tel. 08 92 23 16 90
www.lufthansa.com

▶ Austrian Airlines
Österreich: Tel. 05 17 66 10 00
Paris CDG 2: Tel. 08 20 81 68 16
www.aua.com

▶ SWISS
Schweiz: Tel. 08 48 70 07 00
Paris CDG 1: Tel. 01 41 84 68 00
www.swiss.com

▶ Weitere Gesellschaften
www.airberlincom
www.easyjet.com

SNCF

▶ Rail Europe Deutschland
Bahnhofsvorplatz 1, 50667 Köln
Tel. 018 05 00 90 73
www.raileurope.eu
www.tgv-europe.de

▶ SNCF Callcenter Straßburg
Tel. 00 33 892 35 35 36
(tägl. außer feiertags
7.00 – 22.00 Uhr)
www.voyages-sncf.com

▶ Rail Europe Suisse
Rue de Lausanne 11 – 15
1211 Genève 1
Tel. 08 40 844 842

www.autoroutes.fr, Verkehrshinweise, z. B. über Staus und Ausweich-
möglichkeiten in Ferienzeiten, unter www.bison-fute.equipement.
gouv.fr. Auf UKW 107,7 MHz (Autoroute FM) werden rund um die
Uhr Verkehrsnachrichten ausgestrahlt: viertelstündlich auf Französisch, halbstündlich auch auf Englisch.

▶Anreise

Die französischen Verkehrsregeln entsprechen denen im deutschsprachigen Raum. Vorfahrt hat grundsätzlich das von rechts kommende Fahrzeug (»Priorité à droite«); im Kreisverkehr dagegen müssen in den Kreis Einfahrende warten. Vorfahrtsstraßen sind durch das Schild »Passage protégé« vor Kreuzungen gekennzeichnet. Das Anlegen der Sicherheitsgurte ist obligatorisch, auch für Beifahrer; Kinder unter 10 Jahren müssen hinten sitzen und gesichert sein. Motorradfahrer müssen einen Sturzhelm tragen und tagsüber mit Abblendlicht fahren. Telefonieren ist nur mit Freisprecheinrichtung erlaubt. Nachts dürfen Warnsignale nur mit der Lichthupe gegeben werden. Eine Warnweste und ein Warndreieck müssen mitgeführt werden. Bei Unfällen muss ein Personenschaden vorliegen, damit die Polizei tätig wird.
Vorsicht: Damit sich die Autofahrer an das Tempolimit in Ortschaften halten, sind an Ortseinfahrten häufig Bodenschwellen in die Straße eingelassen.

Höchstgeschwindigkeiten für Kfz: innerorts 50 km/h, National- und Landstraßen 90 km/h (bei Nässe oder Schnee 80 km/h), Autobahnen 130 km/h (bei Nässe 110 km/h), autobahnähnliche Schnellstraßen 110 km/h (bei Nässe 100 km/h). Viele Franzosen fahren zügig, man kann auch sagen halsbrecherisch, trotz häufiger Radarkontrollen. Tempoüberschreitungen sind teuer – zwischen 90 und 1500 € (!) –, und sofort zu bezahlen, sonst kann das Fahrzeug beschlagnahmt werden. Und wer eine rote Ampel missachtet, wird nicht nur zur Kasse gebeten, er erhält auch Punkte in Flensburg.

Alkohol am Steuer wird in Frankreich streng geahndet! Das Fahren nach dem Genuss von Alkohol (Grenze 0,5 Promille) ist ein Vergehen, noch größerer Alkoholkonsum auch ohne Verletzung der Straßenverkehrsordnung ein strafbares Delikt.

Auf der Autobahn das Fahrzeug auf der Standspur abstellen. Immer Warnblinker einschalten und Warnweste anlegen. Um die Pannenhilfe (*dépanneur-remorqueur*) und ggf. die Gendarmerie zu rufen, auf Autobahnen und Schnellstraßen nur die orangefarbenen Notrufsäulen benützen, nicht das Mobiltelefon. Auf Landstraßen und in Orten ruft man die Gendarmerie an. Die Preise für Hilfeleistung durch konzessionierte Unternehmen sind festgelegt und in den Einsatzfahrzeugen nachzulesen. Notrufe ▶dort.

Bei Verkehrsunfällen ohne Personenschäden ist es nicht üblich, die Polizei einzuschalten. Die Beteiligten sind gehalten, ein einvernehmliches Protokoll (»constat amiable«, Europäischer Unfallbericht) auszufüllen, das bei der Versicherung vorgelegt wird. Das Formular bekommt man bei seiner Versicherung und den Automobilclubs. Bei

Zum Ferienbeginn staut sich's vor allem auf den Autobahnen Richtung Meer

größeren Fahrzeugschäden ist es angezeigt, vor der Rückkehr nach Hause ein Sachverständigengutachten einzuholen.

Parken Im Bereich der Innenstädte gibt es die Blaue Zone (*zone bleue*), in der die Verwendung einer Parkscheibe (*disque*) obligatorisch ist. Parkuhren sind selten geworden, dafür gibt es Parkscheinautomaten (*horodateurs*). In Einbahnstraßen kann auch auf der linken Straßenseite geparkt werden, oft wechselt die zum Parken freigegebene Straßenseite täglich oder halbmonatlich (*stationnement alterné*). Gelbe Linien am Fahrbahnrand bedeuten Parkverbot. Die Polizei geht scharf gegen Falschparker vor. Abgeschleppte oder mit Parkkralle festgesetzte Autos auszulösen ist kostspielig, ganz zu schweigen vom Aufwand. Viele Parkplätze, besonders in Stadtzentren und an den Küstenstraßen, sind für Wohnmobile gesperrt (Abschrankung an der Einfahrt in 1,90 – 2 m Höhe).

Tanken Auf dem Land ist damit zu rechnen, dass die Tankstellen nachts, am Wochenende und an Feiertagen geschlossen sind. Am billigsten tankt man bei den großen Supermärkten. Mit Kreditkarten kann man an den automatischen Zapfsäulen von Supermärkten tanken. Achtung: Tankautomaten in Frankreich akzeptieren häufig nur Kreditkarten mit Mikrochip; die in Deutschland ausgestellten Kreditkarten verfü-

Mikrochip statt
Magnetstreifen! ▶

gen nur über einen Magnetstreifen, der von den Automaten nicht gelesen werden kann. Außer Diesel (diesel, gazole, gasoil), Super plus (98 Oktan, SP 98) und Super (95 Oktan, SP 95) gibt es Superbenzin mit 10 % Bio-Ethanol (SP95 E10), das nicht für jeden Motor geeignet ist (Herstellerangaben beachten!).

Mietwagen

Will man in Frankreich ein Auto mieten, sind Personalausweis, ein Führerschein, der mindestens ein Jahr alt sein muss, sowie eine der internationalen Kreditkarten nötig. Mindestalter meist 21 Jahre; bei Fahrern unter 25 Jahre wird manchmal ein Zuschlag verlangt. Haftpflichtversicherung ist inklusive, gegen eine Gebühr sind Insassenunfall-, Vollkasko- und andere Versicherungen möglich. Auf die Höhe des Selbstbehalts achten; gegen Gebühr kann er reduziert werden. Nationale und internationale Vermietungen sind in allen größeren Orten vertreten, teils auch mehrfach (Flughafen, Bahnhof, Innenstadt). Wochenend- und Wochenpauschalen sind üblich, meist mit unbegrenzter Kilometerzahl. Die Mietpreise sind in Frankreich deutlich höher als zu Hause, daher lohnt sich eine Buchung vor der Reise. Empfehlenswert ist die Buchung im Paket mit Flug (Fly & Drive) oder Bahnfahrt. An vielen Bahnhöfen der SNCF ist Avis vertreten, die den Bahnkunden Sonderkonditionen gewährt.

Taxi

Nicht immer lassen sich Taxis in den Großstädten auf der Straße anhalten (bei leeren ist das Taxizeichen auf dem Dach erleuchtet). Nur in Ausnahmefällen darf man auf dem Beifahrersitz Platz nehmen. Viele Taxifahrer weigern sich, mehr als drei Personen zu befördern. Die Fahrpreise sind je nach Département unterschiedlich und bestehen aus Grundgebühr (PC) und Kilometer- bzw. Zeitgebühr. Für Fahrten zu/von Bahnhöfen und Flughäfen sowie für Gepäck werden Zuschläge berechnet. Der Tagestarif (A, ca. 0,70 – 0,90 €/km) gilt außerhalb Paris Mo.– Sa. 7.00 – 19.00 oder 8.00 – 20.00, in Paris 10.00 – 17.00 Uhr; sonst gilt der Nachttarif B, bei Fahrten außerhalb der Stadtgrenze die ca. doppelt so teuren Tarife C bzw. D. Taxifahrer erwarten ein Trinkgeld von 15 %. Information zu den Gebühren unter www.taxis-de-france.com und www.artisan-taxi.com.

Flugzeug

Den Inlandsverkehr besorgen die Air France sowie Firmen wie Airlinair, Brit Air, KLM und Regional. Per Flugzeug zu erreichen sind im nördlichen Frankreich Brest, Caen, Lannion, Le Havre, Lille, Lorient, Metz-Nancy, Mühlhausen, Nantes, Quimper, Rennes, Rouen und Straßburg. Außer Paris Charles de Gaulle (CDG) und Orly ist Lyon der wichtigste Zwischenstopp. Paris CDG hat TGV-Anschluss, sonst kalkuliert man für den Übergang nach Orly bzw. zu den Pariser Bahnhöfen mindestens 2,50 Std. ein. Für den Transfer kann man die Air-France-Busse oder (schneller) die Züge des RER nehmen.

Bahn

SNCF
Das Eisenbahnnetz der staatlichen SNCF (Société Nationale des Chemins de Fer Français) ist hervorragend: Neben der Schweiz darf sich Frankreich als das Land mit dem besten Bahnwesen Europas rühmen. Auf den Hauptstrecken mit Zentrum in Paris verkehren Fern- und Schnellzüge (z. B. Eurostar, Thalys) sowie – meist auf eigenen Trassen – der TGV (Train à Grande Vitesse, s. u.).

Informationen
Informationen sind außerhalb Frankreichs an den Fahrkartenschaltern der nationalen Unternehmen und in Reisebüros zu bekommen. Die SNCF (Rail Europe) hat in Deutschland ein Büro in Köln; die für Reiseunternehmen gedachte Website ist eine gute Info-Quelle. Das (deutschsprachige) Callcenter der SNCF in Straßburg gibt Infos und liefert Fahrkarten nach Hause. Das Rail-Europe-Büro in Genf bietet den Service eines französischen Fahrkartenschalters. Die Website der SNCF (www.voyages-sncf.com) gibt detaillierte Informationen rund ums Bahnfahren (Züge, Tarife, Ermäßigungen, Reservierung usw.), leider nur auf Französisch.

Spezialtarife
Die SNCF bietet eine große Zahl von Sondertarifen an für bestimmte Personenkreise (Jugendliche, Familien, Senioren etc.), Regionen, Zeiträume usw.

Fahrkarten und Reservierungen
Außerhalb Frankreichs sind Fahr- und Platzkarten an allen Fahrkartenschaltern und in Reisebüros erhältlich. Bestellungen können zwei Monate vor dem Abreisedatum vorgenommen werden, schriftliche Bestellungen sogar bis zu sechs Monate vorher. Für den TGV ist eine frühzeitige Buchung unbedingt zu empfehlen, die Reservierung kann (bzw. muss) jedoch noch wenige Minuten vor der Abfahrt vorgenommen werden. Fahrkarten lassen sich auch übers Internet bestellen und per Kreditkarte bezahlen, man kann sie dann an einem französischen Bahnhof unter Nennung des Bestätigungscodes und Vorlage der Kreditkarte abholen. **Fahrkarten müssen vor dem Einsteigen gestempelt werden**, auf die gelben Kästen am Bahnsteig mit der Aufschrift »Compostage de billet« achten. Hat man das Abstempeln vergessen, wendet man sich umgehend an den Schaffner.

Mitnahme von Fahrrädern
In den meisten Regional- und Fernzügen, auch im TGV, können Fahrräder kostenlos mitgenommen werden. In Zügen mit einem Fahrradsymbol müssen Fahrräder selbst ein- und ausgeladen werden. In bestimmten Zügen kann man das Fahrrad nur zusammengelegt und verpackt (in einem üblichen Transportsack, max. 120 × 90 cm) wie normales Gepäck mitnehmen, man muss es selbst im Zug ver-

stauen. Die Reservierung von Stauraum für nicht zusammengelegte Räder ist allerdings kostenpflichtig. Informationen gibt es auf der Website des ADFC (▶ Fahrradurlaub), bei der SNCF (www.velo. sncf.com) sowie der DB (Bahn & Bike); gute Infos geben auch http://troisv.amis-nature.org und http://fubicy.org (Letztere auch auf Englisch).

Mit dem **Train à Grande Vitesse** (www.tgv.com) besitzt Frankreich einen der schnellsten fahrplanmäßig verkehrenden Züge der Welt (bis 300 km/h), der häufig schneller und billiger ist als ein Inlandsflug. Der TGV Sud-Est verbindet Paris Gare de Lyon mit Dijon/Zürich und Lyon/Genf. Der TGV Atlantique fährt von Paris Montparnasse in die Bretagne (Rennes, Brest, Quimper, Nantes) und zur Atlantikküste (La Rochelle). Der TGV Nord fährt von Paris Gare du Nord nach Lille/Brüssel und Calais. Von Paris Est kann man mit dem TGV nach Mannheim/Frankfurt a. M., nach Straßburg/Stuttgart/München sowie nach Basel/Zürich fahren. Der Hochgeschwindigkeitszug **Eurostar** verbindet durch den Kanaltunnel Paris Nord, Lille, Calais und

TGV und andere Hochgeschwindigkeitszüge

Rasch und bequem: der Hochgeschwindigkeitszug »Eurostar«

Brüssel mit London St. Pancras. Brüssel, Amsterdam und Köln sind durch den **Thalys** mit Paris verbunden (www.thalys.com).

Eurotunnel Durch den Kanaltunnel zwischen Calais-Coquelles und Folkestone werden mit dem Pendelzug »Eurotunnel Shuttle« rund um die Uhr 1 bis 5-mal pro Stunde Passagiere und Kraftfahrzeuge transportiert. Die Fahrzeit beträgt 35 Minuten (www.eurotunnel.com).

Buslinien

Regionale Linien Neben den Flughäfen und den Bahnhöfen liegt meist gleich ein Busbahnhof (*gare routière*). Busse der SNCF-TER sowie regionaler, kommunaler und privater Unternehmen ergänzen das Schienennetz. Die Fahrgäste sind hauptsächlich Schulkinder und Berufspendler; daher entsprechen die Fahrpläne eher deren Bedürfnissen als denen des Touristen. Auf dem Land fahren die Busse oft nur morgens, mittags und abends. Um etwas über die Fahrpläne zu erfahren, kann man sein Glück bei den Portalen www.lokomotive.de (»Nahverkehrswegweiser«) und www.transbus.org versuchen.

Überregionale Linien Auch in Frankreich verkehren – mit Zentrum in Paris – Busse der Eurolines (▶Anreise). Darüber hinaus gibt es viele private Busunternehmen in Deutschland wie in Frankreich, die Reisen bzw. Ausflüge zu Touristenattraktionen anbieten.

Zeit

In Frankreich gilt wie in Deutschland, Österreich und der Schweiz die Mitteleuropäische Zeit (MEZ) bzw. mit denselben Anfangs- und Endterminen die Sommerzeit (MEZ + 1 Std.).

Zeitungen und Zeitschriften

Zeitungen und Zeitschriften sind in der »Maison de la Presse«, die es in jeder größeren Stadt gibt, in Papierwarengeschäften, Buchhandlungen, Tabakläden, Kiosken und Bahnhöfen erhältlich. Deutschsprachige Zeitungen und Illustrierte findet man in größeren Ferienorten und Städten, in der Regel einen Tag nach Erscheinen.

Überregionale Zeitungen Die wohl einflussreichste Tageszeitung ist die liberale »Le Monde«. Nachmittags ab 15.00 Uhr ist die Zeitung des folgenden Tages zu bekommen. Beilagen gibt es Di. (Wirtschaft), Mi. (Kultur) und Fr. (Literatur). Eine andere große Tageszeitung ist der konservative »Figaro«. Samstags enthält er die Beilagen »Figaro Magazine« und »Figaro

Madame«, Mi. erscheint er mit dem »Figaroscope«, dem wöchentlichen Veranstaltungskalender. Die Tageszeitung »France-Soir« gehört zum selben Haus wie »Le Figaro«. »L'Humanité« ist das Sprachrohr der kommunistischen Partei Frankreichs, »Libération«, einst ein extrem linkes Blatt, hat sich zur Lieblingszeitung linksliberaler Mittelständler entwickelt. Mittwochs kommt das Blatt »Le Canard Enchaîné« auf den Markt, das politische und gesellschaftliche Ereignisse satirisch aufs Korn nimmt. Internetadressen ▶S. 88.

Donnerstags erscheinen drei Nachrichtenmagazine: »Le Nouvel Observateur« (politisch Mitte-links) sowie »L'Express« und »Le Point« (beide eher Mitte-rechts). Für Unterhaltung im französischen Zeitschriftenwald sorgt vor allem das Klatschblatt »Paris Match«.

Überregionale Zeitschriften

Touren

SALZLUFT AN DEN KÜSTEN
VON NORMANDIE UND
BRETAGNE, PRACHTVOLLE
SCHLÖSSER AN DER LOIRE
ODER GROSSARTIGE GOTIK:
VORSCHLÄGE FÜR ERLEBNISREICHE
WEGE DURCH DEN NORDEN FRANKREICHS

TOUREN IN FRANKREICHS NORDEN

Sie überlegen noch, wo es langgehen soll? Einige Vorschläge für klassische und weniger bekannte Routen durch die nördliche Hälfte des französischen Hexagons sollen Ihnen die Wahl erleichtern.

TOUR 1 **Der Nordosten**
Vom Elsass durch Burgund und die südliche Champagne, zurück durch Lothringen: große Kultur in prachtvollen Städten und Dörfern und ein ganzes Kaleidoskop schöner Landschaften, ergänzt durch genussvolle Erkundungen in Sachen Wein ► **Seite 156**

TOUR 2 **»Le Nord«**
Das Tal der Maas, die Maginot-Linie, die Schlachtfelder bei Verdun und an der Somme, hochkarätige Kunst in Lille, Badefreuden an der Kanalküste – das sind nur einige der Highlights einer Reise durch den angeblich unwirtlichen Norden. ► **Seite 159**

TOUR 3 **Durch die Normandie**
Von Paris entlang den malerischen Schleifen der Seine zu den Klippen und Badeorten am Ärmelkanal, Erinnerungen an die Invasion 1944 und Ausflüge ins bukolische Bauernland der Normannischen Schweiz, um dort Cidre, Calvados und Camembert zu genießen ► **Seite 162**

TOUR 4 **Rund um die Bretagne**
Breizh, ein Land der Kontraste: zerklüftete, umtoste Felsküsten und herrliche Sandstrände, reiche marine Traditionen und bäuerliche Kultur, heidnische Zeugnisse und christliche Frömmigkeit ► **Seite 165**

TOUR 5 **Die Schlösser der Loire**
Auch heute ist nicht schwer nachzuvollziehen, warum sich Könige und andere Herrschaften den heiteren »Garten Frankreichs« für ihre Residenzen und Lustschlösser aussuchten. ► **Seite 168**

← Eisenbahn-viadukt bei Clecy

Im »Artuswald« bei Huelgoat in der Bretagne

Unterwegs in Frankreichs Norden

Genauso vielfältig wie die Landschaften Frankreichs sind die Möglichkeiten, dort seinen Urlaub zu gestalten. Lieber am Strand faulen-
zen, städtische Lebensart genießen oder sich in der Natur sportlich
betätigen? Lieber eine Region kennenlernen oder ein ganzes Kaleidoskop an Eindrücken sammeln? Alles ist möglich, und das Beste daran
ist, dass man Verschiedenes problemlos kombinieren kann.

Das Verkehrsmittel der ersten Wahl ist in unseren Zeiten der eigene **Welches Ver-**
fahrbare Untersatz, ob Auto, Campingmobil oder Motorrad. Damit **kehrsmittel?**
ist man sowohl für einen »nomadischen« Urlaub wie für Ausflüge
und Erkundungen von einem Standort aus bestens gerüstet. Für eine
rasche Anfahrt sind die Autobahnen optimal; die Gebühren sind
zwar recht hoch, aber es fährt sich – mit Ausnahme zu Beginn und
Ende der französischen Ferien – entspannt, da das Verkehrsaufkom-
men meist niedrig ist. Für die Anreise sollte man aber auch den Zug
und das Flugzeug in Betracht ziehen, vor allem für eine Städtereise
oder einen Strandaufenthalt. Das Eisenbahnnetz ist sehr gut ausgebaut und mit dem TGV sind alle Landesteile komfortabel und in wenigen Stunden zu erreichen; ebenso dicht ist das Netz der Regional-
flugplätze, die von Paris oder Lyon aus zu erreichen sind. In ländlichen Gegenden stellen Buslinien die regionalen Verbindungen her;
ein eigenes Fahrzeug ist dort jedoch fast unumgänglich.

Wo nächtigen? Hier hat man die Qual der großen Wahl! Hotels unterschiedlichsten Zuschnitts, von schlicht bis zu absolutem Luxus, sind überall zu finden, auch in relativ abgelegenen Gegenden. Dasselbe gilt aber auch für Ferienhäuser/-wohnungen und Campingplätze. Camping ist in Frankreich höchst populär, und so gibt es Tausende von Plätzen, privat oder in Gemeindebesitz, ob in großen Städten oder kleinen Dörfern, und oft in sehr schöner Umgebung. Für lange Familienferien sind Ferienhäuser/-wohnungen die beste Wahl, am Strand ebenso wie auf dem Land. Besonders sei auf die *Chambres d'hôtes* hingewiesen, Zimmer bei privaten Vermietern – viele in hübschen alten Bauernhäusern oder luxuriösen Adelsvillen –, eine gute Möglichkeit, Frankreich auf individuelle Art kennenzulernen.

Tour 1 Der Nordosten

Länge: ca. 1250 km   **Dauer:** 2 – 3 Wochen

Elsass, Burgund, die südliche Champagne und Lothringen: Da sind prachtvolle Städte wie Straßburg und Nancy, berühmte und weniger bekannte Weinlandschaften, großartige Baudenkmäler und Kunstschätze und nicht zuletzt durch die bodenständigen oder erlesenen Restaurants eine Genießerregion par excellence.

Von Straßburg nach Dijon (ca. 450 km) Von ❶ ✶✶ **Straßburg** aus, der schönen Hauptstadt des Elsass, geht es auf der ✶✶ **Elsässischen Weinstraße** nach Süden: Im sanfthügeligen, mit Reben überzogenen Vogesenvorland reihen sich wunderhübsche Fachwerkdörfer und atmosphärereiche Städtchen in großer Zahl aneinander. Man sollte sich daher aussuchen, wo man einen Halt einlegt, und beachten, dass bekannte Orte zu bestimmten Zeiten überlaufen sind. Von ✶ **Obernai**, der »Perle des Unterelsass«, bietet sich ein Abstecher auf den ✶✶ **Mont Ste-Odile** an, den »heiligen Berg des Elsass« mit großartigem Ausblick, ebenso vom romantischen ✶ **Sélestat** hinauf zur ✶✶ **Hohkönigsburg**, der mittelalterlichen Festung nach Art des 19. Jh.s. Südlich folgen u. a. Ribeauvillé, Riquewihr, Kaysersberg, alles berühmte Ausflugsziele, dann erreicht man ❷ ✶✶ **Colmar** mit herrlicher Altstadt und dem weltbekannten, bewegenden Isenheimer Altar im Unterlinden-Museum. Nun geht es hinauf in die Waldberge der Vogesen: Auf der D 417 nach Munster (das mit dem berühmten Käse) und hinauf zum Col de la Schlucht (1135 m) und dann auf der ✶✶ **Route des Crêtes** südlich bis zum Markstein, wo man sich entscheidet: links die etwas schnellere Strecke über Guebwiller nach Mülhausen (mit Abstecher zur Abtei ✶✶ **Murbach**) oder auf der kurvigen Kammroute (D 431) weiter über Cernay. Das industriereiche ❸ **Mülhausen** besitzt eine nette Altstadt, v. a. aber großartige technische Museen, mindestens für Auto- und Eisenbahnfans ein Muss. Durch den Sundgau, über seinen Hauptort Altkirch, erreicht man ❹**Belfort**, die Festungsstadt in der Burgundischen Pforte. Nach dem obligaten Abstecher zur Kapelle ✳✳ **Notre-Dame-du-Haut in Ronchamp**, einem Hauptwerk von Le Corbusier, sollte man sich das atmosphärereiche ✳ **Montbéliard** mit seiner württembergischen Vergangenheit ansehen. Von einer Zitadelle bewacht wird ❺✳ **Besançon**, die Hauptstadt der Franche-Comté, deren beeindruckende Altstadt schön in einer Schleife des Doubs liegt. Für Kultur-/Kunstfreunde bietet sich von hier ein Umweg (ca. 50 km) südlich über Ornans, den Geburtsort des Realisten G. Courbet, und/oder Arc-et-Senans mit der Saline von Ledoux an, sonst steuert man über Dole die burgundische Hauptstadt ❻✳✳ **Dijon** an, Zentrum einer glanzvollen Geschichte; der Palast der Herzöge beherbergt ein Kunstmuseum, das zu den wertvollsten in Frankreich zählt.

Südlich von Dijon liegt das Paradies des Burgunderfans: An der ✳ **Côte de Nuits** reihen sich an der D 974 berühmte Weinorte. ❼✳ **Beaune**, das Weinhandelszentrum Burgunds, besitzt ein schönes mittelalterliches Stadtbild mit einem Juwel, dem spätmittelalterlichen Hôtel-Dieu mit einem Flügelaltar von Rogier van der Weyden. Nun noch ein Stück durch die weinmäßig nicht weniger bedeutende ✳ **Côte de Beaune**, dann auf der D 906/973 westlich, vorbei am eindrucksvoll gelegenen Schloss Rochepot, nach ❽✳✳ **Autun**, dessen Kathedrale einen Schatz romanischer Bau- und Bildhauerkunst darstellt. Für die Fahrt nach Norden durch die Berge des ✳ **Morvan**, eines Ausläufers des Zentralmassivs, gibt es viele Möglichkeiten; sehr hübsch wäre die Strecke über Château-Chinon, vorbei am Stausee Pannesière-Chaumard, weiter über Lormes, Bazoches (mit dem Schloss des Festungsbaumeisters Vauban) und Pierre-Perthuis nach ❾✳✳ **Vézelay**, dem berühmten Wallfahrtsort, der von der mächtigen romanischen Abteikirche Ste-Madeleine bekrönt wird. Von hier folgt man der D 951/606 nördlich durch das Cure-Tal – einem der landschaftli-

Von Dijon nach Troyes (ca. 400 km)

Vézelay, Pilgerort am Jakobsweg

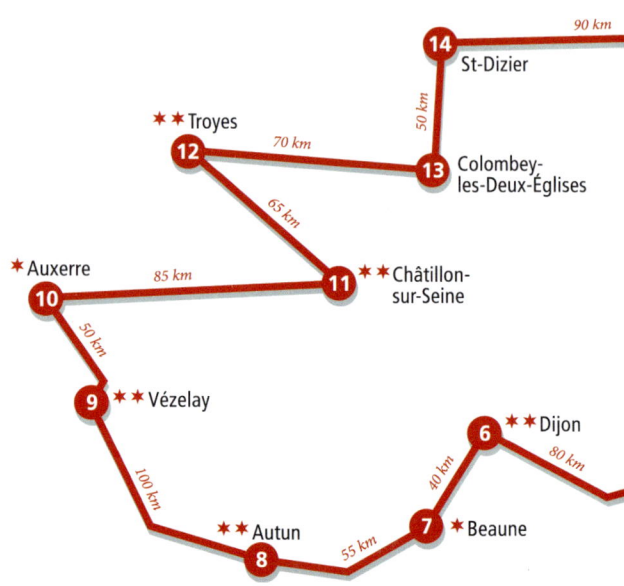

chen Höhepunkte in Niederburgund – nach ⑩ ✶ **Auxerre** an der Yonne mit bedeutenden romanischen bzw. gotischen Sakralbauten. Wenige Kilometer östlich von Auxerre liegt der weltberühmte, doch sehr bescheidene Weinort **Chablis**. Weiter geht es auf der D 965 nach Osten. Hinter ✶ **Tonnerre** mit seinem mittelalterlichen Hospiz steht das schöne Renaissanceschloss ✶ **Tanlay**; hat man Zeit, ist ein Abstecher südöstlich zum Schloss Ancy-le-Franc und zur Abbaye de Fontenay zu empfehlen. Nächstes Ziel ist ⑪ ✶✶ **Châtillon-sur-Seine**, das für den »Trésor de Vix« berühmt ist, die Grabausstattung einer keltischen Prinzessin. Entlang der jungen Seine fährt man nun durch die südliche Champagne mit weniger bekannten, dennoch interessanten Weinorten (Les Riceys, Bar-sur-Seine) nach ⑫ ✶✶ **Troyes**, dem Hauptort der Champagne mit bezaubernder Fachwerkaltstadt, beeindruckenden Kirchen und Museen – und Factory-Outlets.

Von Troyes nach Straßburg (ca. 390 km) Die letzte große Etappe ist, mit Ausnahme von Toul und Nancy, eine der ländlich-landschaftlichen Schönheiten. Östlich vor Troyes liegt der **Forêt d'Orient** mit einigen Seen, ein beliebtes Freizeitareal. Von hier fährt man östlich über Bar-sur-Aube nach ⑬ **Colombey-les-Deux-Eglises**, einem nationalen Wallfahrtsort, da lange Zeit Wohnsitz von Charles de Gaulle. Über Soulaines-Dhys erreicht man nördlich einen weiteren »Feriensee«, den Lac du Der-Chantecoq; in seiner Umgebung sind ungewöhnliche Fachwerkkirchen zu sehen. Nach einer Stippvisite in ⑭ **St-Dizier**, der »Stadt des Gusseisens«, nimmt man die N 4 nach ✶ **Toul**, der alten befestigten Bischofsstadt mit ih-

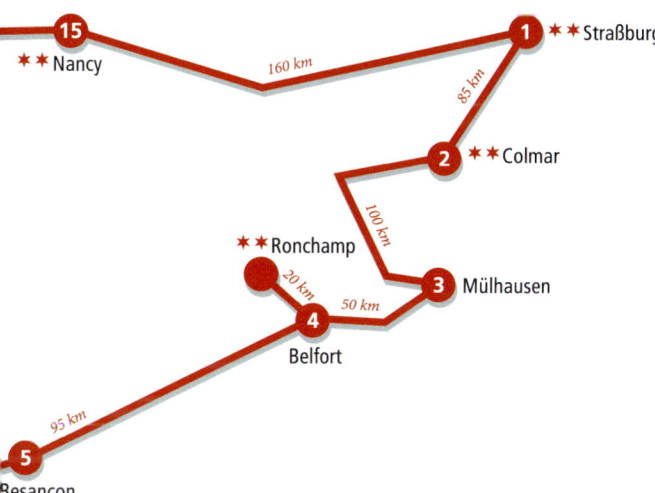

rer beeindruckenden Kathedrale, und weiter nach **⓯ ✶ ✶ Nancy**, einst Zentrum des Herzogtums Lothringen, eine der schönsten Barockstädte Europas. Für die rasche Rückkehr nach Straßburg wäre die N 4 geeignet; wer mehr von den Vogesen sehen will, fährt über Lunéville mit seinem Schloss und Baccarat nach Raon-l'Etape, dann die Bergstrecke der D 392 A/329 über den Col du Donon nach Schirmeck und über Molsheim nach Straßburg.

Tour 2 »Le Nord«

Länge: ca. 1250/1500 km   **Dauer:** 2 – 3 Wochen

Der Norden Frankreichs wartet mit einer ganzen Reihe von Attraktionen auf: wohltuende Landschaften, Städte mit Flair und großer Kunst, eine malerische Küste mit Sandstränden und Klippen – dazu grandiose gotische Kathedralen, interessante Zeugnisse alter Industrie und das Land des Champagners.

Von **❶ ✶ ✶ Straßburg** aus geht es in den Norden Lothringens: zunächst über Marmoutier mit der großartigen Kirche und die Rosenstadt Saverne durch die Kleinen Vogesen nach Lutzelbourg (von hier

Von Straßburg nach Charleville-Mézières (ca. 380 km)

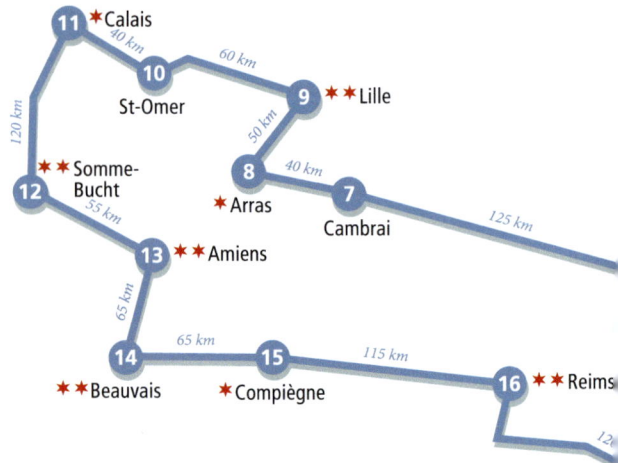

kurzer Abstecher zum Schiffshebewerk Arzwiller) und Phalsbourg, nun auf der A 4 rasch bis Hambach, wo man beim Smart-Werk nach ❷**Sarreguemines** abzweigt; hier lernt man im Keramikmuseum diesen alten Industriezweig kennen. Über St-Avold erreicht man ❸✶ **Metz**, die Hauptstadt Lothringens, mit hübschen Altstadtwinkeln an den Moselarmen und einer für ihre Glasmalereien berühmten Kathedrale. Nächstes Ziel ist das Revier um ❹**Thionville**, in dem Zeugnisse der Schwerindustrie von der Basis unserer modernen Gesellschaft künden. Einen Ausflug (ca. 20 km östlich) wert ist das zur Maginot-Linie gehörende Fort Hackenberg. 60 km westlich von Thionville liegt ❺✶✶ **Verdun**, die alte Festungsstadt am einst wichtigsten Übergang über die Meuse (Maas). Zahlreiche Mahnmale, Stellungsreste und Soldatenfriedhöfe erinnern hier an die mörderische Schlacht des Ersten Weltkriegs. Für die Weiterfahrt nach Nordwesten nimmt man entweder die D 964 durchs Maastal über Stenay und Mouzon oder die D 905 über das Festungsstädtchen Montmédy nach ✶ **Sedan** mit der größten Festung Europas. Von der 22 km nordwestlich gelegenen Doppelstadt ❻ **Charleville-Mézières** bieten sich Ausflüge ins reizvolle ✶ **Vallée de Meuse** (Maas-Tal) und in die Thiérache mit ihren alten Wehrkirchen an.

Von Charleville zur Somme-Bucht (ca. 440 km)

Von Charleville gelangt man hinter Hirson in die Picardie und dann schon ins Artois, wo man über **Le Cateau-Cambresis** (hier unverzichtbar: ein Besuch des Musée Matisse) ❼**Cambrai** ansteuert. Das für seine Tapisserien berühmte ❽ ✶ **Arras** knapp 40 km westlich erhielt nach dem Ersten Weltkrieg sein Stadtbild in Jugendstil und Art déco; sehr sehenswert ist hier das Kunstmuseum. Nächstes Ziel ist

das nordöstlich gelegene ⑨ ✱✱ **Lille**, die unumstrittene Hauptstadt des Nordens. Lille hat eine wahre Renaissance erlebt und lohnt mit seiner Altstadt und einem hervorragenden Kunstmuseum einen Besuch. Über das flandrische Städtchen ✱ **Cassel** geht es nach ⑩**St-Omer**; in der Nähe sind gewaltige deutsche Raketenbunker zu sehen. Nun führt die Strecke an die Nordseeküste nach ⑪ ✱ **Calais** an der schmalsten Stelle des Ärmelkanals; durch Leihgaben aus den bedeutendsten Pariser Museen wurde das Musée des Beaux-Arts zu einem Kunstmekka des Nordens, außerdem kann man hier gut einkaufen. An der ✱ **Côte Opale** passiert man eine Reihe beliebter Badeorte wie Wimereux, Le Touquet, Berck-sur-Mer; ein Abstecher zum Cap Griz Nez ist unverzichtbar. Der wichtige Fischerhafen **Boulogne-sur-Mer** besitzt eine ummauerte Oberstadt und ein hervorragendes Meereszentrum. Bei St-Valéry-sur-Somme mündet die Somme in den Ärmelkanal; die weiten Sandstrände der ⑫ ✱ ✱ **Somme-Bucht** sind Lebensraum einer vielfältigen Tierwelt.

An der Somme aufwärts fährt man nach Abbeville, wo die Kirche St-Vulfran den nun folgenden Gotik-Parcours ankündigt, und weiter nach ⑬ ✱ ✱ **Amiens**, der Hauptstadt der Picardie mit ihrer großartigen Kathedrale und den »Hortillonages«. Von hier aus kann man einen Abstecher nordöstlich nach **Albert** und zu den Mahnmälern der Somme-Schlacht machen. Ca. 60 km südlich von Amiens erwartet den Kunstfreund der wohl spektakulärste gotische Sakralbau, die Kathedrale in ⑭ ✱ ✱ **Beauvais**. Nun nähert man sich schon dem Großraum Paris. Das 50 km östlich gelegene ⑮ ✱ **Compiègne**, das in der deutsch-französischen Geschichte eine besondere Rolle spielte,

Von der Somme-Bucht nach St-Dizier (ca. 420 km)

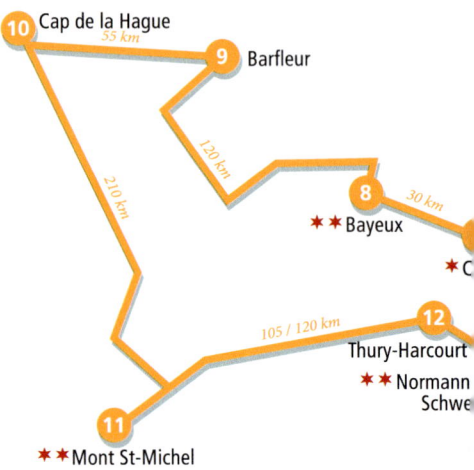

ist mit seinen Wäldern ein beliebtes Ausflugsziel. Wer auf »Gotik-Tour« ist, fährt über **Soissons** – mit eleganter Kathedrale – nordöstlich nach ✶✶ **Laon** mit seiner frühgotischen Kathedrale; sonst über Soissons direkt nach ⑯ ✶✶ **Reims**, einem weiteren Höhepunkt: Hier wurden, meist in der herrlichen gotischen Kathedrale, über Jahrhunderte die französischen Könige gekrönt. Unabdingbar ist ein Besuch einer Champagnerkellerei. Zwischen Reims und **Epernay** erstreckt sich die Montagne de Reims, an deren Hängen die Reben für den weltberühmten Champagner wachsen. Nun folgt man der Marne aufwärts nach **Chalons-en-Champagne**, einer weiteren Champagnerstadt, und über die Festungsstadt Vitry-le-François nach ⑰ **St-Dizier** (hier Anschluss an Tour 1 nach Nancy u. Straßburg, ▶ S. 156).

Tour 3 Durch die Normandie

Länge: ca. 1150/1230 km   **Dauer:** 2 – 3 Wochen

Von Paris entlang den malerischen Schleifen der Seine zu den Kalkklippen und nostalgischen Badeorten an der Côte d'Albâtre, von den Stränden der Invasion 1944 ins bukolische Bauernland der Normannischen Schweiz, von lebhaften Hafen- und Fischerorten zum »Klosterberg« Mont St-Michel: In der Normandie ist die Palette des Sehens- und Erlebenswerten schier unerschöpflich.

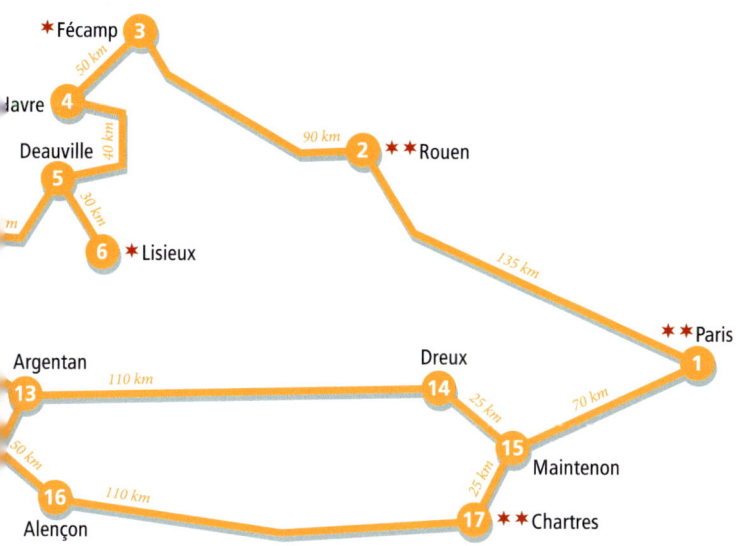

Die Route folgt von ❶ ✱✱ **Paris** dem Seine-Tal nach Rouen. Die großen Schleifen, die der Fluss fast bis zur Mündung macht, bilden eine idyllische Landschaft, die mit alten Abteien, Burgen und Städtchen aufwartet. In St-Germain-en-Laye wirft man vom herrlichen Schlosspark noch einen Blick zurück auf La Défense und Paris. Über Mantes-la-Jolie und La Roche-Guyon geht es nach ✱ **Giverny**, wo Claude Monet lebte und arbeitete, und nach einer Stippvisite in Vernon rechts der Seine weiter nach **Les Andelys** mit dem Château Gaillard, das Richard Löwenherz erbaute. Auf schmalen Sträßchen am Fluss oder auf der D 6015 erreicht man ❷ ✱✱ **Rouen**, die Hauptstadt der Normandie, die mit ihrer »Fachwerkaltstadt« und der gotischen Kathedrale beeindruckt. In St-Martin-de-Boscherville ist die spätromanische Abteikirche, im südwestlich folgenden Jumièges die riesige Ruine einer Abtei des 11. Jh.s einen Halt wert. Rechts der Seine steht nördlich eine weitere (zerstörte) Abtei, St-Wandrille; hier überspannt der Pont de Brotonne die Seine. Die Tour geht jedoch in nordwestlicher Richtung weiter: auf der D 926 bis Le Buc, dann nach Valmont und auf der D 150 durchs Tal zum lebhaften Hafenort ❸ ✱ **Fécamp** an der ✱✱ **Côte d'Albâtre** mit ihren dramatischen Kalkklippen. Ganz berühmt ist die Szenerie von ✱✱ **Etretat** weiter südwestlich. Entlang weiterer beliebter Badeorte und dem Flugplatz Octeville erreicht man ❹ **Le Havre** mit dem zweitgrößten Seehafen Frankreichs und besonderer Architektur, die nach dem Zweiten Weltkrieg von dem »Stahlbeton-Papst« Auguste Perret gestaltet wurde (UNESCO-Welterbe).

Von Paris nach Le Havre (ca. 275 km)

**Von Le Havre
zum
Mont St-Michel
(ca. 520 km)**

Auf dem kühnen Pont de Normandie (gebührenpflichtig) überquert man die Mündung der Seine zum reizvollen ✳ **Honfleur**, in dessen Geschichte Seefahrer und Künstler eine Rolle spielten. Entlang der Corniche Normande folgen Trouville und ❺ **Deauville**, zwei bekannte Badeorte am Ärmelkanal. Von hier ist ein Abstecher (30 km) nach ❻ ✳ **Lisieux** möglich, einem bedeutenden Wallfahrtsort mit gewaltiger neoromanischer Basilika. Der an der Küste folgende sympathische Badeort **Cabourg** wurde durch den Romancier Marcel Proust berühmt. Nun macht unsere Tour, wenn man nicht von Lisieux nach Caen fährt, einen Bogen durch das ✳✳ **Pays d'Auge**, das als »Land von Camembert, Cidre und Calvados« berühmt ist – Inbegriff der ländlichen Normandie. Von Beuvron-en-Auge, der Hauptstadt des Cidre, oder Crèvecœur-en-Auge fährt man nach ❼ ✳ **Caen**, der Residenzstadt Wilhelms des Eroberers, auf den zwei romanische Abteien zurückgehen; hier ist ein Besuch des Mémorial de Caen angezeigt, das den Zweiten Weltkrieg und die Landung der Alliierten in der Normandie dokumentiert. In der Bocage-Landschaft des Bessin grüßt von Weitem die Kathedrale des Städtchens ❽ ✳✳ **Bayeux**, das im Zweiten Weltkrieg unversehrt blieb. Weltberühmt ist der »Teppich von Bayeux«, der die Eroberung Englands im 11. Jh. erzählt, besuchenswert die Kathedrale und das Musée Mémorial de la Bataille de Normandie. Auch in **Arromanches**, dem zentralen Ort der Invasionsküste, wird an die Kämpfe erinnert (Musée du Débarquement), dito westlich in St-Laurent-sur-Mer (Musée Mémorial Omaha Beach). Lebensfreundlicheres, nämlich Käse und Sahne, macht den Ruhm von **Isigny-sur-Mer** aus. Über Ste-Mère-l'Eglise hinter dem Utah Beach und das barocke Valognes – das Herz der Halbinsel – steuert man den altehrwürdigen Hafenort ❾ **Barfleur** im Nordosten an; vom Leuchtturm an der Pointe de Barfleur überblickt man fast das ganze Cotentin. Nach der Visite des Seehafens **Cherbourg** umrundet man das zerklüftete ❿ **Cap de la Hague**, den nordwestlichsten Punkt; bei der Weiterfahrt nach Süden passiert man die Wiederaufbereitungsanlage. Über Carteret, Lessay und Coutances mit hervorragender normannischer Kathedrale – wobei man der Küste folgt – geht es nach **Granville** mit seiner hoch gelegenen Altstadt. Von hier fährt man auf der Küstenstraße nach **Avranches**, immer mit Blick auf den westlichsten Punkt und großartigen »Höhepunkt« der Normandie, den ⓫ ✳✳ **Mont St-Michel**.

**Vom
Mont St-Michel
nach Paris
(380 – 450 km)**

Für den ersten Abschnitt des Rückwegs gibt es zwei Möglichkeiten: von Avrenches rasch auf der A 84 Richtung Caen bis Coulvain (Ausfahrt 42), dann südöstlich nach Aunay-sur-Odon (105 km), oder gemächlich die Landschaft genießend über die D 911/39/76 nach Viré und die D 55/26 nach Aunay-sur-Odon (120 km). Von hier ist ein Abstecher zum Mont Pinçon machbar, der höchsten Erhebung im Calvados (365 m, Aussicht), sonst fährt man auf der reizvollen D 6 nach ⓬ **Thury-Harcourt**, dem Hauptort in der ✳✳ **Normannischen Schweiz**, der zauberhaften Landschaft an den Schleifen des Fluss Orne, die von hoch aufragenden Felsen begleitet werden. Nun geht es auf der Route de la Suisse Normande südlich über Clecy nach Pont d'Oully und zum ✶✶ **Roche d'Oëtre**, der einen grandiosen Ausblick eröffnet, und dann am besten über Falaise nach ⑬**Argentan**. Für die Fahrt zurück nach Paris kann man sich für eine Nord- oder eine Südroute entscheiden. Erstere führt auf der D 926, vorbei am besuchenswerten Staatsgestüt Haras du Pin, nach Verneuil-sur-Avre, wo man die D 12 nach ⑭**Dreux** nimmt; dann südöstlich entlang der Eure nach ⑮**Maintenon** und nun auf der D 906 – eine »Straße der Schlösser« – nach Rambouillet und Versailles; über Sèvres mit seiner berühmten Porzellanmanufaktur erreicht man **Paris**. Die ca. 50 km längere südliche Variante hat Chartres als Hauptanziehungspunkt. Zunächst fährt man von Argentan auf der D 2 südwestlich nach ✶ **Carrouges** mit imposantem Wasserschloss. Den durchquert man dann südöstlich nach ⑯**Alençon**, das für seine Spitzen bekannt ist. In östlicher Richtung, über Nogent-le-Rotrou, steuert man ⑰✶✶ **Chartres** an, dessen Kathedrale als eines der schönsten und kunsthistorisch bedeutendsten Baudenkmäler Frankreichs gilt. 25 km nordöstlich liegt Maintenon, wo man auf die beschriebene Nordvariante stößt.

Tour 4 Rund um die Bretagne

Länge: ca. 1150 km   **Dauer:** 2 – 3 Wochen

Umtoste Felskaps und sonnenverwöhnte Sandstrände, verschlafene Dörfer, keltische Menhire und pittoreske Kalvarienberge, dazu viel salzhaltige Luft und frische Meeresfrüchte satt: Die Grand Tour de Bretagne vermittelt unvergessliche Eindrücke.

Ausgangspunkt der Reise ist die heutige Hauptstadt der Bretagne, die lebhafte Universitätsstadt ❶ ✶ **Rennes**. Als erste Station bietet sich ❷ ✶✶ **Fougères** an, dessen gewaltige Burg das Herzogtum Bretagne nach Osten sicherte. Der Klosterberg ❸ ✶✶ **Mont St-Michel**, im Mittelalter in der Bretagne erbaut, gehört heute zur Normandie, für die Bretonen aber immer noch zu den wichtigsten religiösen Stätten. Entlang der weiten Baie de Mont St-Michel erreicht man ✶ **Cancale**, die Hochburg der Austernzucht – am Kai knacken Händler frische Huîtres zum sofortigen Genuss. Die Seefahrerstadt ❹ ✶✶ **St-Malo** mit beeindruckender Ville Close wurde nach dem Zweiten Weltkrieg originalgetreu wieder aufgebaut. Beim Gang auf der Festungsmauer reicht der Blick über die schmucklosen Granithäuser und engen Gassen der Altstadt und über die Mündung der Rance nach ❺ ✶ **Dinard**, das britische Aristokraten in der Belle Epoque zu einem mondänen Seebad machten. Nicht nur etwas für Technikfans ist das erste Gezeitenkraftwerk der Welt, die Usine Marémotrice de la Rance. Im

Von Rennes zur Küste des rosa Granits (ca. 340 km)

Sommer schippern Ausflugsschiffe die Rance hinauf zur idyllischen Festungsstadt ⑥ ✶ **Dinan**. Die Fahrt entlang der Sandstrände der Côte d'Emeraude hat einen »Höhepunkt« am ⑦ ✶ **Cap Fréhel**, das über 70 m hoch aus der tosenden Brandung aufsteigt. Jenseits der Bucht von St-Brieuc geht es entlang der Côte du Goëlo – mit interessanten Abstechern nach Kermaria und Lanleff – nach ⑧ **Paimpol**. Über die einstige Bischofsstadt ✶ **Tréguier** mit dem Grab des hl. Yves erreicht man die einzigartige ⑨ ✶✶ **Côte de Granit Rose**; v. a. zwischen Perros-Guirec und Trébeurden säumen Granitkolosse, von Wind und Wellen zu wundersamen Figuren geformt, die Küste.

Bretonische »Pfarrhöfe« und das Finistère (ca. 430 km)

Westlich von ⑩ ✶ **Morlaix** sind in St-Thégonnec, Guimiliau und Lampaul-Guimiliau prachtvolle ⑪ ✶✶ **»Pfarrhöfe«** (»Enclos Paroissiaux«, Kalvarienberge) zu sehen. Über den Wallfahrtsort ✶ **Le Folgoët** steuert man nun die ⑫ ✶✶ **Côte des Abers** im Nordwesten des Finistère an, die durch fjordartige Flussmündungen wie Aber Wrac'h und Aber Benoît geprägt ist. Die Dünen der Presqu'Ile de Marguerite sind ein Badeparadies und ein Zentrum der Algenernte. Zwei markante Orte an der zerklüfteten Steilküste des Finistère locken besonders: die ✶ **Pointe de Corsen**, der westlichste Punkt des französischen Festlands, sowie beim Fischer- und Badeort Le Conquet die ⑬ ✶✶ **Pointe de St-Mathieu**, dessen Leuchtturm die Einfahrt zur Reede von ⑭ ✶ **Brest** sichert. Die bedeutende Hafenstadt und zweitgrößte Stadt der Bretagne, nach dem Zweiten Weltkrieg nüchtern wieder aufgebaut, besitzt mit dem Meereszentrum Océanopolis eine große Attraktion. Mit der Fähre setzt man zur ⑮ ✶✶ **Presqu'Ile de Crozon** nach Camaret über; von der Brandung geformte Landvorsprünge geben ihr die Form eines Kreuzes, der schönste ist die Pointe de Pen-Hir nahe dem malerischen Camaret. Auf dem Weg

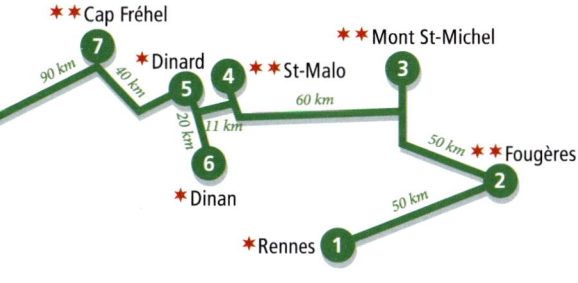

nach Quimper lohnen Zwischenstopps: Der Ausblick vom **16** ✶✶ **Menez Hom** (330 m) ist fantastisch, eine bezaubernde Idylle erlebt man in ✶✶ **Locronan**. Für die alte Hauptstadt der Cornouaille **17** ✶✶ **Quimper** sollte man einen ganzen Tag einplanen, ebenso für den Ausflug zur **18** ✶✶ **Pointe du Raz** und den Stränden der Cornouaille-Küste. In **19** ✶✶ **Concarneau** wird es am frühen Abend, wenn die Tagesausflügler die befestigte Altstadt verlassen haben, besonders romantisch. **20** ✶ **Pont-Aven** wurde durch Maler wie Paul Gauguin berühmt (sehenswertes Museum).

Die Hafenstadt **21** **Lorient** hatte im Zweiten Weltkrieg die größte deutsche U-Boot-Basis, im nahen Port-Louis ist die mächtige Zitadelle mit interessanten Museen besuchenwert. Über Etel führt die Fahrt zur **22** ✶ **Presqu'Île de Quiberon** mit wilder Westküste und familienfreundlichen Badestränden im Osten. Vom Hafen Port-Maria legen die Schiffe zur ✶✶ **Belle-Île** ab. Rund um den ✶ **Golfe du Morbihan**, ein malerisches, als Ferienrevier beliebtes Binnenmeer, sind beeindruckende Zeugnisse der bretonischen Megalithkultur erhalten: die Steinfelder von **23** ✶✶ **Carnac**, die Menhire von ✶✶ **Locmariaquer**, der Grabhügel auf der Insel Gavrinis. Von der lebendigen Départementshauptstadt **24** ✶ **Vannes** geht es über Roche-Bernard in die **31** **Grande Brière**, eine recht ursprüngliche Sumpflandschaft mit reizvollen Dörfern; einen Abstecher wert sind das alte Festungsstädtchen **25** **Guérande** und die Salzgärten hinter der Küste. Über die Schiffsbaustadt **St-Nazaire** an der Loire-Mündung – mit Besuch einer Werft und des Museums Escal'Atlantic – geht es schließlich nach **26** ✶✶ **Nantes**, der Residenzstadt der bretonischen Herzöge, heute die lebhafte, angenehme Hafen- und Hauptstadt des Pays de la Loire, die zahlreiche interessante Baudenkmäler und Museen zu bieten hat.

Von Lorient nach Nantes (ca. 350 km)

Tour 5 Die Schlösser der Loire

Länge: ca. 650 km   **Dauer:** 2 Wochen

»Garten Frankreichs«, im 15. und 16. Jh. »Landschaft der Könige«: Prächtige Residenzen, reizvolle Szenerien und atmosphärereiche Städte, dazu hervorragende Weine machen den längsten Fluss Frankreichs nach Paris zum beliebtesten Reiseziel im Norden.

Von Nevers nach Orléans (ca. 175 km)

Die Tour beginnt in ❶ ✳ **Nevers**, wo die Loire schon fast 500 km ihres Laufs hinter sich hat. Die hübsche Stadt ist für Fayencen bekannt, interessant sind die Kathedrale und der Herzogspalast; der Schrein der hl. Bernadette, Urheberin der Lourdes-Wallfahrt, ist Ziel vieler Pilger. Von Nevers aus ist der Abstecher (70 km) auf schnurgeraden Straßen nach ❷ ✳✳ **Bourges** zu empfehlen, das außer einer schönen Altstadt mit der Kathedrale und dem Palais Jacques-Cœur zwei der bedeutendsten Bauwerke der französischen Gotik besitzt. Sonst fährt man weiter nach ❸ ✳ **La-Charité-sur-Loire**, eine wichtige Station am Jakobsweg, wovon die Reste der Stiftskirche zeugen. Das auf der burgundischen Seite des Flusses liegende Pouilly-sur-Loire ist in Sachen Wein so berühmt wie das altertümliche Städtchen ❹ **Sancerre**; schon der herrliche Ausblick würde einen Besuch rechtfertigen. Nun geht es links der Loire bzw. des Seitenkanals auf dem malerischen Sträßchen D 951 weiter gen Norden, vorbei am KKW Belleville, nach Briare mit der schönen Kanalbrücke und nach ❺ **Gien**, einst bedeutendster Keramikort Frankreichs (Museum), das Schloss der Anne de Beaujeu beherbergt das größte Jagdmuseum des Landes. Das KKW Dampierre jenseits des Flusses passierend erreicht man **Sully-sur-**

Loire und sein romantisches Wasserschloss, dessen Dachstuhl von mittelalterlicher Handwerkskunst zeugt. Weiter führt die idyllische D 60 rechts der Loire nach ✳✳ **St-Benoît-sur-Loire** mit der bedeutenden Abteikirche: eine der schönsten aus der Romanik, dazu Grablege des hl. Benedikt von Nursia. 5 km flussabwärts folgt ein weiterer kunstgeschichtlicher Höhepunkt, die frühromanische ✳✳ **Kapelle in Germigny-des-Prés**. In Châteauneuf-sur-Loire kann man sich ein Loire-Museum ansehen, bevor man auf der D 960 ❻ ✳✳ **Orléans** und den nördlichsten Punkt der Loire erreicht. In der lebendigen Universitätsstadt wird überall an Jeanne d'Arc erinnert, die hier die französische Nation rettete.

Den romantischen Städtchen Meung und Beaugency rechts der Loire sollte man durchaus einen Blick schenken, bevor man die Flussseite wechselt. Dann geht es, vorbei am KKW St-Laurent, zum Schloss ❼ ✳✳ **Chambord**, das größte an der Loire und das schönste Renaissanceschloss der Welt, das Franz I. nur für königliche Feste errichten ließ. Auf der D 33 geht es nun südwestlich bis St-Gervais und dann über die alte Loire-Brücke hinein nach ❽ ✳✳ **Blois** – von dieser Seite hat man einen fantastischen Blick auf die alte Residenzstadt mit dem prächtigen Königsschloss. Bei Blois liegen dicht beieinander (neben Chambord) das Schloss Beauregard mit berühmter Porträtgalerie, das Schloss Villesavin und das Schloss ✳✳ **Cheverny**, das zu den schönsten Bauwerken des französischen Klassizismus zählt; bekannt sind seine Hundemeute und das Tim-und-Struppi-Museum. Von Cour-Cheverny führt die Strecke 4 km Richtung Blois, dann am Beuvron entlang nach ✳ **Chaumont-sur-Loire** mit dem trutzig-romantischen Renaissanceschloss, eines der wenigen an der Loire selbst. Im 18 km südlich gelegenen Montrichard kann man bei einem Gläschen Crémant Pause machen, bevor man am Cher entlang

Von Orléans nach Tours (ca. 180 km)

Prachtvolles Schloss Blois mit Treppenturm in italienisierender Renaissance

das in den Fluss gebaute Schloss ★★ **Chenonceau** erreicht, für viele das schönste der Region. Im prachtvollen Schloss von ❾ ★★ **Amboise** residierte u. a. der Renaissance-König Franz I., der Leonardo da Vinci hierher berief. Über Montlouis und ggf. auch Vouvray, beides bekannte Weinorte, fährt man schließlich hinein nach ❿ ★ **Tours**, der Stadt des hl. Martin, die über eine schöne Atmosphäre und sehenswerte Sakral- und Profanbauten verfügt.

Von Tours nach Nantes (ca. 300 km) Historisch Interessierte sollten von Amboise oder Tours aus den Abstecher zur ca. 40 km südlich gelegenen Stadt ⓫ ★ **Loches** machen. Für die Weiterfahrt nach Azay-le-Rideau nimmt man sich etwas Zeit, d. h. konkret die schmalen Sträßchen entlang des Cher und des Indre über Azay-sur-Indre, Corméry und Montbazon. In ⓬ ★★ **Azay-le-Rideau** steht ein weiteres prächtiges Schloss, Villandry 8 km nördlich ist v. a. für den Schlosspark bekannt und ★ **Ussé** einige Kilometer weiter westlich diente dem Dichter Charles Perrault als Vorlage für sein Märchen »La Belle au Bois Dormant« (Schneewittchen). In dem mittelalterlichen Städtchen ⓭ ★ **Chinon** 14 km südwestlich an der Vienne gelang es Jeanne d'Arc, Karl VII. zum Waffengang gegen die Engländer zu gewinnen. In der Festung sind noch Reste des Schlosses erhalten. Eines der größten, malerischsten und historisch interessantesten Klöster des Landes ist ⓮ ★★ **Fontevraud-l'Abbaye** westlich von Chinon; die sehenswerte gotische Kirche im benachbarten Candes steht an der Stelle, wo der hl. Martin starb. Die bezaubernde Strecke an der Loire nach Saumur ist gesäumt von Tuffsteinhöhlen, und man hat einen wundervollen Blick auf den Fluss. Von weitem grüßt das Bilderbuchschloss von **⑮** ✳ **Saumur**, das für hervorragenden Mousseux und als »Pferdestadt« bekannt ist: Hier haben die französische Kavallerieschule und die Nationale Reitschule ihren Sitz.

Für die Fahrt nach Angers sollte man die idyllische Straße südlich der Loire wählen; man passiert wieder Tuffsteinhöhlen und die Klosterkirche von Cunault, ein Meisterwerk romanischer Baukunst; in Brissac-Quincé weiter südlich steht sehr ungewöhnliches Schloss. Bedeutendster Kunstschatz von **⑯** ✳ **Angers**, der Hauptstadt des Anjou, ist der mittelalterliche Wandteppichzyklus im Schloss; lohnend auch ein Streifzug durch das historische Zentrum. Wer Zeit hat, nimmt für die knapp 100 km von Angers nach **⑰** ✳ **Nantes** die D 751 südlich des Flusses, die herrliche Panoramen bietet, etwa an der Corniche Angevine bei Angers (zwischen Rochefort-sur-Loire und Chalonnes) und bei Champtoceaux südwestlich von Ancenis.

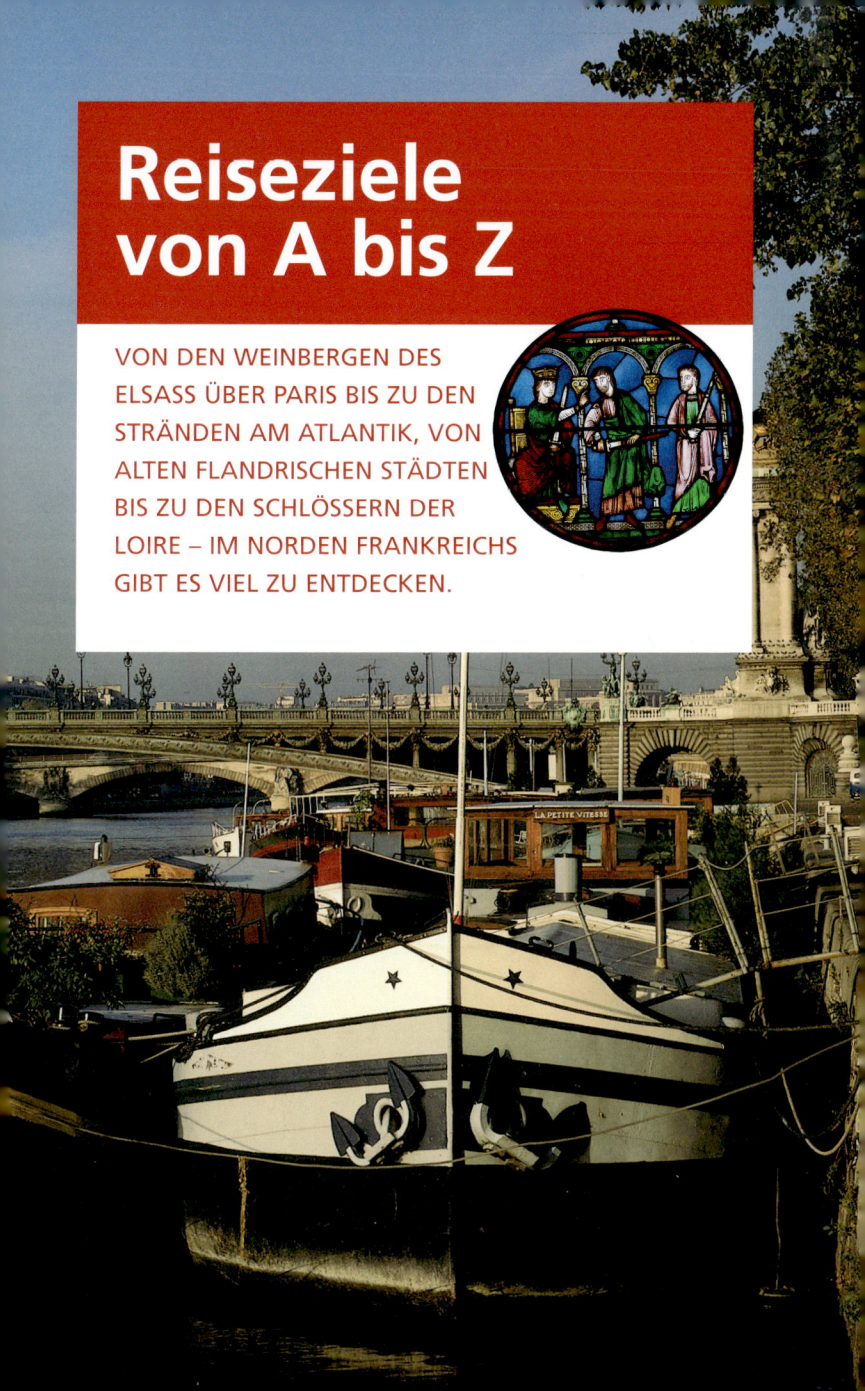

Reiseziele von A bis Z

VON DEN WEINBERGEN DES ELSASS ÜBER PARIS BIS ZU DEN STRÄNDEN AM ATLANTIK, VON ALTEN FLANDRISCHEN STÄDTEN BIS ZU DEN SCHLÖSSERN DER LOIRE – IM NORDEN FRANKREICHS GIBT ES VIEL ZU ENTDECKEN.

✶✶ **Amboise**

H 5

Région: Centre	**Höhe:** 60 m ü. d. M.
Département: Indre-et-Loire	**Einwohnerzahl:** 12 500

Amboise, zwischen Blois und Tours am Südufer der ▶Loire gelegen, war im ausgehenden Mittelalter eine prächtige Königsresidenz; von hier nahm die Renaissance in Frankreich ihren Ausgang.

Aus der Geschichte

Das Schloss der Grafen von Anjou wurde 1434 von der Krone konfisziert; unter König Ludwig XI. begann der Umbau zur Residenz, den sein Sohn Karl VIII. fortführte. Karl brachte von seinem Feldzug gegen Neapel 1494/1495 italienische Künstler an die Loire, womit die Renaissance nach Frankreich gelangte. Sein Enkel **Franz I.**, ab 1515 König, baute das Schloss prächtig aus und holte nach seinem Feldzug gegen Mailand 1516 den genialen Techniker und Künstler **Leonardo da Vinci** nach Amboise, der bis zu seinem Tod 1519 dort lebte. Hier spielte sich im Jahr 1560 der Auftakt zu den französischen Glaubenskriegen ab: König Franz II. verschanzte sich im Schloss vor einer hugenottischen Verschwörung, die rasch niedergeschlagen werden konnte; die Aufrührer wurden an den Balustraden des Schlosses aufgehängt oder, in Säcke eingenäht, in der Loire ertränkt.

Amboise an der Loire, Residenz des Renaissance-Königs Franz I.

▶ AMBOISE ERLEBEN

AUSKUNFT

Office de Tourisme du Val d'Amboise
Quai du Gén. de Gaulle
BP 233, 37400 Amboise
Tel. 02 47 57 09 28, Fax 02 47 57 14 35
www.amboise-valdeloire.com

FESTE & EVENTS

Ostern und Mitte August: Salon des Vins (Weinmesse) in den Schlosskellern. Anf. Juni: Open de Brass-Bands, ein Muss für Fans von Blasmusik. Ende Juni – Ende Aug., Mi./Sa. abends: Renaissance-Spektakel im Schloss. 14. Juli: Nationalfeiertag mit Feuerwerk. Sommer: Festival Estival (klassische Musik).

ESSEN

▶ Fein & teuer

Le 36
36 Quai Charles Guinot
Tel. 02 47 30 45 45
www.grandesetapes.fr
Das Hotel Le Choiseul – in zauberhaften Herrenhäusern an der Loire zu Füßen des Schlosses – verfügt über ein stilvolles Restaurant mit fantasievoll variierter französischer Küche. Preisgünstige Mittagsmenüs.

▶ Erschwinglich

L'Epicerie
46 Place Michel Debré
Tel. 02 47 57 08 94
Mo./Di. geschl. (außer Juli – Sept.)
Restaurant in einem Fachwerkhaus aus dem 15. Jh. unterhalb des Schlosses mit traditionellen Spezialitäten. Schöne Terrasse.

▶ Günstig

Caveau des Vignerons d'Amboise
Place M. Debré, Mitte März – Mitte Nov. tägl. 10.00 – 19.00 Uhr
Im Unterbau des Schlosses kann man die feinen Weine und Crémants der Loire verkosten und kaufen, aber auch einen leckeren kleinen Imbiss zu sich nehmen.

ÜBERNACHTEN

▶ Komfortabel/Luxus

Château de Pray
Chargé, Tel. 02 47 57 23 67
http://praycastel.online.fr
2 km östlich von Amboise
Schloss aus dem 13./17. Jh. in einem Park hoch über der Loire. 19 prachtvoll antik eingerichtete Zimmer, z. T. herrlicher Blick auf den Fluss, schöne Terrasse. Im edlen Restaurant speist man exzellent.

▶ Günstig

Le Blason
11 Place Richelieu
Tel. 02 47 23 22 41, www.leblason.fr
Das hübsche gotische Haus aus dem 15. Jh. im Stadtzentrum besitzt charmant restaurierte Zimmer. Gute, preisgünstige Restaurants in der Nähe. Abgeschlossener Parkplatz.

La Grange
18 Rue Chaptal
Tel. 02 47 57 57 22
Chambres d'hôtes in einer ehemaligen Scheune im Stadtzentrum. Vier großzügige, antik möblierte Gastzimmer und eine Ferienwohnung. Im Sommer frühstückt man im Garten.

Sehenswertes in Amboise

✶ ✶
Schloss

Das Schloss war einst viermal so groß; 1806 – 1810 wurde vieles, da aus Geldmangel nicht restaurierbar, abgerissen. Auf der Flussseite erhebt sich über wuchtigen Mauern die reich gegliederte Fassade des Hauptbaus, flankiert von der Tour des Minimes, die zu Pferd und mit Wagen zugänglich war. Die Chapelle St-Hubert, 1491 von Karl VIII. und seiner Gattin Anne de Bretagne gestiftet, bezaubert durch ihren feinen Flamboyant. Der berühmte **Portalsturz** zeigt ein Relief mit der Hubertus-Legende (links der hl. Christophorus), das Tympanon eine Madonna zwischen den Stifterfiguren (19. Jh.). An der Nordseite der Terrasse stehen die beiden erhaltenen Flügel des **Logis du Roi** (Wohnung des Königs). Der Flügel Karls VIII. parallel zum Fluss ist gotisch, der Flügel Ludwigs XII. / Franz' I. aus der Renaissance. Im Schloss (tägl. 9.00 – 18.00 Uhr, im Winter kürzer) sind Rüstungen, Tapisserien aus Aubusson sowie originales Mobiliar zu sehen. Von der Terrasse wunderbarer Blick auf Stadt und Fluss.

✶
St-Hubert ▶

🕐

✶
Clos-Lucé

Vom Schloss führt die Rue Victor Hugo, eine lebhafte Einkaufsstraße, nach Südosten zu dem hübschen Herrenhaus Clos-Lucé aus dem Jahr 1477. Hier lebte und starb **Leonardo da Vinci**. Im Park und in den »Halles« stehen große Modelle, die nach seinen Zeichnungen gebaut wurden. Im ersten Stock liegen sein Arbeits- und sein Wohnraum; eine Audiovisionsschau führt in die Welt Leonardos ein. Das Haus ist tägl. geöffnet (Juli/Aug. 9.00 – 20.00 Uhr, sonst kürzer), der Park nur März – Mitte Nov. (www.vinci-closluce.com).

🕐

Weitere Sehenswürdigkeiten

Am Zugang zur Altstadt von der Loire-Brücke her steht das einstige Rathaus (um 1500) mit kleinem Stadtmuseum, gegenüber die Kirche St-Florentin (1484) mit Renaissance-Turmhelm. Von hier führt die **Rue Nationale** nach Südwesten, in eine malerische Ecke der Stadt mit Geschäften und Restaurants; die Tour de l'Horloge ist der Rest eines Stadttors (1497). Die Kirche **St-Denis** (um 1110), die auf eine Gründung des hl. Martin von Tours zurückgeht, ist ein gutes Beispiel der Anjou-Gotik; bemerkenswert sind die romanischen Kapitelle, eine Grablegung und ein Marmorgrabmal (beides 16. Jh.) mit der nackten Figur einer Ertrunkenen, die die »schöne Babou« darstellen soll, eine Geliebte Franz' I. Von der Brücke zur Ile St-Jean (Ile d'Or) bietet sich ein schöner Blick auf Schloss und Stadt. Nordöstlich der Brücke sind an der Loire, hinter dem Hotel Le Choiseul, die Greniers de César interessant, in den Tuff gehauene Kornspeicher aus dem 16. Jahrhundert.

✶
Greniers ▶

Umgebung von Amboise

Pagode von Chanteloup

Ein skurriler Bau ist die 44 m hohe »chinesische« Pagode im Forêt d'Amboise 3 km südlich der Stadt (nahe der D 31), 1773 – 1778 errichtet. Sie ist der einzige nennenswerte Rest einer barocken Schlossanlage, die nach 1760 vom Herzog von Choiseul, Außenminister Ludwigs XV., erweitert, aber schon 1823–1825 abgetragen wurde. Von oben hat man eine schöne Aussicht. Im Park kann man picknicken, Spiele aus Holz laden zum Ausprobieren ein (April–Sept. tägl., Okt.–Mitte Nov. an Wochenenden).

✳ Amiens

K 3

Région: Picardie   **Höhe:** 27 m ü. d. M.
Département: Somme   **Einwohnerzahl:** 139 000

Amiens, die alte Hauptstadt der ▶ Picardie, ist mit ihrer herrlichen Kathedrale – Welterbe der UNESCO – und ihrer würdigen Atmosphäre eine der sehenswertesten Städte im Norden Frankreichs.

Amiens, etwa 120 km nördlich von Paris an der Somme gelegen, ist administratives, wirtschaftliches und kulturelles Zentrum der Region und Universitätsstadt. Im Jahr 1206 brachte ein Kleriker vom Vierten Kreuzzug einen Teil des Kopfes von Johannes dem Täufer (!) mit, Grund für die Entstehung einer Wallfahrt. Im Mittelalter entwickelte sich die Leinen-, Woll-, Baumwoll- und Jute-Industrie und auch heute sind die seit dem 17. Jh. hergestellten Samtstoffe (»velours d'Amiens«) ein Begriff. Im Ersten Weltkrieg tobte von Juli bis Oktober 1916 nur wenige Kilometer vor Amiens die Schlacht an der Somme; 1944 wurde die Stadt weitgehend zerstört und nach dem Krieg recht geschickt wieder aufgebaut. Zu den berühmten Bürgern der Stadt gehören Pierre Choderlos de Laclos (1741–1803), Autor der »Gefährlichen Liebschaften«, und Jules Verne (1828–1905), der hier viele seiner Science-Fiction-Romane schrieb und auch starb.

Amiens gestern und heute

> **! Baedeker TIPP**
>
> **Amiens gourmande**
> Lernen Sie die kulinarischen Spezialitäten von Amiens kennen: die Pâté de canard, die schon im 17. Jh. gerühmt wurde, die Macarons mit ihrem feinen Mandel-Honig-Aroma und die Tuiles, die »Dachziegel-Kekse« mit Schokoladenüberzug.

✳✳ Kathedrale Notre-Dame

Die Kathedrale Notre-Dame gilt als der klassische Musterbau der französischen Gotik; 1220–1269 erbaut, steht sie zwischen den Kathedralen von Reims und Beauvais. Außerdem ist sie ist nach Reims die **zweitgrößte Kirche Frankreichs**: 145 m lang (innen 133,5 m), das Mittelschiff ist 42,3 m hoch und 14,6 m breit, das Querhaus fast 70 m. Der südliche (65 m) der unterschiedlich gestalteten, unvollendeten Türme datiert von 1366, der nördliche (66 m) vom Anfang des 15. Jh.s. Der 112,7 m hohe Vierungsturm aus bleiverkleide-

Einige Daten

Öffnungszeiten:
April–Sept.
8.30–18.30
Okt.–März
8.30–17.30

tem Kastanienholz wurde 1529 hinzugefügt. Nicht weniger als 3600 Figuren sind innen und außen am Bau zu zählen. Der erste Baumeister war der aus der Ile-de-France stammende Robert de Luzarches. In den 1850er-Jahren wurde die Kathedrale von Viollet-le-Duc restauriert. Dabei wurden an den Portalen Reste der originalen Bemalung freigelegt. Mitte Juni bis Mitte Sept. sowie im Dez. wird abends, begleitet von weihevollen Gesängen, dieser Zustand per Projektion demonstriert, ein 45 Min. dauerndes Spektakel.

Kathedrale *Orientierung*

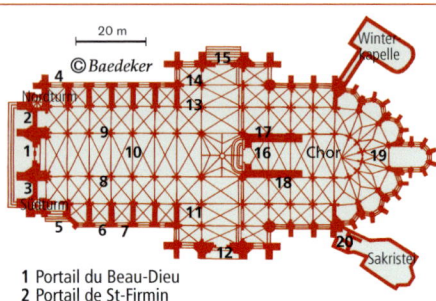

1 Portail du Beau-Dieu
2 Portail de St-Firmin
3 Portail de la Vierge
4 Karl V.
5 Christophorus
6 Mariä Verkündigung
7 Zwei Waidhändler
8 Geoffroy d'Eu
9 Evrard de Fouilloy
10 Labyrinth
11 Jakobus d. Ä. bezwingt
   den Zauberer Hermogenes

12 Südportal
13 Jesus und die Händler
14 Becken (1180)
15 Nordportal
16 Chorgestühl
17 Johannes d. T.
18 St-Firmin
19 Weinender Engel
20 Schatzkammer

Die drei Portale der von Notre-Dame in Paris beeinflussten Westfassade – der früheste Bauteil (meist sind Szenen aus der Bibel dargestellt) – gehören zu den frühesten Großwerken der gotischen Kathedralplastik. Berühmt ist am Mittelpfeiler des Hauptportals der segnende Christus mit dem Buch des Lebens (**Beau Dieu d'Amiens**, »Schöner Gott«, um 1240); zu beiden Seiten Apostel und Propheten, im Giebel das Jüngste Gericht. Das rechte Portal ist Maria gewidmet, das linke dem hl. Firmin, dem Schutzheiligen der Picardie; er brachte das Christentum in die Region und war erster Bischof von Amiens. Am Firmin-Portal ist der »Kalender der Picardie« mit den Tierkreiszeichen und Monatsarbeiten beachtenswert. Über den Portalen die Galerie mit 22 Statuen französischer Könige, darüber eine Rose von 11 m Durchmesser. Prächtig ist auch das Portal des südlichen Querschiffs, das v. a. das Leben des hl. Honoré schildert; den Mittelpfeiler schmückt die berühmte, bis ins 18. Jh. vergoldete **Vierge Dorée** (um 1240).

Inneres Der lichte, machtvoll in die Höhe strebende Innenraum zeigt das hochgotische System Nordfrankreichs in Vollendung. Im Mittelschiff sind die Grabmäler der Bischöfe Evrard de Fouilloy, der Auftraggeber des Baus († 1222), und seines Nachfolgers Geoffroy d'Eu († 1236) zu sehen (beide 13. Jh.). Im Chor, der durch ein prunkvolles **schmiedeeisernes Gitter** (18. Jh.) abgeschlossen wird, ein wunderbares Gestühl (1508 – 1519); 3650 Figuren stellen etwa 400 Szenen aus dem religiösen und weltlichen Leben dar. Der Chorumgang zeigt bemalte und vergoldete Reliefs, u. a. mit dem Leben des hl. Firmin (1488) und Johannes des Täufers (1531). Hinter dem Hochaltar neigt sich

Zwischen himmelstrebenden Pfeilerbündeln ein grandioses Chorgestühl

der berühmte **weinende Engel**, ein Putto von 1628 (im Ersten Weltkrieg beliebtes Motiv auf Feldpostkarten) über das Grabmal des Kanonikers Lucas. Das Labyrinth im Mittelschiff wurde einst von Pilgern auf Knien zurückgelegt. Die schöne Orgel datiert von 1442.

Weitere Sehenswürdigkeiten in Amiens

Wie ein Bollwerk steht im lebhaften Getriebe der 52 m hohe Beffroi, der mit 22 anderen der Region zum UNESCO-Welterbe zählt, bestehend aus einem Sockel (um 1410) mit einem barocken Turm (um 1750). Nebenan erhebt sich die große moderne Markthalle.

Beffroi

Das 1633 erbaute Hôtel de Berny beherbergt ein Museum für Kunst und Kultur von Amiens und Umgebung (bis 2012 geschl.). Gegenüber dem Justizpalast sind Patrizierhäuser aus dem 16. Jh. erhalten, u. a. das Logis du Roi und die Maison du Sagittaire, so benannt wegen des Sternzeichens Schütze, das seine Bögen schmückt.

Musée de l'Hôtel de Berny

Das in einem prächtigen Bau des Second Empire untergebrachte Musée de Picardie (So.vormittag/Mo. geschl.) dokumentiert die Kulturgeschichte der Region. Schwerpunkte sind lokale Archäologie und bildende Kunst vom Mittelalter bis zum 20. Jahrhundert.

★
Musée de Picardie

Mit 104 m Höhe und einer eigenartigen Form bildet die Tour Perret das weithin sichtbare Wahrzeichen der Stadt. Entworfen wurde der Turm von dem »Stahlbeton-Architekten« Auguste Perret (1874 bis 1954, ►Le Havre), ebenso wie der Bahnhof in seiner Nähe.

Tour Perret

► AMIENS ERLEBEN

AUSKUNFT

Office de Tourisme
40 Place Notre-Dame
80000 Amiens
Tel. 03 22 71 60 50
www.amiens.fr
www.amiens-tourisme.com

FESTE & EVENTS

Ende März: Jazzfestival. Letzter April-
So. und 1. Okt.-So.: Réderie, der
bedeutendste Flohmarkt nach Lille.
3. Wochenende im Juni: Stadtfest mit
Marché sur l'eau (Markt auf dem
Wasser). Mitte Sept.: Fête au bord
de l'eau. Dez.: Weihnachtsmarkt.

ESSEN

► Fein & teuer

① *L'Aubergade*
Dury, 78 Route Nationale
Tel. 03 22 89 51 41, So./Mo. geschl.
(6 km südlich von Amiens)
Die Gourmetadresse der Stadt. Interessant variierte traditionelle Küche in
geschmackvoll modernem Rahmen.

► Erschwinglich

② *Au Relais des Orfèvres*
14 Rue des Orfèvres
Tel. 03 22 92 36 01
Sa.mittag, So., Mo. geschl.
Französische Küche, mit ungewöhnlichen, exotischen Kombinationen
aufgefrischt und kunstreich serviert.
Modernes Ambiente, nicht ganz frei
von Nippes. Preiswerte Menüs.

► Preiswert/erschwinglich

③ *La Couronne*
64 Rue St-Leu
Tel. 03 22 91 88 57
Beliebtes, unprätentiöses Lokal mit
klassischer Küche.

ÜBERNACHTEN

► Komfortabel

① *All Seasons Amiens Cathédrale*
17 – 19 Place au Feurre
Tel. 03 22 22 00 20
www.accorhotels.com
Hinter denkmalgeschützter Fassade
verbirgt sich ein Drei-Sterne-Haus
mit modernen, fröhlich-bunten Zimmern. Zuvorkommender Service.

► Günstig

② *Le Prieuré*
17 Rue Porion
Tel. 03 22 71 16 71
www.hotel-prieure-amiens.com
Stimmungsvolles altes Gemäuer mit
netten Zimmern, teils mit Blick auf
die Kathedrale; das schönste ist das in
der Kapelle. In einer malerischen,
ruhigen Seitenstraße gelegen.

St-Leu Auf der Place Parmentier findet am Samstag der Gemüse- und Blu-
menmarkt statt. Vom Pont de la Dodane hat man einen großartigen
Blick auf die Kathedrale. Östlich, vom Quai Bélu, fahren die Boote
zur Sightseeing-Rundfahrt ab, und auf der anderen Seite lädt das
hübsche Viertel St-Leu zu einem Bummel ein, das von den Somme-
Kanälen durchzogen wird; am Wasser reihen sich die Restaurants.

**Maison
Jules Verne** Jules Verne wohnte von 1882 bis 1900 in einem prachtvollen Haus
mit Turm und luxuriöser Ausstattung (2 Rue Ch. Dubois, Mitte April

Amiens Orientierung

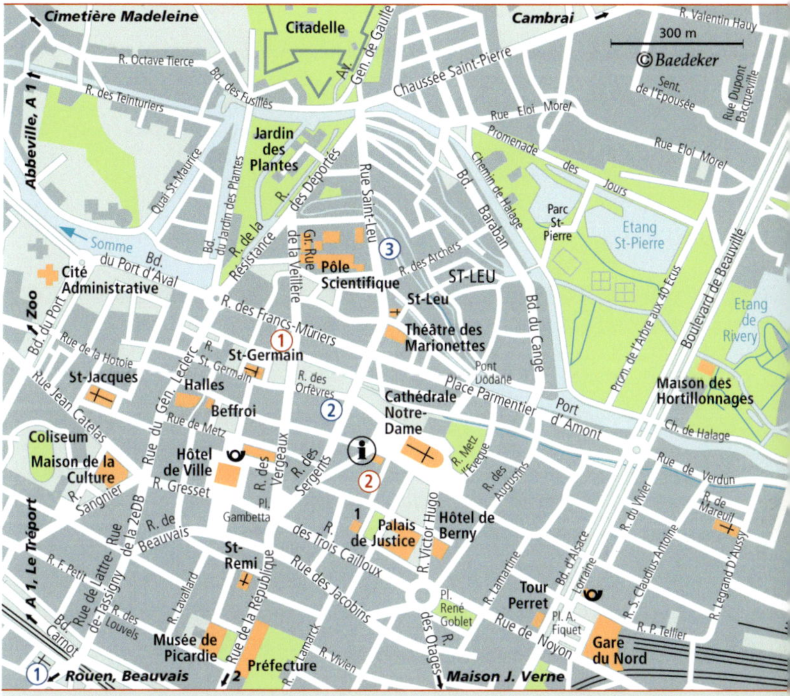

Cimetière Madeleine · Citadelle · Cambrai · R. Valentin Haüy

300 m

© *Baedeker*

Abbeville, A 1 · R. Octave Tierce · R. des Teinturiers · Gén. de Gaulle · Chaussée Saint-Pierre · Rue Eloi Morel · Promenade · des · Jours · Sent. de l'Epousée · Rue Dupont Bacqueville · Rue Eloi Morel

Jardin des Plantes

Somme · Bd. du Port d'Aval · Quai St-Maurice · Quai du Jardin des Plantes · R. de la Résistance · R. des Déportés · Rue Saint-Leu · Gr. Rue de la Vallière · Bd. Bardain · Chemin de Halage · Parc St-Pierre · Etang St-Pierre · Boulevard de Beauville

Cité Administrative · Zoo · Bd. du Port · R. des Francs-Mûriers · Pôle Scientifique · R. des Archers · **ST-LEU** · St-Leu · Etang de Rivery · Prom. de l'Arbre aux 40 Ecus

Rue de la Hotoie · St-Germain · Théâtre des Marionnettes · Maison des Hortillonnages

St-Jacques · R. St-Germain · R. du Gén. Leclerc · Halles · R. des Orfèvres · Pont Dodane · Place Parmentier · Port d'Amont · Ch. de Halage

Coliseum · Beffroi · R. de Metz · Cathédrale Notre-Dame · Rue de Verdun

Maison de la Culture · Hôtel de Ville · R. des Vergeaux · R. des Sergents · R. Metz l'Evêque · R. des Augustins · Rue du Don Vivier · R. de Mareuil

R. Gresset · R. Sangnier · Rue de la 2e DB · Pl. Gambetta · Hôtel de Berny · Rue Lorraine

St-Remi · R. de Beauvais · R. des Trois Cailloux · Palais de Justice · R. Victor Hugo · R. d'Halage · R. St. Claudius-Antoine

R. F. Petit · A 1, Le Tréport · Rue de Lattre de Tassigny · R. des Louvels · R. Lavallard · Rue des Jacobins · Rue de la République · Pl. René Goblet · Pl. des Otages · Tour Perret · Pl. A. Fiquet · Rue de Noyon · R. P. Tellier · R. Legrand d'Aussy

Bd. Carnot · Musée de Picardie · Préfecture · R. Vivien · R. Lamartine · Gare du Nord

① Rouen, Beauvais · ② · Maison J. Verne

---

1 Maison du Sagittaire
2 Cirque Jules Verne

Essen
① L'Aubergade
② Relais des Orfèvres
③ La Couronne

Übernachten
① All Seasons Amiens Cathédrale
② Le Prieuré

---

bis Mitte Okt. tägl. geöffnet, sonst Di. geschl.). Verne spielte im politischen und kulturellen Leben der Stadt eine große Rolle, auf seine Initiative geht u. a. der Bau des nach ihm benannten **Circus** zurück, einer der wenigen in Frankreich (eröffnet 1899). Bestattet ist Verne auf dem romantischen Friedhof Madeleine nordwestlich der Stadt, der als einer der schönsten des Landes gilt (480 Rue St-Maurice).

◄ Cimetière

Am nordöstlichen Rand der Altstadt dehnt sich ein 300 ha großes, seit Jahrhunderten für den Anbau von Gemüse und Obst verwendetes Sumpfland aus. Es wird von 55 km langen Kanälen und Gräben (»rieux«) durchzogen, die durch den Abbau von Torf entstanden. Heute sind nur noch wenige Hortillons tätig. Mit einem Kahn fahren kann man April–Okt. von der Maison des Hortillonages aus, heute stimmungsvoller Rahmen für kulturelle Veranstaltungen.

Hortillonnages

Umgebung von Amiens

Ausflüge in die Vorzeit

Der südöstliche Vorort **St-Acheul** gab dem Acheuléen, einer Epoche der Altsteinzeit, den Namen; im Jardin Archéologique lernt man die Archäologie und Geologie der Gegend kennen (tägl. zugänglich). Für Kinder besonders interessant ist der **Archäologiepark Samara** 10 km nordwestlich von Amiens (Ende März – Anf. Nov. Mo. – Fr. 9.30 – 17.30, Sa./So. 10.00 – 18.00, Juli/Aug. tägl. 10.00 – 18.30 Uhr).

Angers

G 5

Région: Pays de Loire
Département: Maine-et-Loire

Höhe: 41 m ü. d. M.
Einwohnerzahl: 151 000

Angers, die Hauptstadt der historischen Landschaft Anjou an der Loire, wartet mit einem imposanten Schloss, einer hübschen Altstadt und beeindruckenden Kunstschätzen auf – allen voran die »Gobelins der Apokalypse« im Schloss.

Alte Hauptstadt des Anjou

Das Anjou, die Landschaft am Unterlauf der ►Loire, ist eine sonnenreiche Gegend, in der Gemüse, Früchte und gute Weine gedeihen. Die Universitätsstadt Angers liegt ca. 4 km nördlich der Loire an der (nur 10 km langen) Maine, die nördlich der Stadt aus Mayenne, Sarthe und Loir entsteht. Mit dem Aufstieg der Fulkonen, der Ahnen des Adelshauses Anjou, begann für die Stadt eine Blütezeit, v. a. unter Foulques III. Nerra (»le Noir«, 972 – 1040). Als Erster führte Graf Gottfried V. (1113 – 1151) den Beinamen **Plantagenêt**, nach seiner Helmzier, einem stilisierten Ginsterzweig; sein Sohn heiratete Eleonore von Aquitanien und wurde als Heinrich II. auch englischer König. Unter seiner Regierung und der seines Sohnes Richard Löwenherz wurde Angers neben London die kontinentale Residenz des Königs. **René le Bon**, der »Gute König« (1409 – 1480), machte seine Residenzen zu großartigen Kulturzentren, ihm ist die Gründung der Universität in Angers 1364 zu verdanken.

! *Baedeker* TIPP

Rue St-Laud

Eine besonders hübsche Atmosphäre besitzt die Rue St-Laud – von der Kathedrale nach Nordosten verlaufend – mit alten Fachwerkhäusern, hübschen Läden und Cafés, dem ehemaligen Jugendstil-Tanzpalast »Alcazar« und dem michelinbesternten Restaurant Le Logis.

Sehenswertes in Angers

★
Château

An der Maine ragt die trutzige Burg auf, 1228 – 1238 von Ludwig IX. neu erbaut; die Mauern aus Schiefer und Kalkstein mit 17 Rundtürmen sind 40 – 60 m hoch. Im Schlosshof stehen die Chapelle Royale,

Angers Orientierung

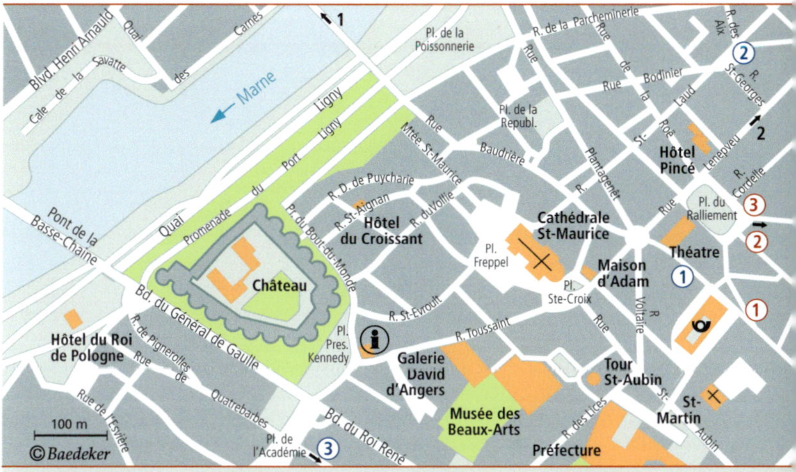

1 Musée Lurçat
2 Jardin des Plantes

Essen
① L'Entr'acte
② Le Grandgousier
③ Le Cremet

Übernachten
① Anjou
② Mail
③ Saint-Julien

das Logis Royal und das Logis du Gouverneur (um 1400). In einer modernen Glasgalerie ist ein kostbarer Schatz mittelalterlicher Gobelinkunst zu sehen, die **Tenture de l'Apocalypse**. Der 6 m hohe Teppichzyklus, gefertigt 1373–1380 von dem Pariser Weber Nicolas Bataille, bestand ursprünglich aus sieben Teilen mit 168 m Länge, erhalten sind noch sechs Teile (106 m) mit 74 Szenen. Ihr Thema ist die Offenbarung des Johannes (Apokalypse) mit ihren Schreckensvisionen und schließlich dem Sieg Christi und der Herrschaft Gottes. Neben der Komposition beeindrucken die Detailfreude und die Dramatik des Ausdrucks (das Schloss ist geöffnet: Mai–Anfang Sept. 9.30–18.30, sonst 10.00–17.30 Uhr).

★★
◄ Gobelins der Apokalypse

Durch die schmale Rue St-Aignan mit hübschen Fachwerkhäusern und dem Hôtel du Croissant (1448) erreicht man die Kathedrale St-Maurice (ca. 1150–1280). Das Westportal (ca. 1150), eines der bedeutendsten der französischen Gotik, zeigt einen thronenden Christus (Majestas Domini) mit Evangelistensymbolen und im Gewände alttestamentliche Figuren. Überragt wird die Fassade von drei Türmen, deren mittlerer in der Renaissance (1540) erneuert wurde. Das 90 m lange und 26 m hohe Innere besitzt ein **Anjou-Gewölbe** (steil hochgezogene Gewölbe), prachtvolle Fenster (12., 13., 15. Jh.), Bildteppiche und ein Rokoko-Orgelgehäuse (1748). Der Hauptaltar entstand 1759, das Chorgestühl um 1780, die Kanzel erst 1855.

★
St-Maurice

▶ ANGERS ERLEBEN

AUSKUNFT
Office de Tourisme
7 Place Kennedy, 49000 Angers
Tel. 02 41 23 50 00
www.angersloiretourisme.com

ANGERS CITY PASS
Dieser Pass gilt 1 – 3 Tage und schließt
den Eintritt für Schloss, Museen und
Gärten sowie diverse Vergünstigun-
gen ein.

FESTE & EVENTS
Sa. Markt im Stadtzentrum. Anfang
Febr.: Foire des Vins de Loire mit 600
Ausstellern. Ende April in ungeraden
Jahren: Afrikanisches Filmfestival.
Juni/Juli: Festival d'Anjou, nach Avi-
gnon das zweitgrößte Theaterfestival
in Frankreich; mit Freilichtauffüh-
rungen in den Schlössern des Anjou.
Juli/Aug.: Sommerfestspiele (Theater
und Musik aller Art).

ESSEN
▶ **Preiswert**
① *L'Entr'acte*
9 Rue Louis de Romain
Tel. 02 41 87 71 82, So. geschl.
Die traditionelle Brasserie hinter dem
Stadttheater bietet Hausmannskost in
wunderbarem Ambiente von 1953.

② *Le Grandgousier*
7 Rue St-Laud
Tel. 02 41 87 81 47, tägl. geöffnet
Bodenständige Küche der Region in
einem Saal aus dem 16. Jh., Fleisch
vom Holzkohlengrill, große Karte
preisgünstiger Weine. Im Sommer
speist man auf der Terrasse.

③ *Le Cremet d'Anjou*
21 Rue Delaâge
Tel. 02 41 88 38 38, Sa./So. geschl.
Auch dies eine Adresse für handfeste

traditionelle Küche, benannt nach
einem Dessert der Region aus Sahne
und Früchten (probieren!).

ÜBERNACHTEN
▶ **Luxus**
Château Brissac
Brissac (16 km südlich von Angers)
Tel. 02 41 91 22 21, www.brissac.net
Prachtvolles Schloss (mit Weingut),
etwas für Romantiker: Je 2 fürstliche
Suiten und Zimmer mit wertvollem
Mobiliar und herrlichem Blick in den
Park. Diner für Hausgäste.

① *Anjou*
1 Boulevard Foch, Tel. 02 41 21 12 11,
www.hoteldanjou.fr
Luxushotel von 1845 mitten in der
Stadt. Wunderschöne Empfangshalle
mit Glaskuppel und antik eingerichtete Zimmer. Neogotik-Ambiente
besitzt das hervorragende Gourmetrestaurant »La Salamandre«.

▶ **Günstig/Komfortabel**
② *Hotel du Mail*
8 Rue des Ursules
Tel. 02 41 25 05 25
www.hotel-du-mail.com
Der noble Konvent aus dem 17. Jh.
bietet Ruhe im quirligen Stadtzentrum. 26 große, geschmackvolle
Zimmer. Parkplatz im Hof.

▶ **Günstig**
③ *Saint-Julien*
9 Place Ralliement
Tel. 02 41 88 41 62
www.hotelsaintjulien.com
Zentral am Theaterplatz gelegen
(schallisolierte Zimmer); preiswert,
dennoch gediegen. Ausgezeichnetes
Restaurant »Provence Caffé« nebenan (So./Mo. geschl., reservieren,
Tel. 02 41 87 44 15).

Hinter dem Chor der Kathedrale steht die **Maison d'Adam**, ein prächtiges Fachwerkhaus (15./16. Jh.), dessen zahlreiche geschnitzte Figuren man sich genauer ansehen sollte.

Durch die Rue Toussaint mit Resten der gallorömischen Stadtmauer gelangt man zur Eglise Toussaint (13. Jh.), in der, teils in Kopien, Werke des klassizistischen Bildhauers **Pierre-Jean David d'Angers** (1788–1856) ausgestellt sind (geöffnet Juni–Sept. tägl. 10.00 bis 19.00, sonst Di.–So. 10.00–12.00, 14.00–17.00 Uhr).

Angers ist neben Saumur Zentrum der bedeutenden Weinregion Anjou-Saumur. An der Place Kennedy bietet die **Maison du Vin de l'Anjou**

Maison d'Adam, ein prächtiges Fachwerkhaus

Verkostung, Verkauf, Info und Ausflüge in die Region (geöffnet April ☉ bis Sept. Mo.nachmittag–So., sonst Di.–Sa.; Jan./Febr. geschl.).

Im schönen Logis Barrault von 1487 ist das Kunstmuseum untergebracht, das mittelalterliche Tafelbilder, Kunsthandwerk und Werke von Pisano, Murillo, Watteau, Boucher, Fragonard, David, Delacroix, Corot u. a. besitzt (Anf. Juni–Anf. Okt. tägl. 10.00–18.30, sonst Di.–So. 10.00–18.00 Uhr). Weiter östlich lag die Abtei St-Aubin (11./12. Jh.), von der noch der 54 m hohe Turm zeugt.

★ Musée des Beaux-Arts ☉

◀ Tour St-Aubin

Das Hôtel Pincé, erbaut von 1523 bis 1530 für den Bürgermeister Jean de Pincé, ist der schönste Privatpalast der Stadt. Das Musée Turpin de Crissé (gegenwärtig geschlossen) zeigt antikes und mittelalterliches Kunsthandwerk sowie Asiatica (u. a. Holzschnitte von Hiroshige und Hokusai).

Hôtel Pincé

Im Nordosten der Stadt (Ave. M. Talet), außerhalb der mittelalterlichen Stadtmauern, ist die Kirche St-Serge zu beachten, deren Chor von 1220 als das schönste und reifste Beispiel des Anjou-Stils gilt. Das Langhaus datiert von 1445–1466, der Vierungsturm von 1480. Kostbarkeiten der Ausstattung sind die drei originalen Grisaille-Fenster im Chor sowie die schönen Konsolen und Schlusssteine.

★ St-Serge

Jenseits der Maine liegt das Viertel La Doutre (d'outre = jenseits). Über den Pont de Verdun und durch die Rue Beaurepaire – man beachte besonders die Nr. 67, das Haus eines Apothekers von 1582 –

La Doutre

Burg und Kathedrale dominieren die Maine in Angers.

La Trinité ▶ gelangt man zur **Place de la Laiterie** mit herrlichen Fachwerkhäusern des 16. Jh.s und der romanischen Kirche La Trinité (1080), die zur Abtei Notre-Dame-de-Ronceray (gegründet 940) gehörte.

Hôpital St-Jean Nördlich der Place de la Laiterie sind im Hôpital St-Jean (gegründet 1174, Krankenhaus bis 1854) Werke des als Erneuerer der Gobelinweberei bekannten Malers **Jean Lurçat** (1892 – 1966) ausgestellt (Juni – Sept. tägl. 10.00 – 18.30, sonst Di. – So. 10.00 – 12.00, 14.00 bis 18.00 Uhr). Im gotischen Krankensaal – mit Apotheke des 17. Jh.s – hängt der Zyklus von zehn Bildteppichen, »Le Chant du Monde« (begonnen 1957), der die Gegenwartsprobleme der Menschheit darstellt und auf die Gobelins der Apokalypse (▶S. 183) antwortet.
Westlich des Hospitals steht der zugehörige Speicher (Anciens greniers, Ende 12. Jh.; Ausstellungen), nördlich das Centre Régional d'Art Textile. In Führungen kann man hier die Kunst der Teppichweberei kennenlernen (Öffnungszeiten wie Hospital).

Umgebung von Angers

St-Barthélemy-d'Anjou Im Vorort St-Barthélemy-d'Anjou (3 km östlich) ist die berühmte **Likördestillerie Cointreau** beheimatet. Ein Museum stellt Fabrikation und Geschichte des Unternehmens seit 1849 dar, Führungen geben Einblick in die Herstellung (mit Laden und Bar zum Probieren).

Château de Pignerolle Das Schloss von Pignerolle östlich von St-Barthélemy, im 18. Jh. nach dem Vorbild des Kleinen Trianon in ▶Versailles erbaut, war im

Zweiten Weltkrieg bedeutsam: 1939/1940 hatte hier der polnische Exilpräsident Raczkiewicz seinen Sitz, dann das Kommandozentrum der deutschen »U-Boote West« unter Konteradmiral Dönitz (dafür wurden 11 Bunker gebaut) und nach dem Krieg der US-General Patton. Heute illustriert hier das Musée de la Communication die Entwicklung der Kommunikationstechnik (April – Sept. tägl. 10.00 bis 12.30, 14.30 – 18.00 Uhr, sonst nur Sa./So.). ☉

Am Flughafen Angers-Loire (rechts der Autobahn nach Paris) sind ca. 50 Kleinflugzeuge aus den Jahren 1907 bis 1970 zu bewundern (im Sommer Di. – Sa. 14.00 – 18.00, So. 15.00 – 19.00, Juli/Aug. auch tägl. 10.00 – 12.00; sonst Sa./So. 14.00 – 18.00 Uhr). **Musée Régional de l'Air** ☉

Das **Schloss** von Baugé (3500 Einw., 37 km östlich von Angers) wurde ab 1454 von René le Bon neu errichtet. Interessant sind hier eine elegante Wendeltreppe mit Palmengewölbe und ein kleines Museum (Tourismusbüro). In der Chapelle des Filles-du-Coeur-de-Marie südlich von St-Laurent wird das berühmte **Croix d'Anjou** aufbewahrt; angeblich aus dem Kreuz Christi stammend, kam die Reliquie 1241 auf einem Kreuzzug aus Konstantinopel; die kostbare Fassung datiert von Ende des 14. Jh.s. Seine Form mit zwei Querbalken wurde zum **Lothringer Kreuz**, da es die Soldaten von René II. von Lothringen in der Schlacht von Nancy 1477 zu ihrem Zeichen machten. Sehenswert ist die Apotheke im 1643 gegründeten Hôpital St-Joseph. Eine Kuriosität der Landschaft Baugeois sind die Kirchtürme mit spitzen, verdrehten Turmhelmen (verursacht durch das Arbeiten der Holzbalken); besonders eindrucksvoll ist der von Le Vieil-Baugé. **Baugé**

Ein echtes **Wasserschloss** ist Le Plessis-Bourré 15 km nördlich von Angers, erbaut 1468 – 1473 für Jean Bourré, Finanzminister unter Ludwig XI.; innen präsentiert es sich als prächtige Renaissance-Residenz. Obwohl bewohnt, ist es noch so eingerichtet, wie es die Gattin von Bourré gewünscht hatte. Bemerkenswert sind auch der Große Salon mit feiner Wandtäfelung und im Gardesaal die großartige Decke mit allegorischen, teils saftig-obszönen Darstellungen (Ende 15. Jh.; Juli/Aug. tägl. 10.00 – 18.00, April – Juni, Sept. Do. – Di. außer Do.vormittag 10.00 – 12.00, 14.00 – 18.00, sonst Do. – Di. 14.00 bis 18.00 Uhr). Weitere interessante Wasserschlösser in der Gegend sind **Plessis-Macé** (15 km nordwestlich von Angers, 15. Jh.; Michaelskapelle von 1472 mit wunderbar gestalteter Emporenwand) und **Serrant** (18 km südwestlich von Angers), ein prunkvoller Renaissance-Bau des 16. – 18. Jh.s mit schönem Park. **★ Le Plessis-Bourré** ☉

Will man von Angers flussabwärts Richtung Ancenis fahren, empfiehlt sich die Straße am südlichen Loire-Ufer. Zwischen Rochefort-sur-Loire und Chalonnes ist die D 751 in die Kalkwände geschlagen und man hat einen herrlichen Ausblick auf die idyllisch-verträumte Landschaft des ganzen Loire-Tals. **★ Corniche Angevine**

✱ Besançon

0 5

Région: Franche-Comté   **Höhe:** 250 m ü. d. M.
Département: Doubs   **Einwohnerzahl:** 118 000

Besançon, die Hauptstadt der ▶Franche-Comté, ist Mittelpunkt der französischen Uhrenindustrie. Seine beeindruckende Altstadt liegt sehr schön in einer Schleife des Doubs, bewacht von einer mächtigen Zitadelle des berühmten Baumeisters Vauban.

Besançon gestern und heute

Besançon war im Mittelalter lange Zeit Hauptort der Franche-Comté (Freigrafschaft Burgund). 1032/1034 gelangte es an die deutschen Könige. Ab dem 13. Jh. war »Bisanz« Reichsstadt, im Frieden von Nimwegen 1678 wurde es französisch und Sitz der Provinzverwaltung sowie einer Universität. Damals erhielt die Stadt ihren heutigen Charakter: Vauban, der Festungsbaumeister Ludwigs XIV., ließ die Oberstadt abreißen, um für eine Zitadelle Platz zu schaffen. Die Uhrenindustrie wurde während der Französischen Revolution von Einwanderern aus dem Schweizer Jura begründet; an diese Tradition schließt die moderne Mikro- und Präzisionstechnik an. Söhne der Stadt sind der Schriftsteller **Victor Hugo** (1802–1885) und die Brüder Auguste und Louis **Lumière** (1862/1864), die Erfinder des Kinofilms. Zum »jungen« Klima der Stadt trägt die Universität mit ihren 23 000 Studenten bei; renommiert ist das Centre de Linguistique Appliquée, das v. a. Lehrer für Französisch als Fremdsprache ausbildet.

> **!** *Baedeker* TIPP
>
> **Treppauf, treppab**
> Eine architektonische Besonderheit sind die Treppen – gerade oder gewendelt, aus Stein mit gusseisernen Geländern bzw. aus Holz –, die in den Innenhöfen den Zugang zu den oberen Stockwerken ermöglichen. Grund für die Bauweise waren die beengten Platzverhältnisse.

Sehenswertes in Besançon

✱
Zitadelle
⏱

Die Schmalstelle der Flussschleife wird von der 1668–1711 erbauten, gut 100 m über dem Doubs gelegenen Zitadelle gesichert. Sie beherbergt sehenswerte **Museen** (Ostern–Okt. tägl. geöffnet, sonst Di. geschl.): Espace Vauban (Geschichte der Zitadelle), Musée Comtois (regionale Volkskunde, mit großer Marionettensammlung) und Musée de la Résistance et de la Déportation (Zweiter Weltkrieg, Vichy-Regierung). Ein Gang um die Festung eröffnet schöne Ausblicke auf Altstadt und Fluss, auch von der Terrasse des Restaurants »Le Grand

 NICHT VERSÄUMEN

■ … den Sonnenuntergang von der Zitadelle aus zu genießen: Von Mitte Juli bis Ende August ist am Donnerstagabend der »Chemin de ronde« im Westen dafür zugänglich.

Couvert« hat man einen guten Blick (begrenzte Zahl von Parkplätzen; auf dem Parkplatz Chamars kann man gratis parken, Gebühr wird erstattet, von dort Bus zur Zitadelle; April – Okt.).

Im Osten gelangt man durch die Porte Rivotte, einen Teil der Stadtbefestigung (16. Jh.), in die Altstadt. Bei der Kathedrale St-Jean steht die Porte Noire, ein um 175 n. Chr. zu Ehren des römischen Kaisers Mark Aurel errichteter Bogen. In der Kathedrale St-Jean (12./13. Jh.) verbinden sich romanische Rundbögen im Schiff mit gotischen Gewölben; ungewöhnlich ist die Anlage mit **Ost- und Westchor**, was vermutlich auf karolingische Zeiten zurückgeht (bemerkenswerte Kapitelle im Westchor). Der 1729 nach dem Einsturz des Turms barock wieder aufgebaute Ostchor enthält wertvolle Gemälde (Van Loo, Natoire u. a.), neben der Orgel etwa die »Madonna mit Jesuskind und Heiligen« von Fra Bartolomeo (1512). Die großartige **astronomische Uhr** im Turm (nicht von der Kathedrale aus zugänglich) mit 57 Zifferblättern fertigte A.-L. Vérité um 1860 aus rund 30 000 Teilen.

Porte Rivotte

★
◀ St-Jean

Hauptachse der Stadt ist die Grande Rue. Das nüchterne Äußere der Häuser, Ergebnis der Baunormen Vaubans, wird durch die fantasievolle Gestaltung der Hofeingänge und Treppenhäuser belebt (besonders an Nr. 67). Das prächtige Zentrum bildet das **Palais Granvelle**, 1534 – 1542 nach italienischen Vorbildern erbaut für Kardinal Nicolas Perrenot de Granvelle, Kanzler König Karls V.; hier führt das **Musée du Temps** in die Mysterien der Zeit und die Geschichte ihrer Messung ein (Mo. geschl.). Das **Théâtre** von 1784 (47 bis Rue Mégévand) ist ein Werk des Revolutionsarchitekten Ledoux (▶ Franche-Comté, S. 321) – es soll den ersten Orchestergraben der Welt besitzen, ein Jahrhundert vor dem Bayreuther Festspielhaus. An das schöne Rathaus (Hôtel de Ville, 1573) schließt sich der Palais de Justice an (16. Jh.), einst Gerichtssitz (Parlement) der Franche-Comté.

★
Grande Rue

Besançon in der Doubs-Schleife

In einem Getreidespeicher (1843) ist das Musée des Beaux-Arts et d'Archéologie untergebracht, das älteste in Frankreich (begründet 1694) und eines der bedeutenden. Zu sehen sind archäologische Funde, v. a. aus Ägypten und gallorömischer Zeit, hochklassige Gemälde von der Renaissance bis zur Klassischen Moderne (u. a. Cra-

★★
Musée des Beaux-Arts et d'Archéologie

▶ BESANÇON ERLEBEN

AUSKUNFT

Office du Tourisme
Hotel de Ville, Pl. du 8 Septembre
2 Place de la 1re Armée Française
25000 Besançon
Tel. 03 81 80 92 55
www.besancon.fr
www.besancon-tourisme.com

VERKEHR

Busse des städtischen Unternehmens Ginko (Info-Büro: Place du 8 Septembre, www.ginkobus.com), das auch Fahrräder verleiht. Schiffsfahrten auf dem Doubs vom Pont de la République (Vedettes de Besançon, April – Okt., Dauer ca. 1 Std.); spektakulär ist die Passage des 375 m langen Tunnels unter der Zitadelle.

VISI'PASS

Preiswerte Eintrittskarte für Zitadelle, Musée des Beaux-Arts und Musée du Temps, dazu weitere Vorteile.

FESTE & EVENTS

Mitte Mai: Herbe en Zik (Popfestival). Um den 20. Mai: Festival de Musiques Anciennes. 1. Juli-Wochenende: Braderie (Flohmarkt). Juli/Aug.: F'estivales (Musik etc. auf der Zitadelle, im Hof des Palais Granvelle u. a. Orten). Mitte – Ende Sept.: Festival International de Musique Besançon Franche-Comté, einer der bedeutendsten in Frankreich. Dez.: Weihnachtsmarkt.

ESSEN

▶ Erschwinglich

① *Le Chaland*
Pont Bregille/Parc Micaud
Tel. 03 81 80 61 61
Ein besonderer Platz zum gepflegten Dinieren ist dieser 100 Jahre alte Lastkahn auf dem Doubs. Klassische französische und regionale Küche.

▶ Preiswert/Erschwinglich

② *La Table des Halles*
22 Rue Gustave Courbet
Tel. 03 81 50 62 74, So./Mo. geschl.
Modern-trendiges, dennoch anheimelndes Restaurant in einem alten Kloster. Die Küche glänzt mit bodenständigen regionalen Gerichten, aber auch mit einfallsreichen Variationen.

▶ Preiswert

③ *Au Gourmand*
5 Rue Mégevand
Tel. 03 81 81 40 56, So./Mo. geschl.
Das Lokal legt keinen großen Wert auf ein aufwendiges Interieur (dennoch gemütlich), sondern auf eine herzhafte, schlichte, schmackhafte Küche.

④ *La Petite Adresse*
28 Rue Claude Pouillet
Tel. 03 81 82 35 09, So. geschl.
Sehr kleines, sehr beliebtes, schlichtes Lokal im Ausgehviertel mit ländlichen Gerichten der Franche-Comté.

ÜBERNACHTEN

▶ Komfortabel/Luxus

① *Charles Quint*
3 Rue Chapitre, Tel. 03 81 82 05 49
www.hotel-charlesquint.com
Kleines, romantisches Hotel bei der Kathedrale, 2004 in einem Haus aus dem 18. Jh. eingerichtet. Stilvoll antik eingerichtete Zimmer, Frühstück im getäfelten Salon oder auf der Terrasse.

▶ Günstig

② *Hotel du Nord*
8 Rue Moncey, Tel. 03 81 81 34 56
www.hotel-du-nord-besancon.com
Haus aus dem 19. Jh. im Zentrum. Komfortable, altmodische Zimmer, freundlicher Service. Eigene Garage in 200 m Entfernung..

Besançon *Orientierung*

1 Porte Rivotte
2 Porte Noire
3 Geburtshaus
   der Brüder Lumières
4 Geburtshaus von
   Victor Hugo
5 Théâtre
6 Bibliothèque Municipale
7 Palais de Justice
8 Musée Comtois
9 Espace Vauban
10 Noctarium
11 Musee de la Résistance
12 Climatorium, Insectarium
13 Aquarium

Essen
① Le Chaland
② La Table des Halles
③ Au Gourmand
④ La Petite Adresse

Übernachten
① Charles Quint
② Nord

nach d. Ä., Bronzino, Tintoretto, Rubens, Goya, Fragonard, Boucher, Courbet, Picasso) sowie eine ausgezeichnete grafische Sammlung mit ca. 5500 Blättern, etwa von Tiepolo, Dürer und Rembrandt (Mo., Mi. – Fr. 9.30 – 12.00, 14.00 – 18.00, Sa./So. 9.30 – 18.00 Uhr).

Vom Pont Battant blickt man zurück auf die eindrucksvoll geschlossene Front des **Quai Vauban** (16. Jh.). Nachts trifft man sich dort, in der dahinter verlaufenden Rue Pouillet und im hübschen **Quartier de Battant** am Westufer des Doubs in den Cafés und Bars. Das Quartier de Battant war einst Viertel der Winzer, an sie erinnern nur noch, wie der Name andeutet, die großen Kellertüren an den Häusern. Das Innere der Kirche **Ste-Madeleine** (N. Nicole, 1746 – 1766) gilt als eines der schönsten Beispiele französischer Sakralarchitektur des 18. Jh.s. In der Nähe liegen die Reste eines römischen Amphitheaters (Arènes) aus dem 1. Jh.; es war einst 126 × 106 m groß und konnte 20 000 Menschen fassen. Weiter östlich verläuft die Promenade de Micaud, einer der vielen Parks, die den Doubs begleiten; hier hat man einen guten Blick auf die Zitadelle. Das hübsche Gebäude hinter dem Park ist das **Thermalbad Mouillère** von 1891, das vom

Quartier de Battant

15 km entfernten Miserey aus mit Sole versorgt wurde. Baden kann man hier nicht mehr, dafür im Casino sein Glück versuchen (tägl. ab 11.00 geöffnet, bis 3.00/4.00 Uhr) und im herrlichen Restaurant »Le Grand Café« bzw. auf seiner Terrasse speisen (tägl. geöffnet).

Aussichtspunkte Die beste Sicht auf Besançon und die Jurahöhen hat man vom 460 m hohen Hügel Notre-Dame-de-la-Libération (3 km südöstlich, mit Marienstatue von 1945) und vom Belvédère de Montfaucon (617 m, weitere 2 km nordöstlich, mit Fort Vieux und Fort de Montfaucon).

✶✶ Blois

J 5

Région: Centre	**Höhe:** 72 m ü. d. M.
Département: Loir-et-Cher	**Einwohnerzahl:** 47 800

Blois, malerisch am Nordufer der ► Loire zwischen Orléans und Tours gelegen, war im 15./16. Jh. königliche Residenz. Die hübsche, verwinkelte Altstadt mit Schieferdächern und roten Kaminen wird noch heute vom prächtigen Schloss und der Kathedrale überragt.

Ein wenig Geschichte Im 11./12. Jh. gehörten die Grafen von Blois zu den mächtigsten Feudalherren Frankreichs. 1391 wurde die Grafschaft an Ludwig von Orléans verkauft, dessen Sohn Karl begann 1440 mit dem Um- bzw. Neubau des Schlosses. Dessen Sohn wiederum wurde 1498 als Ludwig XII. König und machte Blois zu seiner Residenz; auch unter dessen Schwiegersohn Franz I. wurde der Bau glanzvoll fortgesetzt. Später hatten Dramen und Intrigen hier ihren Schauplatz. Die blutigste Tragödie ereignete sich in den Religionskriegen: 1588 zwang der Herzog von Guise, Rivale von Heinrich III. und Führer der Katholischen Liga, den König, die Generalstände nach Blois einzuberufen. Sein Ziel, den Monarchen abzusetzen, schien greifbar nahe, da er fast alle Mitglieder des Gremiums bestochen hatte. Heinrich ließ ihn aber am Morgen des 23. Dezember im Schloss ermorden; am folgenden Tag wurde auch der Bruder des Herzogs getötet. Allerdings wurde der König nur acht Monate später selbst Opfer eines Anschlags.

Sehenswertes in Blois

✶✶ Schloss Die Place du Château wird vom Schloss, genauer vom Flügel Ludwigs XII. (1498–1503) beherrscht, einem Bau der Flamboyant-Gotik aus Ziegel- und Werkstein (April–Juni, Sept. 9.00–18.30, Juli/Aug. 9.00–19.00, Okt.–Anf. Nov. 9.00–18.30, sonst 9.00–12.30, 13.30 bis 17.30 Uhr). Über dem Torbogen ist das bekrönte **Stachelschwein** zu sehen, das Emblem Ludwigs XII., über dem großen Portal die Reiterstatue Ludwigs (Kopie, 1857). Rechts folgt der Rest der mittelalterlichen Burg (13. Jh.) mit der Salle des Etats-Généraux (Stände-

Blois Orientierung

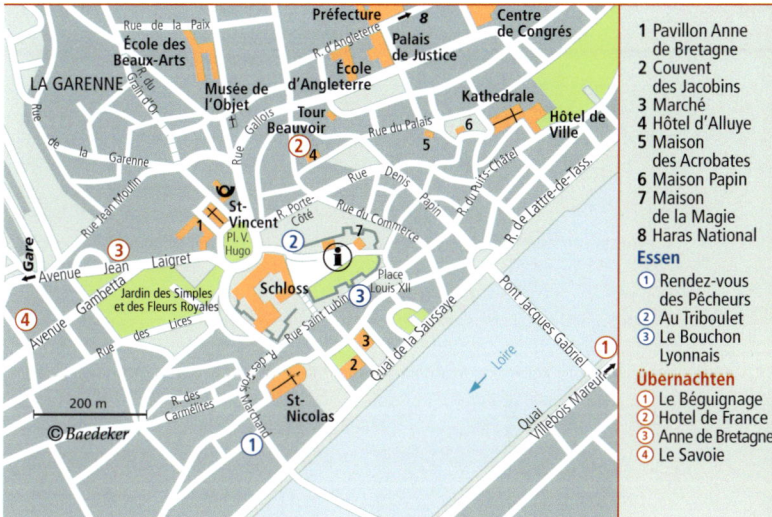

1 Pavillon Anne
de Bretagne
2 Couvent
des Jacobins
3 Marché
4 Hôtel d'Alluye
5 Maison
des Acrobates
6 Maison Papin
7 Maison
de la Magie
8 Haras National

Essen
① Rendez-vous
des Pêcheurs
② Au Triboulet
③ Le Bouchon
Lyonnais

Übernachten
① Le Béguignage
② Hotel de France
③ Anne de Bretagne
④ Le Savoie

saal); daran schließt der **Flügel Franz' I.** (1515–1524) mit dem berühmten achteckigen Treppenturm an (der Salamander und das »F« sind die Zeichen von Franz). Gegenüber dem Eingang der für Gaston d'Orléans, Bruder Ludwigs XIII., 1635–1638 erbaute Südwestflügel, im Südosten der **Flügel Ludwigs XII.**, der von der Galerie Charles d'Orléans mit der Schlosskapelle St-Calais abgeschlossen wird. Von der Terrasse an der vorgelagerten mittelalterlichen Tour de Foix hat man einen schönen Ausblick auf Stadt und Loire.

Das architektonische Prunkstück des Flügels von Franz I. ist die **Wendeltreppe**, ein achteckiger, offener, aufwendig gestalteter Treppenturm (► Abb. S. 171). Von seinen Balkonen konnte das adlige Publikum die Festvorstellungen im Hof verfolgen. Der Bau enthält prunkvolle Räume, deren Ausstattung jedoch meist aus dem romantisierenden 19. Jh. stammt. Im 1. Stock beeindruckt der mächtige Kamin mit den Emblemen Franz' I. (Salamander) und der Anne de Bretagne (Hermelin). Daran schließen sich die Gemächer der Katharina von Medici an; am interessantesten ist hier das ganz mit Holz (237 unterschiedliche Felder) getäfelte **Kabinett mit Geheimfächern**, in denen sie, nach Dumas d. Ä., auch Gift versteckt haben soll. Der zweischiffige Saal, in dem sich 1576 und 1588 die Generalstände versammelten, gilt als größter gotischer Saal Frankreichs (30 × 18 m, 12 m hoch). Die riesigen Gobelins aus dem 17./18. Jh. mit Szenen aus dem Leben Ludwigs XIV. und Konstantins d. Gr. entwarf Rubens.

Im Obergeschoss des **Ludwig-Flügels** ist das Musée des Beaux-Arts mit Gemälden aus dem 16. bis 19. Jh. untergebracht (u. a. Boucher, Ingres, David). Die Schlosskapelle wurde 1508 geweiht; Fassade und

◄ Aile François I

◄ Salle des
Etats-Généraux

◄ Musée des
◄ Kapelle
St-Calais

▶ BLOIS ERLEBEN

AUSKUNFT

Office de Tourisme
23 Place du Château, 41006 Blois
Tel. 02 54 90 41 41
www.bloispaysdechambord.com

EINKAUFEN

In der Rue du Commerce nordöstlich unterhalb des Schlosses und ihren Nebenstraßen. »Süßen« Menschen seien in der Rue du Commerce die Pâtisseries-Chocolateries Buret (Nr. 20) und Saguez (Nr. 74) empfohlen.

FESTE & EVENTS

Im Schlosshof: Mitte April – Ende Sept. tägl. 22.00/22.30 Uhr Son et Lumière (Mi. auf Engl.); Mitte Juli/Aug. mehrmals tägl. Fechtkämpfe und Renaissancemusik. Mitte Juli/Mitte Aug.: Musik in den Straßen. Juni bis Sept. Fêtes de Louis XII im Schloss. 2. So. im Monat Flohmarkt.

ESSEN

▶ Erschwinglich/Fein & teuer

① Au Rendez-vous des Pêcheurs
27 Rue Foix, Tel. 02 54 74 67 48
So./Mo.mittag geschl.
Wunderbares, edles Bistro in einem einstigen Lebensmittelladen. Raffinierte, dabei bodenständige Küche mit Schwerpunkt auf Fisch, v. a. solchem aus der Loire, ergänzt durch Produkte aus der Sologne.

▶ Preiswert

② Le Triboulet
18 Pl. du Château, Tel. 02 54 74 11 23
So./Mo. geschl. (außer Juli/Aug.)
Kleines, gemütliches Lokal mit regionalen Spezialitäten, im Sommer speist man auf der Terrasse am Schlossplatz.

③ Le Bouchon Lyonnais
25 Rue des Violettes
Tel. 02 54 74 12 87, So./Mo. geschl.
Rustikales Restaurant unterhalb des Schlosses mit handfesten Spezialitäten nach Lyoner Art. Eines der beliebtesten Lokale der Stadt.

ÜBERNACHTEN

▶ Günstig/Komfortabel

① Le Béguignage
Cour-Cheverny
Tel. 02 54 79 29 92, www.lebeguinage.fr
Feines Landhaus in schönem Park als Chambres d'Hotes, nahe dem Schloss Cheverny 14 km südöstlich von Blois. Fünf großzügige Gastzimmer.

▶ Günstig

② Hotel de France et de Guise
3 Rue Gallois, Tel. 02 54 78 00 53
www.franceetguise.com
Kleiner Hotelpalast der Belle Epoque gegenüber dem Schloss. Geboten werden Einzel- bis Familienzimmer, hübsch »antik« gestaltet.

③ Anne de Bretagne
31 Avenue Jean Laigret
Tel. 02 54 78 05 38
http://annedebretagne.free.fr
Familiengeführtes Hotel mit ruhigen Zimmern. Freundlicher Service.

④ Le Savoie
6 Rue Ducoux, Tel. 02 54 74 32 21
www.hotel-blois.com
Schlichtes, ordentliches kleines Haus.

Inneres sind Ergebnis der Restaurierung im 19. Jh., die Glasfenster stammen von Max Ingrand (1957).

Mit dem Flügel, den er für Gaston d'Orléans errichtete, lieferte Baumeister François Mansart, der bedeutendste Vertreter des barocken Klassizismus in Frankreich, eine schöne Kostprobe seines Könnens; vor allem mit dem **zentralen Treppenhaus**, das auch unvollendet umwerfend wirkt. Die Treppe wurde erst 1932 nach seinen Plänen eingebaut und führt nur bis ins erste Obergeschoss.

◄ Aile Gaston d'Orléans

An der Place Victor-Hugo und dem Jardin des Simples et des Fleurs Royales, einem Rest der Gärten Ludwigs XII., stehen die Jesuitenkirche St-Vincent-de-Paul (1655) und der hübsche Pavillon von Anne de Bretagne (um 1500). Hier hat man die eindrucksvolle **Loggienfassade** des Schlosses vor sich, die Franz I. nach dem Vorbild der italienischen Renaissance vor die mittelalterliche Burg bauen ließ.

Pavillon Anne de Bretagne

Zwischen Schloss, Kathedrale und Loire dehnt sich die Altstadt mit interessanten Bürgerhäusern aus. Südlich des Schlosses die **Benediktinerkirche St-Nicolas** (12. – 14. Jh.) im Anjou-Stil; beachtenswert sind die Kapitelle im Chor und der Altaraufsatz (15. Jh.). Im **Couvent des Jacobins** (15./16. Jh.) neben der Markthalle wird sakrale Kunst gezeigt. Von hier sind es wenige Schritte zum Loire-Quai, der einen schönen Blick auf den Pont Jacques Gabriel (1720) bietet.

◄ Jakobinerkonvent

> **! *Baedeker* TIPP**
>
> **Loire von oben**
>
> Noch schöner ist die sanfte Landschaft des Loire-Tals aus der Vogelperspektive, aus dem Heißluftballon, aus einem Sportflugzeug oder dem Helikopter. Allerdings ist der Spaß nicht ganz billig, je nach »Fahrzeug« und Dauer muss man 50 – 250 € rechnen. Informationen bekommt man bei den Tourismusbüros des Loire-Tals.

Vorbei an der Fontaine Louis-XII gelangt man zur hoch gelegenen Kathedrale St-Louis, die zu großen Teilen nach der Zerstörung durch einen Orkan 1678 – 1702 in gotischem Stil wieder aufgebaut wurde. Die Krypta datiert noch aus dem 10./11. Jahrhundert. An die Apsis schließt sich der Bischofspalast an (18. Jh.), heute Rathaus. Einen herrlichem Ausblick hat man vom großen Garten östlich davon.

Kathedrale St-Louis

◄ Hôtel de Ville

In seinem Geburtshaus an der Place du Château ist dem berühmtesten Zauberer und Verwandlungskünstler des 19. Jh.s, **Jean-Eugène Robert** (Robert-Houdin, 1805 – 1871), ein Museum gewidmet. Die Besucher können hier in die Welt der Illusion und Magie eintauchen (April – Aug. tägl. 10.00 – 12.30, 14.00 – 18.30, Sept. tägl. 14.00 bis 18.30, Sa., So. auch 10.00 – 12.30 Uhr).

Maison de la Magie Robert-Houdin ⏲

Von den schönen Häusern aus Mittelalter und Renaissance seien genannt: die gotische **Maison Denis Papin** am Ende der Rue Pierre-de-Blois, benannt nach dem Physiker und Erfinder des Dampfkochtopfs

Bemerkenswerte Häuser in der Altstadt

Denis Papin (1647–1714), der als Hugenotte nach England und Deutschland (Kassel) floh; die **Maison des Acrobates** in der Rue Palais, die ihren Namen den geschnitzten Figuren (15. Jh.) an den Holzbalken verdankt; das **Hôtel d'Alluye** in der Rue Saint-Honoré, erbaut 1508 für Florimond Robertet, den Schatzmeister dreier Könige, mit hübschem Renaissance-Innenhof.

Musée de l'Objet
In einem Kloster der Minimen (Rue Franciade 6) ist eine Sammlung mit über 120 zeitgenössischen **Kunstwerken aus Gebrauchsgegenständen** zu sehen, etwa ein »Readymade« von Marcel Duchamp, Werke des Verpackungskünstlers Christo und kuriose Kreationen von Boltanski, Dalí, Spoerri u. a. (März–Juni, Sept.–Nov. Fr.–So. 13.30–18.30; Juli/Aug. Mi.–So. 13.30–18.30 Uhr).

Umgebung von Blois

Schloss Ménars
In Ménars, 6 km nordöstlich von Blois, steht eines der wenigen Barockschlösser der Loire. Guillaume Charron, Generalschatzmeister unter König Ludwig XIV., ließ es ab 1637 erbauen. Die berühmteste Besitzerin war die **Marquise de Pompadour**, die Mätresse König Ludwigs XV., die es 1760 kaufte. Mit 38 Jahren, als die Liebe ihres Königs zu erkalten begann, beauftragte sie, auf der Suche nach einem Alterssitz, den königlichen Architekten A.-J. Gabriel mit dem Ausbau. Doch nur vier Jahre konnte die Marquise ihr Schloss genießen, 1764 starb sie in Versailles. Heute gehört das Schloss einem amerikanischen Geschäftsmann und ist nicht zugänglich. Ein schöner Blick bietet sich vom Flussufer gegenüber.

★ ★ Bourges

Région: Centre	**Höhe:** 130 m ü. d. M.
Département: Cher	**Einwohnerzahl:** 71 200

Die alte Herzogsstadt Bourges ist Zentrum der Landschaft Berry, der »Kornkammer« im Herzen Frankreichs. Sie besitzt eine malerische Altstadt und mit ihrer Kathedrale eines der bedeutendsten Bauwerke der französischen Hochgotik.

Die Mitte Frankreichs
Der Bogen, den die Loire in ihrem mittleren Abschnitt schlägt, umschließt die fruchtbare Landschaft Berry. Ihr Zentrum ist Bourges, Hauptstadt des Départements Cher, mit Universität und bedeutender Industrie: Luftfahrt und Rüstung, Maschinen- und Fahrzeugbau, Reifen (Michelin). Ab 1360 war Bourges Residenz der Herzöge von Berry, denen die Stadt die 1463 gegründete Universität verdankt. Herzog Jean (1340–1416), der Bruder König Karls V., machte sich als Mäzen einen Namen; unter anderem gab er ein berühmtes Stun-

▶ BOURGES ERLEBEN

AUSKUNFT

Office de Tourisme
21 Rue Victor Hugo, 18000 Bourges
Tel. 02 48 23 02 60
www.ville-bourges.fr
www.bourgestourisme.com

FESTE & EVENTS

Ab Mitte April: Printemps de Bourges
(6 Tage mit hochkarätigem Pop, Jazz,
Chanson, Rock etc.; frühe Hotelreservierung notwendig). Mai bis
Sept.: Les Nuits Lumière de Bourges.
Ende Juni–Sept.: Un Eté à Bourges .
1. Sept.-Wochenende: Fête des Marais.

ESSEN

▶ Erschwinglich

① *Le Jacques-Cœur*
3 Place Jacques-Cœur, Tel. 02 48 26
53 01; So., Sa.-/Mo.mittag geschl.
In schlicht-elegantem, auf Alt ge-
machtem Ambiente wird traditionelle
französische Küche serviert.

② *D'Antan Sancerrois*
50 Rue Bourbonnoux
Tel. 02 48 65 96 26, So./Mo. geschl.
Sehr gepflegtes Lokal in modern
gestaltetem mittelalterlichem Ambiente. Geboten werden »cuisine du
terroir« und Weine von der oberen
Loire (Sancerre, Menetou, Pouilly).

▶ Preiswert/Erschwinglich

③ *Le Bourbonnoux*
44 Rue Bourbonnoux
Tel. 02 48 24 14 76
Fr., Sa.mittag, So.abend geschl.
Freundliches Restaurant in einem
alten Fachwerkhaus. Traditionelle
Küche mit modernem Touch.

ÜBERNACHTEN

▶ Komfortabel/Luxus

① *Hotel de Bourbon*
Blvd. de la République (am Carrefour
de Verdun), Tel. 02 48 70 70 00
www.hoteldebourbon.fr
Ein Kloster aus dem 17. Jh. wurde
mit modernem Komfort umgestaltet.
Feines Restaurant Abbaye St-Ambroix
(Tel. 02 48 70 80 00) in der ehemali-
gen Kirche, mit traditioneller Küche.
Mit preiswerterem Bistro Carré
Bourbon (geöffnet Mo./Di.).

▶ Günstig/Komfortabel

② *Bonnets Rouges*
3 Rue de la Thaumassière
Tel. 02 48 65 79 92
http://bonnets-rouges.bourges.net
Bezauberndes Chambres d'hôtes
(4 Z.) in einem Haus aus dem 15. Jh.
im Zentrum. Mit Innenhof, Mansarden und ummauertem Garten. Jedes
Zimmer ist anders eingerichtet.

denbuch der Brüder Limburg in Auftrag (»Les Très Riches Heures
du Duc de Berry«). Da große Teile der Kronlande von England und
Burgund besetzt waren, verlagerte König Karl VII. nach 1422 seinen
Hof hierher, weshalb er »König von Bourges« genannt wurde; mithilfe von Jeanne d'Arc und Jacques Cœur (▶ S. 200) gelang es ihm
schließlich, sich offiziell zum König krönen zu lassen. Ab 1530 studierte Jean Caulvin, bekannt als der Reformator Jean Calvin, an der
Universität; durch Kommilitonen aus Deutschland kam er mit den
Ideen Martin Luthers in Berührung.

Bourges Orientierung

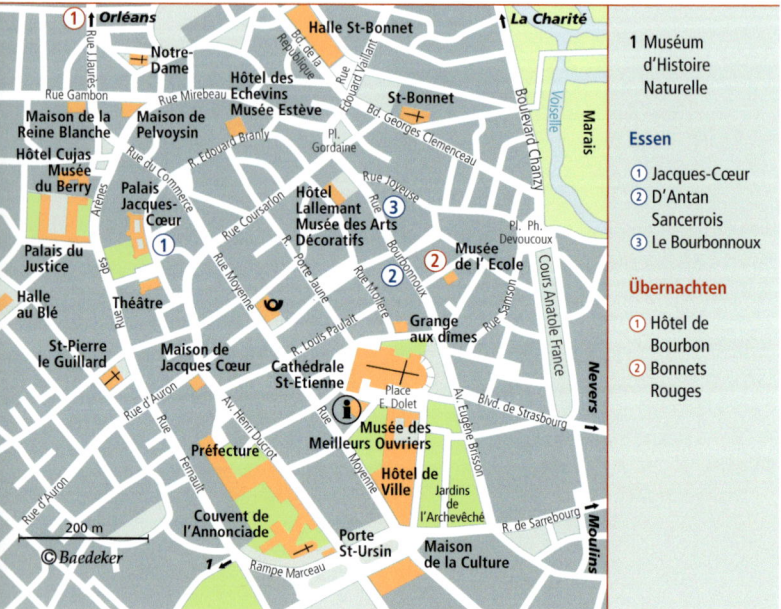

1 Muséum
  d'Histoire
  Naturelle

Essen
① Jacques-Cœur
② D'Antan
   Sancerrois
③ Le Bourbonnoux

Übernachten
① Hôtel de
   Bourbon
② Bonnets
   Rouges

Sehenswertes in Bourges

★★
**Kathedrale
St-Etienne**
🕐
Öffnungszeiten:
tägl. 8.30 – 19.15
im Winter
9.00 – 17.45

Inneres ▶

Auf einem Hügel liegt die Altstadt mit ihrem weithin sichtbaren Wahrzeichen, der Kathedrale St-Etienne (UNESCO-Welterbe). Der Chor entstand 1198 – 1215, bis 1266 wurden das Langhaus mit seinen filigranen doppelten Strebepfeilern und -bögen und die Hauptfassade errichtet, die Weihe war 1324. Die grandiose, von mächtigen Türmen flankierte Westfassade öffnet sich in fünf tiefen, figurenreichen Portalen. Im Tympanon des mittleren Portals eine wunderbare Darstellung des Jüngsten Gerichts (um 1240). Der 65 m hohe Nordturm wurde nach dem Einsturz 1506 wie die beiden linken Portale im Flamboyant-Stil neu errichtet; von oben hat man eine herrliche Aussicht. Über dem romanischen Südportal Christus in der Mandorla mit den Evangelistensymbolen, am Mittelpfeiler steht ein segnender Christus (13. Jahrhundert). Der 124 m lange und 41 m breite, querhauslose Raum ist in ein 37 m hohes Hauptschiff und je zwei niedrigere, gestaffelte Seitenschiffe gegliedert, die sich im Chorumgang fortsetzen; beeindruckend wirken der straffe Höhenzug und die gute Durchlichtung. Großartig sind die **Glasmalereien** (1215 – 1225) im Kapellenkranz des Chors (Fernglas!); die anderen Fenster stammen aus dem 12. bis 17. Jh. Vor der mittleren Chorkapelle stehen die Figuren des Herzogs Jean de Berry und seiner Frau, angefertigt um 1425 von Jean de Cambrai; bemerkenswert sind auch die Ma-

Kathedrale Orientierung

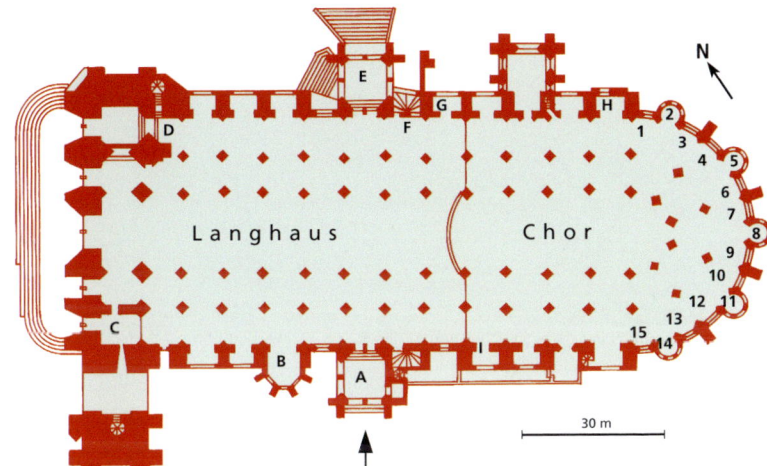

A Südportal
B Chapelle Jean de Berry
C Sakristei
D Zugang zum Nordturm
E Nordportal
F Eingang zur Krypta
G Chapelle
H St-Jean-Baptiste
I Chapelle Jacques Cœur
   Chapelle des Tullier

GLASMALEREIEN

1 Der arme Lazarus
2 Maria Magdalena,
   Nikolaus und
   Maria von Ägypten
3 Stephanuslegende
4 Der barmherzige
   Samariter
5 Dionysius von Paris
   (St-Denis),
   Paulus und Martinus

6 Gleichnis vom
   verlorenen Sohn
7 Alter Bund: Abraham,
   Isaak, Moses,
   David und Jonas
8 Marienleben
9 Jüngstes Gericht
10 Passion
11 Die Heiligen
   Laurentius,

   Stephanus und
   Vincentius
12 Offenbarung des
   Johannes
13 Apostel Thomas
14 Die Heiligen Jakobus
   d. Ä., Johannes der
   Täufer und Johannes
   der Evangelist
15 Joseph in Ägypten

donna aus Marmor (Ende 14. Jahrhundert), die astronomische Uhr von 1424 und die Orgel mit 3430 Pfeifen (17. Jahrhundert). In der oberirdischen gotischen »Krypta«, eigentlich eine Kirche von 1200, sind u. a. Teile des Lettners und das **Marmorgrabmal des Herzogs Jean de Berry** (Jean de Cambrai, 1422–1438) sehenswert. Im Fußboden eingeritzt ist die Bauzeichnung für die Rose der Hauptfassade, die hier entstand.

◄ Krypta

Südlich der Kathedrale steht der Bischofspalast von 1680, später Rathaus; heute präsentiert hier das **Musée des Meilleurs Ouvriers de France** meisterliche Handwerkskunst. Anschließend folgt der hübsche, wohl von Le Nôtre (17. Jh.) angelegte Park (Jardins de l'Archevêché); von hier ist der Blick auf die Kathedrale besonders beeindruckend. Am Sonntagnachmittag trifft man sich hier zum Tanz.

Bischofspalast

Kathedrale St-Etienne, eine der großartigsten gotischen Kirchen Frankreichs

Maison de la Culture

An der Place du 8 Mai 1945 signalisiert eine Plastik von Alexander Calder die Maison de la Culture (Ausstellungen, Konzerte, Theater); sein Café ist ein beliebter Treff.

★★
Palais Jacques-Cœur
🕑

Das Palais Jacques-Cœur entstand 1443–1453 auf den Resten der gallorömischen Stadtmauer. Der um einen Arkadenhof gruppierte Komplex ist eines der großartigsten Beispiele eines großbürgerlichen gotischen Stadtschlosses (tägl. geöffnet). **Jacques Cœur**, 1395 als Sohn eines Pelzhändlers geboren, stieg zum mächtigen Unternehmer in Bergwerken, Schiffsbau und Handel sowie 1440 zum Finanzminister König Karls VII. auf. Sein Wappen – Herz und Jakobsmuschel (»cœur«, »coquille Saint-Jacques«) – und die Devise »A vaillan cœur rien impossible« (»Dem tapferen Herz ist nichts unmöglich«) kehren als Ornament am ganzen Bau wieder, ebenso die Lilien, die auf die enge Verbindung des Hausherrn zum König hinweisen. In der herrlichen Hauskapelle sind farbenprächtige Deckenfresken von 1488 zu sehen (Engelschor vor Sternenhimmel).

! *Baedeker* TIPP

Hübsche Gassen

Wenige Schritte nördlich des Hôtel Lallemant liegt die Place Gordaine, von der hübsche Gassen mit schönen Fachwerkhäusern abgehen. Zu den malerischsten zählen die lebhafte Rue Mirabeau (Fußgängerzone) im Norden mit Geschäften und Cafés und die von Antiquariaten, Buchhandlungen und Restaurants gesäumte Rue Bourbonnoux im Süden.

Das schöne **Hôtel Lallemant** von Ende des 15. Jh.s beherbergt das Musée des Arts Décoratifs (Möbel, Gobelins, Gemälde). Prachtvoll sind die bemalten Kassettendecken, an den Kaminen sind die Embleme von König Ludwig XII. und Anne de Bretagne zu sehen, Stachelschwein bzw. Hermelin. Das **Hôtel Cujas**, ein Renaissance-Bau von 1515, beherbergt das Musée du Berry mit Funden aus vorgeschichtlicher und römischer Zeit, volkskundlichen Exponaten und den wunderbaren Marmorstatuetten (»Pleurants«) vom Grabmal des Herzogs Jean de Berry. Das **Hôtel des Echevins**, bis 1489 für den Bürgermeister und seine Beigeordneten errichtet, glänzt mit schönem Hof, Treppenturm im Flamboyantstil und Renaissance-Galerie. Hier sind Gemälde und Grafik des 20. Jh.s ausgestellt, insbesondere interessante Werke des einheimischen Malers Maurice Estève (1904–2001).

> *i* **Museen in Bourges**
>
> ■ Die Museen in Bourges (außer dem Muséum d'Histoire Naturelle) verzichten auf eine Eintrittsgebühr. Geöffnet sind sie Juli/Aug. 10.00–12.30, 13.30–18.00, sonst 10.00–12.00, 14.00–18./17.00 Uhr, am So. nur nachmittags; Ruhetage: Musée des Meilleurs Ouvriers und Hôtel Lallement Mo., Musée Estève und Musée du Berry Di.

Ein hübscher Spaziergang führt nach Osten in die Marais, die Sümpfe des Yèvre östlich der Stadt mit Kanälen und rund 1500 Schrebergärten. Ein Rundweg ist ausgeschildert.

✴ Marais

Umgebung von Bourges

In der Umgebung des 43 km südlich von Bourges gelegenen Städtchens St-Amand-Montrond (11 600 Einw.) werden die weißen **Charolais-Rinder** gezüchtet. Beachtenswert ist die romanische Kirche St-Amand (12. Jh.). 3 km nordwestlich steht am Cher das 1150 gegründete Zisterzienserkloster Noirlac, ein hervorragendes Beispiel für die schlichte, aber perfekte Architektur dieses Ordens. In der Kirche werden Konzerte veranstaltet.

Saint-Amand-Montrond

✴ ◄ Noirlac

7 km nördlich von St-Amand-Montrond ist das Château de Meillant einen Besuch wert, das den Loire-Schlössern vergleichbar und wertvoll ausgestattet ist. Mitten im idyllischen Bruère-Allichamps (6 km westlich von Meillant) steht ein römischer Meilenstein, der die **Mitte Frankreichs** markiert. Diese Ehre beanspruchen allerdings auch Saulzais-le-Potier und Vesdun 20 bzw. 30 km weiter südlich.

Château de Meillant

Brest

C 4

Région: Bretagne
Département: Finistère

Höhe: 35 m ü. d. M.
Einwohner: 142 700

Brest, im Nordwesten der ►Bretagne, hat eine große Geschichte als Hafenstadt, wurde jedoch im Zweiten Weltkrieg fast völlig zerstört und danach nicht sehr attraktiv wieder aufgebaut. Die herrliche Lage und die marine Atmosphäre lohnen aber einen Besuch.

Brest Orientierung

Essen
① Océania
② La Pensée Sauvage
③ La Chaumière
④ La Chaumine

Übernachten
① De la Paix
② La Corniche

Traditionsreiche Hafenstadt

Die zweitgrößte Stadt der Bretagne besitzt den nach Toulon zweitgrößten französischen Kriegshafen und einen Handelshafen mit großen Werften. Die **Rade de Brest**, durch einen 1,8 km breiten Kanal (Goulet) vom Atlantik getrennt, bildet einen ausgezeichneten Naturhafen mit 150 km² Ausdehnung, was die strategische Bedeutung von Brest und seine bewegte Vergangenheit erklärt.

Schon die Römer nutzten im 3. Jh. Beg Rest (bretonisch, »Rand des Walds«) als Stützpunkt. 1631 begann unter Kardinal Richelieu der Ausbau zum Kriegshafen. Unter Colbert entstand der berüchtigte, bis ins 19. Jh. existierende **Bagno**, ein Gefängnis mit bis zu 3000 Häftlingen. Ab 1683 gab der Festungsbaumeister Vauban der Stadt ein neues Bild. Im Zweiten Weltkrieg wurde Brest 1940 von der deutschen Wehrmacht besetzt und im Sommer 1944 durch alliierte Bomben bis auf die Festung zer-

► BREST ERLEBEN

AUSKUNFT

Office de Tourisme
Place de la Liberté, 29200 Brest
Tel. 02 98 44 24 96
www.brest.fr
www.brest-metropole-tourisme.fr

VERKEHR

Flughafen Brest Bretagne 9 km
nordöstlich, Bus zum Stadtzentrum.
Ausflugsboote und Fähren nach
Molène und Ouessant sowie zur
Crozon-Halbinsel (Le Fret, Camaret)
legen am Port de Commerce und am
Jachthafen (beim Océanopolis) ab.

FESTE & EVENTS

Mitte Juli – Ende Aug.: Do. abends
»Jeudis du Port« (Musik, Straßentheater etc.). Mitte Juli alle 4 Jahre
(wieder 2012) treffen sich bei der 7-
tägigen Fête Maritime Internationale
vor Brest an die 2000 Segelschiffe.

ESSEN

► Fein & teuer

① Océania
82 Rue de Siam, Tel. 02 98 80 66
66www.oceaniahotels.com

Sa.mittag, So., Mo.abend geschl.
Schickes Lokal im gleichnamigen
Hotel. Hier zaubert Guillaume
Huguet bretonische Köstlichkeiten.

► Preiswert

② La Pensée Sauvage
13 Rue Aboville, Tel. 02 98 46 36 65
Eine Institution in Brest: herzhafte
ländliche Küche Frankreichs in
schlichter, freundlicher Atmosphäre.
Bestes Preis-Leistungs-Verhältnis;
reservieren. So., Mo.mittag geschl.

③ La Chaumière
25 Rue Emile Zola, Tel. 02 98 44 18 60
Sa.mittag, So. geschl.
Schon in der dritten Generation wird
hier beste regionale Küche geboten.

④ La Chaumine
16 Rue Jean Bart, Tel. 02 98 45 10 70
Eine der besten Crêperien in Brest,
im historischen Recouvrance-Viertel.
Sympathisches Ambiente, exzellente
und üppige Crêpes. Tägl. geöffnet,
Mo. – Fr. nur abends. Am Wochenende ist Reseservieren angezeigt.

ÜBERNACHTEN

► Günstig/Komfortabel

① De la Paix
32 Rue Algésiras, Tel. 02 98 80 12 97
www.hoteldelapaix-brest.com
Modern-schlichtes, sehr angenehmes
Hotel im Zentrum. Mit ordentlichem
Restaurant.

② Hotel de la Corniche
1 Rue Amiral Nicol
Tel. 02 98 45 12 42
www.hotel-la-corniche.com
Hübsches kleines Haus (19 Z.) im
alten bretonischen Stil, ruhig westlich
der Marinebasis und nahe den Spa-
zierwegen an der Küste gelegen.

Brest, ein wichtiger Handelshafen und Werftstandort

stört. Der Wiederaufbau bis 1961 verpasste der Stadt eine wenig einladende regelmäßige Anlage mit viel Beton. Nach Rennes besitzt Brest die zweite Universität der Bretagne.

Sehenswertes in Brest

Rue de Siam Hauptachse der Stadt ist die Rue de Siam von der Place de la Liberté (Rathaus) zur Recouvrance-Brücke. Ihren Namen verdankt sie drei Gesandten aus Siam (heute Thailand), die 1686 in der Stadt ankamen. Ein Muss ist der Besuch des Musée des Beaux-Arts (Rue Traverse) mit Gemälden niederländischer, italienischer und französischer Künstler des 17. bis 20. Jh.s, darunter Werke der **Schule von Pont-Aven** (Bernard, Delavallée, Jourdan, Maufra, Moret und Seguin) und einiger Impressionisten (Di. – Sa. 10.00 – 12.00, 14.00 bis 18.00, So. 14.00 – 18.00 Uhr).

✳
Musée des
Beaux-Arts ▶
🕐

✳
Cours Dajot Entlang der Stadtmauer von Vauban legte dessen Schüler Dajot einen Park an. Hier hat man den besten Blick auf den Handelshafen (Port de Commerce), zur Halbinsel Plougastel und über die Rade de Brest zur Halbinsel Crozon (Orientierungstafel vor der Präfektur).

✳
Château Die beeindruckende Festung an der Mündung des Penfeld entstand ab dem 11. Jh. auf den Grundmauern des römischen Castrums, die letzten Erweiterungen fanden im 17. Jh. unter Vauban statt. Das Marinemuseum im Donjon beschäftigt sich mit der Geschichte des Arsenals, der französischen Kriegsflotte und des Hafens (April – Sept. 10.00 – 18.30, sonst 13.30 – 18.30 Uhr; Jan. geschl.). Die Tour Madeleine bietet einen schönen Blick über die Bucht von Brest.

🕐

Pont de Recouvrance Die 22 m hohe und 87 m lange Brücke über den Penfeld (1954) ist die nach der in Rouen die **zweitgrößte Hebebrücke Europas**. Guter Blick auf die Festung, die Penfeld-Mündung und den Marinehafen. Zur Stadtbefestigung gehörte der Turm **Motte-Tanguy** (14. Jh.), in dem das **Musée du Vieux-Brest** untergebracht ist (Juni – Sept. tägl. 10.00 – 12.00, 14.00 – 19.00, sonst Mi./Do. 14.00 – 17.00, Sa./So. bis

🕐

18.00 Uhr). Westlich der Penfeld-Mündung erstreckt sich der **Mari-nehafen** über 4 km weit bis zur deutschen U-Boot-Basis (Besichtigung inkl. eines Kriegsschiffs von der Porte de la Grande Riviere aus nur für EU-Bürger, Personalausweis nötig; 15. – 30. Juni/1. – 15. Sept. 14.30/15.00, Juli/Aug. 13.45 – 15.30 Uhr).

★
◄ Base Navale
☼

Im Quartier de Recouvrance rechts des Penfeld lebten einst die Seeleute. Südlich des Turms de la Motte-Tanguy lockt der Jardin des Explorateurs, ein Park mit Pflanzen, die Brester Seefahrer mitbrachten. Die **Hortensie, Nationalblume der Bretagne**, wurde vom Botaniker Commerson in Japan entdeckt (Mitte Mai – Mitte Sept. 9.00 bis 22.00, sonst bis 18.00 Uhr).

Jardin des Explorateurs

☼

Eine der größten Attraktionen der Bretagne ist das am Port de Plaisance Moulin-Blanc (3 km östlich) gelegene Océanopolis, ein Forschungszentrum mit einem der größten Aquarien Europas (Mai/Juni 9.00 – 18.00, Juli/Aug. 9.00 – 19.00 Uhr, sonst 10.00 bis 17.00/18.00 Uhr; außerhalb der Schulferien Mo. geschl.). Hier wird die wissenschaftliche, technische und industrielle Beschäftigung mit dem Meer anschaulich gemacht. Faszinierend: Von einer simulierten Kommandobrücke aus kann man Modellschiffe navigieren.

★ ★
Océanopolis
☼

◄ ★ Bretagne

B – F 4/5

Dramatische Felsküsten und feinsandige Strände, alte Fischerstädtchen, ein einsames Hinterland mit Weiden und Hecken, Zeugnisse der rätselhaften Megalith-Kultur und lebendige keltische Traditionen machen den Reiz der Bretagne aus – für viele die schönste Halbinsel und eines der beliebtesten Urlaubsziele Frankreichs.

»Finis terrae«, »Ende der Welt«, nannten die Römer Frankreichs größte Halbinsel. Die Bretagne, die im Nordwesten des Landes weit in den Atlantik vorspringt, besitzt zwei Gesichter. **»Ar Mor«**, »Land am Meer«, nannten die Gallier die insgesamt 2700 km lange Küste. Fast überall beherrscht eine sturmumtoste felsige Steilküste – für die Schifffahrt mit 111 Leuchttürmen gesichert – das Bild, unterbrochen von Sandbuchten, pittoresken Fischerstädtchen und Badeorten, die auch wegen des milden Klimas und der jodhaltigen Luft beliebt sind. **»Argoat«**, »Land der Wälder«, heißt das Binnenland, das einmal aus Heide, Mooren und Wäldern bestand und heute in »Land der Wiesen und Hecken« umgetauft werden müsste. Durchzogen wird die Halbinsel vom **Armorikanischen Gebirge**, das in den Monts d'Arrée 384 m (Roc Trévézel), auf der Crozon-Halbinsel 330 m (Ménez-Hom) und in den Montagnes Noires 326 m (Roc de Toullaëron) erreicht. Hauptstadt ist ►Rennes; die historische Hauptstadt ►Nantes wurde 1981 der Région Pays de la Loire angegliedert. Vier Départe-

Wilde Küste und sanftes Hinterland

▶ BRETAGNE ERLEBEN

AUSKUNFT

CRT Bretagne
1 Rue Raoul Ponchon, 35069 Rennes
Tel. 02 99 28 44 30
www.tourismebretagne.com
www.bretagne-reisen.de

CDT Côtes d'Armor
7 Rue St-Benoît, 22046 St-Brieuc
Tel. 02 96 62 72 01
www.cotesdarmor.com

CDT Finistère
4 Rue 19 Mars 1962, 29018 Qimper
Tel. 02 98 76 24 77
www.finisteretourisme.com

CDT Ille et Vilaine
5 Rue du Pré Botté, 35101 Rennes
Tel. 02 99 78 47 40
www.bretagne35.com

CDT Loire Atlantique
11 Rue du Château de l'Eraudière
44306 Nantes, Tel. 02 51 72 95 40
www.ohlaloireatlantique.com

CDT Morbihan
Allée N. Le Blanc, 56010 Vannes
Tel. 08 25 13 56 56
www.morbihan.com

FESTE & EVENTS

3. Mai-So., Tréguier: Pardon St-Yves.
Letzter Mai-So., St-Brieuc: Pardon
Notre-Dame-de-l'Espérance. 2. Juli-
Wochenende, Pont-l'Abbé: Fête des
Brodeuses (Stickerinnen-Fest). 2. Juli-
So., Locronan: Tromérie. 3. Juli-
Woche, Quimper: Festival de Cornou-
aille. 26. Juli, Ste-Anne-d'Auray:
größter Pardon der Bretagne. Ende
Juli, Vannes: Jazzfestival. Anf. Aug.,
St-Nazaire: Les Escales (Musik aus
aller Welt). 1. Aug.-Hälfte, Lorient:
Festival Interceltique (Musik). Ende
Juli in geraden Jahren, Douarnenez:
Festival de la Marine à Voiles (Segel-
schiff-Treffen). Vorletzter Aug.-So.,
Concarneau: Fête des Filets Bleus
(Fischerfest). Anfang Okt., Dinard:
Festival du Film Britannique.

ESSEN

▶ Fein & teuer

Relais Gourmand Roellinger
Cancale, 1 Rue Duguesclin
Tel. 02 99 89 64 76, www.maisons-
de-bricourt.com, Mi./Do. geschl.
Eines der besten Restaurants der
Bretagne in einem prachtvollen Haus.
Nächtigen kann man hier im Schloss
Richeux, im Gästehaus Les Rimains
(beide am Wasser) oder in den Gîtes
Marins (schöne Ferienwohnungen).

L'Hotel de Carantec
Carantec, 20 Rue du Kelenn
Tel, 02 98 67 00 47
www.hoteldecarantec.com
Genüsse in jeder Hinsicht: Raffinierte,
ungewöhnliche Küche bietet das
Restaurant Patrick Jeffroy in dem
wunderschönen Hotel der 1930er-
Jahre über der Bucht von Morlaix.

Moulin de Rosmadec
Pont-Aven, Venelle de Rosmadec
Tel. 02 98 06 00 22
www.moulinderosmadec.com
Liebevoll restaurierte Windmühle aus
dem 15. Jh., exquisite Küche (Do.
geschl.). Es gibt auch fünf hübsche
Zimmer zu erschwinglichen Preisen.

▶ Erschwinglich

La Côte
Carnac-Kermario, Impasse Parc er
Forn, Tel. 02 97 52 02 80, Mo. geschl.
Fein-rustikales kleines Haus bei den
Menhiren von Kermario, mit Veran-
da. Fantasievolle Küche. Reservieren.

Von Paimpol fuhren einst die Islandfischer zur »Grande Pêche« auf Dorsch.

L'Estaminet
Morlaix, 23 Rue du Mur
Tel. 02 98 88 00 17, Mi. geschl.
Großzügige, feine Küche des Binnen-
lands und des Meers in einer Mixtur
aus schicker Lounge und Restaurant.

▶ Preiswert/Erschwinglich
Le France
Camaret-sur-Mer, Quai Toudouze
Tel. 02 98 27 93 06
Ausgezeichnetes Fischrestaurant
(geöffnet Mitte April – Okt.) in einem
sympathischen Mittelklassehotel.

Auberge des Terres Neuvas
Dinan, 25 Rue du Quai
Tel. 02 96 39 86 45, außer Juli/Aug.
Mi. u. So.abend geschl.
An der Rance genießt man Fisch und
Meeresfrüchte in gemütlich-noblem
Rahmen. Mit hübscher Terrasse.

Jules Verne
Quiberon, Port Maria, 1 Boulevard
d'Hoëic, Tel. 02 97 30 55 55

Am Hafen schwelgt man in frisches-
tem Meeresgetier.

▶ Preiswert
A la Porte au Vin
Concarnau, 9 Place St-Guénolé
Tel. 02 98 97 38 11
In der Ville Close, mit Terrasse. Gute
Meeresfrüchte und leckere Crêpes.

Le Sourcouf
Roscoff, 14 Rue Amiral Réveillère
Tel. 02 98 69 71 89, www.jalima.fr
Zu Recht sehr beliebtes Fischlokal
nahe dem Fähranleger.

ÜBERNACHTEN
▶ Luxus
Château de Bordenéo
Belle-Ile, Le Palais
Tel. 02 97 31 80 77
www.chateau-bordeneo.fr
Herrenhaus von 1876 mit freundlich-
lichter Atmosphäre, in schönem Park
am nordwestlichen Ortsrand. Mit
Pool, ohne Restaurant.

Villa Reine Hortense
Dinard, 19 Rue Malouine
Tel. 02 99 46 54 31
www.villa-reine-hortense.com
Elegante Villa der Belle Epoque,
herrlich am Strand gelegen.

► **Komfortabel/Luxus**
Hostellerie de la Pointe St-Mathieu
Plougonvelin, Tel. 02 98 89 00 19
www.pointe-saint-mathieu.com
An einem einzigartigen Platz
(►S. 221) steht dieses sehr schön
modernisierte Haus aus dem 14. Jh.
mit feinem Restaurant, Bar und Pool.

► **Komfortabel**
Villa des Anges
Port de l'Aber Wrac'h, Landeda
45 Rt. des Anges
Tel. 02 98 04 90 04
Fast im Wasser steht das bretonische
Haus – herrlicher Sonnenuntergang!
Moderne Zimmer und Appartements.

Hostellerie Abbatiale
Aubray, Manoir de Kerdréan, Tel. 02
97 57 84 00, www.abbatiales.com
Herrenhaus in Le Bono 5 km südöstlich von Aubray, mit modernem
Anbau. Gemütlich-feines Restaurant
mit regionaler Küche.

Le d'Avaugour
Dinan, 1 Place du Champ, Tel. 02 96
39 07 49, www.avaugourhotel.com
Beste Adresse der Stadt, über der
Stadtmauer gelegen, mit schönem
Garten. Frühstück auf der Terrasse.

Hostellerie Les Feux des Iles
Perros-Guirec, 53 Blvd. Clémenceau
Tel. 02 96 23 22 94
www.feux-des-iles.com
Hübsches Hotel aus den 1930er-
Jahren am Meer mit herrlichem
Panorama. Fisch und Lamm
werden meisterhaft zubereitet.

► **Günstig/Komfortabel**
Armoric
Bénodet, 3 Rue Penfoul
Tel. 02 98 57 04 03
www.armoric-benodet.com
Familiäres Haus in ruhiger Lage
zwischen den Stränden und dem
Jachthafen. Mit Restaurant und Pool.

Le Relais de Brocéliande
Paimpont, 5 Rue des Forges,
Tel. 02 99 07 84 94
www.relais-de-broceliande.fr
Charmantes Landhotel nahe dem See.
Große Zimmer und gutes Restaurant
mit Terrasse. Angler können sich
ihren Fang abends zubereiten lassen.

► **Günstig**
Le Chatellier
Cancale, Route de Saint-Malo
Tel. 02 99 89 81 84
www.hotellechatellier.com
Gepflegtes kleines Hotel, 1,5 km
westlich des Zentrums ruhig im
Grünen gelegen. Benachbart das nob-
le, schöne Manoir des Douets Fleuris
(Kat. Luxus, Tel. 02 23 15 13 81).

Breiz Armor
Pouldreuzic, Penhors-Plage,
Tel. 02 98 51 52 53
www.breiz-armor.fr
Freundliches Haus am Strand der Baie
d'Audierne, schlichte Gästezimmer
mit großen Fenstern für den Meer-
blick. Probieren Sie Monsieur Séga-
lens Meeresfrüchtekreationen.

Ar Presbital Koz
St-Thégonnec, 18 Rue Lividic
Tel. 02 98 79 45 62
http://ar.presbital.koz.free.fr
Stilvoll und ruhig nächtigen Sie im
Pfarrhaus von Mitte des 18. Jh.s mit
ummauertem Garten, östlich des
Zentrums mit dem berühmten Enclos
paroissial. Abendessen für Hausgäste.

ments – Côtes d'Armor, Finistère, Ille-et-Vilaine und Morbihan – gehören zur Bretagne, in der ca. 3 Mio. Menschen zu Hause sind. Nach der Côte d'Azur ist sie die **zweitbeliebteste Urlaubsregion Frankreichs**. Die meisten zieht es an die Küste, ein Paradies für Sonnenanbeter, Badenixen und Wassersportler. Darüber hinaus kommen Wanderfreunde auf ihre Kosten, insbesondere auf den einmaligen »Sentiers des Douaniers«: den Küstenpfaden, auf denen einst die Zöllner gegen den Schmuggel kämpften. Nicht zuletzt ist – was vielleicht überrascht – die Bretagne ein schönes Revier für Hausbooturlauber.

Nicht vergessen ist der reiche **Sagenschatz** der Region mit Parzival und dem Heiligen Gral, dem Zauberer Merlin und der Fee Viviane, der im Meer versunkenen Stadt Is, dem Drama von Tristan und Isolde, das Richard Wagner zu seiner Oper inspirierte. Die Verbindung dieser Mythenwelt mit dem Christentum ergab eine innige **Heiligenverehrung**: Mit 7777 Heiligen und Schutzpatronen ist der bretonische Festkalender sehr lang. Zu den Höhepunkten gehören die »Pardons« zu Ehren der Lokalheiligen, die zwischen Mai und September stattfinden. Schauplatz der Heiligenfeste sind meist die **Enclos paroissiaux** (Pfarr- oder Kirchhöfe), die aus einer Kirche oder Kapelle, Beinhaus (Ossuaire), Friedhof, Triumphtor, Kalvarienberg (Calvaire) und einer Umfassungsmauer bestehen. Den Mittelpunkt bildet der Kalvarienberg; sein Thema ist das Leben und die Passion Christi, daneben finden sich Szenen aus dem Marienleben und der Ortsgeschichte. Die bekanntesten Enclos sind in Tronoën, Pleyben, Guimiliau und St-Thégonnec zu finden. Ein weiterer Beleg für die Lebendigkeit der regionalen Kultur ist die Pflege der bretonischen Sprache: Derzeit sprechen rund 600 000 Einwohner das »Brezhoneg« als erste oder zweite Sprache. Das ganze Jahr über finden unzählige Musik-, Tanz- und Folklorefeste statt.

Bretonische Kultur

Die eindrucksvollen Überbleibsel der **Megalithkultur**, einer bis heute weitgehend mysteriösen Zivilisation, stammen aus der Jungsteinzeit (ca. 5000 – 1800 v. Chr.; ►Baedeker Special S. 228). Um 500 v. Chr. ließen sich die Kelten in der Bretagne nieder. Mit dem Sieg Caesars im Golf von Morbihan 56 v. Chr. begann die Romanisierung. Um 450 n. Chr. trafen christliche **Kelten** auf der Flucht vor heidnischen Angelsachsen aus Irland und Britannien ein, die ihr neues Land Bretagne (Kleinbritannien) nannten. Die Einwanderung, die bis ins 7. Jh. anhielt, sorgte für die Christianisierung des Landes und die Wiederbelebung der keltischen Sprache, die mit dem Gälischen verwandt ist. 799 fiel die Bretagne

Ein wenig Geschichte

? WUSSTEN SIE SCHON ...?

■ Die berühmte traditionelle Wallfahrt Tro Breizh führt rund um die ganze Bretagne zu den Gräbern der sieben Gründungsheiligen. Jedem Pilger, der die Reise erfolgreich absolvierte, war ein Platz im Paradies sicher. Wer sie zu Lebzeiten nicht durchführen konnte, musste sie nach seinem Ableben nachholen – mit einer Geschwindigkeit von einer Sarglänge pro Jahr.

an das Frankenreich Karls des Großen, blieb jedoch relativ selbstständig, teils als Herzogtum (ab 826) oder Königtum (ab 851). 1491 musste **Anne de Bretagne**, Tochter und Erbin des letzten bretonischen Herzogs, den französischen König Karl VIII. heiraten, 1532 fiel das Herzogtum endgültig an die Krone. Im 16. und 17. Jh. erlebte die Bretagne ihren größten Wohlstand, vor allem Tuchhandel und Handelsschifffahrt profitierten vom Anschluss an Frankreich. Damals entstanden die Enclos paroissiaux als Ausdruck der großen Volksfrömmigkeit. 1675 wurde die sog. Stempelpapier-Revolte, eine Erhebung der Armen gegen die Ständegesellschaft, brutal niedergeschlagen. Die **Französische Revolution** rief in der Bretagne zunächst Begeisterung hervor, doch dachten die republikanischen Machthaber nicht daran, der Provinz die Selbstbestimmung zu gewähren. Stattdessen wurde die Halbinsel in fünf Départements aufgeteilt und die bretonische Sprache verboten. Ab 1793 wehrten sich die königstreuen **Chouans** verzweifelt gegen die Zentralregierung in Paris; 1804 wurde ihr Anführer, Georges Cadoudal, erschossen. Im 19. Jh. lag die Bretagne politisch und wirtschaftlich im Abseits; die einsetzende Industrialisierung ließ die Region aus, viele Arbeitskräfte wanderten ab. Erst in den frühen 1960er-Jahren unternahm die Regierung Schritte, die Bretagne aus der Isolation zu führen. Seither wird die Industrialisierung vorangetrieben Schiffsbau, Elektro- und Autoindustrie, Nahrungsmittelverarbeitung), die Infrastruktur modernisiert (u. a. Anschluss an das TGV-Netz) und die Landwirtschaft modernisiert. Heute ist die Halbinsel mit über 50 % der Fangmenge das **Zentrum der französischen Fischerei** und eine bedeutende Agrarregion (Rinder- und Schweinezucht, Milch und Käse, Gemüse). Aus der Bretagne kommen ca. 30 % der Austern- und 25 % der nationalen Miesmuschelproduktion. Die ertragreichste Branche ist jedoch der Fremdenverkehr.

✔ NICHT VERSÄUMEN

■ Wie in kaum einer anderen Region Frankreichs werden in der Bretagne traditionelle Lieder und Tänze gepflegt: Auf Volksfesten wie den nächtlichen »Fest Noz«, zu familiären und religiösen Anlässen werden die alten Weisen gesungen und gespielt. Zahlreiche Cercles Celtiques, mit Dudelsack und keltischer Harfe als den typischsten Instrumenten, halten das Erbe lebendig. Auch die Popmusik hat diese Tradition, als Teil der Rückbesinnung auf die regionale Identität, für sich entdeckt; den »Celtic Rock« hat vor allem Alain Stivell (geb. 1944) in den 1970er-Jahren bekannt gemacht.

Reiseziele in der Bretagne

Die Beschreibung folgt einer Reise um die Halbinsel entgegen dem Uhrzeigersinn, vom ▶ Mont St-Michel bis nach ▶ Nantes, der einstigen Hauptstadt der Bretagne im Département Loire-Atlantique. Auch ▶ St-Malo, ▶ Brest und der heutigen Hauptstadt ▶ Rennes sind eigene Stichwörter gewidmet. An Rennes angeschlossen sind einige interessante Ziele, die im meerfernen Hinterland liegen.

Highlights Bretagne

Côte de Granit Rose
Sandstrände zwischen mächtigen, gerundeten Felsen aus rosafarbenem Granit
► **Seite 214**

Concarneau
Wehrhafte Altstadt auf einer Insel und schöne Strände an der Südküste
► **Seite 225**

Dinard
Die Atmosphäre eines alten, »britischen« Badeorts genießen
► **Seite 212**

Kalvarienberge
Steingewordene Szenen aus dem Leben und der Passion Christi
► **Seite 218, 222**

Festival de Cornouaille
Das älteste und bedeutendste Fest bretonischer Kultur findet in Quimper statt.
► **Seite 224**

Côte des Abers
Grandiose Felsküste und tief ins Land reichende Flussmündungen
► **Seite 220**

Carnac
Die mächtigen Steinsetzungen der Bretagne sind immer noch ein Rätsel.
► **Seite 226**

Le Folgoët
Ein Höhepunkt bretonischer Steinmetzkunst ist der Lettner aus rotem Granit.
► **Seite 220**

Der lebhafte Ort (4800 Einw.) an der N 176 war einer der frühesten Bischofssitze der Bretagne; bis heute ist er Start- oder Endpunkt der »Tro breiz«, der heiligen Pilgerfahrt der Bretonen. Die unvollendet gebliebene **Kathedrale St-Samson**, die größte der Region, ist ein gewaltiger wehrhafter Granitbau in normannischer Gotik (13./14. Jh.); die schönsten Teile im überwältigenden Inneren sind die Glasfenster (13. Jh.) und das Chorgestühl (14. Jh.) sowie das Grabmal des Bischofs Thomas James von den Florentinern Antoine und Jean Juste (16. Jh.). Lohnende Ausflüge führen zum 65 m hohen Hügel Mont-Dol (2 km nördlich), einst ein keltischer Kultort, zum 9,5 m hohen Menhir de Champ-Dolent (2 km südlich) sowie zur Kleinstadt **Combourg** (17 km südlich von Dol). Letztere ist geprägt durch das Schloss der Familie Chateaubriand: Hier wuchs der Schriftsteller F.-R. de Chateaubriand auf, »Vater der französischen Romantik« und Diplomat; nach ihm ist das doppelte Filetsteak benannt.

Dol-de-Bretagne

◄ Kathedrale

Das hübsche, 5300 Einwohner zählende Fischerstädtchen und Seebad **Cancale** liegt 15 km östlich von ► St-Malo an der Bucht des Mont St-Michel. Seit dem 17. Jh. ist es für seine **Austernzucht** berühmt. Besuchenswert sind die am südlichen

---

! *Baedeker* TIPP

Sentiers des Douaniers
Die Zöllnerpfade, die einst der Überwachung der Küsten dienten, sind heute ein Weitwanderweg (Grande Randonnée 34). Zwischen dem Mont St-Michel und St-Nazaire, d. h. auf 1700 km die ganze Halbinsel umrundend, bietet er grandiose Panoramen und atemberaubende Aussichten.

Die berühmtesten Austern kommen aus Cancale.

Stadtrand gelegenen St-Kerber-Austernparks (Ferme Marine) mit Museum; am Hafen werden täglich Austern verhökert. Nördlich erhebt sich die 40 m hohe, umtoste Pointe du Grouin; vorgelagert sind die Iles des Landes.

Pointe du Grouin ▶

St-Malo ▶dort

✳ Dinard Die fast 2 km breite Rance-Mündung auf dem Damm des **Gezeiten-kraftwerks** (Usine Marémotrice, ▶Baedeker Special S. 564) überquerend, erreicht man Dinard (10 600 Einw.), eines der elegantesten Seebäder der Bretagne. Es besitzt noch etwas von dem Flair der britischen Aristokratie, die um 1850 hierherkam. Der Golfstrom lässt hier Mimosen und Kamelien blühen. Im Norden erstreckt sich die Grande Plage, ein schöner Badestrand mit Casino und Luxushotels; nahe dem Südende der »Mondscheinpromenade« liegt die Villa Eugenie (1868) mit dem Musée du Site Balnéaire (z. Z. geschl.). Sehr reizvoll ist eine Schiffsfahrt auf der fjordartigen Rance nach Dinan.

✳ Dinan Die noch von Mauern umgebene Stadt Dinan (11 000 Einw.) liegt auf einer Anhöhe über dem linken Ufer der Rance. Die Altstadt mit Häusern aus dem 15./16. Jh. und das Schloss der Herzogin Anne de Bretagne mit wehrhaftem Turm (14. Jh.) und dem Musée de Dinan (Juni – Sept. tägl., sonst Di. geschl.) geben ein reizvolles Kolorit. Die Basilika St-Sauveur (12./16. Jh.) ist einen Blick wert; unweit westlich steht die Tour d'Horloge (15. Jh.), von der aus man das Panorama genießen kann. Sehr schön auch der Rundgang um die Stadtmauern mit ihren Parks und eine Promenade unten am Fluss (Rue du Port).

An der »Smaragdküste« zwischen der Pointe du Grouin und Plé-neuf-Val-André liegen zahlreiche hübsche Badeorte. In St-Briac-sur-Mer hielt sich Emile Bernard oft auf, der Begründer der Malerschule von Pont-Aven; auch andere Maler, wie Renoir oder Picasso, kamen hierher (Info zum »Chemin des Peintres« bei den Tourismusbüros). Sehr beliebt ist **St-Cast-Le Guildo** mit sieben Sandstränden, mitten im Ort erstreckt sich die perfekte Grande Plage. Höhepunkte sind ca. 40 km westlich von Dinard die mittelalterliche Festung **Fort La Latte** (13./17. Jh.) und das 5 km entfernte, auf einem Küstenweg erreichbare Cap Fréhel, dessen Felsen über 70 m über dem Meer aufragen (Leuchtturm mit herrlichem Ausblick; April–Sept. hat das Restaurant La Fauconnière geöffnet). Von St-Malo und Dinard aus kann man auch mit dem Schiff zum Kap fahren. Der Badeort **Erquy** gilt als Metropole der Jakobsmuschel; herrliche Wanderwege führen durch die Heidelandschaft des Cap Erquy.

✸ **Côte d'Emeraude**

✸✸ ◀ **Cap Fréhel**

Die etwa 4 km hinter der Küste über den tief eingeschnittenen, von mächtigen Viadukten überspannten Tälern von Gouët und Gouëdic gelegene Stadt (46 000 Einw.) geht auf eine Klostergründung des hl. Brieuc im 6. Jh. zurück. An der Place de Gaulle steht die frühgotische Kathedrale **St-Etienne**, erbaut 1170–1248 und später zur Wehrkirche verstärkt (Westtürme mit Schießscharten), mit einem prachtvollen geschnitzten Retabel von Yves Corlay (1745) in der Chapelle de l'Annonciation sowie der großen Cavaillé-Coll-Orgel. Die weite Baie de St-Brieuc ist für ihre **Jakobsmuscheln** berühmt; Haupthäfen sind St-Brieuc, St-Quay-Portrieux (s. u.) und Erquy (s. o.).

Saint-Brieuc

Guingamp (7700 Einw.) knapp 30 km westlich von St-Brieuc liegt zwischen dem bretonischen Westen und dem gallischen Osten der Bretagne. Die sehr sehenswerte dreitürmige Basilika Notre-Dame-de-Bon-Secours – teils gotisch (13. Jh.), teils Renaissance (Wiederaufbau nach dem Einsturz des Südturms 1535) – ist ein bedeutendes Wallfahrtsziel: Die **Schwarze Madonna** wird beim Pardon am 1. Juli-Samstag in einer nächtlichen Prozession durch die Stadt getragen. Beim 10-tägigen Festival de la Danse Bretonne et de la St-Loup im August geht es bunt und fröhlich zu (www.ville-guingamp.fr).

Guingamp

Von St-Brieuc verläuft die etwa 50 km lange, abwechslungsreiche Côte du Goëlo zur Ile de Bréhat im Nordwesten: bis zu 70 m hohe Felsklippen, geschützte Sandbuchten, schöne Flussmündungen. Bis 1935 lebten die Bewohner v. a. von der Fischerei vor Neufundland und Island, heute spielen die Muschelzucht und der Fremdenverkehr die Hauptrolle. In **Binic**, dessen Einwohnerzahl sich im Sommer verdreifacht, erinnert das Musée des Traditions Populaires an die Vergangenheit als größter Hochseefischerhafen Frankreichs. **St-Quay-Portrieux** ist mit großem Jachthafen der mondänste Ferienort der Côte du Goëlo; Anfang Mai wird hier die Jakobsmuschel gefeiert. Lohnender Abstecher zur Chapelle de Kermaria-an-Isquit (4 km

✸ **Côte du Goëlo**

✸ ◀ **Kermaria**

westlich von Plouha, an der D 21) mit einem beeindruckenden To-
tentanz-Fresko (15. Jh.). 8 km westlich von Kermaria steht in dem
✱ kleinen Weiler Lanleff eine kreisförmige Ruine (**Temple de Lanleff**,
Lanleff ▶ 11. Jh.), vermutlich ein Nachbau der Grabeskirche in Jerusalem.

Paimpol Um eine tief eingeschnittene Bucht gruppiert sich die kleine Hafenstadt Paimpol, die von schönen Reederhäusern und mediterraner Ve-
getation geprägt ist. Ihre hohe Zeit
erlebte sie 1852–1935 als Hafen
für die Islandfischerei. Bei den
sechs Monate dauernden Fahrten
verloren über 2000 Paimpolais ihr
Leben, »Perdu en mer« steht auf
vielen Gedenktafeln. Die Altstadt
mit ihren Fachwerkhäusern und
zwei Museen (Musée du Costume
Breton, Musée de la Mer) lassen
die scheinbar romantische Atmosphäre vergangener Zeiten spüren.

> **!** **Baedeker TIPP**
>
> **Bretagne unter Dampf**
> Eine Dampfzug mit einer Mallet-Lok von Hen-
> schel (1911) fährt zwischen Juni und Sept. mit
> ihren Nostalgiewagen von Paimpol am Trieux
> entlang nach Pontrieux. Unterwegs hat man
> einen herrlichen Blick auf das Château de Roche
> Jagu (15. Jh.). Info: www.vapeurdutrieux.com.

✱ Über Ploubazlanec erreicht man die Spitze der Pointe de l'Arcouest.
Ile de Bréhat Von hier setzen Boote in 15 Min. zur Ile de Bréhat über, die wegen
ihrer subtropischen Pracht auch »Blumeninsel« genannt wird. Von
Port-Clos lässt sich die Insel gut zu Fuß oder per Leihrad erkunden.

✱ ✱ Von der Pointe de l'Arcouest erstreckt sich westlich bis St-Michel-
Côte de en-Grève die »Küste des rosa Granits«. Mit ihren Felsen aus rötlich,
Granit Rose aber auch gelb- oder bläulich leuchtendem Granit, mildem Klima,
langen Sandstränden und vielen Badeorten gehört sie zu den schönsten Küstenlandschaften der Bretagne. Die oft **wunderlich geformten
Steinkolosse**, auf die man auch im Hinterland trifft, entstanden vor
rund 300 Mio. Jahren, als flüssige Magma aus dem Erdinnern em-
porstieg. Besonders eindrucksvoll sind die Pointe du Château nördlich von Tréguier und die Küste westlich von Perros-Guirec.

Tréguier Das einstige Bischofsstädtchen (2700 Einw.) liegt 15 km westlich von
Paimpol auf einem Hügel am Zusammenfluss von Jaudy und Guidy.
1253 kam in der Nähe der **hl. Yves** zur Welt, einer der Schutzpatrone
der Bretagne; am 3. Mai-Sonntag findet zu seinen Ehren einer der
bedeutendsten **Pardons** statt, an dem Juristen aus ganz Europa teil-
nehmen. Die im 14./15. Jahrhundert aus Caen-Stein erbaute dreitür-
✱ mige Kathedrale St-Tugdual gehört zu den schönsten der Bretagne;
Kathedrale ▶ der Hastings-Turm stammt vom romanischen Vorgänger, der Glockenturm von 1785. Beachtenswert sind innen das Chorgestühl
(1509), die Schnitzgruppe »Hl. Yves zwischen Arm und Reich«, das
Mausoleum des Herzogs Jean V. und der Kreuzgang (15. Jahrhundert). Der Schädel des hl. Yves ruht in einem Reliquiar in der Sakristei (Kirchenschatz).

In Plougrescant 7 km nördlich von Tréguier signalisiert ein schiefer Glockenturm die Chapelle St-Gonéry, deren Holzgewölbe mit fantasievoll-farbenfrohen Malereien (Ende 15. Jh.) geschmückt ist. 3 km nördlich liegt die Pointe du Château, wo die Brandung eine tiefe Spalte in das Felsengewirr gegraben hat. Der Weg vom Parkplatz dorthin führt an einem berühmten Fotomotiv der Bretagne vorbei: ein Häuschen, eingekeilt zwischen zwei Felsriesen.

Plougrescant

✳

◄ Pointe du Château

Das auf einer Halbinsel gelegene Städtchen ist mit dem benachbarten Ploumanac'h eines der beliebtesten Ferienziele der Nordbretagne mit schönen Sandstränden, gezeitenunabhängigem Jachthafen und Casino. Ausflüge führen zu den vorgelagerten Sept-Iles. Ein ca. 5 km langer Zöllnerpfad, »ein Weg zwischen Meer und Wolken«, verbindet Perros mit Ploumanac'h. In und um diesen kleinen Hafenort liegen die wohl bizarrsten **Granitkolosse**, die Namen wie »Hase« oder »Teufelsschloss« tragen. Das auf einer vorgelagerten Insel stehende **Schloss Costaérès** (1892) sah illustre Gäste; so soll hier Henryk Sienkiewicz seinen berühmten Roman »Quo vadis« geschrieben haben.

✳
Perros-Guirec

✳
◄ Ploumanac'h

Die Grande Plage in Dinard mit den typischen blau-weiß gestreiften Sonnenschirmen

Sturmumtoste Klippen und parzellierte Weiden: Ile d'Ouessant

Corniche Bretonne In Perros-Guirec beginnt die Corniche Bretonne, die an der Côte de Granit Rose entlang nach Trébeurden führt und prächtige Ausblicke bietet. Zwischen Ploumanac'h und Perros-Guirec steht an ihrer höchsten Stelle die Kapelle **Notre-Dame-de-la-Clarté** (15./16. Jh.) mit einem Taufbecken aus Granit (15. Jh.) und einem Kreuzweg von 1931. Am 15. August wird hier ein großer Pardon begangen.

Trégastel ▶ Trégastel, ein weiterer beliebter Badeort, ist für seine Granitfelsen, ein Dutzend Sandstrände, den Thermalkomplex Forum de la Mer und sein Aquarium bekannt. Schon von Weitem erkennt man Pleu-

Pleumeur-Bodou ▶ meur-Bodou an der weißen Kuppel des Raumfahrt-Telekommunikationszentrums; im interessanten Museum **Cité des Télécoms** sind

🕐 200 Jahre Fernmeldetechnik zu erleben (April – Sept. tägl., im Winterhalbjahr in den Schulferien Mo. – Fr. bzw. Sa.).

Einen Abstecher (von Penvern auf der D 21 südöstlich) wert ist der 8,1 m hohe **Menhir de St-Uzec**, der zwischen 4500 und 2000 v. Chr. hier aufgestellt wurde und mit christlichen Symbolen versehen ist.

Trébeurden ▶ Trébeurden, das sich malerisch an einen Felshang schmiegt, ist ein gut besuchter Badeort mit 6 Sandstränden. Meeresfrüchte genießt man hier am besten im Bistro Le Goéland (Rue Trozoul). Schöner Ausblick von der Landzunge Castel und der Pointe de Bihit.

Das alte, typisch bretonische Städtchen (19 700 Einw.) – mit dem IT-Technologiepark **Anticipia**, in dem 3000 Mitarbeiter forschen – liegt hübsch am Léguer und besitzt schöne mittelalterliche Fachwerkhäuser, besonders an der Place du Général Leclerc (am Do. ist hier Markt). 142 Stufen führen hinauf zur Eglise de Brélévenez, erbaut um 1200 von den Tempelrittern (schöner Ausblick). Von Lannion lohnt sich ein **Abstecher nach Süden** entlang dem Fluss Léguer, der durch romantische Waldschluchten fließt und Sehenswertes berührt: die Chapelle de Kerfons (15./16. Jh.) mit geschnitztem Lettner aus Holz; den Calvaire de Cinq Croix (2 km südlich von Ploubezre); die Ruine der Burg Tonquédec über dem Fluss; Schloss Kergrist (16. Jh.); die Chapelle des Sept-Saints, die z. T. auf einem Dolmen steht und ein Ort christlich-islamischer Begegnung ist.

Lannion

✴

◄ Léguer

Die Küste zwischen St-Michel-en-Grève und Roscoff wird wegen ihrer bedeutenden Landwirtschaft (v. a. **Artischocken**) »Ceinture Dorée« (Goldener Gürtel) genannt. Besonders reizvoll ist die 13 km lange Corniche d'Armorique zwischen den Badeorten St-Michel-en-Grève und Locquirec, in dessen Kirche Malereien aus dem 18. Jh. und ein schönes geschnitztes Retabel aus dem 16. Jh. zu sehen sind.

✴

Corniche d'Armorique

Der kleine Ort bei Plougasnou verdankt seinen Namen einer Fingerreliquie von Johannes dem Täufer, die seit dem 15. Jh. in der im Flamboyant-Stil erbauten Kirche verehrt wird. Der Pfarrhof mit schönem Renaissance-Brunnen, Kapelle (1577) und zwei Beinhäusern ist am letzten Juni-Sonntag Schauplatz eines großen Pardons. Über den Badeort **Primel-Trégastel** erreicht man die Landspitze der 48 m hoch aufragenden Pointe de Primel, ein wildes Meer rötlich schimmernder Granitfelsen, mit großartigem Ausblick.

St-Jean-du-Doigt

✴

◄ Enclos paroissial

✴

◄ Pointe de Primel

Der Grabhügel auf der Landzunge von Kernéléhen ca. 8 km südwestlich von Plougasnou gehört zu den größten und ältesten Steinzeitmonumenten der Welt: rund 75 m lang, 25 bis 40 m breit und 9 m hoch. Eigentlich sind es zwei »Cairns«, die zwischen 5000 und 3500 v. Chr. aus Steinen aufgeschichtet wurden (Mai – Aug. tägl. 10.00 bis 18.30, sonst Di. – So. 10.00 – 12.30, 14.00 – 17.30 Uhr).

✴ ✴

Cairn de Barnenez

Morlaix (15 600 Einw.) liegt in einem engen Tal an den Flüsschen Jarlot und Queffleuth, die sich zum Dossen vereinigen und 5 km weiter nördlich ins Meer fließen. Ein 58 m hoher und 285 m langer Eisenbahnviadukt von 1861 bestimmt mit seinen Bögen das Ortsbild. Von der Place des Otages nahe St-Mélaine hat man einen guten Blick; dort findet man auch das Tourismusbüro und das prächtige **Grand Café Terrasse** aus der Belle Epoque. Die Besonderheit der Altstadt mit schönen Fachwerkhäusern sind sog. **Laternenhäuser** des 15. bis 17. Jh.s nach spanischem Vorbild; innen ansehen kann man die Maison de la Reine Anne (33 Rue du Mur, So. sowie Okt. – April geschl.). Im **Musée des Jacobins** werden Kulturgüter der Stadt prä-

Morlaix

⊙

Schöne Farbkontraste an der Côte de Granit Rose

⏱ sentiert, z. B. Gemälde von Monet bis Midy (Juli/Aug. tägl., April/ Mai/Sept. Di. geschl., sonst auch So.). In der Brasserie des Deux Rivières (Place de la Madeleine) sollte man das obergärige »Bière Coreff« testen. Die schöne Bucht von Morlaix ist für eine reiche Vogelfauna bekannt. Vor dem Badeort Carantec liegt die Festung **Château du Taureau** (1552), die als Gefängnis diente.

★ ★
Saint-Thégonnec

Der **Circuit des Enclos Paroissiaux** (»Rundtour zu den Pfarrhöfen«) führt von Morlaix südwestlich bis Landerneau und zurück durch die Montagnes d'Arrée (ca. 100 km). Erste Etappe ist 15 km südwestlich **St-Thégonnec** mit dem wohl berühmtesten Kirchhof, gestiftet von wohlhabenden Tuchhändlern und Pferdezüchtern. Durch ein prachtvolles Triumphtor (1587) betritt man den 1610 errichteten Kalvarienberg mit ausdrucksvollen Figuren. Das Beinhaus von 1682 ist eines der schönsten der Bretagne; die Krypta zeigt eine lebensgroße geschnitzte Grablegung (1702) sowie einen schönen Kirchenschatz. Die Kirche Notre-Dame überrascht mit verspielter barocker Ausstattung.

★ ★
Guimiliau

Guimiliau 8 km südwestlich von St-Thégonnec besitzt den **zweitgrößten Kalvarienberg der Bretagne,** entstanden 1581–1588 im Wettbewerb mit dem von St-Thégonnec. Seine über 200 Figuren aus Granit (in zeitgenössischen Trachten oder Uniformen) stellen in 25 Szenen die Passion Christi dar. Die Kirche St-Miliau (16. Jh.) besitzt viele qualitätvolle Schnitzarbeiten. Sehenswert sind auch das Beinhaus (Renaissance, 1648) und die runde Sakristei von 1683.

Das Städtchen Lampaul-Guimiliau 4 km weiter westlich wartet ebenfalls mit einem großartigen Pfarrhof auf. Die Hauptsehenswürdigkeit ist jedoch die überreich ausgestattete Pfarrkirche mit farbenprächtigem Triumphbalken (16. Jh.); zwei der sechs Altäre – der vermutlich flandrische Passionsaltar und der Altar von Johannes dem Täufer, beide 17. Jh. – gehören zu den kunstvollsten der Bretagne.

★
Lampaul-Guimiliau

Am Weg von Landivisiau nach Landerneau lohnt **La Roche-Maurice** einen Stopp, das von der Ruine einer Burg des 12. Jh.s überragt wird. Interessant sind hier der Pfarrhof und die Kirche St-Yves (16. Jh.) mit typischem zweistufigem Glockenturm und geschnitztem Renaissance-Lettner. **Landerneau**, Zentrum des bretonischen Gemüseanbaus, war einst Hauptstadt des Fürstentums Léon; die Grenze verlief im Fluss Elorn, rechts lag Léon, links die Cornouaille. Bindeglied ist der Pont Rohan (1510), heute eine der letzten beiden Hausbrücken Frankreichs. Ein Zeugnis der Vergangenheit ist auch die fünfstöckige Maison de la Duchesse Anne von 1664 (Place de Général de Gaulle).

Landerneau

Einer der ältesten, wenn auch bescheideneren Kalvarienberge (1521) steht in Pencran 2 km südöstlich von Landerneau. La Martyre, etwa 6 km östlich von Pencran, war vom 14. bis 18. Jh. ein bedeutender Messeort, woran der eindrucksvolle Kirchhof erinnert. Am Beinhaus befindet sich eine seltsame Stützfigur (1619): eine Frau mit nacktem Oberkörper und wie eine Mumie gewickeltem Unterleib, die Hände auf dem Rücken verschränkt. Die Kirche St-Salomon (1455) besitzt eine mit originellen Skulpturen geschmückte Vorhalle.

★
Pencran und La Martyre

Von hier geht es südöstlich über Sizun nach Commana am Fuß der Monts d'Arrée. **Sizun** verfügt über einen Pfarrbezirk, auf dessen Triumphtor (1590) die drei Golgathakreuze anstelle eines Kalvarienbergs stehen. Die Kirche St-Sullian (17./18. Jh.) birgt ein Relief der hl. Genoveva (15. Jh.). Der Pfarrbezirk St-Derrien in **Commana** besteht aus dem laternengeschmückten Triumphtor, einem Beinhaus (1668) und einer Kirche mit prunkvoller Ausstattung, v. a. dem Annenaltar von 1682. Die Monts d'Arrée, die höchsten Berge der Bretagne, gehören zum **Parc Naturel Régional d'Armorique**. Die Höhenlage sowie die eher kühle, feuchte Witterung sorgen für das charakteristische Bild mit kahlen oder bewaldeten Höhen, Heidelandschaft, Torfmooren und vereinzelten Viehweiden. Höchste Punkte sind der Roc'h Trévézel (384 m) und die Montagne St-Michel (382 m) mit einer Kapelle und weitem Ausblick. Im 6 km² großen Wald bei Huelgoat am Ostrand der Monts d'Arrée führen beschilderte Wanderwege durch ein Meer riesiger, bizarr geformter Granitkolosse.

★
Monts d'Arrée

◄ Forêt de Huelgoat

Zurück an die Küste. St-Pol-de-Léon (18 km nordöstlich von Morlaix) ist ein Marktort der fruchtbaren Landschaft Léon, hier werden zwei Drittel der französischen Artischocken geerntet. Von Weitem erkennt man den 77 m hohen Glockenturm der **Chapelle du Kreisker**,

Saint-Pol-de-Léon

der die Türme der einstigen Kathedrale (1431) überragt. Er entstand im 15. Jh. nach dem Vorbild von St-Pierre in Caen. Vom Wohlstand im 16./17. Jh. zeugen prächtige Bürgerhäuser in der Rue du Général-Leclerc, der Rue Rosière und der Rue du Petit-Collège. Den schönsten Blick über die Bucht hat man vom Rocher Ste-Anne.

Roscoff

Von hier sind es 5 km bis zur Spitze der Halbinsel Léon und zum Seebad Roscoff (3700 Einw.). Fähren verbinden es mit Irland und England. Der hübsche Ort wird überragt vom Renaissance-Turm der Kirche Notre-Dame-de-Kroaz-Baz. Um sie drängen sich prächtige Granithäuser reicher Reeder und Korsaren. Das **Musée des Johnnies** (17 Rue Brizeux) und das Zwiebelfest um den 20. Aug. erinnern an die Bauern, die ihre roten Zwiebeln in England verhökerten. Besuchenswert ist das Zentrum für Ozeanografie mit seinem Aquarium. 2 km vom Festland entfernt liegt die fruchtbare **Ile de Batz**, die »Gemüseinsel«; an ihrer Nordküste gibt es schöne Sandstrände.

> ! **Baedeker** TIPP
>
> **Für Frühaufsteher**
>
> Morgens um sechs am Kai: Dicht drängen sich die Einkäufer vor den Kisten, laut schreiend präsentiert der Aktionär die Ware: Der Besuch einer »Criée«, einer Versteigerung des frisch angelandeten Fangs, in Roscoff, Le Guilvinec oder Corncarneau, ist ein echtes Erlebnis.

✳
Château de Kerjean
🕐

Ein Abstecher führt von Plouescat 15 km südlich zum stattlichen, 1553–1590 erbauten Schloss Kerjean, einem der schönsten Renaissance-Bauten der Bretagne (Juli/Aug. tägl., April–Juni und Sept. Di. geschl., sonst nur Mi. und So. nachmittags geöffnet, Jan. geschl.).

✳
Le Folgoët

Le Folgoët (3000 Einw., bei Lesneven) ist einer der berühmten Wallfahrtsorte der Bretagne, der Pardon am ersten Septembersonntag einer der größten. Der Legende nach lebte hier im 14. Jh. ein frommer Sonderling; nach seinem Tod wuchs aus seinem Grab eine weiße Lilie, auf deren Blüte »Ave Maria« stand. An dieser Stelle ließ Herzog Jean V. 1422 die Kirche erbauen. Schön sind der gotische Glockenturm und der Lettner im Flamboyant-Stil aus rotem Granit (15. Jh.).

✳
Côte des Abers

Sehr eindrucksvoll ist die Fahrt entlang der bretonischen Nordwestküste, der sog. Abers-Küste (Côte des Légendes), einer grandiosen Felsküste mit kleinen Stränden (»grèves«) und vielen Leuchttürmen. Die **Abers** sind weit ins Land eindringende Täler; im Vergleich zu den großen Mündungstrichtern an der Nordküste sind sie jedoch weniger tief und ihre Ufer weniger steil. Zu den eindrucksvollsten gehören der Aber Wrac'h und der Aber Benoît östlich bzw. westlich von Lannilis. Auf der **Ile Vierge** vor der Küste bei Plouguerneau steht der höchste Leuchtturm Europas (82,5 m, 1902); zu erreichen von Port de Perros und Port de l'Aber Wrac'h (www.vedettes-des-abers. com). Weißer Sand, Dünen und türkisblaues Wasser machen die **Presqu'île Ste-Marguerite**, die Halbinsel zwischen Aber Wrac'h und

Aber-Benoît, zum Badeparadies. Sie lässt sich auf einem Wanderweg umrunden. Auf den Dünen trocknen Algen bis zu ihrer Weiterverarbeitung. Vor **Portsall** verursachte 1978 die Havarie des Öltankers »Amoco Cadiz« eine Umweltkatastrophe (Museum an der Mole). Von Portsall führen aussichtsreiche Sträßchen über Porspoder nach Süden. **Westlichster Punkt des französischen Festlands** ist die 50 m hohe Steilküste der Pointe de Corsen. Vom kleinen Badeort Le Conquet setzen Fähren zu den Inseln Molène und Ouessant über.

★
◄ Pointe de Corsen

Zur 8 km langen, 4 km breiten Ile d'Ouessant (►Abb. S. 216) gelangt man mit dem Schiff (von Brest in 2 Std., von Le Conquet in 1 Std. und im Sommer von Lanildut) und mit den Flugzeugen der Finist' Air von Brest-Guipavas. Die Gewässer zwischen Atlantik und Ärmelkanal sind reich an starken Strömungen und gefährlichen Riffen. Fünf Leuchttürme, darunter der stärkste Europas (Phare de Creac'h, mit Museum), leiten die Schiffe. Die 1000 Bewohner der Insel leben von Schafzucht und vom Tourismus. Die Insel gehört zum Parc Naturel Régional d'Armorique. In der flachen Heidelandschaft mit Salzwiesen verstecken sich die Häuser hinter Felsen, die frei laufenden Schafe schützen sich hinter »Goaskedu«, dreieckigen Steinkonstruktionen, vor dem Wind. Trotz der Stürme gibt es hier im Januar/Februar die höchsten Durchschnittstemperaturen in Frankreich, im Sommer blühen Agaven und Aloen. Im einzigen Ort, Lampaul, stellt das Ecomusée Niou-Hella die alten Traditionen der Insel vor.

★
Ile d'Ouessant

Auf der 30 m hohen Landzunge 4 km südlich von Le Conquet soll bereits im 6. Jh. ein Kloster gegründet worden sein. Die mächtigen Ruinen stammen von Bauten des 13. bis 16. Jh.s. Der 54 m hohe Leuchtturm St-Mathieu bietet einen herrlichen Blick von der Ile d'Ouessant im Nordwesten über die Hafeneinfahrt von Brest bis zur Halbinsel Crozon. Und man kann hier schön nächtigen (►S. 206).

★ ★
**Pointe de
St-Mathieu**

►dort

Brest

In die Bucht von Brest ragt von Nordosten die fruchtbare, für den Gartenbau genutzte Halbinsel Plougastel, bekannt ist sie v. a. für ihre Erdbeeren (Ernte Mai/Juni). Im Hauptort **Plougastel-Daoulas** steht

**Presqu'île
de Plougastel**

der größte Kalvarienberg der Bretagne (1604, 1944 zerstört, rekonstruiert) mit 180 Figuren; für den Sockel nahm man ockerfarbenen Sandstein aus Logonna, für das Kreuz graublauen Kersanton-Granit. Das **Musée de la Fraise et du Patrimoine** illustriert die lokale Geschichte und Kultur inkl. der Erdbeeren (Juni – Aug. tägl., sonst Di. – Fr. und 1./3. So. im Monat).

> **!** *Baedeker* TIPP
>
> **Pfannkuchen mit Erdbeeren und Sahne**
> An der Pointe d'Armorique südwestlich von Plougastel-Daoulas ist in einem hübschen bretonischen Haus die ordentliche Crêperie An Ty Koz zu finden (mit Blick hinüber nach Brest). Besonders zu empfehlen, wenn es frische Erdbeeren zu den Crêpes gibt.

Presqu'Ile de Crozon ✶✶

Mit der Fähre von Brest nach Camaret/Le Fret oder über die 272 m lange Hängebrücke von Térénez gelangt man auf die Crozon-Halbinsel, deren Form an ein Kreuz erinnert. Im Westen bestimmen Landzungen mit **grandiosen Klippen und romantischen Sandbuchten** das Bild, im Osten der fjordartige Mündungstrichter der Aulne und der 330 m hohe Berg **Menez-Hom**. Das schöne wellige Hinterland macht mit seinen Getreidefeldern und kleinen Wäldern kaum einen »bretonischen« Eindruck. Zu den Sehenswürdigkeiten gehören – neben Naturschönheiten wie Pointe de Penhir und Pointe des Espagnols – bei **Landévennec** die Reste der um das Jahr 480 gegründeten Abtei St-Guénolé (eines der ältesten Klöster Frankreichs) und der Schiffsfriedhof der französischen Kriegsmarine, der Hauptort **Crozon** mit dem herrlichen Schnitzaltar von 1602 in der Kirche St-Pierre sowie der malerische Fischerhafen **Camaret**. Ein Abstecher führt östlich über Châteaulin nach **Pleyben**, das für die »Galettes« (Butterkekse) und einen der großartigsten Kirchhöfe der Bretagne berühmt ist. Der **Kalvarienberg** entstand zwischen 1555 und 1650. Am ersten August-Sonntag ist er Ziel eines großen Pardons.

Kalvarienberg in Pleyben

Die zugehörige Kirche St-Germain-de-Auxerre besitzt neben dem gotischen einen mächtigen Renaissance-Turm, innen eine kunstvoll bemalte und skulptierte Holzdecke sowie geschnitzte Altäre (17. Jh).

Locronan ✶

Locronan im Hinterland der Baie de Douarnenez gilt mit seinen Granithäusern des 16. bis 18. Jh.s als eines der »schönsten Dörfer Frankreichs«. Es soll vom hl. Ronan aus Irland gegründet worden sein. Ihm ist die Kirche (15. Jh.) an der einzigartigen Grand'Place geweiht, deren Inneres durch optische Täuschung länger erscheint, als es tatsächlich ist. Alle 6 Jahre (wieder 2013) findet am 2. Juli-Sonntag die **Große Troménie** statt, ein 12 km langer Umzug (die Kleine Troménie alljährlich).

Douarnenez

Der lebhafte Hafenort ist das Tor zum Cap Sizun, der Nordwestspitze der Cornouaille. Vier Häfen bestimmen das Stadtbild: der Museumshafen Port-Rhu, der Jachthafen in Tréboul, der »Neue Hafen« für die

Hochseeschifffahrt und der malerische »alte« Hafen Port Rosmeur. Im fünftgrößten Fischereihafen Frankreichs wird der Fang versteigert (Port Rosmeur, werktags ab 6 Uhr) bzw. in Fabriken eingedost. Das Port-Musée im Port Rhu stellt mit über 200 alten Schiffen, einige sind zugänglich, eines der schönsten Schiffsbaumuseen dar (Anf. Febr.–Anf. Nov., Juli/Aug. tägl. geöffnet, sonst Mo. geschl.). In geraden Jahren versammeln sich gegen Ende Juli vor Douarnenez Hunderte herrlicher **alter Segelschiffe** (www.tempsfete-dz.com).

★ ★
◀ Port Musée
🕐

Das Cap Sizun läuft in den zerklüfteten, von der Brandung umtosten Klippen der Pointe du Raz aus (Abb. S. 13) – einer der meistbesuchten Plätze der Bretagne. Vom Besucherzentrum mit gebührenpflichtigem Parkplatz sind es zu Fuß ca. 15 Min. Das berühmte kleine Hotel de l'Iroise, Wahrzeichen der Pointe, wurde 1997 abgerissen, angeblich weil keine Baugenehmigung vorlag. Der Blick geht hier über die Klippen der Raz de Sein zur Ile de Sein (Fähre von Audierne). Weniger überlaufen, aber auch eindrucksvoll ist die Pointe du Van im Norden mit der Kapelle St-They (17. Jh.).

★ ★
Pointe du Raz

Von der Pointe du Raz verläuft die Küste der Cornouaille nach Südosten, deren feinsandige Strände von Felsriffen und Steilküsten unterbrochen werden. An der **Baie d'Audierne** brandet der Atlantik an den 25 km langen Sand- und Kiesstrand – für Badende nicht ungefährlich, für Surfer ein Traum. **Port-Croix** ist stolz auf eines der schönsten Bauwerke der Bretagne, die romanisch-gotische Kirche Notre-Dame-de-Roscuden mit einem 67 m hohen Vierungsturm; innen sind ein Relief der Abendmahlsszene (17. Jh.) und vier Flamboyant-Fenster mit einer Darstellung der Kirchenstifter (16. Jh.) beachtenswert. In **Audierne** ist die Hauptattraktion das Aquarium Aquashow (geöffnet April–Sept. tägl., sonst in den Schulferien tägl. nachmittags). Im Süden der Bucht, rund 500 m vom Meer, erhebt sich in den Dünen die Kapelle Notre-Dame-de-Tronoën (»Cathédrale des Dunes«, um 1465), deren Kalvarienberg zu den ältesten der Bretagne zählt. Im Südwesten lohnt der Fischerhafen St-Guénolé mit wilden Felsen am Ufer und dem Musée Préhistorique einen Besuch sowie an der Pointe de Penmarc'h der 65 m hohe **Phare d'Eckmühl**, einer der schönsten Leuchttürme des Landes.

Cornouaille-Küste

> ### ? WUSSTEN SIE SCHON …?
>
> ■ Die Bewohner des Bigoudenlandes im Süden der Cornouaille sind noch bretonischer als ihre Landsleute. Hier haben sich alte Sitten und Gebräuche am besten erhalten, die bretonische Sprache wird intensiv gepflegt. An Festtagen tragen traditionsbewusste Frauen alte Trachten mit »Bigouden«, hohen, röhrenförmigen Hauben aus weißer Spitze.

🕐

★
◀ Notre-Dame-de-Tronoën

Die Hauptstadt des Départements Finistère (64 000 Einw.) liegt am Odet, der bei Bénodet in den Atlantik mündet; sie ist mit dem TGV und der Air France zu erreichen. Trotz einiger Industrie hat sich die

★
Quimper

ehemalige Herzogsstadt ihren Charakter bewahrt, sie gilt als **eine der »bretonischsten« Städte.** Den Mittelpunkt bildet die gotische Kathedrale St-Corentin (1239 bis 15. Jh.), eines der besten Beispiele französischer Hoch- und Spätgotik. Zwischen den 76 m hohen Türmen (Obergeschosse/Helme 1856) ragt die Reiterstatue des Königs Gradlon auf, des legendären Stadtgründers. Auffällig ist der »abgeknickte« Chor der Kathedrale, die über wunderbare Glasmalereien verfügt (15. Jh.). Nördlich der Kathedrale ist das Musée des Beaux-Arts mit ausgezeichneten Gemälden zu finden, u. a. aus der **Schule von Pont-Aven** (Juli/Aug. tägl. 10.00–19.00, sonst Mi.–Mo. 10.00 bis 12.00, 14.00–18.00; Nov.–März So.vormittag geschl.). Das Stadtzentrum mit hübschen Fachwerkhäusern erstreckt sich westlich der Kathedrale zwischen den Flüsschen Odet und Steïr. Im Ortsteil Locmaria wurde schon in gallorömischer Zeit Keramik hergestellt, seit Ende des 17. bzw. 18. Jh.s arbeiten hier renommierte **Fayencemanufakturen,** heute HB-Henriot und Keraluc (Führungen); eine Steingutfabrik des 18. Jh.s wurde zum Museum. 8 km östlich der Stadt birgt die Chapelle de Kerdévot ein herrliches geschnitztes und vergoldetes flämisches Polyptychon (15. Jh.).

✳ Musée des Beaux-Arts ▶
🕐

✳ Chapelle de Kerdévot ▶

▶ QUIMPER ERLEBEN

AUSKUNFT
Office de Tourisme
Pl. de la Résistance, 29000 Quimper
Tel. 02 98 53 04 05
www.mairie-quimper.fr
www.tourisme-quimper.com

FESTE & EVENTS
Ende April: Jazzfestival. 3. Juliwoche: Festival de Cornouaille mit Teilnehmern aus allen keltischen Gebieten Europas.

ESSEN
▶ Erschwinglich/Fein & teuer
① *L'Ambroisie*
9 Rue Elie-Fréron, Tel. 02 98 95 00 02
So.abend, im Winter auch Mo. geschl.
Gute bretonische Küche ohne Firlefanz, serviert in modernem Rahmen.

▶ Preiswert
② *Crêperie St-Marc*
2 bis Rue St-Marc, Tel. 02 98 55 53 28
Die winzige, charmante Crêperie behauptet von sich, die älteste in Quimper zu sein. Hier könnte man gut die ganze Speisekarte durchprobieren.

ÜBERNACHTEN
▶ Komfortabel
① *Hôtel Gradlon*
30 Rue de Brest, Tel. 02 98 95 04 39
www.hotel-gradlon.fr
Elegantes, mit klassischem Schick gestaltetes Hotel mit hübschem Garten, in dem sommers das Frühstück serviert wird. Ohne Restaurant.

▶ Günstig/Komfortabel
② *Le Logis du Stang*
Allée de Stang-Youen
(2 km südöstlich des Zentrums)
Tel. 02 98 52 00 55
www.logis-du-stang.com
Hübsches Bürgerhaus aus dem 19. Jh. mit zauberhaftem Garten. Drei geschmackvoll eingerichtete Gästezimmer, teils im ehemaligen Stallgebäude; bretonisches Frühstück.

Quimper *Orientierung*

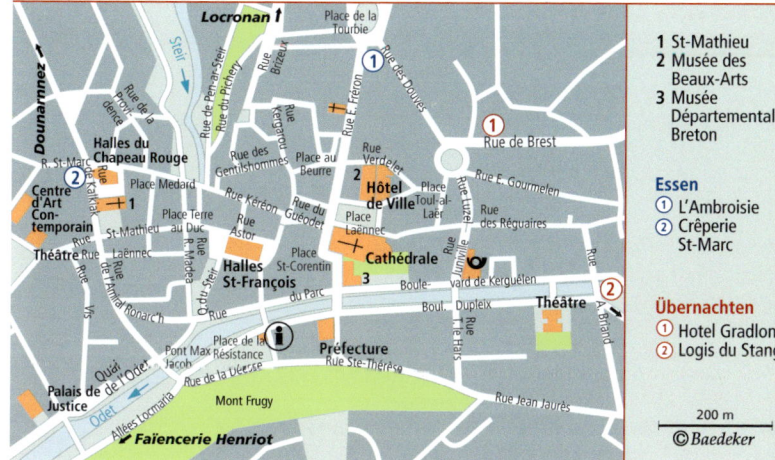

Locronan ↑ Place de la Tourbie
Dounarnenez ←
Rue de Brest
Halles du Chapeau Rouge
Hôtel de Ville
Centre d'Art Contemporain
Cathédrale
Halles St-François
Théâtre
Place de la Résistance
Préfecture
Palais de Justice
Mont Frugy
↗ Faïencerie Henriot
Odet

1 St-Mathieu
2 Musée des Beaux-Arts
3 Musée Départemental Breton

Essen
① L'Ambroisie
② Crêperie St-Marc

Übernachten
① Hotel Gradlon
② Logis du Stang

200 m
© *Baedeker*

Über Bénodet, einen traditionsreichen Badeort mit Jachthafen, Casino und Kuranlagen, erreicht man Fouesnant, das für seinen vorzüglichen Cidre bekannt ist (Fête des Pommiers am 3. Juli-Sonntag). Einen Blick wert sind hier die romanische Kirche St-Pierre (12. Jh.) mit einem Kalvarienberg (17. Jh.) sowie der von Eichen gesäumte Pfarrbezirk 2 km nördlich mit der Chapelle Ste-Anne (1685).

Fouesnant

Concarneau (20 300 Einw.), nach Boulogne und Lorient der drittgrößte Fischereihafen Frankreichs, besitzt eine überaus eindrucksvolle Altstadt: Auf einer Insel im Mündungstrichter des Moros gelegen, ist sie ganz von einem türmebewehrten Mauerring des 14. bis 17. Jh.s umgeben. Man erlebt sie am besten und ruhigsten ab dem frühen Abend, wenn die Tagesbesucher wieder weg sind. Im Musée de la Pêche im ehemaligen Arsenal (in der Altstadt) erfährt man alles über die Geschichte Concarneaus und des Fischfangs, zu besichtigen ist auch ein 34 m langer Trawler (Febr. – Okt. tägl.).

Concarneau

★★
◄ Ville Close

Das alte Handelsstädtchen liegt südöstlich von Concarneau malerisch in einem engen, bewaldeten Tal am Aven, der 8 km südlich ins Meer mündet. Berühmtheit brachte ihr **Paul Gauguin** (1848 – 1903), der zwischen 1886 und 1894 hierher kam, weitere Maler folgten (»Malerschule von Pont-Aven«; ►Special Guide). Das Museum an der Place de l'Hôtel de Ville zeigt Gemälde von Gauguin, Bernard, Sérusier und Denis; Fotos und andere Dokumente geben interssante Hintergrundinformationen (Mitte Febr. – Dez. tägl.).

Pont-Aven

★
◄ Musée de Pont-Aven

Die Unterstadt von Quimperlé (11 000 Einw., 15 km östlich von Pont-Aven) besitzt schöne Fachwerkhäuser aus dem 17./18. Jh., v. a.

Quimperlé

★ ★
Sainte-Croix ▶

an der Rue Brémond-d'Arz. Dort steht auch eine der schönsten romanischen Kirchen der Bretagne, die im 11. Jh. nach dem Vorbild der Jerusalemer Grabeskirche erbaute Ste-Croix. Weitgehend original erhalten sind der romanische Chor und die stimmungsvolle Krypta.

Le Faouët

★ ★
Kirchen ▶

Le Faouët (20 km nördlich) besitzt eine riesige **Markthalle** (15./16. Jh.) mit tief heruntergezogenem Schieferdach und Uhrturm, am 1. und 3. Mittwoch des Monats findet hier der lebhafte Markt statt. In der Umgebung gibt es überraschend schöne Kapellen, so **St-Fiacre** 3 km südwestlich (um 1480) mit ungewöhnlicher Fassade und einem wunderbaren farbig gefassten Lettner aus Holz und in **Kernascléden** (10 km südöstlich) die Kirche Notre-Dame in bestem bretonischem Flamboyant mit herrlichen, um 1469/1470 entstandenen Fresken.

Lorient

🕐

★
Zitadelle ▶

🕐

Die Stadt (58 000 Einw.) am Mündungstrichter der Flüsse Scorff und Blavet wurde im Zweiten Weltkrieg massiv bombardiert, da die deutsche Wehrmacht hier ihren größten U-Boot-Stützpunkt hatte. Einblicke in die Basis gewährt das Musée Sous-Marin (Juli/Aug. tägl. 13.30 bis 18.30, sonst So. 14.00–18.00 Uhr). Marine-, Handels-, Fischer- und Jachthafen sowie Werften prägen das Stadtbild. Am Ausgang der Bucht liegt der alte Hafen Port-Louis mit einer mächtigen Zitadelle. Hier war die **Französische Ostindien-Kompanie** eine Zeitlang beheimatet; vom Orienthandel rührt auch der Name der Stadt. In der Zitadelle sind das Musée de la Compagnie des Indes (Febr.–Mitte Dez., Mai–Aug. tägl. geöffnet, sonst Di. geschl.) und ein Marinemuseum besuchenswert (Mai–Aug. tägl., sonst Di. geschl.). Benachbart liegt der Badeort **Larmor-Plage**.

Auray

🕐
★ ★
Ste-Anne-d'Auray ▶

Das Städtchen Auray (10 500 Einw.) teilt sich in die mittelalterliche Oberstadt westlich des Flusses Loc'h und das malerische Hafenviertel St-Goustan östlich. Herz der Oberstadt ist die Place de la République mit Fachwerkhäusern, Rathaus (1882) und Uhrturm, dahinter die Markthallen. Am Fluss ist der rekonstruierte Zweimaster St-Sauveur vertäut, in dem man Einblick in die Seefahrt um 1900 bekommt (April–Okt. tägl. geöffnet). Hauptanziehungspunkt ist jedoch das 6 km nordöstlich gelegene Ste-Anne-d'Auray, der **nach Lourdes bedeutendste Wallfahrtsort Frankreichs**. 1623 erschien hier Anna, die Mutter Marias, einem Bauern; die heutige wuchtige Neorenaissance-Basilika aus Granit mit 75 m hohem Turm 1867–1872. Großer Pardon am 26. Juli mit Lichterprozession an Vorabend.

★ ★
Carnac

★
Musée
🕐

Carnac an der Bucht von Quiberon ist ein beliebter, traditionsreicher Ferienort mit langen, sanft abfallenden Sandstränden und darüber hinaus ein **Mekka der Megalithkultur**. Umfassend wird sie – nahe der Kirche St-Cornély (17. Jh.) – im Musée de Préhistoire Miln-Le-Rouzic dargestellt, einem der bedeutendsten seiner Art (Juli/Aug. tägl. geöffnet, sonst Di. geschl.). Nördlich des Museums ragt der größte steinzeitliche Grabhügel der Bretagne auf (125 m lang, 60 m breit, 12 m hoch), auf ihm die Chapelle St-Michel (1884). Nordöstlich von Carnac, in Le Ménec, Kermario und Kerlescan, stehen in Linien oder Kreisen **ca. 3000 Menhire**, Zeugnisse einer weitgehend unbekannten Zivilisation (► Special S. 228). Wegen des Besucherandrangs und seiner negativen Folgen ist der Zugang reglementiert, in Kermario sogar ganz unterbunden. Steinsetzungen sind auch in der weiteren Umgebung zu sehen, u. a. in Crucuno, bei Erdeven (Feld von Kerzerho) und auf der Halbinsel von Locmariaquer.

> **!** *Baedeker* TIPP
>
> **Bretonische Butterkekse**
>
> Wie die berühmten bretonischen Galettes hergestellt werden, erfährt man beim Besuch der Biskuitfabrik »La Trinitaine« in Kerluesse bei La-Trinité-sur-Mer – mit Gratiskostprobe. Täglich 9.00 – 12.00, 14.00 – 19.00 Uhr; www.latrinitaine.com.

★
◄ Locmariaquer

Presqu'île de Quiberon

Die schmale Halbinsel Quiberon war einst eine Insel, die durch angeschwemmten Sand mit dem Festland verbunden und 1883 ans Eisenbahnnetz angeschlossen wurde. An der windgeschützten Ostküste findet man Sandstrände, ideal zum Baden, Surfen und Strandsegeln; felsig und wild ist die dem Atlantik zugewandte und unbewohnte Westküste, die man auf herrlichen Wegen erwandern kann. Der Hauptort **Quiberon** an der Südspitze ist ein beliebter Ferienort sowie ein bedeutender Fischerhafen. Hier legen Fährschiffe zu den vorgelagerten Inseln Houat und Hoëdic sowie zur Belle-Ile (Le Palais) ab.

Sehr einladend, die Grande Plage in Quiberon

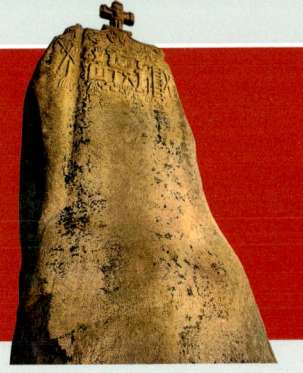

Der Menhir in St-Uzec, »getauft« durch ein Kreuz und Symbole der Passion Christi

RÄTSEL AUS DER STEINZEIT

Im Zweiten Weltkrieg hielten amerikanische GIs die Menhire der Bretagne für deutsche Panzersperren. Jahrhundertelang erfuhren diese Steinsetzungen die verschiedensten Deutungen, und immer noch geben sie Rätsel auf.

Die bekanntesten Steinmale aus grauer Vorzeit in West- und Südeuropa gibt es in der Bretagne. Rund 4500 Dolmen, 56 Steinalleen und 58 Steinkreise hat man hier gezählt; am Golfe du Morbihan an der Atlantikküste sind sie so zahlreich, dass man diesen Teil der Halbinsel zum Freilichtmuseum erklärt hat.

Steinerne Monumente

Die Megalithkultur (von griech. megas = groß, lithos = Stein) beruht in der Bretagne auf Menhiren (von bretonisch men = Stein, hir = lang) und Dolmen (von taol = Tisch, und men). Ein **Menhir** ist ein aufrecht stehender Monolith. Er kann isoliert im Gelände stehen oder als **Cromlech** in Kreisen, Halbkreisen bzw. Rechtecken. In einer (manchmal kilometerlangen) Linie angeordnete Menhire, wie in Carnac, nennt man **Alignement**. Unter **Dolmen** ist eine Konstruktion aus Stützsteinen und einer Deckplatte zu verstehen. Solche Grabkammern lagen meist unter künstlich angelegten Hügeln, entweder unter einem Tumulus (lat., Hügel) oder einem **Cairn** (bretonisch für Steinmal,

d. h. Hügel aus Bruchsteinen). Eine **Allée couverte** (Langgrab) ist eine Galerie aus mehreren Dolmen.

Wer, wie, wozu?

Solange man zurückdenken kann, haben die Menschen nach dem Ursprung der Megalithen gefragt. Wer hat die Steine aufgestellt? Wann, wie und wozu? Im Mittelalter sah man in den Monumenten Werke des Teufels, von Zauberern oder Riesen, die vor der Sintflut auf der Erde lebten. Zahlreich sind die Legenden und Sagen. »Versteinerung als Strafe« ist ein häufig genanntes Motiv, etwa für die ca. 3000 Menhire von Carnac: Es sollen römische Soldaten sein, die den hl. Cornély verfolgten.

Die Bevölkerung hing an den Steinen und umgab sie mit allerlei Aberglauben. Den aufrechtstehenden Steinen schrieb man heilende, vor allem fruchtbar machende Kraft zu. Kein Wunder, daß Priester in den Steinen »Teufelswerk« sahen und es als ihre Pflicht betrachteten, sie zu zu vernichten. Auf manchen Menhiren ließen sie Kreuze anbringen und christliche Symbole einmeißeln als Zeichen

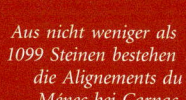

Aus nicht weniger als 1099 Steinen bestehen die Alignements du Ménec bei Carnac.

für den Triumph des Christentums; andere Steine wurden zerschlagen. Mit mäßigem Erfolg: Auch heute noch reiben junge Frauen den Bauch an einem Menhir, wenn sie sich ein Baby wünschen; und zu einer richtigen bretonischen Hochzeit gehört es, daß das Brautpaar sich küssend unter einem Dolmen hindurchtritt und um einen Menhir herumtanzt.

In aufgeklärteren Zeiten, vor allem in der Romantik, schrieb man die Megalithen den altehrwürdigen Priestern der Kelten, den Druiden, zu. Überschwengliche Gemüter sahen in den Anlagen sogar Schauplätze blutrünstiger Opfer. Bis in die 1960er-Jahre hinein glaubte man, die rund 50 000 Steindenkmäler an den Westküsten Europas – von Schweden und den Orkney-Inseln im Norden über die Bretagne und Spanien im Westen bis Malta im Süden – seien Nachbildungen von Megalithbauten des Ostens (Ägypten, Levante, Griechenland). Mit Hilfe der Radiocarbonmethode fand man aber heraus, dass manche Megalithdenkmäler in der Bretagne **fast 2000 Jahre vor den ägyptischen Pyramiden entstanden!** Über die Datierung ist man sich heute weitgehend einig: Die Megalithen in Westeuropa wurden zwischen 5000 und 1500 vor Christus aufgestellt, also vor den Pyramiden und zu einer Zeit, da zwischen Westeuropa und dem öst-

lichen Mittelmeer noch so gut wie keine Verbindung bestand. Sie sind auch älter als ähnliche Bauten in Tibet, Japan, Afrika und auf der Osterinsel. Wer aber waren die Erbauer? Wohl Steinzeitvölker, die vor der Ankunft der Kelten an den Küsten wohnten – außer den grob behauenen Steinblöcken haben sie keine Zeugnisse hinterlassen. Über das Wie gibt es ebenfalls nur Vermutungen. Sie könnten Rollen und Hebel aus Holz und Riemen aus Tierhäuten benützt haben. Man hat ausgerechnet, dass für eine Tonne etwa 15–20 Arbeitskräfte nötig waren (ein 3–4 m hoher Menhir wiegt 10–12 t; der größte entdeckte Menhir der Welt, der über 20 m lange Men er Hroec'h von Locmariaquer, 350 t). Möglich ist, dass die Menschen die Steinblöcke an Ort und Stelle vorfanden, also nicht weit transportieren mußten, denn die Menhire bestehen aus dem heimischen Granit.

Am meisten Kopfzerbrechen bereitet die Frage nach dem »Warum«. Wozu dienten die Menhire? Zu astronomischen Berechnungen, als Kalender, als Versammlungsort, als religiöse Kultstätte? Es gibt allerlei Vermutungen, einleuchtende wie weit hergeholte – bewiesen werden konnte aber bisher noch nichts. Nur bei den Dolmen ist man sich weitgehend sicher: Sie dienten als Grabkammern.

Belle-Ile-en-Mer

✱ Die »Schöne im Ozean«, die mit 20 km Länge und 9 km Breite größte bretonische Insel, hat sich wegen ihrer abwechslungsreichen Landschaft mit Getreidefeldern, bewaldeten Tälern, wunderbaren Stränden und Felsküsten zum »Sylt Frankreichs« entwickelt. Weiß gekalkte Häuser prägen die Dörfer mit ca. 4500 Einwohnern. Über der **Inselhauptstadt Le Palais** thront die im 17. Jh. von Vauban ausgebaute Zitadelle; außer einem sehenswerten Geschichtsmuseum gibt es dort ein edles Hotelrestaurant. In der Festung auf der Pointe des Poulains ganz im Nordwesten verbrachte die Schauspielerin Sarah Bernhardt (1844 – 1923) viele Jahre den Sommer, ihre Villa ist April – Sept. tägl. zugänglich. An der bizarren Südwestküste ragt der Grand Phare (1835) auf, der eine großartige Aussicht eröffnet.

Golfe du Morbihan

✱ Das »kleine Meer« – das bedeutet der Name »Morbihan« – ist ein stark gegliedertes und nur durch einen Kanal mit dem Atlantik verbundenes Binnengewässer mit vielen Inseln und Inselchen. Ein fast mediterranes Klima und eine zauberhafte Landschaft machen es zum idealen Ferienrevier. Durch die 35 m tiefe und knapp 1 km breite Passage zwischen Port-Navalo und Pointe de Kerpenhir strömt die Flut mit fast 20 km/h in die Lagune, in der Muscheln und Austern gezüchtet werden. Schiffsausflüge kann man von vielen Orten aus unternehmen. Zu entdecken sind auch zahlreiche Menhire, Dolmen und Tumuli, so in **Locmariaquer** die neben Carnac bedeutendsten Megalithen und auf der **Ile de Gavrinis** der 100 m lange Grabhügel (Führungen Juni – Sept., Boot von Larmor-Baden). Lohnende Ausflugsziele auf der Presqu'Ile de Rhuys sind das **Château de Kerlévenan** (18. Jh.) und das **Château de Suscinio** (13./15. Jh.). Zwischen Locmariaquer und Port-Navalo fährt im Juli/ und August ein Boot.

Vannes

✱ Vannes (53 000 Einw.) am Nordostrand des Golfs von Morbihan besitzt eine zauberhafte Altstadt mit Fachwerkhäusern und einer mächtigen Stadtmauer. Im Zentrum steht die gotische Kathedrale **St-Pierre** (13. – 19. Jh.); ein seltenes Beispiel für die Renaissance in der Bretagne ist die links angebaute runde Chapelle du St-Sacrement (1537) für die sterblichen Reste des hl. Vinzenz Ferrer († 1419). Das **Musée d'Histoire** im Château Gaillard (15. Jh.) enthält u. a. eine interessante Sammlung zur Vorgeschichte der Bretagne (Juni – Sept. tägl. geöffnet). Das **Musée des Beaux-Arts** La Cohue – einst Markthalle und Gericht (13. Jh.) – zeigt sakrale Kunst und Kunst des 19./20. Jh.s (Juni – Sept. tägl. 10.00

Ein Platz mit Atmosphäre in Vannes

Vannes Orientierung

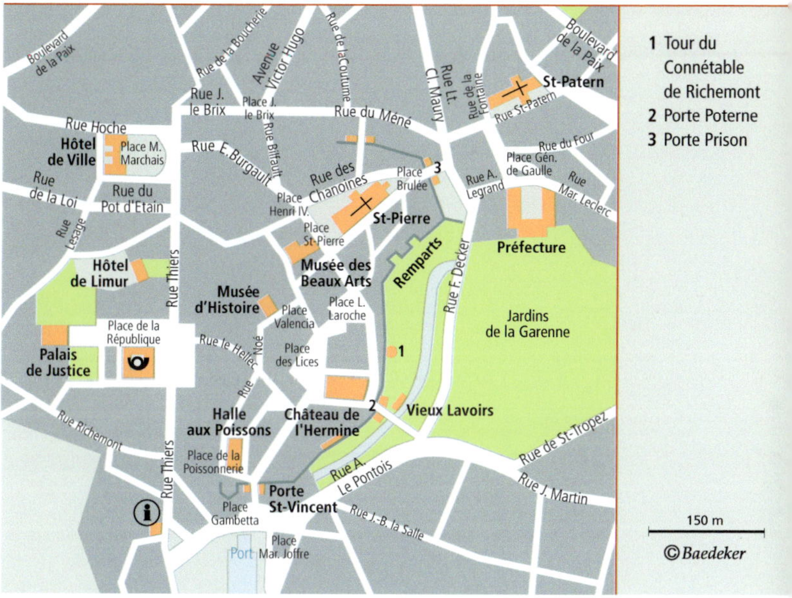

Map of Vannes showing streets and landmarks including:

- Boulevard de la Paix
- Rue de la Boucherie
- Avenue Victor Hugo
- Rue de la Coutume
- Boulevard de la Paix
- St-Patern
- Rue J. le Brix
- Place J. le Brix
- Rue du Méné
- Rue St-Patern
- Rue Hoche
- Rue E. Burgault
- Hôtel de Ville
- Place M. Marchais
- Rue du Four
- Place Gén. de Gaulle
- Rue du Pot d'Etain
- Rue des Chanoines
- Place Brûlée
- Rue A. Legrand
- Rue de la Loi
- Place Henri IV.
- St-Pierre
- Préfecture
- Hôtel de Limur
- Place St-Pierre
- Musée des Beaux Arts
- Remparts
- Rue F. Decker
- Musée d'Histoire
- Place Valencia
- Place L. Laroche
- Jardins de la Garenne
- Place de la République
- Rue le Hellégo
- Place des Lices
- Palais de Justice
- 1
- Rue Richemont
- Halle aux Poissons
- Château de l'Hermine
- 2
- Vieux Lavoirs
- Rue de St-Tropez
- Rue Thiers
- Place de la Poissonnerie
- Rue A. Le Pontois
- Rue J. Martin
- Porte St-Vincent
- Place Gambetta
- Rue J.-B. la Salle
- Place Mar. Joffre

1 Tour du
  Connétable
  de Richemont
2 Porte Poterne
3 Porte Prison

150 m
© Baedeker

bis 18.00 Uhr, sonst nur nachmittags geöffnet). Einen schönen Blick
auf Altstadt, Stadtmauer und die Waschhäuser an der Marle hat man
von den Jardins de la Garenne.

Das Städtchen **La Roche-Bernard** ist das Tor zur Grande Brière, der
nach Camargue und Marais Poitevin drittgrößten Sumpflandschaft
Frankreichs, eine melancholische Urlandschaft trotz Straßenbau und
wirtschaftlicher Nutzung, mit schilfgedeckten Bauernhäusern (Regionaler Naturpark, www.parc-naturel-briere.fr). Von der **Ile de Fédrun**
mit dem sehenswerten typischen Dorf und vielen anderen Plätzen
kann man sie auf Stocherkahnfahrten kennenlernen. Als schönstes
Dorf gilt Kerhinet 8 km nordöstlich von Guérande, das durch die
Restaurierung allerdings zum sterilen Freilichtmuseum wurde.

★
Grande Brière

Guérande ist wegen der von wuchtigen Mauern umgebenen mittelalterlichen »Ville close« einen Besuch wert. Ihren Reichtum verdankte »Gwen ran«, die »weiße Stadt«, dem Handel mit dem Salz aus den
großen Salzgärten (Marais salants) der Guérande-Halbinsel (▶ Baedeker Tipp S. 232). Wichtiger ist heute der Fremdenverkehr, liegen
an der Küste doch einige sehr beliebte Badeorte, allen voran La Baule. Die 1879 gegründete Stadt zählte einst zu den bedeutendsten und
elegantesten Seebädern am Atlantik. Mit dem, wie die Werbung behauptet, schönsten Strand Europas (insgesamt 9 km lang), Casino,

★
**Presqu'île de
Guérande**

◄ La Baule

Thalassozentren, Freizeiteinrichtungen und riesigem Veranstaltungsprogramm ist sie auch heute sehr frequentiert (www.labaule.fr). Allerdings: Die großartige Bucht ist auf ganzer Länge von eintönig-hässlichen Beton-Appartementhäusern gesäumt, vom Sandstrand durch eine baumlose vierspurige »Autobahn« getrennt. Noch etwas von den alten Zeiten ist da und dort in den Vierteln dahinter zu spüren, wo sich das Leben abspielt, und am Strand Benoit mit einer richtigen Promenade. Mehr Flair besitzen die alten Fischerorte Piriac, Le Croisic und Batz-sur-Mer weiter nördlich. In **Le Croisic** kann man im Océarium die Unterwasserwelt des Atlantiks kennenlernen (tägl. geöffnet). In **Batz-sur-Mer** hat man vom Turm der Kirche St-Guénolé (15./16. Jh.) einen schönen Blick, interessant sind auch das Salzmuseum und »Le Grand Blockhaus«, ein als Hotel getarnter deutscher Bunker des Zweiten Weltkriegs.

Saint-Nazaire An der Mündung der Loire in den Atlantik liegt die Hafen- und Industriestadt St-Nazaire (68 500 Einw.). Im Zweiten Weltkrieg war sie deutscher U-Boot-Stützpunkt und wurde durch alliierte Bombardements zu 80 % zerstört; der U-Boot-Bunker hielt jedoch stand. Von

★ ★
U-Boot-Bunker,
Escal'Atlantic ▶

der Plattform zwischen dem Bassin St-Nazaire und dem Fluss bietet sich ein guter Blick über den Hafen und die U-Boot-Basis. Darin ist das wunderbare Schifffahrtsmuseum Escal'Atlantic untergebracht, das Besuchern die Atmosphäre der alten Luxusliner zelebriert (April bis Sept. tägl. geöffnet, sonst Mo./Di. geschl.). Eindrucksvoll ist die nächtliche Illumination des Hafens. In den **Chantiers de St-Nazaire** der Aker Yards wurde das größte Passagierschiff der Welt gebaut, die Queen Mary 2, im **Airbus-Werk** entsteht das größte Passagierflugzeug der Welt, der A 380. Beides kann man in Führungen erleben (mit Bus, ausgehend vom Office de Tourisme im U-Boot-Bunker, Anmeldung Tel. 08 10 88 84 44; für Airbus braucht man ein Personaldokument). An der Loire-Mündung überspannt eine 3356 m lange und 61 m hohe Straßenbrücke (1975) den Fluss in schönem Schwung. Nahe der Straße nach La Baule liegt der prähistorische Grabhügel von Dissignac.

★
◄ Loire-Mündung

★ ★ Burgund · Bourgogne

L – N 4 – 6

Bezaubernde Szenerien, beeindruckende Kunstschätze aus einer glanzvollen Vergangenheit, weltberühmte Weine und über die Landesgrenzen hinaus bekannte Feinschmeckeradressen machen Burgund zu *der* Landschaft für Genießer.

»Bourgogne, l'art et le plaisir de vivre« – Burgund, Kunst und Lebensfreude, so stellt sich die historische Provinz und heutige Région Bourgogne mit der Hauptstadt ►Dijon vor. Burgund ist etwa so groß wie Belgien und als Übergangsland vom Norden zum Süden keine geografische Einheit; es hat Anteil am Pariser Becken, dem Rhône-Saône-Graben und dem Zentralmassiv. Im Norden grenzt Burgund an die Champagne, im Süden geht es mit den Hügeln des Charolais ins Beaujolais über. Im Osten markiert die Saône in etwa die Grenze zum französischen Jura und zur Franche-Comté. Die Bourgogne ist meist hügelig, bergigen Charakter hat sie im Morvan, einem Ausläufer des Zentralmassivs. Burgund ist auch ein Land der Flüsse und Kanäle, die es mit fast allen Teilen Frankreichs verbinden. Vor allem der Canal de Bourgogne, der Marne-Saône-Kanal und der Loire-Seitenkanal stellen ein überaus reizvolles Revier für den Bootstourismus dar (►Baedeker Special S. 134).

Landschaft für Genießer

Burgund ist v. a. landwirtschaftlich geprägt. Auch die Holzwirtschaft besitzt eine lange Tradition; noch über 30 % der Fläche wird von Wald eingenommen. Daneben spielen Ackerbau, die Zucht der weißen Charolais-Rinder und der **Weinbau** eine große Rolle. Die Industrie ist breit gefächert mit vielen Klein- und Mittelbetrieben, es dominieren Feinmechanik, Metallverarbeitung und Chemie.

Wirtschaft

In Burgund liegen drei der renommiertesten französischen Weinbaugebiete: Chablis weit im Nordwesten, in der Mitte die Côte d'Or, die sich in die nördliche Côte de Nuits und die südliche Côte de Beaune teilt, und die sich südlich anschließenden Gebiete Chalonnais und Mâconnais (diese beiden gehören nicht mehr zum Gebiet dieses Reiseführers). Die vier Hauptrebsorten sind Pinot Noir, Gamay, Chardonnay und Aligoté, wobei der rote Burgunder synonym ist mit Pinot Noir (Spätburgunder) und die großen Weißen mit Chardonnay.

Burgundischer Wein

▶ BURGUND ERLEBEN

AUSKUNFT

CRT Bourgogne
BP 20623, F-21006 Dijon Cedex
Tel. 03 80 28 02 80
aus Frankreich Tel. 08 25 00 21 00
www.bourgogne-tourisme.com
Sehr informative Website, auch auf
Deutsch, mit den Adressen aller
Tourismusbüros in Burgund.

FESTE & EVENTS

Um den 22. Jan., Côte d'Or: St-Vincent Tournante (Fest des Schutzpatrons der Winzer). Ende Mai/Anf. Juni, Semur-en-Auxois: Ältestes Pferderennen Frankreichs. 22. Juli, Vézelay: Wallfahrt zur hl. Magdalena. Juli/Anf. Aug., Beaune: Festival International d'Opéra Baroque (www.festivalbeaune.com). Ende Okt.: Weinfeste. 3. Nov.-Wochenende: Les Trois Glorieuses, das berühmteste Weinfest: Sa. Kapitelsitzung der Chevaliers du Tastevin im Clos-de-Vougeot, So. Versteigerung der Hospiz-Weine in Beaune, Mo. Paulée in Meursault (Festmahl für geladene Gäste).

ESSEN

▶ Fein & teuer

Loiseau des Vignes
Beaune, 31 Rue Maufoux
Tel. 03 80 24 12 06, So./Mo. geschl.
www.bernard-loiseau.com
Das Besondere an diesem eleganten, hochklassigen Restaurant im Hotel Le Cep (▶S. 235) ist das Weinangebot: ca. 70 Positionen, davon 50 aus Burgund, werden glasweise ausgeschenkt. Tipp: echt preiswerte Mittagsmenüs.

Hostellerie du Vieux Moulin

Bouilland, 1 Rue de la Forge
(24 km westlich Nuits-St-Georges)
Tel. 03 80 21 51 16
www.le-moulin-de-bouilland.com
Ausgezeichnetes Restaurant in einer ehemaligen Mühle (Mo.–Do. mittags, Okt.–Mai auch Mi.abend geschl.). Mit schönen Zimmern, einige gehen auf einen Bachlauf hinaus.

▶ Erschwinglich

Le Cheval Blanc
Alise-Sainte-Reine, Rue du Miroir
Tel. 03 80 96 01 55, Mo./Di. geschl.
www.regis-bolatre.com
In der Nähe des Rathauses, bekannt für gute, bodenständige burgundische Küche und familiäre Atmosphäre.

Le Millésime

Chambolle-Musigny
1 Rue Traversière
Tel. 03 80 62 80 37, Mo. geschl.
Burgundische Klassiker und große Auswahl an Musigny-Weinen.

La Rôtisserie du Chambertin

Gevrey-Chambertin
Rue du Chambertin
Tel. 03 80 34 33 20
So.abend, Mo., Di.mittag geschl.
»Große« Küche wird im Gewölbesaal zelebriert, preiswerte kleine Gerichte gibt es im »Bonbistrot« und auf der Terrasse. Mit kleinem Weinmuseum.

L'Alambic

Nuits-St-Georges, Rue du Général de Gaulle, Tel. 03 80 61 35 00
Mo.mittag geschl.
Moderne burgundische Küche, große Weinkarte. Im Hotel St-Vincent (www.hostellerie-st-vincent.com).

▶ Preiswert

Le Chalet Bleu
Autun, 3 Rue Jeannin
Tel. 03 85 86 27 30
Sympathisches Restaurant in zentraler Lage (So.abend, Mo.abend und Di.

geschl.). Vor allem burgundische Küche. Mit Feinkostgeschäft.

La P'tite Beursaude
Auxerre, 55 Rue Joubert
Tel. 03 86 51 10 21, Di./Mi. geschl.
Einladende Adresse gegenüber von
St-Pierre mit burgundischer Küche.

Ma Cuisine
Beaune, Passage Ste-Hélène
Tel. 03 80 22 30 22
Aug. sowie Sa., So., Mi. geschl.
Gute Küche, gute Weinauswahl.

La Grange de Flavigny
Flavigny sur Ozerain, Place de l'Eglise
Tel. 03 80 96 20 62, Juni – Mitte Sept.
Di. – So., sonst nur Sa./So. geöffnet
Rustikale Küche mit Produkten aus
eigener Herstellung.

Le Bouchon
Meursault, Place de l'Hôtel de Ville
Tel. 03 80 21 29 56
So.abend, Mo. geschl.
Einfaches Bistro mit regionaler Küche.

ÜBERNACHTEN

► Luxus

Le Cep
Beaune, 27 Rue Maufoux
Tel. 03 80 22 35 48
www.hotel-cep-beaune.com
Noble Unterkunft im Zentrum mit
stilvoll eingerichteten Zimmern. Mit
Restaurant (►S. 234).

Château Ziltener
Chambolle-Musigny
Tel. 03 80 62 41 62
www.chateau-ziltener.com
Dez. – Febr. geschl. Einer der
schönsten Herrensitze in Burgund
(17. Jh.) mit luxuriösen großen
Gemächern. Die Bar à Vins vereint
burgundische Weinkultur mit der
Atmosphäre eines Bistros.

► Komfortabel

Villa Louise
Aloxe-Corton, 9 Rue Franche
Tel. 03 80 26 46 70
www.hotel-villa-louise.fr
Würdiges Winzerhaus des 17. Jh.s,
stilvoll, dennoch gemütlich. Mit
Garten und Blick in die Weinberge.

Le Relais Fleuri
Avallon, La Cerce (6 km östlich der
Stadt, nahe A 6), Tel. 03 86 34 02 85
www.relais-fleuri.com
Gepflegtes, ruhiges Hotel mit gutem
Restaurant, Pool, Tennis – für einen
längeren Aufenthalt geeignet.

Les Remparts
Beaune, 48 Rue Thiers
Tel. 03 80 24 94 94
www.hotel-remparts-beaune.com
Hübsches Haus aus dem 17. Jh., ruhig
innerhalb der Stadtmauer gelegen.

Hostellerie des Clos
Chablis, 18 Rue Jules Rathier
Tel. 03 86 42 10 63
www.hostellerie-des-clos.fr
Nobles Hotel in einem alten Hospiz,
überaus »preis-wert«. Im exzellenten
Restaurant kann man sich in Sachen
burgundische Weine kundig machen.

Hôtel de Paris et de la Poste
Sens, 97 Rue de la République
Tel. 03 86 65 17 43
www.hotel-paris-poste.com
Stilvolles Traditionshaus nahe der
Kathedrale, sehr gutes Restaurant.

Auberge Les Tilleuls
Vincelottes, Quai de l'Yonne
Tel. 03 86 42 22 13
www.auberge-les-tilleuls.com
16 km südlich von Auxerre
Gasthaus mit schlichten Zimmern,
Restaurant (Di./Mi. geschl.) und
herrlicher Terrasse an der Yonne.

▶ **Günstig**

Le Seignelay
Auxerre, 2 Rue du Pont, Tel. 03 86 52
03 48, www.leseignelay.com
Charmantes Fachwerkhaus in der
Altstadt, bodenständiges Restaurant.

Hostellerie du Château
Châteauneuf-en-Auxois
Rue du Centre, Tel. 03 80 49 22 00
www.hostellerie-chateauneuf.com
Dorfgasthof mit viel Flair. Aus der
Küche kommen burgundische Klas-
siker. Restaurant außer Juli/Aug.
Mo.abend, Di., Mi.mittag geschl.

Chambres d'Hôtes Les Brugères
Couchey, 7 Rue Jean-Jaurès
8 km südlich von Dijon
Tel. 03 80 52 13 05

http://francoisbrugere.wifeo.com
Vier liebevoll eingerichtete Zimmer
in einem Weingut aus dem 17. Jh.
(geöffnet März – Nov.).

Relais St-Vincent
Ligny-le-Châtel, 14 Grande Rue
Tel. 03 86 47 53 38
www.relais-saint-vincent.fr
Schöne Zimmer in einem gediegenen
Haus aus dem 17. Jh., nördlich von
Chablis. Restaurant mit Terrasse zum
Hof und regionaler Küche.

Centre Ste-Madeleine
Vézelay, Rue St-Pierre
Tel. 03 86 33 22 14, http://vezelay.
cef.fr/fr/ressourcer/ste_madeleine.php
Katholisches Gästehaus, einfache
Zimmer mit WC/Bad auf dem Flur.

Aligoté wird da angebaut, wo die Böden für Chardonnay weniger geeignet sind. Der Passe-Tout-Grain (d. h. etwa »Hier passt alles rein«)
ist ein meist wenig edler Verschnitt von Pinot Noir und Gamay.

Ein wenig Geschichte

Die ältesten menschlichen Spuren in den Grottes d'Arcy sind 100 000
Jahre alt. Das Ende des keltischen Galliens schlug 52 v. Chr., als Cae-
sar nach Burgund vordrang und in Alesia die Gallier unter Vercingetorix besiegte. 443 wanderten die ostgermanischen Burgunder in die
Saône-Ebene ein und gaben der neuen Heimat ihren Namen. Bei der
Teilung des Fränkischen Reichs 843 im Vertrag von Verdun wurde
Burgund entlang der Saône geteilt. Im Osten entstanden zwei Königreiche, die zum Königreich Burgund vereinigt und 1032 von Kaiser
Konrad II. an das deutsche Reich angegliedert wurden. Der Westteil
kam zum Westfränkischen Reich und entwickelte sich zum selbst-
ständigen **Herzogtum Burgund**, der heutigen Bourgogne. Im Mittelalter gewann **Bernhard von Clairvaux** (1091 – 1153) seine Machtposi-
tion als Erneuerer des Klosterwesens – mit Wirkung in ganz Europa
– und Befürworter des Zweiten Kreuzzugs. 1364 wurde Philipp II.
der Kühne aus dem Haus Valois mit Burgund belehnt. Unter ihm
und seinen Nachfolgern, bekannt als die **»Großen Herzöge«**
(»Grands Ducs«) – Johann Ohnefurcht (1404 – 1419), Philipp III.
der Gute (1419 – 1467) und Karl der Kühne (1467 – 1477) – erlebte
Burgund einen glanzvollen Aufstieg und seine größte Ausdehnung.
Es erstreckte sich von der Schweiz bis nach Flandern und war der
größte Rivale Frankreichs. 1477 verlor Karl der Kühne in der

Schlacht von Nancy gegen die vereinigten Heere Ludwigs XI., der Schweizer Eidgenossen und des Herzogs von Lothringen Besitz und Leben. Seine 20-jährige Tochter Maria heiratete den deutschen Kaiser Maximilian I. Der Kampf Frankreichs um die burgundische Erbschaft zog sich bis 1493 hin, als Letztes nahm es das Artois und die Franche-Comté in Besitz. Heute zeugen zahlreiche mächtige weltliche und sakrale Bauten sowie Kunstschätze von der einstigen Bedeutung Burgunds.

Ausgehend von Cluny und Cîteaux setzte im 10./11. Jh. eine Reformbewegung ein, die nicht nur die katholische Kirche erneuerte, sondern auch Architektur und bildende Kunst erfasste und eine Fülle an großartigen Meisterwerken der Romanik hervorbrachte, darunter die Klöster in Vézelay und Fontenay. Der Mitte des 12. Jh.s von der Ile-de-France vordringende gotische Stil konnte sich hingegen zunächst nur in der nördlichen Hälfte der Region durchsetzen, etwa in Dijon und Auxerre. Noch weniger Resonanz fand im 14. Jh. der spätgotische Flamboyantstil. Auch der Einfluss der Renaissance blieb gering; Schlösser wie diejenigen im Loire-Tal sind z. B. in Ancy-le-Franc, Sully und Tanlay zu finden.

Kunstgeschichte

Bei Aloxe-Corton an der Côte d'Or entstehen renommierte Weine.

Highlights Burgund

Abbaye de Fontenay
Ein wichtiges Zeugnis der frühen Zister-
zienser-Architektur
▶ Seite 240

Beaune
Residenz der burgundischen Herzöge und
Weinzentrum der Côte d'Or
▶ Seite 245

Côte d'Or
Pilgerziel für Wein- und andere Genießer
aus aller Welt
▶ Seite 245

Autun
Meisterwerke der romanischen Skulptur
▶ Seite 248

Vézelay
Spiritualität und herrliche romanische
Architektur in der Pilgerbasilika
▶ Seite 239

Auxerre
Großartige Sakralbauten aus Romanik
und Gotik
▶ Seite 243

Der Norden: von Dijon nach Sens

Semur-en-Auxois

Semur-en-Auxois (5000 Einw.), ca. 60 km nordwestlich von Dijon malerisch in bzw. an einer Schleife des Armançon gelegen, hat sich ein schönes **mittelalterliches Stadtbild** erhalten. Auf dem höchsten Punkt thront die gotische Kirche Notre-Dame (13.–16. Jh.). Schön sind das Tympanon im Nordportal (Mitte 13. Jh., »Ungläubiger Thomas«), innen eine Grablegung (um 1490) und Fenster mit der Darstellung verschiedener Zünfte (Mitte 15. Jh). Das Musée Municipal im Dominikanerkloster (17. Jh.) zeigt Gemälde und Skulpturen, gallorömische Funde und Geologisches. Die 44 m hohe Tour de l'Orle d'Or, ein Rest der Burg, beherbergt ein historisches Museum. Rund 12 km westlich liegt das für seinen Käse berühmte Epoisses (800 Einw., www.fromage-epoisses.com) mit einem Schloss, das zum größten Teil ins 14. Jh. zurückgeht. Auf dem Gelände steht außerdem ein Taubenturm für rund 3000 Taubenpärchen.

Epoisses ▶

Alise-Ste-Reine

Alise-Ste-Reine (16 km nordöstlich von Semur) gilt als das **Alesia**, wo 52 v. Chr. der entscheidende Kampf zwischen dem römischen Heer unter Caesar und den Galliern unter Vercingetorix stattfand. Nach sechswöchiger Belagerung musste der Gallier aufgeben. 1865 wurde auf dem 407 m hohen Mont Auxois das 14 m hohe heroische Denkmal des langhaarigen, schnauzbärtigen Vercingetorix aufgestellt. Das Grabungsgelände (Febr.–Mitte Nov. tägl. geöffnet) erstreckt sich auf einem Plateau oberhalb des Orts. Ab 2011 soll dort und im nahen Venarey-les-Laumes der MuséoParc eröffnet werden; Rekonstruktionen, Museum und Interpretationszentrum (Architekt: B. Tschumi) sollen Einblicke in die Lebensverhältnisse, den Kampf und die Entwicklung der Region vermitteln (www.alesia.com).

Das Bilderbuchstädtchen, auf einem Felsrücken 5 km südöstlich von Alise-Ste-Reine gelegen, gehört mit seinem mittelalterlichen Ortsbild zu den »Plus beaux villages de France«, hier entstand 2001 der Film »Chocolat« mit Juliette Binoche. Sehenswert sind die Kapelle und die Krypta, die von der um 720 gegründeten Benediktinerabtei übrig blieben. In der Abtei werden die berühmten Anis de Flavigny hergestellt (►Tipp).

✳ Flavigny-sur-Ozerain

> **! Baedeker TIPP**
>
> **La Fabrique d'Anis Troubat**
> Die berühmten Anisbonbons, erfunden von Ursulinen, werden in Flavigny angeblich schon seit dem 9. Jh. produziert. Heute gibt es die »Anis de Flavigny« in vielerlei Geschmacksrichtungen und in hübschen Dosen zu kaufen. Von Montag bis Freitag kann man bei der Produktion zusehen (9.00 – 10.45 Uhr, www.anisdeflavigny.com).

Ein hübsches Schloss ließen sich François de Rabutin und sein Enkel Roger de Rabutin, der von Ludwig XIV. verbannt worden war, 6 km nordöstlich von Alise-Ste-Reine von 1602 bis 1649 um- und ausbauen. Außer dem prächtigen Interieur machen die vielen Gemälde historischer Persönlichkeiten Bussy-Rabutin besuchenswert: Könige, Frauen und Feldherren. Die bedeutendsten Werke sind in der Schlosskapelle zu sehen, eine Andrea del Sarto zugeschriebene Madonna, ein hl. Jakobus der Murillo-Schule und ein italienisches Steinretabel mit der Erweckung des Lazarus (16. Jh., Führungen, Mo. geschl.).

✳ Bussy-Rabutin

⏱

Avallon (7400 Einw.), ein guter Ausgangspunkt für Ausflüge in den Morvan, liegt 35 km westlich von Semur-en-Auxois auf einem Felsvorsprung über dem Cousin. Der hübsche alte Stadtkern ist noch von Mauern aus dem 14./15. Jh. umgeben. Einen Blick wert ist die romanische Kirche St-Lazare (12. Jh., Westportal mit schönen Skulpturen). Im Musée de l'Avallonnais ist Historisches, darunter Funde aus den nahen Tropfsteinhöhlen (Grottes) von Arcy, und eine kleine Kunstsammlung zu sehen. Montréal (12 km nordöstlich von Avallon, 220 Einw.) gehört mit seinem mittelalterlichen Ortsbild zu den schönsten Orten in Burgund. Die schlichte Kollegiatkirche Notre-Dame, ein schönes Beispiel für die Frühgotik in Burgund, entstand ab 1170/80; ihre Schätze sind das Chorgestühl (1522 – 1550) und ein vielfiguriger englischer Alabasteraltar (»Nottingham-Altar«, 15. Jh.).

Avallon

✳ ◄ Montréal

Vézelay (500 Einw.; 14 km westlich von Avallon) liegt sehr schön am Nordrand des Morvan (►S. 248) auf einem Hügel oberhalb des Cure. Seine weltberühmte Klosterkirche **Ste-Madeleine**, mit 103 m Länge eine der großen des Landes, zählt zu den Meisterwerken der Romanik und zum UNESCO-Welterbe (tägl. 8.00 – 19.00 Uhr zugänglich, eingeschränkt während der Gottesdienste; http:// vezelay.cef.fr; ►Abb. S. 58). Als Aufbewahrungsstätte der angeblichen Gebeine Maria Magdalenas war sie eine der bedeutendsten Pilgerkirchen der Christenheit. Hier rief 1146 Bernhard von Clairvaux als

✳ ✳ Vézelay

⏱

Gesandter des Papstes zum Zweiten Kreuzzug auf. Im 13. Jh. wurde die Echtheit der Reliquien infrage gestellt, Vézelay verlor seine Bedeutung und 1537 wurde die Abtei aufgelöst. Während der Französischen Revolution wurden »nur« die Skulpturen der Westfassade zerstört, das heutige Tympanon stammt von Viollet-le-Duc, der die Kirche ab 1840 restaurierte.

✔ NICHT VERSÄUMEN

■ Wunderbare vierstimmige Chöre sind in der Basilika von Vézelay bei den Gottesdiensten zu hören. Sie finden morgens, mittags und am frühen Abend statt, je nach Wochentag zu leicht wechselnden Uhrzeiten.

Der Bau der Klosterkirche wurde 1096 von Osten her begonnen, die Vorhalle folgte 1140–1160. Die 1125–1130 entstandenen **Plastiken der drei Portale** gehören wie die **Kapitelle** der Pfeiler im dreischiffigen romanischen Langhaus zu den größten bildhauerischen Leistungen der Romanik. Unter dem frühgotischen Chor liegt eine schöne Krypta. Im Dormitorium, außer dem Kapitelsaal der einzige Rest der in der Revolution zerstörten Klostergebäude, sind Skulpturen aus der Kirche zu sehen (Juli–15. Sept. tägl. geöffnet). Von der Terrasse hinter der Chorapsis hat man eine herrliche Aussicht. Wehrmauern aus dem 12. Jh., die Porte Neuve mit mächtigen Türmen (14.–16. Jh.) und die schöne Altstadt laden zum Rundgang ein. Das Wohnhaus des Schriftstellers Romain Rolland (1866–1944) beherbergt das **Musée Zervos** mit Kunst des 20. Jh.s (15. März–15. Nov.; Juli/Aug. tägl. geöffnet, sonst Di. geschl., www.musee-zervos.com).

Cure-Tal
Das gut 100 km lange Tal des Cure gehört zu den landschaftlichen Höhepunkten in Niederburgund, sehr schön ist eine Fahrt vom malerischen Pierre-Perthuis südlich von Vézelay nach Auxerre. Zwischen St-Moré und Arcy-sur-Cure hat er einen Doppelmäander in das Kalkmassiv gegraben. In den rund 100 m hohen Felswänden öffnen sich große Höhlensysteme, die Grande Grotte bei Arcy ist zugänglich (geöffnet Febr.–Nov., warme Kleidung!).

Abbaye de Fontenay
Die Abtei von Fontenay bei Montbard, ca. 20 km nördlich von Semur, wurde 1118 von Bernhard von Clairvaux – nach zisterziensischem Brauch – abgeschieden am Ende eines Waldtals gegründet. Die 1139–1147 erbaute Anlage, eines der wichtigsten Zeugnisse der frühen Architektur dieses Ordens und UNESCO-Welterbe, vermittelt ein Bild vom Leben der Zisterzienser im 12. Jahrhundert. Erhalten sind Kirche, Schlafsaal, Kreuzgang, Kapitelsaal und Skriptorium sowie Schmiede und Gefängnis – das Kloster besaß Gerichtshoheit (tägl., April–Okt. 10.00–18.00, sonst 10.00–12.00, 14.00–17.00 Uhr, www.abbayedefontenay.com).

Châtillon-sur-Seine
Hauptattraktion des hübschen alten Städtchens (5800 Einw., 33 km nordöstlich von Montbard) ist das **Musée du Châtillonais** in der Maison Philandrier, einem prächtigen Renaissance-Bau (tägl.,

Die Abtei von Fontenay, eines wichtiges Zeugnis der frühen Zisterzienser-Architektur

Sept. – Juni 9.00 – 12.00, 14.00 – 18.00, Juli/Aug. 10.00 – 19.00 Uhr).
Es verwahrt den **Schatz von Vix**, die unerhört aufwendigen Grabbei-
gaben einer im 6. Jh. v. Chr. verstorbenen keltischen Prinzessin. Das
Grab wurde 1953 bei Vix 6 km nördlich von Châtillon entdeckt.
Prunkstück ist ein aus der Magna Graecia (d. h. Unteritalien) stammender, 1,64 m hoher und 208 kg schwerer Bronzekessel, das größte
erhaltene Gefäß aus der Antike (6. Jh. v. Chr.). Ein Spaziergang führt
zum Felsen hinauf, dort finden sich eine Burgruine und die Kirche
St-Vorles (großenteils 10. Jh.) mit einer schönen Grablegung (1527).

★★
◀ Trésor de Vix

Eines der schönsten **Renaissance-Schlösser** Frankreichs ist in Ancy-
le-Franc 27 km nordwestlich von Montbard zu sehen, erbaut
1546 – 1622 wahrscheinlich nach Plänen von Sebastiano Serlio aus
Bologna, der 1540 an Fontainebleau mitarbeitete. Ausstattung in italienischer Renaissance (Primaticcio, Niccolò dell'Abbate, Schule von
Fontainebleau; Führungen Anf. April – Mitte Nov. 10.30 – 17.00 Uhr.
März – Nov. gibt es Konzerte, im Juli auch eines im Schlosshof;
www.chateau-ancy.com).

★
Ancy-le-Franc

🕐

In Tanlay, wenige Kilometer den Canal de Bourgogne bzw. den Armançon abwärts, bezaubert ein prächtiges Wasserschloss aus der Renaissance (Führungen April – 2. Nov. Mi. – Mo. 9.30 – 17.15 Uhr).
Das Deckengemälde im Kuppelsaal des Turms der Liga (Tour de Ligue), 1569 vermutlich von Künstlern der Schule von Fontainebleau
angefertigt, stellt dem Zeitgeschmack entsprechend die Parteien der
Religionskriege als Götter und Göttinnen des Olymps dar.

★
Tanlay

🕐

Tonnerre

Im Handelsstädtchen Tonnerre (5300 Einw.) 33 km östlich von Auxerre gründete 1293 Margarete von Burgund das **Hôpital Notre-Dame des Fontenilles**, eines der ältesten Spitäler Frankreichs und Vorbild für das Hôtel-Dieu in Beaune (geöffnet April – Sept. tägl., sonst Mi. und So. geschl.). Beeindruckend ist der 91 m lange Krankensaal mit einem Tonnengewölbe aus Holz; hier sind einige bedeutende Kunstwerke zu sehen, etwa die »Grablegung Christi« der Brüder de la Sonette (1454). Das Musée Marguerite de Bourgogne im barocken Anbau informiert über die Geschichte der Stadt und des Hospizes. Beachtenswert sind auch das benachbarte Hôtel d'Uzès (16. Jh., Caisse d'Epargne), die auf einem Hügel thronende Kirche St-Pierre (1556, von Vorgängern erhalten sind ein romanisches Portal und der gotische Chor) sowie die Fosse Dionne unterhalb der Kirche. Diese Karstquelle war der keltischen Quellgöttin Divona geweiht, später diente sie als Waschplatz. Das hübsche Waschhaus stammt von 1758.

◀ Fosse Dionne

Chablis

Der kleine Weinort (2500 Einw.) 15 km östlich von Auxerre ist in aller Welt für seinen Weißwein aus der Chardonnay-Rebe berühmt. Das Anbaugebiet umfasst vier Appellationen: Petit Chablis, Chablis, Premier Cru und Grand Cru. Nördlich des Flusses Serein steigen die sieben **Grand-Cru-Lagen** an: Blanchots, Les Clos, Valmur, Grenouil-

Berühmte Grand-Cru-Lagen in Chablis

Blick über die Yonne auf die Kathedrale St-Etienne in Auxerre

les, Vaudésir, Preuses und Bougrot. Die Premier-Cru-Lagen erstrecken sich über 750 ha in 19 Gemeinden entlang dem Serein. Das Bureau Interprofessionnel des Vins de Bourgogne hat seine lokale Niederlassung im Petit Pontigny, der Kelter der einstigen Zisterzienserabtei Pontigny (Rue de Chichée; ww4w.vins-bourgogne.fr). Große Weinfeste finden am 1. Febr.-Wochenende, am 1. Mai-Wochenende (Pastorales) und am 4. Okt.-Wochenende (Fête des Vins) statt. Einen Blick wert ist die Prioratkirche, erbaut ab 1170, die enge Bezüge zur Kathedrale von Sens aufweist; die Flügel des Südportals sind mit zahlreichen Hufeisen beschlagen, Votivgaben für den hl. Martin.

Auxerre

Die Handels- und Départementshauptstadt (37 000 Einw.) am linken Yonne-Ufer besitzt eine lebendige Altstadt und zwei bedeutende mittelalterliche Sakralbauten. In gallorömischer Zeit entwickelte es sich zu einem Handelsplatz an der Straße zwischen Nevers und Paris. Seine Blütezeit erlebte Auxerre im 12./13. Jh.; damals umgab es sich mit einer Stadtmauer, deren Verlauf noch am Boulevardring zu erkennen ist. St-Etienne, eine bedeutende gotische Kathedrale Burgunds, entstand 1215–1543 an der Stelle von vier Vorgängerbauten (Südturm unvollendet). Beachtenswert sind der Skulpturenschmuck der Westfassade sowie der Chor (1234) mit hervorragenden Glasmalereien (1220–1234). Vom rechten Querhaus gelangt man in die unter dem Chor gelegene Krypta, Rest des romanischen Vorgängers aus dem 11. Jh. mit ebenso altem Fresko im Tonnengewölbe; es zeigt Christus auf einem weißen Pferd, umgeben von Engeln zu Pferd (Krypta So.vor-

★
◀ St-Etienne

🕐

★
St-Germain ►

⏺

mittag geschl., 1. Nov. – Palmsonntag So. geschl.). Nördlich der Kathedrale ragt die Kirche St-Germain auf, Rest einer im 6. Jh. gegründeten Abtei. Hauptanziehungspunkt der romanisch-gotischen Kirche (12. – 15. Jh.) sind die **Krypten**, die im 9. Jh. um das Grab des aus Auxerre stammenden hl. Germain (378 – 448) angelegt und mit Fresken geschmückt wurden. Sie gehören zum Archäologischen Museum St-Germain in den Klostergebäuden (Juni – Sept. Mi. – Mo. 10.00 bis 12.30, 14.00 – 18.30, sonst 10.00 – 12.00, 14.00 – 18.00 Uhr). Am Rathausplatz steht die Tour de l'Horloge, ein prachtvolles schiefergedecktes Stadttor (1483); das Rathaus datiert von 1733. Fachwerkhäuser aus dem 16. Jh. säumen die hübschen Gassen zwischen Place des Cordeliers und Place du Suruque. Das älteste Bürgerhaus aus Stein ist das Hôtel du Cerf-Volant (14./15. Jh.). Im Musée Leblanc-Duvernoy (9 Rue D'Egleny), in einem Palais des 18. Jh.s, sind alte Fayencen, burgundisches Mobiliar, Wandteppiche aus Beauvais und Kunst des 17. bis 20. Jh.s ausgestellt. Bis zur Reblauskrise Ende des 19. Jh.s lag Auxerre in einem Weinbaugebiet, woran noch der Clos de la Chainette erinnert, ein Weinberg nördlich des Zentrums in Richtung Sens.

★
Abbaye de Pontigny

⏺

Die Zisterzienserabtei in Pontigny (800 Einw., 20 km nordöstlich von Auxerre) wurde 1114 als zweites Filialkloster von Cîteaux aus gegründet. 1791 wurde das Kloster bis auf einen Flügel neben der Kirche abgerissen; erhalten blieb die 119 m lange, turmlose Abteikirche Notre-Dame-de-l'Assomption (um 1145), nach der Zerstörung von Cîteaux und Clairvaux die **größte noch existierende Zisterzienserkirche in Frankreich**. Innen kontrastieren Chorgestühl und Orgel von Ende des 17. Jh.s mit dem einfachen, klaren Raum (tägl. 9.00 bis 19.00, im Winter 10.00 – 17.00 Uhr).

Sens

★
St-Etienne ►

★
Domschatz ►

Sens (26 000 Einw.), weit im Nordwesten Burgunds gelegen (57 km nördlich von Auxerre, 225 km von Dijon), war im Mittelalter ein bedeutendes geistliches Zentrum: hier fanden Konzile, 1140 die Verurteilung Abaelards und 1234 die Hochzeit Ludwigs IX. des Heiligen statt. Daran erinnert die **Kathedrale St-Etienne** (1140 – 1180, Querhaus 1516), eine der ältesten und schönsten der französischen Gotik. Der Portalschmuck der Westfassade (12. Jh.) wurde in der Französischen Revolution weitgehend zerstört, erhalten blieb u. a. die Statue des hl. Stephanus am Mittelpfeiler. Zu den Kostbarkeiten der Ausstattung gehören die Fenster in Chor (12./13. Jh.) und Querschiff (16. Jh.), das Chorgitter (1762), der Hauptaltar von G. N. Servandoni (18. Jh.) und das Grabmonument des Dauphins Ludwig, Sohn Ludwigs XIV. und Vater Ludwigs XVI. (G. Coustou, 1777). An die Kathedrale schließen der Palast des Erzbischofs und der Synodalpalast (Ancien Archevêché, Palais Synodal, 13. Jh.) mit dem Museum an, das außer archäologischen Exponaten einen überaus wertvollen Domschatz beherbergt. Am Kathedralplatz mit seinen Cafés steht die Markthalle aus dem 19. Jh.; das schönste Haus in der Altstadt ist die Maison d'Abraham mit einer »Wurzel Jesse« am Eckpfeiler (16. Jh.).

Côte d'Or: von Dijon nach Beaune

Das Herz des burgundischen Weinbaugebiets ist die Côte d'Or, der schmale westliche Randstreifen des Saône-Tals, der südlich von Dijon beginnt und 60 km weiter südwestlich bei Santenay endet. Ihr nördlicher Teil heißt **Côte de Nuits**, ihr südlicher Teil **Côte de Beaune**; im Westen schließen sich die 200 m höher gelegenen Hautes-Côtes an. Die sanfte Landschaft am Übergang von den Hautes-Côtes zum Saône-Tal ist überaus malerisch; ihre alten Dörfer tragen Namen, die in der Weinwelt höchstes Ansehen genießen, wie Gevrey-Chambertin, Chambolle-Musigny, Vougeot, Nuits-St-Georges, Aloxe-Corton, Volnay, Meursault und Puligny-Mont-

✶ ✶
Côte d'Or

rachet. Durch die Côte de Nuits führt die »Route des Grands Crus« (D 122 bis Vougeot); Schilder weisen zu sog. Combes, kleinen, pittoresken Schluchten, z. B. von Gevrey-Chambertin aus zur Combe Lavaux.

Das Schloss im **Clos de Vougeot**, einem der berühmtesten Weinberge in Burgund, ist Sitz der Confrérie des Chevaliers du Tastevin (Führungen tägl.); hier findet im November ein Teil der »Trois Glorieuses« statt (s. u. Beaune). **Nuits-St-Georges** ist mit 5400 Einwohnern der größte Ort der Côte de

> ❗ *Baedeker* TIPP
>
> ### Vin de Bourgogne
> Wichtige Anlaufstellen für Weinfreunde sind in Beaune das Office de Tourisme und das Bureau Interprofessionel des Vins de Bourgogne (BIVB, 12 Blvd. Bretonnière, www.vins-bourgogne.fr). Hier bekommt man Adressen und Besuchszeiten von Weingütern, veranstaltet werden Verkostungen, Kurse, Ausflüge per Bus oder Rad u. v. a. Wein, Literatur, Accessoires etc. findet man im Athenaeum, ein Muss für Weinfreunde (5 Rue Hôtel-Dieu, www.athenaeumfr.com).

Nuits. Im Musée Municipal im Rathaus sind Funde aus gallorömischer und merowingischer Zeit ausgestellt. Der Likörhersteller Védrenne hat der schwarzen Johannisbeere und ihrer Verarbeitung ein Museum gewidmet, das Cassissium. **Meursault** in der Côte de Beaune, das für hervorragenden Weißwein bekannt ist, hat mit der »Paulée«, einem großen Festgelage, Anteil an den Trois Glorieuses (► S. 234). Ein beliebtes Ausflugsziel ist das auf einem Felssporn gelegene Schloss **La Rochepot** nordwestlich von Chassagne-Montrachet, das ab Ende des 19. Jh.s anhand alter Pläne wiederhergestellt wurde.

11 km östlich von Nuits-St-Georges gründete Robert, Abt von Molesme, 1098 das **Urkloster des Zisterzienserordens**. Von der einstigen Bedeutung der Abtei zeugen nur noch spärliche Reste, u. a. eine Kapelle (12. Jh.), ein Bibliotheksbau (15. Jh.) und Arkaden des gotischen Kreuzgangs. Das Kloster ist seit 1898 wieder besetzt und bietet Mai–Sept. Führungen an (www.citeaux-abbaye.com).

Abbaye de Cîteaux

🕐

Beaune (22 000 Einw., 38 km südlich von Dijon) ist wegen seines Stadtbilds, seiner mittelalterlichen Bauten und nicht zuletzt wegen des Weins eines der schönsten Ziele in Burgund. Seit dem 14. Jh. war

✶ ✶
Beaune

Clos de Vougeot, berühmter Weinberg an der Côte d'Or

** **
Hôtel-Dieu ▶
🕐

es neben Dijon Sitz der Großen Herzöge. »Die« Sehenswürdigkeit ist das **Hôtel-Dieu** (geöffnet tägl. Ende März – Mitte Nov. 9.00 – 18.30, sonst 9.00 – 11.30, 14.00 – 17.30 Uhr), eine 1443 – 1451 nach Plänen von Jacques Wiscrère im burgundisch-flämischen Stil erbaute Vier-flügelanlage. Auftraggeber waren Nicolas Rolin, der Berater von Her-zog Johann Ohnefurcht und Kanzler König Philipps III., und seine Frau Guigone de Salins. Das schlichte Äußere verrät wenig von der Pracht innen. Hohe, mit bunt glasierten Ziegeln gedeckte Dächer und Fachwerkgalerien umgeben einen malerischen Innenhof. Der 50 m lange Krankensaal mit seiner geschnitzten und bemalten Decke wurde noch bis 1971 genutzt. Zugänglich sind auch Kapelle, Wä-scheraum, Küche und Apotheke. Im Museum ist der berühmte, ins-gesamt 5,6 m breite **Flügelaltar von Rogier van der Weyden** (1443) mit der Darstellung des Jüngsten Gerichts ausgestellt, ein bedeuten-des Kunstwerk des ausgehenden Mittelalters.

*
Altstadt ▶

In der modernen Markthalle gegenüber dem Hospiz – an der Place de la Halle mit ihren appetitlichen Läden – werden bei den **Trois Glo-rieuses** am 3. Nov.-Wochenende die Weine des Hospizes versteigert. Mittwoch- und Samstagvormittag ist auf der Place de la Halle und in der Halle Markt. Südöstlich liegt die Place Carnot mit ihren Cafés und Restaurants; nördlich der Place de la Halle beherbergt die Resi-denz der Herzöge das Musée du Vin de Bourgogne. Wenige Schritte sind es zur Kirche **Notre-Dame** (12. – 14. Jh.), die Elemente aus Ro-manik, Gotik und Renaissance vereint; bedeutendstes Ausstattungs-stück ist die Tapisserie im Chor mit Szenen aus dem Marienleben

(1474–1500). Die benachbarte **Place Monge** ist der Mittelpunkt der Altstadt, der Beffroi (Turm) Rest einer Klosterkirche des 14. Jh.s. Durch die Rue de Lorraine mit schönen alten Häusern erreicht man in nördlicher Richtung das Rathaus, einst ein Ursulinen-Konvent (17. Jh.). Ein schöner Spaziergang entlang der fast intakten spätmittelalterlichen Stadtmauer (15./16. Jh.) führt um die Altstadt. In der Porte Marie de Bourgogne im Süden ist das Musée des Beaux-Arts untergebracht, das archäologi-

> ## ! *Baedeker* TIPP
>
> ### Radfahrparadies Burgund
>
> Zu den Highlights gehören die »Voies Bleues« an Wasserstraßen und die »Voie des Vignes« durch das Weinland der Côte d'Or (Info beim Tourismusbüro Beaune). Wer im Morvan kleinere Touren machen möchte, findet unter www.26x2.fr ein Ortsregister mit Routenvorschlägen. Der Regionalpark bietet eine Karte mit 34 Tourentipps an (www.parcdumorvan.org).

sche Funde und Gemälde des 16. bis 20. Jh.s präsentiert (tägl. 14.00–18.00 Uhr geöffnet, Dez.–März Di. geschl.). Alles über **Senf** erfährt man im Museum des 1840 gegründeten Unternehmens Fallot (31 Faubourg Bretonnière).

Der Westen: von Dijon zur Loire

Der hübsche alte Ort (80 Einw.) 35 km nordwestlich von Beaune wird von einem trutzigen Schloss überragt. Es geht auf eine Burg des 12. Jh.s zurück, die sich Philippe Pot, dem auch das Schloss La Rochepot gehörte (▶S. 245), ab 1457 ausbauen ließ (Führungen Di. bis So. 10.00–12.00, 14.00–19.00, Sept.–Mitte Mai bis 18.00 Uhr).

Châteauneuf-en-Auxois

Saulieu (2600 Einw., 67 km westlich von Dijon), am Nordostrand des Morvan gelegen, ist berühmt für die Kirche St-Andoche von 1130 (zugänglich Di.–Sa. 9.00–12.00, 13.30–16.30 Uhr) mit ihren 52 **romanischen Figurenkapitellen**, die thematisch und stilistisch mit denen der Kathedrale von Autun verwandt sind. Saulieu ist Geburtsort des Tierbildhauers François Pompon (1855–1933); das Museum im Pfarrhaus zeigt Werke von ihm, außerdem gallorömische Funde. Unbedingt zu besuchen ist das 1832 gegründete Café Parisien (4 Rue du Marché, www.cafeparisien.net), das auch Restaurant und Brasserie ist und darüber hinaus ein Freizeit- und Kulturzentrum. Am Sa.-vormittag ist Markt, Feinschmecker treffen sich um den 20. Mai bei den Journées Gourmandes und am letzten August-Wochenende bei der **Fête du Charolais** mit großem Viehmarkt. In Saulieu kochte der legendäre Bernard Loiseau bis zu seinem Tod 2003, sein Nachfolger Patrick Bertron hält mit drei Michelin-Sternen das Niveau (Relais Bernhard Loiseau, www.bernard-loiseau.com).

Saulieu

Madame de Sévigné nannte das 15 km nordöstlich von Autun gelegene Schloss das »Fontainebleau Burgunds«. 1808 wurde hier Mac-Mahon geboren, Marschall und 1873–1879 Präsident von Frankreich.

Sully

Autun

Autun (15 000 Einw., 48 km westlich von Beaune), das »südliche Tor zum Morvan«, wurde im Jahr 10 v. Chr. von den Römern als Augustodunum gegründet und entwickelte sich zum »Rom Galliens«. Aus dieser Zeit sind nur zwei Stadttore (Porte St-André, Porte d'Arroux), Reste des größten römischen Theaters in Gallien und die Ruine des Janus-Tempels erhalten. Eine zweite Blütezeit erlebte die Stadt im Mittelalter durch die Wallfahrt zu den Reliquien des hl. Lazarus. Be-

★★
St-Lazare ▶

deutendstes Bauwerk ist dementsprechend die ab 1120 im Stil der cluniazensischen Romanik erbaute **Kathedrale St-Lazare**. Berühmt ist der reiche Figurenschmuck: eine Darstellung des Jüngsten Gerichts im Tympanon des Westportals sowie 101 Kapitelle im Inneren, alles Meisterwerke der romanischen Skulptur, gefertigt vermutlich um 1135 unter Meister Gislebertus. Die Originale der Kapitelle, die durch Kopien ersetzt wurden, sind im ehemaligen Kapitelsaal zu sehen. Das benachbarte **Musée Rolin** (in zwei Palais des 15. Jh.s) zeigt weitere Werke aus der Kathedrale, u. a. die wunderbare »Versuchung Evas«, außerdem Gallorömisches und Wertvolles aus dem Mittelalter

🕐

(geöffnet Mi. – Mo., April – Sept. 9.30 – 12.00, 13.30 – 18.00, Okt. bis März 10.00 – 12.00, 14.00 – 17.00 Uhr).

★
Morvan

Der Morvan (keltisch, »schwarzer Berg«), ein Ausläufer des Zentralmassivs, dehnt sich westlich einer Linie Saulieu – Autun aus, mit rund 50 km Breite und 70 km Länge. Dichte Wälder, zauberhafte Stauseen (v. a. Lac des Settons und Lac de Pannesière), hübsche Dörfer, Wander- und Reitwege sowie eine Vielzahl an Sportmöglichkeiten machen ihn zu einem beliebten Ferienziel. Im Norden erreicht der Morvan nur 600 m Höhe, im südlichen bergigen Teil liegen seine höchsten Gipfel, der Haut-Folin (901 m) und der Mont Prénelay (855 m). Der größte Teil der urwüchsigen Region (2814 km²) ist seit 1970 **Parc Naturel Régional du Morvan**; Info über Naturpark und Betätigungen gibt die Maison du

> ❗ ***Baedeker* TIPP**
>
> **Résistance im Morvan**
>
> Das unwegsame Gebirge mit seinen dichten Wäldern war ein wichtiges Operationsgebiet der französischen Widerstandsbewegung im Zweiten Weltkrieg, entsprechend zahlreich sind die Gedenkstätten. Genaueres erfährt man im Musée de la Résistance in St-Brisson (April – Mitte Nov. tägl.) und im Musée Perraudin in St-Honoré-les-Bains (Juni – Sept. Mi. – So. 14.30 – 18.30 Uhr).

Parc in Saint-Brisson (www.parcdumorvan.org). Durch den Morvan führt der **Europäische Fernwanderweg E 3** auf dem Sentier de Grande Randonnée (GR) 13 von Vézelay über St-Brisson, den Lac des Settons und am Mont Beuvray vorbei nach Bourbon-Lancy.

Mont Beuvray ▶

Am 821 m hohen Mont Beuvray existierte ab dem 2. Jh. v. Chr. das gallische Oppidum **Bibracte**, der Hauptort der Häduer, der schließlich für Augustodunum (Autun) aufgegeben wurde. Hier ließ sich Vercingetorix 52 v. Chr. den Oberbefehl über die gallischen Truppen im Kampf gegen die Römer bestätigen. Im modernen Musée de la Civilisation Celtique unterhalb des Bergs bei St-Léger-sous-Beuvray

Ein typisches Bild in Burgund: Charolais-Rinder in idyllischer Landschaft

erfährt man vieles über die Welt der Kelten (tägl., Mitte März – Mitte Nov. 10.00 – 18.00, Juli/Aug. bis 19.00 Uhr; Führungen durch das Grabungsgelände Juli – Mitte Sept. tägl., sonst So. 14.30; in Deutsch Juli/Aug. Fr. 14.30 Uhr; www.bibracte.fr).

Der Morvan war jahrhundertelang Holzlieferant für Paris. Zur Erleichterung des Transports wurde der 174 km lange Canal du Nivernais mit 110 Schleusen und drei Tunneln gebaut (eröffnet 1842). Hauptort der Region ist **Château-Chinon** (2300 Einw.). Im Musée du Septennat werden Geschenke ausgestellt, die François Mitterrand als Staatspräsident erhalten hat (er war von 1951 bis 1981 Bürgermeister von Château-Chinon), das Musée du Costume zeigt Trachten aus dem Morvan und Roben des 19. Jh.s. An den Höhen der Vieille Montagne vorbei erreicht man **Saint-Honoré-les-Bains** (950 Einw., 27 km südlich von Château-Chinon) am Westrand des Morvan. Im 19. Jh. war es ein viel besuchtes Thermalbad. Das Städtchen liegt auf einem Berg, das Bad in einem Kurpark im Tal westlich davon; überraschend prachtvoll ist das Kurhaus von 1855 (und das Hotel Bristol Thermal daneben). Die 27 bis 32 °C warmen Quellen wurden schon von den Römern genutzt.

Decize Von St-Honoré sind es 33 km zur ▶ Loire, genauer nach Decize (7000 Einw.), dessen Zentrum von Wasserläufen umschlossen ist. In die Loire münden hier das Flüsschen Aron und der Canal du Nivernais, der wiederum mit dem Loire-Seitenkanal verbunden ist. Über der Stadt thronen die eindrucksvollen Mauern der Burg der Grafen von Nevers. Mittelpunkt der Altstadt ist der Rathausplatz mit dem Uhrturm (19. Jh.). Die zweischiffige Kirche St-Aré wurde im 11. oder 12. Jh. über einer merowingischen Doppelkrypta aus dem 7. Jh. errichtet; der kreuzförmige, dunkle Bau ist wenig einheitlich (Chor 11. Jh., Querhaus 11./13. Jh., Schiff im 19. Jh. erneuert).

✴ Caen

G 3

Région: Basse-Normandie　　　　　**Höhe:** 2 m ü. d. M.
Département: Calvados　　　　　　**Einwohnerzahl:** 117 000

Caen, die einstige Hauptstadt des Herzogtums Normandie, liegt in einer weiten Ebene an der Orne, ist jedoch mit dem Meer über einen 14 km langen Kanal verbunden.

Caen gestern und heute Caen (gesprochen »kã«) ist heute die Hauptstadt der Basse ▶ Normandie und des Départements Calvados. Im 12. Jh. war es Residenz des normannischen Herzogs und späteren englischen Königs **Wilhelm der Eroberer** (1027 – 1087) und seiner Frau Mathilde von Flandern. Das Herrscherpaar – Cousin und Cousine – gründete zwei Klöster, um vom Papst die Dispens für ihre Ehe zu bekommen; sie zählen heute zu den bedeutendsten romanischen Bauwerken der Normandie. Im Juni und Juli 1944 wurde die Stadt in den Kämpfen bei der Landung der Alliierten an der Calvados-Küste zu 80 % zerstört, ein Teil der Altstadt jedoch mit viel Gespür rekonstruiert. Wirtschaftlich spielen der Hafen, Schwer- und Elektroindustrie, Chemie, Maschinen- und Fahrzeugbau eine große Rolle. Als Universitätstadt mit etwa 24 000 Studenten besitzt Caen auch eine lebhafte Kulturszene.

✔ **NICHT VERSÄUMEN**

■ Bei Gourmands berühmt sind die »Tripes à la mode de Caen«. Nach alter Tradition schmoren die Kutteln mit Cidre, Calvados, Suppengemüse und einem Bouquet garni mindestens acht Stunden sanft im Backofen.

Sehenswertes in Caen

Château Auf der Anhöhe im Zentrum ließ Herzog Wilhelm um 1060 eine mächtige Burg errichten. Ihre Ringmauer mit zwei Portalen und zahlreichen Bastionen ist begehbar und bietet vor allem abends stimmungsvolle Ausblicke. Die Grundmauern des Donjons stammen aus

Caen Orientierung

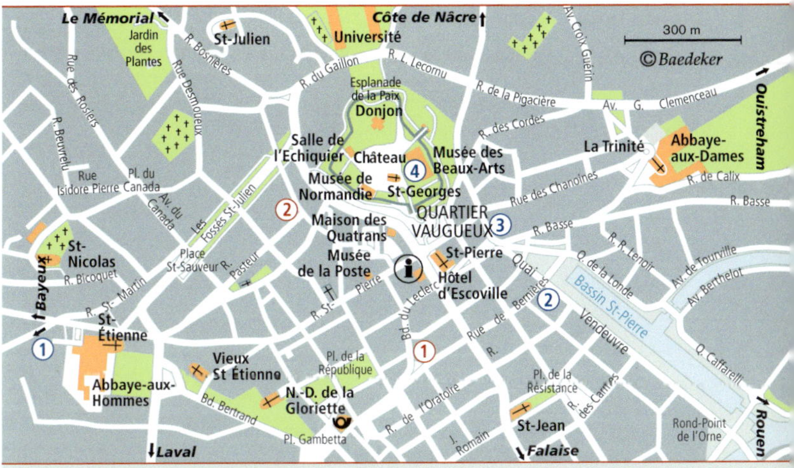

Le Mémorial
Jardin des Plantes   St-Julien   Côte de Nâcre   300 m   ©Baedeker

Esplanade de la Paix
Donjon

Salle de l'Echiquier   Château   Musée des Beaux-Arts
④   La Trinité   Abbaye-aux-Dames
Musée de Normandie   St-Georges
②   QUARTIER VAUGUEUX ③
Maison des Quatrans
St-Nicolas   Musée de la Poste   St-Pierre
ⓘ   Hôtel d'Escoville   ②

St-Étienne
①
Vieux St Étienne   ①
Abbaye-aux-Hommes   N.-D. de la Gloriette   Pl. de la République
Pl. de la Résistance
St-Jean   Rond-Point de l'Orne

Laval   Pl. Gambetta   Falaise

Ouistreham   Rouen

Essen
① Le Pressoir
② Le Carlotta
③ Bouchon du Vaugueux
④ Café Mancel

Übernachten
① Hôtel Moderne
② Hôtel des Cordeliers

dem 12. Jh., die Salle de l'Echiquier (Saal des Kämmerers) ist ein Rest des Herzogspalasts aus dem 14. Jh.; wiederaufgebaut wurde die Chapelle St-Georges (12./15. Jh.). Zwei Museen sind in der Burg sehenswert: Das Musée des Beaux-Arts (Mi.–Mo. 9.30–18.00 Uhr) zeigt internationale Werke seit dem 16. Jh. (u. a. van der Weyden, Dürer, Ruysdael, Tintoretto, Rubens, Courbet, Boudin, Monet) sowie Fayencen aus Rouen, Nevers und Straßburg. Im Logis du Gouverneur (17./18. Jh.) und in einem modernen Bau präsentiert das **Musée de Normandie** die Geschichte der Stadt und der Region (tägl. 9.30–18.00 Uhr geöffnet, Nov.–Mai Di. geschl.).

✶ ✶
◄ Musée des Beaux-Arts
⏱

⏱

Stadtmittelpunkt ist die Place St-Pierre vor der Burg, markiert vom 78 m hohen Turm der Kirche St-Pierre (13.–16. Jh.), Vorbild vieler bretonischer und normannischer Kirchtürme. Im Viertel um St-Pierre zeugen prächtige Bauten vom einstigen Bürgerstolz der Stadt: westlich gegenüber steht das **Hôtel d'Escoville**, ein schönes Renaissance-Gebäude (1538; Tourismusbüro), beachtenswert ist auch die nahe **Maison des Quatrans** mit beeindruckender Fachwerkfassade (um 1400). Caens ziemlich touristisches Ausgehviertel ist das mit Häusern aus dem 16. bis 18. Jh. besonders hübsche Quartier Vaugueux nordöstlich von St-Pierre.

✶
St-Pierre

✶
◄ Quartier

Die großartige romanisch-normannische »Männerabtei«, die von den 82 und 80 m hohen Türmen der Kirche St-Etienne überragt

✶
Abbaye aux Hommes

wird, entstand 1066–1077. Die Pläne lieferte vermutlich Lanfranc, der erste Abt und spätere Erzbischof von Canterbury. Die Turmhelme und der gotische Chor folgten im 13. Jahrhundert. Im eindrucksvollen Inneren (115 m lang, 24 m hoch) bezeichnet ein Stein vor dem Hochaltar die Stelle, wo das Grab Wilhelms des Eroberers († 1087) lag, bevor es 1562 von Calvinisten zerstört wurde. Die Klostergebäude entstanden ab 1704 (Rathaus). Nordöstlich der Abbaye liegt die von schmucken »Hôtels particuliers« gesäumte Place

Place St-Sauveur ▶ St-Sauveur, auf der freitags der Markt stattfindet, im Hochsommer auch Konzerte, Freilichtkino und anderes mehr.

CAEN ERLEBEN

AUSKUNFT

Office de Tourisme
Place St-Pierre, 14000 Caen
Tel. 02 31 27 14 14
www.tourisme.caen.fr

SCHIFFSVERKEHR

Boote nach Ouistreham vom Quai Vendeuvre (Anf. April – Anf. Okt. 14.45 Uhr, außer Mo., im Juli/Aug. auch Sa. nicht); auch Fahrten zu den Stränden der Invasion (www.lesvedettesdenormandie.fr).

FESTE & EVENTS

Juli/Aug., Do./Fr.: Soirs d'Eté (buntes Kulturprogramm). Mitte Sept. in geraden Jahren: großes Hafenfest.

ESSEN

▶ Erschwinglich/Fein & teuer
① *Le Pressoir*
3 Av. H. Chéron, Tel. 02 31 73 32 71
Sa.mittag, So.abend, Mo. geschl.
Modernes Ambiente in altem Gemäuer, hervorragende »Cuisine du marché« mit regionalen Akzenten.

▶ Preiswert/Erschwinglich
② *Le Carlotta*
16 Quai Vendeuvre
Tel. 02 31 86 68 99, So. geschl.
Eine typische »Pariser« Art-déco-Brasserie mit herrlichen Fisch- und

deftigen Fleischgerichten (natürlich auch Tripes). Vernünftige Preise.

③ *Le Bouchon du Vaugueux*
12 Rue Graindorge
Tel. 02 31 44 26 26, So./Mo. geschl.
Kleines Bistro im Vaugueux-Viertel mit guter saisonaler Küche.

④ *Café Mancel*
In der Burg, Tel. 02 31 86 63 40
So. abend, Mo. geschl.
Caférestaurant mit modernem Ambiente und ausgezeichneter Küche, gelegentlich gibt's Jazz und andere Kultur (www.cafemancel.com).

ÜBERNACHTEN

▶ Komfortabel/Luxus
① *Hôtel Moderne*
116 Blvd. du Maréchal Leclerc
Tel. 02 31 86 04 23, www.hotel-caen.com. Gediegenes Best-Western-Haus. Frühstück im 5. Stock mit Panoramablick.

▶ Günstig
② *Hôtel des Cordeliers*
4 Rue des Cordeliers
Tel. 02 31 86 37 15, Fax 02 31 39 56 51
Ruhig gelegenes Haus aus dem 18. Jh., sehr angenehme, schlichte Zimmer zum hübschen Innengarten oder zur Fußgängerzone. Kein Restaurant.

Unweit nordwestlich von St-Etienne steht an einem stimmungsvollen Friedhof die ehemalige Kirche St-Nicolas (1083–1093); beachtenswert sind die romanische Vorhalle und die Chorapsis.

St-Nicolas

Das Gegenstück zur Männerabtei, die 1062 von Mathilde von Flandern gestiftete Frauenabtei, liegt östlich des Zentrums. Ihre 50 m lange und 9 m breite romanische Kirche La Trinité ist bescheidener als St-Etienne. Im Chor ist die Königin beigesetzt, beeindruckend ist die Krypta. In den Klostergebäuden aus dem 18. Jh. tagt das Parlament der Basse Normandie. Nebenan liegt der hübsche Parc d'Ornano.

★
Abbaye aux Dames

Kaum ein anderer Teil Frankreichs ist von der Erinnerung an die Schrecken des Zweiten Weltkriegs so geprägt wie die Normandie. Das Mémorial, ein modernes **Friedensmuseum** nordwestlich des Zentrums (Febr.–Okt. tägl. 9.00–19.00 geöffnet, sonst bis 18.00 Uhr, Mo. geschl.; www.memorial-caen.tr), dokumentiert die Landung der Alliierten, informiert über den Kalten Krieg und macht auf die Bedrohung des Friedens aufmerksam; ein Saal ist den Friedensnobelpreisträgern gewidmet. Es veranstaltet außerdem geführte Touren zu den D-Day-Schauplätzen wie dem **Omaha Beach**.

★
Mémorial de Caen
🕐

Quartier Vaugueux, Caens hübsches Ausgehviertel

★ Champagne · Ardenne

L – N 3/4

Aus der Champagne, der idyllischen Landschaft im Nordosten Frankreichs, kommt der berühmteste und eleganteste Schaumwein der Welt. Alte Städte mit großartigen gotischen Sakralbauten wie Reims und Troyes erinnern an die bedeutende Vergangenheit.

Land des berühmten Schaumweins

Die Région Champagne - Ardenne reicht von der belgischen Grenze bis zu den Quellen der Seine in Burgund im Süden und von Lothringen im Osten bis zur Ile-de-France; Verwaltungssitz ist Châlons-en-Champagne. Der Ruhm der Champagne beruht auf ihrem luxuriösen Schaumwein, dem **Champagner**. Ein Begriff sind auch der Ardenner Schinken sowie die typischen Käse wie der Langres und der Chaource (AOC). Die Region ist touristisch wenig beansprucht, hat aber viel zu bieten. Im Norden zeugen Burgen und Festungen von der langen Grenzfunktion des Gebiets; hervorragende Kunstdenkmäler und schöne mittelalterliche Fachwerkhäuser sind vor allem in ▶ Troyes, ▶ Reims, Charleville-Mézières, Châlons-en-Champagne oder Chaumont zu sehen. Die Landschaft garantiert Ruhe und Abwechslung: von den tiefen Wäldern der Ardennen und der Argonnen durch weite Ebenen mit Getreidefeldern und sanfte, mit Reben be-

Morgenstimmung über den Weinbergen an der Marne

standene Hügelketten, die im Süden in ein Seengebiet mit Eichen-
wäldern und gemächlich strömenden Flüssen übergehen.

Der westliche Teil um Reims, Epernay und Châlons ist die **Champa-**   **Landschaften**
gne crayeuse, die »Kreide-Champagne«, auch »Champagne pouil-
leuse« (»trocken«, »elend«) genannt, mit magerem Boden auf was-
serdurchlässiger Kreide. Die gewellte, weithin als Schafweide dienen-
de Ebene ermöglicht nur dürftige Erträge, während an den sonnigen
Hängen die tief wurzelnden Reben den ungenießbar sauren, dünnen
Grundwein für den Champagner hervorbringen. Die östlich von Ste-
Ménehould und Vitry sich anschließende **Champagne humide**
(»feuchte Champagne«) ist ein wasser- und baumreiches Viehzucht-
und Ackerbaugebiet mit vielen Einzelgehöften. Am Übergang zwischen der Champagne und Lothringen siedelte sich wegen der Eisen-
erzvorkommen Schwerindustrie an. Durch den Nordosten der
Champagne ziehen sich die **Ardennen**, ein welliges, waldreiches Bergland mit ca. 500 m hohen Erhebungen, das von den Flüssen Maas
und Semois durchschnitten wird. Es ist v. a. für seine wildreichen
Buchen- und Tannenwälder bekannt. Das **Weinbaugebiet** der Champagne ist im Wesentlichen zweigeteilt: im Norden rings um Reims
und die Montagne de Reims, um Epernay und von dort die Marne
abwärts bis Saacy; im Süden die Côte des Bar etwa zwischen Bar-sur-
Aube und Les Riceys. Unter dem Titel »Paysages du Champagne«
kandidiert die Region mit einigen repräsentativen Weinbauarealen,
Kellereien und Orten für die Aufnahme in das UNESCO-Welterbe.

Als Caesar 57 v. Chr. Gallien eroberte, machte er Durocortorum   **Ein wenig**
(Reims) zur Hauptstadt der »Campania«, da sich hier acht Straßen   **Geschichte**
trafen. Im Jahr 451 schlug das vereinte Heer der Römer, Westgoten,
Burgunder und Franken ca. 20 km nördlich von Troyes den Hun-
nenkönig Attila. Der Erzbischof von Reims taufte 496 den Frankenkönig Chlodwig, womit ► Reims zur heiligen **Königsstadt Frank-**
reichs wurde. Im Mittelalter fanden in der Champagne herausragende **Handelsmessen** statt, auf denen v. a. Luxusgüter wie
Gewürze, Seide und flandrisches Tuch gehandelt wurden; die wirtschaftliche Blüte ist heute noch an den herrlichen Bauwerken sichtbar. 1328 kam die Landschaft durch die Heirat der letzten Erbin mit
Philipp VI. an die Krone; 1429 führte Jeanne d'Arc Karl VII. nach
Reims zur Königssalbung. Aus der Champagne stammen der Philosoph Denis Diderot (1713 – 1784) und G.-J. Danton (1759 – 1794),
eine Zentralfigur der Französischen Revolution. Bei Valmy errangen
die französischen Revolutionstruppen 1792 gegen das Heer der Preußen und Österreicher ihren ersten Sieg; J. W. von Goethe war ein Au-
genzeuge der »Kanonade von Valmy«. Aus dem Deutsch-Französischen Krieg 1870/1871 ist v. a. die Schlacht um Sedan bekannt. Auch
im Ersten Weltkrieg war die Champagne Schauplatz blutiger
Schlachten, etwa der Marneschlacht 1914, woran Friedhöfe und
Denkmäler erinnern.

WEIN DER KÖNIGE, KÖNIG DER WEINE

Der edle Schaumwein ist heute weitgehend »demokratisiert«. Geblieben ist ihm der weltweite Schutz als Marke, denn nur was aus dem nördlichsten Weinbaugebiet Frankreichs stammt und nach einem bestimmten Verfahren hergestellt ist, darf sich »Champagner« nennen.

Dies war eine Bestimmung des Versailler Vertrags 1919, in der EU wurde es 1994 festgeschrieben, und auch im überseeischen Ausland ließ man den Namen schützen. Die kreidehaltigen Böden um Reims und Épernay und die Trauben von rotem Pinot Noir und Pinot Meunier sowie von weißem Chardonnay (meist im Verschnitt, mit Ausnahme des Blanc des Blancs) sind wichtige Faktoren für den Charakter. Daneben spielen die gesetzlich beschränkte Anbaufläche, das Klima, Maßnahmen zur Verminderung der Traubenmenge und die Ertragsbeschränkung bei der Ernte und beim Pressen eine wichtige Rolle.

Ein wenig Geschichte

Wein wird in der Champagne schon seit gallorömischer Zeit angebaut. Der hl. Remigius, Erzbischof von Reims, erwähnte in seinem Testament 533 die Weinberge ausdrücklich. Im Mittelalter lag der Weinbau vor allem in den Händen der Klöster, sein Ruhm verbreitete sich durch die Handelsmessen. Erst gegen Ende des 17. Jh.s gelang es **Dom Pérignon**, dem Kellermeister der Abtei von Hautvillers bei Épernay, eine Gärung zu bewirken, durch die der Wein moussierte und dennoch seine Klarheit behielt. In der Nachfolge von Malvasier und Sherry wurde der Champagner zum bevorzugten Festgetränk der europäischen Aristokratie. Lagerung und Transport machten aber große Probleme; nur etwa die Hälfte der Produktion gelangte auch auf den Tisch. Erst in den Zeiten Napoleons entwickelte man die druckfeste Flasche und den geeigneten Korken. Die große Zeit des Champagner-Exports begann nach den Napoleonischen Kriegen. Heute hat die Produktion die Marke von 400 Mio. Flaschen im Jahr erreicht. Dabei umfasst das Anbaugebiet der Champagne nur 33 000 ha und entspricht damit ungefähr demjenigen Rheinhessens. Größter Anbieter ist mit einem Marktanteil von ca. 20 % der Luxusgüterkonzern LVMH (Louis Vuitton Moët-Hennessy) mit den Häusern Moët & Chandon, Veuve Cliquot, Piper-Heidsieck, Krug, Mercier und Ruinart; Pommery ging 2002 an die Vranken-Gruppe.

Der Aufstieg des Hauses Pommery begann 1858, als Louise Pommery die Leitung übernahm. Sie kreierte auch den Brut-Champagner.

Méthode champenoise

Champagner wird nach einem besonderen Verfahren hergestellt. Die meist weißen Grundweine aus roten und weißen Trauben vergären in Stahltanks bei niedrigen Temperaturen (12 – 25 °C). Nach der ersten Gärung werden sie mit Wein früherer Jahre zu einer **Cuvée** zusammengestellt (Weine aus einem Jahrgang ergeben den **Millésimé**, den Jahrgangschampagner), die über Stil und Charakter entscheidet – darin liegt das Geheimnis der konkurrierenden Champagnerhäuser. Nun wird der Wein in Flaschen gefüllt, Zucker und Hefe beigemischt (Liqueur de tirage). In der verschlossenen Flasche setzt eine zweite Gärung ein. In der Regel dauert sie 15 – 18 Monate, große Champagner können jedoch bis zu 15 Jahren auf der Hefe reifen. Durch Schräglagerung und regelmäßiges Rütteln (Remuage) der Flaschen setzt sich die Hefe allmählich im Hals ab und wird entfernt (Degorgieren). Dies geschieht durch Einfrieren des Flaschenhalses in einem Kältebad. Beim Öffnen der Flasche schießt das gefrorene Depot aus der Flasche. Der

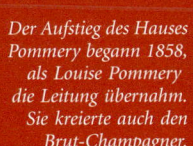

geringe Verlust wird durch eine Lösung von Zucker in Wein (Dosage) ausgeglichen, deren Konzentration den Charakter des Endprodukts bestimmt: brut (herb), sec (trocken), demi-sec (halbtrocken), doux (süß). Nach erneutem Verkorken muss der Champagner noch längere Zeit lagern, ehe er in den Verkauf kommt. Für die Reifung ist der Kreideuntergrund der Champagne ideal geeignet: über 250 km lange Höhlen, sog. **Crayères**, die u. a. in Reims und Épernay zu besichtigen sind.

Route du Champagne

Die Anbaugebiete der Champagne werden durch die 700 km lange Route Touristique du Champagne mit sieben Teilstrecken erschlossen, fünf davon im **Triangle Sacré du Champagne** zwischen Épernay, ▶ Reims und Château-Thierry mit den Hauptanbaugebieten Montagne de Reims, Côte des Blancs und Valleé de la Marne, die 80 % der Rebflächen umfassen. Zwei weitere schlängeln sich durch die **Côte des Bar**, das in der Champagnergeschichte benachteiligte Gebiet im Süden der Region.

▶ CHAMPAGNE-ARDENNE ERLEBEN

AUSKUNFT

CRT Champagne-Ardenne
15 Avenue du Maréchal Leclerc
51013 Châlons-en-Champagne
Tel. 03 26 21 85 80, www.tourisme-champagne-ardenne.com

CDT de la Marne
13 bis Rue Carnot, BP 74
51000 Châlons-en-Champagne Cedex
Tel. 03 26 68 37 52
www.tourisme-en-champagne.com

Aube en Champagne Tourisme
34 Quai Dampierre, 10000 Troyes
Tel. 03 25 42 50 00
www.aube-champagne.de

CDT des Ardennes
24 Place Ducale, BP 419
08107 Charleville-Mézières Cedex
Tel. 03 24 56 06 08
www.ardennes.com

CHAMPAGNER

Überall in den Weinbaugebieten werden Reben- und andere Themenwanderungen, Verkostungen, Kellerbesichtigungen etc. angeboten. Reizvoll ist eine Tour auf einer der Routes du Champagne (▶S. 257). Informationen geben die Tourismusbüros.

FESTE & EVENTS

Ganzjährig 1. Sa. im Monat in der Côte des Bar: Verkostung in den Weinkellern. Jan. in vielen Orten: Fest des hl. Vinzenz (Patron der Winzer). Ende April, Joinville: Gartenfest im Schloss. Mitte Mai, Verzenay: Weinfest. 3. Mai-Wochenende, Sedan: Mittelalterfest. Ende Mai, Langres: Fête du Pétard (Straßentheater, Musik etc.). Mai/Juni, Chaumont: Festival d'Affiche. Anf. Juni, Essoyes: Chevalets (Treffen bildender Künstler im Renoir-Dorf). Mitte Juni, Nogent (Haute-Marne): Salon de Coutellerie (Messer-Messe). Juli bis Anf. Aug., Châlons-en-Champagne: F'Estival des Musiques d'Ici et d'Ailleurs. 3. Sept.-So., Brienne-le-Châ-teau: Sauerkrautfest. Dez., viele Orte um Reims/Epernay: Weihnachts-märkte und Krippen.

ESSEN

▶ Fein & teuer
Aux Armes de Champagne
L'Epine, 31 Av. du Luxembourg
(6 km östlich von Châlons-en-Champagne), Tel. 03 26 69 30 30
Bei David Marlien, einem Schüler von Alain Ducasse, speist man hervorragend, im Herbst ist Trüffelsaison. Hübsche, ländlich-edle Zimmer.

▶ Erschwinglich
Vieux Puits
Ay, 18 Rue Roger Sondag
Tel. 03 26 56 96 53 (bei Epernay)
www.levieuxpuits.com
Hübscher, einladender Landgasthof im Champagnerort Ay mit ausgezeichnet bestücktem Weinkeller. Mi./Do. und 2. Aug.-Hälfte geschl.

La Toque Baralbine
Bar-Sur-Aube, 18 Rue Nationale
Tel. 03 25 27 08 01, Mo. geschl.
Gutbürgerliches Restaurant, ambitionierte Regionalküche. Gute Auswahl an Weinen und Champagner.

La Table d'Arthur »R«
Charleville-Mézières, 9 Rue Bérégovoy, Tel. 03 24 57 05 64
Vom Weinladen geht es hinunter in den gemütlichen Keller. Serviert wird eine schlichte, ehrliche Küche. Viele gute offene Weine. Südlich der Place Ducale, So./Mo.abend geschlossen.

Auberge des Moissons
Matouges, 8 Route Nationale
(10 km nordwestlich von Châlons-en-
Champagne), Tel. 03 26 70 99 17
www.des-moissons.com
Schlichter Landgasthof mit hervorragender Küche der Region, u. a. mit
selbstgesammelten Trüffeln (Ende
Sept. – Dez.). Moderne Zimmer.

ÜBERNACHTEN
► Luxus
Hostellerie La Briqueterie
Vinay, 4 Route Sézanne, Tel. 03 26 59
99 99, www.labriqueterie.fr
Haus im Stil einer alten Ziegelei 6 km
südwestlich von Epernay in der Reblandschaft gelegen. Großzügige Gastzimmer, mit Pool und Wellness-
angeboten. Feine Küche der Region.

► Komfortabel
Château de Bazeilles
Bazeilles (3 km südöstlich von Sedan)
Tel. 03 24 27 09 68
www.chateau-bazeilles.com
Großzügige moderne Zimmer in den
Nebengebäuden des Schlosses. In der
Orangerie genießt man eine leichte,
einfallsreiche Küche – im Winter
unter Schiffskielgewölbe am offenen
Kamin, im Sommer auf der Terrasse.

Les Berceaux
Epernay, 13 Rue Berceaux, Tel. 03 26
55 28 84, www.lesberceaux.com
Wunderbares kleines Hotel nahe der
Place République. Außer einem besternten Restaurant gibt es ein preis-
werteres modernes Bistrot.

A l'Orée du Bois
Futeau, Tel. 03 29 88 28 41
www.aloreedubois.fr
Ländliche Idylle in den Argonnen
südlich von Les Islettes (Dez./Jan.
geschl.), ein nobel-stilvolles Refugium
mit ebensolchem Restaurant.

Le Marius
Les Riceys, 2 Place de l'Eglise
Tel. 03 25 29 31 65
www.hotel-le-marius.com
Aus 4 Häusern des 16./17. Jh.s ent-
stand ein echtes Schmuckstück.
Ebenso schön ist das Restaurant unter
Gewölben mit traditioneller Küche
(So.abend/Mo. geschl.).

L'Auberge du Lac
Mesnil-St-Père, 5 Rue 28 Août 1944
Tel. 03 25 41 27 16
www.auberge-du-lac.fr
Fachwerkhaus wenige Schritte vom
Lac d'Orient entfernt, geschmackvoll
modernisiert. Raffinierte Regional-
und gute Fischküche.

► Günstig
Auberge St-Vincent
Ambonnay, 1 Rue St-Vincent
Tel. 03 26 57 01 98
www.auberge-st-vincent.com
Kleines Haus südöstlich der Mon-
tagne de Reims mit hübschen Zim-
mern. Gute Küche der Region (Rest.
So.abend/Mo./Di.mittag geschl.).

Beau Rivage
Nogent-sur-Seine, 20 Rue Villiers-
aux-Choux, Tel. 03 25 39 84 22
Charmante, schlichte Herberge über
dem Seine-Ufer am Ortsrand, mit
sehr gutem Restaurant anlegen. Mit
Terrasse, besonders angenehm an
einem warmen Sommerabend ...
So.abend/Mo./2. Aug.-Hälfte geschl.

Auberge de l'Abbaye
Signy-l'Abbaye, Place Aristide Briand
(30 km südwestlich von Charleville-
Mézières), Tel. 03 24 52 81 27
Alte Poststation, seit 200 Jahren in
den Händen derselben Familie. Länd-
liches Ambiente, schlichte Zimmer.
Im Sommer isst man auf der Terrasse.
Restaurant Di.abend/Mi. geschl.

Highlights Champagne und Ardennen

Champagner
Keine Reise durch die Champagne ohne den Besuch einer Kellerei in Epernay, Reims oder einem der vielen kleinen Weinorte
▶ **Seite 260, 539**

Straßen des Champagners
In sieben reizvollen Teilstrecken erschließt die Route Touristique du Champagne die Anbaugebiete.
▶ **Seite 257**

Troyes
Die alte Hauptstadt der Champagne mit Fachwerkhäusern, kostbar ausgestatteten

Kirchen und moderner Kunst – sowie mehreren riesigen Factory-Outlets
▶ **Seite 582**

Fachwerkkirchen
Sakralarchitektur in der »Feuchten Champagne«, Zeugnisse hoher Handwerkskunst
▶ **Seite 263**

Festungen und Wehrkirchen
Die Ardennen, ein umkämpfter Landstrich: Festungen in Rocroi, Mézières und Sedan zeugen ebenso von kriegerischen Zeiten wie die Wehrkirchen der Thiérache.
▶ **Seite 268**

Reiseziele in der Champagne

Montagne de Reims
Südlich von ▶Reims dehnt sich ein großes Laubwaldgebiet aus (Regionaler Naturpark); ringsum tragen seine sanft abfallenden Ränder Weinberge. Der geologische Untergrund mit Kalk, Kreide, Kies und Sand bedingt eine interessante Fauna und Flora, die man auf schönen Wanderungen kennenlernen kann, z. B. zwischen Mailly und Villers-Marméry am Nordostrand (Rundweg ca. 4 Std.). In **Verzenay** ragt ein überraschendes Bauwerk auf, ein Leuchtturm (1909) mit einem Weinbaumuseum; von der Windmühle (Mumm) bietet sich ein herrlicher Ausblick. Bei **Verzy** ist eine Laune der Natur mit einem Lehrpfad erschlossen, ein Wald von Korkenzieherbuchen (Faux de Verzy).

✳ Epernay
Südlich der Montagne de Reims, in der Mitte des Anbaugebiets an der Marne, liegt Epernay (26 000 Einw.), neben Reims das zweite **Zentrum der Champagnerproduktion**. Der Kreideuntergrund ist von über 100 km langen Stollen durchzogen, in denen bei 9 – 12 °C ca. 200 Mio. Flaschen lagern. Zu den bekanntesten Firmen, die zu besichtigen sind, gehören Moët & Chandon (1743 gegründet), Mercier, Pol Roger und De Castellane, daneben sind ein Dutzend kleinere Firmen interessant. Das Tourismusbüro neben dem auch innen sehenswerten Rathaus (1858) hält Informationen bereit. Aufgrund der Zerstörungen im Lauf der Geschichte sind nur wenige historische Bauwerke erhalten, darunter das Portal St-Martin. In der neogotischen Notre-Dame (1907) sind Renaissance-Fenster aus dem Vorgängerbau erhalten; große Orgel von Cavaillé-Coll (1869). An der Avenue de

Champagne östlich des Rathauses reihen sich prächtige Häuser berühmter Champagnerfirmen, erbaut im 19. Jh.; dort findet man das **Château Perrier** (Stadtmuseum, z. Z. geschl.), in der Champagner-Abteilung erfährt man alles über den edlen Tropfen. Die Kellerei **De Castellane** (57 Rue de Verdun) mit ihrem 63 m hohen Turm (Aussicht) hat ebenfalls ein Museum eingerichtet (Mitte März bis Dez. tägl.). In Hautvillers, einem hübschen Dorf 6 km nordwestlich von Epernay, steht die Abtei, in der **Dom Pérignon** (►S. 256) Kellermeister war; seine Grabplatte ist in der Kirche St-Sindulphe zu sehen. Auch Dom Ruinart ruht hier; schön sind auch das Chorgestühl (17./18. Jh.) und die prächtige Täfelung. Lohnend ist ein Gang auf die Höhe über dem Dorf mit herrlichem Ausblick.

✶
◄ Hautvillers

Die Argonnen, ein Hügelzug mit malerischen Tälern und Wäldern, liegen zwischen ►Reims und ►Verdun an der Grenze zu ►Lothringen. Hier eine kleine Schleife mit sehenswerten Punkten. 60 km östlich von Reims (D 931), bei **Valmy**, schlug das Revolutionsheer 1792 die Preußen, Führungen veranstaltet das Tourismusbüro. 10 km weiter östlich liegt das malerische **Sainte-Ménehould** (4700 Einw.); seine Unterstadt, die sich um den Schlossberg gruppiert, wurde nach einem Großbrand 1719 neu aufgebaut. In der gotischen Schlosskirche (13. Jh.) ist ein merkwürdiger »Marientod« zu sehen. Seit 1790 ist der butterzarte »pied de cochon« (Schweinsfüßchen) die Spezialität des Orts, dazu trinkt man Bier aus Valmy. **Les Islettes** (9 km östlich) war einst für Fayencen und Kacheln bekannt. 6 km weiter folgt **Clermont-en-Argonne** (15 km östlich) mit der interessanten Kirche St-Didier (16. Jh.), die Annen-

✶
Forêt d'Argonne

> # ! *Baedeker* TIPP
>
> ### »C« comme Champagne
>
> Für Champagner-Anfänger wie für Eingeweihte ist diese Champagnerbar in Epernay (8 Rue Gambetta) ein Paradies: Nicht weniger als 350 prickelnde Weine von 45 Herstellern gibt es hier in edlem Rahmen zu verkosten und zu kaufen. Ergänzt wird das Angebot durch weitere feine »geistvolle« Produkte der Region: Ratafia sowie Marc und Fine de Champagne.

kapelle zeigt eine Ligier Richier zugeschriebene »Grablegung«. Auf der Butte de Vauquois (14 km nördlich) sind noch Spuren der Kämpfe im Ersten Weltkrieg zu erkennen. In **Varennes-en-Argonne** (4 km nordwestlich) wurden 1791 Ludwig XVI. und Marie-Antoinette auf der Flucht verhaftet (Stadtmuseum). Nun südwestlich (D 38 / D 2) über Lachalade mit eindrucksvoller Zisterzienserabtei zurück nach Islettes; 14 km weiter südöstlich ist im hoch gelegenen **Beaulieu-en-Argonne** die Ruine einer Benediktinerabtei mit einer gewaltigen Traubenpresse aus dem 13. Jh. zu sehen.

Elegante Bürgerpalais und schöne Fachwerkhäuser prägen das Bild dieses Weinhandelsorts (45 800 Einw.) 48 km südlich von Reims. In der Kathedrale St-Etienne (13. Jh., Fassade 1634) sind die herrlichen Glasfenster aus dem 12. bis 16. Jh. und der Kirchenschatz sehens-

Châlons-en-Champagne
✶
◄ St-Etienne

wert; die Taufbecken aus blauem Schiefer (12. Jh.) stammen wohl aus Tournoi. Vom Vorgängerbau rühren noch der Nordturm und die Krypta. Zu den schönsten Gotteshäusern der Champagne zählt die viertürmige Kollegiatkirche Notre-Dame-en-Vaux (1157 – 1217) mit prächtigen Troyes-Fenstern im Chor (16. Jh.); ihr Glockenspiel (19. Jh.) ist eines der größten in Europa. Im Musée du Cloître (Di. geschl.) sind Plastiken ausgestellt, darunter 50 Säulenfiguren mit kunstvollen Kapitellen. Literaturfreunde besuchen das **Musée Schiller et Goethe**, 1952 gestiftet von der letzten Schiller-Nachfahrin Baronin von Gleichen-Rußwurm (68 Rue Léon Bourgeois, Juli/Aug. tägl. 14.00 – 18.00 Uhr, sonst nur Sa./So.). Erlebenswert ist die Markthalle von Ende des 19. Jh.s. Ein viel besuchter Wallfahrtsort ist die weithin sichtbare Basilika Notre-Dame-de-l'Epine 6 km nordöstlich von Châlons (N 3), erbaut 1406 – 1527, die mit Flamboyant-Bauschmuck (Wasserspeier!) glänzt. Trotz der Plünderungen 1793 besitzt sie viele interessante Skulpturen und andere Details, im Chor z. B. eine große Schnecke auf einem Krautblatt.

Notre-Dame-en-Vaux ▶
⏲

⏲

Notre-Dame-de-l'Epine ▶

Vitry-le-François

Die 32 km südlich von Chalons-en-Champagne oberhalb der Marne gelegene Stadt (14 800 Einw.) wurde Mitte des 16. Jh.s von Franz I. als Festungsstadt schachbrettartig angelegt und nach den Zerstörungen 1940/1944 nach alten Plänen wieder aufgebaut. Den Klassizismus des französischen Barocks repräsentiert die imposante Kirche Notre-Dame an der quadratischen Place d'Armes (17./18. Jh.) im Zentrum. Einige Champagnerkellereien laden zum Besuch ein. Lohnend ist ein Gang entlang der Kanäle im Norden und Osten der Stadt. 10 km nördlich von Vitry ist St-Amand-sur-Fion sehenswert, ein **bilderbuchmäßiges Champagne-Dorf** mit Fachwerkhäusern – deren Tore in einen Innenhof führen – und einer eleganten, rosafarbenen gotischen Kirche (13. Jh.), die noch Teile vom Vorgängerbau besitzt (Mittelportal, Teile des Langhauses). Chor, Vorhalle und ein Teil der verzierten Kapitelle stammen aus dem 15. Jahrhundert.

Saint-Amand-sur-Fion ▶

Saint-Dizier

St-Dizier (30 000 Einw.) 30 km östlich von Vitry ist bekannt für die 1921 begründete Eiscreme-Firma **Miko**, der führende Hersteller in Frankreich; im Ciné Quai informiert das Miko-Museum. Bedeutend war im 19. Jh. die Eisenindustrie; die **Gießerei** befriedigte die – besonders in Paris – immense Nachfrage nach Kandelabern, Brunnen und Statuen, Balkongittern und Zäunen, Pavillons u. v. m. In St-Dizier selbst sieht man Gusseisen allenthalben, an die 100 Häuser sind mit Jugendstil-Elementen geschmückt, entworfen von **Hector Guimard**, dem Schöpfer der Métro-Eingänge in Paris. Das Musée Municipal (beim Rathaus) zeigt Guimard-Arbeiten, außerdem ein Iguanodon-Skelett, das bei der Anlage des Lac-du-Der zutage kam. Bierfreunde besuchen das Musée de la Brasserie.

Joinville

Gut 30 km die Marne aufwärts liegt Joinville (3800 Einw.), ein hübsches Städtchen am Marne-Saône-Kanal. Hier war Claude de Lor-

Lac du Der-Chantecoq, Frankreichs größter Stausee

raine ansässig, der erste Herzog der Guise (1496–1550), der sich um 1545 das Château du Grand Jardin nach dem Geschmack der italienischen Renaissance anlegen ließ (Di. und Jan. geschl.). Berühmt ist es für seine **Renaissance-Gärten**, in denen es sich wunderbar lustwandeln lässt. In der Mitte des Labyrinths steht ein Baum, der vier Obstsorten trägt. Im Sommer Konzerte, Ausstellungen etc.

★
◄ Château du Grand Jardin
🕐

Der mit 48 km² Fläche größte Stausee Frankreichs (südwestlich von St-Dizier) reguliert den Wasserstand der Marne. Mit Bootshäfen, Strandbädern und Campingplätzen ist er ein beliebtes Ausflugsziel. Interessante Gebäude der überfluteten Dörfer wurden in Ste-Marie-du-Lac am Nordufer aufgebaut. Wasser- und Zugvögel kann man hier beobachten, u.a. Tausende Kraniche aus Skandinavien. Vom Hafen in Giffaumont kann man einen Rundgang (3 Std.) um die Bucht des Bois des Moines unternehmen, die durch einen versenkbaren Deich abgeschlossen wird. Besuchenswert ist auch das Landwirtschaftsmuseum **Ferme de Berzillières** südlich von Giffaumont.

Lac du Der-Chantecoq

Typisch für die »Champagne humide« (»Feuchte Champagne«) sind die Kirchen aus dem 15./16. Jh. in kunstreichem Fachwerk. Man zählt etwa zehn, besonders schöne Exemplare findet man in den Dörfern Bailly-le-Franc und Lentilles südwestlich des Lac du Der sowie, noch weiter südwestlich, in Juzanvigny, Mathaux und Longsols.

★
Fachwerk-kirchen

Ein Schloss aus dem 18. Jh. (nicht zugänglich) überragt dieses nahe der Aube gelegene Städtchen (3200 Einw., 40 km östlich von Troyes). Hier war **Napoleon Bonaparte** vom 10. bis zum 15. Lebensjahr Zög-

Brienne-le-Château

ling der Militärschule (Museum); vor dem Rathaus steht der Milchbart in Bronze gegossen, natürlich mit der rechten Hand in der Weste. Das nach dem Elsass wichtigste **Sauerkrautzentrum** des Landes, mit einem Viertel der nationalen Produktion, feiert am 3. September-Sonntag die »Fête de la choucroute en champagne«.

Forêt d'Orient Östlich von ▶ Troyes dehnt sich ein weiteres Gebiet mit herrlichen Wäldern und Badeseen aus, der **Regionale Naturpark** Forêt d'Orient mit den Stauseen Lac d'Orient, Lac du Temple und Lac Amance. Auch hier kann man Sport treiben und Tiere beobachten, etwa den Schwarzen Schwan; darüber hinaus sind die Seen Angelparadiese. Rein sportmäßig (»no kill«) geht man hier nachts auf Karpfenjagd.

Bar-sur-Seine Fachwerkhäuser des 15. bis 17. Jh.s prägen den Kern von Bar-sur-Seine, Hauptort des Champagnergebiets **Côte des Bar**; besonders reich gestaltet ist die Maison Renaissance (Rue de la République). Die Kirche St-Etienne (1505–1616), die Flamboyant, Renaissance und Klassizismus vereint, besitzt schöne Grisaille-Fenster (16. Jh.) und hervorragende Bildhauerarbeiten von F. Gentil (16. Jh.). Schöner Ausblick von den Resten der Burg, in der 1273 Johanna von Navarra, letzte Gräfin der Champagne und Königin von Frankreich, geboren wurde.

Essoyes Das 17 km südöstlich gelegene Essoyes an der Ource und seine Umgebung war für **Pierre-Auguste Renoir** ein bevorzugtes Sujet. Von 1884 bis zu seinem Tod verbrachte er jedes Jahr das Sommerhalbjahr hier, denn seine Frau stammte von Essoyes. Sein Atelier ist von Mai bis Okt. zugänglich, mit seiner Familie ist er auf dem Friedhof begraben. Vom Rathaus sind einige Rundwege ausgeschildert.

Chaource Chaource (21 km südlich von Troyes) ist durch den gleichnamigen üppigen **Käse** ein Begriff; im Musée de Fromage kann man ihn näher kennenlernen. Außer Fachwerkhäusern des 15. Jahrhunderts ist die Kirche St-Jean-Baptiste mit dem Polyptychon einer »Geburt Jesu« aus vergoldetem Holz mit 25 Figuren bemerkenswert; in der Apsis die eindrucksvolle Grablegung (1515) des **Meisters von Chaource**.

> **!** *Baedeker* TIPP
>
> **Die Cadoles von Les Riceys**
>
> Bis zu 200 Jahre alt sind die aus Steinen in einem unechten Gewölbe aufgeschichteten »Hütten«, die den Winzern als Unterstand dienen. Von der Ortsmitte von Les Riceys aus kann man an einem schönen Weg durch die Weinberge ein Dutzend von ihnen sehen.

Im Weindorf **Les Riceys**, 22 km südwestlich von Chaource, macht man aus Pinot Noir nicht nur weißen Champagner, sondern auch den raren **Rosé des Riceys AOC**, einen hellroten Stillwein. Bei einer Reihe von Erzeugern kann man beide testen.

Das an der Aube gelegene »andere« Bar (6200 Einw.) war im Mittelalter eine bekannte Messestadt. **Champagnerkellereien** laden zu Besichtigung und Verkostung ein. Ein Straßenring, der den Verlauf der Stadtmauer nachzeichnet, umschließt die Altstadt mit malerischen Gassen. Die Holzgalerien an der West- und Südseite der Kirche St-Pierre (12./16. Jh.) dienten als Markthalle; der Hauptaltar stand einst in der Abtei Clairvaux (s. u.), aus der Schule von Troyes stammt die farbig gefasste Marienstatue (15. Jh.). Am 2. Sept.-Wochenende findet der Champagnermarkt statt. Im südöstlich gelegenen **Bayel** wird seit dem 14. Jh. Kristallglas hergestellt; man kann die Königliche Kristallmanufaktur (mit Fabrikverkauf) und das Musée du Cristal besuchen (tägl. geöffnet, Okt. – März So. geschl.). Die Kirche verfügt über ein Werk des Meisters von Chaource (Pietà).

Bar-sur-Aube

13 km südöstlich von Bar-sur-Aube liegt die berühmte Abtei Clairvaux (von lat. »clara vallis«, »lichtes Tal«), gegründet 1115 von dem 25-jährigen Bernard de Fontaine, der als **Bernhard von Clairvaux** eine herausragende Figur des Mittelalters wurde (►S. 75). 1808 funktionierte der Staat den Komplex in ein Gefängnis um, die um 1140 erbaute Kirche wurde 1812 verkauft und als Steinbruch bis 1819 abgerissen. Die Konventsgebäude sind z. T. zugänglich, in der Hostellerie des Dames findet sich eine informative Ausstellung.

Abbaye de Clairvaux

Pierre-Auguste Renoir: »Renoirs Sommerhaus in Essoyes« (1906)

Berühmtes Weinanbaugebiet, hier die Umgebung von Epernay

Colombey-
les-Deux-Eglises
🕐

Das Dorf 16 km östlich von Bar-sur-Aube war ab 1934 Wohnsitz von **Charles de Gaulle** (1890 – 1970), der nationalen Ikone des 20. Jh.s (►S. 77). Sein Haus »La Boisserie« ist zugänglich, das Mémorial dokumentiert Leben und Werk des Staatsmanns (geöffnet Mai – Sept. tägl. 9.30 – 19.00, Okt. – Dez., Febr. – April Di. – Mo. 10.00 – 17.30 Uhr). Zusammen mit der Stiftung Bundeskanzler-Adenauer-Haus wurde eine Ausstellung konzipiert, die der deutsch-französischen Aussöhnung seit de Gaulle und Adenauer gewidmet ist. Auf dem nahen Hügel erinnert ein 44 m hohes Lothringer Kreuz, das Symbol der Résistance, aus rosa Granit an de Gaulle.

Chaumont

Chaumont (24 300 Einw.), 85 km südöstlich von Troyes auf einem Plateau zwischen Marne und Suize gelegen, war bis 1329 Sitz der Grafen der Champagne. Erhalten ist von ihrer Burg der Donjon aus dem 11./12. Jh., im Grafenpalais (13./14. Jh.) zeigt das **Musée d'Art et d'Histoire** Gemälde, Skulpturen der Brüder Bouchardon aus Chaumont und eine Sammlung zur lokalen Leder- und Handschuhindustrie. Einen Besuch lohnt die Kirche **St-Jean-Baptiste** mit einem Langhaus vom Ende des 12. Jh.s und einem ungewöhnlichen Querhaus und Chor in Flamboyant-Gotik (1517 – 1543); schön sind die farbig gefasste »Grablegung Christi« (1471) und ein Relief »Wurzel Jesse« (um 1540). Ein Getreidesilo

! *Baedeker* TIPP

Vélosolex

Was sich mit diesem urfranzösischen Fortbewegungsmittel alles anstellen lässt, ist Anfang Juni in Chaumont zu erleben – bei einem 24-Stunden-Rennen. In fünf Klassen treten die Fahrräder mit Hilfsmotor an, vom Serienmodell (fast 1000 km Strecke!) bis zum massiv umgebauten Boliden (Info: http://solexclub.free.fr).

(Les Silos) wurde zur **Maison du Livre et de l'Affiche** mit einer Sammlung von 20 000 Plakaten; hier findet Ende Mai/Anfang Juni das Festival d'Affiche statt. Das Musée de la Crèche besitzt die schönste Sammlung neapolitanischer Krippen des 18. Jh.s in Frankreich. Vom 654 m langen und 52 m hohen **Eisenbahnviadukt** (1856) hat man einen schönen Blick.

Reiseziele in den Ardennen

In weiter Landschaft, in der Getreide und Rüben angebaut werden, liegt Rethel (7800 Einw.) 40 km nordöstlich von Reims am Nordufer der Aisne. Die Kirche **St-Nicolas** (1279/1317) gehört zu den seltenen Exemplaren mit zwei Schiffen; das nördliche war die Mönchs-, das südliche die Pfarrkirche und ihre Geschichte ist die des Konflikts zwischen den Nutzergruppen. Das herrliche Flamboyant-Südportal der Kirche datiert von 1512, der Glockenturm von 1614.

Rethel

> ! ***Baedeker* TIPP**
>
> **Boudin blanc**
>
> Den Boudin blanc, eine Art weiße Schweinebratwurst, gibt es in den Ardennen in zwei Versionen: die berühmtere von Rethel und die würzigere aus dem Maas-Tal (Hargnies). Am letzten April-So. wird sie in Rethel mit der Foire au Boudin blanc gefeiert. Am besten trinkt man dazu ein Bier aus den Ardennen, etwa eine Oubliette oder ein Ardwen.

Von Reims kann man direkt nach Norden zur Aisne fahren und dann weiter nach Asfeld (1000 Einw.), das eine höchst ungewöhnliche Kirche besitzt: ein mächtiger Bau von 1685 in »echtem« Barock anstatt im üblichen Klassizismus, aus unverputzten Ziegeln, ohne eine gerade Linie im Grundriss, der von der Form einer Violine inspiriert ist. Errichten ließ sie J.-J. de Mesmes, Graf von Avaux und Präsident des Parlement in Paris. Sie erinnert stilistisch an den Italiener Guarino Guarini, der 1662 in Paris arbeitete.

✷
Asfeld

Die Doppelstadt Charleville-Mézières (51 000 Einw.) liegt nahe der belgischen Grenze an der Meuse (Maas). Mittelpunkt des klassizistischen Charleville im Norden ist die Place Ducale, angelegt zu Anfang des 17. Jh.s nach dem Vorbild der Pariser Place des Vosges. Eine Statue (1899) erinnert dort an den Stadtgründer **Karl von Gonzaga** (1580–1637), den aus Mantua stammenden Graf von Rethel. Hier befindet sich auch das moderne **Musée de l'Ardenne** (Archäologie und Volkskunde der Ardennen; Mo. geschl.). Die Geburtsstadt von **Arthur Rimbaud** (1854–1891) hat dem Dichter in der Vieux Moulin ein Museum gewidmet (Quai Arthur Rimbaud nördlich des Zentrums am Fluss, Mo. geschl.), auf dem Friedhof (Av. Charles Boutet) ist er bestattet. Im mittelalterlichen Mézières, weiter südlich an der engsten Stelle der Maas-Schleife gelegen, sind Reste der Befestigung aus dem 16. Jh. erhalten. Die Basilika **Notre-Dame-de-l'Espérance** in spätgotischem Flamboyant mit 153 m hohem Renaissance-Turm be-

Charleville-Mézières
✷
◄ Place Ducale

◷

◷
◄ Mézières

sitzt 68 moderne Fenster (1955–1979) von René Dürrbach, einem Freund von Pablo Picasso. Alle zwei, drei Jahre (wieder 2011) findet im September das Internationale Marionettenfestival statt. Veranstalterin ist die an der Place Winston Churchill ansässige Ecole Nationale Supérieure des Arts de la Marionnette; daneben schlägt von 10.00 bis 21.00 Uhr der 10 m hohe »Grand Marionettiste« die Stunden.

Thiérache Thiérache heißt die hügelige Bocage-Landschaft, die sich von Charleville-Mézières nach Westen zur ▶Picardie hin erstreckt. Vom Hundertjährigen Krieg bis ins 17. Jh. hinein bauten die Bewohner ihre Kirchen zu veritablen Festen aus, um sich Zufluchtsorte zu schaffen. Auf der ca. 150 km langen **Route des Eglises Fortifiées de Thiérache** kann man etwa 15 von ihnen kennenlernen. Info beim Tourismusbüro Charleville-Mézières (▶S. 258).

**
Vallée de Meuse Nördlich von Charleville-Mézières fließt die Maas in tiefen Schluchten oder großartigen Schleifen durch die einsamen Ardennen in Richtung Belgien, ein herrliches Revier für Hausbooturlauber. Praktisch auf der ganzen Länge folgt die Straße ihrem Lauf und ein eindrucksvoller Ausblick folgt dem nächsten. Am bekanntesten ist die Schleife bei **Monthermé**; am besten ist der Blick vom Roche à Sept Heures (D 989 Richtung Hargnies). Vom Roche aux Sept Villages an der D 989 Richtung Charleville-Mézières hat man nicht nur einen tollen Blick ins Maas-Tal, sondern auch nach Osten auf die Quatre Fils Aymon, vier nach einer Legende benannte Felszacken. In **Fumay**, der »Stadt des Schiefers«, sollte man am Fluss ein wenig bummeln und die Atmosphäre genießen. Einen schönen Blick auf die in zwei Schleifen gelegenen Stadt **Revin** hat man vom 450 m hohen Mont Malgré Tout östlich des Orts. In der Maison Espagnole, einem Fachwerkhaus aus dem 16. Jh., ist das Heimatmuseum untergebracht; die Eglise des Dominicains (1713) besitzt ein schönes Chorgestühl.

*
Rocroi ▶ 14 km westlich von Revin liegt die berühmte Festungsstadt Rocroi (2400 Einw.). Ihre einzigartige sternförmige Anlage (1555) geht auf italienische Ingenieure zurück, die auch in Sedan und Metz tätig waren; 1675 wurde die Stadt von Vauban umgestaltet. Das hübsche **Givet**, der letzte Ort vor der belgischen Grenze, besitzt ein Fort, das wie Rocroi 1555 erbaut und von Vauban erweitert wurde.

*
Sedan Die alte Festungsstadt (19 700 Einw.) liegt 23 km südöstlich von Charleville-Mézières am Rand der Ardennen. Im Deutsch-Französischen Krieg kapitulierte 1870 Marschall Mac-Mahon in Sedan und Kaiser Napoleon III. geriet in Gefangenschaft. Ab 1424 erbauten die La Marck, Herzöge von Bouillon, eine Burg, die in mehreren Etappen zur **größten Festung Europas** erweitert wurde (tägl. geöffnet, Sept.–März Mo. geschl.). Das Musée du Château illustriert die Geschichte von Stadt und Schloss; in der Grosse Tour ist der Dachstuhl aus dem 15. Jh. sehenswert. In der Burg kann man auch gediegen nächtigen und essen (Le Château Fort, www.hotelfp-sedan.com, Tel.

*
Château Fort ▶
🕐

03 24 26 11 00). Die **Manufacture du Tapis Point** (13 Blvd. Gambetta), die seit dem 16. Jh. bis in jüngste Zeit existierte, arbeitete ab 1878 mit mechanischen Webstühlen (z. Z. geschl.). An die seit dem Mittelalter bedeutende Tuchindustrie erinnert die 1646 gegründete und 1755 neu erbaute königliche Manufaktur **Le Dijonval** (Avenue Margueritte, nicht zugänglich). 5 km südlich von Sedan liegt der deutsche Soldatenfriedhof Noyers-Pont-Maugis.

Über **Bazeilles** mit seinem Schloss, erbaut 1740 für den Tuchfabrikanten Labaud (Hotel, ►S. 259), erreicht man das hübsche Städtchen 18 km südöstlich von Sedan. Hier überwand einst die Römerstraße von Reims nach Trier die Maas. Die eindrucksvolle Kirche Notre-Dame, um 1190 bzw. 1231 geweiht (Türme 15./16. Jh.), ist ein besonders schönes, typisches Beispiel der Frühgotik. Schön ist auch die barocke Orgel (1725) von C. Moucherel, der v. a. im Languedoc tätig war. Im benachbarten Filzmuseum (Musée du Feutre) erfahrt man alles über die Herstellung und Verwendung von Filz.

Mouzon

◄ Notre-Dame

Zeugnis kriegerischer Zeiten: Wehrkirche in Plomion (Thiérache)

★ ★ Chartres

J 4

Région: Centre
Département: Eure-et-Loir

Höhe: 142 m ü. d. M.
Einwohnerzahl: 39 800

Am Weg von Paris zur Loire stößt man auf Chartres, das sich schon von Weitem mit seiner herrlichen Kathedrale ankündigt, einem Musterbeispiel des gotischen Sakralbaus und UNESCO-Welterbe.

Chartres gestern und heute

Die fränkische Grafschaft Chartrain kam im 10. Jh. an das Haus Blois und 1286 durch Kauf an die Krone. 876 übergab Karl der Kahle der damaligen Kathedrale den Schleier der Jungfrau Maria aus dem Reliquienschatz Karls des Großen, seitdem ist sie ein viel besuchtes Pilgerziel. Zum Gedenken an König Heinrich IV., der 1594 in Chartres gekrönt wurde, ist das »Huhn im Topf« – Heinrich hatte sich gewünscht, dass jeder Bürger sonntags ein solches im Topfe habe – heute noch Bestandteil der Speisekarte (»poule au pot«). Chartres ist Départementshauptstadt und Zentrum der **Beauce**, der fruchtbaren Ebene zwischen Paris und der Loire; sie gilt als Brotkorb Frankreichs. 75 % des Départements Eure-et-Loir werden landwirtschaftlich genutzt: Jährlich werden hier 1,5 Mio. t Weizen für die Baguettes Frankreichs produziert. Bedeutende Erwerbszweige sind außerdem Maschinenbau (Kfz-Zulieferer), Pharmazie, Chemie, Elektronik, Kosmetik und Parfüm (**Cosmetic Valley** zwischen Chartres, Orléans und Blois mit über 180 Firmen).

★ ★ Kathedrale Notre-Dame

Baugeschichte

🕐
Öffnungszeiten:
tägl. 8.30 – 18.45

Vermutlich befand sich auf dem Stadthügel ein gallorömisches Heiligtum, das in christlicher Zeit überbaut wurde. Im 9. Jh. stand hier eine karolingische Kirche, die 1119 abbrannte. Ihre Krypta wurde Teil der neuen romanischen Kirche, die ab 1134 die Hauptfassade erhielt. 1194 fiel auch sie einem Stadtbrand zum Opfer. Wie durch ein Wunder blieben die Hauptfassade und der »Schleier der Jungfrau« verschont. Im 13. Jh. erstand die Kathedrale neu und prächtiger als je zuvor: Das Langhaus entstand 1195 – 1220, dann folgten Chor und Querhäuser; die Weihe war 1260. Der Zerstörung in der Französischen Revolution entging die Kathedrale, weil die Bürokraten zu lange diskutierten, wie die Riesenaufgabe bewerkstelligt werden sollte.

Außenbau

★ ★
Königsportal ▶

Die Kathedrale gilt als eines der schönsten gotischen Baudenkmäler des Landes, »Frankreichs Akropolis, ein **Palast der Stile**« (Auguste Rodin). Der ca. 1145 – 1165 erstellte schlichte Südturm (106 m) und der 115 m hohe Nordturm (obere Hälfte 1507 – 1513) flankieren die strenge frühgotische Fassade. Das dreitorige **Königsportal** (ab 1145) ist ein Meisterwerk romanisch-frühgotischer Bildhauerkunst. Die starren Gestalten tragen individuell gestaltete Köpfe; von ähnlicher

Die prächtige frühgotische Fensterrose wird von unterschiedlichen Türmen flankiert.

Strenge sind die Bogenfelder geprägt. Das mittlere Portal zeigt im Tympanon Christus als Weltenrichter, das rechte Tympanon Szenen aus dem Marienleben, das linke die Himmelfahrt Christi und die Verkündigung seiner Wiederkunft. In den Gewänden fallen die **starren, gelängten Figuren** der Propheten, Priester etc. auf. Über drei Hochfenstern folgen eine prachtvolle Rose (13. Jh., 13,35 m Durchmesser) und darüber die Königsgalerie mit 16 Statuen. Auch die jeweils drei Portale der Querhäuser sind reich mit Skulpturen verziert. Das Südportal hat das Jüngste Gericht zum Thema, das Nordportal zeigt Szenen des Marienlebens und Gestalten des Alten Testaments.

Der dreischiffige Raum mit dreischiffigem Querhaus und doppeltem Chorumgang beeindruckt, nicht nur durch seine Maße: 130 m lang, 37,5 m hoch und 16,4 m breit, Querhauslänge 64,5 m. Sein größter Schatz sind die farbigen **Glasfenster** (ein Fernglas wäre nützlich). 184 Fenster mit 2600 m² Fläche und unzähligen bleigefassten Scheiben (ca. 400 / m²), die mit dem berühmten **Blau von Chartres** bezaubern, stellen Heiligenlegenden und im Chorumgang 22 Szenen aus dem Leben Karls des Großen dar. Die wunderbaren Lanzettfenster der Westfront stammen noch vom romanischen Vorgängerbau; sie zeigen von links die Passionsgeschichte, das Marienleben und die Wurzel Jesse. Sehenswert sind auch das Fenster »Notre-Dame-de-la-Belle-Verrière« am rechten Eingang zum Chor (vor 1119), die spätgotischen, mit Renaissanceformen durchsetzten Chorschranken

Inneres

★ ★

◄ Fenster

(1514–1529) mit Szenen aus dem Marienleben und den Evangelien sowie 41 Skulpturengruppen des 16. bis 18. Jh.s. Die schwarze Madonna (um 1540) am linken Chorzugang ist die hoch verehrte **Notre-Dame de Chartres**. In der Chapelle Vendôme ist die »Voile de la Vierge« ausgestellt, der »Schleier der Jungfrau Maria« aus Seide, den die byzantinische Kaiserin Irene im Jahr 802 Karl dem Großen schenkte. Im Boden des Mittelschiffs ist ein **Labyrinth** mit 9 m Durchmesser markiert, ein verbreitetes Merkmal mittelalterlicher Pilgerkirchen. Der 261,5 m lange Weg, der seit dem Mittelalter von Pilgern zurückgelegt wird, ist von Karfreitag bis Ende Okt. freitags »zugänglich«. Das mittlere Lanzettfenster der Westfassade zeigt ganz oben ein Marienbild, das am 15. August (Mariä Himmelfahrt) nachmittags von der Sonne auf den Mittelpunkt des Labyrinths projiziert wird. Im Boden des südlichen Querhauses dient eine weiße Fliese mit einem Metallknopf der Zeitbestimmung: Am Tag der Sommersonnenwende (21. Juni) lässt um 12.45–12.55 Uhr MESZ (wenn die Sonne am höchsten steht) ein Sonnenstrahl die Fliese aufleuchten.

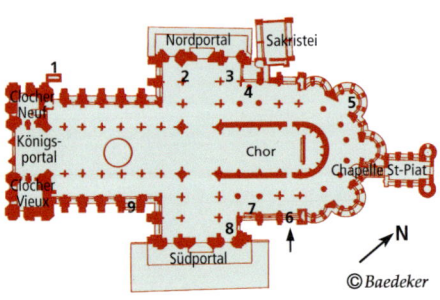

Kathedrale Orientierung

© Baedeker

1 Pavillon de l'Horloge
2 Zugang zum Nordturm
3 Friedensfenster (1971)
4 Pfeilermadonna
5 Chapelle du Saint-Sacrament
6 Zugang zur Krypta
7 Notre-Dame-de-Belle-Verrière
8 Fenster des hl. Fulbert
9 Chapelle Vendôme

Krypta und Kirchenschatz
Unter Chor und Mittelschiff liegt die 110 m lange Krypta aus dem 9./11. Jh., die größte in Frankreich. In der Chapelle St-Piat (14. Jh.) werden kunstvolle liturgische Gegenstände aufbewahrt.

Weitere Sehenswürdigkeiten in Chartres

Musée des Beaux-Arts
Von der Terrasse hinter dem Chor der Kathedrale hat man einen schönen Blick auf die mittelalterliche Unterstadt am Fluss Eure. Im benachbarten Bischofspalast (17./18. Jh.) zeigt das Kunstmuseum wertvolle Cembali und eine gute Gemäldesammlung, u. a. Vlaminck, Soutine und Zurbarán (So.vormittag und Di. geschl.).

Grenier de Loëns
Im Grenier de Loëns westlich der Kathedrale, der Zehntscheuer des Kapitels mit schöner Fachwerkfassade und herrlichem Weinkeller aus dem 13. Jh., ist das **Centre International du Vitrail** untergebracht (Museum für Glasmalerei; tägl. geöffnet, So. nur nachmittags).

Weiteres Sehenswertes
In der denkmalgeschützten Altstadt entlang des Eure stehen schöne alte Häuser, u. a. die Maison du Saumon (15. Jh., Restaurant) süd-

östlich der Kathedrale. Von hier steigt man hinab zu einem Fachwerkhaus aus dem 16. Jh. mit steinernem Treppenhaus (Escalier de la Reine Berthe) und zur gotischen Kirche St-Pierre (12./13. Jh.) mit prächtigen Glasgemälden (Ende 13. Jh.). Ein schöner Weg mit Blick auf alte **Waschhäuser und Mühlen** führt am Ostufer des Eure entlang. Nahe dem Bahnhof westlich der Altstadt wurde ein Lokschuppen zu einem sehr sehenswerten Museum für alte Agrartechnik umgestaltet (COMPA, Mo. geschl.). ⏱

Umgebung von Chartres

► Orléans
► Ile-de-France

Châteaudun
Maintenon

CHARTRES ERLEBEN

AUSKUNFT

Office de Tourisme
Pl. de la Cathédrale, 28000 Chartres
Tel. 02 37 18 26 26, Fax 02 37 21 51 91
www.chartres-tourisme.com
www.ville-chartres

FESTE & EVENTS

In der Markthalle aus dem 19. Jh. (Place Billard) kann man Sa.vormittag in Landesprodukten schwelgen. Ende April – Mitte Sept. abends »Chartres en lumières«: 24 Bauten werden sehr fantasievoll bunt illuminiert. Ende Juni: Fête de l'Eau (großes Stadtfest entlang dem Eure). Juli/Aug.: Soirées Estivales (Konzerte aller Art u. a. Kultur, gratis). 15. Aug.: Prozession mit der »Notre-Dame de Chartres«. Ende Sept.: Fête des Vendanges.

ESSEN

► Erschwinglich

Moulin de Ponceau
21 Rue Tannerie, Tel. 02 37 35 30 05
Romantischer Platz am Eure: Die alte Mühle mit schöner Terrasse bietet ein rustikal-elegantes Ambiente und feine französische Küche. So.abend und Mo. geschl.

► Preiswert

Le Bistrot de la Cathédrale
1 Cloître Notre-Dame
Tel. 02 37 36 59 60
Großzügig bemessene Gerichte aus der Regionalküche, wie »Poule au pot Henri IV«, dazu eine gute Weinkarte (v. a. Loire); nahe der Kathedrale. Reservieren ist angezeigt. Mi.geschl., Mitte Okt. – Mitte April auch So.

ÜBERNACHTEN

► Luxus

Grand Monarque
22 Place Epars, Tel. 02 37 18 15 15
www.bw-grand-monarque.com
Einst barocke Poststation, heute ein nobles Hotel mit ebensolchem Restaurant (Georges, Mo. geschl.) und einer leicht gestylten Brasserie. Hier können Sie auch die echte »Pâté de Chartres« (Wildpastete) kosten.

► Günstig

Ferme de Mousseau
28190 St-Luperce, Tel. 02 37 26 85 01
Ruhig und gepflegt nächtigt man auf diesem Bauernhof 15 km westlich der Stadtmitte (März – Mitte Nov.). Drei hübsche, großzügige Gastzimmer.

✴✴ **Colmar**

P 4

Région: Alsace (Elsass) **Höhe:** 190 m ü. d. M.
Département: Haut-Rhin **Einwohnerzahl:** 66 600

Nach Straßburg ist Colmar die schönste Stadt im ►Elsass. Sorgfältig restaurierte Fachwerkhäuser und Renaissancepalais prägen die Altstadt, in den Museen beeindrucken weltberühmte Kunstwerke.

Colmar gestern und heute

Colmar, Hauptort des Départements Haut-Rhin, liegt am Ausgang des Münstertals (Vallée de Munster) in die Rheinebene; in seiner Umgebung drängen sich elsässische Bilderbuchorte wie Ribeauvillé, Riquewihr und Kaysersberg, und rund um den Col de la Schlucht dehnt sich der Naturpark der Ballons des Vosges aus. Neben dem Tourismus spielen Verwaltung, Dienstleistung und Industrie eine große Rolle (Textilien, Nahrungsmittel, Feinmechanik); außerdem ist Colmar Zentrum des elsässischen Weinbaus. Erwähnt wurde es erstmals 823 als »Columbarium« (»Taubenhaus«). Unter den Staufern entwickelte sich die Stadt zum bedeutendsten Handelsplatz im Oberelsass. 1226 erhob sie Kaiser Friedrich II. zur Freien Reichsstadt, 1354 wurde sie Mitglied und Sitz des elsässischen Zehnstädtebunds.

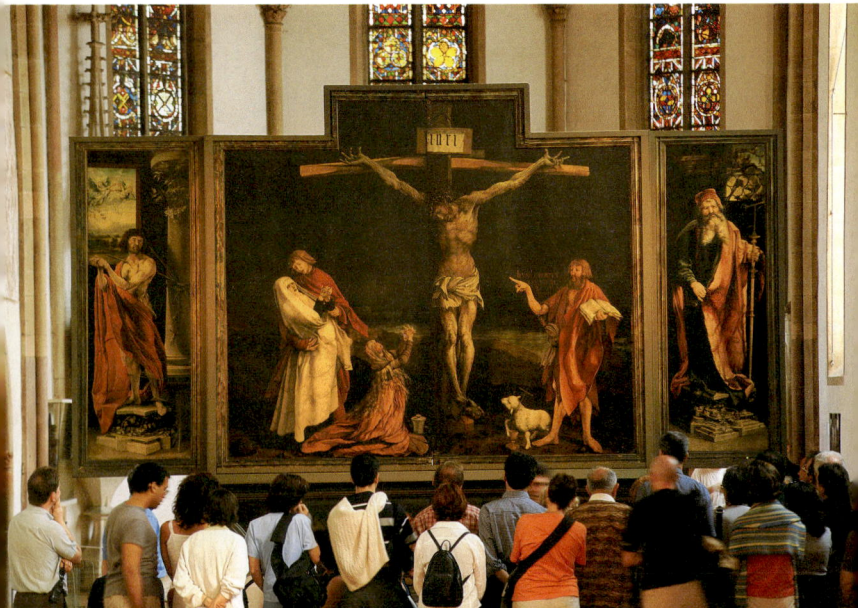

Colmars berühmtestes Kunstwerk: Isenheimer Altar von Matthias Grünewald

► COLMAR ERLEBEN

AUSKUNFT

Office du Tourisme
4 Rue Unterlinden, 68000 Colmar
Tel. 03 89 20 68 92, www.ot-colmar.fr

FESTE & EVENTS

Ab Gründonnerstag, 14 Tage: Oster-markt. Mitte Mai – Mitte Sept., Di. 20.30 Uhr, Place de l'Ancienne Douane: Volkstänze. Mitte – Ende Mai: Festival Musique Metisses (kreolische Musik). Erste Julihälfte: Internationales Musikfestival. Mitte Aug.: 10-tägige Foire Régionale des Vins d'Alsace – die größte und zentrale Elsässer Weinmesse. Anf. Sept. Jazzfestival. Dez.: Berühmter Weihnachtsmarkt in der Altstadt.

ESSEN

► Erschwinglich/Fein & teuer

④ *JY's*
17 Rue de la Poissonnerie
Tel. 03 89 21 53 60
www.jean-yves-schillinger.com
Außen Trompe-l'œil von 1750, innen modernes Ambiente ohne Folklore, aber nicht kühl. Sehr kreative bis exotische Sterneküche (nicht ganz frei von Chichi), exzellente Weinkarte.

► Preiswert/Erschwinglich

② *Caveau St-Pierre*
24 Rue de la Herse, Tel. 03 89 41 99 33
Ein rundum wohltuender Platz: Tra-ditionelle »Wistub« an der Lauch im romantischen Petite Venise, beste Hausfrauenküche und herzliche Be-treuung. So.abend und Mo. geschl.

③ *Aux Trois Poissons*

15 Quai de la Poissonnerie, Tel. 03 89 41 25 21, Di.abend/Mi. geschl.
Hier kommen Fischfreunde (aber nicht nur) auf ihre Kosten. Gedie-genes Ambiente, freundlicher Service.

► Preiswert

④ *Wistub Brenner*
1 Rue de Turenne, Tel. 03 89 41 42 33
Echte, schlichte Weinstube mit Ter-rasse, köstliche Spezialitäten aus dem Elsass. Di./Mi. geschl.

ÜBERNACHTEN

► Komfortabel/Luxus

① *Maison des Têtes*
19 Rue des Têtes, Tel. 03 89 24 43 43
www.la-maison-des-tetes.com
Febr. geschl. Sehr edel wohnt man in dem Renaissance-Haus (größer und ruhiger sind die Zimmer zum schö-nen Hof). Das gemütlich-rustikale Restaurant serviert französische Küche mit internationalem Touch.

► Komfortabel

② *St-Martin*
38 Grand'Rue, Tel. 03 89 24 11 51
www.hotel-saint-martin.com
Zwei Renaissance-Häuser um einen reizvollen Innenhof mit Treppen-turm. Antik oder rustikal gestaltete, großzügige Gastzimmer.

③ *Hôtel Turenne*

10 Route de Bâle, Tel. 03 89 21 58 58
www.turenne.com
Einwandfreies, wenn auch etwas prä-tentiöses Mittelklassehotel in guter Lage nahe des Petite Venise. Freund-licher Service, »deutsches« Frühstück. Gutes Preis-Leistungs-Verhältnis.

► Günstig

④ *Hôtel du Cerf*
Horbourg-Wihr, 9 Grand'Rue
Tel. 03 89 41 20 35
www.hotelrestaurant-cerf.com
Nettes, gepflegtes Haus vor den Toren der Stadt (4 km östlich), adrette Zimmer. Die Doppelzimmer liegen ruhig zum Park hin.

Colmar *Orientierung*

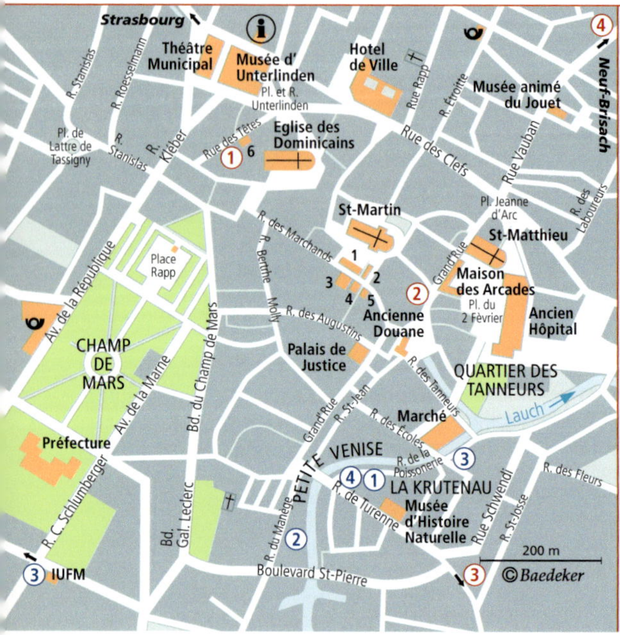

Strasbourg

Théâtre Municipal
Musée d'Unterlinden
Pl. et R. Unterlinden
Hotel de Ville
Musée animé du Jouet
Neuf-Brisach

R. Stanislas
R. Reesselmann
R. Kléber
R. Stanislas
Pl. de Lattre de Tassigny
Rue des Têtes
Eglise des Dominicains
Rue des Clefs
Rue Vauban
R. des Laboureurs

St-Martin
R. des Marchands
Pl. Jeanne d'Arc
St-Matthieu

Place Rapp
Av. de la République
R. Berthe Molly
R. des Augustins
Grand'Rue
Maison des Arcades
Pl. du 2 Février
Ancien Hôpital

CHAMP DE MARS
Bd. du Champ de Mars
Av. de la Marne
Ancienne Douane

Palais de Justice
R. des Tanneurs
QUARTIER DES TANNEURS
Lauch

Préfecture
R. de l'Écoles
Marché
R. des Tanneurs

R. C. Schlumberger
Grand'Rue
R. St-Jean
PETITE VENISE
R. de la Poissonnerie
R. des Fleurs

Bd. Gal. Leclerc
R. de Turenne
LA KRUTENAU
Musée d'Histoire Naturelle
Rue Schwendi
R. St-Josse

IUFM
Boulevard St-Pierre
200 m
©Baedeker

1 Ancien Corps de Garde
2 Maison Pfister
3 Musée Bartholdi
4 Maison du Cygne
5 Maison Schongauer
6 Maison des Têtes

Essen
① JY's
② Caveau St-Pierre
③ Aux Trois Poissons
④ Wistub Brenner

Übernachten
① Maison des Têtes
② St-Martin
③ Turenne
④ Du Cerf

Unter französischer Herrschaft ab 1679 wurde die Glaubensfreiheit, die seit der Reformation bestand, aufgehoben. Von 1871 bis 1918 war Colmar (als Kolmar) Hauptstadt des Bezirks Oberelsass im deutschen Reichsland Elsass-Lothringen. Bei der heftigen Kesselschlacht in der »Poche de Colmar« im Februar 1945 blieb die Stadt wie durch ein Wunder unversehrt. Colmar war Geburtsort des Malers und Kupferstechers Martin Schongauer (um 1450–1491) und Wirkungsstätte des Malers Matthias Grünewald (Mathias Gothart Nithart aus Würzburg, um 1460/1470–1528), des größten Meisters der Spätgotik. Auch der Bildhauer F.-A. Bartholdi (1834–1904), der Schöpfer der New Yorker Freiheitsstatue, stammte aus Colmar.

Sehenswertes in Colmar

Musée d'Unterlinden

Das Unterlinden-Museum, eines der reichsten und berühmtesten Museen in Frankreich, ist in einem um 1200 gegründeten Dominikanerinnenkloster untergebracht. Die größten Schätze sind in seiner Kirche zu sehen: die Werke von Martin Schongauer, die er um 1470 für das Kloster Isenheim bei Guebwiller malte, dazu 24 Tafeln des Passionsaltars aus seiner Werkstatt, und der grandiose **Isenheimer Altar**, ein Flügelaltar, den Matthias Grünewald um 1515 für das Kloster Isenheim malte. Seine Darstellung des zu Tode geschundenen Christus nimmt auch heute noch den Atem; kunsthistorisch ist die für die Zeit ungewöhnliche Farbgebung bedeutend. Ursprünglich sah man je nach Termin im Kirchenjahr die Kreuzigung mit den Heiligen Antonius und Sebastian, die Geburt Christi mit dem Engelskonzert, die Versuchung des Antonius oder das Gespräch des Antonius mit dem Einsiedler Paulus in der Wüste. Heute werden die Tafeln einzeln gezeigt; zur Demonstration der Anordnung hängen Modelle des Altars an den Wänden. Der geschnitzte Schrein des Mittelteils mit den Figuren von Augustinus, Antonius und Hieronymus wird Nikolaus von Hagenau (geb. um 1445, † vor 1538) zugeschrieben. In den Räumen um den Kreuzgang sind Baufragmente und sakrale Kunst ausgestellt: romanische und gotische Skulpturen, Glasmalerei und Goldschmiedearbeiten. Im Untergeschoss werden Funde aus der Vor- und Frühgeschichte, aus gallorömischer und aus der Merowingerzeit sowie moderne Kunst (u. a. Renoir, Picasso, Léger, Rouault, Vasarély, Braque) präsentiert, im ersten Stock elsässische Volkskunst und eine Sammlung von Arbeiten des berühmten elsässischen Karikaturisten und Grafikers **Hansi** (Jean-Jacques Waltz, 1873 – 1951); seine Darstellungen haben das heutige Bild des Elsass wesentlich mitgeprägt.

Öffnungszeiten:
Mai – Okt. tägl.
9.00 – 18.00
Nov. – April
Mi. – Mo.
9.00 – 12.00,
14.00 – 17.00

★ ★ Altstadt

Die historische Innenstadt ist mit ihren zahlreichen Bürgerhäusern des 16./17. Jh.s ein Juwel. Das berühmteste ist die **Maison des Têtes** (»Kopfhaus«, 1609, ► S. 275), ein Renaissancebau von 1609, benannt nach seinen 111 Köpfen und Figuren. Malerische alte Fachwerkhäuser stehen auch etwas weiter südlich in zwei Zunftgassen, der Rue des Boulangers (Bäckergasse) und der Rue des Serruriers (Schlossergasse).

Die **Dominikanerkirche** (1289 bis 1346, profaniert) ist ein schönes Beispiel für die rheinische Frühgotik. Innen beachtenswert sind die sehr schlanken Pfeiler, die Glasmalereien (14./15. Jh.) und die Altäre aus Marbach bei Eguisheim. Vor dem Chor die berühmte **Madonna im Rosenhag**, ein Meisterwerk des erst ca. 20-jährigen Martin Schongauer (1473). Im anschließenden Konvent, heute Stadtbibliothek, sind Wiegendrucke und Handschriften aus dem 8.bis 15. Jh. zu sehen, im Kreuzgang werden im Sommer Serenaden veranstaltet.

In der Kutsche durch die Grand'Rue

Malerische Atmosphäre in der »Petite Venise«

Collégiale St-Martin

Die Stiftskirche St-Martin (13./14. Jh.), von den Einheimischen »Cathédrale« genannt, wird von ihrem 72 m hohen Turm signalisiert. Ihn ziert der »Chinesenhut«, eine pagodenähnliches Dach aus der Renaissance, die den gotischen Helm nach dem Brand von 1572 ersetzte. Das Nikolausportal an der Südseite des Querschiffs ist teils romanisch, teils gotisch reich gestaltet, im Chor sind Glasmalereien und eine Kreuzigungsgruppe aus dem 14. Jh. zu beachten.

Ancien Corps de Garde

An der Südseite wird die Place de la Cathédrale von mittelalterlichen Gebäuden gesäumt. Vom prächtigen Erker der Gerichtslaube (Ancien Corps de Garde, 1575) wurden einst die Urteile verlesen. Links folgt die **Maison Adolph** (1350), eines der ältesten Privathäuser der Stadt.

Maison Pfister

An der Ecke zur malerischen Rue Mercière / Rue des Marchands steht das überaus prächtige, 1537 für einen Hutmacher erbaute **Pfisterhaus**. Einen Teil der Maison du Cygne gegenüber soll Martin Schongauer bewohnt haben. Nebenan steht das Geburtshaus von F.-A. Bartholdi, dem Schöpfer der New Yorker Freiheitsstatue und des Löwen von Belfort; Zeichnungen, Modelle und persönliche Dinge lassen Leben und Werk lebendig werden (Di. geschl.).

Bartholdi-Museum ▶

🕐

Ancienne Douane

Die Ancienne Douane (1480), auch Koifhus (Altes Kaufhaus) genannt, war einst wirtschaftlicher und politischer Mittelpunkt der Stadt. Im Erdgeschoss wurden Waren gelagert und Zölle bezahlt, im 1. Stock tagte der Zehnstädtebund; der schöne Sitzungssaal zeigt in den Fenstern die Wappen der elsässischen Reichsstädte. Hinter dem Koifhus erinnert ein Brunnen (F.-A. Bartholdi) an den Hauptmann Lazarus von Schwendi (1522–1584), der in den Türkenkriegen die Tokajer-Rebe von Ungarn mitgebracht haben soll. Die im Elsass als Tokay bekannte Rebsorte Pinot Gris ist jedoch mit keiner der Rebsorten verwandt, aus denen der ungarische Tokajer gemacht wird.

An der **Grand'Rue** stehen beachtenswerte Gebäude wie die Maison des Arcades (protestantischer Pfarrhof, 1609) und die ehemalige Franziskanerkirche St-Mathieu (wertvolle Fenster des 14./15. Jh.s). Südöstlich des Ancienne Douane erstreckt sich das schöne **Gerberviertel** (Quartier des Tanneurs); die Lauch abwärts schließt die einst befestigte Vorstadt **Krutenau** an, in der die Gemüsehändler lebten. Ein Spaziergang führt am Ostufer der Lauch zum Pont St-Pierre, von dem man einen schönen Blick auf das malerische Viertel Petite Venise (»Klein Venedig«) am Fluss hat. Kleine und große Kinder lassen das **Spielzeugmuseum** nicht aus: Zu den Attraktionen zählen eine Puppensammlung, eine große Modellbahnanlage, Miniaturautos und Flugzeugmodelle (Musée Animé des Jouets, geöffnet Juli – Sept. tägl., sonst Di. geschl.). Und wem die Eisenbahn in klein nicht genügt, sieht sich den mächtigen wilhelminischen Bahnhof von 1907 an.

Weitere Sehenswürdigkeiten

★★
◄ Petite Venise

Umgebung von Colmar

Ein sehr ungewöhnliches Bild bietet heute noch das Festungsstädtchen Neu-Breisach (2100 Einw.) 17 km östlich am Rhein, das der Militärarchitekt Ludwigs XIV. Sébastien Le Prestre Marquis de Vauban 1699 – 1708 anlegte (UNESCO-Welterbe). In den acht Seiten der Wälle öffnen sich vier Stadttore, von denen zwei erhalten sind; in der Porte de Belfort im Südwesten logiert das Museum Vauban (Mai bis Okt. Mi. – Mo.). Schöner Ausblick von der Rheinbrücke.

★
Neuf-Brisach

★★ Dijon

Région: Bourgogne
Département: Côte d'Or

Höhe: 245 m ü. d. M.
Einwohnerzahl: 151 500

Die Hauptstadt ► Burgunds gehört mit ihrem historischen Stadtbild, schönen Häusern und hervorragenden Kunstschätzen aus glanzvollen Zeiten zu den sehenswertesten Städten Frankreichs.

In römischer Zeit existierte hier, an der Straße von Lyon nach Mainz, das Lager Divio. Ab dem 11. Jh. gehörte die Stadt zum Herzogtum Burgund. Mit Philipp dem Kühnen (1342 – 1404), dem ersten der »Großen Herzöge« aus dem Haus Valois (1361 – 1477), begann die erste Blütezeit; Dijon wurde Hauptstadt eines der bedeutendsten Territorialstaaten Europas und glanzvoll ausgebaut. Nach dem Tod Karls des Kühnen 1477 wurde Burgund königliche Provinz und Dijon deren Hauptstadt. Von 1631 bis zur Revolution kamen alle Gouverneure der Bourgogne aus der Familie Condé; in diese Zeit fällt die zweite kulturelle Blüte der Stadt, die noch heute an den zahlreichen Palästen zu erkennen ist. Ab den 1830er-Jahren erhielt Dijon durch den Canal de Bourgogne neue Impulse. Heute ist es Sitz des

Dijon gestern und heute

Feines aus Dijon

Amora Maille ist der weltweit führende Senf-
hersteller. In der Rue de la Liberté 32 – neben der
Rue du Bourg die reizvollste Einkaufsstraße – hat
das Traditionshaus Maille einen schönen alten
Laden. Ein Juwel ist auch das Geschäft von
Mulot et Petitjean (13 Place Bossuet; Abb.
rechts), dessen Pain d'Epice berühmt ist. Für
ausgezeichnete Pralinen und Schokolade ist
Fabrice Gillotte bekannt (21 Rue du Bourg,
www.chocolat-gillotte.com). Vorzügliche Liköre
und Schnäpse, u. a. Crème de Cassis, macht
Védrenne (1 Rue Bossuet, www.vedrenne.fr).

Départements Côte d'Or und einer Universität mit 30 000 Studenten.
Zu den wichtigen Persönlichkeiten aus Dijon gehören Bernhard von
Fontaine (1090 – 1153), besser bekannt als **Bernhard von Clairvaux**,
Gründer des Zisterzienserordens, und **Gustave Eiffel** (1832 – 1923),
Ingenieur und Erbauer des berühmten Turms in Paris. Wirtschaftlich
spielt die Lebensmittelherstellung eine wichtige Rolle; bekannte, tra-
ditionsreiche Produkte sind Crème de Cassis (Likör aus Schwarzen
Johannisbeeren) und Senf (Moutarde de Dijon).

Sehenswertes in Dijon

**Place de la
Libération**

Mittelpunkt der Stadt ist die halbkreisförmige, von Kolonnaden
gesäumte Place de la Libération mit dem Herzogspalast, angelegt von
Jules Hardouin-Mansart, einem der Architekten von Versailles, zwischen 1682 und 1701. Auch die meisten Häuser am Platz entstanden
nach seinen Plänen. Sie beherbergen Weinstuben und Cafés, noble
Boutiquen und das ausgezeichnete Restaurant Le Pré aux Clercs.

✳
**Palais des Ducs
et des Etats de
Bourgogne**

Am Palast der Burgunderherzöge wurde rund vier Jahrhunderte lang
gebaut, von der Burg aus kapetingischer Zeit ist kaum etwas erhalten.
Gegen 1365 begann Philipp der Kühne mit dem Bau der **Tour de Bar**
im Nordosten. Auf Philipp den Guten gehen der gotische Küchenbau, das Logis im Westen und die 46 m hohe **Tour Philipp Le Bon** zurück (schöne Aussicht – die 316 Stufen lohnen sich). Von der Place
des Ducs de Bourgogne hat man den besten Blick auf die ältesten
Teile. Nach dem Anschluss Burgunds an Frankreich 1477 wurde das
Palais nicht mehr genutzt. Im 17. Jh. entstand die **Galerie de Belle-
garde** (im Obergeschoss das Kunstmuseum). In den 1680er-Jahren
begann man mit dem Umbau für die Provinzstände, der das heutige
Aussehen weitgehend bestimmt, ab 1686 unter Hardouin-Mansart.

Die Herzogsgräber im Kunstmuseum

Besonders bemerkenswert sind die Erweiterungen 1731 durch Ange-Jacques Gabriel, einen bedeuten-den Baumeister des Landes: ein prachtvolles Treppenhaus und die Kapelle der Standesvertreter (Chapelle des Elus), ein Kleinod im Versailler Rokokostil (Zugang durch das Tourismusbüro in der Rue des Forges). 1852–1865 entstand am Platz der 1802 abgerissenen Palast-kapelle der Museumstrakt.

Das Musée des Beaux-Arts im Ostflügel ist eines der bedeutendsten Kunstmuseen Frankreichs. Es wird bis voraussichtlich 2016 umge-staltet, mit Einschränkungen ist zu rechnen (Eingang: Cour de Bar; Mai–Okt. Mi.–Mo. 9.30–18.00, Nov.–April 10.00–17.00 Uhr; gratis). Im Erdgeschoss ist die **Palastküche** aus dem 15. Jh. und im ehemaligen **Kapitelsaal** (14. Jahrhundert) sakrales Kunsthand-werk zu sehen. Im Festsaal im ersten Stock sind seit 1827 die Meis-terwerke der burgundischen Schule des 14./15. Jahrhunderts ausge-stellt, die Grabmäler der burgundischen Herzöge aus der Kartäuser-kirche von Champmol (► S. 285). Den architektonischen Rahmen für das Grabmal **Philipps des Kühnen** schuf Jean de Marville. Nach dessen Tod 1389 übernahm Claus Sluter die Werkstatt seines Lehrers. 1404 starb Philipp der Kühne, 1406 Sluter. Die Mehrzahl der Figuren des 1410 vollendeten Grabmals dürfte daher von Sluters Neffen Claus de Werve stammen. Berühmt und vielfach nachgeahmt wur-den die »**Pleurants**« (»die Weinenden«): in Kutten gehüllte Mönche und Kleriker sowie das herzogliche Gefolge, deren Schmerz ein-drucksvoll dargestellt ist.

Mit dem Doppelgrab für **Herzog Johann ohne Furcht** (ermordet 1419) und Margarete von Bayern wurde Claus de Werve beauftragt, nach dessen Tod 1439 führte ab 1443 der Aragonese Jean de la Huer-ta die Arbeit fort. Im Vergleich zum Grab Philipps des Kühnen ist das rund 60 Jahre jüngere Grabmal aufwendiger gestaltet.

Ebenfalls aus der Kartäuserkirche stammen die **Schnitzaltäre** von Jacques de Baerze (1390). Die Außenseiten des Passionsaltars bemalte Melchior Broederlam. Weitere Werke burgundisch-flämischer Male-rei des 15. Jh.s sind die »Geburt Christi« von Robert Campin, dem sog. Meister von Flémalle, und ein Christuskopf von Dirk Bouts. Das berühmte **Porträt Philipps des Guten** mit dem Orden vom Goldenen Vlies wird Rogier van der Weyden zugeschrieben (um 1445). Außer-dem verfügt das Museum über eine bedeutende Sammlung deut-scher, Schweizer und italienischer Malerei des Mittelalters und der Renaissance sowie italienischer und flämischer Maler des 16./17. Jh.s. Kunst des 19./20. Jh.s ist im zweiten Stock zu sehen, darunter Werke des aus Saulieu stammenden Tierbildhauers François Pompon.

★★

Musée des Beaux-Arts
☉

★★

◄ Herzogsgräber

◄ Weitere Exponate

Vierzig »Pleurants« trauern am Grabmal Philipps des Kühnen.

Notre-Dame — Die Marienkirche nördlich des Herzogpalastes ist ein schönes Beispiel burgundischer Gotik (1220–1250). Sehr ungewöhnlich ist die Fassade, eine reine **Schaufront**, gegliedert durch feine Säulenarkaden mit vorgetäuschten Wasserspeiern. Der Uhrturm (1382) rechts war ursprünglich mit nur einer Männergestalt als Jacquemart versehen, den Philipp le Bon aus Flandern mitbrachte; im Lauf der Zeit (zuletzt 1881) wurde er mit Frau und Kindern ergänzt. Die Figuren der Portale hinter der Vorhalle sowie ein Großteil der Ausstattung wurden 1794 zerstört. Prunkstück ist die Notre-Dame-de-Bon-Espoir (Ende 11. Jh.), eine der ältesten erhaltenen Holzmadonnen Frankreichs. Am linken äußeren Stützpfeiler ist eine Eule zu erkennen. Wer sie berührt, dem geht ein Wunsch in Erfüllung.

Hôtels in der Altstadt — Im Viertel um den Herzogspalast stehen einige großartige »Hôtels«, Patrizierhäuser aus Mittelalter und Renaissance. Besonders interessant: Rue de la Chouette mit dem eleganten Hôtel de Vogüé (Nr. 8, 1614) und der Maison Millière (Ende 15. Jh., ▶S. 284); Rue Verrerie, Rue Chaudronnerie (Maison des Cariatides, Nr. 28), Rue Vannerie (Hôtel de Saulx, Nr. 15; Cœur de Roy, Nr. 35; Chartraire de Montigny, Nr. 39; Hôtel du Commandant Militaire, Nr. 41, 1786; Le Compasseur, Nr. 66), Rue Jeannin (Rolin, Nr. 8, 1707). In der Rue des Forges hervorzuheben sind die Hôtels Morel-Sauvegranin (Nr. 52–56, 1435), Aubriot (Nr. 40, 13. Jh.), Milsan (Nr. 38, 1561) und Chambellan (Nr. 34, Ende 15. Jh., mit prächtigem Innenhof).

Musée Rude — Am neoklassizistischen Grand Théâtre (1823) vorbei geht es zum Musée Rude in der profanierten Kirche St-Etienne (11./18. Jh.;

Dijon Orientierung

Essen
① Stéphane Derbord
② Porte Guillaume
③ La Dame d'Aquitaine
④ Le Bistrot des Halles
⑤ Maison Millière

Übernachten
① Sofitel Dijon
   La Cloche
② Le Jacquemart
③ Centre International de Séjour

geöffnet Juni – Sept. Mi. – Mo.). Es zeigt Abgüsse der Hauptwerke des Dijoner Bildhauers François Rude (1784 – 1855), der u. a. die »Marseillaise« auf dem Pariser Triumphbogen schuf. Im Chor sind Reste eines romanischen Vorgängerbaus und des römischen Castrums zu sehen. Die Kirche St-Michel (1499 – 1570) vereint Spätgotik und Renaissance, besonders eigenartig in der Fassade mit Fenstern und Türmchen; die Türmen folgten bis 1667.

◄ St-Michel

Auf der Rue Musette gelangt man ins Viertel um die Belle-Epoque-Markthalle mit Läden, Cafés und Bistros. Vormittags ziehen in der Halle die malerischen Stände Käufer an, Di., Fr. und Sa. ist auch in den Straßen rund herum Markt.

Les Halles

Die Kathedrale St-Bénigne entstand 1271 – 1325 in reiner burgundischer Gotik auf den Resten einer romanischen Basilika, die 1271 ein-

Kathedrale St-Bénigne

▶ DIJON ERLEBEN

AUSKUNFT

Office de Tourisme
15 Cour de la Gare, 11 Rue des Forges
21022 Dijon, Tel. 08 92 70 05 58
www.visitdijon.com

PASS DIJON – CÔTE DE NUITS

Für 1 – 3 Tage. Umfasst öffentliche
Verkehrsmittel, viele Museen und
Führungen in Dijon und Umgebung.

VERKEHR

Flughafen in Longvic 8 km südöstlich
des Zentrums. Man parkt am besten
außerhalb des Boulevardrings und
fährt mit den kostenlosen Bussen
(»Diviaciti«) in die Innenstadt
(Mo. – Sa. 7.00 – 20.00 Uhr)

FESTE & EVENTS

Ende Juni – Ende Aug.: L'Estivade und
Festivals de l'Eté (Konzerte, Tanz,
Chöre). Ende Aug./Anf. Sept.: Fêtes de
la Vigne. Anfang Nov.: Foire Internationale et Gastronomique.

ESSEN

▶ Erschwinglich/Fein & teuer

① *Stéphane Derbord*
10 Place Wilson, Tel. 03 80 67 74 64
www.restaurantstephanederbord.fr
Eines der besten Restaurants in Dijon
(So./Mo. geschl.), die elegante Küche
verbindet Regionales mit Exotischem.
Das stimmungsvolle Hotel Wilson,
einst Poststation, bietet gemütliche
Zimmer um einen Hof.

▶ Erschwinglich

② *Porte Guillaume*
Place Darcy, Tel. 03 80 50 80 50
www.hotel-nord.fr
Hier kocht man in vierter Generation
klassisch burgundisch. Weine testen
kann man im modern eingerichteten
Gewölbekeller. Mit Hotel.

③ *La Dame d'Aquitaine*
23 Place Bossuet, Tel. 03 80 30 45 65
So./Mo.mittag geschl.
Spezialitäten aus Burgund und dem
Südwesten Frankreichs, serviert in
mittelalterlichem Gewölbe.

▶ Preiswert

④ *Le Bistrot des Halles*
10 Rue Bannelier, Tel. 03 80 49 94 15
So./Mo. geschl. Beliebtes, familiäres
Bistro von 1900, eine Institution in
Dijon und Garant für ausgezeichnete
burgundische Küche. Reservieren.

⑤ *Maison Millière*
10 Rue Chouette, Tel. 03 80 30 99 99
www.maison-milliere.com; Di. – So.
mittags, Fr./Sa. auch abends geöffnet
In dem Haus aus dem 15. Jh. neben
Notre-Dame speist man preiswert in
gemütlicher Atmosphäre. Mit Laden.

ÜBERNACHTEN

▶ Luxus

① *Sofitel Dijon La Cloche*
14, Place Darcy, Tel. 03 80 30 12 32
www.hotel-lacloche.com
Exquisites Hotel mit großzügigen
Zimmern und gutem Restaurant.

▶ Komfortabel

② *Le Jacquemart*
32 Rue Verrerie, Tel. 03 80 60 09 60
www.hotel-lejacquemart.fr
Sehr angenehm wohnt man in diesem
Haus aus dem 17. Jahrhundert.

▶ Günstig

③ *Centre International de Séjour*
1 Av. Champollion, Tel. 03 80 72 95
20, www.cri-dijon.com
Eine Herberge der Ethic Etapes mit
Doppel- und Mehrbettzimmern sowie
Selbstbedienungsrestaurant. Zu Fuß
15 Min. außerhalb des Zentrums.

stürzte. Von diesem 1018 geweihten Bau blieb das Fundament der Rotunde mit zwei Säulenkreisen und teils originalen Kapitellen erhalten. Hier ist der hl. Benignus beigesetzt, einer der großen Missionare Burgunds (3. Jh.). Die schmale Marienkapelle am östlichen Ende der Rotunde soll aus dem 6. Jh. stammen. In den Klostergebäuden neben St-Bénigne zeigt das Archäologische Museum (Di. geschl.) antike bis mittelalterliche Funde aus Dijon und Umgebung; vorzüglich sind die Tympana von St-Bénigne (um 1160/70) und die Christus-Büste von Claus Sluter aus Champmol.

◄ Krypta

◄ Musée Archéologique

Das schöne Palais Lantin (17. Jh., 4 Rue des Bons Enfants) beherbergt die **Sammlung Magnin** mit Werken französischer und anderer Maler des 15. bis 19. Jh.s. Im **Justizpalast** (1572) tagte der burgundische Gerichtshof. Im Kloster der Bernhardinerinnen sind interessante Museen zu Hause: in der Kirche (prächtiger italienischer Barock, 1709) das **Musée d'Art Sacré** mit sakraler Kunst des 12.–19. Jh.s, im Konvent das **Musée de la Vie Bourguignonne** mit Möbeln, Hausrat und Trachten (beide Di. geschl.). Im **Musée Amora** des größten Senfproduzenten der Welt erfährt man alles über die Geschichte der gelben Paste und ihre Bedeutung für Dijon (48 Quai Nicolas-Rolin).

Weitere Sehenswürdigkeiten

⊙

Unter Philipp dem Kühnen wurde das Kartäuserkloster Champmol als Grablege der Herzöge erbaut, 1793 wurde es zerstört. Seine Reste liegen auf dem Gelände der Psychiatrischen Klinik CHS (gut 1 km westlich, 1 Blvd. Chanoine-Kir; Bus 3; zugänglich Jan.–März, Nov., Dez. 9.00–12.30, 13.30–17.00, April–Okt. bis 18.00 Uhr). Erhalten blieben u. a. die 1388 geweihte Kirche, das Portal der Kapelle und der zwischen 1395 und 1405 geschaffene **Puits de Moïses** (Mosesbrunnen): der fast 8 m hohe Sockel einer Kreuzigungsgruppe, die den Brunnen des Kreuzgangs schmückte. Die höchst eindrucksvollen Propheten von Claus Sluter und die trauernden Engel seines Neffen Claus de Werve waren für die Entwicklung der Skulptur im Burgund des 15. Jh.s wegweisend.

Champmol

⊙

Elsass · Vogesen

P 4/5

Zwischen dem Bergzug der Vogesen mit seinen tiefen Wäldern und dem Rheintal breitet sich eine Bilderbuchlandschaft aus, deren romantische Fachwerkdörfer, berühmte Weinberge und großartige Kunstschätze – dazu die herrlichen Städte Straßburg und Colmar – den Besucher immer wieder verzaubern.

Das Elsass (frz. Alsace), die östlichste Région Frankreichs, erstreckt sich von der Pfalz im Norden bis zur Schweiz im Süden und zählt zu den beliebtesten Ausflugs- und Urlaubszielen des Landes. Was allerdings bedeutet, dass sie die wunderschönen Orte an der Elsässischen

Elsass

! *Baedeker* TIPP

Museumspass

Die Länder am Oberrhein – Baden, Pfalz, Elsass und Schweizer Kantone – bilden eine einzigartige Kulturlandschaft. Über 180 Museen geben den preisgünstigen Oberrheinischen Museumspass heraus, der ein Jahr oder an zwei Tagen gilt und pro Erwachsenem fünf Kinder einschließt (nicht nur eigene). Info in Deutschland Tel. (0 76 21) 161 36 34, www.museumspass.com.

Weinstraße einem großen Disneyland annähern. Die Landschaft ist das Spiegelbild Badens jenseits des Rheins: Ursprünglich bildeten Schwarzwald und Vogesen ein Gebirge, dessen Mitte vor ca. 65 Mio. Jahren einbrach und den Oberrheingraben bildete.

Politisch besteht das Elsass aus den Départements Bas-Rhin im Norden mit der Hauptstadt ► Straßburg und Haut-Rhin mit der Hauptstadt ► Colmar; die Grenze verläuft auf der Höhe von Sélestat.

Hauptstadt und wirtschaftliches Zentrum der Region ist Straßburg. Der Westhang der Vogesen liegt in ► Lothringen; die Grenzen sind oft willkürlich gezogen, weshalb man einen Ort gegebenenfalls auch unter diesem Stichwort suche.

Vogesen

Die Vogesen, ein bis 20 km breiter Gebirgszug, reichen über rund 130 km vom Pfälzer Wald im Norden bis zur Burgundischen Pforte im Süden; im Osten fallen sie steil zum Oberrheintal ab, im Westen senken sie sich allmählich zur Lothringer Hochfläche ab. Sie bestehen im Süden – das Tal der Bruche (Breusch) bildet die Trennlinie – aus Urgestein (Granit und Gneis); hier liegen die höchsten Erhebungen: Grand Ballon (Großer Belchen, 1424 m), Hohneck (1362 m) und Ballon d'Alsace (Elsässer Belchen, 1250 m). Die deutsche Bezeichnung »Belchen« und die französische »Ballon« meinen die charakteristische Form runder Kuppen. Im Norden verlieren die Buntsandstein-Vogesen an Höhe und erreichen im Donon 1009 m, im Großen Wintersberg bei Niederbronn nur noch 580 m. Zahlreiche Quertäler durchziehen die Vogesen, was für die Besiedlung günstig war; so sind dort auch viele schöne Burgen, Klöster und Kirchen zu finden. Naturfreunde finden hier einsame, urwüchsige Landschaften. Im Sommer sind die Seen eine große Attraktion, im Winter finden v. a. Langläufer ein ausgezeichnetes Revier vor.

Klima und Reisezeit

Das Vorland der Vogesen verfügt über ein ganz besonderes Klima: Die Sommer sind sehr warm, die Winter relativ mild bei insgesamt viel Sonne und wenig Regen – mit ca. 400 mm Niederschlag ist die Gegend um Colmar eines der **trockensten Gebiete Frankreichs**. Verantwortlich dafür sind die Vogesen, an denen sich die von Westen kommende Feuchtigkeit abregnet. Die West- und die Hochvogesen sind sehr niederschlagsreich, auf dem Hauptkamm misst man bis zu 2000 mm pro Jahr. Die beste Reisezeit sind der Frühling zur Obstbaumblüte und der Frühsommer sowie der Herbst, wenn sich das Laub verfärbt und die Luft besonders klar ist – umso mehr, als in diesen Zeiten nur wenige Besucher zu verzeichnen sind.

▶ ELSASS ERLEBEN

AUSKUNFT

CRT Alsace
20 a Rue B. Molly, 68000 Colmar
Tel. 03 89 24 73 50
www.tourisme-alsace.com

Agence de Développement
Touristique du Bas-Rhin, 4 Rue
Bartisch, 67100 Strasbourg
Tel. 03 88 15 45 88
www.tourisme67.com

Association Départementale
du Tourisme du Haut-Rhin
1 Rue Schlumberger, 68006 Colmar
Tel. 03 89 20 10 68
www.tourisme68.com

FESTE & EVENTS

Himmelfahrtswochenende, Rouffach:
Gastronomische Messe. Pfingsten,
Wissembourg: Großes Folklorefest.
Wochenende um 14. Juli, Rosheim:
Schneckenfest; Obernai: »Hans em
Schnokeloch«. 3. Juli-So., Saverne:
Rosenfest. 3. Juli-Wochenende,
Ribeauvillé: Weinmesse; Seebach:
»Streisselhochzeit«. Um den 15. Aug.,
Obernai: Weinmesse. 1. Sept.-So.,
Ribeauvillé: Pfifferdaj; Mutzig: Bier-
fest; Turckheim/Trois-Epis: Oldtimer-
Autorennen. Ende Sept., Krautergers-
heim: Sauerkrautfest. Dez.: traditions-
reiche, schöne Weihnachtsmärkte.

ESSEN

▶ Fein & teuer
Au Cygne
Gundershoffen, 35 Grand'Rue
Tel. 03 88 72 96 43, www.aucygne.fr
So.abend – Di.mittag geschl.
(15 km nordwestlich von Haguenau)
Im stattlichen Fachwerkhaus pflegt
man große Küche auf regionaler
Basis, unorthodox kombiniert mit
dem Besten, was Frankreich bietet.

Wer nach dem Diner nicht mehr
fahren will, mietet sich im zauberhaften Hôtel Le Moulin ein (Tel.
03 88 07 33 30, Kat. Luxus).

Auberge de l'Ill
Illhaeusern, Rue Collonges, Tel. 03 89
71 89 00, www.auberge-de-l-ill.com
(15 km nördlich von Colmar)
Das schön an der Ill gelegene Restaurant ist das gastronomische Glanzlicht
dee Region. Hervorragende moderne,
teils extravagante Küche, exzellent
bestückt ist der Weinkeller. Trotz der
Reputation ist die Atmosphäre nicht
kühl oder gar steif. Früh reservieren.

Le Cerf
Marlenheim, 30 Rue Gén. de Gaulle
Tel. 03 88 87 73 73, www.lecerf.com
Mo./Mi. geschl.
Alte Poststation, berühmt für ihre
zeitgemäße Elsässer Küche. Im be-
nachbarten Handschuheim bekommt
man im L'Espérance exzellenten
Flammekueche (sehr frequentiert).

▶ Erschwinglich/Fein & teuer
Nouvelle Auberge
Wihr-au-Val, 9 Route Nationale, Tel.
03 89 71 07 70, www.nauberge.com
(5 km östlich von Munster)
Ehemalige Poststation mit Brasserie
im Erdgeschoss (preiswert) und ele-
gant-gemütlichem Restaurant im
ersten Stock, das mit raffinierter,
großer Kochkunst aufwartet.

▶ Preiswert/Erschwinglich
Au Bœuf Rouge
Andlau, 6 Rue du Docteur Stoltz
Tel. 03 88 08 96 26
Solider Familienbetrieb in einer Post-
station des 17. Jh.s. Ausgezeichnete
Küche und Weine der Region, schöne
getäfelte Gaststube.

Chez Norbert

Bergheim, 9 Grand'Rue, Tel. 03 89 73
31 15, www.cheznorbert.com
4 km nordöstlich von Ribeauvillé
Elsässischer Weinbauernhof mit rustikalem, bodenständigem Restaurant
(Do. geschl.). Sehr schön sitzt man im
Hof. Mit gemütlichen Zimmern.

Moulin Bas

Ligsdorf, 1 Route Raedersdorf (4 km
südlich von Ferrette), Tel. 03 89 40 31
25, www.le-moulin-bas.fr, Di. geschl.
Sundgauer Mühle aus dem 18. Jh.
an der Ill mit dem teureren »Mezzanine« (gepflegte traditionelle Küche)
und der »Stuba«. Charmante Zimmer.

L'Ami Fritz

Ottrott, 8 Rue des Châteaux
Tel. 03 88 95 80 81
www.amifritz.com
Prächtiges Gasthaus aus dem 17. Jh.
am Fuß des Mont Ste-Odile. Feine
französische Küche mit elsässischem
Touch genießt man in der heute sehr
edlen Winstub mit hübscher Terrasse.

ÜBERNACHTEN

► Luxus

A la Cour d'Alsace

Obernai, 3 Rue de Gail
Tel. 03 88 95 07 00, www.jpmoser.com
Noble Bleibe im restaurierten Sitz der
Barone von Gail, an der Stadtmauer
um einen Hof gruppiert. Mit edlem
Restaurant und rustikalem Weinkeller.

Château d'Isenbourg

Rouffach, Tel. 03 89 78 58 50
www.grandesetapes.fr
Von der einstigen Residenz der Straßburger Bischöfe hat man einen zauberhaften Blick über Rouffach und die
Weinberge. Ausgezeichnetes Restaurant mit Terrasse. Beheiztes Freibad.

Abbaye La Pommeraie

Sélestat, 8 Boulevard Maréchal Foch
Tel. 03 88 92 07 84
www.pommeraie.fr
Aus einem Zisterzienserkloster des
17. Jh.s wurde ein stilvolles, komfortables Hotel. Mit feinem Restaurant
und rustikalerer Weinstube.

Der Flammekueche, auf Französisch Tarte flambée, passt bestens zu elsässischem Wein.

► Komfortabel

L'Abbaye d'Alspach
Kientzheim, 2 – 4 Rue Foch
Tel. 03 89 47 16 00
www.abbayealspach.com
In dem Kloster des 13. Jh.s dominiert
heimeliges Fachwerk. Großzügige
oder kleinere Zimmer um einen
schönen Hof. Von der Veranda
schöner Blick auf die Weinberge.

A la Ville de Lyon
Rouffach, 1 Rue Poincaré
Tel. 03 89 49 65 51
www.alavilledelyon.eu
Gepflegt nächtigt man in der Renais
sance-Poststation. Elegant-rustikales
Gourmetrestaurant eines Bocuse-
Schülers (So., Mo.mittag, Mi.mittag
geschl.). Mit preisgünstiger Brasserie.

► Günstig/Komfortabel

Auberge Sundgovienne
Altkirch, 1 Route de Belfort
Tel. 03 89 40 97 18
www.auberge-sundgovienne.fr
Refugium im Sundgau: Westlich von
Altkirch in kleinem Park gelegenes,
bestechend geschmackvolles Haus.
Restaurant mit hochklassiger Küche
(So.abend bis Di.mittag geschl.).

Les Alisiers
Lapoutroie-Faudé, Tel. 03 89 47 52 82
www.alisiers.com, Di./Mi. geschl.
Aus dem Bauernhof von 1819 wurde
eine schicke Adresse mit angenehmen
Preisen und herrlichem Ausblick.
Schöne Zimmer im modernen Anbau,
hochklassige Regionalküche.

La Forestière
Le Hohwald, 10 A Chemin du Eck
Tel. 03 88 08 31 08
www.laforestiere-alsace.fr
Schlichtes kleines Berghaus mitten in
der Natur, geschmackvoll moderne,
große Zimmer und Familiensuiten.

Abends genießt man auf der Terrasse
die traumhafte Küche der Patronne.

Hotel de la Tour
Ribeauvillé, 1 Rue Mairie
Tel. 03 89 73 72 73
www.hotel-la-tour.com
Würdiges Haus in Ortsmitte neben
dem Rathaus. Sehr freundliche Zimmer, ruhiger sind die zum Hof.

► Günstig

Le Brochet
Barr, 9 Place de l'Hôtel de Ville
Tel. 03 88 08 92 42, www.brochet.com
Schönes Fachwerkhaus gegenüber
dem Rathaus mit ordentlichen Zimmern. Das Restaurant (mit Terrasse)
serviert Elsässisches und Fisch.

Hôtel du Lac
Guebwiller
244 Rue de la République
Tel. 03 89 76 63 10
www.domainedulac-alsace.com
Modern-schlichte, fröhliche Zimmer
mit Blick auf See oder Bach; nebenan
das etwas teurere Hotel Les Rives.

Hotel du Herrenstein
Neuwiller-lès-Saverne
20 Rue du Général Koenig
Tel. 03 88 70 00 53
www.herrenstein.fr
Im stattlichen barocken Pfarrhaus
logiert man fast fürstlich. Schöne
Gaststuben, gute Küche. Mit Garten.

Villa Katz
Saverne
42 Rue du Général Leclerc
Tel. 03 88 71 02 02
www.villakatz.com
Etwas für Nostalgie-Fans ist diese
hübsche Gründerzeitvilla südwestlich
über der Stadt. Sehr britische Ausstattung, üppiges Frühstück im herrlichen Garten. Mit Fitness-Bereich.

Geschichte Caesars Sieg über Ariovist und die Sueben 58 v. Chr. auf dem Ochsenfeld bei Cernay machte das Gebiet zu einem Teil der Provinz Germania Superior. Um 300 n. Chr. brachten die Römer den Rebstock ins Land und damit den Weinbau. Im 5. Jh. entstand der Name Elsass aus »elisaza«: »die jenseits (des Rheins) wohnen«. So wurden die hierher vorgedrungenen Alemannen bezeichnet, die 496 von den Franken unterworfen wurden. Im Vertrag von Verdun 843 ging das Elsass an das Mittelreich »Lotharingien«, 925 wurde es Teil des Herzogtums Schwaben, das 1079 an die Hohenstaufen fiel. Nach dem Tod des letzten Staufers 1268 zerfiel das Elsass in viele weltliche und geistliche Herrschaften; die Landgrafschaft Niederelsass kam an die Bischöfe von Straßburg, das Oberelsass war größtenteils habsburgisch. Die Reichsstädte wurden rasch bedeutend, und 1354 schlossen sich zehn elsässische Reichsstädte zu einem Bund zusammen, dem jedoch Straßburg und Mülhausen fern blieben. Ab 1520 wurde das Elsass über die Reichsstädte von der Reformation erfasst. Mit dem Westfälischen Frieden 1648 fielen der Sundgau und die zehn Reichsstädte an Frankreich, 25 Jahre später das Elsass (ohne Straßburg und Mülhausen). Straßburg wurde 1681 von Ludwig XIV. annektiert. Mülhausen verblieb nach dem Status von 1515 bei der Schweizer Eidgenossenschaft. Adel

Munster, ein bekannter Elsässer Weichkäse

und Klerus passten sich den neuen absolutistischen Machtverhältnissen an, französische Kultur wurde modern. In der Revolution ab 1793 wurde das Elsass der Zentralmacht unterworfen, Elemente der regionalen Identität wie die deutsche Sprache und der Protestantismus als unfranzösisch gebrandmarkt und unterdrückt. 1798 trat auch Mülhausen zu Frankreich über. Der Krieg 1870/1871 führte zum Anschluss des Elsass an das neu gegründete Deutsche Reich, die deutsche Obrigkeit machte sich mit ihrem Verhalten aber ebensowenig Freunde wie später im Ersten und Zweiten Weltkrieg – die Hauptgründe dafür, dass das Elsass sich heute als französische Region versteht. Der Versailler Vertrag 1918 gab das Elsass an Frankreich zurück. Im Zweiten Weltkrieg wurde es im Juni 1940 von den Deutschen besetzt, seit 1945 ist es wieder französisch; in 75 Jahren hat es somit viermal die Staatszugehörigkeit gewechselt. Heute spielt das Elsass mit Straßburg – dem Sitz des Europarats (seit 1949), des Europäischen Parlaments sowie anderer europäischer Einrichtungen – eine große Rolle in der europäischen Einigung.

Das Elsass spielt seit dem Mittelalter kulturell eine bedeutende Rolle. **Kunst und**
Gottfried von Straßburg schrieb hier sein Epos »Tristan und Isolde« **Kultur**
(um 1210), die Straßburger Dombauhütte (13./14. Jh.) hatte großen
Einfluss auf die Bildhauerkunst. Der Mystiker Johannes Tauler (1290
bis 1361) ist in Straßburg geboren und gestorben, Gutenberg machte
zwischen 1430 und 1435 hier seine ersten Druckversuche. Martin
Schongauer aus Colmar (1450 – 1491) und Matthias Grünewald (um
1460 – 1528) gehören zu den großen Meistern der Malerei. Aus Humanismus und Reformation sind die Prediger und Schriftsteller Geiler von Kaysersberg, Sebastian Brant (»Narrenschiff«), Thomas Murner und Johann Fischart berühmt. Im 19. Jh. haben der Illustrator
Gustave Doré (1832 – 1883) und der Bildhauer Frédéric-Auguste Bartholdi (1834 – 1904, Schöpfer der New Yorker Freiheitsstatue) Bedeutung erlangt. Auch der Arzt, Theologe, Musiker und Friedensnobelpreisträger Albert Schweitzer (1875 – 1965) stammte aus dem Elsass.
Der 1931 in Straßburg geborene Tomi Ungerer hat sich mit teils diabolisch-bösen, teils liebevollen Karikaturen und Illustrationen in aller
Welt einen Namen gemacht; auch mit der nicht einfachen Psychologie des Elsass hat er sich dabei auseinandergesetzt.
Seit den 1970er-Jahren hat sich die kulturelle Selbstständigkeit gefestigt. Das zeigt sich etwa in der Umweltbewegung, im Bewusstsein für
Sprache und in der Mundartdichtung, die soziale und politische The-

Weinberge und schöne Fachwerkdörfer wie hier bei Hunawihr, im Hintergrund die Vogesen

men aufgreift. Ein Teil der Bevölkerung spricht noch das dem Badischen nahe stehende Elsässerditsch; seit 1972 ist Deutsch vom vierten Schuljahr an Wahlfach und 1976 erhielt das Elsass als erste Région Frankreichs eine gewisse kulturelle Autonomie. Die deutschen Ortsnamen werden jedoch praktisch nicht mehr verwendet.

Wirtschaft

In der Rheinebene wird Landwirtschaft betrieben, im Vogesenvorland v. a. Weinbau (40 % der Agrarproduktion). In den waldreichen Vogesen haben sich Holz- und Papierindustrie entwickelt; die hoch gelegenen Almen werden für die Weidewirtschaft genutzt, deren berühmtestes Erzeugnis wohl der heftig duftende Münsterkäse (Munster) ist. Im Süden, um Mülhausen, produziert man Papier, Textilien, Autos und chemische Erzeugnisse, das Nordelsass verfügt v. a. über Nahrungs-, Genussmittel-, Metall- und Schuhindustrie. Zur Energieversorgung wird der Rhein genutzt, am Grand Canal d'Alsace – dem kanalisierten Fluss – gibt es Industriehäfen, Wasserkraftwerke und in Fessenheim ein Kernkraftwerk.

Elsässischer Wein

Auf 15 600 ha Rebfläche werden im Elsass fast ausschließlich elegante **Weißweine** gekeltert. Die wichtigsten Rebsorten sind Riesling, Pinot Blanc, Gewürztraminer, Sylvaner (Silvaner), Pinot Gris (Tokay d'Alsace) und Muscat sowie bei Rot- und Roséwein Pinot Noir (Spätburgunder). Anders als im übrigen Frankreich tragen die (reinsortigen) Weine den Namen der Rebsorte; der Edelzwicker ist ein schlichter Verschnitt. 51 Lagen sind als **Grand Cru** klassifiziert, für Ertrag und Qualität gelten strengere Bestimmungen als für die einfache AOP Alsace (4 % der Gesamtproduktion). Köstliche Tropfen sind die Vendange Tardive (Spätlese, trocken bis halbsüß), die Sélection des Grains Nobles (Süßwein aus edelfaulen Trauben) und der mehr oder weniger süße Vin de paille (Strohwein); rund 20 % der Produktion macht der vorzügliche Schaumwein **Crémant d'Alsace** aus.

★★
Route
des Vins

Äußerst reizvoll ist die Fahrt auf der **Elsässischen Weinstraße** durch das hügelige, mit Reben bedeckte Vogesenvorland. Mit ca. 170 km Länge führt sie von Marlenheim (westlich von Straßburg) über Colmar nach Thann (westlich von Mülhausen), wobei sie viele der schönen, traditionsreichen Winzerdörfer berührt. Überall können Keller besichtigt werden, und fast jeder Winzer bietet seine Gewächse zum Verkauf an.

Die folgende Beschreibung der Orte zwischen Straßburg und Mülhausen folgt weitgehend der Weinstraße, ergänzt durch die Sehenswürdigkeiten an der **Romanischen Straße**.

! *Baedeker* TIPP

Voix et Route Romane

Von Mai bis Juli und im September bieten sich besonders reizvolle Gelegenheiten, das mittelalterliche Erbe kennenzulernen: bei den Konzerten, die an diversen Orten der Romanischen Straße gegeben werden (Voix et Route Romane, 37 Avenue de la Gare, 67560 Rosheim, Tel. 03 90 41 02 02, www.voix-romane.com).

Highlights Elsass und Vogesen

Mont Ste-Odile
Heiliger Berg des Elsass und großartiger Aussichtsbalkon
► **Seite 296**

Romantische Ritterburg
Nicht ganz authentisch, dennoch sehr beeindruckend ist die Hohkönigsburg
► **Seite 299**

Kultur der Klöster
Abteikirchen Murbach und Marmoutier – großartige romanische Baudenkmäler
► **Seite 303, 308**

Stadt des Humanismus
Schönes historisches Zentrum und Bibliothèque Humaniste in Sélestat
► **Seite 297**

Bilderbuchorte
Obernai, Ribeauvillé, Riquewihr, Kaysersberg, Eguisheim, Ensisheim – die Liste ließe sich fortsetzen.
► **Seite 295, 299, 300, 301**

Maginot-Linie
Das Grauen des Kriegs wird in den Forts im Norden des Elsass erfahrbar.
► **Seite 390**

Über die Ballons
Großartige Panoramen an der Route des Crêtes, Imbiss in einer Ferme-auberge
► **Seite 304**

Und außerdem …
Straßburg, Colmar und Mülhausen
► **Seite 566, 274, 413**

Von Straßburg nach Colmar

►dort

Straßburg

Südwestlich der Industrievororte Straßburgs befindet man sich im **Sauerkrautland**. Rund um Krautergersheim, früher Ergersheim, wachsen über 60 % des französischen Weißkrauts, die Basis für das elsässische Nationalgericht »Sürkrüt«. In Eschau östlich der D 1083 steht die einstige **Abteikirche St-Trophime** (10. Jh.), in der Reliquien von der hl. Sophia – Märtyrerin des 3. Jh.s und die »kalte Sophie« der Eisheiligen – verwahrt werden. Bischof Remigius soll sie 778 von Rom hierher gebracht haben (Sarkophag um 1300), heute ziehen sie viele russisch-orthodoxe Pilger an. Herausragend hier die prächtige Skulpturengruppe der Sophia und ihrer allegorischen Töchter Fides, Caritas und Spes (um 1470). In **Erstein** 10 km südlich von Eschau wurde 2008 das Musée Würth France eröffnet, in dem die Künzelsauer Firma moderne Kunst aus ihrer Sammlung präsentiert (Di. bis So. 10.00 – 18.00 Uhr, www.musee-wurth.fr).

Eschau

🕐

In Avolsheim 3 km nördlich von Molsheim sind zwei bedeutende Sakralbauten zu finden. Die Taufkapelle St-Ulrich (um 1000) mit kleeblattförmigem Grundriss besitzt hervorragende Fresken aus dem 13. Jh. Im nahen Friedhof steht die Basilika Dompeter (von »domus Petri«, »Haus des Petrus«) von 1049; Fundamente und Teile der Apsis stammen noch von einer karolingischen Kirche des 7. Jh.s.

Avolsheim

Molsheim

Das malerische, teils ummauerte Molsheim (9300 Einw.) besitzt einen schönen **Marktplatz** mit der Alten Metzig, dem Zunfthaus der Metzger von 1554 (Restaurant) und einem Brunnen aus derselben Zeit. Südöstlich am Rand der Altstadt steht die Jesuitenkirche, die 1615–1618 noch im gotischen Stil erbaut wurde, eine Art architektonischer Gegenreform (Silbermann-Orgel von 1781). Im Kartäuserpriorat sind zwei Museen untergebracht (geöffnet Anf. Mai–Mitte Okt. Mi.–Mo.). Das Musée de la Chartreuse illustriert die Geschichte der Stadt. Die **Fondation Bugatti** erinnert mit Dokumenten und Plänen an den legendären Konstrukteur: 1909 gründete der 1881 in Mailand geborene Ettore Bugatti in Molsheim die Messier-Hispano-Bugatti-Werke, er starb 1947 und ist im Familiengrab in Dorlisheim nahe Molsheim bestattet. In der Nähe der einstigen Bugatti-Zentrale im Château St-Jean baut VW den 1001 PS starken Bugatti Veyron. In **Altorf** (Altdorf) südöstlich von Molsheim lohnt die Benediktinerkirche einen Blick, eine dreischiffige Pfeilerbasilika in bester Stauferromanik, die 1724–1727 von dem berühmten Vorarlberger Peter Thumb einen barocken Ostbau erhielt.

! **Baedeker TIPP**

Elsässischen Wein kennenlernen

Fragen rund um den Wein und die Weinstraße beantwortet der Conseil Interprofessionnel des Vins d'Alsace in Colmar (Av. de la Foire aux Vins, Tel. 03 89 20 16 20). Unter www.vinsalsace.com stellt er auch einen ausgezeichneten Online-Weinführer zur Verfügung (auf Frz.). In Kientzheim gibt das Musée du Vignoble et du Vin d'Alsace Einblick in die Arbeit des Winzers.

Mutzig ►

Der Name des Städtchens Mutzig 4 km westlich von Molsheim ist im ganzen Land zu lesen, von 1810 bis 1990 wurde hier ein beliebtes Bier gebraut (heute Besitz von Heineken), am 1. Sept.-So. gibt es hier ein Bierfest. Nördlich über dem charmanten Ort mit seinen Fachwerkhäusern thront das gewaltige Fort Guillaume II (Festung Wilhelm II.), ab 1893 vom Deutschen Reich zur Sicherung der Rheinebene nach Süden errichtet (Führungen April–Okt. mehrmals tägl., März, Nov., Dez. Sa./So. 13.30 Uhr).

Rosheim

Der alte Weinbauort Rosheim (4700 Einw.) gehörte dem Bund der zehn Reichsstädte an, mittelalterliche Mauern und Tortürme sowie viele Fachwerkhäuser sind erhalten. Jahrhundertelang war hier eine der drei großen jüdischen Gemeinden des Elsass ansässig.

★

St-Pierre-et-St-Paul ►

Die Kirche St-Pierre-et-St-Paul, erbaut in staufischer Zeit (1132 bis 1160) aus gelbem Vogesensandstein, gehört zu den bedeutendsten romanischen Bauten im Elsass; zu beachten sind die Blendbogenfriese mit skulptierten Konsolen und die Tier-Menschen-Gestalten der Frontgiebel. Im rechten Seitenschiff steht eine Silbermann-Orgel von 1733. Mit dem **Heidehuss** (Heidenhaus, 12. Jahrhundert) besitzt Rosheim das einzige romanische Steinhaus im Elsass. Das Rathaus (Tourismusbüro) datiert von 1775, der Sechseimerbrunnen von 1605. Am Wochenende um den 14. Juli findet das große Schneckenfest statt.

Über das winzige Bilderbuchstädtchen **Bœrsch** mit Stadtmauer und hübschem Sechseimerbrunnen (1617) gelangt man nach Ottrott mit den Ruinen des »feindlichen Burgenpaars« Lützelburg (12. Jh.) und Rathsamhausen (13. Jh.). Im oberen Teil des Orts, in dem aus Pinot Noir einer der wenigen elsässischen Rotweine gemacht wird (Rouge d'Ottrott), liegt die berühmte Weinstube »Ami Fritz« (►S. 288). Am westlichen Ortsrand sind im Parc-Aquarium Les Naïades Fische aus aller Welt, Krokodile u. a. m. zu sehen (tägl. geöffnet).

Ottrott

🕐

Obernai (11 000 Einw.) am Fuß des Mont Ste-Odile ist mit seinen herrlichen Fachwerkhäusern das touristische Zentrum der nördlichen Weinstraße. Von der Stauferzeit bis 1648 Freie Reichsstadt und Mitglied des elsässischen Zehnstädtebunds, ist es von einer eindrucksvollen turmbewehrten Befestigung umgeben. Mittelpunkt ist die Place du Marché mit Bürgerhäusern aus Gotik und Renaissance, der Kornhalle (Ancienne Halle aux Blés, 1554; traditionelles Restaurant), dem Brunnen der hl. Odilia und dem Rathaus (15./16. Jh.). Die 60 m hohe Tour de la Chapelle ist der Rest einer Kirche des 13. Jh.s (Tourismusbüro). Vor dem Hôtel de la Cloche der **Sechseimerbrunnen**, einer der schönsten im Elsass (1579). In der neogotischen Kirche St-Pierre-et-St-Paul (1873) am Nordrand der Altstadt sind

★
Obernai

Obernai, einer der schönsten Orte an der Route du Vin

vier Fenster von Peter Hemmel aus Andlau (um 1480) zu sehen, die aus dem Vorgängerbau stammen. Das große **Volksfest »Hans em Schnokeloch«** findet am Wochenende nach dem 14. Juli statt, die Weinmesse um den 15. Aug., das Erntefest am 3. Okt.-Wochenende. Am Donnerstagvormittag wird das Zentrum zum großen Markt.

★ ★
Mont Ste-Odile

Der 764 m hohe Odilienberg ist der »heilige Berg des Elsass«. Neben seiner religiösen Bedeutung ziehen seine herrliche Lage und das fantastische Panorama Tausende Besucher an; ein Straße führt hinauf, das Kloster betreibt ein Hotel mit mehreren Speisesälen und veranstaltet Seminare. Umgeben wird der bewaldete Berg von der 10 km langen, bis 3 m hohen und 2 m dicken **Heidenmauer** (Mur païen), die aus vorgeschichtlicher Zeit stammen soll, nach jüngeren Untersuchungen jedoch im 7./8. Jh. entstand. Der Legende nach gründete hier Odilia, Tochter des elsässischen Herzogs Attich (Eticho), um 700 ein Kloster. Seine Blütezeit erlebte es im 12./13. Jh., 1546 wurde es durch einen Brand zerstört. In der v. a. um den 13. Dezember von vielen Gläubigen besuchten **Wallfahrtskirche** (1687) ist die Stifterin und Schutzpatronin des Elsass bestattet, die – so die Legende – blind geboren und durch die Taufe sehend wurde († 720). Eine großartige Aussicht bietet die Terrasse, noch freier ist der Blick vom Männelstein (826 m, südöstlich). An der D 33 nach St-Nabor ist die Odilienquelle, die bei Augenleiden helfen soll, und östlich am Fuß des Steilhangs die Ruine der 1180 geweihten Klosterkirche zu sehen.

Le Struthof ► S. 307

Barr

Der bedeutende Weinort (6700 Einw.) zeigt trotz eines verheerenden Stadtbrands 1678 schöne alte Bausubstanz. Am Marktplatz stehen das Renaissance-Rathaus (1640) und reizvolle, teils gotische Bürgerhäuser (14./15. Jh.). In der »Folie Marco«, einem prächtigen Palais von 1763, wird elsässische Wohnkultur präsentiert (geöffnet Juni bis Sept. Mi. – Mo., Mai und Okt. Sa./So.). Am 2. Juli-Wochenende findet die Weinmesse statt, am 1. Oktober-Wochenende das Weinlesefest. Eine Spezialität des Barrer Lands ist Lebkuchen, hergestellt von Lips und Fortwenger (Letzterer hat seinen Sitz in Gertwiller).

? WUSSTEN SIE SCHON ...?

■ Bei Barr – um Heiligenstein, Goxwiller und Bourgheim – gedeiht eine vinologische Rarität des Elsass, der Klevener de Heiligenstein. Diese rosafarbene Spielart der Rebsorte Savagnin (Traminer) ergibt einen feinen, frischen Weißwein mit einer großen Palette von Aromen: exotische Früchte, Nüsse und Mandeln, Kräuter, Mineralien ...

Andlau

Zwei Ruinen, Spesburg (13. Jh.) und Hoh-Andlau (14. Jh., bis 1806 bewohnt), überragen den hübsch gelegenen Weinort Andlau (1800 Einw.), der gleich über drei Grand-Cru-Lagen verfügt. Er entstand um ein Kloster herum, das Richardis, Ehefrau König Karls des Dicken, um 880 gründete. An der Abteikirche, heute Pfarrkirche St-

★
Abteikirche ►

Pierre-et-St-Paul, wurde vom 12. Jh. (Vorhalle, Krypta) bis ins 17. Jh. (Langhaus, Turm) gebaut; zu den bemerkenswertesten romanischen Plastiken im Elsass gehören die um 1130 gefertigten Figuren des 30 m langen und 60 cm hohen Frieses an Fassade und linker Außenwand sowie am Westportal. Innen sind das Chorgestühl und das Grabmal der Stifterin beachtenswert, beides aus dem 15. Jh. Zu den beiden Burgruinen führt von der D 854 westlich von Barr ein Fußweg hinauf (schöner Ausblick, ca. 1.30 Std. hin und zurück).

✱ Dambach-la-Ville

Das Winzerstädtchen Dambach (2000 Einw.), umgeben von einer fast vollständigen Mauer um 1323, besitzt überaus malerische spätgotische Erkerhäuser; besonders hübsch ist das Haus mit der »Wistub« **Caveau Nartz** am Marktplatz. In der nordwestlich in den Weinbergen stehenden Kapelle St-Sébastien sind ein großartiger Barockaltar (1692) und eine Marienstatue aus der Schule Tilman Riemenschneiders (15. Jh.) zu sehen. Von der Kapelle geht man in ca. 45 Min. zur Ruine Bernstein (12./13. Jh.) hinauf (herrliche Aussicht).

✱ Ebersmunster

Das hübsche Dorf 8 km östlich von Dambach verfügt über das bedeutendste Barockbauwerk links des Oberrheins. Hier errichtete der Vorarlberger Baumeister **Peter Thumb** – von ihm stammen die Birnau am Bodensee und der Bibliothekssaal des Klosters St. Gallen – 1708 – 1728 sein erstes großes Kloster. Schmuckstück des lichten Raums im typischen Vorarlberger Wandpfeilerschema ist der mächtige Hochaltar mit ungewöhnlichem Kronenbaldachin. Die Orgel gilt als eine der besterhaltenen von Andreas Silbermann (1732; zu hören u. a. bei den Heures Musicales von Mai bis Juli, meist So. 17.00 Uhr).

Châtenois

Châtenois (Kestenholz, 3800 Einw.) 5 km nordwestlich von Sélestat verdankt seinen Namen den Edelkastanienwäldern der Umgebung und hat einen besonderen Ruf für seine Obstwässer. Aber auch sonst ist der schmucke Ort mit Rathaus aus dem 15. Jh., dem Hexenturm (Rest der Befestigung aus dem 15. Jh.) mit Storchennest und der Kirche St-Georges (um 1760) einen Blick wert.

Sélestat

Sélestat (Schlettstadt, 19 300 Einw.), zwischen Ober- und Unterelsass gelegen, empfängt mit Industrie- und Gewerbegebieten, bevor man seine **romantische Altstadt** entdeckt. Auf eine karolingische Pfalz zurückgehend, war es von 1217 bis 1648 Freie Reichsstadt. Eine Urkunde von 1521 erwähnt den Brauch, im Advent einen Tannenbaum aufzustellen, weshalb Schlettstadt als **Geburtsort des Weihnachtsbaums** gilt. Im 15./16. Jh. war es für seine Lateinschule und die »Literarische Gesellschaft« als Zentrum des frühen Humanis-

> **! Baedeker TIPP**
>
> **Maison du Pain d'Alsace**
> Im Elsässischen Brotmuseum darf man den Bäckern bei der Arbeit über die Schulter schauen. Und natürlich gibt es in dem nach frisch Gebackenem duftenden Haus eine Probierstube (Mo. geschl., http://maisondupain.org).

Romantische Ritterburg und Stolz von Kaiser Wilhelm II.: die Hohkönigsburg

mus berühmt, der bekannteste Schüler war der hier geborene Reformator Martin Bucer. Die spätromanische Kirche Ste-Foy (St. Fides, 11./12. Jh.) gehört zu den besten und typischsten Sakralbauten dieser Zeit im Elsass. Wenige Schritte nördlich steht St-Georges (Anfang 13. Jh.) mit 60 m hohem Turm, eine der größten gotischen Kirchen der Region; hier sind die reich gestaltete Kanzel (1619) und die Glasmalereien des 14./15. Jh.s beachtenswert, die modernen Fenster im Querhaus stammen von Max Ingrand. Westlich nahe St-Georges steht das Hôtel d'Ebersmunster, das Renaissance-Palais der Mönche von Ebersmunster (1541). In der Kornhalle weiter westlich ist die 1542 gegründete Bibliothèque Humaniste untergebracht (Bibliothek der Humanisten, geöffnet 9.00 – 12.00, 14.00 bis 18.00 Uhr, Sa.nachmittag/So./Di. geschl.). Sie enthält Schriften vom 7. bis zum 16. Jh., darunter die 670 Bände umfassende Privatbibliothek von Beatus Rhenanus. Von der Befestigung sind noch der Hexenturm und der Uhrturm erhalten; von der im 17. Jh. unter Vauban angelegten Umwallung im Süden hat man einen schönen Ausblick über das »Große Ried«, wie die Rheinebene auch genannt wird.

◄ **Kirchen**

◄ **Bibliothèque Humaniste**

Kintzheim

An der Weinstraße südwestlich von Sélestat liegt das von einer Burg des 13. bis 15. Jh.s überragte Kintzheim. In der gut erhaltenen Burg ist eine **Greifvogelwarte** mit 80 Adlern, Falken etc. eingerichtet (Volerie des Aigles, Flugschau Mitte April – Okt. tägl. nachmittags). Viele Besucher ziehen auch der Parc des Cicognes (Park mit Störchen und anderen Vögeln) und der Montagne des Singes (Freigehege mit Berberaffen) an der Straße zur Haut-Kœnigsburg an (beide April – Okt.).

Auf einem Ausläufer der Vogesen, in 755 m Höhe, thront die gewaltige Hohkönigsburg, eines der beliebtesten Ausflugsziele im Elsass. Um 1147 wurde die Burg erstmals erwähnt, die der Stauferherzog Friedrich, Vater von Friedrich Barbarossa, errichten ließ; nach wechselvoller Geschichte wurde sie 1633 von den Schweden zerstört. Die Ruine kam in den Besitz der Stadt Sélestat, die sie **Kaiser Wilhelm II.** schenkte. Dieser ließ sie 1901 – 1908 durch Bodo Ebhardt als romantische Ritterburg wieder aufbauen; Ebhardt hat sich jedoch recht eng an den Originalplänen orientiert. Man kann zur Burg hinauffahren, es gibt ein Restaurant. Umwerfend ist der Ausblick, an klaren Tagen bis zu den Alpen (geöffnet tägl. ab 9.15/9.30 Uhr).

★★ **Haut-Kœnigsbourg**

🕐

Das malerische St-Hippolyte (1000 Einw.) zu Füßen der Hohkönigsburg ist bekannt für seinen guten Rotwein, im Elsass eine Seltenheit. Reste der Befestigung und eine gotische Kirche (14./15. Jh.) prägen das mittelalterliche Bild.

Saint-Hippolyte

Ca. 4 km südlich von St-Hippolyte versteckt sich das hübsche Weinstädtchen Bergheim (1800 Einw.) hinter einer Stadtmauer aus dem 14./15. Jh. mit Rundtürmen an der Nordseite. Beim Obertor steht eine angeblich 700-jährige Linde, nahe dem unteren Ortsrand die gotisch-spätbarocke Basilika (Reste gotischer Fresken in der Vorhalle). Das Musée de la Sorcellerie an der Place de l'Eglise informiert über die Hexenprozesse in Bergheim im 16./17. Jahrhundert.

Bergheim

Einer der meistbesuchten Orte im Elsass ist Ribeauvillé (4900 Einw., dt. Rappoltsweiler, elsäss. Rappschwihr) am Fuß berühmter Weinberge (Grands Crus Kirchberg und Geisberg). Die Ruinen dreier Burgen aus dem 11. bis 14. Jh., Giersberg, Ulrichsburg und Hoch-Rappoltstein, überragen den Ort (sehr lohnend der etwas mühsame Aufstieg, insgesamt ca. 3 Std.). Im Mittelalter waren die Grafen von Rappoltstein Schutzherren der fahrenden Pfeifer, Spielleute und Gaukler am Oberrhein, die zum **Pfifferdaj** hier zusammenkamen; der »Pfeifertag« am 1. Sept.-Sonntag gehört zu den größten Traditionsfesten der Region. An der Grand'Rue stehen das Pfeiferhaus (14. Jh., »Wistub zum Pfifferhüs«) und der Marktplatz mit barockem Rathaus von 1778, Renaissancebrunnen (1536) und spätgotischer Klosterkirche (1412). Von der Stadtmauer

★ **Ribeauvillé**

Ribeauvillé unter der Ulrichsburg

sind die Tour des Bouchers (Metzgerturm, 13. Jh.) und andere Wehrtürme erhalten. An der Pfarrkirche St-Grégoire-le-Grand (13./19. Jh.) ist das Westportal sehenswert, innen eine gotische Madonna (15. Jh.) mit einer Flügelhaube, die derjenigen der elsässischen Frauentracht entspricht. An der Route de Colmar ist das Besucherzentrum der Winzergenossenschaft interessant (Weinstube und Museum, tägl. geöffnet). Weitere Termine: Gugelhupf-Fest am 1. Juni-So., Weinmesse am 3. Juli-Wochenende.

Hunawihr

Hunawihr (Hunaweier, 600 Einw.; Abb. S. 291) liegt bildhübsch in den Weinbergen. Zuoberst steht, umgeben von einem ummauerten Friedhof, die spätgotische Wehrkirche (15. Jh.), eine der im Elsass nicht seltenen Kirchen mit zwei Schiffen, eines für Katholiken, eines für Protestanten. Die Gewölbe in der Turmbasis besitzen schöne Fresken mit der Nikolaus-Legende (um 1500). Am 4. Juli-Wochenende wird das **Fest des Ami Fritz** begangen. Der **Parc des Cigognes** östlich des Orts hat großen Anteil daran, dass im Elsass wieder Störche siedeln; inzwischen ist daraus ein Tierpark mit Aquarien geworden (geöffnet April–Okt. tägl., März und Nov. Mi., Sa., So.).

Riquewihr

Das Winzerstädtchen Riquewihr (Reichenweier, 1300 Einw.) ist mit gut erhaltenen Mauern und Türmen, mit zahlreichen Häusern aus Gotik und Renaissance wirklich schön – und deswegen mit seinen 1,5 Mio. Besuchern jährlich am Rand des Infarkts. Am unteren Ende der Hauptstraße (Rue du Gén.-de-Gaulle) steht das Rathaus, am

oberen Ende der Torturm Dolder (1291) mit Heimatmuseum, dahinter folgt das Obertor. Neben der Maison Liebrich (1535, schöner Innenhof) ist an der Hauptstraße das Musée Hansi untergebracht, das dem populären Grafiker **J.-J. Waltz gen. Hansi** gewidmet ist (Febr. bis Dez. Di.–So., Juli/Aug. auch Mo., Jan. nur Sa./So.). Südlich des Rathauses steht das schlichte Schloss (1539) der Herzöge von Württemberg-Mömpelgard, denen Horburg-Reichenweier von 1324 bis 1801 gehörte; hier wurde der durch Wilhelm Hauffs Roman »Lichtenstein« bekannte Herzog Ulrich von Württemberg geboren, heute ist hier das Elsässische Postmuseum untergebracht. Vom Diebsturm (1300; Teil des Heimatmuseums mit Folterkammer) nördlich des Obertors führt ein schöner Weg

»Haupteingang« von Riquewihr: der Dolder

durch den Grand-Cru-Weinberg Schoenenbourg. Höhepunkte des Jahres sind das Rieslingfest im August sowie das Weinfest an zwei Wochenenden Ende September. Die Kirche St-Pierre-et-St-Paul (12. Jh.) mit schönem Säulenportal im Weindorf **Sigolsheim** 5 km südlich ist ein romanisches Kleinod. Im benachbarten sehenswerten **Kientzheim** ist im Ancien Chateau (auch Schwendi-Schloss, 16. Jh.) das Musée du Vignoble et du Vin d'Alsace eingerichtet, das sehr interessante Elsässische Weinmuseum (Mai Sa./So., Juni – Okt. tägl.).

🕐

✳
Kaysersberg

Zu den meistbesuchten Orten des Elsass gehört das herausgeputzte Kaysersberg (2700 Einw.). Die ehemalige Freie Reichsstadt liegt unterhalb einer Burgruine (13. Jh.) an der Weiss; ihre Schätze sind Reste der Stadtmauer, eine Wehrbrücke mit Schießscharten (1514) und Bürgerhäuser aus Gotik und Renaissance. Die Kirche Ste-Croix an der Hauptstraße (1277 – 15. Jh.) besitzt ein beachtliches Westportal, ein Heiliges Grab (1514) und einen großartigen **geschnitzten Flügelaltar** des Colmarers Hans Bongartz (1518). Westlich jenseits der alten Weissbrücke, an der Hauptstraße, wurde im Geburtshaus des berühmten »Urwalddoktors«, Theologen, Musikers und Friedensnobelpreisträgers **Albert Schweitzer** (1875 – 1965) ein kleines Museum eingerichtet.

Turckheim

Am Eingang zum Münstertal liegt an der Fecht dieses schöne mittelalterliche Städtchen (3700 Einw.), in dem von Mai bis Okt. ab 22.00 Uhr ein **Nachtwärter** singend seine Runde macht. Von der Porte de France am Fluss Richtung Norden liegen die Sehenswürdigkeiten: vorbei an der 1315 erwähnten Alten Wacht geht es zum Renaissance-Rathaus (1593 – 1630) mit dem Saal des Zehnstädtebunds und zum herrlichen Fachwerkbau des Hotels zu den Zwei Schlüsseln (16. Jh.). An der Porte de Brand (Richtung Niedermorschwihr) beginnt der Lehrpfad durch den Grand-Cru-Weinberg Brand.

Les Trois-Epis

Schöne Ausblicke hat man beim Abstecher hinauf nach Les Trois-Epis (»Drei Ähren«), Luftkurort mit Villen aus dem 19. Jh. und seit Ende des 15. Jh.s Marienwallfahrtsort: Die Kirche Notre-Dame-des-Trois-Epis (17. Jh.) steht dort, wo Maria, mit drei Ähren in einer Hand und einem Hagelkorn in der anderen, einem Schmied erschien. Die Kirche aus Beton wurde 1968 geweiht. Am 1. Sept.-So. gibt es ein Oldtimer-Autorennen von Turckheim nach Trois-Epis.

▶dort

Colmar

Von Colmar nach Mülhausen

Munster

Der Weg von ► Colmar zum Col de la Schlucht (► S. 304) führt durch das schöne Münstertal mit dem Fluss Fecht. Sein Hauptort Munster (4700 Einw.) entstand bei einem um 660 gegründeten Benediktinerkloster, das in der Revolution zerstört wurde (Reste mit schönem Portal erhalten); als Freie Reichsstadt und Mitglied des Zehnstädtebunds lag er mit dem Abt immer im Clinch. Der Stadtname ist durch den **kräftig duftenden Rotschmierekäse** bekannt, der auf den umliegenden Almen gemacht wird und als Appellation d'Origine geschützt ist. Das Rathaus datiert von 1555, das Kaufhaus »Laube« von 1503. Südlich des Marktplatzes befinden sich die Reste der Abtei und das Zentrum des **Parc Naturel des Ballons des Vosges**.

Eguisheim

Das hübsche alte Städtchen (1600 Einw.) entstand um eine im 8. Jh. gegründete achteckige Wasserburg (1894 erneuert). Darin soll 1002 Papst Leo IX. geboren worden sein, seine Statue ziert den Brunnen vor dem Schloss, die neobyzantinische Schlosskapelle (1889) erinnert ebenfalls an ihn. Die Pfarrkirche (1809) besitzt noch den Turm und das Westportal des Vorgängerbaus (um 1230). Im späten Juli finden die »Woche des Weins« und die »Nacht der Grands Crus« statt, Ende August das Winzerfest. Auf dem Schlossberg stehen die **Drei Egsen** Dagsburg, Wahlenburg und Weckmund, die Türme einer Burg aus dem 12./13. Jh.; sie sind Teil der 11 km langen »Route des Cinq Châteaux« von Husseren nach Wintzenheim und leicht erreichbar.

Gueberschwihr

Dieses Winzerdorf besitzt neben hübschen Höfen an der Grande Place den **schönsten romanischen Kirchturm des Elsass** (um 1120, 36 m hoch; zugehörige Kirche St-Pantaléon, 19. Jh.). Die wohl schönste Chorpartie einer elsässischen romanischen Kirche ist im benachbarten **Pfaffenheim** zu finden (Langhaus vom Ende des 19. Jh.s).

Rouffach

Rouffach (Rufach, 4600 Einw.) besitzt noch Reste der alten Stadtbefestigung. Den Marktplatz beherrscht die unvollendete dreitürmige Kirche **Notre-Dame** (12./13. Jh.). Schräg gegenüber das Kornhaus (1569) mit dem Stadtmuseum. An die Stadtmauer ist das Alte Rathaus gebaut (1581/1617; Tourismusbüro), daneben der Hexenturm (13. – 15. Jh.). Auf dem Rehberg steht das Schloss Isenburg (Hotel, ► S. 288), das 1880 auf den Grundmauern einer Pfalz der merowingisch-fränkischen Könige entstand. Am Himmelfahrtswochenende findet die Messe »La Passion d'un Terroir« rund um die lokalen gastronomischen Produkte statt, am Mi.nachmittag der **Marché Bio**.

Guebwiller

Guebwiller (Gebweiler, 11 700 Einw.) am Eingang des Lauch-Tals entstand aus einem Meierhof der Abtei Murbach. Bis ins 19. Jh. lebte man vom Wein, dann auch von Textilfabrikation und Maschinenbau. Hauptachse ist die Rue de la République. Die Kirche Notre-Dame (1766–1785), eine der wenigen Elsässer Barockkirchen, ist ein grandioses Beispiel für den **französischen Klassizismus**; einen starken Kontrast bildet die Rokoko-Ausstattung des Schwaben Fidelis Sporer. Das Musée du Florival nebenan ist der Archäologie und Volkskunde gewidmet, außerdem dem heimischen Keramikkünstler **Théodore Deck** (1823 – 1891), dem Erfinder des »Deck-Blaus« und Leiter der Manufaktur Sèvres (Di. geschl.). In der schlichten gotischen Domini-

Notre-Dame ►

kanerkirche (1339, Fresken 14. Jh.) und ihrem Konvent finden Konzerte statt. Am Rathaus (spätgotischer Flamboyant, 1514) vorbei erreicht man die stattliche romanisch-gotische Kirche St-Léger (12. bis 16. Jh.) mit ihrer Doppelturm-Westfassade und oktogonalem Vierungsturm. Am Himmelfahrtstag ist Weinmesse in der Zehntscheuer.

✱
◄ St-Léger

Von Guebwiller erreicht man die berühmte, 726 gegründete Benediktinerabtei Murbach. Im 8./9. Jh. war sie geistiger und kultureller Mittelpunkt des Oberelsass, hier entstanden in den Jahren 800 – 825 die »Murbacher Hymnen«, ein wichtiger althochdeutscher Text. Der barocke Umbau wurde 1739 eingestellt; von den romanischen Bauten erhalten sind Türme, Querschiff und Chor der Kirche (1216), die von der zweiten Blüte des Klosters zeugt, neben Marmoutier und Rosheim das bedeutendste romanische Baudenkmal im Elsass.

✱ ✱
Murbach

Für Kunstfreunde lohnt sich ein Abstecher ins **Lauch-Tal**. In **Buhl** beherbergt die neoromanische Kirche einen 7 m breiten Flügelaltar, gemalt um 1500 von einem Schüler Martin Schongauers. Die Kirche St-Michel-et-St-Gingolph (12. Jh.) in **Lautenbach** besitzt ein schönes Westwerk, besonders sehenswert sind die Reliefs am Portal.

Romanische Abteikirche in Murbach

Das Ecomusée d'Alsace 10 km südöstlich von Guebwiller vereint über 70 Bauernhäuser aus dem 12. bis 19. Jh. Es gibt Pferde, Vieh und Geflügel, in den Werkstätten wird gearbeitet; ein Hotel und Restaurants sorgen für die Gäste (geöffnet Ende März – Anf. Nov. sowie im Dez. tägl. 10.00 – 18.00/19.00 Uhr, im Sept./Okt. Di. geschl.; www.ecomusee-alsace.fr). Der nahe Park Bioscope zum Thema Umweltschutz lohnt den Besuch nicht, wohl aber das malerische **Ensisheim**, bis 1648 Hauptort des elsässischen Vorderösterreichs, mit prächtigen Häusern aus dem 15./16. Jh. und dem Regentenpalast (1535 – 1574). Dort ist u. a. der Rest des einst 150 kg schweren Meteoriten zu sehen, der 1492 in der Gegend niederging (Di. geschl.).

✱ ✱
Ecomusée
d'Alsace
🕐

🕐

In Thann (8000 Einw.), 20 km westlich von ►Mülhausen, endet die Elsässische Weinstraße (vom benachbarten Cernay steigt die Route des Crêtes zum Vieil Armand an; ►S. 305). Der Industrie- und beliebte Ferienort an der Mündung des engen Thur-Tals gruppiert sich

Thann

★ ★

St-Thiébaut ►

um die Stiftskirche St-Thiébaut (St. Theobald, 1332–1516), neben dem Straßburger Münster der bedeutendste gotische Bau im Elsass. Ihr 76 m hoher Turm hatte den Turm des Freiburger Münsters zum Vorbild. Die Westfassade besitzt ein außergewöhnlich großes, reich gestaltetes **Doppelportal mit 500 Figuren** in 150 Szenen (14./15. Jh.). Innen sind die »Winzermadonna« (um 1510) in der Südkapelle, im Chor die Glasmalereien (15. Jh.) und ein herrliches Chorgestühl (um 1450) hervorzuheben. Das stattliche Kornhaus (1519) nördlich an der Thur beherbergt das Stadtmuseum. Das Fest »Verbrennung der drei Tannen« am 30. Juni ist der Stadtgründungslegende gewidmet. In **Husseren-Wesserling** 12 km nordwestlich von Thann kann man die königliche Manufaktur (1783) in einem schönen Park und das Musée du Textile et des Costumes de Haute-Alsace besuchen, das die Geschichte von Spinnerei, Weberei und Stoffdruck sowie die Mode des 19. und frühen 20. Jh.s vorstellt (Mitte Juni–Anf Okt. tägl. 10.00–18.00 Uhr geöffnet, sonst Mo. sowie Jan. geschl.).

Mülhausen ►dort

★ ★ Route des Crêtes

Die ca. 75 km lange, insgesamt recht steile und kurvenreiche Straße entlang des Vogesenkamms wurde im Ersten Weltkrieg zur Versorgung der französischen Truppen an der heftig umkämpften Front erbaut. Sie führt vom Col du Bonhomme westlich von Kaysersberg über Col de la Schlucht, Markstein und Grand Ballon nach Cernay und eröffnet herrliche Ausblicke. Im Winter ist sie häufig gesperrt.

! Baedeker TIPP

Fermes-auberges

Vor allem in den Südvogesen sorgen »Fermes-auberges« – Gasthöfe in bäuerlichen Anwesen – von Mai/Juni bis Oktober für das leibliche Wohl. Mindestens 70 % des Angebots müssen vom eigenen Hof kommen. Außer handfesten Imbissen wird oft der »repas marcaire« serviert, die »Melkermahlzeit« aus Tourte (Pastete) mit Salat, Geräuchertem, Bratkartoffeln sowie Kuchen. Einige Auberges verfügen über schlichte Zimmer – Übernachten in ländlicher Idylle. Infos geben die Tourismusbüros der Region.

Über den 949 m hohen Col du Bonhomme verbindet die D 415 das Elsass mit Lothringen (St-Dié). Etwas südlich des Passes führt eine Stichstraße zu den Seen Lac Blanc und Lac Noir in hübscher Umgebung (Auberge, Aussicht vom »Château Hans«). Die Strecke zum **Col de la Schlucht** gehört zu den steilsten und schönsten Straßen der Vogesen. Auf der Passhöhe (1135 m) kreuzen sich die Kammstraße und die von ►Colmar über Munster nach Gérardmer (S. 399) führende D 417. Die Gegend ist ein beliebtes Wintersportgebiet.

★

Hohneck

Ihren höchsten Punkt erreicht die Kammstraße im Hohneck, dem mit 1362 m zweithöchsten Vogesengipfel (überwältigendes Panorama). 1871–1918 verlief über ihn die deutsch-französische Grenze. 18 km weiter südlich liegt der 1266 m hohe Markstein, ein guter Ausgangspunkt für Wanderungen, unterhalb der Lac de la Lauch.

◄ Le Markstein

Der Grand Ballon (Großer oder Sulzer Belchen), mit 1424 m höchster Vogesengipfel und beliebter Wintersportplatz, ragt über Guebwiller (►S. 302) auf. Hier lag die Kultstätte eines keltischen Sonnengottes namens Bel oder Belen; seit 1997 ziert eine Radarstation den Gipfel. Über 400 m tiefer liegt der Lac du Ballon, der 1699 von Vauban, Festungsbaumeister König Ludwigs XIV., aufgestaut wurde.

★ ★
Grand Ballon

Der 956 m hohe Vieil Armand (Hartmannsweilerkopf) war im Ersten Weltkrieg heftig umkämpft. Ein 22 m hohes Kreuz ist den schätzungsweise 60 000 Opfern gewidmet. Ein französischer Friedhof, ein martialisches Denkmal, eine Krypta mit den Gebeinen von 12 000 Soldaten und ein Museum erinnern an die Toten. In der Umgebung sind noch Reste der Gräben und Unterstände zu sehen.

Vieil Armand

In Cernay endet die Vogesenkammstraße; 6 km sind es nach Thann mit seiner großartigen Kirche (►S. 303), 15 km nach ►Mülhausen. Im Dollertal zwischen Cernay-St-André und Sentheim fährt von Juni bis Sept. sonntags eine Dampfeisenbahn, Juli/Aug. auch mittwochs.

Cernay

🕓

Bei klarem Wetter hat man auf dem Grand Ballon die Viertausender der Schweizer Alpen vor sich.

Ballon d'Alsace

✴ Der 1247 m hohe Ballon d'Alsace (Elsässer Belchen), schon in der Franche-Comté gelegen, markiert das südwestliche Ende der Vogesen. Von Cernay sind es ca. 45 km nach Westen bis zur Passhöhe, wobei man Thann (►S. 303) und **Masevaux** berührt. Letzteres ist ein schönes Städtchen am Doller, das um ein 728 gegründetes Kloster entstand (Reste der Abteikirche aus dem 13. Jh. erhalten). Die kurvige Bergfahrt von Osten oder Suden gehört zu den schönsten der Vogesen. Der unbewaldete Elsässer Belchen gibt einen weiten Blick frei, theoretisch bis zum Montblanc. 35 km südwestlich von Masevaux liegt Ronchamp mit der berühmten Le-Corbusier-Kapelle (►S. 317).

✴ Sundgau

Routes de la Carpe Frite

Die schöne Landschaft des Südelsass zwischen Mülhausen und der Schweiz lassen die meisten – auf der A 36 gen Besançon brausend – links liegen. Außer saftigen Wiesen, Hügeln, Wäldern, vielen Weihern und kleinen Flüssen bietet der Sundgau (»Südgau«) jedoch besuchenswerte Plätze und idyllische Dörfer. Die kulinarische Spezialität der Region sind in Öl ausgebackene Stücke vom Karpfen. An die 30 Restaurants haben sich zur **Route de la Carpe Frite** organisiert (www.sundgau-sudalsace.fr).

Altkirch

Zwischen Basel und Belfort liegt Altkirch, der nette Hauptort der Landschaft (5600 Einw.), über der Ill. In der Landvogtei neben dem spätbarocken Rathaus ist das Musée Sundgauvien untergebracht; außer volkskundlich-historischen Exponaten sind hier die Gemälde des Altkircher Künstlers Jean-Jacques Henner (1829 – 1905) interessant. In der neoromanischen Kirche Notre-Dame (1850) sind u. a. eine Kreuzigung von Henner und eine Pietà des 16. Jh.s zu sehen.

Feldbach

✴ Die kleine romanische Basilika **St-Jacques** in Feldbach (14 km südlich von Altkirch) ist das kunsthistorische Kleinod des Sundgaus. Sie gehörte zu einem 1144 gegründeten Benediktinerinnenkloster, ist aber wohl älter; auffällig ist die unterschiedliche Gestaltung des Nonnen- und des Gemeindeteils (im Westen) des Langhauses.

Sehr schön am Rand des Juras liegt das charmante Städtchen **Ferrette** (1000 Einw.), das von der Ruine der **Burg Hohenpfirt** (1125) überragt wird. Die z. T. gotische Kirche in der Unterstadt birgt eine Madonnenstatue, die ein dreiarmiges Jesuskind trägt (sichtbar sind jeweils aber immer nur zwei); steil geht es hinauf in die Oberstadt zum ochsenblutroten Renaissance-Rathaus von 1570.

! **Baedeker** TIPP

Sundgäuer Chäschaller

In Vieux-Ferrette kann man sich beim berühmten Affineur Bernard Antony mit vorzüglichem Käse versorgen. Stolz verweist der Maître auf seine Kundenliste mit Spitzenrestaurants in (fast) aller Welt. Man kann hier außerdem seine Kunst prüfen und aus 800 Weinen den passenden aussuchen (17 Rue de la Montagne, Tel. 03 89 40 42 22, Mo. – Sa. 10.00 – 17.00 Uhr).

Ferrette am Rand des elsässischen Jura, überragt von der Burg Hohenpfirt

Nördliche Vogesen und Nordelsass

Von Molsheim bei Straßburg führt die D 1420 im Tal der Bruche südwestlich nach St-Dié. Das dicht bewaldete Donon-Massiv westlich davor bildet die Grenze zwischen dem Elsass und ▶Lothringen und gleichzeitig den Südrand der Sandstein-Vogesen. Vom 1009 m hohen Gipfel (vom Parkplatz 2 km) hat man bei klarem Wetter eine großartige Sicht bis zu den Berner Alpen. Kelten, Römer und Franken bauten hier Heiligtümer, der »Tempel« oberhalb des Fernsehsenders ist ein seltsames Produkt des 19. Jh.s.

✴
Donon

In den Bergen östlich von Schirmeck, oberhalb Natzwiller, lag das deutsche Konzentrationslager Struthof, in dem zwischen 1941 und Ende 1944 etwa 52 000 Menschen terrorisiert wurden und 22 000 ihr Leben verloren. Das Centre Européen du Résistant Déporté führt die grauenhaften Verbrechen vor Augen (März – 24. Dez. tägl.).

Le Struthof

🕐

Das nordöstlich des Donon gelegene malerische Bergland wird auch Petites Vosges (Kleine Vogesen) genannt. Zugänglich ist es von **Niederhaslach** westlich von Molsheim (▶ S. 294). Der Ort besitzt eine mächtige gotische Stiftskirche, geweiht dem hl. Florentius, Bischof von Straßburg. 1274 – 1385 erbaut, beeindruckt sie mit gewaltiger Westfassade und hervorragenden Glasmalereien: im Langhaus ist ein prachtvoller Zyklus von ca. 1360 zu sehen, derjenige im Chor stammt von ca. 1280. Kurvt man die D 218 hinauf, passiert man die malerische Cascade du Nideck (vom Parkplatz gut 30 Min.) und dann die besonders eindrucksvoll gelegene Burgruine Nideck (13./ 14. Jh.), die Adelbert von Chamisso in seinem Gedicht »Das Riesen-

Petites Vosges

✴
◄ Collégiale
St-Florent

✴
◄ Château Nideck

Das »elsässische Versailles« in Saverne: Residenz der Fürstbischöfe

spielzeug« erwähnt (zugänglich von der Maison Forestière du Nideck). Eine schöne Aussicht hat man auch von der Ruine der **Wangenbourg** (13. Jh., mit 24 m hohem, zugänglichem Donjon) und vom Rocher de Dabo (16 km westlich, ▸Lothringen).

★★
Marmoutier

Die romanische Kirche von Maursmünster 6 km südlich von Saverne gehörte zu einem 589 von iroschottischen Mönchen gegründeten und 1792 aufgehobenen Kloster. Erhalten sind Reste einer kleinen Kirche mit Rundapsis aus merowingischer Zeit (»Crypte«). Die großartige Westfassade entstand um 1150/1160, Quer- und Mittelschiff mit gotischen Elementen von 1230 bis 1300, der Chor bis 1769 (Gestühl 18. Jh.). Die berühmte Silbermann-Orgel von 1709 ist in Konzerten zu hören (Juli/Aug. So. 17.00 Uhr); für Orgelfans ist das Europäische Orgelzentrum besuchenswert. Ein Renaissance-Fachwerkhaus, das von Juden bewohnt war, beherbergt das Musée d'Arts et Traditions (Mai–Okt. So. 10.00–12.00, 14.00–18.00 Uhr); in Marmoutier lebte lange eine jüdische Gemeinde, weshalb auch das Judentum im Elsass Thema des Museums ist.

★
Saverne

Die Zaberner Senke, der niedrigste Übergang von der Rheinebene nach Lothringen, wird von Rhein-Marne-Kanal, Eisenbahn und Autobahn durchquert. An ihrem Ostrand liegt Saverne (Zabern, 12 000

Einw.), das römische Tres Tabernae (Drei Wirtshäuser), 1414–1789 Residenz der Bischöfe von Straßburg. Das riesige klassizistische **Château des Rohan** wurde von 1779 bis 1852 am Platz eines älteren Schlosses errichtet. Außer Museen zur Archäologie, Kunst- und Stadtgeschichte (Mitte Juni – Mitte Sept. 10.00 – 12.00, 14.00 – 18.00, sonst nur nachmittags; Di. geschl.) ist hier die Jugendherberge untergebracht.

> ! **Baedeker** TIPP

> **Rosenstadt Zabern**

> In Saverne spielen Rosen eine große Rolle. Am 3. Juni-Sonntag findet das Rosenfest statt; eine ungewöhnliche Köstlichkeit sind die »Boutons de rose« (Rosenpralinen). Besuchenswert ist auch der 1898 gegründete Rosengarten mit seinen 550 Sorten (an der Straße nach Phalsbourg).

Seine 140 m lange Front weist zum Kanal, der bei Hausbooturlaubern beliebt ist. In der Grand'Rue, der Hauptachse der Stadt, stehen schöne Renaissance-Häuser, u. a. das großartige **Haus Katz** von 1605 (Weinstube, innen genauso heftig dekoriert). Von Saverne lohnt sich der Abstecher hinauf zur Ruine der Burg Haut-Barr, das »Auge des Elsass« mit grandioser Aussicht. Der Straßburger Bischof erbaute für Friedrich Barbarossa um 1170 die Burg, die später erweitert und dann z. T. geschleift wurde. Interessant ist auch der Flügeltelegraf, ein Zeuge des 1794 entwickelten nationalen Telekommunikationsmittels (geöffnet Juni – 20. Sept. Di. – So. nachmittags). Das nicht billige Restaurant im schönen Fachwerkhaus ist bekannt für Foie gras, sein Interieur schaurig-schön (Mo. geschl.). Für Phalsbourg und das Schiffshebewerk Arzviller ►Lothringen.

◄ Haut-Barr

⊘

Ein beliebtes Ausflugsziel 22 km nordwestlich von Saverne ist dieses Städtchen (600 Einw.), dessen Oberstadt reizvoll auf dem Altenberg liegt (schöne Aussicht). In der Chapelle St-Louis (1684) logiert das Siegelmuseum (Musée du Sceau Alsacien), im Pulverhaus das Musée d'Arts et Traditions Populaires, das sich v. a. den »Springerle« und ihren kunstvollen Modeln widmet. Im gotischen Chor der Kirche am Burgeingang, seit 1737 von Katholiken und Protestanten genutzt, sind schöne Fresken des 15. Jh.s erhalten. Die Burg (13. Jh.) beherbergt das Zentrum des **Parc Naturel Régional des Vosges du Nord**.

La Petite-Pierre

Das Städtchen Neuwiller (1200 Einw., 12 km nordöstlich von Saverne) besitzt zwei beeindruckende romanische Kirchen. Die mächtige Basilika St-Pierre-et-St-Paul, Rest einer 726 vom hl. Pirmin – dem Missionar des südwestdeutschen Raums – gegründeten Abtei, entstand v. a. im 12. Jh.; die Krypta stammt aus karolingischer Zeit, das klassizistische Westwerk datiert von 1768. Innen sind interessant der romanische Taufstein, ein Heiliges Grab (1480) und das Hochgrab (14. Jh.) des hl. Adelphus, eines Metzer Bischofs des 4. Jh.s. An den Chor stößt eine zweistöckige Kapelle (11. Jh.) mit wunderbaren Kapitellen und Wandteppichen (17. Jh.). Die Kollegiatkirche St-Adelphe wurde im 13. Jh. als Pilgerkirche für die Reliquien des hl. Adelphus errichtet.

Neuwiller-lès-Saverne

Bouxwiller
Im hübschen, wenig touristischen Städtchen (3700 Einw.) ist v. a. das Musée Judéo-Alsacien (62 Grand'Rue) interessant, das jüdisches Leben im Elsass vor Augen führt (geöffnet April – Sept. Di. – Fr. 14.00 – 17.00, So. 14.00 – 18.00 Uhr). Die spätgotische Kirche St-Jacques (1614) besitzt eine Silbermann-Orgel von 1778. Gut 10 km

Lichtenberg ►
nördlich liegt auf einer Vogesenhöhe Lichtenberg mit der Ruine einer der größten und schönsten Burgen des Elsass (13./17. Jh., Kulturprogramm mit Theater, Ausstellungen etc.).

Pfaffenhoffen
In Pfaffenhoffen, einem hübschen Städtchen 14 km westlich von Haguenau, steht eine Synagoge von 1791, die älteste noch erhaltene. Sie ist das einzige Beispiel für eine »versteckte« Synagoge im Elsass (Besuch über das Volkskunstmuseum). Unbedingt besuchenswert ist das

★

Musée de l'Image
Populaire ►
Museum für Volkskunst, das in elsässische Traditionen Einblick gibt (geöffnet Mai – Sept.Mi. – Mo. 14.00 – 18.00, sonst Mi. – So.).

Haguenau
Haguenau (Hagenau), mit 35 000 Einwohnern viertgrößte Stadt im Elsass, ist, da im Lauf der Jahrhunderte mehrmals schwer beschädigt, kein Mussziel. Auch von der Bedeutung als Residenz der Staufer und

Hier erfährt man viel über elsässische Kunst und Kultur: Musée Alsacien in Haguenau

Ort glänzender Reichstage ist nichts mehr zu spüren. Dennoch sind in der angenehmen Altstadt einige Dinge interessant. Die Kirche St-Georges (1189 geweiht) besitzt ein kolossales **Kruzifix** aus Holz von 1488, ein herrliches Sakramentshaus (1523) und die ältesten Glocken Frankreichs (1268). Das **Musée Alsacien** in der Stadtkanzlei (15. Jh.) zeigt Sammlungen zur Volkskunde, das Musée Historique zur Geschichte der Region. In der Halle aux Houblons (»Hopfenhalle«, heute Markthalle) wurde der Biergrundstoff vermarktet – die Umgebung von Hagenau ist Frankreichs Hauptanbaugebiet für Hopfen. Am Nordrand der Altstadt nahe dem Moder-Kanal steht die gotische Kirche St-Nicolas (13./14. Jahrhundert) mit schönem Chorgestühl (18. Jh.).

Die typische elsässische Keramik kommt aus **Soufflenheim** 14 km östlich von Haguenau, in vielen »Poteries« kann man ein Souvenir erstehen. Gut 5 km südöstlich von

Soufflenheim liegt **Sessenheim** (Sesenheim), wo Goethes Schwarm
Friederike Brion lebte, die er als Student in Straßburg kennenlernte.
In der Auberge au Bœuf ist ein Museum eingerichtet, in der Alten
Wache das Mémorial Goethe. **Betschdorf** am Nordrand des Forêt de
Haguenau ist das zweite Zentrum der elsässischen Keramikindustrie,
hier wird graues, blau dekoriertes Steinzeug hergestellt (schönes Museum). Im 5 km westlich gelegenen Surbourg ist die kunsthistorisch
bedeutende frühromanische Kirche St-Arbogast sehenswert, die z. T.
noch ins 9. Jh. zurückgeht.

★
»Keramikdörfer«

★
◄ Surbourg

Hunspach (10 km südlich von Wissembourg) gilt als eines der
»schönsten Dörfer Frankreichs«, die benachbarten Dörfer Seebach
und Hoffen stehen ihm kaum nach. In Seebach wird am 3. Juli-
Wochenende die berühmte **Streisselhochzeit** (»Straußhochzeit«) gefeiert, ein prächtiges Folklorefest mit Bauernhochzeit am Sonntag.

★
Hunspach

Einen nachhaltigen Eindruck vom Wahnsinn des Kriegs vermitteln
die Forts der Maginot-Linie (►Baedeker Special S. 390), v. a. das Fort
Schœnenbourg (2 km westlich von Hunspach, April–Anf. Okt. tägl.
14.00–18.00, So. auch 9.30–11.00 Uhr; Okt. Sa./So.) und Four-à-
Chaux bei Lembach (15 km südwestlich von Wissembourg, Führungen nachmittags Mitte März–Anf. Nov. tägl., sonst Sa./So.).

★
Maginot-Linie

🕐

Die nördlichen Vogesen zwischen Saverne, Bitche und Niederbronn
wurden 1976 zum Naturpark erklärt, 1990 zum UNESCO-Biosphä-
renreservat. Im Norden schließt sich der Naturpark Pfälzerwald an.

**Parc Naturel
Régional des
Vosges du Nord**

Bad Niederbronn (4400 Einw.) ist das bedeutendste Heilbad im Elsass; seine kalten Mineralquellen wurden schon von den Römern genutzt. Am netten Kurpark liegen das Spielcasino und ein Trinkbrun-
nen, im Maison d'Archéologie sind vorgeschichtliche und römische
Funde zu sehen, außerdem Öfen aus lokaler Produktion.

**Niederbronn-
les-Bains**

►S. 392

Bitche

Die eindrucksvollste Ruine in den Nordvogesen ist die der Burg Fleckenstein, die im 12. Jh. erbaut, im 15. Jh. mehrfach erweitert und
1680 zerstört wurde. Sie ragt 7 km nördlich von Lembach nahe der
Grenze zur Pfalz auf einem schmalen Sandsteinfelsen aus den Wäldern (Ende März–Anf. Nov. tägl., sonst So. ab 12.00 Uhr). Von der
Plattform genießt man schöne Aussicht auf das Hochtal der Sauer.

★
**Burg
Fleckenstein**

🕐

Wissembourg (Weißenburg, 8000 Einw.), die nördlichste Stadt des
Elsass, ist einen Steinwurf von der Grenze zur Pfalz entfernt. Die
Stadt mit hübscher **mittelalterlicher Szenerie** ging aus einer um 660
gegründeten Benediktinerabtei hervor, die zum geistigen Zentrum
wurde (Evangelienbuch von Otfried von Weißenburg, 871, sowie die
erste bedeutende Reimdichtung in Althochdeutsch). Die markante

★
Wissembourg

Wissembourg: Viertel »Le Schlupf« an der Lauter

Abteikirche **St-Pierre-et-St-Paul** ist nach dem Straßburger Münster der größte Sakralbau im Elsass (13./14. Jh.); der Westturm stammt noch von einem 1074 geweihten Vorgängerbau. Beachtenswert sind hier die Glasmalereien (12./13. Jh.) und das 11 m hohe Christophorus-Fresko (um 1280) sowie der schöne Kreuzgang (14. Jh.). Nach Osten gehend, vorbei an der Zehntscheuer der Abtei und dem Lauter-Kanal am Salzhaus (1450), gelangt man zum Marktplatz mit dem Rathaus von 1752. Im Norden der Altstadt zeigt in einem prachtvollen Fachwerkhaus aus dem 16. Jh. das Musée Westercamp Sammlungen zu Archäologie und Stadtgeschichte. Schön ist ein Spaziergang auf der Stadtbefestigung (18. Jh.) und durch den westlichen Stadtteil Le Bruch. Zum großen **4-tägigen Pfingstfest** (Pentecôte) gibt es einen Trachtenumzug, Musik, Pferderennen, Gastronomie etc.

★ Franche-Comté · Jura

Zwischen der Burgundischen Pforte, wie die Senke zwischen den Vogesen und dem Jura heißt, und Burgund lohnen einige interessante Plätze einen Halt. Für eine eindrückliche, abwechslungsreiche Landschaft sorgen der Jura und der Flusslauf des Doubs.

Landschaften Die Région Franche-Comté, die »Freigrafschaft Burgund«, liegt zwischen dem Elsass im Norden, Burgund im Westen und der Schweiz im Osten. Nur ihr nördlicher Teil mit der Burgundischen Pforte, dem Doubs-Tal und dem Département Haute-Saône gehört zum Gebiet dieses Reiseführers. Fährt man von Mülhausen oder Basel in

Richtung Burgund/Loire, bietet sich eine Reihe attraktiver Punkte für einen Halt oder einen Abstecher an. Das beherrschende Element im Süden des Gebiets ist der **Französische Jura**, ein Teil des Gebirgszugs, der sich von der oberen Rhône bis nach Tschechien erstreckt und aus harten jurassischen Kalken besteht. Nach Nordwesten – in dem hier beschriebenen Bereich – fällt der Jura stufenförmig in welligen Plateaus mit Wäldern, Wiesen und Seen ab. Aufgrund des milden Klimas wurde im oberen Tal der Saône, früher »Bon Pays« genannt, schon immer Ackerbau und Viehzucht betrieben; das Leben war dort leichter als in den Bergen, über die es heißt: »Acht Monate Schnee, zwei Monate Wind, aber der übrige Teil des Jahres ist wundervoll.«

Wirtschaft Aufgrund des Waldreichtums – zwei Fünftel der Franche-Comté sind bewaldet – hat die Holzwirtschaft eine lange Tradition. In der übrigen Region spielt die Landwirtschaft, v. a. Viehhaltung, eine große Rolle, im Vorland wird Wein- und Obstbau betrieben. Alte Industriezentren sind ► Besançon, Montbéliard, Belfort, Morez und St-Claude. Bedeutend ist das **Uhrmacherhandwerk**: Besançon ist seit Ende des 18. Jh.s das Zentrum der französischen Uhrenindustrie.

Käse und Wein Bekannt sind die Käsesorten Morbier, Bleu de Gex, Vacherin (Mont d'Or) und Comté, das kulinarische Wahrzeichen der Region, hergestellt aus Milch der rotbunten Rasse Montbéliarde. Als Weinregion besitzt der Jura einen eigenen Charakter; es lohnt sich, auf die regionalen Erzeugnisse zu achten. Außer Pinot Noir, Pinot Blanc und Chardonnay werden bodenständige Sorten gepflegt, wie Poulsard und Trousseau (für weniger attraktive Rotweine) und Savagnin, eine Traminer-Variante. Aus ihr wird der goldfarbene **Vin jaune** gekeltert, der in kleinen Eichenfässern reift. Eine weitere Spezialität ist der süße Vin de paille (Strohwein) aus rosinenartig getrockneten Trauben.

Aus der Geschichte Der Unabhängigkeitssinn der keltischen Sequaner spiegelt sich bis heute im Namen »Franche« (»frei«). Durch die Niederlage 52 v. Chr. in Alesia (► Burgund) römisch geworden, entstanden Straßen und Städte wie Besançon, Salins, Dole, Lons-le-Saunier und Pontarlier. Nachdem das Gebiet 442 von ostgermanischen Burgundern in Besitz genommen worden war, teilte es die Geschichte des Herzogtums Burgund (ab 534 fränkisch, ab 843 zwei selbstständige Königreiche, die 934 zum Königreich Burgund vereint und 1032 als Freigrafschaft dem deutschen Reich angegliedert wurden). Eine eigene Geschichte hatte Mömpelgard (Montbéliard), das von 1397 bis 1793 württembergisch war. Nach langen Kämpfen mit dem König von Frankreich kam die Franche-Comté 1493 unter Kaiser Maximilian I. zum Heiligen Römischen Reich, bis es 1674 von Ludwig XIV. erobert und 1678 im Frieden von Nimwegen endgültig Frankreich zugesprochen wurde. Zwei bedeutende Männer wurden in der Franche-Comté geboren: der Biologe Louis Pasteur (Dole, 1822 – 1895) und der Maler Gustave Courbet (Ornans, 1819 – 1877).

▶ FRANCHE-COMTÉ ERLEBEN

AUSKUNFT

CRT Franche-Comté
4 Rue Gabriel Plançon
25044 Besançon Cedex
Tel. vom Ausland 00 800 2006 2010
Tel. von Frankreich 0810 10 11 13
www.franche-comte.org

CDT du Doubs
13 Rue de la Préfecture
25031 Besançon Cedex
Tel. 03 81 21 29 99
www.doubs.travel

CDT du Jura
BP 80458, 39006 Lons-le-Saunier
Tel. 03 84 87 08 88
www.jura-tourism.com

Agence Touristique Haute-Saône
1 Rue Max Devaux, 70001 Vesoul
Tel. 03 84 97 10 70
www.destination70.com

FESTE & EVENTS

Ende Jan., Vesoul: Festival des asiatischen Films. Pfingsten, Belfort: Internationales Musikfestival der Universitäten (über 200 Konzerte, gratis). 1. Juli-Wochenende, Belfort-Malsaucy: Eurockéennes (Rockfestival). 2. Juli-Hälfte: Festival Musique et Mémoire (klassische Musik an besonderen Plätzen wie Notre-Dame-du-Haut in Ronchamp oder St-Pierre in Luxeuil). Im Dez., Montbéliard: »schwäbischer« Weihnachtsmarkt.

ESSEN

▶ Erschwinglich/Fein & teuer
Le St-Martin
Montbéliard, 1 Rue Général Leclerc
Tel. 03 81 91 18 37, Sa./So. geschl.
www.le-saint-martin.fr
Nettes, persönliches Restaurant wenige Schritte nördlich der Place St-Martin. Feine, einfallsreiche Küche nach Art der Region, vom preiswerten Mittagsmenü bis zum 6-Gang-Menü. Meeresfische und -früchte kommen aus dem benachbarten Fischladen

▶ Erschwinglich
Au Fil des Saisons
Etupes, 3 Rue de la Libération
5 km östlich von Montbéliard
www.aufildessaisons.eu
Tel. 03 81 94 17 12, Sa.mittag, So., Mo. und 3 Wochen im Aug. geschl.
In freundlichem, modernem Ambiente darf man sich hier auf eine elegante, leichte Küche und faire Preise freuen. Akzent auf Meeresfrüchten.

▶ Preiswert/Erschwinglich
Le Pot au Feu
Belfort, 27 bis Grande Rue
Tel. 03 84 28 57 84
Nettes Kellerlokal bei der Porte de Brisach mit traditioneller Küche. Spezialität sind die Eintöpfe, eben der »pot au feu«. So./Mo.mittag geschl.

Courbet
Ornans, 34 Rue Pierre Vernier
Tel. 03 81 62 10 15, Mo. geschl.
In einem der malerischen Häuser an der Loue (mit Terrasse) genießt man eine ausgezeichnete Küche mit frischen Produkten. Gemütlich-elegantes Ambiente, sehr gutes Preis-Leistungs-Verhältnis.

ÜBERNACHTEN

▶ Komfortabel/Luxus
Château de la Dame Blanche
Geneuille, 1 Chemin de la Goulotte
Tel. 03 81 57 64 64
www.chateau-de-la-dame-blanche.fr
15 km nördlich von Besançon
Großbürgerliches Schlösschen von Anfang des 19. Jh.s, umgeben von

einem großen englischen Park. Soignierte Atmosphäre und großzügige Gastzimmer. Mit Restaurant.

Château de Rigny

Gray-Rigny
70 Rue des Epoux Blanchot
Tel. 03 84 65 25 01
www.chateau-de-rigny.com
Herrschaftliches Anwesen in großem Park an der Saône. Die sehr auf antik dekorierten Gastzimmer (moderner Komfort) verteilen sich auf Château, Pavillon und Magnanerie. Mit Restaurant, ein Juwel ist die Terrasse.

Château de Germigney

Port-Lesney, Tel. 03 84 73 85 85
www.chateaudegermigney.com
Charmanter Landsitz zwischen Arc-et-Senans und Salins-les-Bains, im Stil Napoleons III. eingerichtete Zimmer. Exzellentes Restaurant mit Küche des Juras und der Provence. Preiswertes Bistro an der Loue, 400 m entfernt.

► Komfortabel

Résidence Les Sources
Luxeuil-les-Bains
Parc Thermal, 2 Av. Jean Moulin
Tel. 03 84 93 70 04
www.70lessources.fr
Echtes Kurhotel von 1860, exklusive Lage am Kurpark wenige Schritte vom Thermalbad. Moderner Komfort, großzügige Gastzimmer (teurer, aber empfehlenswert die zum Park hin).

► Günstig/Komfortabel

Les Capucins
Belfort, 20 Faubourg de Montbéliard
Tel. 03 84 28 04 60
Nettes kleineres Hotel in der Altstadt mit heimeligen (schallgeschützten) Zimmern, von den Mansarden ganz oben blickt man auf den Löwen. Sehr gutes Preis-Leistungs-Verhältnis. Mit traditionellem Restaurant.

Bristol

Montbéliard, 2 Rue de Velotte
Tel. 03 81 94 43 17
www.hotel-bristol-montbeliard.com
Romantisches Haus aus den 1930er-Jahren, kürzlich nett renoviert. Besonderheiten sind der echte Teesalon und das Schwimmbad mit Sauna im Haus. Kein Restaurant. Ende Juli-Ende Aug. geschl.

La Maison Royale

Pesmes, Rue de la Maison Royale
Tel. 03 84 31 23 23
Mächtiges »Monument Historique« (15. Jh.) 20 km nördlich von Dole. Herrlicher Blick über das Ognon-Tal. April–Mitte Okt., kein Restaurant.

Le France

Villers-le-Lac, 8 Place Cupillard
Tel. 03 81 68 00 06
www.hotel-restaurant-lefrance.com
Preisgünstig nächtigen, erstklassig tafeln: großzügiges Haus nahe der Anlegestelle der Lac-des-Brenets-Boote, im edel holzgetäfelten Restaurant feine, michelin-besternte Küche (So.abend–Di.mittag geschl.).

► Günstig

Chambres d'hôtes De Hoop
Arc-et-Senans, 36 Grande Rue
Tel. 03 81 57 67 92
Schöne, gepflegte Gästezimmer zwei Schritte von der Königlichen Saline.

La Truite d'Or

Lods, 40 Route de Besançon
Tel. 03 81 60 95 48
www.la-truite-dor.fr
Das Dorf bei Mouthier (Source de la Loue) gehört zu den »Plus Beaux Villages de France«. An Straße und Fluss gelegene einstige Mühle aus Bruchstein, schlichte, nette Zimmer. Recht feines Restaurant, sehr schön auch die Terrasse über der Loue.

Highlights Franche-Comté und Jura

Land der Zitadellen
Wie ▶ Besançon wird Belfort von einer gewaltigen Festung geprägt.
▶ **Seite 316**

Notre-Dame-du-Haut
Starke Architektur und meditative Atmosphäre in sanfter Landschaft
▶ **Seite 317**

Montbéliard
Württemberg in Frankreich – da ist ein großes Autowerk nicht weit.
▶ **Seite 318**

Tal des Doubs
Schluchten, Wasserfälle und Seen am windungsreichen Hauptfluss des Juras
▶ **Seite 319**

Arc-et-Senans
Die Königliche Saline, ein Werk des Revolutionsarchitekten Ledoux
▶ **Seite 321**

»Fontaines« und »Réculees«
Im Jura-Karst sind Quellen und Schluchten wie die der Loue häufig.
▶ **Seite 320**

Reiseziele in der Franche-Comté und im Jura

Belfort

»Territoire de Belfort« nennt sich das Département am Südfuß der Vogesen, Ausdruck des Bewusstseins einer eigenen Identität. Seine Hauptstadt (51 000 Einw.) spielte aufgrund ihrer in der Burgundischen Pforte – dem »Trouée de Belfort« – immer eine wichtige Rolle. Heute besitzt sie eine florierende Textil-, Maschinenbau-, Elektro- und Elektronikindustrie; bei Alstom werden TGVs gebaut. An die einstige Bedeutung erinnert die gewaltige, abends illuminierte Zitadelle über der Altstadt (Juli/Aug. tägl. geöffnet, sonst Di. geschl.). Eine Festung von 1648 wurde von Vauban, dem Festungsbaumeister Ludwigs XIV., modernisiert und im 19. Jh. erweitert. In der Kaserne ist das Historische Museum untergebracht; im Juli/Aug. gibt es Mi. Open-Air-Konzerte (gratis). Die Aussicht über Jura und Vogesen ist herrlich.

Zitadelle ▶
🕐

Altstadt ▶

Die Stadt wird durch die Savoureuse geteilt. Östlich des Flusses liegt die **fünfseitige Altstadt**, die Vauban ab 1687 zur heutigen Form umgestaltet; nach 1871 wurden die Befestigungen zum Teil geschleift. Ihr Zentrum ist die Place de la République mit dem Monument des Trois Sièges (»Denkmal der Drei Belagerungen«) von Bartholdi, dem Justizpalast (1901) und der Präfektur (1903). Weiter östlich an der Place d'Armes stehen die **Kathedrale St-Christophe** aus Vogesensandstein (1727–1752, schönes Inneres; Orgel von Valtrin, 1749) und das Rathaus (1724/1789); in Letzterem führt eine prachtvolle Treppe zum Ehrensaal mit Gemälden zur Geschichte Belforts. Von März bis Dezember kann man am 1. So. des Monats auf dem Flohmarkt in der Altstadt nach Schätzen suchen. Als einziges Tor der Festung Vaubans ist die Porte de Brisach (Breisacher Tor, 1687) im Nordosten der Altstadt erhalten. Am Fuß der Festung findet man das

★
Löwe von Belfort ▶

Wahrzeichen Belforts: den heroischen, 22 m langen und 11 m hohen Löwen aus Vogesensandstein, ein Werk des Colmarers F.-A. Bartholdi (1880); er erinnert an die 103 Tage dauernde Belagerung der Stadt durch die Deutschen 1870/1871. An der Rue de Mulhouse (Nr. 8) nordwestlich der Altstadt beherbergt das Musée d'Art Moderne die Schenkung Jardot mit über 100 Werken von Malern der Klassischen Moderne wie Picasso, Léger und Braque (Di. geschl.).

★
◀ Musée d'Art Moderne

Ein Muss – nicht nur für Architekturfreunde – ist ein Abstecher nach Ronchamp am Südhang der Vogesen (20 km nordwestlich von Belfort). Über dem ehemaligen Bergbaustädtchen thront die dem Frieden gewidmete Kapelle Notre-Dame-du-Haut, ein zentrales Werk der modernen Architektur, erbaut 1950–1955 von **Le Corbusier** (April–Sept. 9.30–19.00, März, Okt. 10.00–17.00, Nov. bis Febr. 10.00–16.00 Uhr; www.chapellederonchamp.fr). Neben dem eigenwilligen, kraftvollen Äußeren des Stahlbetonbaus – Wände und Dach sind doppelschalig gegossen – fasziniert innen das Zusammenspiel von Raumgestaltung und Licht, das durch farbig verglaste Öffnungen eindringt. Überdies bietet sich ein schöner Blick über die **Burgundische Pforte**. In Ronchamp selbst informiert das Musée de la Mine über den 1958 eingestellten Bergbau (Mai–Sept. Mi.–Mo. 10.00 bis 12.00, 14.00–18.00, März/April, Okt./Nov. nur nachmittags).

Ronchamp

★★
◀ Notre-Dame-du-Haut
🕒

🕒

Starke Architektur: Corbusiers Notre-Dame-du-Haut in Ronchamp

Luxeuil-les-Bains

Luxeuil-les-Bains (ca. 50 km nordwestlich von Belfort, 7500 Einw.) ist bekannt als Kurort und für die bedeutende Abtei, die der irische Mönch Columban – der später im Bodenseeraum missionierte – gegen Ende des 6. Jh.s gründete. In einem Park im Norden der Stadt liegt das hübsche **Thermalbad** aus dem 18. Jh. mit modernen Einrichtungen (www.chainethermale.fr). Das Casino (16 Rue de Thermes) sorgt für Zeitvertreib, es besitzt auch ein Restaurant. Das Zentrum des Städtchens mit schönen aus rotem Sandstein bildet die zur Abtei St-Colomban gehörende Basilika **Stes-Pierre-et-Paul** (13./14. Jh.), von deren Türmen nur noch einer vorhanden ist (1527 erneuert). Ihr Schmuckstück ist der geschnitzte barocke Orgelprospekt (1617 – 1680); die beeindruckende Kanzel wurde 1806 für Notre-Dame in Paris gefertigt, von Viollet-le-Duc jedoch von dort verbannt und 1871 hier installiert. In der Basilika finden öfter Orgel- und andere Konzerte statt. Im Konvent kann man die schönen **Luxeuiler Spitzen** bewundern (Conservatoire de la dentelle, geöffnet Di., Fr. 14.00 – 17.00 Uhr). An der Hauptstraße fallen das Hôtel du Cardinal Jouffroy und gegenüber die Tour des Echevins auf (beide 15. Jh.); in Letzterem sind lokale gallorömische Funde und Gemälde (u. a. Adler, Vuillard) zu sehen (geöffnet Mai – Okt. Di. – So. 15.00 – 19.00 Uhr).

★

Montbéliard

Ein Denkmal vor dem Schloss – aus schwäbischem Travertin mit den Wappen von Württemberg und Montbéliard – erinnert an die Eheschließung zwischen Graf Eberhard vom Württemberg und Henriette d'Orbe, der Erbin der Grafschaft Montbéliard, am 13. Nov. 1397, mit der eine für beide Länder fruchtbare Beziehung begann. Bis 1793 gehörte **Mömpelgard** zu Württemberg; das allenthalben zu sehende Hirschstangen-Wappen lässt dies ebenso erkennen wie das Stadtbild. Und auch heute bestehen Verbindungen, etwa zur Partnerstadt Ludwigsburg und zur Evangelischen Landeskirche Württemberg. Einige Bauten sind das Werk des »schwäbischen Leonardo da Vinci« **Heinrich Schickhardt**. Heute bildet Montbéliard (29 000 Einw.), das ca. 15 km südlich von Belfort am Rhein-Rhône-Kanal liegt, mit Audincourt und Sochaux ein Industriegebiet mit ca. 125 000 Einwohnern, das vom 1810 gegründeten Autobauer **Peugeot** dominiert wird (13 000 Arbeitsplätze). Über Montbéliard thront das Schloss mit den Türmen Henriette (1424) und Frédéric (1595) sowie einem kleinen Museum (geöffnet Mi. – Mo. 10.00 – 12.00, 14.00 – 18.00 Uhr). An der Place St-Martin – im Advent findet hier der berühmte **Weihnachtsmarkt** statt – sind das Rathaus (1778), das Hôtel Beurnier-Rossel (1773) mit dem Historischen Museum, die Maison Forstner (Ende 16. Jh.) und der Temple St-Martin interessant, die **erste protestantische Kirche Frankreichs** (Schickhardt, 1607). Weiter westlich der imposante Komplex der Halles (16. Jh.), einst Sitz des Regierungsrats.

★

Peugeot-Museum ▶

Nicht auslassen sollte man das Peugeot-Museum in **Sochaux** nordöstlich von Montbéliard (Musée de l'Aventure Peugeot, geöffnet tägl. 10.00 – 18.00 Uhr, www.musee-peugeot.com), auch kann das Werk besichtigt werden (tägl. 8.30 Uhr, Mindestalter 12 Jahre, Info im Mu-

Montbéliard gehörte als Mömpelgard bis 1793 zu Württemberg.

sée Peugeot, Tel. 03 81 99 42 02). Im südlich benachbarten **Audincourt** ist die Kirche Sacré-Cœur von 1950 interessant, die Fenster von Fernand Léger und ein Mosaik von Jean Bazaine besitzt.

Ca. 15 km südöstlich von Lure ist die besterhaltene mittelalterliche Burg der Franche-Comté zu bewundern (zugänglich März – 15. Nov. Mi. – Mo. 14.00 – 18.00 Uhr). Die Anlage mit zwei Befestigungsringen entstand ab Mitte des 12. Jh.s. Am 1. Juli-Wochenende erwacht die Burg bei den Journées Médiévales zu mittelalterlichem Leben.

Oricourt

Der Hauptort des Départements Haute-Saône (16 000 Einw.) ist Standort eines Peugeot-Werks. Mitte Okt. treffen sich im Théâtre Edwige-Feuillière die jungen Chanson-Sängerinnen und -sänger Frankreichs zum einwöchigen **Festival Jacques Brel** (www.vesoul.fr).

Vesoul

Das Tal des Doubs gehört zu den landschaftlichen Höhepunkten des Juras und der Franche-Comté. Er entspringt bei Mouthe 30 km südwestlich von Pontarlier in 937 m Höhe und mündet bei Verdun-sur-le-Doubs in die Saône; zwischen diesen Punkten, die 90 km voneinander entfernt sind, legt er nicht weniger als 453 km zurück. Auf lange Strecken markiert er die Grenze zur Schweiz. Gute Ausgangspunkte für Touren sind **St-Hippolyte** (30 km südlich von Montbéliard) sowie **Morteau** (6700 Einw., 30 km nordöstlich von Pontarlier). Letzteres ist ein Zentrum der Uhrenindustrie mit einem interessanten Uhrenmuseum im Château Pertusier von 1576 (Musée de l'Hor-

★ ★
Vallée du Doubs

> ## ! *Baedeker* TIPP
>
> ### Köstliches aus dem Kamin
>
> Kernstück der Bauernhäuser im Haut-Doubs ist der »tuyé«, der Kamin, der über das Dach ragt und mit Klappen zu verschließen ist. Hier wurden Schinken, Speck und Würste geräuchert und aufbewahrt. Einer der beeindruckendsten ist der 18 m hohe Tuyé du Papy Gaby in Gilley 13 km westlich von Morteau; hier kann man außer Charcuterie diverse regionale Produkte erstehen (im Sommer tägl. geöffnet, sonst So. geschl.). Gilley ist die Wirtschaftsmetropole des Saugeais und auch für vorzüglichen Comté-Käse bekannt.

logerie du Haut-Doubs, Mai – Sept. tägl., sonst Mo. – Fr.). Kulinarisch ist der Ort bekannt für seine geräucherte Wurst und den »gâteau de ménage« der Boulangerie Lucas. Besonders eindrucksvoll sind die **Corniche de Goumois** südöstlich von St-Hippolyte mit herrlichem Panorama, dann – flussaufwärts – die Echelles de la Mort, der Belvédère de la Cendrée, der 28 m hohe **Saut du Doubs** (Wasserfall, Boote von Villers-le-Lac und Les Brenets/CH, www.nlb.ch). Auch in **Villers-le-Lac** gibt es ein besuchenswertes Uhrenmuseum (Musée de la Montre, Mi. – Mo. 10.00 – 12.00, 14.00 – 18.00 Uhr). Kunstfreunde sehen sich im östlich gelegenen Dorf **Les Bassots** die Kapelle St-Joseph an, erbaut 1684 bis 1690; die prachtvolle barocke Ausstattung finanzierte ein aus Villers gebürtiger, in Madrid lebender Mäzen. Vom 350 m hohen **Roche du Prêtre** (»Priesterfelsen«) 12 km nördlich von Morteau hat man den schönsten Blick auf den Cirque de Consolation, einen Felsenkessel mit dem einstigen Kloster Notre-Dame-de-Consolation mittendrin, heute ein Missionszentrum. Hier entspringt der **Dessoubre**, der in einem schönen Tal nach Nordosten fließt und bei St-Hippolyte in den Doubs mündet.

Montbenoît Montbenoît (17 km südwestlich von Morteau) ist ein Dorf im Saugeais – einer selbst ernannten **»Freien Republik«** mit Zöllnern an der Grenze – mit den reizvollen Teilen einer Abtei, die um 1150 gegründet wurde. Das Schiff der Kirche stammt aus dem 12. Jh., der Chor aus dem 16. Jh. (Turm 1903). Das geschnitzte Chorgestühl (1527) mit kuriosen, höchst lebensvollen Szenen ist leider stark beschädigt.

✶ ✶
Source de la Loue Die Loue fließt zunächst unterirdisch durch das Kalkgebirge. Knapp 20 km südöstlich von Ornans (s. u.) sprudelt sie dann als kräftigste der »Fontaines jurassiennes« aus einer 100 m hohen Felswand, anschließend durchquert sie die eindrucksvolle Nouailles-Schlucht. An der D 67 östlich von Mouthier gibt es mehrere Aussichtspunkte; großartig ist der Belvédère du Moine nördlich von Renédale.

✶
Ornans Aus Ornans (4000 Einw., 26 km südlich von Besançon), dem Hauptort des Loue-Tals, stammt der berühmte realistische Maler **Gustave Courbet** (1819 – 1877). Sein Geburtshaus ist Museum, auch einige Bilder von ihm hängen hier (voraus. bis 2011 geschl.). Die Loue, die Courbet oft malte, fließt durch den Ort, der mit seinen alten Häusern ein reizvolles Bild bietet (»Klein-Venedig der Franche-Comté«).

Hier kam Gustave Courbet zur Welt: Ornans an der Loue

Angelfreunde sollten die Maison Nationale de la Pêche et de l'Eau nicht auslassen. Von der »Jungfrau« (»Vierge«), dem über Ornans aufragenden Felsen, hat man einen schönen Blick über das Flusstal. Einen Abstecher wert ist der Bauernhof der Familie Courbet in Flagey (12 km südwestlich) mit dem Café de Juliette, Gästezimmern und interessanten Ausstellungen (http://musee-courbet.doubs.fr). ◀ Flagey

►dort **Besançon**

Der Architekt **Claude-Nicolas Ledoux** (1736–1806) war der wichtigste Vertreter der französischen Revolutionsarchitektur, die einen strengen Klassizismus pflegte. Eines seiner Hauptwerke ist in Arc-et-Senans rund 35 km südwestlich von Besançon zu sehen. Im Auftrag König Ludwigs XVI. entstand 1775 bis 1779 eine Fabrik zur Salzgewinnung, die der Kern einer »idealen« Industriestadt werden sollte. Da sie keinen Gewinn abwarf, wurde nur ein Halbkreis fertig; 1895 wurde die Saline geschlossen. Das Salz wurde aus der Sole gewonnen, die in Holzröhren aus dem 21 km südöstlich gelegenen Salins-les-Bains kam (s. u.). In der Anlage, die zum UNESCO-Welterbe gehört, gibt es ein sehr interessantes Ledoux-Museum (Pläne, Modelle) und ein Salzmuseum (tägl., Juli/Aug. 9.00–19.00, Juni/Sept. 9.00 bis 18.00, April/Mai/Okt. 9.00–12.00, 14.00–18.00, Nov.–März 10.00 bis 12.00, 14.00–17.00 Uhr).

Arc-et-Senans

★ ★
◀ Saline Royale

🕐

Der Kurort (3300 Einw.) zwängt sich in das enge Tal der Furieuse, bewacht von den Forts St-André und Belin. Bereits die Römer kannten die Salzvorkommen, die heute nur medizinisch genutzt werden

Salins-les-Bains

★

Salzbergwerk ►

🕐

(Les Thermes, mit schönem Bad). Eindrucksvoll ist der Rundgang in den zum UNESCO-Welterbe zählenden Bergwerksstollen, die seit dem 13. Jh. bis in 250 m Tiefe gegraben wurden und bis 1962 in Betrieb waren (Führungen März – Okt. tägl., sonst Mo. – Fr.; warme Kleidung!). Von der Stadtbefestigung sind noch Teile erhalten; die Kirche St-Anatoile (13. Jh.) ist ein schönes Beispiel burgundischer Gotik. An das Rathaus (1739) angebaut ist die sehenswerte Kapelle Notre-Dame-de-la-Libératrice (1662) mit ihrer kuriosen Kuppel. Eine prächtige Apotheke von 1685 mit Fayencen aus Nevers ist in Führungen zugänglich, die das Tourismusbüro veranstaltet.

Gray

Gray (6700 Einw.), 45 km nordwestlich von Besançon an der Saône gelegen, war früher ein bedeutender **Hafen**, in dem die Produkte der Landwirtschaft und der lokalen Eisenindustrie umgeschlagen wurden. Im Zentrum stehen die Basilika Notre-Dame (Ende 15. Jh.), das schöne Renaissance-Rathaus (1568) und das Schloss der Grafen der Provence; in Letzterem zeigt das **Musée Baron-Martin** u. a. griechische Vasen des 5./4. Jh.s v. Chr. und wertvolle Gemälde, z. B. van Loo, Boucher, Breughel d. J. (Mi. – Mo. Mai – Sept. 10.00 bis 12.00, 14.00 – 18.00, sonst 14.00 bis 17.00 Uhr).

! **Baedeker** TIPP

Zeitvertreib in Gray

Im Einkaufszentrum »Gray Mode« findet man in 15 Modegeschäften sicher das Passende zu günstigen Preisen (2 Rue André Maginot, So. und Mo.vormittag geschl.). Danach könnte man sich auf der hübschen Pénichette »Ronfleur« über die Saône schippern lassen (Anmeldung Tel. 06 22 43 34 43, http://ronfleur.centerblog.net).

Champlitte (1900 Einw., 20 km nördlich von Gray) ist ein hübsches mittelalterliches Städtchen mit Bürger- und Weinbauernhäusern aus dem 16.bis 18. Jahrhundert. Das stattliche Schloss (16./18. Jh.) beherbergt ein bemerkenswer-

🕐 tes Museum für die Volkskunde der Haute-Saône (Juni – Aug. So.-vormittag geschl., sonst auch am Di.). Die Weine der **Coteaux de Champlitte** kann man im Keller der SCP Les Coteaux de Champlitte östlich des Flusses Salon kennenlernen (Route de Champlitte-la-Ville, So. geschl.).

Dole

Ganz im Westen der Franche-Comté, 46 km südwestlich von Besançon, liegt Dole (26 000 Einw.) am Doubs. Bis 1674 war es die Hauptstadt der Freigrafschaft, woran prächtige Häuser des 15. bis 18. Jh.s erinnern. Den schönsten Blick auf die Altstadt und die Kollegiatkirche Notre-Dame mit ihrem massiven Turm (16. Jh.) hat man von der Place aux Fleurs. In der Kirche sind die Ausstattung mit polychromem Marmor und die Orgel (18. Jh.) sehenswert. 1822 kam in Dole der Biologe und Chemiker **Louis Pasteur** zur Welt († 1895); sein Geburtshaus am Canal des Tanneurs (Rue Pasteur) ist zu Schulzeiten

🕐 Mo. – Fr. zugänglich, nebenan das informative Museum (April – Okt. tägl. außer So.vormittag, sonst Sa./So. 14.00 – 18.00 Uhr).

✷ ✷ Ile-de-France

Die Ile-de-France, die Region um Paris, ist die »Wiege Frankreichs«, in der Sprache, Kunst und Kultur der heutigen Nation ihren Ursprung haben. Ihre Geschichte spiegelt sich in prächtigen Schlössern und Gärten, in großartigen Kirchen und Kathedralen.

Die Ile-de-France besteht aus acht Départements: ► Paris, Seine-et-Marne (Hauptort: Melun), Yvelines (Versailles), Essonne (Evry), Hauts-de-Seine (Nanterre), Seine-St-Denis (Bobigny), Val-de-Marne (Créteil) und Val-d'Oise (Beauvais), in denen etwa 11,6 Mio. Menschen leben. Auch wirtschaftlich spielt die Ile-de-France eine herausragende Rolle; Verwaltung und Dienstleistungsbetriebe dominieren. Tausende Kilometer Wander-, Fahrrad- und Reitwege sowie viele Möglichkeiten zum Wassersport ziehen am Wochenende die Pariser an. Aber auch für jeden Paris-Besucher bietet die Ile eine ganze Reihe großartiger, lohnender Ausflugsziele. Beschrieben werden die Sehenswürdigkeiten der Ile-de-France im Uhrzeigersinn, beginnend in St-Denis nördlich des Zentrums von Paris.

Das Herz Frankreichs

Seit dem Merowingerkönig Chlodwig, der von 481 bis 511 regierte, waren Paris die Hauptstadt des Frankenreichs und Reims Ort der Königskrönung. Im 10. Jh. vereinigten die Kapetinger die Grafschaften zum Herzogtum Francia, das mit dessen Hauptstadt Paris zum Mittelpunkt des französischen Königreichs wurde. Erst im Lauf der Jahrhunderte wurden große Teile des Landes, das man heute unter »Frankreich« versteht – etwa die Bretagne, Burgund oder die Provence – durch Heiratspolitik, Erpressung oder gewaltsam vom König annektiert; ► Geschichte. Der Name »Ile-de-France« ist erstmals im 15. Jh. dokumentiert und bezeichnete die von den Flüssen Marne, Seine, Oise, Thève und Beuvronne umschlossene »Insel« nördlich von Paris. Später wurde er auf die Provinz ausgeweitet, die im 16. Jh. geschaffen und 1976 zur Région ernannt wurde.

Ein wenig Geschichte

Reiseziele in der Ile-de-France

Die Pariser Vorstadt St-Denis (101 000 Einw., ca. 10 km nördlich der Stadtmitte) ist berühmt für die Kathedrale und deren Vorgängerbauten, in denen über ein Jahrtausend lang – von Dagobert bis Ludwig XVIII. – die französischen Könige bestattet wurden, sowie für das moderne Fußballstadion (Stade de France). Einst gab es hier eine mächtige Benediktinerabtei, deren Abt Suger ab 1137 den **ersten großen Kirchenbau der Gotik** aufführen ließ (Foto S. 17). Er ist dem 250 n. Chr. enthaupteten hl. Dionysius geweiht, dem ersten Bischof von Paris, der mit dem Kopf unter dem Arm vom Montmartre bis hierher gegangen sein soll. An Vorhallen, Chor und Krypta (12. Jh.) wird der Übergang von der Romanik zur Gotik deutlich; die übrigen

Saint-Denis

✷ ✷

◄ Kathedrale

Öffnungszeiten:
April – Sept.
10.00 – 18.15,
So. ab 12.00
Okt. – März
bis 17.15

Teile folgten im 13. Jh. unter Baumeister Pierre de Montreuil. In der
Revolution wurde die Kirche 1793
verwüstet und der Bestatteten be-
raubt; unter Viollet-le-Duc erstand
sie ab 1858 in alter Pracht. Der 108
m lange, 29 m hohe und im Querhaus 39 m breite Innenraum beeindruckt mit hoch aufstrebenden
Säulen und 37 zehn Meter hohen,
meist modernen Fenstern. Der
1144 geweihte Chor gilt als **Ge-
burtsstätte der Gotik**, die sich von hier über die Kronlande ausbrei-
tete, mit den Kathedralen in Paris, Chartres, Laon, Amiens und
Reims; aus der Zeit Sugers sind noch fünf Fenster erhalten. 42 Könige, 32 Königinnen, 63 Prinzen und Prinzessinnen und weitere 10
Granden sind in der Kathedrale und der schaurigen Krypta bestattet,
die über 70 Grabmäler sind ein veritables **Museum französischer
Grabplastik**. Besonders sehenswert sind das Grabmal für Ludwig
XII. († 1515, gefertigt 1517 – 1531) und Anne de Bretagne († 1514),
das 1573 vollendete Grabmal für Heinrich II. († 1559) und Katharina
von Medici († 1589) von Primaticcio, rechts des Hochaltars das
Wandgrab Dagoberts I. (7. Jh.), im südlichen Querhaus das Grabmal
für Franz I. von Philippe de l'Orme. Im Juni ist die Kathedrale Rahmen für **Klassikkonzerte** mit renommierten Künstlern (www.touris
me93.com).

★ ★
Grabmäler ▶

Saint Denis Orientierung

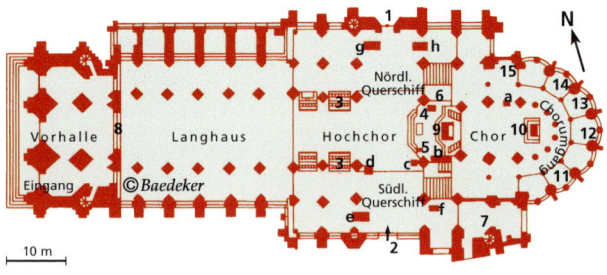

1 Porte des Valois	**ALTÄRE**	**GRABMÄLER (Auswahl)**
2 Südportal (13. Jh.)	**9** Hauptaltar	**a** Chlodwig
3 Chorgestühl (Gaillon)	**10** St-Denis	**b** Dagobert I./Nantilde
4 Bischofsthron	**11** Kreuzigung	**c** Pippin III. der Jüngere
5 Marienfigur mit Jesuskind	**12** Kindheit Jesu	**d** Karl Martell
(aus St-Martin-des-Champs)	**13** St-Pérégrin	**e** Franz I./Claude de France
6 Zugang zur Krypta	**14** St-Eustache	**f** Karl V.
7 Schatzkammer	**15** Evangelisten	**g** Ludwig XII./Anne de Bretagne
8 Cavaillé-Coll-Orgel	(Mosaikreste)	**h** Heinrich II./Katharina von Medici

![Grabmal von Ludwig XVI. und Marie-Antoinette in der Kathedrale St-Denis]

Grabmal von Ludwig XVI. und Marie-Antoinette in der Kathedrale St-Denis

Die Abteigebäude neben der Kirche entstanden im 18. Jh. (R. de Cotte), 1809 richtete Napoleon hier eine Erziehungsanstalt für Töchter von Mitgliedern der Ehrenlegion ein. Im ehemaligen Karmeliterkloster (22 bis, Rue G.-Péri) werden u. a. Zeugnisse der Pariser Kommune 1871, mittelalterliche Keramik und Dokumente zum Surrealismus und zum aus St-Denis gebürtigen Dichter Paul Eluard präsentiert (Di. geschl.). Führungen durch das **Stade de France** gibt es fast tägl. (unterschiedliche Zeiten, www.stade-de-france.com).

◀ Musée d'Art et d'Histoire

🕐

In Le Bourget 16 km nordöstlich der Pariser Stadtmitte liegt der 1914 gegründete Flughafen, auf dem 1927 Charles Lindbergh nach seiner Atlantiküberquerung landete. Das **Musée de l'Air et de l'Espace** ist ein Dorado für alle Freunde der Luft- und Raumfahrt (April – Sept. Di. – So. 10.00 – 18.00, sonst bis 17.00 Uhr; www.mae.org). Viele Tausend Besucher zieht die große **Pariser Luftfahrtschau** an (Mitte Juni, in ungeraden Jahren). Wer sich Paris einmal aus der Luft ansehen möchte, kann das von Le Bourget aus in einem Helikopter der **iXAir** tun (www.ixair.com, Tel. 01 30 08 80 80).

✴
Le Bourget

🕐

In dem reizvollen Städtchen ca. 20 km nördlich von Paris ließ sich Anne de Montmorency, Feldmarschall mehrerer Könige, 1538 bis 1555 ein **Schloss** bauen; an seiner Ausstattung waren hervorragende französische und italienische Künstler beteiligt (z. T. nach ihrer Arbeit an Fontainebleau), wie Palissy, Goujon und dell'Abbate. Die herrliche Einrichtung ist großenteils erhalten: Gemälde, Wandteppiche, Interieur des 16. Jh.s und großartige Kamine (Mi. – Mo. 9.30 bis 12.45, 14.00 – 17.45, Park tägl. ab 8.00 Uhr). Beachtenswert ist auch die Stadtkirche St-Acceul (Chor 1545, Schiff 1709) mit hervorragenden Renaissance-Fenstern (1544 – 1587).

Ecouen

✴
◀ Musée National de la Renaissance

🕐

◉ ILE-DE-FRANCE ERLEBEN

AUSKUNFT

CRT Paris-Ile-de-France
11 Rue Fbg.-Poissionière, 75009 Paris
www.neues-paris-ile-de-france.de
www.iledefrance.fr

Point Information Tourisme
Carrousel du Louvre
99 Rue de Rivoli, 75001 Paris
Tel. 01 44 50 19 98 (mehrsprachig)

VERKEHR

Von ▶Paris aus sind viele Orte der Ile-
de-France bequem mit den Zügen der
RER und der SNCF-TER zu erreichen, im näheren Umkreis von Paris
auch mit Métro und/oder Bus.

PARIS-MUSEUM-PASS

Der Eintritt für viele große Sehenswürdigkeiten in der Ile-de-France –
etwa die Schlösser in Versailles, Fontainebleau, Chantilly und Rambouillet
– sind im Paris-Museum-Pass enthalten (▶Paris, S. 469).

FESTE & VERANSTALTUNGEN

Mitte März – Mitte April, St-Denis
u. a. Orte: Banlieues Bleues (Jazz,
Blues etc.). April – Sept., Chantilly:
Pferderennen. Juni – Sept., Meaux:
Mittelalter-Spektakel. Juni: Festival de
St-Denis (Klassik in der Kathedrale).
Mitte Juni, ungerade Jahre, Le Bour-
get: Große Luftfahrtschau. Letztes
Juni-Wochenende, Samois-sur-Seine:
Festival Django Reinhardt. Ende Juni,
Enghien: Jazzfestival.

ESSEN

▶ Fein & teuer

Tastevin
Maisons-Laffitte, 9 Avenue Eglé
Tel. 01 39 62 11 67
Mo./Di. und Aug. geschl.
Schönes Restaurant in einem älteren

Privathaus im Park, wunderbarer
Garten und feine traditionelle Küche.

Le Pouilly
Pouilly-le-Fort, 1 Rue de la Fontaine
Tel. 01 64 09 56 64, 5 km nördlich von
Melun, So.abend und Mo. geschl.
Nobel umgestalteter Bauernhof der
Brie, ein edler Rahmen für die ein-
fallsreich variierte Küche.

▶ Erschwinglich

La Cape Rouge
Bougival, 6 Quai G.-Clemenceau
Tel. 01 39 69 18 98, Mi. geschl.
Angenehmes, intimes Restaurant
an der Seine mit ausgezeichneter,
modernisierter französischer Küche.
Sehr gutes Preis-Leistungs-Verhältnis.

Auberge du Champ de Mars
Meaux, 16 Avenue de la Victoire
Tel. 01 45 72 07 14 , Mo. geschl.
Typisches Haus der Brie, gemütlich
und modern mit Holz und Stein ge-
staltet. Intelligente, leichte Küche des
Landes, unprätentiöse Atmosphäre.
Im Sommer schöne Terrasse.

Restaurant de la Forêt
Hameau de Montgrésin
Tel 03 44 60 61 26
6 km südöstlich von Chantilly
Schöner Platz im Grünen. In freund-
lichen, lichtdurchfluteten Speiseräumen genießt man eine großzügige
Hausmacherküche. Angenehm logiert
man im charmanten Relais d'Aumale
in Montgrésin, mit hochklassigem
Restaurant (Tel. 03 44 54 61 31).

Cheval Rouge
Rambouillet, 78 Rue Gén. de Gaulle
Tel. 01 30 88 80 61
Gemütliches kleines Lokal nahe dem
Schloss, exzellente Gerichte aus ganz

Frankreich mit ungewöhnlichen Kombinationen. Di.abend/Mi. geschl.

► Preiswert

Les Verdiots
St-Denis, 26 Blvd. Marcel-Sembat
Tel. 01 42 43 24 33, So./Mo. geschl.
Sympathisches Lokal nahe der Métrostation Porte de Paris, herzhaft-feine Küche Südwestfrankreichs.

Auberge Ravoux
Auvers-sur-l'Oise, Place de la Mairie
Tel. 01 30 36 60 60 (►S. 342)
Gemütliches originales Ambiente, schlichte Küche. Geöffnet März – Okt. Mi. – So. mittags (Achtung: So. nur genau 12.00 und 14.15 Uhr), abends nur Fr./Sa.; Reservierung empfohlen.

ÜBERNACHTEN

► Luxus

Demeure des Vieux Bains
Provins, 7 Rue du Moulin de la Ruelle
Tel. 06 74 64 54 00
www.demeure-des-vieux-bains.com
Aus einem Badehaus des 12. Jh.s wurde ein stilvolles Chambres d'hôtes. Großzügige Gastzimmer, z. T. mit Hammam. Privater Parkplatz.

Domaine de la Corniche
Rolleboise, 5 Route de la Corniche
Tel. 01 30 93 20 00
www.domainedelacorniche.com
Von der »folie« des belgischen Königs Leopold II. ist die Aussicht über das Seine-Tal unbezahlbar (die Zimmer »hinten hinaus« sind auch deutlich billiger). Mit Pool und Restaurant.

Pavillon Henri IV
St-Germain-en-Laye, 19 Rue Thiers
Tel. 01 39 10 15 15
www.chateauxhotels.com
Geschichte und Lage machen das Hotel zu einer der großartigsten Adressen in Frankreich (►S. 341).

Unvergesslich bleibt ein Dîner mit Blick über Paris (Restaurant Sa.mittag und So.abend geschl.).

► Komfortabel/Luxus

Château d'Ermenonville
Ermenonville, Tel. 03 44 54 00 26
www.chateau-ermenonville.com
Exklusive Atmosphäre strahlt dieses von Wasser und Wald umgebene Schloss aus (►S. 330). Mit ebenso edlem (nicht billigem) Restaurant.

► Komfortabel

Château de Rouillon
Chartrettes, 41 Av. Charles de Gaulle
Tel. 01 60 69 64 40
Von 1595 datiert der Nachbau eines Pavillons von Fontainebleau, gelegen zwischen Melun und Fontainebleau. Fünf großzügige Gästezimmer, Terrasse mit Blick auf die Seine

► Günstig/Komfortabel

Bois Dormant
Anet, 5 Rue André Boxhorn
Tel. 02 37 41 97 50
www.boisdormant-anet.com
Zauberhafte Villa von 1920 in großem Park, zu Fuß 5 Min. vom Schloss. Romantische Gastzimmer und Salon mit Kamin, Dîner für Hausgäste.

► Günstig

Le Plat d'Etain
Jouarre, 6 Place Tinchant
Tel. 01 60 22 06 07
Nettes Haus von Mitte des 19. Jh.s nahe der merowingischen Krypta. Gutes gutbürgerliches Restaurant (Fr.- und So.abend geschl.).

M. et Mme. Cantin
Trilbardou, 2 Rue de l'Eglise
Tel. 01 60 61 08 75
Bürgervilla aus dem 19. Jh., 8 km westlich von Meaux am Canal de l'Ourcq gelegen. Charmante Zimmer.

Ile-de-France Orientierung

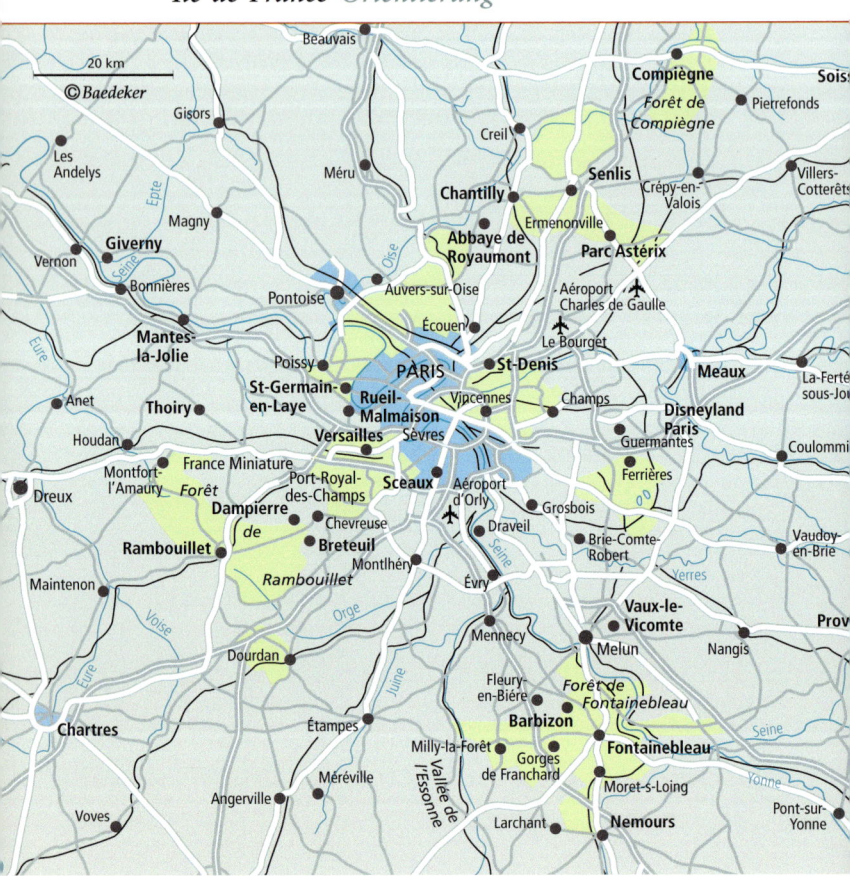

20 km
©Baedeker

Beauvais · Compiègne · Sois
Forêt de Compiègne · Pietrefonds
Gisors · Creil · Villers-Cotterêts
Les Andelys · Méru · Senlis · Crépy-en-Valois
Giverny · Chantilly · Ermenonville
Vernon · Magny · Abbaye de Royaumont · Parc Astérix
Bonnières · Auvers-sur-Oise · Aéroport Charles de Gaulle
Seine · Pontoise · Écouen · Le Bourget
Mantes-la-Jolie · Poissy · St-Denis · Meaux · La-Ferté-sous-Jo
Anet · St-Germain-en-Laye · Rueil-Malmaison · Vincennes · Champs · Disneyland Paris
Thoiry · PARIS · Versailles · Sèvres · Guermantes · Coulommi
Houdan · France Miniature · Port-Royal-des-Champs · Sceaux · Ferrières
Montfort-l'Amaury · *Forêt* · Aéroport d'Orly · Grosbois · Vaudoy-en-Brie
Dreux · Dampierre · Chevreuse · Draveil · Brie-Comte-Robert
Rambouillet · *de* · Breteuil · Montlhéry · Prov
Maintenon · *Rambouillet* · Évry · Vaux-le-Vicomte
Voise · Orge · Mennecy · Melun · Nangis
Dourdan · Fleury-en-Bière · *Forêt de Fontainebleau*
Chartres · Étampes · Barbizon · Fontainebleau · *Seine*
Milly-la-Forêt · Gorges de Franchard · *Yonne*
Angerville · Méréville · Moret-s-Loing · Pont-sur-Yonne
Voves · *Vallée de l'Essonne* · Larchant · Nemours

Abbaye de Royaumont

✹ Die schön in einem romantischen Park gelegene Zisterzienserabtei 30 km nördlich von Paris wurde 1228 von König Ludwig IX. dem Heiligen gegründet. Bis zur Revolution eines der reichsten Klöster Frankreichs, dient sie heute als Kulturzentrum der Fondation Royaumont (tägl. geöffnet; Konzerte Aug.–Okt., www.royaumont.com). Zu sehen sind die Reste der über 100 m langen, 1792 abgebrochenen Kirche aus dem 13. Jh., Kreuzgang, Refektorium, Klosterküche und der im 18. Jh. von Le Masson erbaute Palast des letzten Abts.

Chantilly

✹✹

Schloss ▶

Das vornehme Städtchen Chantilly (11 000 Einw.) 50 km nördlich von Paris – zur ▶Picardie gehörend – war im 17./18. Jh. Residenz der Fürsten Bourbon-Condé, deren Schloss am Ostrand der Stadt auf einer Insel liegt. Am Platz einer mittelalterlichen Burg erbaute

![Ein Juwel der französischen Renaissance: Petit Château in Chantilly](image)

Ein Juwel der französischen Renaissance: Petit Château in Chantilly

Pierre Chambiges ab 1528 für Anne de Montmorency ein Schloss; im 17./18. Jh. war es Sitz der Familie Condé, einer Seitenlinie der Bourbonen. Erhalten ist nur das **Petit Château** (1560). Bis 1881 ließ der Herzog von Aumale, ein Sohn des Bürgerkönigs Louis Philippe, das **Grand Château** in modischer Neorenaissance wieder aufbauen. Beide Teile bilden das Musée Condé (Mi.–Mo. April–Okt. 10.00 bis 18.00, sonst 10.30–17.00, Park bis 20.00 bzw. 18.00 Uhr). Im Grand Château ist die bedeutende Gemäldesammlung des Herzogs von Aumale zu sehen, die – nach dem Louvre – für das 15. bis 19. Jh. als bedeutendste in Frankreich gilt (u. a. Memling, Raffael, Fra Angelico, Lippi, Poussin, Delacroix). Die Bibliothek im Petit Château besitzt einen der größten Kunstschätze Frankreichs, die **Très Riches Heures du Duc de Berry** mit herrlichen Miniaturen, die die Brüder Limburg 1410–1416 begannen und die wohl von Barthélemy d'Eyck sowie Jean Colombe vollendet wurden. Der über 110 ha große Park mit dem von Le Nôtre angelegten Garten und den Grandes Ecuries (Stallungen, 1719 bis 1740) bildet mit dem Schloss den Mittelpunkt eines beliebten Ausflugsgebiets. Gartenfreunde besuchen den Potager des Princes (Gemüsegarten), in den Ecuries finden Konzerte statt. Chantilly ist außerdem ein **Mekka des Pferdesports**: Die Grands Ecuries sind als Museum zugänglich (Musée Vivant du Cheval, Pferdevorführungen Mi.–Mo.), im Hippodrome finden von April bis Sept. Pferderennen statt. Von dem Ort, der auch für Spitzen und Porzellan bekannt ist, erhielt die Crème Chantilly (Schlagsahne) ihren Namen.

◀ Musée Condé

◀ Park

Senlis Das 10 km nordöstlich von Chantilly gelegene Senlis (16 300 Einw., in der ▶Picardie) war schon zu römischer Zeit von einer (teils noch erhaltenen) Stadtmauer umgeben; im Jahr 987 wurde Hugo Capet in der Burg zum ersten König Frankreichs gewählt. Die hübsche, ursprünglich kreisrunde Altstadt wird von der **Kathedrale Notre-Dame** dominiert; ihr Langhaus entstand bis 1184, das Querhaus von 1240 wurde nach einem Brand 1504 im Flamboyant-Stil erneuert. Das Tympanon des skulpturenreichen Hauptportals (1170) hat zum ersten Mal die Marienkrönung zum Thema; zu beachten ist auch die Fassade des südlichen Querschiffs von Pierre Chambiges (16. Jh.). Besuchenswert sind mehrere Museen (alle tägl. geöffnet, Mi. nur nachmittags): das Musée de la Vénerie (Hetzjagd) im ehemaligen Priorat im Bereich des Château Royal von Anfang des 12. Jh.s, in der Nähe das Musée des Spahis (französische Soldaten in Nordafrika) und bei der Kathedrale das Musée d'Art et Archéologie (römische Zeit, frühgotische Kunst).

Parc Astérix Im Asterix-Park, ca. 10 km südlich von Senlis an der A 1, kann man Schauplätze der Abenteuer von Asterix und Obelix entdecken, ihre Scharmützel mit den Römern erleben und in Achterbahnen, im »Grand Splatch« etc. allerlei Nervenkitzel genießen. Nächtigen kann man hier auch (April – Aug. tägl. geöffnet, im Mai. Di. geschl., Sept., Okt. Sa./So. Info: Parc Astérix, BP 8, 60128 Plailly, Tel. 08 26 30 10 40, www.parcasterix.fr. Anfahrt von Paris, Gare du Nord: RER B 3 bis Aéroport Charles de Gaulle 1, dann Bus der CIF).

Ermenonville **Jean-Jacques Rousseau** starb 1778 in diesem Dorf 13 km südöstlich von Senlis. Das Schloss seines Gastgebers (18. Jh.) ist heute ein edles Hotel (▶S. 327). Zugänglich ist der hübsche Park. Für eine Teepause empfiehlt sich das nahe »Rêveries dans la Théière«. Durch den Wald, an dessen Rand Ermenonville liegt, führen schöne Wanderwege; interessant ist das **Mer de Sable**, ein »Sandmeer« mit Dünen (und leider ein Familienvergnügungspark).

★
Chaalis Nahe dem Mer de Sable, jenseits der N 336, sind die beeindruckenden Reste der 1136 gegründeten Zisterzienserabtei Chaalis zu sehen. Teile des Klosters und der 82 m langen Kirche (13. Jh.), die Abtskapelle (13. Jh.) mit **Fresken von Primaticcio** sowie der Flügel des Abtspalastes (1739) haben die Zeiten überstanden. In Letzterem, einem prunkvollen Gebäude, sind Möbel, Gemälde (u. a. von Giotto), sakrale Plastik und eine Rousseau-Sammlung zu sehen; sie sind ein Vermächtnis von Nélie Jacquemart-André, Besitzerin der Domäne von 1902 bis 1912 (März – Mitte Nov. tägl., sonst nur So.). Wunderschön ist auch der Rosengarten, den sie anlegte.

Villers-Cotterêts Dieses Städtchen 37 km östlich von Senlis (10 000 Einw.) ist durch das Edikt von 1539 bekannt, mit dem König Franz I. Französisch statt Latein zur Verwaltungssprache bestimmte und das Standesregister einführte. Sehenswertes Schloss (ab 1528) mit schöner Renaissance-Treppe (1535) und Ständesaal. Im Ort kamen die Schriftsteller Alexandre Dumas Vater (1802) und Sohn (1824) zur Welt (Museum: 24 Rue Demoustier, Mi. – Mo. 14.00 – 17.00 Uhr). Schon Anfang des 13. Jh.s war der **Forêt de Retz**, der Villers umgibt, königlicher Forst, heute ein schöner Laubmischwald von ca. 130 km². 🕐

▶Picardie · Nord-Pas-de-Calais   **Compiègne**

Die gut 50 km östlich von Paris gelegene Stadt (48 500 Einw.) ist seit 375 Bischofssitz; ein Bischof von Meaux war der als glänzender Redner berühmte J.-B. Bossuet (1627 – 1704). Sehr schön ist der Blick über die Marne auf die Altstadt, dominiert von der mächtigen gotischen **Kathedrale** (12. – 16. Jh.) mit bilderbuchmäßigem Innerem. Das Museum im Bischofspalast (17. Jh.) ist v. a. Bossuet gewidmet. Über den Pont du Marché erreicht man den Vieux Marché von 1879; beim Markt am Samstag kann man den echten Brie de Meaux testen.   ★ **Meaux**

? WUSSTEN SIE SCHON …?

■ Meaux ist Zentrum der Region Brie, aus der der in aller Welt berühmte Weichkäse mit weißem Schimmel stammt. Auf dem Wiener Kongress 1814 präsentierte ihn Talleyrand als »König der Käse« und »Käse für Könige«. Der Brie de Meaux ist durch eine AOP geschützt (www.maison-du-lait.com).

In der Universitätsstadt Champs-sur-Marne (24 000 Einw., 30 km östlich der Stadtmitte von Paris) steht das Schloss der **Madame de Pompadour** (▶Berühmte Persönlichkeiten, S. 80), das Muster eines Rokoko-Lustschlösschens (1708). Hier wurde u. a. der Film »Gefährliche Liebschaften« unter der Regie von Stephen Frears gedreht. Die herrliche Einrichtung, darunter eine kunstvolle Täfelung und der Salon Chinois, vermittelt einen guten Eindruck von der Epoche Louis-Quinze (Wiedereröffnung für 2011 geplant). Zugänglich ist der Park, den Claude Desgots anlegte, ein Neffe Le Nôtres.   ★ **Champs-sur-Marne**

Ein gigantisches Märchen- und Abenteuerland, das im Jahr an die 15 Mio. Besucher anzieht, hat die amerikanische Traumfabrik Walt Disney östlich von Paris geschaffen. Bei Marne-la-Vallée, gut 30 km östlich von Paris, breitet sich auf fast 20 km² – einem Fünftel der Fläche von Paris – eine Welt der Illusion aus: mit dem Disneyland Park, dem Walt Disney Studios Park, dem Vergnügungszentrum Disney Village, diversen Hotels, zwei Tagungszentren und einem 27-Loch-Golfplatz. Fürs leibliche Wohl sorgen gut fünf Dutzend gastronomi-   **Disneyland Resort Paris**

▶ DISNEYLAND ERLEBEN

AUSKUNFT

Info und Buchung bei allen Reisebüros. Info-Tel. in Deutschland 01 80
10 03 004, in Österreich 08 10 00 23
45, in der Schweiz 01 / 43 01 661
www.disneylandparis.com

ÖFFNUNGSZEITEN/EINTRITT

Anfang Juli – Ende Aug. 10.00 – 23.00,
sonst je nach Saison und Wochentag
bis 18.00/22.00 Uhr.
Tagesticket (2 Parks) Erw. 53 €, Kind
45 €, 2-Tage-Ticket (2 Parks, 1 Jahr
gültig) 118/99 €. Kinder ab 12 Jahren
zählen als Erwachsene, Kinder unter
3 Jahren gehen gratis. Für bestimmte
Attraktionen gelten Vorschriften über
die Mindestkörpergröße.

Ticketverkauf über Internet, am Eingang der Themenparks, in Paris im
Tourismusbüro, in den Flughäfen,
größeren Metro- und RER-Stationen,
in FNAC-Läden und im Virgin Mega-
store Champs-Elysées. Neben normalen Tickets gibt es eine große Zahl
unterschiedlichster Arrangements.

ANREISE

Autobahn A 4 (Ausfahrt 14 Parc Dis-
neyland). Parken für Nicht-Hotelgäste
(Pkw) 12 €/Tag. Mit SNCF-Zügen/
TGV/Thalys nach Marne-la-Vallée
Chessy, von Paris mit RER Linie A bis
Disneyland Resort. Von den Flug-
häfen Roissy und Orly bringen Busse
zum Park bzw. zu den Hotels.

sche Betriebe, vom Fastfood-Lokal bis zum Deluxe-Restaurant, darunter das unvermeidliche »King Ludwig's Castle« mit bayerischen
Spezialitäten. Im **Walt Disney Studios Park** wirft man einen Blick
hinter die Kulissen der Traumfabrik: mit riesigem Filmstudio, Stunt-
Actions, Touren durch fantastische Requisiten, Fernseh- und Trick-
filmproduktionen. **Disney Village** ist »Amerika live«, auch für Nacht-
schwärmer wird viel geboten. Dazu gehören Restaurants und Discos,
Boutiquen und Läden, ein Kindertheater und ein Kinokomplex. Ein
Höhepunkt ist die **Buffalo Bill's Wild West Dinner Show** (kostet ex-
tra) mit Pferden, Cowboys, Annie Oakley und Sitting Bull, dazu gibt
es ein Westernmenü. Ein Besuch des Disneyland Resorts erfordert
zur Ferienzeit viel Geduld.

Jouarre Die Abtei in Jouarre (4000 Einw., 22 km östlich von Meaux) wurde
630 gegründet; die **merowingische Krypta** (eigentlich zwei Kapellen)
gilt als einer der ältesten Sakralbauten Frankreichs. Führungen veranstaltet das Tourismusbüro (Mi. – Mo., Nov. – März Mi. – So.). Ein
Turm der romanischen Kirche (12. Jh.) steht ebenfalls noch.

Provins Das ca. 90 km südöstlich von Paris gelegene Provins (12 300 Einw.)
war im Mittelalter eine wichtige **Messestadt in der ▶Champagne**, als
authentisches Beispiel einer Stadt des 11. bis 13. Jh.s gehört es zum
Welterbe der UNESCO. In der Stadtanlage ist das zu erkennen: breite
Straßen für die Wagenkolonnen und Verkaufsstände, dreistöckige

Kaufmannshäuser mit überwölbten Räumen. Die Oberstadt war von
einer 5 km langen, über 25 m hohen **Wehrmauer** umschlossen, erhalten sind noch 1,2 km mit 22 Türmen. Aus der großen Zahl bedeutender mittelalterlicher Bauten ragen heraus: die Kirche St-Quiriace (1160) mit schönem gotischem Chor (Kuppel 17. Jh.), die 44 m
hohe **Tour de César** (12./16. Jh.; tägl., Nov.–März nur nachmittags), ⏲
die Porte St-Jean und die Grange aux Dîmes (ursprünglich Markthalle aus dem 13. Jh., mit Wachsfigurenschau; geöffnet April–Nov.
tägl., sonst Sa./So.). In der Unterstadt sind mehrere Kirchen interessant wie die romanisch-gotische St-Ayoul (12.–16. Jh., Alabaster-
statuen aus dem 16. Jh.) und nördlich von ihr die Tour Notre-Dame-
du-Val, der Rest einer Kirche (16. Jh.). Das **Musée de Provins** in der
Maison Romane, dem ältesten Haus der Stadt, ist der Stadtgeschichte
gewidmet; bemerkenswert der Kirchenschatz von St-Quiriace (April ⏲
bis Anf. Nov. tägl., sonst Sa./So. und in Schulferien Di.–So.). Von
April bis Nov. wird im Théâtre des Remparts die Kunst der Falken-
jagd vorgeführt. Zu einem Benediktinerkloster des 11./12. Jh.s gehör-   ★
te die urtümliche Kirche von St-Loup-de-Naud 8 km südwestlich;   ◄ Saint-Loup-
zu beachten ist das hervorragende, an das Königsportal in Chartres   de-Naud
erinnernde Westportal.

Dieses Schloss bei Melun 55 km südöstlich von Paris gilt als das be-   ★ ★
deutendste vor Versailles (Foto S. 13). Auftraggeber war **Nicolas Fou-**   **Vaux-**
quet, der als Finanzminister ein immenses Vermögen erwarb bzw.   **le-Vicomte**
ergaunerte. Als Ludwig XIV. es 1661 bei der Einweihung besichtigte,
war er so begeistert, dass er die hier tätigen Künstler – den Architekten Le Vau, den Maler Le Brun und den Gartenarchitekten Le Nôtre
– für Versailles verpflichtete. Für Fouquet war die Instinktlosigkeit,
seine Raffgier offenkundig zu machen und den König zu düpieren,
allerdings verhängnisvoll: Drei Wochen später hatte er alle Ämter
verloren, die restlichen 19 Jahre seines Lebens verbrachte er im Gefängnis (Ende März–Anf. Nov. 10.00–18.00 Uhr, Juli/Aug. tägl.,   ⏲
sonst Mi. geschl.; die Wasserspiele sind Ende März–Okt. am 2. und
letzten Sa. des Monats 15.00–18.00 Uhr in Gang). Von Mai bis Anf.
Sept. ist das Schloss am Sa.abend im Zauber Tausender Kerzen zu er-

leben (**Soirées aux chandelles**, am 1. und 3. Sa. des Monats mit Feuerwerk), Anf. Sept. wird eine Oper unter freiem Himmel aufgeführt. Preiswerten Imbiss bietet die Cafétéria L'Ecureuil, Romantiker reservieren einen Tisch auf der Terrasse des Restaurants **Les Charmilles** vor dem Schloss (www.vaux-le-vicomte.com; Anfahrt mit Zug von Paris Gare de Lyon bis Melun, dann Châteaubus).

Evry

In Evry 22 km südlich von Paris, eine der fünf »Villes nouvelles« (53 000 Einw.), steht die einzige im 20. Jh. in der Alten Welt erbaute Kathedrale, geweiht 1995. Die Pläne für den zylindrischen Bau der Cathédrale de la Résurrection und das Museum für sakrale Kunst stammen unverkennbar von dem Tessiner Architekten **Mario Botta**.

★ ★
Fontainebleau

Diese Kleinstadt (15 800 Einw.) 65 km südlich von Paris ist ein bevorzugtes Ausflugsziel der Hauptstädter: Der Wald von Fontainebleau (s. u.) gilt als der schönste in Frankreich und das berühmte **Schloss** gehört zum UNESCO-Welterbe. Ab dem 12. Jh. besaßen die Kapetinger hier ein kleines Jagdschloss. An seiner Stelle ließ Franz I. ab 1528 einen Renaissance-Bau errichten, den Heinrich II., Heinrich IV. und Ludwig XIII. erweiterten. Napoleon I. machte das Schloss zum bevorzugten Aufenthaltsort. Im Zweiten Weltkrieg war es erst deutsches, dann US-Hauptquartier, 1945 – 1965 Sitz der NATO. Der

Schloss mit großer Geschichte: Fontainebleau

► FONTAINEBLEAU ERLEBEN

AUSKUNFT

Office de Tourisme
4 Rue Royale, 77300 Fontainebleau
Tel. 01 60 74 99 99
www.de.fontainebleau-tourisme.com
www.musee-chateau-fontainebleau.fr

ANFAHRT · ÖFFNUNGSZEITEN

SNCF-Züge von Paris Gare de Lyon
nach Fontainebleau-Avon, dann Bus
A/B zum Schloss. Die SNCF verkauft
vergünstigte Kombikarten für Zug-/
Busfahrt und Schloss. Schloss geöffnet
April – Sept. Mi. – Mo. 9.30 – 18.00,
sonst bis 17.00 Uhr; Gärten tägl.
9.00 – 19.00/18.00/17.00 Uhr.

ESSEN

► Erschwinglich

La Table des Maréchaux
9 Rue Grande, Tel. 01 60 39 50 50
Feines Restaurant im edlen Hôtel
Napoléon nördlich des Schlosses,
französische Küche mit exotischen
Akzenten. Im Sommer speist man im
schönen Innenhof. Von Mo. bis Fr.
preiswertes Mittagsmenü.

► Preiswert

L'Hirondelle
49 Rue de France, Tel. 01 64 22 23 29
Sehr einladende, ausgezeichnete bretonische Crêperie ca. 300 m nördlich
des Schlosses. So./Mo. geschl.

ÜBERNACHTEN

► Komfortabel/Luxus

Hôtel Victoria
112/122 Rue de France, Tel. 01 60 74
90 00, www.hotelvictoria.com
Zwei schön renovierte alte Häuser in
der Nähe des Schlosses. Komfortable,
gemütliche Räume mit Parkett und
z. T. mit Kamin. Frühstücken kann
man auf der Terrasse zum großen
Garten. Eigener Parkplatz.

weitläufige, meist nur zweigeschossige Komplex ist in fünf Höfe gegliedert. Im westlichen Vorhof (»Cour des Adieux«) nahm Napoleon
nach seiner Demission 1814 von der Garde Abschied. Durch den
Flügel mit dem Napoleon-Museum betritt man das Schloss, das unter Franz I. von französischen und italienischen Künstlern – u. a.
Rosso Fiorentino, Primaticcio, Niccolò dell'Abate – großartig gestaltet wurde; unter Heinrich IV. wurden flämische Einflüsse wirksam.
Höhepunkt ist die **Galerie François I.** (1530), der Verbindungsgang
zur Cours Ovale, der von Rosso Fiorentino mit Täfelung, Fresken
und Stuck erhielt. Die Räume entlang der Galerie kamen erst 1786
hinzu. Die Königsgemächer sind mit Deckengemälden und Stuck
von Primaticcio sowie schönen Gobelins geschmückt. Den Südflügel
der Cour Ovale betritt man über den Escalier du Roi (1749) mit Szenen aus dem Leben Alexanders des Großen von Rosso und Primaticcio. Den unter Franz I. angelegten **Ballsaal** ließ Heinrich II. für seine
Geliebte Diane de Poitiers von Primaticcio gestalten. Auch die **Gärten** sind herrlich: der unter Napoleon angelegte Jardin Anglais und
das »Parterre« von Le Nôtre mit Wasserbecken, Kaskaden und Figuren, dazwischen der Karpfenteich mit einem Pavillon.

★★
Forêt de Fontainebleau

Prächtiger Hochwald, Schluchten, Felsen und karge Heide bieten in dem 280 km² großen hügeligen Gelände eindrucksvolle Szenerien. In den 1830er-Jahren wurden hier – zum ersten Mal in der Weltgeschichte – Wanderwege markiert und bald kamen die Pariser Ausflügler am Wochenende mit der neuen Eisenbahn (1849) in Scharen. Heute werden die Spaziergänger von Joggern, Radfahrern und Kletterfans ergänzt (die pittoresken Sandsteinfelsen sind eines der bekanntesten Boulderreviere der Welt). Wanderführer und Karten sind im Tourismusbüro Fontainebleau zu haben. Ab 1832 kamen Maler wie Th. Rousseau, J.-F. Millet, C. Corot und C.-F. Daubigny nach Barbizon (1400 Einw.) 8 km nordwestlich von Fontainebleau, die mit einer neuen Wahrnehmung der Natur für eine Revolution in der Kunstgeschichte sorgten (▶ Special Guide). Die Auberge du Père Ganne ist heute **Musée de l'Ecole de Barbizon** mit berühmten Werken und von Künstlern verziertem Mobiliar (Mo. 10.00 – 12.30, Mi. – So. 14.00 – 17.30, Juli/Aug. bis 18.00 Uhr). Besucht werden können auch die Ateliers von Millet (Di./Mi. geschl.) und Rousseau, dem Begründer der »Schule von Barbizon« (Di. geschl.).

★
Barbizon ▶

🕐

★
Courances
🕐
Milly-la-Forêt

In Courances 10 km westlich von Barbizon entstand um 1630 aus der mittelalterlichen Burg ein hübsches Schloss mit schönem Park von Le Nôtre (Anf. April – Okt. Sa./So. 14.00 – 18.00 Uhr). In Milly (5 km südlich) lebte der Schriftsteller, Maler und Regisseur **Jean Cocteau** bis zu seinem Tod 1963; begraben ist er in der Chapelle St-Blaise-des-Simples, die er selbst ausmalte. In der Markthalle (1479) werden die in der Umgebung angebauten Kräuter verkauft. Im Wald westlich des Orts steht der 22 m hohe »Cyclop«, eine bizarre Konstruktion des Schweizer Künstlers Jean Tinguely (Führungen).

★
Nemours

Als »charmant« bezeichnete Victor Hugo die kleine Stadt Nemours (12 800 Einw.) 13 km südlich von Fontainebleau am Loing bzw. Canal du Loing. Im Stadtkern – ein Kanal markiert den Verlauf der einstigen Befestigung – sind die trutzige Burg (12. – 17. Jh., mit Museum) und die Kirche St-Jean-Baptiste (13. Jh.) sehenswert. An der D 225 nach Sens (▶ Burgund) liegt das sehenswerte moderne **Musée de Préhistoire de l'Isle-de-France** (Mi. geschl.).

🕐

★
Etampes

Dieses Städtchen (22 300 Einw.) ca. 50 km südwestlich von Paris war im 16. Jh. Sitz der **Königsmätressen** Anne de Pisseleu, Diane de Poitiers und Gabrielle d'Estrées (schöne Paläste). Interessant sind die Kirchen Notre-Dame-du-Fort (11. – 13. Jh.) mit einem wegen planloser Erweiterungen ungewöhnlichen Grundriss und beachtlichem Südportal, St-Martin (12./16. Jh.), St-Basile (12., 15./16. Jh.) und St-Gilles (12./13., 16. Jh.). Von der Tour Guinette, Rest der um 1150 errichteten Burg, hat man einen guten Ausblick.

Sceaux

Der Pariser Vorort Sceaux liegt 12 km südwestlich der Stadtmitte malerisch auf einem Hügel. Colbert, Finanzminister Ludwigs XIV., ließ sich ab 1670 ein Schloss erstellen, von dem nur der herrliche von André Le Nôtre angelegte **Park** erhalten ist. Das neobarocke Schloss (1862) beherbergt das sehenswerte Musée de l'Ile-de-France: Porzellan aus der Manufaktur von Sceaux, Gemälde, Interieurs (geöffnet Mi.–Mo. 10.00–13.00, 14.00 bis 18.00 Uhr). **L'Haÿ-les-Roses**, 6 km östlich von Sceaux, ist berühmt für seinen Rosenpark.

Im westlichen Nachbarort **Châtenay-Malabry** wurde 1694 Voltaire geboren. Die Kirche St-Germain-l'Auxerrois (10.–13. Jh.) besitzt einen beachtenswerten Chor. In der romantischen Villa La Vallée-aux-Loups mit ihrem schönen Park lebte 1807–1818 der Schriftsteller und Staatsmann F.-R. Chateaubriand (1768–1848), Namensgeber des berühmten Filetsteaks (tägl. außer Mo. zu besichtigen). ⏲

> ❗ *Baedeker* TIPP
>
> **Musik im Park**
>
> Programm für einen lauen Sommerabend nach einem Besichtigungstag in Paris: im Park von Sceaux lustwandeln, die herrliche Kaskade bewundern und in der Orangerie von 1685 klassische Musik genießen (Konzerte Sa./So. 17.00 Uhr). Info: Saison Musicale de Sceaux, Tel. 01 46 60 07 79, www.festival-orangerie.fr.

Im Pariser Vorort Meudon (45 500 Einw.) ca. 10 km südwestlich der Stadtmitte lebten u. a. Rabelais, Balzac, Céline, Richard Wagner (in der Av. du Château 27 entstand das Textbuch für den »Fliegenden Holländer«), an die im **Musée d'Art et d'Histoire** erinnert wird (bis 2011 geschl.). **Meudon**

Über der Altstadt lag das große **Schloss** (15. Jh.), das u. a. den Herzögen Guise und dem Grand Dauphin, dem illegitimen Sohn Ludwigs XIV., und später Madame de Pompadour gehörte. Im 19. Jh. diente es als Steinbruch für die neuen Stadtviertel, der Pavillon wurde zum Observatorium umgebaut. Von der Terrasse hat man einen schönen Ausblick auf Seine-Tal und Paris. Am nordöstlichen Stadtrand lebte der Bildhauer **Auguste Rodin** von 1895 bis zu seinem Tod 1917 in der Villa des Brillants, heute Dependance des Pariser Musée Rodin (19 Avenue A.-Rodin; April–Sept. Fr.–So. 13.00–18.00 Uhr). Schon 1840 wurde der Pont Hélène eingeweiht, das erste Ingenieurbauwerk der französischen Eisenbahnen. ★ ◀ Blick auf Paris und Seine ⏲

Der westliche Nachbarort Sèvres (23 000 Einw.) ist berühmt für seine **Porzellanmanufaktur**, gegründet 1738 in Vincennes und 1756 von Madame de Pompadour nach Sèvres verlegt; seit 1876 ist sie nahe der Seine-Brücke zu finden. Das benachbarte Musée National de Céramique von 1812 illustriert die Geschichte der Porzellans v. a. im Nahen und Fernen Osten, in Frankreich und in Sèvres. Zusammen bilden sie die Cité de la Céramique (Atelierführungen; Museum: Mi. bis Mo. 10.00–17.00 Uhr; es gibt auch eine Boutique). **Sèvres** ★ ◀ Keramikmuseum ⏲

▶dort   **Versailles**

Port-Royal-des-Champs

Ca. 15 km südwestlich von Versailles sind die Reste einer bedeutenden, 1204 gegründeten **Zisterzienserinnenabtei** erhalten. Auf Befehl des papsttreuen Ludwig XIV. wurde das Zentrum des Jansenismus – einer strengen, gegen die Jesuiten gerichteten katholischen Reformbewegung – um 1710 zerstört. Das Gebäude der Petites Ecoles birgt das **Musée National de Port-Royal** mit Exponaten zur Geschichte des Jansenismus (Di. geschl.; Klosterruinen Sa./So. zugänglich).

★
Dampierre

Dieses 7 km südwestlich von Port-Royal im Tal des gleichnamigen Flusses gelegene prächtige **Schloss** wurde 1675 – 1683 von J. Hardouin-Mansart für den Herzog Honoré de Chevreuse aufgeführt (April – Sept. tägl.). Die Ausmalung des Festsaals (Salle de la Minerve) besorgte J.-A.-D. Ingres 1843; den Park mit seinem See legte Le Nôtre an. In noblem Rahmen speist man im Restaurant »Ecuries du Château« (Do. – Mo. mittags, Sa./So. auch abends).

France Miniature

Bei Elancourt 10 km südwestlich von Versailles ist **Frankreich im Maßstab 1:30** zu bestaunen (Anf. April – Anf. Sept. tägl., sonst unterschiedliche Tage; Anf. Nov. – Mitte Febr. geschl.; Info: www.france miniature.fr; Anfahrt mit SNCF von Paris Montparnasse und La Défense nach La Verrière, dann Bus 411).

Rambouillet

Gut 50 km südwestlich von Paris, am Weg nach Chartres, liegt Rambouillet mit dem Schloss, das seit 1896 **Sommersitz des französischen Staatspräsidenten** ist (Besichtigung bei Abwesenheit, Di. geschl.). Ein Schloss des 14. Jh.s wurde ab 1706 vom Grafen de Toulouse, Sohn Ludwigs XIV. und der Gräfin Montespan, umgestaltet. Für Marie-Antoinette ließ Ludwig XVI. 1783 eine Molkerei in Form eines griechischen Tempels anlegen. Im Englischen Garten steht ein zauberhafter Muschelpavillon von 1780. Nicht nur Kinder sind begeistert vom Musée Rambolitrain mit alten Spielzeugeisenbahnen (Mo./Di. geschl.), auch die Bergerie Nationale im Schlosspark lohnt

★
Bergerie Nationale ▶

einen Besuch: Ludwig XVI. ließ 1785 ein Bauerngut mit Zuchtstation anlegen und Merinoschafe aus Spanien einführen; die »Mérinos de Rambouillet«, Rinder, Ziegen und Geflügel etc. bevölkern die Bergerie (Mi., Sa., So. sowie in den Schulferien 14.00 – 17.30 Uhr). Ein schöner Wald umgibt die Stadt (Forêt d'Yvelines).

★
Maintenon

Françoise d'Aubigné, die die unehelichen Kinder von König Ludwig XIV. und der Gräfin Montespan betreute, löste Letztere in der Rolle der Favoritin ab. Ludwig machte sie 1674 zur **Marquise de Maintenon** und schenkte ihr das schöne Schloss 23 km südwestlich von Rambouillet. Von der Burg des 13. Jh.s zeugt noch der quadratische Donjon an der Südwestecke (im 16. Jh. aufgestockt); im 16. Jh. baute sie Jean Cottereau, Schatzmeister von vier Königen, zum Landschloss um, die Maintenon ließ noch einen Flügel hinzufügen. Im Park, den Le Nôtre gestaltete, sind Reste eines unvollendeten Aquädukts zu sehen; er sollte 4,5 km lang werden und war Teil des gigantischen Pro

Schloss Maintenon. Im Vordergrund der unvollendete Aquädukt

jekts, Wasser aus der Eure über 80 km zum Park von Versailles zu leiten (Kassenzeiten April – Anf. Okt. Mi. – Mo. 10.30 – 18.00, Juli/ Aug. auch Di., Okt. – Mitte Dez. Mi. – Mo. 14.00 – 17.00 Uhr).

Montfort-l'Amaury

In diesem Städtchen (3200 Einw.) am Rand des Waldes von Rambouillet 19 km nördlich von Rambouillet lebte **Maurice Ravel** von 1921 bis zu seinem Tod 1937 (Museum, Führungen nach Anm. im Tourismusbüro oder Tel. 01 34 86 00 89). Erhalten sind Reste der Stadtbefestigung des 11. Jh.s. Die Kirche St-Pierre (15. – 17. Jh.) – Gotik mit vielen Renaissance-Details – besitzt 37 großartige Renaissance-Fenster (um 1544) und im Chorumgang schöne Gewölbe mit aufwendig gestalteten Schlusssteinen; erst um 1850 wurde der romanische Turm in (!) der Kirche abgerissen und das heutige Erscheinungsbild hergestellt. Der Friedhof wird von den Flügeln des Beinhauses (Ancien Charnier) aus dem 16./17. Jh. eingeschlossen. Von den Ruinen der Burg aus dem 11. Jh. hat man eine gute Aussicht.

★
◄ Glasmalereien

★
Anet

Der kleine Ort (2600 Einw.) 15 km nördlich von Dreux im Tal der Eure ist für das Renaissance-Schloss der Diane de Poitiers bekannt. Architekt Philibert de l'Orme verpflichtete die größten Künstler der neuen, italienisch geprägten Zeit, darunter **Benvenuto Cellini** und die Bildweber von Fontainebleau. Erhalten sind allerdings nur ein Flügel, der Torbau und die Kapelle. Die Bauherrin taucht in vielerlei Diana-Symbolik auf, jedoch nicht in einem realistischen Abbild. Die Eure ist seit alter Zeit die Grenze zwischen der Ile-de-France und der Normandie; eine der Burgen, die sie begleiteten, thronte über dem nördlich benachbarten Ivry (Ruine).

Saint-Cloud

St-Cloud (30 000 Einw.) ist eine Pariser Vorstadt am linken Seine-Ufer, 12 km westlich der Stadtmitte. Das Schloss, das sich Philipp von Orléans hier bauen ließ, wurde 1870 von den Preußen zerstört, die Reste wurden abgerissen. Den 450 ha großen schönen Park, der sich im Süden bis Sèvres erstreckt, legte Le Nôtre an. Berühmt sind die Wasserspiele der **Grande Cascade** (von Lepautres und Hardouin-Mansart, 1734) und die 42 m hohe Fontäne (Grand Jet). Vom Rond Point de la Balustrade hat man einen schönen Blick auf Paris.

★

Rueil-Malmaison

☉

Zwei Schlösser besitzt das 15 km westlich der Pariser Stadtmitte gelegene Rueil-Malmaison (78 000 Einw.). **Joséphine de Beauharnais**, ab 1796 Ehefrau des Generals Napoleon Bonaparte, kaufte 1799 das Schloss Malmaison (1620; Di. geschl.), in dem sie – auch nach ihrer Scheidung vom Kaiser Napoleon – bis zu ihrem Tod 1814 residierte; von 1800 bis 1802 war es neben den Tuilerien Sitz der Regierung. Ab 1861 bewohnte es Kaiserin Eugénie, die Gemahlin Napoleons III. Die Einrichtung der Zeit Joséphines wurde z. T. wiederhergestellt. Zeugnisse aus der Verbannung Napoleons auf St. Helena und Dokumente zur napoleonischen Legende sind im Château de Bois-Préau ausgestellt, das ebenfalls Joséphine gehörte. In der Kirche St-Pierre-St-Paul (um 1600) sind Joséphine und ihre Tochter Hortense de Beauharnais beigesetzt, die Mutter Napoléons III.; die Orgel vom Ende des 15. Jh.s erwarb Napoleon III. aus S. Maria Novella in Florenz.

Bougival

In Bougival 5 km westlich von Rueil-Malmaison erinnert eine Tafel an der Seine an die **Maschine von Marly**, ein 1681 – 1684 erbautes Pumpwerk, mit dem täglich 5000 m³ Wasser für Versailles und Marly über 150 m hoch gefördert wurde. Außer anderen Berühmtheiten lebte hier der russische Schriftsteller Iwan Turgenjew bis zu seinem Tod 1883 (sein Haus ist als Musée Tourgueniev zugänglich). Wem der Sinn nach einem Spaziergang steht, nimmt auf den Spuren der Impressionisten den **Treidelpfad entlang der Seine** nach Nanterre.

❗ Baedeker TIPP

Pays des Impressionnistes

Auch wenn Paris seine dörflichen Vororte längst geschluckt hat, lohnt es sich, die Flusslandschaft am Seinebogen bei Bougival und Marly-le-Roi kennenzulernen, wo Gemälde wie Renoirs »Frühstück der Ruderer« und Monets »La Grenouillère« entstanden. Informationen und Führungen entlang des »Chemin des Impressionnistes« erhält man beim Tourismusbüro in Marly-le-Roy (www.marlyleroi-tourisme.fr).
C. Monet: »Die Seine bei Bougival«, 1869 (→)

In Marly-le-Roi 3 km weiter westlich ließ sich Ludwig XIV. von Hardouin-Mansart bis 1686 eine Residenz mit Pavillons, Park und großartiger Kaskade anlegen. Die Gebäude sind verschwunden, erhalten ist der schöne Park (kleines Museum). Im nördlich anschließenden Port-Marly ließ sich **Alexandre Dumas** 1846 das Château de Monte Cristo erbauen; die etwas bizarre orientalische Pracht ist April – Okt. Di. – So., sonst nur So.nachmittag zu bestaunen.

Marly-le-Roi

🕐

Bevor Ludwig XIV. 1682 den Hof nach Versailles verlegte, war das benachbarte St-Germain-en-Laye (42 000 Einw.) – seit Ludwig dem Dicken im 12. Jh. – eine **Residenz der Könige**. Das heute zu sehende Château Vieux ließ Franz I. ab 1539 von Pierre Chambiges aufführen, wobei von der mittelalterlichen Burg nur die 1235 von Ludwig IX. erbaute Ste-Chapelle (Vorbild der Ste-Chapelle in Paris) erhalten blieb. Heinrich II. erweiterte es ab 1556 durch das Château Neuf; von ihm sind nur zwei Pavillons erhalten, einer davon – Geburtsort Ludwigs XIV. – ist heute das noble Hotel Henri IV. (▶ S. 327). Im Schloss zeigt das Archäologische Museum, eines der größten der Welt, Funde von den Anfängen bis zur merowingischen Zeit (Di. geschl.). Zum schönen Schlosspark von Le Nôtre (um 1670) gehören die Petite Terrasse und die 2,4 km lange Grande Terrasse über der Seine, von denen man einen fantastischen Blick auf La Défense und Paris hat. In der Stadt sind sehenswert das Geburtshaus von Claude Debussy (Tourismusbüro, 38 Rue au Pain), die Apotheke (17./18. Jh.) in der Stadtbibliothek und das Musée Maurice Denis im 1681 gegründeten Hospital mit bedeutenden Gemälden der Schule von Pont-Aven, der Nabis und des Symbolismus (u. a. Gauguin, Sérusier, Vallotton, Bonnard, Vuillard). Im nordwestlich benachbarten Poissy baute **Le Corbusier** die Villa Savoye (1932), ein Manifest moderner Architektur (Mo. geschl.). Schöne Spaziergänge lassen sich im Forêt de Saint-Germain unternehmen.

★
Saint-Germain-en-Laye

★ ★
◀ Musée des Antiquités Nationales

★ ★
◀ Aussicht

★
◀ Musée Maurice Denis
◀ Poissy

🕐

Maisons-Laffite (3 km nordöstlich von St-Germain-en-Laye), einer der feinsten Pariser Vororte, ist für sein barockes **Schloss** bekannt, ein eleganter und harmonischer Bau, errichtet 1642 – 1651 von François Mansart; die Einrichtung aus dem 17./18. Jh. umfasst auch Gobelins und Gemälde (Di. geschl.).

Maisons-Laffite

🕐

In Mantes-la-Jolie (43 000 Einw., 54 km westlich von Paris) links der Seine konvertierte König Heinrich IV. 1593 mit seinem berühmten Kommentar »Paris ist eine Messe wert« zum Katholizismus. Bedeutend ist die gotische Stiftskirche Notre-Dame (12. – 14. Jahrhundert), die die Pariser Kathedrale zum Vorbild hat; ungewöhnlich gestaltet ist die Chorapsis. Dem Neoimpressionisten Maximilien Luce (1858 – 1941) ist das Museum im Ancien Hôtel-Dieu (14. Jahrhundert) gewidmet.

Mantes-la-Jolie

★
◀ Notre-Dame

▶Normandie

Giverny

✱
Auvers-sur-Oise

Die kleine Stadt (6200 Einw.), die sich 33 km nordwestlich von Paris über mehrere Kilometer zwischen die Oise und den Rand des Plateau du Vexin zwängt, war im 19. Jh. Treffpunkt für Maler wie Cézanne, Corot, Daubigny, Renoir und **Vincent van Gogh**. Letzterer mietete sich in der Auberge Ravoux gegenüber dem Rathaus ein (Restaurant ▶ S. 327); sein Zimmer ist zu den Öffnungszeiten des Restaurants zugänglich. In Auvers beging Van Gogh 1890 Selbstmord. Neben seinem Bruder Theo ist er auf dem Friedhof bestattet. Im Château de Leyrit (1632) kann man anhand von ca. 500 Gemälden eine virtuelle »Reise in die Zeit des Impressionismus« unternehmen (Mo. sowie Mitte Dez. – Mitte Jan. geschl.). Weiter sehens- und besuchenswert: die frühgotische Kirche Notre-Dame, das liebevoll wiederhergestellte Atelier Daubigny (Ostern – 1. Nov. Do. – So.), das Haus des Dr. Gachet (April – Okt. Mi. – So.), das Musée de l'Absinthe (Sa./So., im Sommer auch Mi. – Fr.) und das Manoir des Colombières mit dem Musée Daubigny (Mo./Di. geschl.).

Le Havre

H 3

Région: Haute-Normandie	**Höhe:** 3 m ü. d. M.
Département: Seine-Maritime	**Einwohnerzahl:** 193 000

Le Havre, die »Pforte zum Ozean«, liegt an der 9 km breiten Seinemündung. Die Innenstadt aus den 1950er-Jahren ist für die einen ein »Betonmonster«, für die anderen ein »Manifest der Moderne«.

Le Havre gestern und heute

König Franz I. gründete Le Havre 1517 als Ersatz für die versandenden Häfen Harfleur und Honfleur, später ging von hier Frankreichs Schiffsverkehr mit Nordamerika aus. In den 1920er-Jahren entwickelte sich Le Havre zum größten europäischen Terminal der Luxusliner. Im September 1944 wurde die Stadt als deutschem Stützpunkt bei 146 alliierten Luftangriffen dem Erdboden gleichgemacht und 1945 – 1960 wieder aufgebaut. Verantwortlich dafür zeichnete **Auguste Perret** (1874 bis 1954), ein bedeutender Vertreter der Stahlbeton-Architektur. Anstelle von romantischem Fachwerk und verwinkelten Gassen wird die Innenstadt von schnurgeraden

! **Baedeker TIPP**

Appartement Perret

Mehr über modernes Wohnen á la Perret erfährt man in der original eingerichteten Musterwohnung in dem »Steingebirge« ISAI (Perret, 1946; 1 Place de l'Hôtel de Ville/Rue de Paris; Führungen veranstaltet das Office de Tourisme).

Boulevards und Häuserblocks mit rhythmisch gegliederten Fassaden geprägt, seit 2005 gehört die »Poesie aus Beton« zum UNESCO-Welterbe. Nachdem die Werften 1999 geschlossen wurden, bekommt das stadtnahe Hafengelände neue Funktionen; so wurden die Docks

Die Fußgängerbrücke über das Bassin de Commerce mit Kulturzentrum und Turm von St-Joseph

zur Einkaufs- und Ausgehmeile, jüngste Errungenschaft sind die **Bains des Docks**, eine futuristische Badelandschaft von Jean Nouvel. Ständig erweitert wird der Hafen, der zweitwichtigste Handelshafen Frankreichs; über den 1976 eröffneten Ölhafen (Antifer) weiter nördlich werden 40 % der Ölimporte des Landes abgewickelt. Der **Pont de Normandie**, die größte Schrägseilbrücke Europas (eröffnet 1995, Gesamtlänge 2141 m, Spannweite 856 m, Pylone 215 m), verbindet Le Havre mit Honfleur (►Normandie).

Sehenswertes in Le Havre

Die von drei- und zehnstöckigen Häusern umgebene **Place de l'Hôtel de Ville** wird vom 74 m hohen Rathausturm dominiert. Östlich geht der Boulevard de Strasbourg ab, eine der wenigen 1944 nicht zerstörten Achsen; auf der anderen Seite führt die großzügige Avenue Foch Richtung Meer, wo zwei Hochhäuser die »Porte Océane« bilden. Der markante 106 m hohe, achteckige Turm weiter südlich gehört zur trotz – oder wegen – des Betons beeindruckenden Kirche **St-Joseph** (Perret, 1957) und ist noch das höchste Gebäude Le Havres.
Das Kulturzentrum **Le Volcan** (1982) südlich des Rathausplatzes erbaute Oscar Niemeyer, der Architekt von Brasilia. Ein beliebter Treff ist das Café-Musique L'Agora. Die **Kathedrale Notre-Dame** aus Spätgotik und Renaissance – erbaut ab 1575, Turm von 1540 – wurde minutiös rekonstruiert und wirkt in der Stadt fast wie ein Fremdkörper (schöne Orgel aus dem 17. Jh.). Ihr gegenüber ist im Justizpalast aus dem 18. Jh. das Naturgeschichtliche Museum (Muséum d'Histoire Naturelle) untergebracht. Der Strand von Le Havre erstreckt sich vom Jachthafen (Port de Plaisance, 1300 Liegeplätze) nach Norden weit über den **Villenvorort Ste-Adresse** hinaus.

Das ausgezeichnete Musée Malraux am Hafen, ein Glas-Stahl-Bau der Perret-Schüler G. Lagneau und R. Audigier (1961), zeigt europäische Malerei des 17. bis 20. Jh.s. Besonders gut repräsentiert sind die

»Die neue Stadt«

◄ Strand

★ ★
Musée Malraux

▶ LE HAVRE ERLEBEN

AUSKUNFT

Office de Tourisme
186 Bd. Clemenceau, 76600 Le Havre
Tel. 02 32 74 04 04
www.lehavretourisme.com

SCHIFFSVERKEHR

Fähren nach Portsmouth vom Terminal de la Citadelle (Av. Lucien Corbeaux), Busverbindung mit Bahnhof und Office de Tourisme. Kreuzfahrtschiffe legen am Terminal de Floride an. Hafenrundfahrt vom Jachthafen am Blvd. Clemenceau.

FESTE & EVENTS

April und Nov.: Marché au Foie gras Normand. Mai: Jazzfestival. Juni bis Anf. Aug.: Z'Estivales (Sommerfest). Anfang Sept.: Mèr en Fête.

ESSEN

▶ Preiswert/Erschwinglich

① *L'Orchidee*
41 Rue Général Faidherbe
Tel. 02 35 21 32 42, Mo. geschl.
Sympathisches, unprätentiöses Lokal,
eine der besten Adressen der Stadt, nicht nur für Fischfans.

② *La Petite Auberge*
32 Rue Ste-Adresse, Tel. 02 35 46 27 32, So.abend, Mo., Mi.mittag geschl. Hübsches neu-normannisches Haus an der Straße nach Ste-Adresse: Hier genießt man modern interpretierte Regionalküche in feinem Ambiente.

▶ Preiswert

③ *Le Saint Pierre*
24 Rue d'Ingouville, Tel. 02 35 42 64 32
Sehr kleines, familiäres Restaurant nördlich des Zentrums: Wer in Fisch und Meeresfrüchten schwelgen will, ist hier richtig.

ÜBERNACHTEN

▶ Komfortabel

① *Vent d'Ouest*
4 Rue Caligny, Tel. 02 35 42 50 69
www.ventdouest.fr
Ruhiges, zentral gelegenes Hotel mit stilvollem britisch-maritimem Ambiente. Mit Garage, kein Restaurant.

⊕ französischen Impressionisten und die Künstler aus der Region, u. a. Boudin, Dufy, Monet, Renoir, Degas, Pissarro und Braque (geöffnet Mi.–Mo. 11.00–18.00, Sa., So. bis 19.00 Uhr).

Maison de l'Armateur ⊕ Ein prächtiges, original eingerichtetes Reederpalais aus dem 18. Jh. erinnert an die großen Zeiten des Überseehandels (geöffnet Fr.–Di. 11.00–18.00, Mi. 14.00–18.00 Uhr). Frische Meeresfrüchte gibt es ganz in der Nähe in der Halle aux Poissons (tägl. 13.30–19.00 Uhr).

Espace Maritime Docks Vauban ⊕ Wo einst Kaffee, Baumwolle und andere Waren lagerten, wird im Espace Maritime die große Zeit der Atlantiküberquerungen dokumentiert; Ozeanriesen vor der Tür gehören zum »lebendigen« **Hafenmuseum** (geöffnet Di., Mi., Sa., So. 14.30–18.00 Uhr). Die ehemaligen Lagerhallen wurden zur **Flaniermeile** mit vielen Läden, Restaurants und Kinos (www.docksvauban.com), Architekturfreunde und Schwimmbegeisterte finden in der Nähe die **Bains des Docks**.

Die ehemalige Abteikirche Ste-Honorine de Graville (11.–13. Jh.) ist heute ein Museum für religiöse Kunst; die Exponate stammen aus dem 16. Jh. bis in die Gegenwart (1 Rue Elisée Reclus; Rue G. Lafaurie stadtauswärts, beschildert; Fr.–Di. 11.00–18.00, Mi. 14.00 bis 18.00 Uhr).

Prieuré de Graville

Ein malerisches Bild zeigt der östliche Vorort Harfleur am Flüsschen Lézarde, der für seinen Sonntagsmarkt bekannt ist. Beherrschend wirkt der 83 m hohe Turm der Kirche St-Martin (Flamboyant-Gotik, 12.–16. Jh.). Sehenswert ist auch das etwas außerhalb auf einer Anhöhe über der Seine gelegene Château d'Orcher mit Resten einer älteren Festung (Mitte März – Mitte Dez. Fr.–Mi. 9.00–17.00 Uhr).

Harfleur

Die **Abbaye de Montivilliers** am nordöstlichen Stadtrand geht auf ein 684 gegründetes Frauenkloster zurück. Die heutigen Gebäude

Montivilliers

Le Havre *Orientierung*

sind vor allem aus dem 11. und 13. Jh. Ein audiovisuell unterstützer Rundgang vermittelt einen Einblick in den Tagesablauf der Nonnen (Apr. – Sept. tägl. 10.00 – 18.00, Sa., So. ab 14.00, Okt. – März Di. – Fr. 10.00 – 17.00, Sa., So. ab 14.00 Uhr).

✷ Le Mans

H 4 / 5

Région: Pays de la Loire
Département: Sarthe

Höhe: 80 m ü. d. M.
Einwohnerzahl: 144 000

Berühmt sind die »24 Stunden von Le Mans«, der Kunstfreund denkt an die großartige Kathedrale. Die im Nordwesten Frankreichs zwischen Paris und Nantes gelegene Stadt besitzt auch besonders schöne Altstadtviertel.

Le Mans gestern und heute

Le Mans liegt zu Unrecht außerhalb des touristischen Interesses. Dabei war die **schöne Altstadt** mit ihren hoch aufragenden Fachwerkhäusern Kulisse für einige Filme, etwa »Cyrano de Bergerac« mit Gérard Depardieu und »Der Mann mit der eisernen Maske« mit Leonardo DiCaprio. Im Mittelalter war Le Mans als Hauptort der Grafschaft Maine bedeutend, das angevinische Herrscherhaus der **Plantagenêt** hatte hier ein Zentrum. Heute ist die Stadt Verwaltungszentrum des Départements Sarthe mit einer Universität. Das erste 24-Stunden-Autorennen wurde 1923 ausgetragen, 1936 eröffnete Louis Renault südlich der Stadt sein erstes Filialwerk.

Sehenswertes in Le Mans

✷ ✷
Cathédrale St-Julien

Auf der Place des Jacobins wird mittwochs und freitags Trödel feilgehalten, beim Sonntagsmarkt türmen sich hier die Produkte der Region wie Rillettes und Foie gras. Über dem Platz erhebt sich die 134 m lange romanisch-gotische Kathedrale (11.–15. Jh.). Der 34 m hohe, 1217 – 1254 erbaute **Chor** mit doppeltem Umgang mit seinem Kranz doppelter Strebepfeiler und markant vorspringender Kapellen ein Höhepunkt der Gotik. Das wunderbare **Seitenportal** im Südwesten aus dem 12. Jh. erinnert an das Königsportal von Chartres. Prächtige **Glasfenster** aus dem 12. bis 15. Jh. erhellen das Innere, v. a. im Chor. Die Gewölbe der mittleren Chorkapelle (Chapelle de la Vierge) schmücken wunderbare gotische Fresken aus dem 15. Jh. (»Engelskonzert«), für sich allein schon ein Besuch von Le Mans lohnen würde. Über dem Chorgestühl hängen prachtvolle Gobelins (beides 16. Jh.). In der Taufkapelle am nördlichen Querhaus stehen die **Renaissance-Grabmäler** für Karl IV. von Anjou (Francesco Laurana) und Guillaume du Bellay. Den Hinkelstein rechts an der Hauptfassade sollte man beachten, er gilt seit alten Zeiten als Nabel der Welt.

Die hoch gelegene Altstadt breitet sich südwestlich der Kathedrale
aus. Ihr Zentrum mit hübschen alten Fachwerkhäusern und engen **Altstadt**
Gassen wird im Nordwesten, zur Sarthe hin, von einer **gallorömi-**
schen Mauer (3./4. Jh.) begrenzt, der besterhaltenen außerhalb
Roms. Den schönsten Blick auf sie hat man vom Quai Louis-Blanc
und dem Pont Yssoir, elf Türme verstärken die Stadtmauer (ein Tunnel führt unter der Altstadt zur Place des Jacobins). Sehr malerisch
ist die Hauptachse der Altstadt, die **Rue de la Reine Bérengère** und
die sie fortsetzende Grande Rue. Das Musée de la Reine Bérengère ist ◄ Musée de la
Volkskunde und Regionalgeschichte gewidmet (Mo. geschl.). In der Reine Bérengère
Grande Rue (Nr. 71) steht die Maison d'Adam et d'Eve, ein schönes ☉
Renaissance-Haus von 1525.

Im ehemaligen Bischofspalais ist das Musée de Tessé untergebracht ✱
(Mo. geschl.). Neben einer reichen Gemäldesammlung (u. a. italieni- **Musée**
sche Meister des 14./15. Jh.s, Flamen und Niederländer, französische **de Tessé**
Klassik) besitzt es eine 1145 – 1150 in Verdun angefertigte Emailplat-
te vom Grabmal für Gottfried V. Plantagenêt.

 LE MANS ERLEBEN

AUSKUNFT

Office de Tourisme
Rue de l'Etoile, 72000 Le Mans
Tel. 02 43 28 17 22
www.lemanstourisme.com
www.lemans.fr, www.centre-culturel-
de-la-sarthe.com

FESTE & EVENTS

März – Mai: Europa Jazz Festival.
Mitte Juni: 24-Stunden-Rennen,
Karten beim Office de Tourisme und
beim Automobile Club de l'Ouest,
Tel. 08 92 69 72 24, www.lemans.org.

ESSEN

► **Preiswert/Erschwinglich**
Auberge des Sept Plats
79 Grande Rue
Tel. 02 43 24 57 77
Eines der beliebtesten Restaurants
(winzig, reservieren). Obwohl mitten
in der Altstadt, isst man hier sehr gut
und preiswert. Schönes Ambiente (es
gibt auch einen Gewölbekeller),
freundlicher Service. So./Mo. geschl.

Les Pavés de Pierre
93 Grande Rue, Tel. 02 43 24 65 60 79
Gemütliches kleine Lokal mit Terrasse, serviert werden u. a. Tartare de
péton-cles oder Pavé d'émincés de
boeuf. Geöffnet Di.abend – So.mittag.

ÜBERNACHTEN

► **Komfortabel/Luxus**
Domaine de Chatenay
72650 Saint-Saturnin, Tel. 02 43 25 44
60, www.domainedechatenay.com
Zauberhaftes Schlösschen in herrlicher Umgebung 8 km nordwestlich
von Le Mans. Antik gestaltete Zim-
mer/Suiten. Abendessen für Hausgäste im feinen Salon.

► **Günstig**
Ibis Le Mans Centre
Quai Ledru Rollin
Tel. 02 43 23 18 23
www.ibishotel.com
Modernes, angenehmes Hotel am
Westufer der Sarthe gegenüber der
Altstadt. Mit Restaurant und Bar.

Hôtel de Ville
Das Rathaus entstand um 1760 am Platz des Schlosses der Grafen von Maine, romanische Fenster sind noch erhalten. In dem Schloss kamen 1113 Gottfried V. Plantagenêt und 1133 dessen Sohn, der spätere König Heinrich II. von England, zur Welt.

Place de la République
Geografischer Mittelpunkt von Le Mans ist die große Place de la République südlich der Altstadt. An ihrer Westseite stehen auf den Resten eines Klosters der Justizpalast und die barocke Eglise de la Visitation (Heimsuchung Mariä, 1730).

Notre-Dame-de-la-Couture
Weiter südöstlich ist die Abteikirche Notre-Dame-de-la-Couture einen Blick wert (urspr. 10. Jh., im 13./14. Jh. neu erbaut). Die doppeltürmige Fassade weist ein **reich skulptiertes Portal** auf. Innen sind Wandteppiche und Gemälde zu sehen, u. a. der »Traum des Elias« von Philippe de Champaigne (17. Jh.); die schöne Madonna aus Marmor gegenüber der Kanzel fertigte Germain Pilon (1571). In der Krypta (10. Jh.) mit beachtlichen Kapitellen wird das Schweißtuch des hl. Bertrand aufbewahrt, des Gründers der Abtei (616).

Der Chor der Kathedrale, ein Höhepunkt gotischer Baukunst

Boxenstop des Audi-Teams beim 24-Stunden-Rennen von Le Mans 2006

Umgebung von Le Mans

Etwa 6 km südlich von Le Mans liegt die 13,6 km lange **Rennstrecke** der »24 Stunden«, ergänzt durch den 4,4 km langen Cours Bugatti (www.lemans.org). Außerhalb der Renntage ist die Strecke für den normalen Verkehr geöffnet. Im **Musée Automobile de la Sarthe** sind über 150 berühmte Rennwagen zu sehen, außerdem kann man sich an Simulatoren u. Ä. betätigen (15. April – Sept. tägl. 10.00 – 18.00, sonst Mi. – So. 11.00 – 17.00 Uhr; www.lemusee24h.com).

✱

Circuit de la Sarthe

🕐

Im Jahr 1229 gründete Königin Berengaria 4 km südöstlich von Le Mans am Fluss Huisne die Zisterzienserabtei Epau. Die heutigen Bauten stammen z. T. aus dem 15. Jh.; in der Kirche liegt das Grab der Königin (13. Jh.). Im Mai findet hier ein hochklassiges **Musikfestival** mit über 30 Konzerten statt (www.festivaldelepau.com).

Abbaye Notre-Dame-de-l'Epau

Das gut 40 km nordöstlich von Le Mans gelegene La Ferté-Bernard (9200 Einw.) ist ein »Klein-Venedig«: Erbaut in einem einst sumpfigen Gebiet an Sarthe, Huisne und Même, wird es von vielen Wasserläufen durchzogen. Das Zentrum der von Renaissance-Häusern geprägten Altstadt bildet die »zweigeteilte« spätgotische Notre-Dame-des-Marais: Lang- und Querhaus mit Turm entstanden 1450 – 1500, der deutlich größere Chor zwischen 1535 und 1596. Merkmale der Flamboyantgotik und der Renaissance prägen den Bau; im eleganten Chor sind die drei Kapellen beachtenswert, außerdem die Schwalbennest-Orgel von 1536. Ebenso beeindruckend ist die Markthalle von 1535 mit offenem Dachstuhl (südlich der Kirche).

La Ferté-Bernard

Tal der Sarthe

Von Le Mans aus lohnt sich die Fahrt entlang der Sarthe, die sich in südwestlicher Richtung durch eine sanfte Landschaft mit zauberhaften altertümlichen Orten schlängelt, nach Sablé-sur-Sarthe (70 km; www.vallee-de-la-sarthe.com, www.tourisme.sablesursarthe.fr). Die romanische Kirche in **Spay** (9.–12. Jh.) besitzt eine schöne Maria mit Jesuskind (14. Jh.) und einen wertvollen Barockaltar (1773); nicht nur Kinder gehen gern in den Spaycific'zoo (geöffnet Sa., So., Mi.). In **Fillé** beherbergt die Kirche (1135) am Fluss eine große Madonna mit Kind aus Terrakotta (Ch. Hoyeau, 17. Jh.). In **La Suze** führt eine alte Brücke über den Fluss, von der man einen guten Blick auf den Ort hat; dasselbe gilt für das folgende **Fercé**. Kurz vor dem reizvollen **Noyen** öffnet sich der Blick auf die Schleifen des Flusses. Über **Malicorne** mit dem typischen malerischen Bild – Mühle, von Pappeln gesäumte Ufer – sowie der einstigen Keramikmanufaktur Chardon und den Faïenceries d'Art erreicht man **Parcé**; hier wechselt man wieder auf die Nordseite des Flusses. In **Juigné** hat man schon einen großartigen Blick auf die Benediktinerabtei Solesmes, die 1010

Solesmes ►

gegründet wurde; in ihrer schlichten Kirche (11./15. Jh.) kann man benediktinische Liturgie mit gregorianischen Chorälen erleben (tägl. 10.00 Uhr). Im südlichen Querhaus eine Grablegung (1496) und im nördlichen Querhaus die prachtvolle »Belle Chapelle« (16. Jh.), deren Skulpturen Szenen aus dem Marienleben darstellen. **Sablé-sur-Sarthe**, an der Einmündung von Erve und Aige, gruppiert sich um das Schloss von J.-B. Colbert (18. Jh.), Neffe des Finanzministers von Ludwig XIV.; von der mittelalterlichen Burg sind Reste vorhanden. »Sablé« ist auch die Bezeichnung für Mürbteig (»sandig«) und so sind die »petits sablés« die lokale Spezialität. Der Sarthe folgend kann man über das Schloss Plessis-Bourrée nach ►Angers weiterfahren.

Unterwegs auf der Sarthe. Im Hintergrund die Benediktinerabtei Solesmes

⋆ Lille

Région: Nord-Pas-de-Calais
Département: Nord

Höhe: 21 m ü. d. M.
Einwohnerzahl: 227 000

Das nahe der belgischen Grenze gelegene Lille bildet mit Roubaix und Tourcoing die viertgrößte Wirtschaftsmetropole Frankreichs. Nach tief greifendem Strukturwandel präsentiert sich die Stadt selbstbewusst und mit einer lebendigen Kulturszene; das Kunstmuseum ist eines der bedeutendsten in Frankreich. Nicht zuletzt besitzt Lille eine sehens- und erlebenswerte Altstadt.

Mit Lille haben sich 84 Gemeinden der Region, darunter Roubaix, Tourcoing und Villeneuve d'Ascq, zur »Communauté urbaine Lille Métropole« mit 1,3 Mio. Einwohnern zusammengeschlossen. Nach dem Niedergang der alten Industrien Kohle, Stahl, Werften und Textilien zeigt sich die Hauptstadt Französisch-Flanderns und der Région Nord (►Picardie) wieder sehr lebendig. Dazu beigetragen haben neue Wirtschaftszweige wie Versandhandel, Elektronik und Dienstleistungen; der Anschluss an die TGV-Strecken, die Paris, London (Eurotunnel) und Brüssel miteinander verbinden, hat die Region zwar attraktiver gemacht, die erhofften »goldenen« Zeiten blieben jedoch aus. Die Universität Lille Nord de France, die sich im östlich gelegenen Villeneuve d'Ascq konzentriert, hat 130 000 Studenten.

Metropole des Nordens

 Baedeker TIPP

Grande Braderie de Lille

Am ersten Septemberwochenende findet ein gigantischer Trödelmarkt statt, der als der größte der Welt gilt. An zwei Tagen kann man sich durch 100 km Gehsteige mit Plunder und edlen Antiquitäten kämpfen. Braucht man neue Kraft, stärkt man sich nach alter Tradition mit Miesmuscheln und Pommes (»moules-frites«) – insgesamt sollen bei dieser Gelegenheit 500 t Muscheln verspeist werden. Frühzeitige Hotelreservierung ist nötig!

Die Stadt hieß früher L'Isle; gemeint war die »Insel« zwischen den Flüssen Lys und Deûle. Im Jahr 1369 kam sie durch die Heirat Margaretes von Flandern mit Philipp dem Kühnen zu Burgund und war dann lange Zeit Haupt- und Residenzstadt der burgundischen Herzöge, die hier glanzvoll Hof hielten. Nach habsburgisch-spanischem Zwischenspiel im 16. Jahrhundert besetzte Ludwig XIV. 1667 die Stadt.

Ein wenig Geschichte

Mit dem Utrechter Frieden 1713 kam Lille endgültig zu Frankreich. Seinen Reichtum verdankte es im Mittelalter der Wollverarbeitung, später dem Bergbau, der Eisen- und Stahlindustrie und der Tuchfabrikation. 1890 wurde in Lille **Charles de Gaulle** geboren, der legendäre General und Staatspräsident 1958 – 1969 (►S. 77). Im Ersten und im Zweiten Weltkrieg kapitulierte die Stadt nach wenigen Tagen deutscher Belagerung, was die Verluste gering hielt.

▶ LILLE ERLEBEN

AUSKUNFT

Office du Tourisme
Place Rihour, 59000 Lille
Tel. aus dem Ausland 03 59 57 94 00
Tel. aus Frankreich 08 91 56 20 04
www.lilletourism.com

CITY PASS LILLE METROPOLE

Dieser Pass (1–3 Tage) umfasst den
Eintritt für viele Sehenswürdigkeiten
und den Nahverkehr in Lille, die
3-Tage-Version auch in der Region.

VERKEHR

Metro, Tram und Busse der Transpole
(www.transpole.fr). Infobüros: Gare
Lille Flandres, viele »Points Service«.
Citadine-Busse verbinden die Groß-
parkplätze Champ de Mars und Porte
de Valenciennes mit der Innenstadt
(Mo.–Sa. Parkgebühr inkl. Fahrt für
alle Insassen in die Innenstadt und
zurück). Mit Tram und Metro sind
auch die Nachbarstädte Roubaix und
Tourcoing zu erreichen.

FESTE & EVENTS

Ende Mai: Gay Pride. Mitte Juni: Lille
Piano(s) Festival. Sept.: Foire aux
Menegès (Markt der Fahrgeschäfte).
1. Sept.-Wochenende: Braderie
(▶Tipp, S. 351). Mitte Okt.: Jazzfestival in Tourcoing. Dez.: Weihnachtsmarkt. Aktuelle Termine im kostenlosen »Sortir« (www.lille.sortir.eu).
Juli/Aug.: Lille Plage.

Die Mitte von Lille: Grand'Place mit dem Turm der Neuen Börse

Lille Orientierung

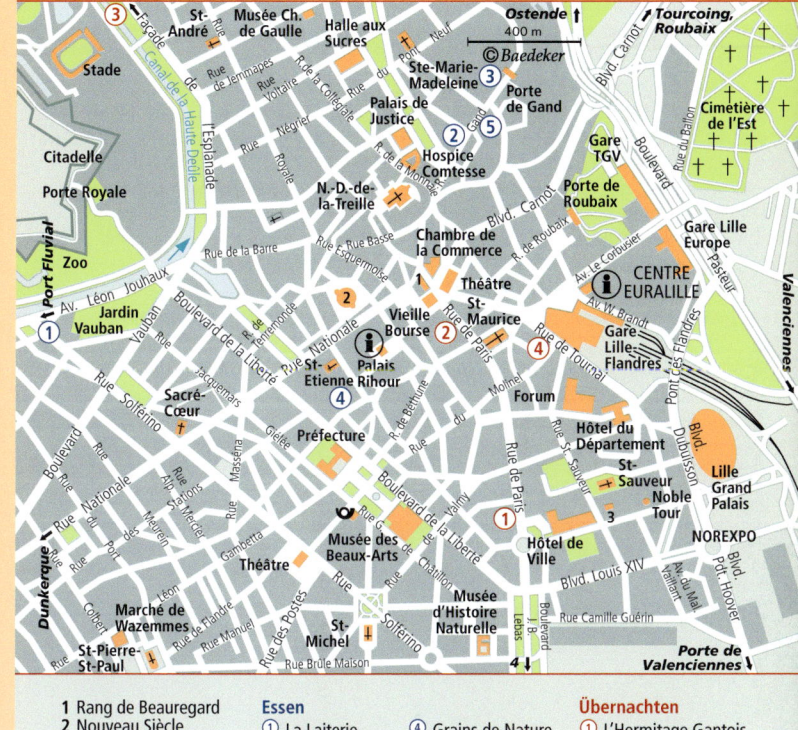

1 Rang de Beauregard
2 Nouveau Siècle
3 Pavillon St-Sauveur
4 Villeneuve d'Ascq

Essen
① La Laiterie
② Le Vin qui Danse
③ La Terrasse des Remparts
④ Grains de Nature
⑤ Estaminet chez la Vieille

Übernachten
① L'Hermitage Gantois
② Hôtel de la Paix
③ Fantasia
④ Moulin d'Or

ESSEN

► Fein & teuer

① *La Laiterie*

Lambersart, 138 Rue de l'Hippo-drome, Tel. 03 20 92 79 73, So./Mo. und 3 Wochen im Aug. geschl. Benoît Bernard demonstriert, wie eine moderne französische Küche aussehen kann: das Beste aus dem Land, kombiniert mit aufregend exo-tischen, ungewöhnlichen Aromen. Mit schöner Gartenterrasse. Im Vor-ort Lambersart westlich der Zitadelle.

► Erschwinglich

② *Le Vin qui Danse*

24 Rue de Gand
Tel. 03 20 21 02 33
So.- und Mo.mittag geschl.
Kleines, informelles Restaurant mit Gewölbe und Mauerwerk, dennoch etwas kühle Atmosphäre. Große Karte hervorragender Weine (die auch glasweise ausgeschenkt werden) aus dem ganzen Land zu angenehmen Preisen. Sehr gute, innovative Küche der Region.

③ La Terrasse des Remparts
Logis de la Porte de Gand
Tel. 03 20 06 74 74, So.abend geschl.
Das großzügige Restaurant in der
Porte de Gand von 1620 kombiniert
nüchternen »Industrielook« mit anti-
kem und modernem Mobiliar. Küche
des Nordens, erweitert um Interessantes aus der ganzen Welt. Und
natürlich eine schöne Terrasse.

▶ Preiswert
④ Grains de Nature
2 Rue Jean Sans Peur
Tel. 03 20 13 90 05, So. geschl.
Selbstbedienungsrestaurant in munte-
ren Farben: Hier isst man einfach und
gut, sehr preisgünstig und dazu noch
gesundheitsbewusst.

⑤ Estaminet Chez La Vieille
60 Rue de Gand, Tel. 03 28 36 40 06
Di. – Sa. ab 19.00 Uhr geöffnet
Eine der besten Estaminets (Brasse-
rien) der Stadt. Viel Folklore und
Deko, aber die echte Küche der
»Schtis« ist ausgezeichnet. Probieren:
Potjevleesch, Poulet au maroille, die
Pâtes. Bei Einheimischen und Tou-
risten sehr beliebt (reservieren!).

ÜBERNACHTEN
Lille ist eine Geschäftsstadt, von Fr.
bis So. sind die Hotelpreise niedriger.

▶ Luxus
① L'Hermitage Gantois
224 Rue de Paris

Tel. 03 20 85 30 30
www.hotelhermitagegantois.com
Ein Hospiz aus dem 14. Jh., mit Glas
und Starck-Mobiliar modern erweitert: Luxus und Komfort in wunderbarem Rahmen. Mit Restaurant in der
Kapelle und »Estaminet« (Brasserie).

▶ Komfortabel
② Hôtel de la Paix
46 bis, Rue de Paris
Tel. 03 20 54 63 93
www.hotel-la-paix.com
Charmantes Hotel im Zentrum. Mit
einer Treppe aus dem 19. Jh. und
vielen Bildern, hübsche Zimmer mit
allem Komfort; Nr. 12 ist mit Terrasse
und Garten ausgestattet.

③ Fantasia
Wambrechies, 4 Quai de l'Ecluse
Tel. 03 20 06 22 67
www.peniche-fantasia.fr
Der elegante Ort am Canal de la
Deûle 7 km nördlich von Lille ist
einen Ausflug wert, und diese 30 m
lange Péniche (Lastkahn) von 1950
ein besonderer Platz zum Nächtigen.

▶ Günstig
④ Moulin d'Or
15 Rue Molinel
Tel. 03 20 06 12 67
Gute preiswerte Hotels sind in Lille
dünn gesät, aber dieses ist empfehlenswert: 5 Minuten von der Grand'
Place entfernt, nette, akkurate Zimmer und sehr freundlicher Service.

Sehenswertes in Lille

Vieux Lille Die schöne barocke Altstadt ist vom Kontrast zwischen Backstein
und plastisch gestaltetem Werkstein geprägt. Ihr Mittelpunkt ist die
Place du Général-de-Gaulle (Grand'Place); eine Säule mit der »Göt-
tin« (La Déesse) erinnert hier an die Belagerung durch die Österreicher im Revolutionskrieg 1792, in der sich die Stadt mit Erfolg ver-

teidigte. Die herrliche Alte Börse (1652) besteht aus 24 zweistöckigen Mansardenhäusern in flämischem Barock; ihr **Innenhof** (nachmittags offen) ist ein beliebter Treffpunkt, u. a. zum Schachspielen, Bücherstöbern und zum Tangotanzen (am Sonntagabend). Südlich liegt an der Place de Gaulle die Grand'Garde (1717), westlich der »Furet du Nord«, eine der größten Buchhandlungen der Welt.

◄ Vieille Bourse

Am **Theaterplatz** liegen Oper (1914) und die Chambre de Commerce mit 76 m hohem Turm, errichtet bis 1932 im Stil der flämischen Renaissance. Die Reihe der Häuser gegenüber der Neuen Börse (»Rang de Beauregard«) ist typisch für die Liller Architektur des 17. Jahrhunderts.

Südwestlich der Place de Gaulle schließt die **Place Rihour** an. Ein riesiges Kriegerdenkmal ragt vor dem 1454–1473 erbauten **Palais Rihour** auf, der Residenz der Herzöge von Burgund. Im »Saal der Wache« ist das Tourismusbüro untergebracht, im ersten Stock die »Salle du Conclave«, die herzogliche Kapelle (beide tägl. geöffnet).

Im Hof der Alten Börse wird gerne Schach gespielt.

Links der Neuen Börse beginnt die Rue de la Grande-Chaussée, die in die Rue des Chats-Bossus (»Straße der buckligen Katzen«) mündet. Hier ist die **»Huitrière«** ansässig, ein prachtvolles (teures) Artdéco-Restaurant (1928), das sich auf Meeresgetier spezialisiert hat. Über die Place du Lion d'Or geht es weiter in die Rue de la Monnaie mit dem Hospice Comtesse, das auf ein 1237 gegründetes Spital zurückgeht; die Gebäude aus dem 15.–18. Jh. beherbergen das sehenswerte **Stadtmuseum** (Mo. 14.00–18.00, Mi.–So. 10.00 bis 12.30, 14.00–18.00 Uhr). Mit dem Bau der gewaltigen neogotischen **Notre-Dame de la Treille**, die den in der Französischen Revolution zerstörten Bau des 14. Jh.s ersetzen sollte, begann man 1854; 1913 wurde sie zur Kathedrale erhoben und erst 1999 erhielt sie ihre Fassade. Die Statue der »Treille«-Madonna wird seit dem 12. Jh. verehrt.

Rue des Chats-Bossus

◄ Hospice Comtesse

Das Kunstmuseum – im Süden der Stadt in einem zu diesem Zweck errichteten prunkvollen Palast (1892) – gilt als bedeutendstes in Frankreich nach dem Louvre (Mo. 14.00–18.00, Mi.–So. 10.00 bis

Musée des Beaux-Arts

🕐 18.00 Uhr). Die **Gemäldesammlung** umfasst Werke u. a. von Rubens, Van Dyck, Goya, Delacroix, Courbet, Monet, Renoir und Toulouse-Lautrec. Im Erdgeschoss sind französische Plastik (von Houdon, David d'Angers bis zu Rodin und Bourdelle) sowie europäische und ostasiatische Keramik zu sehen, im Untergeschoss Exponate aus dem Mittelalter und der Renaissance. Bemerkenswert sind hier die **Modelle nordfranzösisch-flandrischer Städte**, die die »Pré Carré« bildeten, eine doppelte Verteidigungslinie zwischen Meer und Lothringen.

Rathaus Östlich der Porte de Paris, einem 1682–1695 zu Ehren Ludwigs XIV. errichteten Triumphmal, steht das Rathaus (1924–1932), von seinem 104 m hohen Turm schöner Blick über die Stadt (Besteigung 🕐 April–Okt. Fr./Sa. 10.00/11.00 Uhr außer 27. Aug.–11. Sept.).

Maison De Gaulle Das Geburtshaus von Charles de Gaulle nördlich des Zentrums (Rue 🕐 Princesse 9) wurde zum Museum umgestaltet (Mo./Di. geschl.).

✳ **Zitadelle** Westlich des Zentrums, jenseits des Deûle-Kanals, liegt die 1667 bis 1670 im Auftrag Ludwigs XIV. von Vauban angelegte Zitadelle, die bis zum Ersten Weltkrieg eine der bedeutendsten Frankreichs war und noch heute dem Militär dient. Führungen veranstaltet das Tou-🕐 rismusbüro (Mai–Aug. Do., Fr., So. 15.00/16.00 Uhr, Anmeldung mindestens 2 Tage vorher, Personalausweis nötig). Zum Spazierengehen und Joggen beliebt sind die Parks ringsum.

✳ **Wazemmes** In der schönen **Markthalle** im »multiethnischen« Stadtteil Wazemmes sind alle Köstlichkeiten des Nordens zu finden (Di., Do., So. 🕐 7.00–14.00 Uhr; Markthalle Mo. geschl.). Am Sonntagvormittag feilscht man rund um die Kirche St-Pierre-St-Paul um Trödel.

Euralille An die barocke Altstadt stößt östlich das ausgehende 20. Jh. an, das Viertel Euralille um den Bahnhof Lille-Europe. Geplant hat diese »Ausstellung zeitgenössischer Architektur« Rem Koolhaas, der auch das Konzert- und Kongresshaus Lille Grand Palais entwarf. Beiträge leisteten außerdem C. Vasconi (Tour Lilleurope WTC), C. de Portzamparc (die L-förmige Tour du Crédit Lyonnais) und Jean Nouvel (Centre Euralille, ein »Büro-Hotel-Einkauf-Wohn-Komplex«), Letzteres ist ein frequentiertes Shoppingzentrum.

✔ NICHT VERSÄUMEN

■ Bei den Vorbereitungen zur »Europäischen Kulturhauptstadt« entstanden zwei »Maisons Folie«: Im Viertel Wazemmes bekam eine Textilfabrik, im südöstlichen Viertel Moulins eine Brauerei neue Aufgaben. Fast täglich kann man hier Konzerte, Kino, Ausstellungen u. a. m. erleben (www.mairie-lille.fr).

✳✳ **LaM** In **Villeneuve d'Ascq** 8 km östlich zeigt das weltbekannte Lille Métropole Musée d'Art Moderne, d'Art Contemporain et d'Art Brut (LaM) – nach Umgestaltung und Erweiterung – über 200 Werke aus der ersten Hälfte des 20. Jh.s, u. a. Braque, Kandinsky, Klee, Laurens,

Léger, Mirò, Modigliani, Picasso, Rouault, Van Dongen; die Art Brut (naive Kunst) wird im neuen Teil präsentiert (Metro 1 nach Ville-neuve-Pont de Bois, dann Bus 41 bis Parc Urbain/Musée; Di. – So. 10.00 – 18.00 Uhr; www.musee-lam.fr). ⊙

Zusammengewachsen ist Lille mit seinen Nachbarstädten Roubaix (10 km) und Tourcoing (ca. 12 km). In **Roubaix** ist die »Piscine« interessant, ein Art-déco-Schwimmbad, das zu einem Tempel für Kunst, Mode und Keramik umfunktioniert wurde (mit Caférestaurant von Meert), und die Manufacture de Flandres, eine alte Textilfabrik, in der der Weg von der Faser zum Möbelstoff zu erleben ist (beide Mo. geschl.). Ein Riesenspektakel ist Mitte April die Zielankunft von Paris – Roubaix, einem der berühmtesten Radrennen überhaupt (der Start ist nicht in Paris, sondern in Compiègne). In **Tourcoing** hat der Architekt Bernard Tschumi den Arbeiter-Kulturpalast Le Fresnoy von 1905 zum architektonisch kühnen »Studio National des Arts Contemporains« (Akademie für Kunst und Medientechnik) umgestaltet (Veranstaltungsprogramm: www.lefresnoy.net). Alljährlich im Okt. versammeln sich hochkarätige Musiker aus aller Welt zum einwöchigen Jazzfestival (www.tourcoing-jazz-festival.com).

Umgebung von Lille

⊙

✷ ✷ Loire-Tal · Vallée de la Loire

`F – L 5/6`

Die Loire, genauer gesagt ihr mittlerer Abschnitt, ist eines der ganz großen Reiseziele in Frankreich. Könige und Adelsgeschlechter haben sich hier großartige Burgen und Schlösser erbauen lassen, die mit der sanften, anmutigen Landschaft wunderbar harmonieren – in der Tat der »Garten Frankreichs«, wie es Rabelais ausdrückte.

Die Loire, der längste Strom Frankreichs, fließt nicht nur mitten durch das Land, sie ist auch geschichtlich und von ihrem Charakter her seine Hauptschlagader; hier, so sagt man, sei Frankreich am französischsten. Außer der reizvollen Landschaft waren es sicher das milde Klima, die Schiffbarkeit der Loire und die Nähe zu Paris, die den Blut- und den Geldadel veranlassten, sich im schönsten Abschnitt des Tals standesgemäß niederzulassen – man zählt hier **über 600 Burgen und Schlösser**; der Teil zwischen Sully und Chalonnes gehört zum UNESCO-Welterbe. Allerdings heißt dies, dass man sich zur Hauptreisezeit die Schönheiten mit sehr vielen Touristen teilen muss.

Der »Fluss der Könige«

»In ihrem von so vollendeter Zivilisation erfüllten Tal ist die Loire geheimnisvoll zum Urzustand zurückgekehrt«, schrieb der Dichter Jules Romains Mitte des 20. Jh.s. Tatsächlich ist die Loire bis heute – bis auf die Eindeichungen da und dort – kaum reguliert und über weite Strecken ein Fluss von ursprünglicher Schönheit. Nur an ihrem Oberlauf wurden größere Staustufen angelegt. Deiche begann man in

Ursprüngliche Schönheit

Die Loire, Frankreichs längster Fluss, bei Gien

hochwassergefährdeten Bereichen jedoch schon im 12. Jh. zu bauen. Ende der 1980er-, Anfang der 1990er-Jahre gab es Pläne, die Loire in ein Korsett mit zahlreichen Staustufen zu zwängen, was am Widerstand der Umweltschützer scheiterte.

Flusslauf Die 1020 km lange Loire entspringt in den Cevennen am Gerbier de Jonc (1408 m), nur 150 km vom Mittelmeer entfernt. Dann durchschneidet der Fluss in nördlicher Richtung das Mittelgebirge des Velay, ehe er, vorbei an Le Puy, das Becken von St-Etienne und Roanne erreicht. Bis kurz vor Briare bildet er weitgehend die Grenze zwischen Burgund und Auvergne. Bei Nevers – hier beginnt die folgende Beschreibung der Sehenswürdigkeiten – nimmt er den Allier auf und strebt dann als breiter Strom zwischen dem Bourbonnais und dem Nivernais in weitem Bogen seinem nördlichsten Punkt bei ►Orléans zu. In weiten Auen strömt er nun westlich durch die Aufschüttungsebene der Varennes und schließlich durch das Armorikanische Massiv zum Atlantik; die Mündung, ein ca. 50 km langer Trichter, liegt bereits im Süden der Bretagne. Im engeren Sinn gilt als **»Loire-Tal der Schlösser«** der Abschnitt zwischen Giens und Ancenis bei Nantes. Ein Gutteil der Schlösser und Orte liegt allerdings nicht an der Loire, sondern an ihren Nebenflüssen. Die wichtigsten sind von Süden Allier, Cher, Indre und Vienne, von Norden Loir, Sarthe und Mayenne, die sich vor Angers zur Maine vereinen.

Nebenflüsse ►

► LOIRE-TAL ERLEBEN

AUSKUNFT

CRT Centre – Val de Loire
37 Avenue de Paris, 45000 Orleans
Tel. 02 38 79 95 00 www.visaloire.com

CRT Pays de la Loire
BP 20411, 44204 Nantes Cedex 2
Tel. 02 40 48 24 20
www.paysdelaloire.de

Die Tourismusbüros der Départements an der Loire – von Nevers bis zur Mündung: Nièvre, Cher, Loiret, Loir-et-Cher, Indre, Indre-et-Loire (Tourraine Val de Loire), Maine-et-Loire (Anjou) und Loire-Atlantique – sind unter www.fncdt.net (»Annuaire des CDT«) verzeichnet.

FESTE & EVENTS

Ende Mai, Sancerre: Weinmesse. Ende Mai, Sully: Musikfestival. 1. Juni-Wochenende, Le Lude: Fête des Jardiniers. Juni–Okt., Chaumont: Festival des Jardins. Anf. Juli, Villandry: Nuits de Mille Feux. Um 20. Juli, Saumur: Le Carrousel. 1. Aug.-Sa., Chinon: Marché Médiéval.

ESSEN

► Erschwinglich/Fein & teuer

La Chancelière
Montbazon, 1 Place des Marronniers
Tel. 02 47 26 00 67
Das Beste aus Frankreichs Küche, fantasievoll bis exotisch variiert, in hübschem, geschmackvoll modern gestaltetem Haus. So./Mo. geschl.

L'Ardoise
Chinon, 42 Rue Rabelais
Tel. 02 47 58 48 78, Mo. geschl.
Raffinierte, ungewöhnlich präsentierte Gerichte, serviert in gemütlichem Rahmen, freundlicher Service. Die interessante Spezialität des Hauses

sind »Geschmackserkundungen« in Form von Trilogien.

Les Ménestrels
Saumur, 11 Rue Raspail
Tel. 02 41 67 71 10, So. geschl.
Eines der besten Restaurants in Saumur, zwischen Schloss und Loire. Tuffstein und Holzbalken geben den Speiseräumen Flair. Schöne Terrasse. Sehr preiswertes Mittagsmenü.

► Erschwinglich

① *Côté Loire*
Nevers, Quai de Médine
Tel. 03 86 93 93 86
Restaurant im angenehmen Hotel Pont de Loire am Flussufer, regionale Küche. Von Terrasse und Speisesaal herrlicher Blick auf die Loire.

La Pomme d'Or
Sancerre, Rue de la Panneterie
Tel. 02 48 54 13 30, Di./Mi. geschl.
Kleines, preiswürdiges Restaurant beim Rathaus, ausgezeichnete Küche und hervorragende Weinkarte.

Grand St-Benoît
St-Benoît-sur-Loire, 7 Place St-André
Tel. 02 38 35 11 92
www.hoteldulabrador.fr
Gediegenes Restaurant in Ortsmitte (Fußgängerzone), traditionelle Küche und schöne Terrasse (So.abend, Mo. geschl.). Das Hotel bietet schlicht-moderne Zimmer.

Le Grand Chancelier
Cour-Cheverny, 2 Rue du Chêne-des-Dames, Tel. 02 54 79 22 57, Juli–Sept. Di.-/Mi.abend geschl., sonst auch Do. Traditionelle Küche der Saison, in einer Herberge des 16. Jh.s wenige Schritte vom Schloss. Im Sommer wird auf der Terrasse serviert.

L'Etape Gourmande
Villandry, Domaine de la Giraudière
Tel. 02 47 50 08 60
Mitte Nov. – Mitte März geschl.
Restaurant in edlem Bauernhof 1 km
südlich von Villandry, ambitionierte
Regionalküche. Ferienwohnungen.

▶ **Preiswert/Erschwinglich**
Le Relais du Château
Beaugency, 8 Rue du Pont
Tel. 02 38 44 55 10, Mi. geschl.
Kleines Restaurant nahe dem Donjon
mit guter traditioneller Küche.

La Gourmandine
Azay-le-Rideau, 2 Route de Villandry
Tel. 02 47 45 68 00, abends geöffnet
www.hoteldeschateaux.com
Gepflegtes Restaurant 3 km nördlich
des Orts im ebenfalls empfehlenswerten, preiswürdigen Hôtel des
Châteaux. Leckere Gerichte der Region. Mit schattiger Gartenterrasse.

ÜBERNACHTEN
▶ **Luxus**
Domaine de Beauvois
Luynes, Tel. 02 47 55 50 11
www.grandesetapes.fr
Idyllisches, ins 16. Jh. zurückgehendes
Schloss 4 km nordwestlich von Luy-
nes mit stilvollen Gästezimmern.
Eleganter Speisesaal mit prachtvollem
Kamin, feine regionale Spezialitäten
(u. a. »Mijotés du Domaine«).

Le Prieure
Chênehutte-les-Touffeaux
Tel. 02 41 67 90 14
www.grandesetapes.fr
Nobles Gemäuer aus dem 12./16. Jh. 8
km westlich von Saumur, herrlich
über der Loire gelegen. Elegante,
wenn auch überdekorierte Gästezimmer und Suiten, teils mit Kamin. Im
Restaurant speist man mit unvergess-
lichem Blick auf den Fluss.

▶ **Komfortabel**
La Roseraie
Chenonceaux, 7 Rue du Dr Breton-
neau, Tel. 02 47 23 90 09
www.hotel-chenonceau.com
Charmantes Hotel im Zentrum mit
großen, rustikal eingerichteten Zimmern. Hübscher Park, beheizter Pool.
Das Restaurant bietet eine ausgezeichnete traditionelle Küche. Im
Sommer Frühstück auf der Terrasse.

▶ **Günstig/Komfortabel**
① *Clos Sainte-Marie*
Nevers, 25 Rue Petit Mouësse
Tel. 03 86 71 94 50, Fax 03 86 71 94 69
www.clos-sainte-marie.fr
Charmantes, freundliches Haus,
17 Zimmer mit alten Möbeln. Das
Hotelrestaurant ist empfehlenswert,
auch das benachbarte Le Morvan.

Hôtel Rivage
Gien, 1 Quai de Nice
Tel. 02 38 37 79 00, Fax 02 38 38 10 21
Das beste Hotel in Gien, mit Terrasse
an der Loire. Von einigen der schicken Zimmer herrlicher Blick über
den Fluss. Hervorragende modern-
klassische Küche, hübscher Speisesaal.

Hostellerie du Grand Sully
Sully-sur-Loire, 10 Blvd. Champ-de-
Foire, Tel. 02 38 36 27 56
www.grandsully.com
Sehr gediegenenes, fast nobles Haus
am Boulevard, der um die Altstadt
führt. Elegantes Restaurant mit ein-
fallsreicher Küche. Sehr gutes Preis-
Leistungs-Verhältnis.

L'Hostellerie du Château
Chaumont-sur-Loire
2 Rue Maréchal de Lattre de Tassigny
Tel. 02 54 20 98 04
www.hostellerie-du-chateau.com
Am Loire-Ufer schräg gegenüber dem
Schlosseingang. 15 hübsche Zimmer,

Terrasse und Swimmingpool. Restaurant mit guter traditioneller Küche.

Hôtel Diderot

Chinon-St-Mexme, 4 Rue de Buffon
Tel. 02 47 93 18 87
www.hoteldiderot.com
Bis ins 15. Jh. geht das edel-rustikal eingerichtete Haus außerhalb des Zentrums zurück. Ein kleines Refugium ist die Gartenterrasse.

Le Manoir de la Giraudière

Beaumont-en-Véron
Route de Savigny, Tel. 02 47 58 40 36
www.giraudiere.com
Hübsches Herrenhaus aus dem 17. Jh. 5 km nordwestlich von Chinon, in Wald und Wiesen gelegen, mit Pool. Man spricht Deutsch.

George Sand

Loches, 39 Rue Quintefol
www.hotelrestaurant-georgesand.com, Tel. 02 47 59 39 74
Zauberhafte alte Poststation aus dem 15. Jh. am Ufer des Indre, heimelige, nett renovierte Zimmer. Restaurant mit ambitionierter traditioneller Küche. Hübsche Terrasse am Fluss.

► Günstig

Hôtel St-Hubert

Cour-Cheverny
Tel. 02 54 79 96 60
www.hotel-sthubert.com
Gutbürgerliches, angenehmes Haus mit hübschen, großzügigen Zimmern. Gutes Restaurant, in der Jagdsaison wird auch Wild serviert. Mit abgeschlossenem Parkplatz.

Im Schwemmland der Loire und ihrer Nebenflüsse gedeihen aufgrund des fruchtbaren Lössbodens und des milden Klimas – atlantische Einflüsse von Westen, ausgleichende Wirkung des Flusses – Obst und Gemüse hervorragend. Getreide wird um Orléans angebaut, in den ehemaligen Steinbrüchen zwischen Saumur und Tours werden Pilze gezüchtet, riesige Gärtnereien ziehen Blumen. Nicht zuletzt kommt von der Loire eine Reihe ausgezeichneter Weine; einige wichtige Namen: Sancerre und Pouilly-Fumé von der oberen Loire, Vouvray, Chinon, Bourgueil, Savennières und Muscadet de Sèvre-et-Maine. Die Städte sind bedeutende Industriestandorte, vier Kernkraftwerke erzeugen die nötige Energie: Avoine bei Chinon (1963, erstes kommerzielles KKW Frankreichs), St-Laurent-des-Eaux nahe Chambord, Dampierre bei Gien und Belleville nahe Cosne-sur Loire. (Sie erfreuen sich übrigens bei den Franzosen großer Beliebtheit und ziehen jährlich viele Tausend Besucher an.) Vorherrschend sind Maschinen- und Fahrzeugbau, Elektronik und andere Hightech-Sparten, Pharmazie und Kosmetik, Textilindustrie, Glas und Keramik sowie Nahrungsmittelindustrie. Die jahrhundertelang bedeutende Schifffahrt auf der Loire fand ihr Ende durch den Bau der Eisenbahn, nur noch der unterste Teil des Flusses, ab Nantes, wird von Handelsschiffen genutzt. Schon im frühen 17. Jh., v. a. aber zwischen 1780 und 1840 legte man Kanäle an: Canal de Roanne à Dijon, Canal latéral à la Loire und diverse Seitenkanäle, die diese mit anderen Wasserstraßen verbinden; heute sind sie überaus attraktive und beliebte Reviere für den Bootstourismus.

Wirtschaft

◄ Loire-Weine

◄ Kernkraftwerke

◄ Schifffahrt

**Burgen,
Schlösser,
Städte**

Auf die wehrhaften mittelalterlichen Burgen des 11. bis 14. Jh.s wie in Sully, Langeais, Loches, Chinon und ▶ Angers folgten prunkvolle Renaissance-Schlösser, am schönsten sind die von Chambord, ▶ Blois, Chenonceau und ▶ Amboise; auch Barock und Klassizismus haben Zeugen hinterlassen. So lässt sich an der Loire die Entwicklung der Baukunst über sieben Jahrhunderte studieren. Dazu kommen prächtige Gärten und Parks, die manchmal, wie in Villandry, den Hauptreiz der Schlossanlage bilden. Die größeren Städte werden unter eigenen Stichwörtern beschrieben: ▶ Orléans, ▶ Blois, ▶ Tours, ▶ Angers sowie ▶ Nantes, die historische Hauptstadt der Bretagne.

**Ein wenig
Geschichte**

Von 58 bis 51 v. Chr. eroberte **Caesar** das keltische Gallien, womit auch das Land an der Loire für 500 Jahre römisch wurde. Ende des 5. Jh.s wurde Gallien von den Franken besetzt, später drangen Hunnen, Sarazenen und Normannen zur Loire vor. 732 besiegte **Karl Martell** bei Tours und Poitiers die islamischen Mauren. Unter dem Gelehrten Alkuin wurde das St-Martin-Kloster in Tours zu Anfang des 9. Jh.s ein bedeutendes kulturelles Zentrum des Karolingerreichs. Angesichts der Schwäche der späteren Karolinger machten sich regionale Adlige – um Blois, Tours und Angers – zu Souveränen. Als die Herzöge des Anjou, die **Plantagenêts**, mit Heinrich II. 1154 den englischen Thron übernahmen, herrschten sie über ein Gebiet, das von Schottland bis zu den Pyrenäen reichte. Ab 1216 setzten sich die französischen Könige wieder durch, dann stießen die Engländer im Hundertjährigen Krieg immer weiter vor, bis am 9. März 1429 **Jeanne d'Arc** im Loire-Schloss Chinon, wo Karl VII. seit 1427 residierte, den Oberbefehl erhielt und am 7./8. Mai Orléans befreite. In der Folge hielten sich die französischen Könige gerne hier auf, gut 150 Jahre dauerte diese glanzvolle Epoche. Ludwig XI. ließ das kleine Plessis-lès-Tours und das stattliche Langeais erbauen, unter Karl VIII. entstand Schloss Amboise, Ludwig XII. errichtete einen Flügel des Schlosses von Blois, Franz I. einen weiteren und Chambord dazu: Die **Renaissance** entfaltete an der Loire ihre ganze Pracht. Unter Franz I. wuchsen die Spannungen zwischen Katholiken und Hugenotten; die Niederschlagung der Verschwörung von Amboise gegen Franz II. 1560 war der Auftakt zu den **Religionskriegen**. Zwei Jahre später erlebte Tours grausame Ausschreitungen gegen Protestanten. Höhepunkt war die Bartholomäusnacht 1572, in der auf Befehl Katharinas von Medici etwa 3000 Hugenotten in Paris und 10 000 in der Provinz ermordet wurden. Der letzte König, der an der Loire residierte, war Heinrich III. († 1589). Im Deutsch-Französischen Krieg stießen deutsche Truppen 1870 bis Orléans vor, im Ersten Weltkrieg richteten die Amerikaner 1917 in Tours ihr Hauptquartier ein. Viele Städte an der Loire wurden im Sommer 1940 durch deutsche Bomben und 1943/1944 durch alliierten Beschuss schwer beschädigt. Da die Demarkationslinie zwischen dem besetzten Teil und dem »freien« Vichy-Frankreich dem Fluss Cher folgte, diente das Schloss Chenonceau vielen als Fluchtweg.

Highlights Loire

Pouilly und Sancerre
Zwei der schönsten Weine des Landes
entstehen am Oberlauf der Loire.
► Seite 365

Sully
Mittelalterliche Handwerkskunst und
Prunk der Renaissance
► Seite 367

St-Benoît-sur-Loire
Grabstätte des hl. Benedikt und eine
wunderschöne romanische Kirche
► Seite 368

Chambord
Franz I. ließ sich diesen riesigen, verrück-
ten Renaissance-Palast erbauen.
► Seite 370

Chenonceau
Das »Schloss der Damen«, das über
den Cher gebaut ist
► Seite 376

Azay-le-Rideau
Für Balzac war das charmante Schloss ein
»Diamant im Indre«.
► Seite 379

Fontevraud-l'Abbaye
Einst mächtige Abtei und Grabstätte
des Königshauses
► Seite 383

Saumur
Mittelalterliche Stadt mit Schloss, Pferden
und exzellentem Schaumwein.
► Seite 384

Reiseziele im Loire-Tal

Die Beschreibung der Reiseziele ist flussabwärts geordnet, vom burgundischen Nevers bis Saumur im Anjou. Die sehenswerten Orte abseits der Loire sind jeweils gemäß ihrer Lage daran angeschlossen.

Nevers (38 000 Einw.) an der oberen Loire, die alte Hauptstadt des **Nevers**
Nivernais, ist berühmt für die Fayencen, die hier seit etwa 1575 hergestellt werden. Im 17./18. Jahr-
hundert durfte Nevers sich »Frankreichs Keramikhauptstadt« nennen.
Heute arbeiten noch fünf Werkstätten (Besichtigung), eine schöne
Sammlung besitzt das Musée F.
Blandin (zur Zeit geschl.). Von der
Loire-Brücke (18./19. Jh.) aus gesehen dominiert die eigenartige
Kathedrale **St-Cyr-et-Ste-Julitte**
das Stadtbild. Sie zeigt alle Stile der
Bauzeit vom 11. (erste Weihe
1038) bis zum 16. Jh.; aus dem
6. Jh. sind Reste eines Baptisteriums erhalten. Bemerkenswert ist
das Vorhandensein von Ost- und
Westchor wie in der rheinischen

Baedeker TIPP

Süßes aus Nevers

Nevers hat exquisites Naschwerk zu bieten. »Le
Négus« wurde 1902 zur Feier des Besuchs des
äthiopischen Staatsoberhaupts kreiert: ein Bon-
bon aus weichem Karamell in einem Zucker-
mantel (Confiserie Au Négus, 96 Rue François
Mitterrand). »La Nougatine« ist ein knuspriges
Herz mit süßem Mandelgeschmack. Diese
Süßigkeit wurde vor über 100 Jahren erfunden
und erinnert an Kaiserin Eugénie, die 1862
Nevers besuchte (Pâtisserie Chocolaterie Edé,
75 Rue François Mitterrand).

Nevers Orientierung

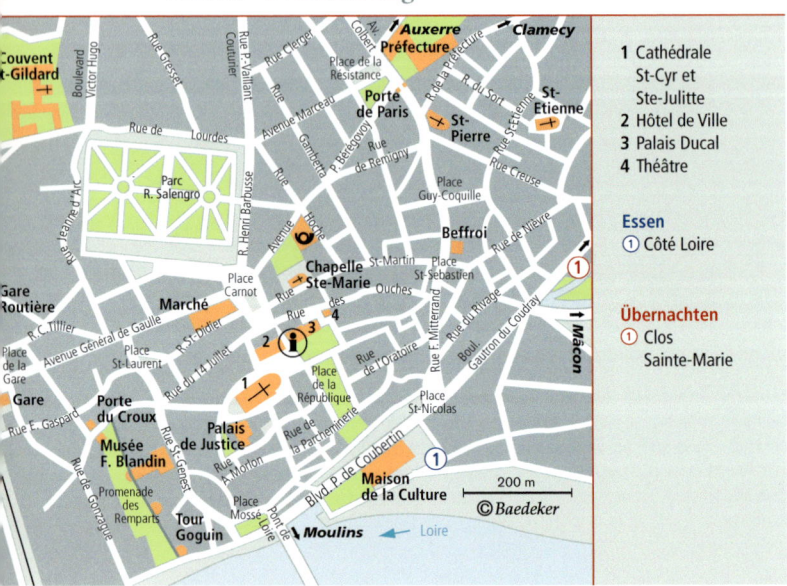

1 Cathédrale
  St-Cyr et
  Ste-Julitte
2 Hôtel de Ville
3 Palais Ducal
4 Théâtre

Essen
① Côté Loire

Übernachten
① Clos
  Sainte-Marie

Romanik. Der romanische Westchor (um 1030) enthält Fresken des 12. Jh.s, die darunterliegende Krypta eine farbig gefasste Grablegung von Anfang des 16. Jahrhunderts. Interessant ist der Meridian im südlichen Querhaus, eine in den Boden gravierte Doppelschleife, auf die mittags dein Sonnenstrahl fällt. Der 52 m hohe Glockenturm (14.–16. Jh.) kann bestiegen werden. In der **Porte du Croux** (1394), einem mächtigen Tor der Stadtbefestigung, ist das Musée Archéologique du Nivernais untergebracht (zugänglich nach Anmeldung).

◄ Palais Ducal ►
Der elegante Herzogspalast neben der Kathedrale ist ein schönes Beispiel weltlicher Renaissance-Architektur (1460). Die Südfront wird vom zentralen Treppenturm beherrscht; die Reliefs zwischen seinen Fenstern zeigen die Ursprünge des Hauses Kleve (Lohengrin-Motiv) und die Legende des hl. Hubertus.

◄ St-Etienne ►
Im Nordosten der Altstadt steht die bedeutende frühromanische Kirche St-Etienne (1063–1097; Westtürme in der Revolution zerstört), die Züge der auvergnatischen Romanik zeigt. Ungewöhnlich sind der dreigeschossige Aufbau des Langhauses und die Helligkeit, die die schmucklose Architektur zur Geltung bringt. Ziel Tausender Gläubiger ist der **Couvent St-Gildard**, das Kloster der Sœurs de la Charité, mit dem gläsernen Sarkophag der **hl. Bernadette** (Maria Bernarda Soubirous). Die 1933 heiliggesprochene Bernadette hatte in Lourdes, das in der Folge zum weltberühmten Wallfahrtsort avancierte, ihre Marienerscheinungen. 1866 trat sie in dieses Kloster ein, wo sie 1879 starb (Museum).

Bis 2008 kämpften bei Magny-Cours 13 km südlich von Nevers die Stars der Formel 1 beim Grand Prix de France um den Lorbeer, jetzt finden, wie auch schon bisher, diverse Auto-, Motorrad- und Truck-rennen statt. Info und Karten: www.magnyf1.com. An Renntagen geöffnet ist das **Musée Ligier F 1**, das eine fast vollständige Sammlung von F 1-Boliden des Rennstalls Ligier zeigt.

Magny-Cours

Das hübsche Städtchen (5400 Einw.) 24 km nördlich von Nevers besaß im Mittelalter ein Cluniazenser-Priorat, das durch seine Lage am Jakobsweg zwischen Vézélay (►S. 239) und ►Bourges eine bedeutende Rolle spielte (»charité« = »Barmherzigkeit«; als Teil des Jakobswegs gehört La Charité zum UNESCO-Welterbe). Von der Brücke (1520) blickt man auf die beeindruckenden Reste der Stiftskirche **Ste-Croix-Notre-Dame**, nach dem Vorbild Cluny ab 1059 erbaut und 1107 geweiht (bis 1135 erweitert, 1559 großenteils zerstört). 122 m lang und 37 m breit, war sie nach Cluny die größte romanische Kirche Frankreichs; erhalten sind noch der Nordturm der Doppelturm-fassade sowie der Chor und ein Teil des Langhauses mit Vierungs-turm. Bemerkenswert ist der Skulpturenschmuck im Chor. Das Musée Municipal im **Hôtel Adam** (18. Jh.) zeigt Grabungsfunde aus Ste-Croix und Schönes aus Jugendstil und Art déco (Gallé, Lalique u. a.). Mit seinen ca. 15 Antiquariaten in der Altstadt firmiert La Charité als »Ville du Livre«. Ein Gang auf den Befestigungsanlagen (»Prome-nade des remparts«) vermittelt schöne Blicke auf das Städtchen.

✱
**La Charité-
sur-Loire**

►dort

Bourges

Pouilly-sur-Loire 12 km nördlich von La Charité und das 16 km nordwestlich jenseits der Loire gelegene Sancerre (s. u.) sind berühmte **Weinorte**. Aus der Sauvignon-Traube entstehen hier auf Kalkböden elegante Weine mit rassigem, z. T. typisch feuersteinarti-gem Bukett (AOP Pouilly-Fumé, Sancerre). Der anders geartete, gefällige AOP Pouilly-sur-Loire wird aus Chasselas gemacht. Pouilly (1800 Einw.) hat gute Restaurants und die Winzergenossenschaft Caves de Pouilly-sur-Loire (www.pouillysurloire.fr). Im Pavillon du Milieu de Loire – Pouilly markiert die Mitte des Flusslaufs zwischen Quelle und Mündung – werden der Weinbau und die Natur am und im Fluss erläutert. Vom benachbarten **St-Andelain** bietet sich ein herrlicher Rundblick über Loire und Weinberge bis zum Morvan.

Pouilly-sur-Loire

Sancerre, ein altertümliches Städtchen (1700 Einw.), thront male-risch auf einem Hügel; Restaurants und Straßencafés laden zur Pause bei einem Glas Wein ein. Alles über Wein und Winzer erfährt man in der Maison des Sancerre beim Beffroi (Wehrturm, 1509) im Ort, der der neoromanischen Kirche Notre-Dame als Glockenturm dient. Vom Schlosspark mit der Tour des Fiefs (14. Jh.), Rest eines 1621 zerstörten Schlosses, hat man einen wunderbaren Ausblick. Rund um Sancerre führt ein Weinwanderweg. In Ménétréol-sous-Sancerre

Sancerre

In der Umgebung von Sancerre gedeiht hervorragender Weißwein.

(südlich) lädt das romantisch am Kanal gelegene, schlichte Restaurant »Le Floroine« zur Rast. Das Dorf **Chavignol** westlich von Sancerre ist für seinen Ziegenkäse »Crottin« bekannt; weitere Info unter www.crottindechavignol.com.

Cosne-sur-Loire Die kleine Industriestadt Cosne, 11 km nördlich von Sancerre am rechten Ufer der Loire, erlebte im 17./18. Jh. mit der Produktion von Kanonen, Ankern und Musketen einen Aufschwung. Von der romanischen Kirche St-Agnan (11. Jh.), einst Teil eines Cluniazenser-Priorats, sind nur noch Chor und Westportal erhalten. Das **Musée de la Loire** ist dem Fluss gewidmet, besitzt aber auch Kunst aus der Zeit von 1910 bis 1925, u. a. Dufy, Utrillo, Chagall u. a. (So./Di. geschl.). Am Mi. und So. besuchenswerter Markt.

Puisaye Von Cosne lohnt sich ein Abstecher in das Hügelland der Puisaye, das sich rechts der Loire bis Auxerre erstreckt. Die stille Bocage-Landschaft ist reich an Seen und Wäldern. Einige interessante Ziele: **St-Amand** (für die Puisaye typisches Steinzeug); **Schloss Ratilly** bei Treigny, eine vierflügelige Burg mit Graben (12.–17. Jh.); das fünfflügelige Schloss in **St-Fargeau**, der historischen Hauptstadt der Puisaye, ab 1652 prachtvoll umgebaut für Anne-Marie-Louise d'Orléans, die Cousine Ludwigs XIV.; sowie **Guédelon**, wo seit 1998 mit alten Mitteln eine mittelalterliche Burg neu errichtet wird (Mitte März bis Anf. Nov. tägl.; www.guedelon.fr).

Briare Berühmt ist die 664 m lange und 11 m breite Brücke über die Loire, die den Loire-Seitenkanal mit dem Canal de Briare verbindet. Auch zu Fuß und mit dem Rad kann man die schöne, 1890–1894 vom Unternehmen Gustave Eiffels erbaute Eisenkonstruktion überqueren.

Beeindruckender Kapitellschmuck in der Basilika von Saint-Benoît-sur-Loire

Die kleine Stadt (16 000 Einw.) markiert den Beginn des »eigentlichen« Loire-Tals. Gien wurde im Juni 1940 im Kampf um die Brücke großenteils zerstört, ist aber dennoch recht anziehend. Am nordwestlichen Stadtrand, nahe dem Fluss, liegt die 1821 gegründete Keramikmanufaktur, die Gien zum **bedeutendsten Zentrum der Fayencekunst** in Frankreich machte (Museum tägl. geöffnet, Laden So. geschl.; www.gien.com). Das schlichte **Schloss**, erbaut 1494 bis 1500 für Anne de Beaujeu, Tochter Ludwigs XI., beherbergt mit dem **Musée International de la Chasse** das größte derartige Museum in Frankreich; zu sehen sind hier auch Werke von François Desportes (1661 – 1743), Hofmaler Ludwigs XIV. und berühmtester französischer Tiermaler (Juli/Aug. tägl. 10.00 – 18.00, April – Juni, Sept. Mi. bis Mo. 10.00 – 18.00, Febr. – März, Okt. – Dez. Mi. – Mo. 10.00 bis 12.00, 14.00 – 17.00 Uhr; schöner Ausblick von der Terrasse).

Am Weg nach Sully passiert man das Kernkraftwerk Dampierre an der Loire (Informationszentrum, geöffnet Mo. – Fr. und 1. Sa. im Monat 14.00 – 17.30 Uhr). Sehr malerisch am Fluss liegt dann das Städtchen Sully (6000 Einw.) mit beeindruckendem **Schloss**, das von der Loire getrennt im Wasser steht (geöffnet Juli/Aug. tägl., April bis Juni, Sept. Di. – So. 10.00 – 18.00, März, Okt. – Dez. Di. – So. 10.00 bis 12.00, 14.00 – 17.00 Uhr). Bis etwa 1360 erbaut, wurde es 1602 von Maximilien de Béthune, Finanzminister Heinrichs IV., erweitert. Voltaire, mit nur 22 Jahren seiner scharfen Zunge wegen aus Paris verbannt, schrieb und inszenierte hier seine ersten Theaterstücke. Glanzpunkt ist der oberste Saal im Wohntrakt mit offenem, kielförmigem Dachstuhl, 1363 aus Eichenholz errichtet. Dass er so gut erhalten ist, liegt an der Vorbereitung der Balken vor dem Einbau: in Salzwasser gelegt, jahrelang getrocknet, dann geräuchert und mit Alaun behandelt. Ende Mai, Anfang Juni findet im Schloss und an anderen Orten ein Festival mit Klassik, Folklore und Jazz statt (www.festival-sully.com).

✶ ✶
Saint-Benoît-
sur-Loire

St-Benoît-sur-Loire (1900 Einw.) besitzt eine berühmte Abtei der Benediktiner, die ins 7. Jh. zurückgeht. Ihre Bedeutung bekam sie als Grablege des **hl. Benedikt von Nursia** († um 560), Begründer des Benediktinerordens, dessen Gebeine um 670 aus den Ruinen des Klosters Montecassino in Italien hierher gebracht wurden. Zu einem glanzvollen Zentrum von Kultur und Wissenschaft machten sie brillante Äbte wie Theodulf, ein Vertrauter Karls des Großen, und im 10./11. Jh. Odo, Abbo und Gauzlin, ein Sohn Hugo Capets. Als einziger Bau des Komplexes blieb die große **Basilika** erhalten, eine der schönsten romanischen Kirchen Frankreichs (geöffnet tägl. 6.30 – 22.00 Uhr), erbaut 1026 bis 1218. Der einzigartige Portalturm mit seinen fantastischen Kapitellen (Apokalypse, Leben Jesu, Leben Mariens) entstand um 1030 unter Abt Gauzlin. Die Basilika beeindruckt durch ihren klar gestalteten Innenraum, der den Übergang von der Romantik zur Gotik erkennen lässt; ein würdiger Rahmen für die Messe mit gregorianischem Choral (Mo. – Sa. 12.00 Uhr, So. 11.00 Uhr). Auch Konzerte werden hier veranstaltet. Für Wallfahrtskirchen charakteristisch ist der Chorumgang. Das schöne Chorgestühl datiert von 1413; der spätantike Fußboden (4./5. Jh.) im Chor kam 1531 aus Italien hierher. Im nördlichen Querhaus ist die Notre-Dame-de-Fleury aus Alabaster zu beachten; eine weitere Kostbarkeit ist der winzige **Mumma-Schrein** (2. Hälfte des 7. Jh.s), eines der selten erhaltenen Stücke merowingischer Kunst. Die **Reliquien des hl. Benedikt** ruhen in der Krypta (11. Jh.) in einem modernen Schrein.

Der ungewöhnliche Portalturm von Saint-Benoît

✶ ✶
Germigny-
des-Prés

Ca. 5 km nordwestlich steht in Germigny eine Kapelle, die Abt Theodulf bis 806 errichten ließ und die als **älteste Kirche Frankreichs** gilt. Herausragend sind die frühromanisch-byzantinischen Formen des Baus, der nach zeitgenössischen Zeugnissen die Aachener Pfalzkapelle zum Vorbild hatte, und das prachtvolle, erst 1840 entdeckte **Mosaik** in der Chorkonche (um 800, Engel mit der Bundeslade), das mit den Mosaiken in Ravenna verwandt ist. Auffällig sind auch die Hufeisenbögen spanisch-maurischer Art. Bei Konzerten, etwa beim Festival de Sully, erlebt man eine fantastische Akustik.

Châteauneuf-sur-Loire

In dem Städtchen (7800 Einw.) 5 km westlich von Germigny sind von dem »kleinen Versailles«, das sich Louis Phélypeaux de la Vrillière, Sekretär und Zeremonienmeister Ludwigs XIV., errichten ließ, einige Reste erhalten. Im Stallgebäude illustriert das Musée de la Marine de Loire Geschichte und Technik der Flussschifffahrt, außerdem sind Fayencen aus Nevers zu sehen (Mi. – Mo. April – Okt. 10.00 bis 18.00, sonst 14.00 – 18.00). Schöner Park mit Rhododendren.

Orléans

▶dort

Cléry-Saint-André

Cléry-St-André (15 km südwestlich von Orléans, 3000 Einw.) besitzt eine spätgotische Basilika in kühlem Flamboyant (2. Hälfte 15. Jh.), in der **König Ludwig XI.** (1423 – 1483) und seine Gemahlin Charlotte von Savoyen bestattet sind (Grabmal des Königs mit Marmorstatue, 1622; die Schädel der beiden sind in einer Vitrine ausgestellt). Die Madonna mit Jesuskind aus Eichenholz im Hochaltar wird seit 1280 als wundertätig verehrt und ist der Anlass für die Entwicklung des Orts zum Wallfahrtsziel. Vom Vorgängerbau (14. Jh.) ist noch der unauffällige Glockenturm an der Nordseite erhalten.

La Ferté-St-Aubin

Rund 20 km südlich von Orléans liegt La Ferté-St-Aubin mit seinem **Schloss**, einer prächtigen Anlage aus dem 17. Jh. am Ufer des Cosson, die bewohnt ist und mit allerlei Unterhaltung und Aktivitäten aufwartet (auch Gästezimmer; www.chateau-ferte-st-aubin.com). Beeindruckend ist v. a. die alte Küche. Im Park wurde ein Bahnhof der 1930er-Jahre nachgebaut, außerdem stehen hier eine mächtige Schnellzug-Dampflok von 1917 sowie Speise- und Schlafwagen.

Meung-sur-Loire

Das romantische Städtchen Meung (6000 Einw.), von Orléans 16 km loireabwärts, war lange Zeit Residenz der Bischöfe von Orléans. Ihr Château präsentiert sich als düstere Burg (12./13. Jh.) und in den Teilen aus dem 18. Jh. als repräsentatives Schloss (März – Anf. Nov. tägl., sonst Sa./So. nachmittags). Ca. 30 prachtvoll ausgestattete Räume sind zugänglich, der berühmteste Insasse der unterirdischen Verliese war 1461 der Dichter François Villon.

Beaugency

Das benachbarte Beaugency (7700 Einw.) an der Loire war wegen der noch erhaltenen schönen Brücke aus dem 14. Jh. oft umkämpft, besonders im Hundertjährigen Krieg und in den Religionskriegen. Das **Schloss** wurde ab 1439 von Graf Jean de Dunois, »Bastard von Orléans« und Mitstreiter der Jeanne d'Arc, erbaut. Darin zeigt das Musée Vannier Mobiliar und alte Mode des Orléanais. Neben dem

Schloss erhebt sich der klotzige, 36 m hohe Donjon de César, Rest einer Festung des 11. Jh.s. Die benachbarte romanische Kirche Notre-Dame (12. Jh.) gehörte zu einer Abtei; 1152 fand hier das **Konzil** statt, das die Ehe zwischen Ludwig VII. und Eleonore von Aquitanien für ungültig erklärte, sodass sie Heinrich Plantagenêt heiraten konnte – die Keimzelle des französisch-englischen Kampfs um Frankreich. Der Turm an der dreieckigen Place St-Firmin, dem schönen Zentrum der Stadt, ist der Rest einer im 15. Jh. erbauten Kirche. Nordwestlich des Schlosses erstreckt sich die stimmungsvolle **Altstadt** mit Maison des Templiers (Templerhaus), Renaissance-Rathaus (1526, mit schönen Tapisserien, die bei Führungen zugänglich sind) und Tour de l'Horloge, früher ein Torturm der Stadtmauer. Bei der Porte Tavers (12. Jh.) im Westen beginnt eine Allee, von der man einen wunderbaren Blick auf den Fluss und die Brücke hat.

★
◄ Hôtel de Ville ►

7 km flussabwärts steht auf einer künstlichen Insel das Kernkraftwerk von St-Laurent (Informationszentrum, Aussichtsturm).

Talcy

Ein Ausflug in die fruchtbare Ebene der Beauce führt nach Talcy ca. 15 km westlich von Beaugency. Mit seiner weitgehend erhaltenen Einrichtung macht sein Schloss den Eindruck, als wäre es eben von seinen Bewohnern verlassen worden (geöffnet: Mai – Anf. Sept. 9.30 bis 12.30, 14.00 – 18.00, Juli./Aug. durchgehend; Anf. Sept. – April 10.00 – 12.30, 14.00 – 17.00; Okt. – März Di. geschl.). Der Florentiner Bernardo Salviati, ein Finanzmann im Dienst Franz' I., erwarb 1517 die Burg aus dem 13. Jh. und baute sie zum Schloss um. Im Haupthaus sind die Küche und Räume mit gotischen Wandbehängen und Mobiliar des 17./18. Jh.s sehenswert; im Hof beeindruckt das riesige zylinderförmige Taubenhaus (16. Jh.).

🕐

Saint-Dyé-sur-Loire

Seine große Zeit hatte das Städtchen an der Loire 14 km nordöstlich von ►Blois, als hier das Baumaterial für das Schloss Chambord umgeschlagen wurde. Es geht auf einen Eremiten Deodatus (Dié, Dyé) zurück, der im 6. Jh. lebte, heute bezaubert es durch seine altertümliche Atmosphäre. Sehenswert sind die Kirche (9. Jh./Ende 15. Jh.) mit dem Sarkophag des hl. Dyé. Im Hôtel Fontenau (17. Jh.) logiert das Maison de la Loire mit Tourismusbüro und Ausstellungen.

★ ★
Chambord

► 3D S. 372 ►

Chambord, das berühmteste, größte und **großartigste Loire-Schloss**, steht 5 km südlich von St-Dyé-sur-Loire am Cosson, einem Nebenfluss der Loire, in einem großen, parkartigen Wald. Es besitzt nicht weniger als 426 Räume, 365 Kamine und Türmchen sowie 77 Treppen, die unvollendet gebliebene Anlage ist 156 × 117 m groß. Und dieser Renaissance-Prachtbau diente nur als Jagdschloss und Rahmen für glanzvolle Empfänge! Franz I. – seine Embleme, das »F« und der Salamander, sind häufig zu sehen – begann den Bau im Jahr 1519; den fertigen Bau sah er, der in den drei Jahrzehnten seiner Herrschaft nur 72 Tage hier verbrachte, nie. Leonardo da Vinci, der 1516 – 1519 in Amboise lebte, dürfte Pläne beigesteuert haben, insbe-

sondere für das **doppelläufige Treppenhaus**. Bis zu 1800 Arbeiter waren gleichzeitig beschäftigt. 1559 wurde der Bau vorläufig beendet. Ludwig XV. stellte das Schloss seinem Schwiegervater, dem vertriebenen polnischen König Stanisław Leszczyński, zur Verfügung. 1746 erhielt es Marschall Moritz von Sachsen geschenkt, als Dank für seinen Sieg über die Österreicher bei Fontenoy; er lebte hier von 1748 bis 1750. Die Französische Revolution verursachte keine größeren Schäden, jedoch wurde das Mobiliar verkauft. 1932 kaufte der Staat das Schloss. Der 55 km² große **Schlosspark**, davon 80 % Wald, ist von einer 32 km langen, 1542–1645 errichteten Mauer umschlossen, der längsten Frankreichs; sechs Tore und Alleen gewähren Zugang. Der West- bzw.

! Baedeker TIPP

Rast bei Chambord

In Bracieux 8 km südlich des Schlosses kann man abseits der Touristenströme gut Rast einlegen. Angenehme Unterkunft bietet das »Bonnheure« (www.hoteldelabonnheur.com, Tel. 02 54 46 41 57, untere Preisklasse). Gut essen kann man im familiären »Rendezvous des Gourmets«, dessen Chef im legendären Restaurant »Relais de Bracieux« von Bernard Robin gearbeitet hat (Tel. 02 54 46 03 87, Sa.mittag + Mi. geschl., außer Juli/Aug. auch So.abend, mittlere Preisklasse).

Nordteil des Parks ist von frei zugänglichen Spazier- und Fahrradwegen durchzogen, von Aussichtspunkten kann man das Wild beobachten. Am beeindruckendsten zeigt sich Chambord von Nordwesten, da hier die Fassade fertiggestellt wurde.

Das Schloss ist frei zu besichtigen (Öffnungszeiten ► S. 372), einen Plan bekommt man an der Kasse. Außer den Prachtgemächern, dem doppelläufigen Treppenhaus und der »Dachlandschaft« (► S. 373) ist der zweite Stock hervorzuheben, dessen kassettierte Steingewölbe die Dachkonstruktion tragen; auf dieser Etage ist auch ein **Jagdmuseum** eingerichtet. In den Ställen kann man Reitvorführungen miterleben.

◄ Besichtigung

►dort

Blois

Das elegante Schloss Villesavin ca. 11 km südlich von Chambord (nahe Bracieux) ließ sich Jean Le Breton, Kämmerer König Franz' I. und Bauleiter von Chambord, 1527–1537 errichten; von dort holte er sich französische und italienische Bauleute. Interessant sind die prachtvolle italienische Brunnenschale (16. Jh.) aus Carrara-Marmor im Ehrenhof, die Kutschensammlung, das riesige Taubenhaus für 1500 Tiere und das nette Hochzeitsmuseum (März–Mai 10.00 bis 12.00, 14.00–19.00, im März Do. geschl., Juni–Sept. 10.00 bis 19.00, Okt.–Mitte Nov. 10.00–12.00, 14.00–18.00 Uhr).

Villesavin

☉

Das 1624–1634 errichtete Schloss Cheverny (bei Cour-Cheverny 12 km südöstlich von Blois), das noch im Besitz von Nachkommen des Erbauers Graf Henri de Hurault ist, besticht durch Schlichtheit und prächtige Ausstattung mit originalen Möbeln und Tapisserien. Ausgeführt wurde der Bau von namhaften Künstlern, die für Maria

★
Cheverny

◄ weiter auf S. 374

CHÂTEAU DE CHAMBORD

✷✷ Der extravagante Renaissance-König Franz I. ließ sich, zwei Tagesreisen von Paris entfernt, eine grandiose »folie« erstellen. Seinen Traum, die Loire umzuleiten, um »zu Fuß« anzukommen, musste er allerdings aufgeben.

⏱ Öffnungszeiten:
Tägl. 11. Juli–16. Aug. 9.00–19.30,
April–10. Juli, 17. Aug.–30. Sept. bis 18.15,
Jan.–März, Okt.–Dez. bis 17.15 Uhr
30-minütige Einführung im Preis inbegriffen
Spectacle equestre (historische Reiterschau)
Mai, Juni, Sept. Di.–So. 11.45 Uhr, Sa./So. auch
16.30, Juli/Aug. tägl. 11.45, 16.30 Uhr
Son et Lumière Ende Juni–Mitte Sept. ca. 21.30/
22.00/23.00 Uhr
Zur Zeit der Hirschbrunft (Mitte Sept.– Anf. Okt.)
geführte Beobachtungstouren, weitere Angebote
je nach Jahreszeit
Auskunft: Domaine National de Chambord,
F-41250 Chambord, Tel. 02 54 50 40 00
www.chambord.org

① Donjon
Den Kern der Anlage bildet der Donjon mit seinen vier Rundtürmen an den Ecken. Der Entwurf von Domenico da Cortona, der von 1512 bis 1531 in Blois lebte, verkörpert mit seinem symmetrischen Grundrissraster die modernsten architektonischen Ideen der Zeit. Seine vier Quadrate mit dem jeweiligen Eckturm enthalten abgeschlossene, fast identische Wohneinheiten.

② Wohnung Franz' I.
Franz I. residierte im Obergeschoss des Nordost-

turms. Die feine Ausstattung mit Samt und Goldstickerei wurde rekonstruiert. Das tonnengewölbte Kabinett des Königs, das außerhalb des Turms liegt, diente später Katharina Opalinska, der ehemaligen polnischen Königin, als Kapelle.

③ Appartement Ludwigs XIV.
Gemäß den Ideen des Absolutismus rückte Ludwig XIV., der sich zwischen 1660 und 1685 mehrmals in Chambord aufhielt, seine Wohnung in die Mitte der Hauptfassade (wie er es auch in Versailles tat). Der Raum zwischen den Nordtürmen wurde einbezogen, so dass zwei Vorzimmer vor seinem Gemach lagen.

Oben: Der Salamander, das Wappentier Franz' I., ist am Schloss über 800-mal zu sehen. Unten: Die königliche Prachtentfaltung wird bei den historischen Reiterschauen wieder lebendig.

Die Chambre Royale, das Schlafzimmer Ludwigs XIV., wurde 1681 eingerichtet. Später diente es Stanisław Leszczyński und Moritz von Sachsen als Paradezimmer.

Domenico da Cortona entwickelte mit seinem Zentralbau Ideen, die später Palladio mit berühmten Villen im Veneto realisierte.

edeker

Die doppelläufige Treppe führt auf die Dachterrasse, von der der Hofstaat den Turnieren, Militärparaden, Festen und sonstigen Divertissements zusah. Hier umgibt einen ein ganzer Wald von Kaminen, Kuppeln, Türmchen und Dächern.

Das berühmte Treppenhaus, dessen Entwurf Leonardo da Vinci zugeschrieben wird, enthält zwei getrennte Wendeltreppen mit einer gemeinsamen Achse, so dass man sich nicht begegnete.

①

🕐 von Medici am Schloss von Blois gearbeitet hatten; mit seiner harmonischen Symmetrie unterschiedlicher Elemente gilt er als ein Muster des klassizistischen Barocks (April–Sept. ab 9.15, sonst ab 9.45 Uhr). Im Trophäensaal hängen nicht weniger als 2000 Hirschgeweihe. Eine besondere Attraktion ist die große **Hundemeute**, die 🕐 bei den Hirschjagden in der Gegend verwendet werden (Fütterung April bis Sept. tägl. 17.00, sonst 15.00 Uhr). Als »Schloss Mühlenhof« (»Moulinsart«) ging Cheverny in die Comicliteratur ein; **Tim und Struppi**, Figuren des belgischen Zeichners Hergé, erlebten hier einige ihrer Abenteuer (Ausstellung in der alten Schmiede). Den 100 ha großen Park kann man mit Elektroautos und -booten erkunden.

★
Beauregard
🕐
Ca. 8 km nordwestlich steht bei Cellettes im Forêt de Russy das ab 1522 erbaute, von Staatssekretär Jean du Thier ab 1545 erweiterte Schloss Beauregard (April–Sept. tägl. geöffnet, sonst Mi. geschl.). Berühmt ist die **Galerie des Illustres** (1646) mit 327 Porträts französischer Könige und Königinnen von 1328 bis 1643, also vom ersten Valois Philipp IV. bis zu Ludwig XIII.; auf den prachtvollen Delfter Bodenfliesen ist eine ganze Armee mit vielen Details abgebildet. Großartig ist auch das »Schellenkabinett«, das Arbeitszimmer du Thiers, mit einer Kassettendecke von 1624; für ihre Bemalung wurde sündhaft teurer Lapislazuli verwendet.

Valençay
🕐
Noch zu den Loire-Schlössern zählt das **Schloss** in Valençay (55 km südlich von Blois; ca. 20. März–Mitte Okt. tägl. geöffnet). Die riesige Anlage wurde ab 1540 von Philippe de l'Orme, dem Baumeister von Fontainebleau, für Jacques d'Estampes erbaut. Napoleon zwang 1803 seinen Außenminister Talleyrand zum Erwerb des Schlosses, und ab 1808 hatte dieser den gefangen genommenen spanischen Thronfolger, später König Ferdinand VII., bis zur Abdankung Napoleons 1814 zu bewachen und zu »amüsieren«. Die Merkmale mittelalterlicher Burgen sind hier nur noch Dekoration. Der Hauptflügel mit dem mächtigen Eingangspavillon (1599) ist von der italienischen Renaissance, der zweistöckige Westflügel vom Barock geprägt (Louis-Seize). Im Westflügel finden sich eine Ahnengalerie der Familie Talleyrand, Möbel (u. a. ein Tisch vom Wiener Kongress), Porzellan sowie ein Talleyrand-Museum. Es gibt einen prächtigen Park und in der Orangerie ein schönes Restaurant. An der Ave. de la Résistance Richtung Blois zeigt ein Automobilmuseum die Sammlung der Brüder Guignard mit 60 Oldtimern, darunter ist ein Bugatti von 1936.

★
Chaumont-sur-Loire
🕐
Der schlichte, typische Loire-Ort (1000 Einw.) am linken Ufer ca. 20 km südwestlich von Blois wird von einem trutzigen **Schloss** überragt (tägl. ab 10.00 Uhr), das berühmte Bewohnerinnen hatte. Katharina von Medici kaufte es 1560 und zwang dann Diane von Poitiers, einst Mätresse ihres verblichenen Gatten Heinrich II., ihr

dafür das größere und schönere Schloss Chenonceau (s. u.) zu überlassen. Diane zog es aber vor, ihr restliches Leben in Schloss Anet bei Paris (▶ S. 339) zu verbringen. 1810 lebte die von Napoleon aus Paris verbannte Madame de Staël einige Monate im Schloss, wo sie ihr Werk »De l'Allemagne« vollendete. Zwischen 1466 und 1510 entstand am Platz einer mittelalterlichen Burg ein Vierflügelbau, der Nordflügel zum Fluss hin wurde im 18. Jh. abgerissen, was einen herrlichen Ausblick ermöglicht. Ein Fries an der Außenwand zeigt

Baedeker TIPP

Festival International des Jardins

Chaumont ist berühmt für seine wunderbare Gartenschau, die von Ende April bis Mitte Oktober im Goualoup-Garten stattfindet, gestaltet von den besten Landschaftsarchitekten und -künstlern aus rund 30 Ländern, und zwar jedes Jahr unter einem anderen Motto. Veranstalter ist das Conservatoire International des Parcs et Jardins et du Paysage, das in der Meierei des Schlosses untergebracht ist.
Info: www.domaine-chaumont.fr

einen brennenden Berg (»chaud mont«; tatsächlich kommt der Name aber von lat. »calvus mons«, »kahler Berg«) und zwei verschlungene C, für Charles II. von Amboise, einen der Bauherren, und seine Frau Catharine. Von den Stallungen (1877) fahren im Sommer Kaleschen durch den englischen Park mit seinen Zedern.

▶dort **Amboise**

Das Schloss Chaumont hatte berühmte Bewohnerinnen.

Chenonceau, das »Château des Dames« im Cher

★ ★
Chenonceau
🕐

Beim Dörfchen Chenonceaux (400 Einw.) am Cher, ca. 14 km südlich von Amboise, steht eines der berühmtesten Schlösser der Loire: **Schloss Chenonceau**, und zwar gänzlich im Fluss (tägl. geöffnet – Tipp: Kommen Sie auch morgens oder zum Sonnenuntergang hierher). Es trägt den Beinamen »Château des Dames«: Unter der Leitung einer Frau – Catherine Briçonnet – wurde es gebaut, Diana von Poitiers und Katharina von Medici ließen es erweitern und feierten rauschende Feste, Luise von Lothringen trauerte hier ab 1589 um ihren ermordeten Mann Heinrich III. und im 18. Jh. machte Luise-Marie de Fontaine es zum Treffpunkt von Künstlern und Gelehrten. Durch eine Allee mit stattlichen Platanen erreicht man zuerst den Donjon, der vom Vorgängerbau von 1432 übrig blieb. 1512 kam Thomas Bohier, Kämmerer der Könige Karl VIII. bis Franz I., in den Besitz, der durch seine Frau Catherine den Hauptbau errichten ließ. Heinrich II. stellte ihn 1547 seiner Geliebten Diane von Poitiers zur Verfügung, die nach seinem Tod von Katharina von Medici nach Chaumont (s. o.) vertrieben wurde; Katharina ließ 1570 – 1576 den 60 m langen »Brückenbau« errichten. 1913 richtete der Schokoladenfabrikant Menier – das Schloss ist bis heute im Besitz der Familie – hier ein Lazarett ein. Von 1940 bis 1942 war der Cher Grenze zwischen dem besetzten und dem Vichy-Frankreich und viele nutzten die Galerie zur Flucht. Besonders interessant sind die Gemächer der Königinnen bzw. Mätressen und die Küche. Zu sehen sind zudem Gemälde u. a. von Primaticcio, Correggio, Rubens, Jordaens, Tintoretto und Van Loo. In oder vor der zauberhaften Orangerie kann man gut essen (6. März – 20. Nov.). Die prachtvollen Gärten am Cher sind im Juli/Aug. auch abends (21.30 – 23.00 Uhr) zu erleben, illuminiert und zu barocker Musik.

Montrichard 8 km östlich von Chenonceaux liegt am Cher das hübsche Montrichard (3400 Einw.), das für **Wein- und Sektkellereien** (Crémant de

Loire) bekannt ist. Einen Teil ihrer 15 km langen Kellerstollen kann man in den Caves Monmousseau bestaunen (71 Route de Vierzon, April – Mitte Nov. tägl., sonst Mo. – Fr.). Über dem Ort thront die Ruine einer mächtigen Burg, deren Kern 1010 nach dem Vorbild von Loches (s. u.) entstand. Im Donjon (12./13. Jh.) ist das Stadtmuseum untergebracht. Daneben steht die Kapelle Ste-Croix, in der der Herzog von Orléans, später König Ludwig XII., 1476 Johanna, die Tochter Ludwigs XI., heiratete. Im Ort zu beachten sind die dreigiebelige Maison de l'Ave Maria (16. Jh., Tourismusbüro) und die Maison du Prêche (12. Jh.). In Bourré 3 km östlich gibt es einige der vielen unterirdischen Steinbrüche der Gegend, die als Wohnung oder Weinkeller oder für die Champignonzucht genutzt werden (Führungen).

◄ Bourré

Das historische Kleinod Loches (6500 Einw.) liegt gut 30 km südwestlich von Montrichard malerisch am Indre. Der **Burgberg** mit der Cité Médiévale ist von einem 2 km langen Mauerring umgeben. Man betritt diese »Stadt in der Stadt« von Nordwesten durch die wehrhafte Porte Royale (11./13. Jahrhundert). Linker Hand liegen das Musée Lansyer (Emmanuel Lansyer, Landschaftsmaler, 1835 – 1893) und die Kirche St-Ours (um 1150). Ungewöhnlich an Letzterer sind die beiden Pyramiden zwischen den Türmen und das romanische Portal, das kein Tympanon besitzt, dafür einen in drei Registern reich gestalteten Bogen. Innen ist sehenswert das überaus fein gearbeitete Alabastergrabmal für Agnès Sorel (1422 – 1450), die schöne Geliebte König Karls VII. Nördlich der Kirche steht das Schloss (14./15. Jahrhundert), Wohnsitz Karls und berüchtigt für die dekadenten Feste, die er für Agnès Sorel veranstaltete (tägl. geöffnet); die bedeutendsten Stücke hier sind das Diptychon (Kopie) von Jean Fouquet mit einer barbusigen Gottesmutter, die nach einem Porträt von Agnès Sorel gemalt wurde, und das sehr realistische Passions-Triptychon (1485) von Fouquet. Im Süden wird die Oberstadt von dem mächtigen, 37 m hohen **Donjon** abgeschlossen, den Foulques III. Nerra zwischen 1013 und 1035 aufführen ließ und der lange als Gefängnis diente; von oben hat man eine herrliche Aussicht. Im benachbarten Martelet-Turm war der Mailänder Herzog Ludovico il Moro 1500 – 1508 eingekerkert, er starb unmittelbar nach der Freilassung. Von hier bietet sich ein Gang um die Cité Médiévale an: außerhalb der Mauer nach links und nach Norden zur Porte des Cordeliers am Indre, dann zum Gemüsemarkt mit dem Turm St-Antoine (1575), zur Porte Picois, zum Rathaus (1543) und zurück zur Porte Royale.

Loches

Ca. 10 km östlich von Loches liegt im Wald die imposante Ruine der Kartause von Liget. Heinrich II., König von England, soll sie gegründet haben, um den Mord an Thomas Becket (1118 – 1170) zu sühnen. Erhalten ist nördlich der Kartause eine Kapelle (12. Jh.), ein überkuppelter Zentralbau mit romanischen Fresken, die zu den schönsten ihrer Zeit in Frankreich zählen.

Chartreuse du Liget

Montrésor Montrésor, 17 km östlich von Loches im Tal des Indrois, gilt als eines der hübschesten Dörfer im Gebiet der unteren Loire. Im **Schloss** sind noch Teile der Burg von Foulques III. Nerra erhalten, der Renaissance-Bau entstand Ende des 15. Jh.s. Der reiche polnische Emigrant Graf Xavier Branicki restaurierte die Anlage ab 1849, die Einrichtung stammt aus dieser Zeit. Einen Besuch lohnt auch die spätgotische Kirche (1519–1541) mit Renaisssance-Portal und dem Marmorgrabmal seiner Familie, das Jean Goujon, dem größten französischen Renaissancebildhauer, zugeschrieben wird.

Montlouis Montlouis (10 300 Einw.) zwischen ► Amboise und ► Tours an der Loire ist als Weinort die »Schwester« des bekannteren Vouvray auf der anderen Seite der Flusses. Beachtenswert sind die romanische Kirche St-Martin-le-Beau (Portal, 12. Jh.), die Maison de Loire (Geografie des Flusses) sowie das **Château de Bourdaisière** (um 1520), wo sich König Franz I. mit der »schönen Babou«, der Frau des Schlossherrn, und Heinrich IV. mit deren Urenkelin, Gabrielle d'Estrées, vergnügte. April–Okt. ist der Park mit dem »Conservatoire de tomate« und dem herrlichen Dahliengarten zugänglich; im Juli/Sept. gibt es um 11.00 Uhr Kräuertees und Tomatenprodukte.

> ! **Baedeker** TIPP
>
> **Königliche Tomaten**
>
> Im Schloss La Bourdaisière kann man in königlichem Ambiente nächtigen (Tel. 02 47 45 16 31, www.chateaulabourdaisiere.com, obere Kategorie). Über 630 Tomatensorten werden im Garten kultiviert und zu so extravaganten Dingen wie Marmelade und Likör verarbeitet am 2. Sept.-Wochenende findet das Festival de la Tomate statt.

Vouvray Die Kiesböden von Montlouis (s. o.) und Vouvray liefern berühmte **Weiß- und Schaumweine** aus der Rebsorte Chenin Blanc. Erlebenswert ist das Weinmuseum im Château Moncontour (April–Mitte Sept. tägl., sonst So. geschl.); Proben sind dort, in der Maison du Vouvray, und bei den Winzern möglich; Weinfest am 15. August.

Luynes Das hübsche Städtchen ca. 10 km westlich von Tours, etwas abseits der Loire, wird von einer Festung des 13. Jh.s beherrscht; sie ist seit 1619 im Besitz der Ducs de Luynes (Führungen April–Sept.); vom Hof ergibt sich ein wunderbarer Blick über das Loire-Tal. Im Ort gefallen eine schöne Markthalle (15. Jh.) und Fachwerkhäuser. 1,5 km nordöstlich ist ein römischer Aquädukt erhalten.

Villandry Villandry (1000 Einw., ca. 15 km westlich von Tours) ist nicht so sehr durch sein großes Schloss – erbaut ab 1536 von Jean le Breton (s. o. Villesavin, S. 371) – bekannt, sondern wegen seiner **Renaissance-Gärten**. Ab 1906 gab ihnen der Besitzer, der spanische Arzt Joaquín Carvallo, ihr ursprüngliches Aussehen wieder (der einzige rekonstruierte Renaissance-Garten Frankreichs); besonders berühmt ist der »Liebesgarten«. Im **Schloss** sind Gobelins und Möbel aus dem

18. Jh. ausgestellt sowie Gemälde italienischer und spanischer Maler aus Renaissance und Barock, z. B. Velázquez und Goya. Zu den Schätzen gehören der Speisesaal und die Treppe im Erdgeschoss und im Obergeschoss der Saal mit einer spanisch-maurischen **Mudéjar-Decke** aus vergoldetem Zedernholz (13. Jh.); sie stammt aus dem

NICHT VERSÄUMEN

■ Unvergesslich sind die »Nuits de Mille Feux« Anfang Juli, wenn Tausende von Kerzen die Gärten von Villandry erleuchten. Mitte August erklingt im Schlosshof Barockmusik, und bei den »Journees du Potager« Mitte/Ende September kann man die Gärtner ausfragen.

Palast der Herzöge von Maqueda in Toledo, der 1905 abgerissen wurde, und wurde vom Schlossherrn aus 3600 Teilen wieder zusammengesetzt (der Park ist ganzjährig ab 9.00 geöffnet, das Schloss Anf. Febr. – Mitte Nov. ab 9.00, 18. Dez. – 4. Jan. ab 9.30 Uhr).

Langeais

Das Schloss des Städtchens (4000 Einw., 21 km westlich von Tours) – von außen eine trutzige mittelalterliche Burg, zum Hof hin ein eleganter Renaissance-Landsitz – wurde unter Ludwig XI. ab 1465 in nur vier Jahren errichtet und im Lauf der Jahrhunderte nicht verändert (ganzjährig tägl. geöffnet). Zusammen mit dem Mobiliar aus dem 15./16. Jh. ergibt sich, was selten ist, ein **authentisches Bild**. Besonders interessant sind die 30 großartigen **Gobelins** aus Flandern bzw. Aubusson. 1491 heirateten im Schloss Karl VIII. und Herzogin Anne de Bretagne, womit die Bretagne an das Königshaus überging. Im Burggelände steht der Rest des ältesten Wehrturms in Frankreich, erbaut 994 durch Graf Foulques Nerra (Fulco III., der »Finstere«).

★ ★
Azay-le-Rideau

Das kleine Städtchen am Indre (3400 Einw.) 10 km südlich von Langeais ist durch sein elegantes **Renaissance-Schloss** bekannt, das auf einer Insel im Indre steht (Juli, Aug. 9.30 – 19.00, April – Juni, Sept. bis 18.00, Okt. – März 10.00 – 12.30, 14.00 – 17.30 Uhr). Am Platz einer alten Burg wurde es 1518 – 1523 für Gilles Berthelot errichtet, den Finanzier und Kämmerer König Franz' I.; 1527 musste er allerdings wegen Unterschlagungen fliehen und der König konfiszierte den Besitz. Die bemerkenswertesten Teile sind das nach innen verlegte Treppenhaus (mit Salamander und Hermelin, den Emblemen von Franz I. und seiner Frau Claude de France), die Küche, der Speisesaal mit Gobelins und einem von Auguste Rodin gefertigten Kamin (Abguss eines Kamins in Montal-en-Quercy), der Festsaal mit Balkendecke und herrlich ausgestattete Gemächer. Die Kirche St-Symphorien am Marktplatz des Städtchens ist romanisch-gotisch (11./12. Jh.); im rechten Schiff sind Reste eines karolingischen Vorgängerbaus (6. Jh.) zu sehen. Info: www.ot-paysazaylerideau.com.

★
Indre

Eine Fahrt entlang dem idyllischen Indre sollte man nicht versäumen (»Circuit des moulins et belles demeures«, Info bei den Tourismusbüros). Im Schloss von **Saché** (5 km östlich von Azay) schrieb Honoré de Balzac (1799 – 1850) einige Romane, heute ist es ein Wallfahrts-

🕐 ort für Balzac-Verehrer (geöffnet April – Sept. tägl. 10.00 – 18.00 Uhr, sonst über Mittag und Di. geschl.). Den Marktplatz ziert ein Stabile von Alexander Calder, der sich 1962 hier niederließ. **Montbazon** (9 km südlich von Tours), mit dem Donjon einer Burg von Foulques III. Nerra, verfügt über hervorragende Restaurants und Hotels. In **Cormery** sind, im Ort verteilt, die Reste einer großen Benediktinerabtei erhalten, die Alkuin, der Lehrer Karls des Großen, im Jahr 791 gründete; im Friedhof steht eine Totenlaterne aus dem 12. Jahrhundert. Cormery ist auch bekannt für seine nabelförmigen Makronen.

Ussé

Das romantischste Loire-Schloss steht etwa 14 km westlich von Azay über dem Indre: Ussé, das dem Dichter Charles Perrault (1628 bis 1703) als Vorlage für das Schloss von **Dornröschen** (»La Belle au Bois

🕐 Dormant«) gedient haben soll (April – Aug. 10.00 – 19.00, Mitte Febr. bis März, Sept. – Mitte Nov. 10.00 – 18.00 Uhr; ►Foto S. 140). Erbaut wurde es ab dem 15. Jh.; der Nordflügel wurde 1659 abgerissen. Innen zu sehen sind altes Mobiliar, herrliche Gobelins und Waffen. Die stimmungsvolle Kapelle im Park (1538) besitzt eine prächtige Renaissance-Ausstattung und eine dem Florentiner Luca della Robbia zugeschriebene Terrakotta-Madonna.

★

Chinon

Im bezaubernden Städtchen Chinon (8200 Einw., 20 km südwestlich von Azay-le-Rideau) ist das Mittelalter noch lebendig; davon zeugen die Altstadt am Ufer der Vienne und die Reste des Schlosses, und am 1. Samstag im August gibt es einen Mittelaltermarkt mit Feuerwerk. Vom 11. Jh. bis 1205 war Chinon Zentrum der Herrschaft der Anjou; auf Heinrich Plantagenêt, ab 1154 König Heinrich II., gehen große Teile der Burg zurück, er starb auch hier. Jeanne d'Arc traf am 9. März 1429 im Schloss Karl VII., den sie überredete, die Eroberung der in englischer Hand befindlichen Teile Frankreichs zu wagen. Die

🕐 gewaltige, 400 m lange **Festung** (tägl. geöffnet) wird von einer bis ins 10. Jh. zurückgehenden Mauer umgeben. Man betritt die Burg von Osten durch den 35 m hohen Uhrturm (13. Jh., mit kleinem Jeanned'Arc-Museum). Die Grande Salle, in der Jeanne mit Karl zusammentraf, wurde 1699 von Richelieu abgerissen; die Stirnwand mit Kamin ist noch erhalten. Im westlich stehenden Donjon du Coudray waren 1308 etwa 140 Mitglieder des Templerordens gefangen, der 1312 aufgelöst und enteignet wurde. Die **Altstadt** erstreckt sich zwischen dem Schlossberg und der Vienne. Besonders sehenswert sind die Rue Voltaire, die ost-westlich unterhalb der Burg entlangführt, mit Häusern aus dem 15./16. Jh., sowie der Hauptplatz (Grand Carroi) mit dem Haus der Generalstände, in dem Richard Löwenherz 1199 gestorben sein soll, heute Musée d'Art et d'Histoire de Chinon. Chinon ist Zentrum eines bedeutenden Weingebiets; die feinfruchtigen Rotweine aus den Rebsorten Cabernet und Cabernet Franc werden in der **Maison du Vin de Chinon** (Impasse des Caves-Painctes) vorgestellt; die Caves Painctes der »Bons Etonneurs Rabelaisiens«, die sich unter dem Schloss ausdehnen, kann man in Führungen besichti-

Das Festungsstädtchen Chinon ist Namensgeber eines renommierten Rotweins.

gen. Das Musée Animé du Vin ist ein kitschiges Szenario mit mechanischen Figuren, man kann hier aber auch in »Fouées garnies« schwelgen (Fladenbrot mit herzhaften Beilagen).

Ca. 12 km nördlich von Chinon steht an der Loire das Kernkraftwerk Chinon mit vier Reaktoren. Block A1, das erste KKW in Frankreich, wurde 1964 in Betrieb genommen und 1973 stillgelegt. Mit Rücksicht auf die Landschaft und die benachbarten Schlösser hat man die Kühlanlagen nur 28 m hoch gemacht. ◀ Avoine-Chinon

Ein Abstecher nach Tavant (ca. 14 km östlich von Chinon, am linken Vienne-Ufer) lohnt sich wegen der Kirche St-Nicolas (um 1120). In der Krypta sind romanische Fresken von Mitte des 12. Jh.s erhalten, die zu den bedeutendsten Frankreichs gehören. ★ **Tavant**

Das ca. 20 km südlich von Chinon gelegene Städtchen verdankt seine Existenz Armand-Jean du Plessis, **Herzog von Richelieu**, Kardinal und Politiker (1585–1642), der es mit dem Schloss ab 1630 erbauen ließ. Seine Residenz wurde in der Französischen Revolution abgerissen, erhalten sind aber der riesige Schlosspark mit seinen Alleen und Kanälen sowie einige kleine Gebäude. Die Achse des Parks setzt sich in der von herrschaftlichen Häusern gesäumten Grande Rue des schachbrettartig angelegten Städtchens fort; durch eines der sechs prächtigen Tore gelangt man zum Marktplatz mit der barocken Kirche Notre-Dame, der beeindruckenden hölzernen Markthalle und dem Rathaus (Museum). **Richelieu**

Bourgueil

Das nette Städtchen (3900 Einw.) 5 km nördlich der Loire zwischen Tours und Saumur ist für seinen **Rotwein** bekannt, der v. a. aus der Sorte Cabernet Franc gemacht wird (Maison du Vin an der Place de l'Eglise). Gegenüber der Kirche St-Germain (11. Jh.) steht die Markthalle (19. Jh.). Am östlichen Ortsrand sind sehenswert die Reste der 990 gegründeten Abtei mit einem Heimatmuseum in den Mönchszellen. In den Weinbergen nördlich von Bourgueil, in Chevrette, steht die Moulin Bleu, eine Windmühle des 15. Jh.s (schöner Ausblick über Loire-Tal und Bourgueil) mit gutem gleichnamigem Restaurant; in der Cave du Pays de Bourgueil kann man Wein probieren und alte Weinpressen bestaunen (Info: www.ot-bourgueil.fr).

! **Baedeker TIPP**

Fluss-Erlebnis

Ein großes Vergnügen ist es, die Loire und ihre Nebenflüsse an Bord eines Hausboots (auf der Loire nur zwischen Angers und Nantes möglich) oder eines Ausflugsschiffs kennenzulernen. Auch auf nachgebauten traditionellen Loire-Booten wie einer Gabare kann man herumschippern. Informationen bei den örtlichen Tourismusbüros, beim CRT Val de Loire und beim CDT Anjou.

★ ★
Fontevraud-
l'Abbaye
🕐

Das Städtchen Fontevraud (1500 Einw.), ca. 4 km südlich der Loire zwischen Chinon und Saumur gelegen, ist für seine Abtei berühmt, **eine der größten, malerischsten und interessantesten in Frankreich** (tägl. April – Okt. ab 9.30, sonst ab 10.30, Schließung je nach Saison 17.30, 18.30, 19.30 Uhr; www.abbaye-fontevraud.com). Im Jahr 1101 von dem Wanderprediger Robert d'Arbrissel gegründet, entstanden in fünf Gebäuden eigenständige Klöster für unterschiedliche Gruppen und Zwecke: Ste-Marie für Nonnen, Ste-Madeleine für reuige Sünderinnen, St-Jean für Mönche, Kapläne und andere Kleriker, St-Benoît für Kranke und St-Lazare für Leprakranke. Mönche und Nonnen lebten nach den Benediktinerregeln, und zwar immer unter Äbtissinnen (insgesamt 36), die aus einflussreichen Adels- und Königsfamilien stammten; daher das riesige Vermögen und die politische Bedeutung, die sich auch in der Funktion als Grablege von Mitgliedern des Königshauses äußerte. In den Hugenottenkriegen (1562) und in der Französischen Revolution erlitt das Kloster schwere Schäden, von 1804 bis 1964 diente es als Gefängnis. Seit 1975 hat das **Centre Culturel de l'Ouest** hier seinen Sitz, das u. a. Konzerte und Ausstellungen veranstaltet. In der einstigen Prieure St-Lazare kann man in noblem Rahmen gut und recht preiswert speisen und nächtigen (www.hotelfp-fontevraud.com).

Gebäude ►

Die 90 m lange, schmucklose **Kirche** weist zwei Teile auf: Umgangschor und Querschiff wurden 1119 geweiht, das deutlich niedrigere Langhaus 1150. Im rechten Querhaus befinden sich die **Grabmäler des Hauses Plantagenêt** (► Abb. S. 37) mit in originaler Bemalung erhaltenen Liegefiguren von Eleonore von Aquitanien (1204 hier verstorben) und ihrem Gatten Heinrich II., König von England, Isabella von Angoulême (Ehefrau von Johann Ohneland; unsicher) und Richard Löwenherz (wie Johann ein Sohn von Eleonore und Hein-

Fontevraud, eine der größten Klosteranlagen Frankreichs

rich). Von hier gelangt man in den **Marienkreuzgang** (Grand Moû-
tier), den größten Frankreichs (um 1520 – 1560), und den Kapitelsaal
(1543). Die Gebäude um den St.-Benedikt-Kreuzgang (um 1600)
dienten als Krankenstation. Spektakulär ist der achteckige
Küchenbau an der Südwestecke des Marienkreuzgangs (ca. 1060):
Der 27 m hohe Schornstein in der Mitte ist von einem Apsidenkranz
mit je eigenem Rauchabzug umschlossen. Das markante »Fisch-
schuppen-Dach« stammt allerdings von Anfang des 20. Jh.s. Eine
niedrige Tür führt zum 45 m langen Refektorium (12. Jh., 1515 erneuert). Die Pfarrkirche St-Michel (um 1180) westlich außerhalb des
Klosters besitzt wertvolle Kunstschätze aus dem Kloster.

Candes-St-Martin an der Mündung der Vienne in die Loire und das
benachbarte, schon zum Anjou gehörende Montsoreau gehören zu **Candes-**
den »schönsten Dörfern Frankreichs«. Ersteres besitzt eine stattliche **Saint-Martin**
gotische Kirche, errichtet ca. 1175 – 1225 an der Stelle, an der der **hl.
Martin von Tours** 397 starb; ihr Langhaus besitzt typische stark über-
höhte »Anjou-Gewölbe«, die von schlanken Pfeilerbündeln getragen
werden. Das Schloss von Montsoreau erhielt seine Gestalt um 1455 –
als Mixtur aus mittelalterlicher Burg und Renaissance-Schloss – und ◀ Montsoreau
stand bis 1820 direkt an der Loire (geöffnet April – Mitte Nov. tägl.,
März nur Sa./So. nachmittags). Ein »audiovisueller Parcours« illustriert die Geschichte der Loire (Juli/Aug. finden Konzerte statt).
Vom Schloss geht man 1 km bergauf (beschildert), um den weiten
Blick über den Zusammenfluss von Vienne und Loire zu genießen. Etwa
1,5 km westlich sind **Höhlenwohnungen** und die **Moulin de la Herpi-
nière** zu sehen, eine Windmühle aus dem 16. Jh.; von dieser Bauart
existierten in der Gegend einst mehrere hundert, ihr kegelförmiger
Unterbau bildet noch ein charakteristisches Landschaftsmerkmal.

✱ **Brézé**
Auch Brézé 9 km südlich von Saumur besitzt ein elegantes Renaissance-Schloss in Weinbergen. Seine Besonderheit ist die riesige, sich insgesamt über 1 km erstreckende **unterirdische Anlage** mit Küchen, Kellerräumen, Bäckerei, Ställen usw., die seit dem 9. Jh. in den Tuffstein gehauen wurde. Ungewöhnlich ist der tiefe, breite Burggraben.

✱ **Saumur**
Saumur (28 000 Einw.) am linken Loire-Ufer beeindruckt mit mächtiger Burg und schöner Front am Fluss. Seit 1763 ist es Standort der **Nationalen Kavallerieschule** – deren Eleven in Khaki-Uniformen das Stadtbild beleben – und seit 1972 der Nationalen Reitschule; ihr berühmter **Cadre Noir** ist u. a. um den 20. Juli beim »Carrousel de Saumur« zu sehen, der Leistungsschau der Kavallerietruppen. Bekannt sind die Weine von Saumur, insbesondere der **Mousseux** bzw. Crémant, der viel billiger ist als ein Champagner, mit seinem anderen Charakter aber gleichbedeutend neben ihm steht. In die Kalkfelsen am Stadtrand ist ein Keller neben dem anderen gehauen.

✱ Schloss ▶ ⏱
Ludwig I. von Anjou errichtete ab ca. 1370 hier eines der schönsten Loire-Schlösser (April – Anf. Nov. Di. – So.). Ab 1589 wurde der repräsentative Verteidigungsbau vom protestantischen Stadtgouverneur Duplessis-Mornay zu einer Festung umgebaut. Die dreiflügelige Anlage besitzt ein schönes spätgotisches Treppenhaus von 1371. Ein wunderbarer Ausblick bietet sich von der Tour du Guet. Im Schloss

Eines der schönsten Schlösser thront über Saumur und der Loire.

logiert das **Musée Municipal** mit Sammlungen zur Kultur- und Kunstgeschichte der Stadt; die Keramikabteilung gilt als eine der schönsten Frankreichs, die Gobelins des 15. bis 18. Jh.s zählen zu den »Monuments Historiques«, und Objekte rund ums Pferd, von der Antike bis zum 20. Jh. und aus allen Erdteilen.

Am Fluss, bei der Brücke, liegt die Place de la République mit dem ◀ Altstadt
Hôtel de Ville (festungsartiger linker Teil aus dem 16. Jh.); an der Westseite steht das klassizistische Theater (Tourismusbüro). In Richtung Burg erhebt sich die ursprünglich romanische **Kirche St-Pierre** mit ihrem mächtigen Vierungsturm (12. – 16. Jh.); bemerkenswert sind das Portal, innen herrliche Wandteppiche (Szenen aus dem Leben des Apostels Petrus, 16. Jh.) und die Barockorgel (Konzerte). Der Platz vor der Kirche ist Zentrum der Altstadt mit hübschen Fachwerkhäusern und der Markthalle (1982). Südlich der Burg liegt der Botanische Garten, westlich davon die Kirche **Notre-Dame de Nantilly**, ein schöner romanischer Bau (12./14. Jh.; südliches Seitenschiff Flamboyantgotik, um 1480); hier wird eine farbig gefasste, strenge Madonna aus dem 12. Jh. verehrt, außerdem sind prächtige Aubussons (15. – 18. Jh.) zu sehen. Im Westteil der Stadt (Rue Beaurepaire) liegen die Likörfabrik Combier (Führung, Proben) und die **Kavallerieschule** (Avenue Foch) mit einem Museum, das Exponate zur Geschichte der französischen Kavallerie und Panzertruppe zeigt.

> ### ! Baedeker TIPP
>
> #### Saumur Brut
>
> Den ausgezeichneten Schaumwein von Saumur kann man in einigen renommierten Kellereien verkosten, z. B. bei Ackerman, Bouvet-Ladubay, Veuve Amiot, Langlois-Chateau und Gratien-Meyer (auch Besichtigungen). Die Maison du Vin hat Weine zum Probieren und Infos über Weingüter und Kellereien (Quai Lucien Gautier, neben dem Tourismusbüro; geöffnet April – Sept. Mo.nachmittag – So.vormittag, sonst Di. – Sa.).

1 km flussaufwärts von der Loire-Brücke liegt der Komplex der **Abtei** ◀ Außenbezirke
Notre-Dame des Ardilliers (1628 – 1693, klassizistisch), einst ein bedeutender Wallfahrtsort mit wundertätiger Marienstatue.

In den Tuffsteinkellern von **St-Hilaire-St-Florent** 2 km flussabwärts haben sich Schaumwein- und Pilzproduzenten eingerichtet, u. a. France Champignon, der größte Frankreichs (Museum).

In St-Hilaire hat auch die Ecole Nationale d'Equitation mit dem
Cadre Noir ihren Sitz: 300 ha Gelände, 4 Ställe mit über 400 Pferden, ◀ Ecole Nationale
7 Manegen und 18 Reitbahnen, dazu 50 km Reitwege (einstündige d'Equitation
Führungen außer Sa.mittag – Mo.mittag Anf. April – ca. 18. Okt.
9.30 – 11.30, 14.00 – 16.00, Mitte Febr. – Anf. April und ca. 19. Okt. bis Anf. Nov. 9.30 – 11.00, 14.00 – 16.00 Uhr; die traditionellen Vorführungen des Cadre Noir finden April – Anf. Okt. Mi. 10.30 Uhr statt). Außer beim »Carrousel de Saumur« sind die Künste des Cadre Noir auch bei den »Printemps des Ecuyers« Anf. Juni, den »Estivales du Cadre Noir« gegen Ende Juli und den »Musicales du Cadre Noir« Mitte Okt. zu bewundern (www.cadrenoir.fr).

In **Bagneux** 2 km südlich des Stadtzentrums sind eines der größten und eindrucksvollsten Megalithgräber Europas sowie ein Motorenmuseum sehenswert. Weitere 2 km südlich, östlich des Thouet, ist das **Panzermuseum** beheimatet, das größte der Welt mit ca. 700 Exponaten (Musée des Blindés, 1043 Route de Fontevraud).

Montreuil-Bellay

Der herrlich am Thouet gelegene Ort (4100 Einw.) 17 km südwestlich von Saumur wartet mit einer **imposanten Burganlage** auf, die sich vom 12. Jh. bis Anfang des 16. Jh.s von einer Festung zu einem Herrensitz entwickelte. Besonders sehenswert ist das burghafte Neue Schloss (1484 – 1505) mit Kapelle (Fresken 15. Jh.), die Küche (ähnlich der in Fontevraud), das Kleine Schloss (eigentlich vier Häuser) der Chorherren mit Badezimmern (!) sowie die Stiftskirche Notre-Dame (1460 – 1481) mit den Wappen der bestatteten Familien.

Doué-la-Fontaine

Das Städtchen (7500 Einw.) 19 km südwestlich von Saumur ist für seine Rosen berühmt. Im Stadtpark und in den Arènes, einem alten Steinbruch, finden die »Journées de la Rose« statt (Mitte Mai – Mitte Juni); der Park **Les Chemins de la Rose** gilt als einer der schönsten Rosengärten Frankreichs. 2 km außerhalb zeigt in den Stallungen eines ehemaligen Schlosses das **Musée des Commerces Anciens** alte Ladeneinrichtungen aus ganz Frankreich, eine Apotheke, eine Schusterwerkstatt, eine Drogerie etc. (März – Okt. Di. – So., Mitte bis Ende Febr., Nov./Dez. Fr. – So. nachmittags). In Rochemenier (6 km nordwestlich) gibt es etwa 40 Bauernhöfe, auf deren Gelände heute überbaute Höhlen liegen; von Ende des 17. Jh.s bis etwa 1930 waren sie bewohnt. Zwei dieser einzigartigen Höfe können im Village Troglodytique besichtigt werden (tägl. April – Okt. 9.30 – 19.00, Nov., Febr., März Sa./So. 14.00 – 18.00 Uhr).

Village Troglodytique ▶

Cunault

Schön an der Loire liegt 12 km nordwestlich von Saumur die beeindruckende ehemalige **Abteikirche** (12./13. Jh.). Ihr Glockenturm aus dem 11. Jh. ist ein schönes Beispiel für die Romanik des Loire-Tals, sein einziger Schmuck eine thronende Muttergottes im Tympanon des Westportals. Der ca. 65 m lange romanische Bau besticht durch noble Schlichtheit, die von 223 reich gestalteten Kapitellen kontrastiert wird (z. T. erneuert; ein Fernglas wäre hilfreich). In den Apsiskuppeln sind schöne romanische und gotische Fresken zu sehen im Chorumgang steht ein Schrein (13. Jh.; aus farbig gefasstem Holz, was sehr selten ist) mit den Reliquien des hl. Maxentiolus (Maxenceul). Zu Ehren des Heiligen, der ein Schüler des hl. Martin von Tours gewesen sein soll, findet am 8. Sept. eine Prozession statt.

Brissac, ca. 16 km südöstlich von Angers, verfügt über ein unglaubliche 48 Meter hohes **Schloss**, das im 13.–15. Jh. (in den Religionskriegen z. T. zerstört) und 1606–1621 entstand, ursprünglich sollte es gar sieben oder acht Stockwerke erhalten. Die beiden gotischen Ecktürme passen nicht zum Rest des Baus. Obwohl bewohnt – seit 500 Jahren von derselben Familie –, sind die prächtig ausgestatteten Räume zu besichtigen (Juli/Aug. tägl., April–Juni sowie Sept./Okt. Di. geschl., www.chateau-brissac.fr). Es gibt ein kleines Theater von 1883 und einige fürstliche Gästezimmer. Beachtenswert ist das Bild der Veuve Cliquot in der Großen Galerie. Im Weinkeller kann man die Erzeugnisse der Schlossdomäne probieren.

Brissac-Quincé

⊙

►dort   **Angers**
►dort   **Nantes**

⁕ Lothringen · Lorraine

Lothringen, die geschichtsträchtige Region zwischen dem Elsass und der Champagne, hat noch den Ruf eines nicht unbedingt attraktiven Industriegebiets – in Wirklichkeit verfügt es über eine weitgehend unberührte Natur und seine schönen Städte wie Nancy, Toul und Metz sind mehr als einen Besuch wert.

Lothringen hat keine prägnanten natürlichen Grenzen. Im Südosten stößt es an die Vogesen (► Elsass) und im Norden an die niedrigen Ardennen (► Champagne), im Westen geht es ins Pariser Becken über und im Süden ins Plateau de Langres. Seine wichtigsten Flüsse sind die Meuse (Maas) und die Moselle (Mosel) mit den Nebenflüssen Sarre (Saar) und Meurthe. In den Départements Meurthe-et-Moselle (Hauptstadt ► Nancy), Moselle (► Metz), Meuse (Bar-le-Duc) und Vosges (Epinal), aus denen Lothringen besteht, leben rund 2,35 Mio. Menschen.

Geografisches

Mit dem Vertrag von ► Verdun im Jahr 843 wurde das Frankenreich unter den Söhnen Ludwigs des Frommen geteilt, Lothar erhielt zusammen mit der Kaiserwürde das Mittelreich. 855 wurde das Mittelreich unter den Söhnen Lothars, Ludwig, Karl und Lothar II., aufgeteilt. Letzterer nannte sein Gebiet »Lotharii regnum«, woraus **Lotharingien** wurde. 959 wurde das Herzogtum Lothringen in Ober- und Niederlothringen geteilt und in den folgenden Jahrhunderten entstand ein ganzer Flickenteppich von Herrschaften. 1552 verkaufte Moritz von Sachsen, in einer Intrige gegen den Kaiser, die franzö-

Lothringen gestern und heute

◄ weiter auf S. 391

▶ LOTHRINGEN ERLEBEN

AUSKUNFT

CRT Lorraine
Abbaye des Prémontrés, BP 97
54704 Pont-à-Mousson Cedex
Tel. 03 83 80 01 80
www.tourismus-lothringen.eu

CDT Meurthe-et-Moselle
48 Rue du Sergent Blandan
54000 Nancy, Tel. 03 83 94 51 90
www.tourismemeurtheetmoselle. fr

CDT Meuse
33 Rue des Grangettes
55012 Bar-le-Duc, Tel. 03 29 45 78 40
www.tourisme-meuse.com

CDT Moselle
2 – 4 Rue du Pont Moreau, BP 80002
57003 Metz Cedex, Tel. 03 87 37 57 80
www.moselle-tourisme.com

CDT Vosges
Av. du Général de Gaulle, BP 80018
88001 Epinal Cedex, Tel. 03 29 82 49 93
www.tourismevoges.fr

FESTE & EVENTS

Ende Jan., Gérardmer: Fantastic'Arts.
Febr., Val d'Ajol: Foire aux Andouilles
(Wurstmesse). April, Vittel: Foire aux
Grenouilles (Froschschenkelmesse).
April/Mai, Epinal: Festival Floréal
Musical. 2. April-Hälfte, Gérardmer:
Narzissenfest. 2. Mai-Wochenende,
Domrémy: Fest der Jeanne d'Arc.
Ende Juni, Bar-le-Duc: Festival Re-
naissances (Musik und Theater in der
ganzen Oberstadt). 16. Juli, Avioth:
Wallfahrt. Ende Juli, Phalsbourg: Fes-
tival Erckmann-Chatrian (Theater).
Ende Juli (ungerade Jahre), Chambley
bei Metz: Mondial Air Ballons (Tref-
fen der Heißluftballone). Sept.,
Baccarat: Fête du Pâté Lorrain
(Pastetenfest). Dez.: Weih-
nachtsmärkte, u. a. in Epinal, Gér-
ardmer, Metz, Nancy, Plombières-les-
Bains, Sarreguemines.

ESSEN

▶ Fein & teuer

Château d'Adomenil
Rehainviller (8 km südwestlich von
Lunéville), Tel. 03 83 74 04 81
www.adomenil.com, Mo. geschl.,
Di. – Fr. nur abends geöffnet
Ein Herzogsschloss des 18. Jh.s im
Park bildet den adäquaten Rahmen
für eine hochklassige, regional in-
spirierte Küche (reservieren). Auch
herrschaftliche Zimmer und Suiten.

Le Bistroquet
Belleville, 97 Route Nationale
Tel. 03 83 24 90 12
Sa.mittag, So.abend, Mo., Di. geschl.
19 km nördlich von Nancy an der
Mosel präsentiert M.-F. Ponsard das
Beste aus der lothringisch-französi-
schen Küche. Festliches Ambiente,
schöne Gartenterrasse.

Le Strasbourg
24 Rue Teyssier, Bitche
Tel. 03 87 96 00 44
So.abend bis Di.mittag geschl.
Lutz Janisch lernte u. a. in der
Auberge de l'Ill in Illhäusern. Mit
eleganten, preiswerten Zimmern.

▶ Erschwinglich

La Meuse Gourmande
Bar-le-Duc, 1 Rue F. de Guise, Tel. 03
29 79 28 40, So.abend, Mi. geschl.
Modernisierte Regionalküche genießt
man in einem Bürgerhaus in der
Oberstadt. Nicht ganz stilsicheres
Dekor, aber wunderbare Aussicht.

Cap Sud – Belle Marée
Gérardmer, 144 Route de Bresse

Tel. 03 29 63 06 83, Mo. geschl.
Das in den Vogesenwäldern versteckte
Restaurant – im Stil einer modernen
Luxusjacht – ist bekannt für medi-
terrane und atlantische Fischgerichte.

► Preiswert/Erschwinglich
Hostellerie du Prieuré
St-Quirin, 169 Av. du Gén.-de-Gaulle
Tel. 03 87 08 66 52, www.saint-quirin.
com; 17 km südl. von Sarrebourg
St-Quirin am Hang der Vogesen
gehört zu den »schönsten Dörfern
Frankreichs« und die Prieuré aus dem
18. Jh. gegenüber dem Rathaus zu den
besten Adressen für regionale Küche.
Mit preisgünstigen Zimmern.

ÜBERNACHTEN
► Komfortabel
La Ferme de Godchure
St-Hubert, Rue Principale
Tel. 03 87 77 03 96, ganzjährig offen
www.lafermedegodchure.fr
18 km nordöstlich von Metz
Aus dem Bauernhof einer alten Abtei
wurde ein kleines, feines Chambres
d'hôtes, sehr ruhig in waldreicher
Landschaft gelegen. Mit Spa-Bereich.

Hôtel Providence
Vittel, 125 Avenue de Châtillon
Tel. 03 29 08 08 27
www.hotelprovidence.fr
Nach dem etwas steifen Hôtel d'Ang-
leterre, »dem« Hotel in Vittel, das
beste Domizil der Kurorts, in jüngerer
Zeit geschmackvoll modernisiert. Mit
gutem Restaurant (So./Mo. geschl.).

► Günstig/Komfortabel
Lac de Madine
Heudicourt-sous-les-Cotes, 22 Rue
Charles de Gaulle, Tel. 03 29 89 34 80
www.hotel-lac-madine.com
ca. 50 km südwestlich von Metz
Der Lac de Madine im Lothringer
Naturpark ist ein beliebtes Freizeit-

revier. Am Nordwestufer liegt dieses
gepflegte, ländlich-heitere Hotel mit
gutem Restaurant (Terrasse).

► Günstig
*La Demeure du Gardien du Temps
qui Passe*
Coussey, 47 Grand'Rue, Tel. 03 29 06
99 83, www.lademeure88.com
Im Land der Jeanne d'Arc – zwischen
Neufchâteau und Domrémy – gelegenes charmantes Landschlösschen
aus dem 18. Jh.; die hübschen Zimmer sind individuell, zum Teil etwas
altertümlich gestaltet.

Auberge des Mésanges
Meisenthal, 2 Rue du Tiseur
Tel. 03 87 96 92 28
www.aubergedesmesanges.com
Akkurat geführte Herberge im
äußersten Nordosten Lothringens,
Restaurant mit regionaler Küche
(So.abend – Di.mittag geschl.). Groß
essen gehen kann man im »Arns-
bourg« 20 km östlich in Untermuhltal
(3 Michelin-Sterne, Tel. 03 87 06 50
85, mit modernem Hotel).

Au Bon Gîte
Senones, 3 Place Vaultrin, Tel. 03 29
57 92 46, www.aubongite.fr
Altes Haus im Zentrum des Hauptorts
des Fürstentums Salm, modernisierte
Zimmer. Das Restaurant ist eine
ausgezeichnete Adresse für die Genüsse der Region und Frankreichs.

Hôtel de la Fontaine Stanislas
Plombières-les-Bains, Tel. 03 29 66 01
53, April – Okt. geöffnet
www.fontaine-stanislas.com
4 km südwestlich von Plombières
(D 20) über dem Tal ruhig gelegenes,
angenehmes kleines Haus mit Garten.
Gutes bodenständiges Restaurant (mit
Ausblick); z. B. kann man hier die
Andouille aus dem Ajol-Tal testen.

Fort Schœnenbourg in der Nähe von Wissembourg im Elsass, die größte zugängliche Anlage der Maginot-Linie

KOSTSPIELIGE FEHLPLANUNG

Nach dem Ersten Weltkrieg entstand im Nordosten Frankreichs das gewaltigste Festungswerk der Welt, dessen Bau ein Drittel des Staatshaushalts verschlang – 5 Mrd. Goldfranc, was heute etwa 3 Mrd. € wären.

Nachdem man schon 1919 über eine bessere Sicherung der Landesgrenzen nachgedacht hatte, entstand zwischen 1929 und 1932 – in einer Phase der Entspannung zwischen Frankreich und Deutschland – nach den Plänen des ehrgeizigen Kriegsministers **André Maginot** (1877–1932) ein riesiges Bollwerk. Am stärksten ausgebaut wurde die 300 km lange Grenze in Elsass und Lothringen zwischen Mülhausen und Sedan mit 35 kleinen und 23 großen Festungen sowie rund 400 Kleinbunkern. Dafür wurden ganze Landschaften umgewühlt und weit über 200 km Stollen und Schächte in den Untergrund gegraben. Allein für die oberirdischen Festungswerke wurde soviel Beton verarbeitet, dass man daraus die Cheopspyramide erstellen könnte; aus dem Stahl, der die Geschützkuppeln und sonstigen Panzerwerke schützte, hätten sechs Eiffeltürme errichtet werden können. Die unterirdischen Heerstädte waren mit kilometerlangen Eisenbahnen ausgestattet, mit Aufzügen, Kasematten, Magazinen, Kraftwerken, Spitälern, Bäckereien und Küchen. Das Ganze verschlang so viel Geld, dass man keine modernen Luft- und Landstreitkräfte mehr aufbauen konnte.

Genützt hat der Wall auch nicht. 1940 wurde er von Hitlers Panzerdivisionen einfach umgangen, sie drangen – was die französischen Militärs einfach nicht in Betracht zogen – über das neutrale Belgien und die Ardennen in Frankreich ein. In großem Bogen stießen sie über Paris bis zur Schweizer Grenze vor und schlossen die Festungslinie ein. Nur eine Festung, La Ferté, wurde tatsächlich erobert.

Bis 1970 verwaltete die französische Armee die Bauwerke der Ligne Maginot. Einige große Festungen werden immer noch militärisch genutzt. Etliche Anlagen im Nordelsass und in Lothringen wurden restauriert und zugänglich gemacht (soweit sie nicht in Betriebe wie Pilzzuchten umfunktioniert wurden). Die imposantesten zugänglichen Anlagen sind die Forts Schœnenbourg und Four à Chaux (»Kalkofen«) in der Nähe von Wissembourg im ▶Elsass sowie das Fort Hackenberg (▶S. 395). Beim Besuch bedenken: In diesen gigantischen Maulwurfsbauten ist es das ganze Jahr nur 12–15 °C »warm«.

Die mächtige Festung von Bitche in den Nordvogesen (▶S. 392)

sischsprachigen Reichsbistümer Metz, Toul und Verdun an die französische Krone. 1738 wurde Stanisław Leszczyński, entthronter polnischer König und Schwiegervater Ludwigs XV., Herzog von Lothringen; mit seinem Tod 1766 kam das Land zu Frankreich. Im 19./ 20. Jh. traf sich in den **Thermalbädern** am Rand der Vogesen, in Bains-les-Bains, Plombières, Vittel und Contrexéville, »toute l'Europe«. Nach dem **Deutsch-Französischen Krieg** 1870/1871 wurde ein großer, vorwiegend deutschsprachiger Teil Lothringens mit Metz vom neu gegründeten Deutschen Reich annektiert. Nach dem Ersten Weltkrieg, in dem Lothringen Schauplatz furchtbarer Gemetzel war – allein die **Schlacht um Verdun** 1916 kostete ca. 800 000 Soldaten das Leben –, fiel es wieder an Frankreich, zu dem es, mit Ausnahme von 1940 bis 1944, seitdem gehört. Die Wirtschaftskraft beruhte auf dem Abbau von Kohle und Eisenerz sowie auf der Stahl-, Chemie- und Textilindustrie, die den Norden Lothringens prägten. Eine Rolle spielte auch die Salzgewinnung, die Basis für die Ansiedlung chemischer Industrie. Anfang der 1960er-Jahre waren in diesen Branchen noch über 200 000 Menschen beschäftigt, heute sind es nur noch 30 000. 1993 schloss das letzte Eisenerzbergwerk (Roncourt), 2004 das **letzte Kohlebergwerk** (La Houve), was gleichzeitig das Ende der Kohleförderung in Frankreich bedeutete. Seit Mitte der 1960er-Jahre hat man dem Revier zu neuem Aufschwung verholfen. So ist Lothringen heute die Region mit der größten Konzentration ausländischer Firmen, darunter dem zur Daimler AG gehörenden Smart-Werk in Hambach. Aufgrund der wenig fruchtbaren Kalkböden konzentriert sich die Landwirtschaft auf Getreideanbau, Milchwirtschaft und Obst – weltweit bekannt sind die lothringischen **Mirabellen**.

Highlights Lothringen

Nancy
Barockjuwel und Jugendstil-Stadt
► Seite 418

Sarreguemines
Prächtige Produkte der Keramikindustrie
► Seite 392

Ligier Richier
Bahnbrechende, beeindruckende Werke
des spätmittelalterlichen Bildhauers
► Seite 397

Maginot-Linie
Kriegsmaschinerie in den Forts
Hackenberg und Simserhof
► Seite 395, 392

Bischofsstadt Toul
Zeugnisse einer bedeutenden Zeit
► Seite 396

Verdun
Schlachtfelder des Ersten Weltkriegs, eine
Mahnung an die Nachgeborenen
► Seite 591

Kuren wie im 19. Jahrhundert
Bains-les-Bains, Contrexéville, Plombières-
les-Bains, Vittel: das »Bäderviereck« in
den südlichen Vogesen
► Seite 401, 400

Reiseziele im nördlichen Lothringen

Sarreguemines

★★

Keramikmuseum ►
🕐

Sarreguemines (dt. Saargemünd, 21 800 Einw.) 18 km südlich von
Saarbrücken ist für seine seit 1790 bestehende **Fayence-Manufaktur**
berühmt. Das einstige Haus des Direktors beherbergt eine großartige
Sammlung (Musée de la Faïence, Mi. – Mo. 10.00 – 12.00, 14.00 bis
18.00 Uhr); besonders prächtig ist der von Paul de Geiger 1882 ent-
worfene Wintergarten. In der Moulin de Blies, einem Teil der Fabrikgebäude, demonstriert das Musée des Techniques Faïencières die
Herstellung. Gut und stilecht isst man im Casino des Sommeliers,
einst das Casino des Werks (1890; 4 Rue du Colonel Cazal, So./Mo.
geschl.).

Parc Archéo-
logique ►

🕐

Die 6000 Jahre alte Siedlungsgeschichte der Gegend haben Grabun-
gen von **Bliesbruck-Reinheim** beiderseits der Grenze (ca. 10 km östlich von Sarreguemines) sichtbar gemacht; die wichtigsten Teile sind
das Grab der keltischen »Fürstin von Reinheim« und die römische
Kleinstadt (Mitte März – Okt. tägl.).

Bitche

🕐

Das Städtchen (dt. Bitsch, 5500 Einw.) 20 km östlich von Sarreguemines wird von einer mächtigen **Zitadelle** überragt, die unter Ludwig XIV. von Vauban errichtet wurde (1681 – 1683). Sie sollte den
Übergang von Lothringen ins Elsass sichern, im Zweiten Weltkrieg
war sie ein wichtiger Punkt der Maginot-Linie. In den Kasematten
wird das Leben in einem solchen Verteidigungsbau anschaulich demonstriert (letzter März-Sa. – 1. Nov.-So., tägl.); großartige Aussicht
vom höchsten Punkt. Von der Straße nach Zweibrücken (4 km) ist
das Fort **Simserhof** zu erreichen, ein wichtiger Punkt der Maginot-

Linie (15. März – 15. Nov., außer Juli/Aug. und Schulferien Mo. geschl.; warme Kleidung!).

St-Avold (16 600 Einw.) 45 km östlich von Metz liegt im einstigen lothringischen Kohlerevier. Hier lohnt die mächtige, aus rotem Vogesensandstein erbaute Benediktinerkirche **St-Nabor** (1755 – 1769) einen Blick, die als bedeutendster Sakralbau des 18. Jh.s in Lothringen gilt. Stilistisch ist sie eine eigenartige Mixtur aus gotischer Hallenkirche und barock-klassizistischen Gestaltungsideen. Der amerikanische Soldatenfriedhof nördlich der Stadt ist der größte in Europa.

> ### Baedeker TIPP
>
> #### Alte Glasindustrie
>
> St-Louis-lès-Bitche (7 km südlich von Bitche) ist für die 1767 gegründete Kristallglasmanufaktur bekannt. Im Musée du Cristal – ein Kunstwerk aus Glas und Licht – kann man die Kunst der Handwerker bewundern (Di. geschl.). Im südlich benachbarten Meisenthal wurde von 1704 bis 1965 Glas hergestellt. Das Centre International d'Art Verrier illustriert die Geschichte und hält die Tradition aufrecht (Ostern – Okt., Di. geschl.).

Phalsbourg

Phalsbourg (Pfalzburg, 4600 Einw.) 16 km östlich von Sarrebourg (siehe unten) entstand ab 1568 mit dem Bau eines Schlosses. 1662 fiel es an Frankreich und Vauban legte ab 1679 eine Festung an (1871 geschleift); Reste sind die Porte de France und die Porte d'Allemagne. Im prachtvollen barocken Hotel de Ville informiert ein Museum über die Geschichte der Festungsstadt und das Schriftstellerduo **Emile Erckmann und Alexandre Chatrian**, dessen Romane für das Elsass und Lothringen höchst bedeutsam sind (u. a. »L'Ami Fritz«). Emile Erckmann wurde 1822 in Phalsbourg geboren.

★ ★
Schiffshebewerk St-Louis-Arzviller

Nicht nur Technikfans sind begeistert vom 1969 eröffneten Schiffshebewerk (Plan incliné) von St-Louis-Arzviller am Rhein-Marne-Kanal 3 km südwestlich von Lutzelbourg. Auf einer 109 m langen, geneigten Rampe überwinden Schiffe in einem Trog 44,5 m Höhe in 4 Minuten, vorher brauchte man dazu einen ganzen Tag Fahrt und 17 Schleusen. Durch eine genial simple Technik ist nur eine geringe Leistung notwendig (Führungen mit Bootsfahrt im Aufzug April bis ca. 24. Okt. Di. – So., Juli /Aug. auch am Montag).

🕐

Dabo

Der kleine Urlaubsort Dabo (Dagsburg, 2700 Einw.) 18 km südöstlich von Sarrebourg liegt in schöner Landschaft am weithin sichtbaren »Felsen von Dabo« (664 m). Ihn krönte bis 1679 die Dagsburg, heute steht hier die 1890 zu Ehren des in der Burg geborenen Papstes Leo IX. (1049 – 1054) erbaute Kapelle St-Léon. Hier hat man einen herrlichen Rundblick und es gibt auch ein Aussichtsrestaurant.

★
◄ Rocher de Dabo

Sarrebourg

Die kleine Industriestadt (12 800 Einw.) liegt 26 km westlich von Phalsbourg am Rand der Vogesen an der (Sarre). Die Chapelle des Cordeliers – der Rest eines 1970 abgerissenen Konvents von 1265, mit dem Tourismusbüro – wird durch ein riesiges Glasfenster von

Marc Chagall abgeschlossen (1976); sein Thema ist die Schöpfungsgeschichte. Im Musée du Pays de Sarrebourg sind Keramiken aus Sarrebourg und Niderviller sowie gallorömische Funde ausgestellt.

Vic-sur-Seille

Vic-sur-Seille, ein nettes Städtchen gut 20 km nordöstlich von Nancy, war Geburtsort des Malers **Georges de La Tour** (1593–1652), der für seine Genreszenen mit fantastischem Kerzenlicht berühmt ist. Das nach ihm benannte Museum im Hotel de la Monnaie (16. Jh.) am Hauptplatz besitzt auch zwei Gemälde von ihm (Mo. geschl.).

Pont-à-Mousson

Pont-à-Mousson (14 000 Einw.), zwischen ► Nancy und ► Metz an der Mosel gelegen, ist von Schwerindustrie umgeben und dennoch sehenswert. Mittelpunkt ist die von **Arkadenhäusern** des 16. bis 18. Jh.s umgebene dreiseitige Place Duroc (u. a. »Haus der 7 Todsünden«). Einen Blick wert sind auch das Rathaus und die Kirche St-Martin (14./15. Jh., im 17./18. Jh. erweitert) mit einer hervorragenden spätgotischen **Grablegung**, die möglicherweise Ligier Richier beeinflusste (► St-Mihiel, S. 397). Ein lebensgroßer »Christus unter dem Kreuz« von Richier ist in der Kirche St-Laurent zu sehen, außerdem ein flämischer Schnitzaltar (16. Jh.). Die Prämonstratenserabtei (18. Jh.) am nördlichen Mosel-Ufer dient als Kulturzentrum; ihre »Juwelen« sind die drei Treppenhäuser.

Metz

►dort

Chambley

Die alte US-amerikanische Air Base in Chambley gut 30 km südwestlich von Metz ist ein Mekka des Ballonsports; hier findet alle 2 Jahre das 10-tägige **Lorraine Mondial Air Ballons** statt, mit über 400 Heißluftballonen aus über 60 Ländern (Info: www.pilatre-de-rozier.com).

Amnéville-les-Thermes

Bei Amnéville bzw. Hagondange ca. 18 km nördlich von Metz wurde 1996 nach der Erbohrung von 41 °C warmem Mineralwasser der große Badekomplex **Thermapolis** eröffnet (www.polethermal.com), inzwischen eine große Freizeitanlage mit Indoor-Skipiste, Zoo, Golfplatz etc. Hier ist auch das **Musée Chapleur** zu Hause, das Fahr- und Motorräder seit 1918 zeigt. Bei Maizières lockt der **Walygator Parc** (Vergnügungspark, www.walygatorparc.com).

Thionville

Zentrum des lothringischen Industriegebiets – einst »Metropole des Eisens« – ist die Stadt Thionville (41 000 Einw.), 30 km nördlich von Metz an der Mosel gelegen, die hier stattliche 100 m breit ist. Die Altstadt links der Mosel hat durchaus Atmosphäre; prägend ist die Architektur der Jahre 1870 bis 1918, als »Diedenhofen« deutsch war. Von der Burg der Luxemburger Grafen stammt noch die 14-seitige **Tour aux Puces** (»Flohturm«, 12. Jh.; mit Stadtmuseum). Sehenswert sind auch die Schleusenbrücke (Pont-Ecluse) an der Mosel, ein Rest der Befestigung des 18. Jh.s, und das Château de la Grange nördlich vor der Stadt, eines der schönsten des 18. Jh.s in Lothringen. Das

Hochhofen U 4 in Uckange: Zeugnis der Geschichte der Schwerindustrie in Lothringen

Thema **Schwerindustrie** dokumentieren in der Umgebung einige interessante Stätten: im südlichen Nachbarort Uckange der letzte Hochofen von sechsen (Parc du Haut-Fourneau U 4, Mitte April bis ☉ 1. Nov.) sowie das Minenmuseum (Ecomusée des Mines de Fer) mit zwei Teilen: in Neufchef 10 km südwestlich (ganzjährig 14.00 – 18.00 ☉ Uhr, Mo. geschl.) und in Aumetz 15 km nordwestlich (Mai – Sept., Mo. geschl.). Von Neufchef 11 km südwestlich liegt **Briey**, wo Le Corbusier 1960 eine seiner drei »Cités Radieuses« erbaute; in der romanisch-gotischen Kirche St-Gengoult sind eine geschnitzte Pietà (15. Jh.) und eine Kreuzigungsgruppe von Ligier Richier oder seiner Werkstatt (um 1530) zu sehen.

Das Fort Hackenberg (bei Veckring 23 km östlich von Thionville) ⭐⭐ war das größte Fort der **Maginot-Linie** (▶Special S. 390). 1200 Mann **Fort Hackenberg** Besatzung konnten in der Anlage drei Monate autark leben, die Geschütze in der Minute 4 t Granaten verschießen. Am 4. Juli ergab sich die Besatzung auf Befehl der Regierung der deutschen Wehrmacht, die wiederum wich im Nov. 1944 den Amerikanern (Führungen April – Mitte Nov. Sa./So. 14.00 – 15.30, Mi. 15.00, 15. Juni – 15. ☉ Sept. auch Mo., Mi., Do., Fr. 15.00; Mitte Nov. – März Sa. 14.00 Uhr; Führungen auf Deutsch April – Mitte Nov. Sa./So. 14.30, Mitte Juni – Mitte Sept. tägl. 15.00 Uhr; warme Kleidung!).

Am Weg entlang der Mosel von Thionville nach Sierck passiert man **Sierck-les-Bains** das **KKW Cattenom** mit seinen 165 m hohen Kühltürmen. Das von den Ruinen einer Burg des 11. Jh.s dominierte Städtchen Sierck liegt im Dreiländereck Frankreich/Deutschland/Luxemburg – in der Nähe, in Luxemburg, das berühmte Schengen, wo am 14. Juni 1985 auf einem Ausflugsschiff das erste EU-Abkommen zum »Abbau der Kontrollen an den gemeinsamen Grenzen« geschlossen wurde. Nordöstlich von Sierck thront an der Grenze zu Deutschland das mächtige **Château de Malbrouck**, errichtet bis 1434; seinen Namen hat es von John Churchill, Herzog von Marlborough, der es 1705 im Spanischen Erbfolgekrieg als Stützpunkt nutzte (Mitte März bis Mitte Dez. tägl., viele Veranstaltungen).

Verdun ▶ dort

Montmédy Nahe der belgischen Grenze, 47 km nördlich von Verdun, liegt die kleine Festungsstadt Montmédy (2300 Einw.), die nach dem Pyrenäenfrieden 1659 zu Frankreich kam; ihre **Zitadelle**, die der habsburgische Kaiser Karl V. hatte errichten lassen, wurde von Vauban verstärkt (zugänglich, mit Museum). Die 120 Seelen zählende Stadt (!) **Avioth** 8 km nördlich überrascht mit einer eleganten gotischen Kirche: Das »Wunder von Avioth«, die Basilika Notre-Dame, wurde im

Notre-Dame d'Avioth ▶ 13.–15. Jh. als Wallfahrtskirche erbaut. Das Gnadenbild ist eine Marienstatue aus Lindenholz, die man der Legende zufolge Anfang des 12. Jh.s in einem Dornbusch fand. Schönes Westportal mit einem Jüngsten Gericht im Tympanon und der Passion Christi am Türsturz; einzigartig ist die filigrane »Récevresse« (14. Jh.) vor dem Südturm, eine Art Sakramentshaus; vielleicht wurden hier, wie der Name vermuten lässt, die Gaben der Pilger angenommen.

Toul Toul (16 300 Einw.), 24 km westlich von Nancy im oberen Mosel-Tal gelegen, besaß im Mittelalter große Bedeutung als Bischofs- und Freie Reichsstadt (bis 1648). Fast ganz erhalten ist die von Vauban 1698–1712 angelegte **Befestigung**, die die Altstadt umgibt, heute ein schöner Grüngürtel mit Kanälen. Von der Macht des Bistums zeugt die **Kathedrale St-Etienne** (1221 bis 1507) mit eindrucksvoller Flamboyant-Fassade (1460–1496), zwei unvollendeten, 65 m hohen Türmen und großem Kreuzgang (13./14. Jahrhundert); innen zeigt sie die typischen Züge der Champagne-Gotik. Der **Bischofspalast** (1753) nebenan dient seit 1789 als Rathaus. Westlich, jenseits der zentralen Rue Michâtel mit schönem Renaissance-Haus (Nr. 16), steht die Kirche St-Gengoult (13.–16. Jahrhundert), eine kleine Ausgabe der Kathedrale; im Chor

Kathedrale St-Etienne in Toul

sind schöne Glasfenster (um 1260) erhalten, im Kreuzgang (um 1515) elegantes Flamboyant-Maßwerk und hübsch skulptierte Kapitelle. In der Rue Général-Gengoult weiter westlich stehen alte, teils noch ins 14. Jh. datierende Häuser. Besuchenswert ist das Musée d'Art et d'Histoire in einem Hospiz aus dem 13./18. Jh. (25 Rue Gouvion-St-Cyr, Di. geschl.). 15 km nördlich, bei Andilly, liegt der **größte deutsche Soldatenfriedhof** des Zweiten Weltkriegs in Frankreich mit über 33 000 Gefallenen.

⊙
◄ Andilly

Commercy

Stanisław Leszczyński (►Nancy) wählte den 32 km nordwestlich von Toul an der Maas gelegenen Ort (6500 Einw.) als Sommerresidenz und ließ das **Barockschloss** des Grafen de Vaudemont 1745 – 1747 durch Emmanuel Héré umbauen (Stadtverwaltung). Im Stadtbad von 1930 ist das Musée de la Céramique et de l'Ivoire untergebracht, das eine der schönsten Sammlungen von Elfenbeinarbeiten des 17. bis 19. Jh.s in Frankreich besitzt (Mai/Juni/Sept. Sa./So., Juli/Aug. Mi. – Mo. 14.00 – 18.00 Uhr). Einem Konditor von Stanisław Leszczyński sind die **Madeleines de Commercy** zu verdanken, das in aller Welt berühmte Gebäck aus Rührteig. Zwei Firmen halten die Tradition hoch: Bahlsen-Grojean und Boîte à Madeleines.

⊙

Saint-Mihiel

Der kleine Ort (4800 Einw.) an der Maas 18 km nördlich von Commercy entstand aus einer 709 gegründeten Benediktinerabtei. Er war Heimat des bedeutenden Bildhauers **Ligier Richier** (1507 ? – 1567), der in seiner Behandlung der menschlichen Figur noch der Gotik verpflichtet ist, im Dekor aber schon der Renaissance. In den Kirchen des Orts sind einige großartige Werke von ihm zu sehen, u. a. in St-Michel (17. Jh.; Vorhalle mit Turm vom Vorgängerbau aus dem 12. Jh.) die Gruppe »Johannes stützt die niedersinkende Maria« (Nussbaum, 1531) und in St-Etienne eine »Grablegung« aus Stein (1554 – 1564). St-Michel besitzt außerdem eine wunderbare Orgel (1681), im Konvent (17. Jh.) sehenswert sind die **Bibliothek** von 1775 (Juli/Aug. Mi. – Mo. nachmittags, April – Juni, Sept./Okt. Sa./ So.) und das Museum für sakrale Kunst (Di. geschl., Okt. bis April nur nachmittags geöffnet).

★ ★
◄ Werke von Ligier Richier

⊙
⊙

Bar-le-Duc

Die alte Hauptstadt des Herzogtums Bar (16 000 Einw.) liegt 35 km südwestlich von St-Mihiel am Rand der ► Champagne in reizvoller Landschaft. Mittelpunkt der Oberstadt ist die von schönen Häusern des 14. bis 18. Jh.s umgebene Place St-Pierre; das Hôtel de Florainville (Renaissance) erhielt im 18. Jh. seine schmiedeeisernen Balkongitter. Am Platz steht die spätgotische Kirche **St-Etienne** (14. – 17. Jh.), in der eine Kreuzigungsgruppe (1530) und das Grabmal des 1544 gefalle-

? WUSSTEN SIE SCHON …?

■ Spezialität von Bar-le-Duc ist die Confiture de groseilles (Johannisbeerkonfitüre), nichts Besonderes, sollte man meinen – doch hier werden die Kerne mit einem Gänsekiel entfernt! Zu bekommen ist der »caviar de Bar« bei Dutriez, 35 Rue de l'Etoile.

★★
Werke von
Ligier Richier ▶

nen Prinzen René de Châlon mit dem berühmten »Skelett« zu sehen sind, Meisterwerke von Ligier Richier. An der nordwestlich führenden Hauptstraße Rue des Ducs-de-Bar stehen schöne Häuser aus Renaissance und Barock; rechter Hand die imposante Tour de l'Horloge, einziger Rest der Herzogsburg. Weiter nordwestlich findet man das Neue Schloss (erbaut ab 1567) mit dem **Musée Barrois**, das eine archäologische Sammlung sowie Werke französischer und flämischer Maler zeigt (Mi. – So. 14.00 – 18.00 Uhr). Am Weg in die Unterstadt liegt das Collège Gilles de Trèves (1574) mit schönem Renaissance-Hof. Über den kapellengeschmückten Pont Notre-Dame erreicht man die Kirche Notre-Dame (11. – 14. Jh.); im Langhaus ist der Kruzifixus von Richier (1530), im südlichen Querhaus das Relief »Mariä Himmelfahrt« (1500) bemerkenswert.

Reiseziele im südlichen Lothringen

Saint-Dié

Die alte Bischofsstadt St-Dié (22 000 Einw., 75 km südwestlich von Straßburg) brannte im Zweiten Weltkrieg großenteils ab und zeigt sich heute als moderne Industriestadt (Textilien, Holz). Sie nennt sich stolz die »Patin Amerikas«: Hier veröffentlichte **Martin Waldseemüller** 1507 das erste geografische Werk, in dem von »Amerika« die Rede ist (ein Exemplar der »Cosmographiae Introductio« wird in der Stadtbibliothek aufbewahrt). 1945 bekam Le Corbusier den Auftrag, die neue Stadt zu planen, gebaut wurde aber nur die Wirkwarenfabrik Claude et Duval im Norden der Stadt. Im Zentrum blieb das Ensemble dreier Sakralbauten erhalten. Die romanisch-gotische **Kathedrale** (13./14. Jh.) erhielt um 1718 ihre klassizistische Fassade (rechts flankiert von einer angeblich 800 Jahre alten Linde); das romanische Langhaus besitzt 40 hervorragende Kapitelle, die modernen Fenster entstanden 1986/1987 unter Leitung von Jean Bazaine. Ein unvollendeter Kreuzgang (15./16. Jh.) verbindet die Kathedrale mit der »kleinen Kirche« Notre-Dame de Galilée, ein schönes Beispiel rheinischer Romanik des 12. Jh.s. Im Musée Pierre-Noël neben der Kathedrale sind u. a. Funde von La Bure (▶ unten) zu sehen, außerdem Werke der klassischen Moderne (u. a. Chagall, Léger, Dalí, Miró): Dieser überraschende Besitz war ein Geschenk der Künstlerin Claire Goll, deren Ehemann Yves aus St-Dié stammte (Mo. geschl.). Im Park Jean Mansuy erregt der 36 m hohe »Freiheitsturm« Aufmerksamkeit, der zum 200-Jahr-Jubiläum der Revolution 1989 in Paris stand; in der Schachtel unter ihren Flügeln sind ungewöhnliche Schmuckstücke ausgestellt, die H.-E. Heger de Loewenfeld nach Werken des Kubisten George Braque schuf (Mo. geschl.). Auf einem Bergrücken 8 km nördlich wurde eine keltische Siedlung aus der Zeit von 2000 v. Chr. bis zum 4. Jh. n. Chr. ausgegraben; vom **Camp celtique de la Bure** hat man einen schönen Ausblick.

★
Sakralbauten ▶

★
Musée
Pierre-Noël ▶

★
Braque-Schmuck ▶

Baccarat

In Baccarat, ca. 25 km nordwestlich von St-Dié, wird seit 1764 **Kristallglas** hergestellt. Im Fabrikantenhaus der Werksanlagen logiert das

Musée du Cristal (tägl. geöffnet), in dem man viel über die Herstellung erfährt, außerdem sind schöne Stücke ausgestellt. Kristallglas ist neben Beton das Gestaltungselement der Kirche St-Rémy (1957).

Die Stadt **Lunéville** (20 000 Einw.) 37 km südöstlich von Nancy war 1702 bis 1737 Residenz der Herzöge von Lothringen; 1801 wurde hier der bedeutende Friede zwischen Frankreich und Österreich geschlossen. Seine Blütezeit erlebte es unter Herzog Leopold (ab 1702) und unter Stanisław Leszczyński (►Nancy), der das von Germain Boffrand, einem Schüler Mansarts, bis 1723 erbaute Schloss im Rokoko-Stil großzügig umgestalten ließ (»Klein-Versailles«). 2003 hat ein Brand den Südflügel mit der Kapelle und wertvollen Sammlungen zerstört; der Wiederaufbau soll 2016 abgeschlossen sein. Im Nordflügel kann man die duftigen Stickereien von Lunéville kennenlernen (Conservatoire des Broderies). Die Barockkirche St-Jacques in der hübschen Altstadt entstand 1730 – 1747 unter Boffrand und Héré; prachtvolle Schnitzereien zieren Kanzel, Chorgestühl und Orgel, beachtlich sind auch die Gemälde des Lunévillers J. Girardet (1708 – 1788). Die Synagoge in der Rue Girardet wurde 1785 erbaut, als erste in Frankreich seit dem 13. Jahrhundert.

◄ Schloss

► dort

Nancy

Der Westhang der Hochvogesen ist mit seinen bewaldeten Höhen und eiszeitlichen Seen als Urlaubsgebiet in Sommer und Winter gleichermaßen beliebt. Sein Zentrum ist das zu Ferienzeiten überlaufene Gérardmer (gesprochen »schérarmé«, 8700 Einw., 666 – 1100 m), das hübsch am Ufer des größten Sees der Vogesen liegt, unterhalb des Col de la Schlucht, des Übergangs nach ► Colmar. Zahlreiche Hotels, Restaurants, Freizeit- und Sporteinrichtungen, Strandbäder, Wanderwege, ein Casino etc. sorgen für die Gäste; vor der Tür liegen die Skipisten von La Mauselaine und die Loipen von Xonrupt-Longemer. Mit ihren **Leinen- und Baumwollstoffen** beherrschen die traditionsreichen Textilfabriken den französischen Markt (Besichtigung, Fabrikläden). Das **Narzissenfest** (Fête de la Jonquille, 2. Aprilhälfte in ungeraden Jahren) zieht Tausende Besucher an, Ende Januar findet das Festival des Fantasy-Films (Fantastic'Arts) statt.

Gérardmer

Epinal (33 500 Einw.), Hauptort des Départements Vosges, liegt an der Mosel inmitten weiter Wälder. Berühmte Erzeugnisse sind die **Images d'Epinal**, bunte Bilderbogen als Vorgänger der Comics, die ab 1796 gedruckt wurden und zeitweise in die ganze Welt gingen.

Epinal

✳
Musée d'Art Ancien
et Contemporain ►
🕐

Die schönsten Beispiele sind in der Imagerie d'Epinal mit dem Musée de l'Image (42 bis, Quai de Dogneville) zu sehen. Das **Musée d'Art Ancien et Contemporain** (1992, Di. geschl.) an der Südspitze der Moselinsel zeigt gallorömische Funde, mittelalterliche Sakralkunst und hervorragende Gemälde (u. a. Claude Lorrain, La Tour, Breughel, Rembrandt; Arte Povera, Pop-Art). In der Altstadt rechts der Mosel lohnt die Basilika St-Maurice einen Besuch (12.–14. Jh.); Haupteingang ist das verstümmelte Portail des Bourgeois im Norden, das Innere lässt burgundische Einflüsse erkennen. Den Park östlich über der Altstadt zieren die Ruinen der 1670 zerstörten Burg.

✳
Remiremont
🕐

Remiremont (8200 Einw.), 26 km südlich von Epinal am Fuß des Parmon (613 m) am Oberlauf der Mosel gelegen, geht auf ein einst berühmtes, im 11. Jahrhundert gegründetes **Stift für Damen des Hochadels** zurück. Die dem Papst unterstellte Äbtissin war Reichsfürstin; sie musste keusch leben, im Gegensatz zu den Stiftsdamen, die schmucke Häuser in der Stadt bewohnten (z. B. Place des Mesdames). Die Stiftskirche St-Pierre, im 13. Jahrhundert entstanden (Fassade/Turm 18. JJahrhundert), prägt mit dem spätbarocken **Äbtissinnen-Palais** (1752, Rathaus) das Stadtbild. Schöne Arkadenhäuser des 17./18. Jahrhunderts säumen die Rue Charles-de-Gaulle. Das Musée Charles de Bruyère im Haus Nr. 70 ist der Stadtgeschichte gewidmet; in Kanonissenhäusern des 18./19. Jahrhunderts (12 Rue Gén. Humbert) illustriert das Musée Charles Friry die Geschichte des Stifts (beide Di. geschl.).

✳
Plombières-les-Bains

Das seit der Römerzeit bekannte **Heilbad** (1900 Einw.) liegt 30 km südlich von Epinal im schmalen Augronne-Tal. Seine 27 Quellen mit 13–84 °C lockten im 18./19. Jh. gekrönte Häupter und andere Prominenz aus Politik und Gesellschaft an, die damals entstandenen Bauten und Parks sind heute ein gediegener Rahmen zum angenehmen Kuren (v. a. Krankheiten des Bewegungsapparats und des Verdauungstrakts; www.plombieres-les-bains.com).

Der pompöse Komplex der Thermes Napoléon entstand ab 1857; südwestlich davon liegt der schöne Parc Impérial mit Casino. Im Nordosten erstreckt sich der alte Ort mit besuchenswertem Musée Louis Français (mit Werken dieses in Plombières geborenen Malers,

---

! **Baedeker** TIPP

Kochgerät, französisch

Das charmante Ajol-Tal südlich von Plombières ist nicht nur für seine Kirschen bekannt, sondern auch für den Küchengerätehersteller de Buyer in Faymont. Im Atelier kann man unter Anleitung ausprobieren, was man erstehen möchte (Anmeldung unter Tel. 03 29 30 56 12; www.debuyer.com).

---

außerdem von Corot, Courbet u. a.), dem Bain National (1818, Trinkhalle), dem römischen Bad, der schönen Maison des Arcades (1762) und dem Bain Stanislas (1736). Für das nahe Luxeuil-les-Bains ►Franche-Comté, S. 318.

Ein schöner Ausflug führt von Plombières im Zickzack durchs schmale Tal der Semouse nach Bains-les-Bains (1600 Einw.), dessen bis 51 °C warme Quellen in zwei Kuranlagen genutzt werden: Bain de la Promenade (1880, 1928 im Jugendstil umgestaltet) und Bain Romain (1845), errichtet auf den Resten eines römischen Bads. Interessant ist auch westlich des Orts die 1733 gegründete **Manufacture Royale**, die Weißblech herstellte, später Hufeisen. Heute gibt es hier Kultur und Chambres d'hôtes (www.bainsmanufactureroyale.eu).

In hübscher Umgebung liegt Vittel (5600 Einw., 42 km westlich von Epinal), seit Mitte des 19. Jh.s das **renommierteste Heilbad Lothringens**. Sein kaltes Mineralwasser sprudelt aus vier Quellen und wird v. a. bei Rheuma- und Stoffwechselkrankheiten angewendet. Schöne Parks, viele Sportmöglichkeiten, Golfplatz, Rennbahn und Spielcasino tragen zur Unterhaltung bei. Es war Charles Garnier, Architekt der alten Pariser Oper, der um 1885 Vittel mit dem Kurbad, der Wandelhalle, dem ersten Casino und diversen Villen seine Atmosphäre gab. Sehenswert ist die spätgotische Kirche St-Rémy (um 1500). Am Ortsrand liegt die Fabrik, in der täglich über 5 Mio. Flaschen mit dem weltbekannten Wasser abgefüllt werden (Besichtigung). Der ebenfalls für sein Mineralwasser bekannte Kurort **Contrexéville** liegt ca. 8 km südwestlich in schöner Landschaft; seine um 1910 in byzantinischem Stil erbauten Kuranlagen strahlen noch heute nobles Flair aus.

Verströmt noch die Atmosphäre des 19. Jh.s: Salon im Grand-Hôtel in Vittel

Neufchâteau | Das 28 km nordwestlich von Contrexéville über die Maas gelegene alte Städtchen Neufchâteau (7000 Einw.) spielte im Mittelalter als freie Stadt des Herzogtums Lothringen eine wichtige Rolle. In der Oberstadt sind hübsche alte Häuser erhalten, u. a. das Hôtel de Ville mit herrlichem Treppenhaus (1597). Die aufgrund des steilen Geländes zweistöckige Kirche St-Nicolas (12.–15. Jh., Umbau 1704) besitzt eine reiche barocke Ausstattung und eine bemerkenswerte »Grablegung« (15. Jh.).

! **Baedeker** TIPP

Lothringen von oben

Kein Wunder, dass der Signal de Vaudemont, in Luftlinie ca. 30 km südlich von Nancy, schon den Kelten heilig war; der Gipfel eröffnet einen herrlichen Weitblick über das Lothringer Plateau. Zwischen den sehenswerten Dörfern Sion und Vaudemont verläuft die D 53 über den Kamm.

In **Grand** 23 km nordwestlich von Neufchâteau wurden die Reste der römischen Stadt Andesina freigelegt, u. a. ein Amphitheater (um 80 n. Chr., für Veranstaltungen genutzt) und das größte erhaltene römische Mosaik in Frankreich (224 m²); in den Thermen, deren Reste unter der Kirche liegen, suchten auch die Kaiser Caracalla und Konstantin Heilung.

★
Römisches Mosaik ►

Domrémy-la-Pucelle | Das berühmteste Dorf Lothringens ist Domrémy-la-Pucelle 9 km nördlich von Neufchâteau: Hier kam am 6. Januar 1412 **Jeanne d'Arc** zur Welt, die Jungfrau von Orléans; daher der Beiname der Stadt: »La Pucelle«. Ihr Geburtshaus nahe der Kirche (15. Jh.) ist zu besichtigen, daneben das Museum (Centre Johanniques, April–Sept. tägl. geöffnet, sonst Di. geschl.). Für Jeanne-Pilger unverzichtbar ist ein Besuch der 2 km südlich gelegenen **Basilika Bois-Chenu**, erbaut 1881 dort, wo die Pucelle ihre Visionen gehabt haben soll – eine Orgie an Devotionalien aller Art. Auch in **Vaucouleurs** 19 km nördlich von Domrémy gibt es ein Musée Jeanne d'Arc (im Rathaus); hier begann die 17-jährige Johanna ihren Zug gegen die Engländer, indem sie auf der Burg den königstreuen Robert de Baudricourt um Unterstützung bat, damit sie zum König nach Chinon gelangen konnte.

★ **Metz**

0 3

Région: Lorraine (Lothringen)	**Höhe:** 173 m ü. d. M.
Département: Moselle	**Einwohnerzahl:** 123 600

Metz, die geschichtsträchtige Hauptstadt ►Lothringens, ist reich an alten Kirchen, Palästen und Bürgerhäusern, und im Centre Pompidou Metz ist ganz große moderne Kunst zu sehen. Sehr reizvoll ist die lebhafte Atmosphäre der Stadt, eine Mischung aus französischer Provinz und italienischem Flair.

Metz Orientierung

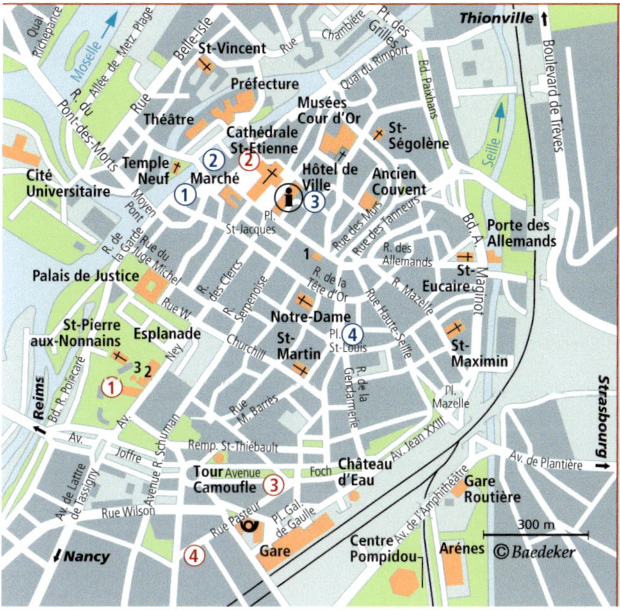

1 Maison des Têtes
2 Arsenal
3 Chapelle des Templiers

Essen
① L'Ecluse Messine
② Des Roches
③ Le Toqué
④ Le Bouche á Oreille

Übernachten
① La Citadelle
② De la Cathédrale
③ All Seasons
④ Cecil'Hôtel

Metz gestern und heute

Die Hauptstadt des Départements Moselle liegt am Fuß der Moselhöhen am Zusammenfluss von Moselle (Mosel) und Seille. Die Stadt mit zwanzig Brücken ist seit 1971 Universitätsstadt und Sitz des Europäischen Zentrums für Umweltschutz. Wegen seiner Lage wurde Metz als »Divodurum« schon zur Römerzeit Zentrum des östlichen Galliens. Ab dem 6. Jh. war es als »Mettis« Residenz der Merowinger- und der Karolingerkönige (Karl der Große ließ seine Frau Hildegard hier beisetzen), dann Bischofs- und Freie Reichsstadt. 1552 wurden die deutsche Reichsbistümer Metz, Toul und Verdun an den französischen König Heinrich II. abgetreten. Von 1870 bis 1918 und im Zweiten Weltkrieg gehörte Metz wieder zum Deutschen Reich.

Sehenswertes in Metz

★★ Kathedrale St-Etienne

Die monumentale Kathedrale entstand von ca. 1220 bis 1522, wobei Teile einer älteren Kirche einbezogen wurden (drei westliche Joche). In der 90 m hohen Tour de Mutte hängt die 11 t schwere, 1605 gegossene Stadtglocke. Man betritt die Kirche durch das »Portal der Jungfrau« (13. Jh., Skulpturen z. T. original) rechts der mächtigen Westfassade. Das Innere überwältigt durch seinen Höhenzug (bei 123 m Gesamtlänge ist das Schiff 42 m hoch, aber nur 13,5 m breit) und die herrlichen **Glasfenster** (6500 m²). Die ältesten stammen aus

► METZ ERLEBEN

AUSKUNFT

Office de Tourisme
2 Place d'Armes, 57000 Metz
Tel. 03 87 55 53 76
www.mairie-metz.fr
http://tourisme.metz.fr

FESTE & EVENTS

Abends prachtvolle Illumination der Stadt. Etwa einmal im Monat Marché aux Puces im Parc des Expositions (nach St-Ouen/Paris der größte Flohmarkt in Frankreich). Ende Juli/Anf. Aug.: Metz Plage (Strandbad auf der Ile St-Symphorien). Juli/Aug., tägl.: Metz en Fête (Jazz, Klassik, Straßentheater; Fr.–So. Wasserspiele mit Musik). Ende Aug.: Mirabellenfest. Ende Aug./Anf. Sept.: Montgolfiades (Treffen von Heißluftballonen). Dez.: Weihnachtsmarkt.

ESSEN

► Erschwinglich/Fein & teuer

① *L'Ecluse Messine*
45 Place de Chambre, Tel. 03 87 75 42 38, Sa.mittag, So.abend, Mo. geschl. Feine, kreative Küche in angenehm schlichtem Rahmen, schöner Blick auf den Temple Neuf. Preiswerte Mittagsmenüs.

② *Des Roches*
29 Rue des Roches, Tel. 03 87 74 06 21, So.abend/Mo.abend geschl. Romantischer Platz mit Terrasse an der Mosel, hübsche Stuben mit niedrigen Balkendecken. Traditionelle Küche, preiswerte Mittagsmenüs.

► Erschwinglich

③ *Le Toqué*
27 Rue Taison, Tel. 03 87 74 29 53 Mo. geschl.
Exzellente, intelligente Küche der französischen Provinzen, ebenso traditionell wie modern. Gemütlich-informelle Atmosphäre.

► Preiswert

④ *Le Bouche à Oreille*
46 Place St-Louis, Tel. 03 87 15 14 66 Kleines, mit viel Krimskrams dekoriertes Lokal. In der herzhaft-feinen Küche spielt Käse die große Rolle. Großzügige Portionen, reservieren!

ÜBERNACHTEN

► Luxus

① *La Citadelle*
5 Avenue Ney, Tel. 03 87 17 17 18 www.citadelle-metz.com
Aus dem Lagerhaus der Zitadelle von 1569 wurde ein stilvolles Domizil. Moderne französische Küche im Restaurant »Magasin aux Vivres« (Sa.mittag, So., Mo. geschl.)

► Günstig/Komfortabel

② *Hôtel de la Cathédrale*
25 Pl. de Chambre, Tel. 03 87 75 00 02 www.hotelcathedrale-metz.fr
Haus aus dem 17. Jh. in bester Lage, herzliche Betreuung, großzügige Zimmer mit modernem Komfort.

③ *All Seasons Metz*
23 Avenue Foch, Tel. 03 87 66 81 11 www.all-seasons-hotel.com
Herrschaftliches Jugendstilhaus von 1906 zwischen Bahnhof und Altstadt. Große, schallisolierte Zimmer, sehr angenehm modern gestaltet.

► Günstig

④ *Cécil'Hôtel*
14 Rue Pasteur, Tel. 03 87 66 66 13 www.cecilhotel-metz.com
Zwischen Bahnhof und Zentrum gelegenes, hübsches Haus von 1920. Moderne, gut ausgestattete Zimmer. Mit eigener Garage.

dem 13. Jh., die Gegenwart ist mit Villon, Bissière und **Marc Chagall** vertreten (Letztere in der Westwand des nördlichen Querarms und links am Beginn des Chorumgangs, 1960 – 1963). Die Schwalbennest-Orgel am südlichen Vierungspfeiler stammt von 1537, der Bischofsthron links am Chor aus merowingischer Zeit (aus Cipollino-Marmor, einst eine römische Säule). Sehenswert sind auch die Krypta (10./15. Jh.) und der Kirchenschatz in der Sakristei.

Die schöne Place d'Armes neben der Kathedrale entstand mit dem **Rathaus** im 18. Jh. nach Plänen des Pariser Architekten J.-F. Blondel am Platz eines Kreuzgangs. Das unvollendet gebliebene Bischofspalais von 1785 westlich vor St-Etienne dient seit 1831 als **Markthalle**; hier kann man Di. – Sa. 7.00 – 18.00 Uhr im hervorragenden Angebot schwelgen und im »Soupes à soup's« einen Imbiss zu sich nehmen.

Place d'Armes

Die zweite große Sehenswürdigkeit der Stadt ist das Museum, das im Karmeliterkloster (17. Jh.) und einer Kornhalle von 1457 untergebracht ist (Mo., Mi. – Fr. 9.00 – 17.00, Sa., So. 10.00 – 17.00 Uhr). In der archäologischen Abteilung sind beeindruckende regionale Funde aus gallorömischer und merowingischer Zeit (u. a. die Chorschranke aus St-Pierre-aux-Nonnains, s. u.) zu sehen, im Musée des Beaux-Arts mittelalterliche religiöse Kunst sowie deutsche, flämische und französische Meister wie Van Dyck, Delacroix und Corot. Östlich des Museums (Rue des Trinitaires) steht das Hôtel Livier aus dem 12. Jh., die bedeutendste Stadtburg der reichen Metzer Patrizier, die als »Paraigen« bezeichnet wurden.

★ ★
Musées de
la Cour d'Or

★
◄ Hôtel Livier

Die mächtige Kathedrale St-Etienne überragt die Mosel.

Moyen Pont Vom Moyen Pont hat man einen schönen Blick auf die Arme der Mosel und die protestantische Kirche **Temple Neuf** auf der Moselinsel, erbaut 1904 in Anlehnung an den Dom von Speyer. Hinter ihr erstreckt sich die Place de la Comédie mit dem ältesten noch bespielten Theater Frankreichs und der Präfektur (beide um 1739).

✷
Esplanade Weiter südlich dehnt sich zwischen der Altstadt und der einstigen **Zitadelle** die Esplanade aus. An der Nordseite steht der mächtige Justizpalast (1776). Die profanierte Kirche St-Pierre-aux-Nonnains im Süden soll Reste der ältesten Kirche Frankreichs enthalten; die Fundamente stammen von etwa 390, im 7. Jh. war sie Teil einer Abtei, im 16. Jh. wurde sie in die Festung integriert (kulturelle Veranstaltungen). Das **Arsenal** (Zeughaus, 1863) wurde von Ricardo Bofill zum interessanten **Kulturzentrum** umgestaltet, der Konzertsaal soll einer der schönsten in Europa sein. Die benachbarte **Templer-Kapelle** – ein oktogonaler Zentralbau, einzigartig in Lothringen – stammt aus dem 12. Jahrhundert.

✷
St-Pierre-
aux-Nonnains ▶

> ## ! *Baedeker* TIPP
>
> ### Paris – Metz
> Die TGV-Anbindung an Paris musste, nach dem Vorbild der Verbindung Paris – Brest, kulinarisch »verewigt« werden. Die Makronentörtchen mit fruchtiger Füllung gibt's – neben anderen lothringischen Köstlichkeiten wie Tarte aux mirabelles – bei Mellinger (Markthalle), Berceville (10 Rue Pierre Hardie) und Bourguignon (31 Rue Tête d'Or).

Von der weiten Place de la République (Denkmal für General Ney) gelangt man in östlicher Richtung zur Kirche **St-Martin** (1202); sehenswert sind das reizvolle Epitaph »Maria im Wochenbett« (15. Jh.) und die barocke Orgel (1771). Von hier nordöstlich zur stimmungsvollen Place St-Louis; mit ihren Arkadenhäusern des 14.–16. Jh.s ist sie eines der letzten Zeugnisse des mittelalterlichen Stadtbilds.

✷
Place St-Louis ▶

Rue En Fournirue Östlich des Hôtel de Ville ist in der Rue En Fournirue die **Maison des Têtes** (Nr. 51) aus der Renaissance zu beachten. Die Rue des Allemands führt weiter zum **Deutschen Tor**, einem über die Seille vorgeschobenen gewaltigen Festungswerk, einst Teil der Stadtbefestigung. deren Verlauf heute der Boulevardring markiert. Südlich der Porte des Allemands lohnt auch die Kirche **St-Maximin** (11./12. Jh.) einen Blick; ihre Glasfenster entwarf Jean Cocteau (1962 – 1970).

✷
Porte des
Allemands ▶

Quartier Impérial Zwischen 1890 und 1910 mussten mittelalterliche Viertel der **Neustadt Kaiser Wilhelms II.** weichen. Wahrzeichen der neuen Zeit wurden v. a. der gewaltige, etwa 300 m lange Hauptbahnhof, der Wasserturm und die Hauptpost; die heutige Avenue Foch war einst der Kaiser-Wilhelm-Ring mit Villen in diversen historischen Stilen. Heute hat das lange Zeit ungeliebte Quartier seinen Platz im Leben der Stadt gefunden, man hat sogar die Aufnahme ins UNESCO-Welterbe beantragt. Der Bahnhof, 1908 fertiggestellt, sollte die Versorgung der

✷
Bahnhof ▶

deutschen Festungen in der Umgebung sichern. Er lohnt einen näheren Blick: Die etwas martialischen romanischen Züge sind dem Geschmack des Kaisers geschuldet, die vielen Jugendstil-Elemente, etwa die Kapitelle im Erdgeschoss, seinem Architekten Jürgen Kröger.

Südlich jenseits des Bahnhofs entsteht ein neues Kulturviertel. Neben der Sport- und Veranstaltungshalle Les Arènes (2001) öffnete 2010 das spektakuläre Centre Pompidou Metz seine Tore, ein Ableger der berühmten Institution in Paris (www.centrepompidou-metz.fr, Mo. 11.00 – 18.00, Mi. 11.00 – 18.00, Do., Fr. 11.00 – 20.00, Sa. 10.00 bis 20.00, So. 10.00 – 18.00 Uhr). Der japanische Architekt Shigeru Ban und sein französischer Kollege Jean de Gastines entwarfen ein geschwungenes Dach auf hölzernen Trägern, das dem Hut eines japanischen Reisbauern nachempfunden ist. Das Centre soll in bis zu drei Ausstellungen pro Jahr Werke aus dem 60 000 Stücke umfassenden Bestand des Pariser **Musée National d'Art Moderne** zeigen (Kunst nach 1905) – eine einzigartige Attraktion in dem »strukturschwachen« Raum. Man hofft, dass auch aus Paris viele Besucher kommen, das mit dem TGV nur knapp 1,5 Std. entfernt ist; von Frankfurt am Main braucht man mit der Bahn etwas unter 3 Stunden.

Centre Pompidou Metz

Das Herz des neuen Kulturviertels: Centre Pompidou Metz

★ ★ Mont Saint-Michel

F 4

Région: Basse-Normandie
Département: Manche

Höhe: 3 – 78 m ü. d. M.
Einwohnerzahl: 50

Die »wunderbare Pyramide«, wie Victor Hugo sagte, ragt höchst eindrucksvoll aus dem Watt des Golfe de St-Malo. Das Kloster, eines der bedeutendsten Werke mittelalterlicher Baukunst und Welterbe der UNESCO, zählt zu den größten Attraktionen Frankreichs.

Der Klosterberg und das Meer Das schönste Bild bietet der Klosterberg, wenn Wasser ihn umgibt, doch das ist gegenwärtig nur an 13 bis 16 Tagen im Monat morgens und abends der Fall, bei mindestens 12 m Flut (die Bucht des Mont St-Michel hat den größten Tidenhub in Europa). Die besten Zeiten sind die Springfluten zwei Tage nach Voll- und Neumond (genaue Zeiten beim Tourismusbüro). Weil die Bucht zu versanden droht – eine Folge des 1869 errichteten Straßendamms –, wurde der Fluss Cuesnon durch einen Damm abgesperrt, der das Flutwasser zurückhält; bei Ebbe wird es rasch abgelassen, sodass die Ablagerungen weggespült werden. Der bisherige Straßendamm wird durch eine 700 m lange Fußgängerbrücke auf Stelzen ersetzt werden, auf der auch eine elektrische Bahn zum Klosterberg fährt, die Parkplätze ins Hinterland verlegt. Die Arbeiten sollen 2014/2015 abgeschlossen sein (www.projetmont saintmichel.fr).

Auf der Grand'Rue hinauf zur Klosterkirche

Kloster Mont Saint-Michel

Geschichte Der Legende zufolge befahl der Erzengel Michael persönlich im Jahr 708 dem Bischof von Avranches, auf dem damals so genannten Mont Tombe eine Kapelle zu bauen. 966 gründeten Benediktiner aus St-Wandrille ein Kloster mit der zweischiffigen Kirche Notre-Dame sous Terre (Unsere Liebe Frau unter der Erde). Im 11. Jh. wurde über ihr eine gewaltige **romanische Kirche** errichtet, wobei die Vorgängerbauten zu Krypten umgewandelt wurden. Den dreistöckigen Konvent errichtete man nördlich davon. 1154 bis 1186 wurden die

Das gotische Gebäude »La Merveille« (»Wunder«, aufgrund der unerhörten technischen Leistung) nördlich der Kirche besitzt einen West- und einen Ostflügel mit je drei Stockwerken. Im östlichen, älteren Teil (1211–1218) liegen von unten nach oben Almosensaal, Gästesaal und Speisesaal, im Westflügel (1218–1228) Keller, sog. Rittersaal und Kreuzgang. Im **Kreuzgang** (Cloître) tragen schlanke Säulen in gegeneinander versetzter Doppelreihe Spitzbogenarkaden, die in normannischer Tradition des 13. Jh.s mit Blatt- und Tierornamenten verziert sind. Das aufgeschlagene Buch im Garten spielt auf den Ruf des Klosters als »Cité des Livres« an. Der einschiffige **Speisesaal** besitzt ein schönes getäfeltes Gewölbe und eine erstaunliche Akustik. Im vierschiffigen, 26 × 18 m großen sog. **Rittersaal** (Salle des Chevaliers) soll Ludwig XI. den Ritterorden des hl. Michael gegründet haben; er diente als Schreibraum. Drei Reihen wuchtiger Säulen mit verzierten Kapitellen tragen seine Decke. Zwei Pfeilerreihen stützen das Kreuzrippengewölbe des **Kellers** (Cellier, Vorratsraum). Hier sind Modelle der Klosterinsel zu sehen. Im lang gestreckten **Almosensaal** (Aumônerie, z. T. 12. Jh.) wurden die armen Pilger beherbergt, heute dient er als Buchhandlung (Librairie).

La Merveille

Rund 3 km nördlich des Mont St-Michel liegt der 56 m hohe und 950 m breite Granitkegel La Tombelaine, ein Vogelreservat. Da der erlebnisreiche Fußmarsch durchs Watt wegen der Gezeiten nicht ungefährlich ist, sollte man ihn nur mit Führer unternehmen.

La Tombelaine

Mülhausen · Mulhouse

P 5

Région: Alsace
Département: Haut-Rhin

Höhe: 240 m ü. d. M.
Einwohner: 112 000

Die zweitgrößte Stadt des ►Elsass und ihre Umgebung ist von Industrie geprägt. Dennoch lohnt ein Besuch: Mit Erfolg bemüht man sich um die Verschönerung der historischen Innenstadt. Die große Attraktion sind jedoch die technischen Museen, die die bedeutenden, bis ins 18. Jh. zurückreichende industrielle Tradition würdigen.

In Mülhausen, 30 km nordwestlich von Basel zwischen Rheinebene und Sundgau gelegen, haben Textilindustrie, Maschinenbau, Chemie, Druck, Lederverarbeitung und Nahrungsmittelindustrie eine lange Tradition, weshalb man ihm die Beinamen **»elsässisches Manchester«** und »Stadt der 120 Schornsteine« gab. Die Staufer erhoben das 803 erstmals urkundlich erwähnte Mülhausen zur Stadt, 1308 wurde es Freie Reichsstadt und 1354 Mitglied des elsässischen Zehnstädtebunds. Von 1515 bis 1648 gehörte Mülhausen als »zugewandter Ort« der Schweizer Eidgenossenschaft an. Nach Einführung der Reformation und v. a. nach der Aufhebung des Edikts von Nantes 1685 wurde

Mülhausen gestern und heute

Mittelpunkt der Altstadt: Place de la Réunion mit dem Rathaus

die Stadt zu einer Hochburg der Calvinisten, was sich auch im wirtschaftlichen Aufschwung niederschlug. 1746 gründeten vier Bürger
eine Stoffdruck-Manufaktur, in der die beliebten »Indiennes« angefertigt wurden, benannt nach indischen Druckstoffen. Der Anschluss
an Frankreich 1792 beschleunigte die industrielle Entwicklung. Heute ist Mülhausen auch Sitz einer Universität (seit 1969), an der vor
allem technische Wisenschaften gelehrt werden, und mehrerer Fach-
hochschulen; die Autoindustrie ist mit Peugeot Citroën vertreten.

Sehenswertes in Mülhausen

**Place de la
Réunion**

Mittelpunkt der Altstadt ist der Marktplatz (Place de la Réunion) mit
dem schönen **Rathaus** von 1552; die illusionistische Bemalung schuf
der Mülhausener Jean Gabriel 1698. Im prächtigen Ratssaal tagte früher die Regierung der Stadtrepublik. Am rechten Giebel hängt eine
Kopie des »Klappersteins«, einer 13 kg schweren Maske, die Schand-
mäulern zur Strafe umgehängt wurde. Rechts der Freitreppe folgt

★

Musée Historique ▶
🕐

der Eingang zum 1864 gegründeten Historischen Museum, das die
Vergangenheit der Stadt dokumentiert (Di. geschl.). Die benachbarte
neogotische evangelische **Stephanskirche** (Temple St-Etienne, 1868)
besitzt Glasmalereien aus dem Vorgängerbau des 14. Jh.s.

Rue du Sauvage

Nordöstlich hinter dem Rathaus bildet die Rue du Sauvage (Wilde-
mannsgass) die Hauptachse der Innenstadt. Im Norden mündet sie
auf den Europaplatz mit dem 112 m hohen **Tour de l'Europe** (1972);
vom Drehrestaurant ganz oben hat man einen grandiosen Blick über

🕐

die Stadt und ihre Umgebung (So.abend/Mo. geschl., Tel. 03 89 45
12 14). Architektonisch interessanter ist das riesige, 1993 eröffnete
Kulturzentrum **La Filature** östlich der Innenstadt (Allée Nathan Katz;
Konzerte, Theater, Oper, Ausstellungen; www.filature.org).

Mulhouse Orientierung

Map labels:
Thann, Colmar
Musée du Chemin de Fer,
Musée de l'Automobile
Tour de l'Europe
Bd. de l'Europe
Rue Jean Mieg
Avenue Roger Salengro
Av. du Président Kennedy
Porte Jeune
Bd. de l'Europe
Rue de Colmar
Rue de la Moselle
Rue de Metz
Parc Salvator
Rue Salvator
Ste-Marie
Rue des Maréchaux
Rue Lambert
Rue du Sauvage
Rue Louis Pasteur
Rue de Bâle
Aéroport Basel-Mulhouse
Pl. de la Concorde
Rue des Tanneurs
St-Etienne (ev.)
Rue Henriette
Pl. de la Réunion
Hôtel de Ville
Pl. de la République
Rue de Bâle
je de l'Arsenal
Musée des Beaux-Arts
Rue A. Engel
Rue des Trois Rois
Rue du Raisin
Rue des Fleurs
Théâtre
Parc Steinbach
Rue de la Sinne
Rue de la Cigale
Clemenceau
Av. de la Marseillaise
Rue Poincaré
Rue des Bonnes Gens
Musée de l'Impression sur Etoffes
Pl. de la Paix
Rue Lamartine
Av. du Mar.-Foch
Rue J.-J. Henner
Rhône au Rhin
J. Preiss
Rue de la Sinne
St-Etienne
Porte du Miroir
Rue du 17. Nov.
Av. Auguste
Pl. du Gén.-de-Gaulle
Rue J. Ehrmann
Canal du Av. du Gén.-Leclerc
Gare
Parc Zoologique et Botanique, Altkirch
200 m
© Baedeker

Essen
① Le Poincaré II
② Henriette
③ Auberge des Franciscains

Übernachten
① Du Parc
② Bristol
③ Le Clos du Mûrier

In der Villa Steinbach (Place Guillaume Tell) zeigt das Kunstmuseum Werke vom Mittelalter (z. B. der Altar von Rheinfelden) bis zum 20. Jh., u. a. von Breughel, Boucher, Cranach und Courbet, sowie Arbeiten des Sundgauer Malers Jean-Jacques Henner (Di. geschl.).

Musée des Beaux-Arts ⏱

Ab 1827 wurde südöstlich des alten Stadtzentrums das Nouveau Quartier angelegt. Hier dokumentiert dieses Museum (14 Rue J.-J. Henner, Mo. geschl.) Technik und Geschichte des Stoffdrucks im Elsass. Die alten Maschinen beeindrucken ebenso wie die Stoffe aus Frankreich und England, die Wandbehänge aus dem 18. Jh. und die handbemalten Stoffe aus aller Welt – insgesamt über 3 Mio. Muster und 50 000 »textile Zeitdokumente«.

★ Musée de l'Impression sur Etoffes

Ein absolutes Muss, nicht nur für Autofans, ist dieses Museum nördlich des Stadtzentrums, der **Louvre der Autoindustrie**. Es geht auf die Sammlung der aus der Schweiz stammenden Brüder Schlumpf zurück, die ihre Leidenschaft mit dem Konkurs ihrer Textilfabrik bezahlten. In der früheren Kammgarnspinnerei lassen rund 500 alte und weniger alte Autos, darunter die fast vollständige Bugatti-Produktion, die Autogeschichte Revue passieren; moderne Medien er-

★★ Musée National de l'Automobile

▶ MÜLHAUSEN ERLEBEN

AUSKUNFT
Office du Tourisme
9 Avenue Foch/Place de la Réunion
68100 Mulhouse
Tel. 03 89 35 48 48
www.tourisme-mulhouse.com

FESTE & VERANSTALTUNGEN
Marché Canal Couvert Di., Do., Sa.
Febr.: Internationale alemannische
Fasnacht mit Guggenmusik. 2. Mai-
Hälfte: Barockmusik-Festival. Anfang
Juli: Großes Treffen von Oldtimern.
2. Aug.-Hälfte: météo (Jazzfestival).
Um den 10. Sept.: Zwiebelfest. Dez.:
Weihnachtsmarkt.

Weihnachtsmakt in Mülhausen

ESSEN
▶ Erschwinglich
① *Le Poincaré II*
6 Porte de Bâle, Tel. 03 89 46 00 24
Schicke Brasserie nach Pariser Art,
bodenständige Küche aus allen Landesteilen: ob Meeresfrüchte, seltenes
Wildgeflügel, Foie gras oder ein
herzhaftes Onglet vom Ochsen, alles
schmeckt wunderbar. Sa./So. geschl.

▶ Preiswert
② *Winstub Henriette*
9 Rue Henriette, Tel. 03 89 46 27 83

Elsässische Weinstube, benannt nach
der Person, die 1798 als erste die französische Staatsbürgerschaft annahm.
Handfeste Regionalküche. Im Sommer Terrasse an der Fußgängerzone.
So. geschl., reservieren.

③ *Auberge des Franciscains*
46 Rue des Franciscains
Tel. 03 89 45 32 77
Typisches Restaurant der Region mit
bodenständiger, solider Küche und
eindrucksvoller Weinkarte.

ÜBERNACHTEN
▶ Luxus
① *Du Parc*
26 Rue de la Sinne, Tel. 03 89 66 12 22
www.hotelduparc-mulhouse.com
Hochklassiges Hotel von 1926, gestaltet im Art déco. Ganz exklusiv:
Bäder aus griechischem Marmor.
Mit Restaurant.

▶ Komfortabel/Luxus
② *Bristol*
18 Av. de Colmar, Tel. 03 89 42 12 31
www.hotelbristol.com
Gediegen-elegantes Haus von Anfang
des 20. Jh.s mit großen, komfortablen
Zimmern. Eigener Parkplatz (gratis),
kein Restaurant.

▶ Günstig
③ *Le Clos du Mûrier*
Rixheim, 42 Grand'Rue, Tel. 03 89 54
14 81, www.closdumurier.fr
Chambres d'hôtes 6 km südöstlich in
einem prachtvollen Fachwerkhaus aus
dem 16. Jh., stilvolle Appartements
mit Kochgelegenheit. Aber wer will
schon kochen, wenn er in Rixheim im
»Manoir« fürstlich speisen kann (65
Avenue Ch. de Gaulle, Tel. 03 89 31 88
88, So. geschl., an Feiertagen geöffnet,
obere Preisklasse).

gänzen die Schau (192 Ave. de Colmar, tägl. April – Okt. 10.00 bis 18.00, sonst bis 17.00; Anf. Jan. – Anf. Febr. Mo. – Fr. ab 13.00, Sa./ So. ab 10.00 Uhr).

Ebenso eindrucksvoll ist das **Eisenbahnmuseum** im westlichen Vorort Dornach, in dem rund 100 Dampf- und E-Loks, Personen- und Güterwagen von 1844 bis heute zu sehen sind, außerdem eine große Modelleisenbahn. Ein »Parcours spectacle« nimmt mit Filmen und Spezialeffekten Besucher mit auf eine Reise durch die Welt der Eisenbahn (2 Rue Alfred de Glehn, tägl. April – Okt. 10.00 – 18.00, sonst bis 17.00; Anf. Jan. – Anf. Febr. Mo. – Fr. 10.00 – 14.00, Sa./So. 10.00 bis 17.00 Uhr).

✷ ✷
Cité du Train

Das benachbarte Musée EDF Electropolis macht die Geschichte der Elektrizität und ihrer Nutzung erfahrbar, z. B. kann man im Versuchskabinett die Haare zu Berge stehen lassen. Das Kernstück bildet ein mächtiges Dampfkraftwerk von Sulzer-BBC (1901/1902; Di. – So. 10.00 – 18.00 Uhr).

✷
◀ Musée EDF
Electropolis

Eine schöne Abwechslung von so viel Technik ist der schöne, 25 ha große Zoologische und Botanische Garten im Südosten der Stadt. Schöner Blick vom Aussichtsturm auf dem Rebberg nahe dem Zoo.

✷
Parc Zoologique
et Botanique

Umgebung von Mülhausen

Wer Tapeten für eine banale Angelegenheit hält, wird im **Tapetenmuseum** in Rixheim (5 km östlich von Mülhausen) eines Besseren belehrt. Es ist in den drei Flügeln einer Deutschordenskomturei aus dem 18. Jh. untergebracht, die Jean Zuber 1790 zur Tapetenfabrik umfunktionierte und die heute teils als Rathaus dient. Die alten Druckmaschinen beeindrucken ebenso wie die fantastisch gestalteten Tapeten, eine Welt der Wanddekoration, die heute märchenhaft anmutet (Mai – Okt. 10.00 – 12.00, 14.00 – 18.00 Uhr, sonst Di. geschl.).

✷ ✷
Musée du
Papier Peint

An der D 39 östlich von Mülhausen dehnen sich die Werksanlagen von Peugeot Citroën aus, in denen 13 000 Menschen arbeiten. Für die Teilnahme an einer Führung (ab 16 Jahren) wendet man sich an das Tourismusbüro Mülhausen.

Peugeot Citroën

In Ottmarsheim 12 km nordöstlich von Mülhausen ist eine kleinere Kopie der Pfalzkapelle Karls des Großen in Aachen zu sehen, ein ungewöhnlicher oktogonaler Zentralbau aus ottonischer Zeit, geweiht 1049. Vor der Sakristei und auf der Empore Reste gotischer Fresken aus dem 15. Jh.; auch die Anbauten entstanden im 15./16. Jahrhundert. Am kanalisierten Rhein ist die Staustufe mit Kraftwerk und Schleuse interessant (1948 – 1952); nördlich von ihr breiten sich die Anlagen des Chemiegiganten Rhodia (früher Rhône-Poulenc) aus. Der Hafen Mulhouse-Ottmarsheim mit Containerterminal ist nach Paris und Straßburg der drittgrößte Binnenhafen in Frankreich.

✷
Ottmarsheim

✱ ✱ Nancy

O 4

Région: Lorraine
Département: Meurthe-et-Moselle

Höhe: 212 m ü. d. M.
Einwohnerzahl: 105 400

Nancy, die alte Hauptstadt ▸Lothringens, erhält seinen besonderen, ja einzigartigen Charakter durch ein herrliches barockes Zentrum, Vermächtnis des einstigen polnischen Königs Stanisław I., und die zahlreichen Zeugnisse des Jugendstils, der hier eine eigene »Schule« hervorbrachte.

Nancy gestern und heute Nancy, Verwaltungszentrum des Départements Meurthe-et-Moselle und Universitätsstadt, liegt am linken Ufer der Meurthe und am Rhein-Marne-Kanal. Die Stadt wurde im 12. Jh. Residenz der Herzöge von Lothringen. 1475 besetzte der letzte burgundische Herzog Karl der Kühne das Land, da es zwischen seinem burgundischen und flämischen Besitz lag. Im 15. Jh. entstand im Süden die Neustadt mit rechtwinkligem Grundriss; im 18. Jh. erhielt die Stadt ihre großartige barocke Gestalt, als sie 1737 Residenz von Stanisław Leszczyński wurde, dem entthronten König von Polen, Schwiegervater Ludwigs XV. und letzten Herzog von Lothringen. Lokale Spezialitäten sind Mirabellen, die Macarons (Makronen) und vor allem die Baba Stanislas, ein mit Rum aromatisierter Hefegugelhupf.

> **!** *Baedeker* **TIPP**
>
> **Jugendstil-Tour**
>
> Kaum eine andere Stadt ist in vergleichbarer Weise von den fantasievollen Formen des »Art Nouveau« geprägt wie Nancy. Ein kleiner Führer mit Lageplan und Beschreibung der schönsten Häuser und Restaurants ist im Tourismusbüro zu bekommen.

Sehenswertes in Nancy

Barockes Stadtzentrum Bereits im Jahr seiner Übersiedlung begann Stanisław (frz. Stanislas) damit, sich ein unvergleichliches Denkmal zu setzen. Er verband die Altstadt um die Herzogsburg (im Norden) mit der südlich gelegenen Neustadt durch einen ca. 500 m langen Korridor – **Place Stanislas, Place d'Alliance, Place de la Carrière** –, an dem die wichtigsten öffentlichen Gebäude liegen (Welterbe der UNESCO).

✱ ✱
Place Stanislas Der nach seinem Auftraggeber benannte Platz wurde von 1751 bis 1760 von dem Architekten Emmanuel Héré und dem Kunstschmied Jean Lamour gestaltet. Fünf stattliche Palais fassen den 124 × 106 m großen Platz ein; in der Mitte steht ein Denkmal (1831) des letzten Herrschers von Lothringen. Prachtvolle, vergoldete schmiedeeiserne Gitter von Lamour zieren die Straßeneinmündungen und umrahmen

den Neptuns- und den Amphitrite-Brunnen, Werke des Bildhauers Barthélemy Guibal. Das größte Palais ist das **Hôtel de Ville** (Rathaus, 1752–1755); im Giebel ist das Wappen der Leszczyński zu sehen, im Treppenhaus ein herrliches Geländer von Lamour. 1919 eröffnet wurde die **Oper**, erbaut nach Art eines italienischen Opernhauses des 18. Jh.s, mit prachtvollem Zuschauerraum.

In einem der Pavillons von Héré und einem modernen Erweiterungsbau zeigt das **Kunstmuseum** (Mi. – Mo. 10.00 – 18.00 Uhr) europäische Malerei und Skulpturen vom 14. Jh. bis zur Gegenwart – darunter Caravaggio, Boucher, Delacroix, Manet, Modigliani, Rodin, Claude Lorrain –, Kupferstiche des aus Nancy gebürtigen Jacques Callot (1592 – 1635) sowie großartige Jugendstil-Arbeiten aus der Glasmanufaktur Daum.

✶ ✶
Musée des Beaux-Arts

Durch den 1757 zu Ehren von Ludwig XV. errichteten Triumphbogen, eine Kopie des Severus-Bogens in Rom, gelangt man auf die

Place de la Carrière

Place Stanislas, ein schöner Ort für eine Kaffeepause

Nancy Orientierung

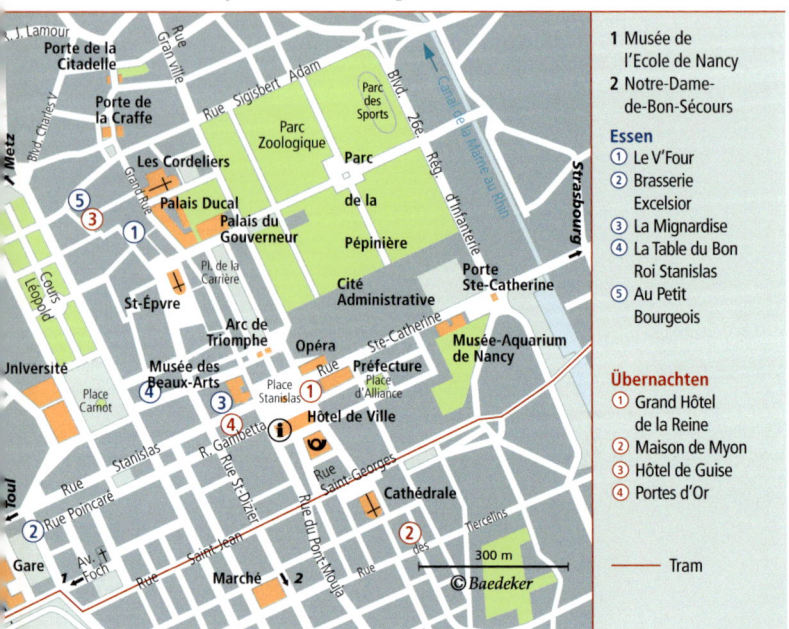

1 Musée de
   l'Ecole de Nancy
2 Notre-Dame-
   de-Bon-Sécours

Essen
① Le V'Four
② Brasserie
   Excelsior
③ La Mignardise
④ La Table du Bon
   Roi Stanislas
⑤ Au Petit
   Bourgeois

Übernachten
① Grand Hôtel
   de la Reine
② Maison de Myon
③ Hôtel de Guise
④ Portes d'Or

―――― Tram

300 m

© Baedeker

lang gezogene Place de la Carrière, die von Héré gestaltet wurde.
Ebenfalls von Héré entworfen wurde der Regierungspalast (Palais du

◄ Palais du
Gouverneur ►

Gouverneur, 1760) mit dem kolonnadengesäumten Vorplatz. Östlich
schließt die hübsche **Pépinière** an, ein Park mit Rosengarten und
Tiergehege. Von Auguste Rodin stammt die Statue des in Chamagne
(ca. 30 km südlich von Nancy) geborenen Malers Claude Gellée, berühmt unter seinem Künstlernamen Claude Lorrain (1600 – 1682).

Palais Ducal

Der **Herzogspalast**, der bedeutendste spätgotische Profanbau in
Lothringen, wurde von Rene II. 1502 – 1544 am Platz der 1475 zerstörten Burg errichtet und später zu großen Teilen erneuert. Sein
schönster Teil ist die »Porterie« (1512) an der Grande Rue, eines der
ersten Zeugnisse der Renaissance in Ostfrankreich (Reiterstatue des
Herzogs Anton 1851; links des Portals eine Tür mit einem als Franziskaner gekleideten Affen). Im Palais zeigt das **Lothringen-Museum**

Musée Lorrain ►
🕐

(Di. – So. 10.00 – 12.30, 14.00 – 18.00 Uhr) archäologische Funde,
mittelalterliche Plastik und Sammlungen zur regionalen Geschichte.
Im 1. Stock liegt die 55 m lange **Galerie des Cerfs** (Hirschgalerie)
mit Erinnerungen an die Herzogszeit, Gobelins, Radierungen von
Callot, Kupferstichen von Bellange sowie Gemälden von Georges de
La Tour (u. a. die berühmte »Frau mit Floh«) und Claude Deruet.

● NANCY ERLEBEN

AUSKUNFT

Office de Tourisme
Place Stanislas, 54000 Nancy
Tel. 03 83 35 22 41, www.ot-nancy.fr

VERKEHR

TGV-Bahnhof. Tram und Busse der
STAN; Infobüro am Place de la
République südlich des Bahnhofs.

ESSEN

► Erschwinglich

① *Le V'Four*
10 Rue Saint Michel, Tel. 03 83 32 49
48, So.abend/Mo. geschl.
Winzig, aber eines der besten Restaurants in Nancy (reservieren): feine,
innovative Küche, zuvorkommender
Service, schlicht-moderner Rahmen.

► Preiswert/Erschwinglich

② *Brasserie Excelsior*
50 Rue H. Poincaré, Tel. 03 83 35 24
57, www.brasserie-excelsior.com
In einem »Monument historique«
speisen – dem edlen Interieur entspricht die gute Küche. Aber auch nur
eine Tarte mit einem Glas Wein ist ein
unvergessliches Vergnügen.

③ *La Mignardise*
28 Rue Stanislas, Tel. 03 83 32 20 22
So.abend geschl.
Beliebtes Bistro in einem Mix aus
Louis-Seize und Hypermoderne.
Feine, solide und kreative Küche.

④ *La Table du Bon Roi Stanislas*
7 Rue Gustave Simon
Tel. 03 83 35 36 52, Mo.mittag.
Mi.mittag und So.abend geschl.
Nancy ist der richtige Ort, einmal
polnisch zu essen; es gibt aber auch
Lothringisches, beides von höchst
erfreulicher Qualität. Große Weinkarte, die auch Interessantes aus

Ungarn enthält. Probieren Sie den
Cocktail Eau d'Archange. Reservieren.

► Preiswert

⑤ *Au Petit Bourgeois*
17 Rue du Petit Bourgeois
Tel. 03 83 30 02 13
Das kleine, sehr einfache Lokal bietet
eine geradlinige, traditionelle Küche,
durchaus mit Anspruch.

ÜBERNACHTEN

► Luxus

① *Grand Hôtel de la Reine*
2 Place Stanislas, Tel. 03 83 35 03 01
www.hoteldelareine.com
Fürstlich logiert man in dem wunderbaren Palais aus dem 18. Jh. mit
schönem Treppenhaus und Gästezimmern im Louis-XV-Stil. Mit ausgezeichnetem Gourmetrestaurant
(Sa.mittag und So.abend geschl.).

② *Maison de Myon*
7 Rue Mably, Tel. 03 83 46 56 56
Alt und Neu in perfekter Harmonie,
ein Chambres d'hôtes (5 Zimmer) der
Extraklasse. Mit Table d'hôte.

► Komfortabel

③ *Hôtel de Guise*
18 Rue de Guise, Tel. 03 83 32 24 68
www.hoteldeguise.com
Das alte herrschaftliche Haus in bester
Lage empfängt mit großartigem Treppenaufgang. Antik dekorierte Zimmer
sehr unterschiedlichen Standards
(prüfen; Zimmer im Anbau meiden).

► Günstig

④ *Portes d'Or*
21 Rue Stanislas, Tel. 03 83 35 42 34
www.hotel-lesportesdor.com
Sehr angenehmes Haus mit modern
eingerichteten, relativ kleinen Zimmern. Man spricht deutsch.

Unverzichtbarer Besuch in der Jugendstilstadt: Brasserie Excelsior von 1910

Eglise des Cordeliers ★ Nördlich folgt die Eglise des Cordeliers (Franziskaner) von 1487, die Grablege des lothringischen Herzogshauses, heute Teil des Musée Lorrain (Öffnungszeiten s. o.). Außer den Gräbern in der Krypta sind eine Reihe bedeutende Grabmäler beachtenswert, so für René II. (1509), seine zweite Frau Philippe de Gueldre († 1547, von Ligier Richier) und den Kardinal Charles de Vaudémont († 1587). In der achtseitigen Chapelle Ducale (1607) werden die Sarkophage der Herzöge der Barockzeit aufbewahrt. Das benachbarte Kloster beherbergt das Musée d'Arts et Traditions Populaires mit Volkskunst, Möbeln, Kostümen und Handwerksgegenständen.

Porte de la Craffe Die von alten Häusern gesäumte Grande Rue führt weiter zur Porte de la Craffe (1336), einem von zwei mächtigen Rundtürmen (von 1463) geschützten doppelten Stadttor. Bis zur Französischen Revolution befand sich darin ein Gefängnis, heute gehört sie zum Musée Lorrain – zu sehen sind Folterwerkzeuge.

Viertel um den Herzogspalast Das Palais Ducal umgeben bemerkenswerte Bürgerhäuser, u. a. das Hôtel Ferrari (29 Rue Haut-Bourgeois, von G. Boffrand, 18. Jh.) und das Hôtel d'Haussonville (9 Rue Monseigneur-Trouillet, um 1550). Die mächtige neogotische Kirche **St-Epvre** (1864–1871) wird von einem 87 m hohen Turm signalisiert; im rechten Seitenschiff sieht man Jugendstil-Fenster von Jacques Gruber. In der Rue de la Source ziehen das Hôtel de Lillebonne (Nr. 12) und das Hôtel du Marquis de Ville (Nr. 10, Fassade 1747) die Blicke auf sich.

Im Südwesten der Stadt beherbergt eine Jugendstilvilla das wunderbare **Museum der Schule von Nancy** (36 Rue du Sergent-Blandan, Mi.–So. 10.00–18.00 Uhr). Die Sammlung zeigt alle Facetten dieses fantasievollen Stils, der um 1900 entstand: ganze Interieurs, Gläser, Möbel und Schmuck von Emile Gallé, dem Begründer der Ecole de Nancy, von Prouvé, Antonin Daum, Louis Majorelle, Jean Lurçat, Eugène Vallin und anderen. Zu empfehlen sind die Führungen (Mai–Okt. Sa./So. 14.30/15.45 Uhr, sonst nur Sa.); dabei besichtigt man auch die Villa des Kunstschreiners Louis Majorelle. In der Boutique der berühmten, 1878 gegründeten **Cristalleries Daum** (14 Place Stanislas) kann man Schönes aus Glas erstehen.

✸ ✸
Musée de l'Ecole de Nancy
☉

☉

Das Muséum-Aquarium, das einzige naturkundliche Museum Lothringens, widmet sich der Welt der Tropenfische und der Korallenriffe, außerdem besitzt es eine paläontologische und zoologische Abteilung (tägl. 10.00–12.00, 14.00–18.00 Uhr).

Muséum-Aquarium
☉

Im Südosten der Stadt (Av. de Strasbourg) liegt die kleine, reich ausgestattete Barockkirche N.-D.-de-Bon-Secours (E. Héré, 1741) mit dem Grabmal von Stanisław Leszczyński und dem Mausoleum seiner Frau Katharina Opalinska. Ein bedeutendes Wallfahrtsziel ist die **Schutzmantelmadonna** von M. Gauvin (1505), gestiftet von Herzog René II., die hinter dem Altar steht. Weiter südöstlich (rechts durch die Unterführung) illustriert das Musée de l'Histoire de Fer (Di. geschl.) die Rolle des für Lothringen so wichtigen Grundstoffs Eisen.

✸
Notre-Dame-de-Bon-Secours

◄ Musée de l'Histoire de Fer

Umgebung von Nancy

In St-Nicolas-de-Port 12 km südöstlich von Nancy überrascht eines der bedeutendsten Bauwerke Frankreichs im spätgotischen Flamboyant, die Basilika St-Nicolas. Eine **Reliquie des hl. Nikolaus**, ein Fingerglied, das um 1090 von einem lothringischen Ritter aus Bari in Süditalien hierhergebracht worden war, zog die Pilger in Scharen an. Die riesige, von 87 bzw. 85 m hohen Türmen (um 1560) flankierte Kirche entstand 1481–1544 am Platz zweier Vorgängerbauten. Die Nikolaus-Figur am Mittelportal wird Claude Richier zugeschrieben, dem Bruder des berühmten Ligier Richier. Innen beeindruckt das helle, 32 m hohe und 79 m lange Hauptschiff (beachtenswert die leichte Krümmung); bemerkenswert sind auch die Glasmalereien von Anfang des 16. Jahrhunderts. Die Nikolaus-Reliquie ist mit anderer prächtiger Sakralkunst im Kirchenschatz zu sehen. In einer 1985 stillgelegten Brauerei – in großartigem Jugendstil – wurde das **Musée Français de la Brasserie** eingerichtet, es gibt auch eine kleine Schaubrauerei (geöffnet 15. Juni–15. Sept. tägl. 14.30–18.30, sonst Di.–So. 14.00–18.00 Uhr).

✸
Saint-Nicolas-de-Port

☉

✳ Nantes

F 5

Région: Pays de la Loire   **Höhe:** 8 m ü. d. M.
Département: Loire-Atlantique   **Einwohnerzahl:** 283 000

Nantes, ca. 60 km vom Atlantik entfernt an der Loire gelegen, war einst die Hauptstadt der Bretagne. Mit ihren Baudenkmälern wie dem Schloss und der Kathedrale, einem hervorragenden Kunstmuseum und einer erlebenswerten Atmosphäre lohnt die sechstgrößte Stadt Frankreichs einen Besuch.

Wirtschaftzentrum mit Atmosphäre
Bei den Franzosen steht Nantes hoch im Kurs. Das Magazin »Le Point« zeichnete es als Stadt aus, »in der es sich am besten leben lässt«, und das »Time Magazine« bewertete es 2004 als angenehmste Stadt Europas. Für jeden Bretonen ist Nantes bis heute die eigentliche Hauptstadt der Bretagne, auch wenn es seit 1981 verwaltungsmäßig nicht mehr zu ihr gehört. Jahrhundertelang war Nantes Zentrum des Herzogtums Bretagne und Drehscheibe des französischen Überseehandels. Mit ihren Industrien – v. a. Eisen, Glas, Textilien, Elektronik und Lebensmittel – und Dienstleistungsbranchen zählt die ca. 600 000 Menschen umfassende Agglomeration zu den großen Wirtschaftszentren Frankreichs; die Börse von Nantes ist nach Paris die größte des Landes. Zusammen mit St-Nazaire besitzt Nantes am Atlantik einen bedeutenden Industriehafen. Zum »jungen« Flair der Stadt, die keinen typisch bretonischen Eindruck macht, tragen ihre 50 000 Studenten bei (davon 34 000 an der Universität).

Ein wenig Geschichte
Die keltischen Namneten wurden 50 v. Chr. von den Römern unterworfen, die den Ort in **Portus Namnetum** – »Hafen der Namneten«, wovon sich »Nantes« ableitet – umtauften. Ende des 4. Jh.s eroberten die Bretonen die Stadt, und vom 13. Jh. an war Nantes Sitz der Herzöge der Bretagne, bis es 1532 an die Krone fiel. 1598 unterzeichnete hier Heinrich IV. das berühmte **Toleranz-Edikt**, das den Protestanten in Frankreich bedingte Glaubensfreiheit einräumte. Dank dem Seehafen setzte im 16. Jh. ein wirtschaftlicher Aufschwung ein. Eine

! *Baedeker* TIPP

La Cigale
Nantes besitzt – das ist keineswegs übertrieben – die schönste Brasserie der Welt. In der »Grille« von 1895 entfaltet sich die ganze Pracht der Belle Epoque. Gute Küche. 4 Place Graslin, Tel. 02 51 84 94 94, täglich 7.30 – 0.30 Uhr geöffnet.

Blütezeit erlebte Nantes im 18. Jh. als ein Zentrum des **Sklavenhandels**: Zwischen 1715 und 1775 verzeichnete man 787 Schiffe, die von Nantes nach Afrika und von dort, mit menschlichem »Ebenholz« beladen, zu den Antillen fuhren und mit Zuckerrohr, Kaffee, Tabak und Indigo zurückkehrten. Die fetten Jahre endeten mit dem Terreur der Revolution; 1793 ließ der vom Nationalkonvent entsandte J.-B. Carrier über 10 000 Adlige, Priester und andere »Pfeffersäcke« zu zweien aneinandergebunden in der Loire ertränken, was als »mariage républicain« in die Geschichte einging. Für einen erneuten Aufschwung sorgten der 1856 in St-Nazaire angelegte Hafen und die Ansiedlung weiterer Industrien. Im **Zweiten Weltkrieg** besetzten deutsche Truppen 1940 die Stadt. Als 1941 der deutsche Stadtkommandant Hotz von der Résistance getötet wurde, wurden als Vergeltung 50 Geiseln erschossen, woran die Hauptverkehrsstraße »Cours des 50 Otages« (Straße der 50 Geiseln) erinnert. Im September 1943 zerstörten alliierte Bomben das Zentrum und den Hafen. 1981 wurde Nantes mit dem Département Loire-Atlantique, dessen Hauptort es ist, von der ▶ Bretagne abgetrennt und der Région Pays de la Loire angegliedert. In Nantes wurden Anne de Bretagne (1477 bis 1514), der Science-Fiction-Schriftsteller Jules Verne (1828 – 1905) und 1943 die Karikaturistin Claire Brétécher geboren.

An der Place Ste-Anne laden Cafés und Crêperien in schmucken Fachwerkhäusern ein.

▶ NANTES ERLEBEN

AUSKUNFT

Office de Tourisme
3 Cours O.-de-Clisson/Rue Kervégan
und 2 Place St-Pierre
44000 Nantes, Tel. 08 92 46 40 44
www.nantes-tourisme.com

VERKEHR

Flughafen Nantes-Atlantique 12 km
südwestlich, TAN-Air-Bus ins Zentrum. TGV-Verbindung mit Paris.
Stadtverkehr der TAN (Info: Espace
Transport, Gare Centrale Commerce).

PASS NANTES

Der Pass Nantes (1 – 3 Tage) umfasst
die Benützung aller öffentlichen
Verkehrsmittel (auch TAN Air und
Navibus), Eintritt für die wichtigen
Sehenswürdigkeiten und Rabatte
in weiteren Attraktionen.

Nostalgisch: Passage de Pommeraye

FESTE & EVENTS

Ende Jan.: Folle Journée (großes,
hochkarätig besetztes Musikfestival;
www.follejournee.fr). Ende Aug.:
Rendezvous de l'Erdre (Jazz an den
Erdre-Kais). Okt., im ganzen Département: Celtomania (Veranstaltungen
rund um die bretonische Kultur).

ESSEN

▶ Erschwinglich

① *Lou Pescadou*
8 Allée Baco, Tel. 02 40 35 29 50
Ein Dorado für Liebhaber von Fisch
und Meeresfrüchten, von Hummer
bis Loup de mer in Salzkruste. Gegenüber dem Schloss. So. geschl.

② *La Cigale*
▶Tipp S. 424

▶ Preiswert

③ *Les P'tits Radis*
54 Rue Fouré, Tel. 02 40 47 89 48
Sympathisches Bistro mit herz-
erwärmender, feiner Lyonnaiser
Küche. Geöffnet Mo. – Fr. mittags,
Do./Fr. auch abends.

④ *Les Délices Bretons*
45 Rue du Maréchal Joffre
Tel. 02 28 24 00 25
Ausgezeichnete Galettes und Crêpes
genießt man in diesem schlichten
Lokal. So./Mo. geschl.

ÜBERNACHTEN

▶ Komfortabel/Luxus

① *L'Hôtel*
6 Rue Henri IV, Tel. 02 40 29 30 31
www.nanteshotel.com
Eine schöne Adresse, zurückhaltend
moderne Zimmer. Mit Garten. Kein
Restaurant, aber hervorragendes
Frühstück. Eigener Parkplatz.

▶ Günstig

② *Saint Daniel*
4 Rue du Bouffay
Tel. 02 40 47 41 25
www.nanteshotel.com
Zentral, aber ruhig in der Fußgängerzone gelegen. Schlicht eingerichtete
große Zimmer (teils nach hinten zum
Garten), freundliche Betreuung.

Nantes Orientierung

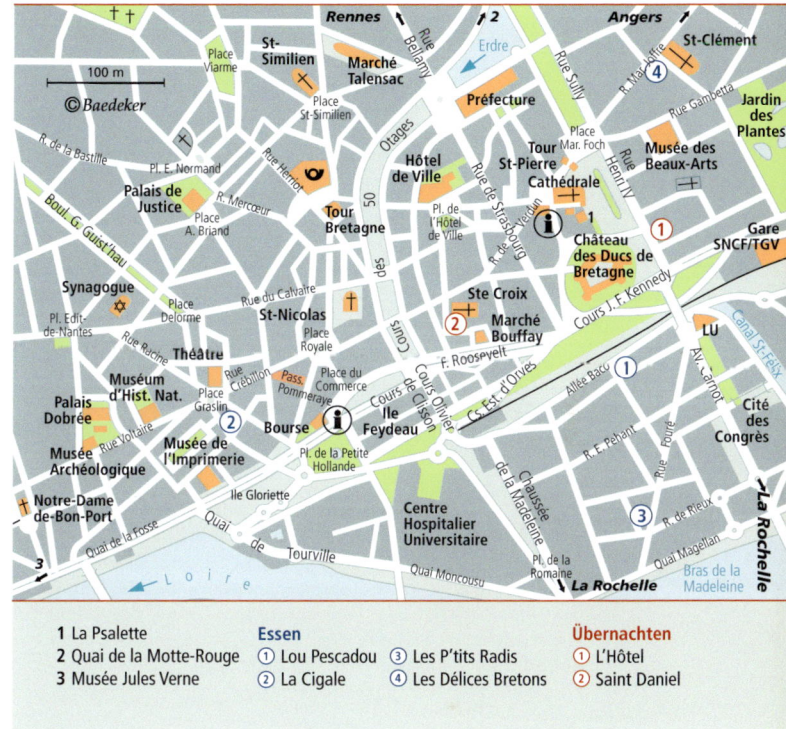

1 La Psalette
2 Quai de la Motte-Rouge
3 Musée Jules Verne

Essen
① Lou Pescadou
② La Cigale

③ Les P'tits Radis
④ Les Délices Bretons

Übernachten
① L'Hôtel
② Saint Daniel

Sehenswertes in Nantes

Das alte Stadtzentrum, nördlich der Loire, ist zweigeteilt: im Osten das mittelalterliche Viertel Bouffay mit Schloss und Kathedrale, westlich des Cours des 50 Otages das v. a. im 18. Jh. entstandene Viertel um die Place Royale, Place Graslin und Place du Commerce. Beide sind zu Fuß zu entdecken. Südlich der Loire liegen neue Viertel, darunter die 1953–1955 von Le Corbusier erbaute Cité Radieuse. **Stadtanlage**

Nantes ist als Stadt der Kekse bekannt, mit den Firmen BN (Biscuit Nantais) und LU (Lefèvre-Utile). Südwestlich des Bahnhofs erhebt sich ein ungewöhnlicher Turm, Teil der alten **Keksfabrik LU** von Anfang des 20. Jahrhunderts. Seit 1999 ist sie ein beliebtes Kulturzentrum mit vielen Veranstaltungen, Restaurant, Café, Buchladen und Hammam. Die Initialen »LU« wurden zu »Lieu Unique« umdefiniert (Informationen über Veranstaltungen etc.: www.lelieuunique.com). Vom Turm genießt man einen herrlichen Blick. **Lieu Unique**

Schloss der Herzöge Orientierung

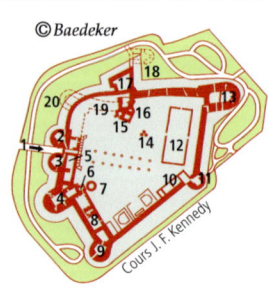

© Baedeker

1 Zugang
2 Tour du Pied de Biche
3 Tour de la Boulangerie
4 Tour des Jacobins
5 Grand Gouvernement
6 Tour de la Couronne d'Or
7 Puits (Ziehbrunnen)
8 Grand Logis
9 Tour du Port
10 Petit Gouvernement
11 Tour de la Rivière

12 Harnachement
13 Tour du Fer à Cheval
14 Reste der
   ursprünglichen Burg
15 Loge du Concierge
16 Vieux Donjon
17 Bastion Mercœur
18 Tour au Duc
19 Vieux Logis
20 Tour des Espagnols
   (im Jahr 1800 zerstört)

Château des Ducs de Bretagne

Das prachtvolle **Herzogsschloss** entstand unter Franz II., Herzog der Bretagne, ab 1466 am Platz gallorömischer und mittelalterlicher Festungen. Seine Tochter Anne, die hier 1499 König Ludwig XII. ehelichte, und spätere Herrscher ließen es vergrößern. 1532 wurde im Schloss die Vereinigung der Bretagne mit dem Königreich verkündet. Das Grand Gouvernement wurde 1684 nach einem Brand wieder aufgebaut. Südlich schließt der zierliche Treppenturm (Tour de la Couronne d'Or) an; davor steht der unter Franz II. entstandene Brunnen mit einem schmiedeeisernen Baldachin, der die bretonische Herzogskrone darstellt. Im eindrucksvollen Grand Logis und im Grand Gouvernement ist ein sehenswertes **Museum zur Geschichte von Nantes** eingerichtet (Schloss und Museum Juli/Aug. tägl. 9.30 bis 19.00, sonst Di. – So. 10.00 – 18.00 Uhr).

Cathédrale St-Pierre-et-St-Paul

Die Kathedrale bietet trotz der Bauzeit von 1434 bis 1891 ein einheitliches Bild. An der von 63 m hohen Türmen flankierten Westfassade ist über dem Hauptportal (mit einem Jüngsten Gericht) ein schönes spätgotisches Fenster zu bewundern, die Reliefs am nördlichen Seitenportal erzählen die Martyrien von Rogatianus und Donatianus im Jahr 304. Der Kalkstein lässt das Innere hell und nüchtern wirken, er ermöglichte aber die große Höhe (37,7 m) des 102 m langen Hauptschiffs. Im rechten Querschiff steht das großartige **Grabmal des letzten bretonischen Herzogs** Franz II. († 1488) und seiner Gemahlin Margarethe von Foix, ein Renaissance-Meisterwerk von Jean Perréal, ausgeführt von Michel Colombe (1507). Vier große Statuen an den Ecken stellen die Kardinaltugenden dar: Gerechtigkeit, Kraft, Weisheit (die Gesichter eines Mädchens und eines Greises – Zukunft und Vergangenheit – schauen nach vorn und hinten) und Mäßigung. Das riesige moderne Fenster beim Grabmal stellt bretonische Heilige dar. Am Chorumgang führt eine Treppe zur **Krypta** aus dem 11. Jh. mit dem Kathedralschatz, in einer Krypta des 19. Jh.s wird die Geschichte der Kathedrale illustriert. Südlich der Kathedrale hat sich die spätgotische **Psalette** erhalten (Kapitelhaus, 1502).

Grabmal von Herzog Franz II. und Margarethe von Foix in der Kathedrale

Das städtische **Kunstmuseum** in einem Palais von Ende des 19. Jh.s, eines der wichtigsten seiner Art in Frankreich, besitzt Gemälde vom 13. bis 20. Jh., darunter Ingres, La Tour, Courbet, Chagall, Picasso, Dubuffet, Tinguely und Kandinsky (Mi.–Mo. 10.00–18.00, Do. bis 20.00 Uhr).

✳
Musée des
Beaux-Arts
🕐

Im Viertel um die Kirche Ste-Croix stehen noch schöne alte Häuser. Malerisch ist die **Place du Bouffay**, auf der seit dem 15. Jh. vormittags (außer Mo.) der Gemüsemarkt stattfindet. In den 1920er-Jahren wurden die Nebenarme der Loire sowie ihres Zuflusses Erdre zugeschüttet und die Insel Feydeau sowie die südlich vorgelagerte Insel Gloriette an die Nordstadt angeschlossen. Auf Feydeau hatten sich im 18. Jh. die Reeder und Sklavenhändler prachtvolle klassizistische Häuser erstellen lassen; besonders schön sind die an Cours Olivier de Clisson, Place de la Petite Hollande und Rue Kervégan; am Cours Olivier de Clisson (Nr. 4) steht das Geburtshaus von Jules Verne.

✳
Altstadt

✳
◀ Ile Feydeau

Westlich des Cours des 50 Otages bildet die 144 m hohe **Tour de Bretagne** (1976) einen unschönen Blickfang. Südlich davon symbolisiert die 1790 angelegte Place Royale, einer der Hauptplätze der Stadt, mit Brunnen von 1865, Nantes. Die schmale Einkaufsstraße Rue Crébillon verbindet sie mit der Place Graslin. Auf Höhe der Rue Santeuil hat man Zugang zur Passage Pommeraye von 1843, einem wunderbaren Konsumtempel (So. 9.00–19.00, sonst 8.00–20.00 Uhr). An der dem Pariser Odéon nachempfundenen Place Graslin steht das 1783–1788 erbaute Grand-Théâtre.

Place Royale

✳
◀ Passage
Pommeraye

Im Tal von Clisson werden die Reben für den bekannten Muscadet angebaut.

Museen Unweit westlich gibt es drei interessante Museen: das **Naturkunde-museum** (Muséum d'Histoire Naturelle, Di. geschl.) mit einem Vivarium, das **Musée Dobrée** mit den Kunstschätzen des Reeders Th. Dobrée (u. a. Gold-und-Elfenbein-Schrein mit dem Herz der Anne de Bretagne) und das **Archäologische Museum** (Musée Archéologique; Letztere beide Mo. geschl.). Südwestlich des Stadtzentrums liegt am Quai de la Fosse ein 133 m langes Geleitboot der Kriegsmarine (Musée Naval Maillé-Brézé, tägl. nachmittags zugänglich). Weiter flussabwärts, oberhalb des Hafens, ist **Jules Verne** ein Museum gewidmet (3 Rue de l'Hermitage, Di. geschl.).

Ile de Nantes Auf der 5 km langen Loire-Insel wurden bis 1988 Schiffe gebaut. Nach Jahren des Niedergangs wird die Insel wieder zum Leben erweckt: Erster Prestigebau war der schwarze Monumentalquader des **Palais de Justice** (Jean Nouvel, 2000) am Nordufer. In einer Werfthalle südwestlich davon hat die berühmte Straßentheatergruppe »Royal de Luxe« mit ihren surrealistischen mechanischen Riesenfiguren, wie Elefanten und Puppen, eine Heimat gefunden (Blvd. Léon Bureau, www.lesmachines-nantes.fr). Am Westrand der Insel entstand in einer Bananenlagerhalle der Freizeitkomplex **Hangar à Bananes** mit Restaurants, Diskothek und Ausstellungen (Quai des Antilles).

Royal de Luxe ▶

Maison Radieuse Der Architekt Le Corbusier hat auch in Nantes, genauer im südlichen Vorort Rezé, ein eindrucksvolles Bauwerk hinterlassen, das 108 m lange und 52 m hohe »Leuchtende Haus« (1955; Führungen nach Anmeldung Tel. 02 40 84 43 84, www.maisonradieuse.org).

Umgebung von Nantes

Beliebt sind Fahrten auf der Loire (von der Ile de Nantes) sowie ins Tal des Erdre, der von Norden der Stadt zuströmt. Diese ca. 2-stündige Fahrt beginnt am Quai de la Motte-Rouge (mit Tram 2 zu erreichen). Links und rechts des Erdre stehen rund 20 elegante Schlösschen und Herrenhäuser; besonders schön ist die Szenerie am frühen Abend (Juni – Aug. letzte Fahrt 17.30 Uhr). Ein Erlebnis sind auch die abendlichen Gourmetfahrten bei stimmungsvoller Musik (Info Tel. 02 40 14 51 14, www.bateaux-nantais.fr).

Schiffsausflüge

Ca. 40 km östlich von Nantes liegt am nördlichen Loire-Ufer der Weinort Ancenis. Einst war er Festung an der Südgrenze der Bretagne; eine erste Burg entstand um 980, die vorhandenen Reste der Wehrbauten und das Palais stammen aus dem 16. Jahrhundert. Im Ortskern reihen sich viele schiefergedeckte Häuser (16./17. Jh.), beachtenswert ist die Kirche St-Pierre-et-St-Paul (15./16. Jh.) mit einem Fresko aus dem 15. Jahrhundert. Ca. 10 km westlich vor Ancenis, in Champtoceaux am Südufer des Flusses (mit einer 1420 zerstörten Festung), hat man einen herrlichen **Blick über die Loire**.

Ancenis

◀ Champtoceaux

Ein Ausflug zum 24 km südöstlich von Nantes am Zusammenfluss von Sèvre Nantaise und Moine gelegenen Clisson führt durch das Anbaugebiet des Weißweins **Muscadet de Sèvre-et-Maine**. Clisson besaß strategische Bedeutung, woran v. a. die Ruine einer mächtigen Burg (13. Jh.) erinnert. 1793, beim Vendée-Aufstand, wurde der Ort zerstört und dann nach dem Ideal einer **italienischen Renaissance-Stadt** wieder aufgebaut. Die schmale Rue des Halles führt zur Markthalle (17. Jh.) mit beeindruckendem Dachstuhl und der italienisch anmutenden Kirche Notre-Dame dahinter. Von den Zerstörungen der Revolutionswirren verschont blieben die Kapelle St-Jacques (12. Jh.) westlich der Place St-Jacques und die Kirche La Trinité (16./17. Jh.). Die Templerkirche aus dem 12. Jh. ist Ruine.

Clisson

Küste der Vendée

Eine Fahrt entlang der Loire kann man mit einem kleinen Badeurlaub am Nordteil der Küste der Vendée verbinden. Die Côte de la Lumière, die sich von der Ile de Noirmoutier südlich bis zur Gironde erstreckt, heißt nicht nicht zufällig »Küste des Lichts«; die jährliche Sonnenscheindauer erreicht Werte wie an der Côte d'Azur. Sie ist sehr vielgestaltig, Felsklippen wechseln ab mit Dünen und herrlichen langen, flachen Sandstränden; vorgelagert sind einige Inseln. Zusammen mit angenehmen Badeorten ergibt sich ein schönes, familiäres Urlaubsgebiet. Positiv verzeichnet man das Fehlen von Betonburgen, die Atmosphäre ohne großen Rummel und die moderaten Preise. Wo die Küste geschützte Becken bildet, werden Austern und Miesmuscheln gezüchtet.

Côte de la Lumière

Ile de Noir-moutier

Ca. 60 südwestlich von Nantes liegt vor der Küste dieses Badeparadies mit ca. 40 km Sandstrand. Im Süden ist die 19 km lange und bis 7 km breite Insel über eine Brücke erreichbar, bei Ebbe auch über die **Passage du Gois**. Außer vom Tourismus lebt man hier von Gemüseanbau, Fischerei, Austernzucht und Salzgewinnung. Durch die Dünen von Barbâtre erreicht man den Hauptort **Noirmoutier-en-l'Ile** (4800 Einw.) mit einer Burg aus dem 11./15. Jh.; im Donjon ein kleines Museum zur Lokalgeschichte (englische Staffordshire-Fayencen aus dem 18./19. Jh.; schöner Blick vom Dach, im Norden bis La Baule, im Süden bis zur Ile de Yeu). Die romanisch-gotische Kirche St-Philibert besitzt eine Krypta aus dem 11. Jh. mit dem Kenotaph des hl. Philibert; seine Reliquien wurden im 9. Jh. von den Mönchen nach Tournus in Burgund gebracht. Interessant sind das Aquarium am Kanalhafen und das Museum für den handwerklichen Schiffsbau. Östlich des Orts der **Bois de la Chaize**, der mit Pinien und Mimosen (Blüte Ende Februar!) ein mediterranes Bild bietet; nach Norden schließen die feinsandige Plage des Dames und die Promenade des Souzeaux an, von der man zur Küste von Pornic hinübersieht. In La Guérinière gibt es ein nettes Volkskundemuseum.

> ### ! *Baedeker* TIPP
>
> #### Les Prateaux
>
> Im Bois de la Chaize, umgeben von viel Grün und in der Nähe der Plage des Dames, liegt ein stilvolles Refugium für ruhige Urlaubstage: sehr hübsch gestaltete, großzügige Gastzimmer und ein feines Restaurant (8 Allée du Tambourin, 85330 Noirmoutier-en-l'Ile, www.lesprateaux.com; Komfortabel/Luxus).

Les Sables d'Olonne

Das Leben in diesem beliebten Badeort (15 500 Einw.) spielt sich hauptsächlich an dem (bei Flut sehr schmalen) **3 km langen Strand** ab, der von Hotels, Läden, Restaurants etc. gesäumt ist. Am westlichen Ende liegt das Casino de la Plage, am östlichen der Zoo. Hinter der Seefront ist Les Sables, das einen großen Fischereihafen besitzt, noch recht beschaulich. Die Kirche Notre-Dame-de-Bon-Port ließ Richelieu 1646 errichten. In einer Benediktinerabtei (17. Jh.) ist das Musée de l'Abbaye Ste-Croix beheimatet (Volkskunde, moderne Kunst). Jenseits des Kanals liegt um den Tour d'Arundel (12. Jh.) und das Fort St-Nicolas das alte **Fischerviertel La Chaume**. Nördlich des Orts erstrecken sich 12 km Küste mit langen Sandstränden, begleitet vom **Forêt d'Olonne**, einem Kiefernwald mit Wanderwegen. Dieses Bild setzt sich über die Fischer-/Badeorte Bretignolles, St-Gilles-Croix-de-Vie und St-Jean-de-Monts zur Ile de Noirmoutier fort.

Ile de Yeu

Die 18 km vor der Küste liegende reizvolle Insel (10 km lang, 4 km breit, 4900 Einw.) zeigt zwei Gesichter: südwestlich die »wilde« **Côte Sauvage**, die an die Bretagne erinnert, nordöstlich die übliche Küste der Vendée mit Sandstränden und Kiefernwäldern. Die Überfahrt von Fromentine und St-Gilles-Croix-de-Vie endet im Fischerhafen Port-Joinville. Ein Museum erinnert hier an den Marschall Philippe

Pétain, Staatschef der mit den Nazis kooperierenden Vichy-Regierung, der 1945–1951 im Fort Pierre Levée eingesperrt war; er ist auf dem Friedhof des Orts begraben. Wildromantisch an der Westküste liegt das **Vieux Château** (11./16. Jh.), südöstlich der tief eingeschnittene Hafen Port-de-la-Meule, den die Langusten- und Hummerfischer nützen. Eines des zahlreichen Zeugnisse der Megalithkultur ist der Dolmen La Planche à Puare im Nordwesten (►Baedeker Special S. 228).

★★ Normandie

F–J 3 / 4

Zwischen dem Pariser Becken und dem Ärmelkanal dehnt sich das »Land der Normannen« aus. An seiner langen, abwechslungsreichen Küste liegen bekannte Badeorte, im grünen Hinterland »fließen« Milch und Sahne, Cidre und Calvados. Burgen, Schlösser und bildhübsche Städtchen erinnern an die wechselvolle Geschichte.

Die Region Normandie ist etwa so groß wie Belgien. Politisch gliedert sich die Normandie in die Regionen Haute Normandie im Osten (Départements Eure und Seine-Maritime) und Basse Normandie im Westen (Départements Calvados, La Manche und Orne), wobei die Bezeichnungen nur auf der Entfernung von Paris beruhen. Insgesamt leben hier rund 3,2 Millionen Menschen. Den besonderen Reiz verdankt die Normandie ihrer **über 600 km langen Küste** zwischen Le Tréport im Osten und dem ► Mont St-Michel im Westen. Ihre Abschnitte tragen so klingende Namen wie Alabasterküste (Côte d'Albâtre), Blumenküste (Côte Fleurie) und Perlmuttküste (Côte de Nacre). Berühmt sind die Kreidefelsen der Côte d'Albâtre, am spektakulärsten die bei Etretat. Weit in den Ärmelkanal springt die Halbinsel Cotentin vor, die zum Armorikanischen Massiv gehört. Im Hinterland zeigt die Normandie ein ganz anderes Bild: Im Bocage Normand, einem Wald- und Wiesenland, das auch die romantische »Normannische Schweiz« umfasst, teilen Hecken Felder und Weiden ab, auf denen Apfel- und Birnbäume wachsen und Milchkühe grasen. In der Mitte der Normandie liegt das fruchtbare Pays d'Auge, die Heimat von Cidre, Calvados und Camembert. Das atlantische Klima ist mild, feucht und wechselhaft. Hauptreisezeit sind die beiden Sommermonate Juli und August; im Landesinneren ist es zur Zeit der Obstbaumblüte im April und Mai besonders schön.

»Garten am Meer«

In der Normandie, vor allem der **Basse Normandie**, dominiert die Landwirtschaft. Sie profitiert vom wärmenden Golfstrom, der auch für milde Meerestemperaturen sorgt. Zu den bekanntesten Erzeugnissen gehören Sahne, Butter und Käse, darunter Pont-l'Evêque, Livarot und Camembert, sowie Calvados und Cidre. Letzterer, ein moussierender Apfelwein mit 3 bis 5 % Alkohol, wird seit dem

Wirtschaft

▶ NORMANDIE ERLEBEN

AUSKUNFT

CRT Normandie
14 Rue Charles Corbeau
27000 Evreux, Tel. 02 32 33 79 00
www.normandie-tourisme.fr/de

CDT Eure
3 Rue du Commandant Letellier
27003 Evreux Cedex
Tel. 02 32 62 04 27
www.eure-tourisme.fr

CDT Seine-Maritime
6 Rue Couronne, BP 60
76420 Bihorel, Tel. 02 35 12 10 10
www.seine-maritime-tourisme.com

CDT Calvados
8 Rue Renoir, 14054 Caen Cedex 4
Tel. 02 31 27 90 30
www.calvados-tourisme.com

CDT Orne
86 Rue St-Blaise, BP 50
61002 Alençon Cedex
Tel. 02 33 28 88 71
www.ornetourisme.com

CDT Manche
50008 St-Lo Cedex
Tel. 02 33 05 98 70
www.manchetourisme.com

FESTE & EVENTS

Februar, Granville: Karneval. 3. März-
Wochenende, Mortagne-au-Perche:
Foire du Boudin (Blutwurstmarkt).
Anfang Mai: Rencontres de Cam-
bremer (Markt für normannische
AOC-Produkte). Mai, Coutances:
Jazz sous les Pommiers (Jazzfestival).
6. Juni, an vielen Orten: Commémo-
ration du Débarquement (Erinnerung
an die Landung der Alliierten 1944).
2. Juni-Wochenende, ungerade Jahre,
Balleroy: Heißluftballon-Festival.

Letztes Juni-Wochenende, Evreux:
Rockfestival. Pfingsten, Honfleur: Fête
des Marins (Fest der Seeleute). 1. Juli-
Wochenende, Deauville: Festival und
Pferderennen. 3. Juli-Wochenende,
Fécamp: Fête de la Mer. Juli, Bayeux:
Mittelalterfest. Juli/August, Château
de Crèvecœur: Festival autour d'un
Piano (Klavierkonzerte). Mitte Au-
gust, Ile de Tatihou: Les Traversées de
Tatihou (Musikfestival). Ende Aug.:
Festival du Septembre Musical de
l'Orne (Musik an außergewöhnlichen
Orten im Dép. Orne). Anf. Sept.,
Deauville: Festival du Cinéma Amér-
icain. 2. Sept.-Wochenende, Lessay:
Foire Ste-Croix (großer Pferde-, Esel-
und Ponymarkt). Mitte Okt., Vi-
moutiers: Foire de la Pomme. 1. Dez.-
Wochenende, Grandcamp-Maisy: Fest
der Jakobsmuschel.

ESSEN

▶ Erschwinglich/Fein & teuer
Spinnaker
Deauville, 52 Rue Mirabeau
Tel. 02 31 88 24 40
www.spinnakerdeauville.com
Mo., Sept. – Juni auch Di. geschl.
Ausgezeichnetes Restaurant. Ange-
nehmes modernes Ambiente in
hübschem altem Haus.

▶ Erschwinglich
Le Bacaretto
Honfleur, 44 Rue de la Chaussée
Tel. 02 31 14 83 11
Mi., Do.mittag geschl.
Kleines Bistro mit ausgezeichneten
Weinen und fantasievollen Snacks.

Le Bréard
Honfleur, 7 Rue du Puits
Tel. 02 31 89 53 40
Di., Do.mittag, außer Mitte Juli – Aug.
auch Mi. geschl.

Kleines, feines Restaurant mit Terrasse in der Nähe von Ste-Cathérine.

Le Relais des Dalles
Sassetot-le-Mauconduit
6 Rue Elizabeth d'Autriche
Tel. 02 35 27 41 83, Mo./Di. geschl.
www.relais-des-dalles.fr
Vorzügliche Gastronomie in edel-rustikalem Ambiente. Mit vier hübschen Gastzimmern. 17 km nordöstlich von Fécamp.

Du Port
St-Valéry-en-Caux, 18 Quai d'Amont
Tel. 02 35 97 08 93, So., Mo., Do.-abend (außer Juli/Aug.) geschl.
Zwischen Dieppe und Fécamp
Traditionelle und marine Küche in hübschem, klassischem Rahmen. Mit Blick auf den Hafen.

► Preiswert/Erschwinglich
Les Lions de Beauclerc
Lyons-la-Forêt, 7 Rue Hôtel de Ville
Tel. 02 32 49 18 90, Di. geschl.
http://leslionsdebeauclerc.free.fr
Ca. 35 km östlich von Rouen
Normannische Landküche in einem hübschen Ziegelsteinbau. Mit netten kleinen Zimmern.

ÜBERNACHTEN
► Luxus
Normandy-Barrière
Deauville, 38 Rue J. Mermoz
Tel. 02 31 98 66 22
www.normandy-barriere.com
Luxushotel von 1912 im normannischen Stil, die »klassische« Adresse.

► Komfortabel
Le Reynita
Trouville, 29 Rue Carnot
Tel. 02 31 88 15 13
www.hotelreynita.com
Zwei-Sterne-Hotel mit Belle-Epoque-Fassade, in Strandnähe.

Hôtel de la Tour
Honfleur, 3 Quai de la Tour
Tel. 02 31 89 21 22
www.hoteldelatourhonfleur.com
Freundliches Hotel in Hafennähe.

La Musardière
Giverny, 123 Rue Claude Monet
Tel. 02 32 21 03 18
www.lamusardiere.fr
Einziges Hotel in Giverny. Mit Restaurant-Crêperie (Mo. geschl.).

Hôtel d'Argouges
Bayeux, 21 Rue St-Patrice
Tel. 02 31 92 88 86
www.hotel-dargouges.com
Palais aus dem 18. Jh. in einem Garten in Zentrumsnähe.

Dormy House
Etretat, Route du Havre
Tel. 02 35 27 07 88
www.dormy-house.com
Hotel mit schöner Aussicht an der Steilküste, mit Restaurant. Neben dem Golfplatz.

Azur
Lisieux, 15 Rue au Char
Tel. 02 31 62 09 14
www.hotel-azur-lisieux.fr
Gemütliche Zimmer. Frühstück wird im Wintergarten serviert.

Hôtel-Restaurant de la Terrasse
Varengeville-sur-Mer, Route de Vasterival, Tel. 02 35 85 12 54
www.hotel-restaurant-la-terrasse.com
Belle-Epoque-Haus über dem Meer mit herrlichem Ausblick.

Hostellerie de la Vieille Ferme
Mesnil-Val, 23 Rue de la Mer
Tel. 02 35 86 72 18
vieille.ferme@gmail.com
Schöner alter Bauernhof 4 km westlich von Dieppe. Mit Restaurant.

Normandy
Evreux, 37 Rue Edouard Feray
Tel. 02 32 33 14 40
www.normandyhotel.eu
Hotel in einem schönen Fachwerk-
haus, einst eine Poststation. Mit
Restaurant und Bar.

Hotel de France et des Fuchsias
St-Vaast-La-Hougue
20 Rue du Maréchal-Foch
Tel. 02 33 54 40 41
www.france-fuchsias.com
Eine weitere schöne alte Poststation.
Mit Restaurant (Mo./Di. geschl.).

13. Jh. gekeltert; der Calvados ist ein Destillat aus Cidre mit über
40 % Alkohol. In der **Haute Normandie** spielen die Industrie, vor allem Ölindustrie mit Raffinerien und Großlagern, Kernenergiewirt-
schaft im Cotentin sowie die Häfen eine wichtige Rolle; so ist ▶
Rouen Europas wichtigster Getreideexporthafen, ▶ Le Havre der
nach Tonnage zweitgrößte Hafen Frankreichs. Auch der Fremdenverkehr ist ein wichtiges Standbein. Die meistbesuchten Ziele sind die
Seebäder Deauville und Trouville, die Halbinsel Cotentin, die Wallfahrtsorte Lisieux und Mont St-Michel (Letzterer ist nach dem Eiffelturm das meistbesuchte Bauwerk Frankreichs), der Wandteppich
von Bayeux sowie Giverny, wo Claude Monet lebte und malte.

Ein wenig Geschichte

Vom 7. Jh. an tauchten an der Küste des merowingischen Frankenreichs skandinavische Beutefahrer auf, die **Nordmänner**. Sie überfie-
len und plünderten Städte, Klöster und Dörfer, fuhren die Seine hinauf und eroberten 841 Rouen und 845 Paris. Kaum hundert Jahre
später hatten sich die Eindringlinge etabliert. Der westfränkische König Karl der Einfältige trat 911 etwa die Hälfte der heutigen Normandie mit Rouen an den Wikinger Rollo ab, der sich taufen ließ und
912 erster Herzog der Normandie wurde. Dennoch setzten er und
sein Sohn die Eroberung fort, bis das Gebiet der Normandie in ihren
heutigen Grenzen geformt war. Sein Nachfahr Wilhelm weitete seine
Herrschaft nach England aus (**»Wilhelm der Eroberer«**), wurde 1066
englischer König und schuf ein anglo-normannisches Reich. 1153
kam die Normandie zum Reich von Heinrich II. Plantagenêt, das zuletzt von Aquitanien bis Schottland reichte. Johann Ohneland verlor
1204 die Normandie an den französischen König Philipp II. August.
Der Konflikt zwischen den englischen Königen aquitanischer und
normannischer Abstammung und der französischen Krone äußerte
sich im Hundertjährigen Krieg (1337 – 1453), in dem die Normandie
1417 – 1450 nochmals englisch war. 1431 wurde in Rouen **Jeanne
d'Arc** – ihr Einsatz hatte das französische Königreich gerettet – unter
dem Vorwand der Ketzerei hingerichtet. Die Religionskriege zwischen Hugenotten und Katholiken 1562 – 1598 und die Aufhebung
des Edikts von Nantes 1685 führten zur Massenflucht der Protestanten aus Frankreich. Am 6. Juni 1944 begann die **Landung der Alliierten** an der Küste (▶Baedeker Special S. 450), daran erinnern die all-
jährlichen D-Day-Feiern und zahlreiche Museen.

Die Normannen übernahmen recht früh das Christentum. Ihre hervorragenden Baumeister prägten die Region über Jahrhunderte, daran erinnern heute prächtige Kathedralen, Klöster, Burgen und Schlösser. Darüber hinaus verstanden sich die Normannen auf Vieh- und Pferdezucht; so stammen die normannischen Kühe von den norwegischen Telemark-Rindern ab und auch heute ist die Normandie, vor allem das Département Calvados, ein Land der Pferde. Im 19. Jh. ließen sich viele Künstler von den Farben und dem Licht der Normandie anziehen, sie begründeten die Schule von Honfleur und den **Impressionismus** (► Baedeker Special Guide). Der berühmteste impressionistische Maler, Claude Monet, wuchs in Le Havre auf und lebte von 1883 bis zu seinem Tod 1926 in Giverny, sein Haus und sein Garten gehören zu den Hauptattraktionen der Region. Die Literaten Victor Hugo, André Gide und Marcel Proust hielten sich gerne in der Normandie auf, der Komponist Eric Satie wurde 1866 in Honfleur geboren.

Kultur und Kunst

Dramatische Kulisse an Frankreichs höchster Steilküste, hier bei Fécamp

Highlights in der Normandie

✳ ✳ Côte d'Albâtre · Alabasterküste

**Frankreichs
Steilküste**
Zwischen Le Tréport im Norden und ▶Le Havre bricht das Kalkplateau des Pays de Caux am Ärmelkanal jäh ab. Bis zu 110 m hohe Kreideklippen, an denen seit Urzeiten Brandung, Wind und Regen nagen, säumen die Kiesstrände der 120 km langen **Alabasterküste**; eine der eindrucksvollsten Felsformationen ist die Falaise d'Aval bei Etretat. Die charakteristische Bänderung der Kreideklippen entsteht durch dunklere Ablagerungen aus Feuerstein.

Le Tréport
Die kleine Hafenstadt (6300 Einw.), der nördlichste Ort der Normandie, liegt am Fuß hoher Klippen. Man erklimmt sie auf langen Treppen oder mit der Standseilbahn; den schönsten Ausblick genießt man vom Kalvarienberg (Calvaire des Terrasses). Fangfrische Meeresfrüchte gibt es in der Poissonnerie Municipale (Fischhalle; im Winter Di. geschl.). Die Geschichte des Orts erzählt das Musée du Vieux Tréport im ehemaligen Gefängnis. Oberhalb des Hafens die Kirche St-Jacques (15. Jh.) mit schönem Renaissance-Portal.

**✳
Dieppe**
Dieppe (36 000 Einw.), an der Mündung der Arques zwischen steilen Kreidefelsen gelegen, ist eine bedeutende Hafenstadt (Fähren nach Newport/GB) und seit den 1820er-Jahren ein **beliebtes Seebad**, das älteste in Frankreich. In der mächtigen Festung (1433) zeigt das **Musée du Château** Elfenbeinschnitzereien, einst ein wichtiger Erwerbszweig der Stadt, Gemälde und Zeugnisse zur Stadtgeschichte (Juni bis Sept. tägl. 10.00 – 12.00, 14.00 – 18.00, Okt. – Mai Mi. – Mo. 10.00 bis 12.00, 14.00 – 17.00 Uhr). Mittelpunkt der Innenstadt ist die kleine Place du Puits Salé. Westlich erhebt sich die Kirche St-Rémy (16./

17. Jh.) mit sehenswerter Holztäfelung. Richtung Hafen passiert man die gotische Kathedrale St-Jacques (13.–16. Jh.). Im Osten schließt das malerische alte **Fischerviertel Le Pollet** an. Über die Fischerei, die Seefahrt und die Klippen um Dieppe informiert die Cité de la Mer (37 Rue de l'Asile-Thomas, tägl. 10.00–12.00, 14.00–18.00 Uhr). Hobbyköche zieht es samstags in die Stadt, da ist Dieppe ein

einziger Markt. Über der Hafeneinfahrt wacht die Kapelle Notre-Dame-de-Bon-Secours (1876); Exvoten erinnern an die auf See umgekommenen Schiffer.

Varengeville-sur-Mer

In dem hübschen, hoch an der Steilküste gelegenen **Künstlerdorf** Varengeville (1200 Einw., 8 km westlich) ließ sich der reiche Reeder Jehan d'Ango 1533–1545 von italienischen Baumeistern das Herrenhaus Manoir d'Ango erbauen – mit dem größten Taubenhaus Frankreichs mit rund 1600 Nistlöchern. Einen schönen Ausblick hat man von der **Seemannskapelle St-Valery** (11.–15. Jh.); auf ihrem Friedhof sind der Maler Georges Braque (1882–1963) und der Komponist Albert Roussel (1869–1937) bestattet. Braque schuf das tiefblaue Fenster in der Kirche, das Pendant links im Chor stammt von dem Belgier Raoul Ubac. Einen Besuch lohnt auch der herrliche Parc des Moutiers. Auf einem Küstenweg erreicht man den Leuchtturm Phare d'Ailly, von dem sich ein großartiger Rundblick bietet. Auf dem schönen **Château de Mirosmesnil** (9 km südlich) wurde Guy de Maupassant geboren (1850–1893), heute kann man hier nobel nächtigen (www.chateaumiromesnil.com).

Saint-Valery-en-Caux

Die Alabasterküste zeigt sich nun bis St-Valéry-en-Caux, einem kleinen Hafen und beliebten Badeort, von ihrer schönsten Seite. Die Maison Henry IV (1540) ist ein schönes Beispiel für die typischen normannischen Fachwerkhäuser (Office de Tourisme).

Fécamp

Die Hafenstadt (22 000 Einw.) liegt zwischen den höchsten Klippen der Normandie (126 m) schön am Ausgang des Valmont-Tals. Zeitweise lebte Guy de Maupassant in dem Seebad, einige seiner Erzählungen spielen hier. Im Mittelalter war Fécamp ein bedeutender Wallfahrtsort, in dem einige Blutstropfen Christi verehrt wurden. Das erklärt die Ausmaße der Abteikirche **Ste-Trinité** (128 m lang, fast so lang wie Notre-Dame in Paris), ein Juwel der normannischen Schule (1175–1220; Fassade 18. Jh.). Im Chor sind ein schönes Gitter (1868) und ein Gestühl von 1748 zu beachten. Die Reliquie wird in der Marienkapelle aufbewahrt. Gegenüber der Kirche liegen die Reste der Herzogsburg (10./11. Jh.). Die anderen berühmten Tropfen

Eindrucksvolle Kreideklippen der »Alabasterküste«: Falaise d'Aval bei Etretat

erfand 1510 ein Benediktinermönch: den Kräuterlikör Bénédictine. Mehr inkl. Kostprobe erfährt man im prächtigen **Palais Bénédictine** (1892; 110 Rue Alexandre-Le-Grand), das auch bemerkenswerte Kunst aus Mittelalter und Renaissaance beherbergt. Auf dem 114 m hohen Kreidefelsen nördlich der Stadt wacht die Wallfahrtskapelle Notre-Dame-du-Salut (13./14. Jh.) über Hafen und Stadt.

★ ★
Etretat

Majestätische, bis 90 m hohe Kreideklippen rahmen diesen beliebten Badeort (1600 Einw.) ein: im Norden die Falaise d'Amont mit herrlichem Ausblick, im Westen die spektakuläre, einem Torbogen ähnelnde Falaise d'Aval, vor der die Aiguille (Nadel) aus dem Meer ragt. Einen Blick wert sind die Altstadt mit der Markthalle (1926) und die Kirche Notre-Dame (11.–13. Jh.). Maurice Leblanc, der »Vater« des Gentleman-Einbrechers Arsène Lupin, kaufte sich 1918 ein schönes Landhaus, in dem heute die Erfolgsgeschichte des Edelganoven dokumentiert wird (15 Rue Guy de Maupassant, April – Sept. tägl. 10.00 – 17.45, www.arsene-lupin. com).

! **Baedeker** TIPP

Höhenrausch

Wo früher Zöllner Jagd auf Schmuggler machten, verläuft heute der Fernwanderweg GR 21. Für die ca. 20 km zwischen Fécamp und Etretat (ohne Abstecher) benötigt man außer Kondition und Schwindelfreiheit gute Schuhe.

![Über Les Andelys ließ Richard Löwenherz die Burg Gaillard errichten.](image)

Über Les Andelys ließ Richard Löwenherz die Burg Gaillard errichten.

✶ ✶ Vallée de la Seine · Tal der Seine

Die Seine entspringt in Burgund und fließt durch die Champagne, die Ile-de-France und die Normandie, um nach 775 km bei ▶ Le Havre in den Ärmelkanal zu münden. Sie war und ist einer der wichtigsten Verkehrswege Nordfrankreichs. Ihr Tal bildet den reizvollen Mittelpunkt der Haute-Normandie; imposante Burgen und Abteien, Wälder und Kreidefelsen säumen das Flussufer. Die **großen Seine-Schleifen** zwischen Paris und dem Meer verlängern den Flusslauf bei geringem Gefälle (16 m von Vernon bis zur Mündung) fast auf das Dreifache der Luftlinie. Drei große Brücken überqueren ihren Unterlauf: Pont de Brotonne, Pont de Tancarville und Pont de Normandie (die beiden Letzteren sind gebührenpflichtig). Eine Reihe von Reedereien bieten **Kreuzfahrten auf der Seine** an, die 5–8 Tage dauern, meist von Paris aus.

Lebensader der Normandie

In Giverny (500 Einw.; gut 70 km nordwestlich von Paris) lebte der große impressionistische Maler **Claude Monet** von 1883 bis zu seinem Tod 1926. Sein Wohnhaus und der herrliche Garten, den er in vielen Bildern festhielt, sind eine große Attraktion (April–Okt. tägl. 9.30–18.00 Uhr). Sehr interessant ist auch das nahe Musée des Impressionnismes (früher Musée d'Art Américain), das sich der Ge-

✶ Giverny

! *Baedeker* TIPP

Hôtel Baudy

Wo früher die Kollegen Monets wohnten, speisten und malten, im alten Caférestaurant oder im herrlichen Garten unter Rosen, lässt sich eine wunderbare Pause einlegen (Giverny, 81 Rue Claude Monet, Tel. 02 32 21 10 03, Mo. geschl.).

schichte und Wirkung des Impressionismus widmet (dieselben Öffnungszeiten; Caférestaurant mit schöner Terrasse).

Flussabwärts folgt am anderen Ufer das Städtchen **Vernon** (27 000 Einw.) mit schönen Fachwerkhäusern und der stattlichen Kirche Notre-Dame (12.–16. Jh.), einen schönen Blick hat man von der Seine-Brücke. Archäologische und landeskundliche Exponate sowie Gemälde von Monet, Sisley, Bonnard u. a. sind im Musée Poulain (12 Rue du Pont) zu sehen. Einen Besuch lohnt das Barockschloss von Bizy am westlichen Stadtrand (1740; April–Okt. Di.–So. 10.00–12.00, 14.00–18.00, März Sa., So. 14.00–17.00 Uhr). Einige Kilometer seineabwärts ragt auf einem Felsvorsprung die Ruine des **Château de Gaillon** (13. Jh.) auf.

★
Les Andelys

Bei Les Andelys (8500 Einw.) wird die Seine von hohen Kreidefelsen eingefasst. Über dem Ort thront die großartige Ruine des **Château Gaillard**, 1197 durch Richard Löwenherz erbaut, um dem französischen König den Zugang nach Rouen zu versperren; dennoch gelang

Hier lebte und arbeitete Claude Monet: der herrliche Garten in Giverny.

ihm 1204 die Eroberung (Mitte März – Mitte Nov. Do. – Mo. ⊕
9.00 – 12.00, Mi. – Mo. 14.00 – 18.00 Uhr). In Grand Andely steht die
Kirche Notre-Dame (Langhaus 13. Jh., Flamboyant-Fassade 16./17.
Jh.) mit Renaissance-Fenstern und einem Orgelprospekt von 1573;
das **Musée Nicolas Poussin** in einem einfachen Haus aus dem 18. Jh.
zeigt Werke des Malers, der als einer der größten im Frankreich des
17. Jh.s gilt, außerdem archäologische Funde und sakrale Kunst (Rue
Ste-Clotilde, Mi. – Mo. 14.00 – 18.00 Uhr). ⊕

Ein Abstecher von Romilly-sur-Andelle durch das Tal der Andelle **Lyons-la-Forêt**
führt vorbei an der Zisterzienserabtei Fontaine-Guérard zum her-
ausgeputzten Dorf Lyons-la-Forêt, einem der »plus beaux villages de
France«. Claude Chabrol verfilmte hier 1991 Flauberts Roman »Madame Bovary«.

Gisors, die alte Hauptstadt des Vexin (11 000 Einw.; 30 km östlich **Gisors**
von Les Andelys), lag an der Grenze des Herzogtums Normandie,
wovon die prachtvolle **normannische Festung** des 11./12. Jh.s zeugt,
ein bedeutendes Beispiel mittelalterlicher Wehrarchitektur (Führungen April – Sept. Mi. – Mo., Febr., März, Okt., Nov. Sa./So.). Vom ⊕
Donjon hat man einen grandiosen Ausblick. Sehenswert ist auch die
Kirche St-Gervais-et-St-Protais (12. – 16. Jh.) mit ihrer eigenartigen
Grosse Tour (Dicker Turm) und feinen Bildhauerarbeiten.

Die Hauptstadt (54 000 Einw.) des Départements Eure liegt in der ★
wunderbaren Landschaft des Pays d'Ouche. Mittelpunkt ist die an ei- **Evreux**
nem Arm des Iton gelegene Ka-
thedrale Notre-Dame (12. – 17. Jh.)
mit schönen Glasfenstern (13. – 16.
Jh.) und Renaissance-Schranken an
den Chorkapellen. Im benachbarten Bischofspalast (1481) zeigt das
Musée d'Evreux Funde aus gallorömischer Zeit, Sakralkunst und
Möbel aus dem 17./18. Jh. (Mo.
geschl.). Die einstige Abteikirche
St-Taurin (11. – 15. Jh.) im Westen
der Stadt bewahrt den **Reliquien-
schrein** des hl. Taurin, ein Meisterwerk französischer Goldschmiede-
kunst (13. Jh.). Der 44 m hohe
Wachturm (Tour de l'Horloge) gegenüber dem Rathaus stammt aus
dem 15. Jahrhundert. Die Pâtisserie Auzou (Rue Chartraine) ist für
die »Caprices des Ursulines«, die
»Pavés d'Evreux« und andere
Kunstwerke berühmt.

Kathedrale Notre-Dame in Evreux

Route des Abbayes

Besonders reich an Eindrücken ist die rund 110 km lange Straße der Abteien zwischen ►Rouen und ►Le Havre.

Kurz hinter Rouen passiert die D 982 in **St-Martin-de-Boscherville** die Abteikirche St-Georges (1080 – 1125), ein Juwel der Spätromanik (April – Okt. 9.00 – 18.30, sonst 14.00 – 17.00 Uhr). Im Konvent ist der überwölbte Kapitelsaal aus dem 13. Jh. erhalten.

Jumièges ►

In dem kleinen Städtchen (1500 Einw.) weisen zwei 46 m hohe Türme den Weg zur »**schönsten Klosterruine Frankreichs**«, die in einem zauberhaften Park liegt (Mitte April – Mitte Sept. 9.30 – 19.00, sonst 9.30 – 13.00, 14.30 – 17.30 Uhr). Das Benediktinerkloster wurde im Jahr 654 gegründet und 1790 zerstört; seine Kirche wurde 1067 in Anwesenheit von Wilhelm dem Eroberer geweiht. Die erhaltenen Teile von St-Pierre, der zweiten Kirchenruine nebenan, veranschaulichen gut die normannische Architektur des 10. Jh.s.

Naturpark der Seine-Schleifen ►

Die Uferroute ab Jumièges bis zur Seinemündung verläuft nun im schönen Parc Naturel Régional des Boucles de la Seine Normande. Sein Zentrum ist der **Wald von Brotonne** südlich der Seine. Über Wanderwege, Museumseinrichtungen etc. informiert die Maison du Parc in Notre-Dame-de-Bliquetuit (www.pnr-seine-normande.com).

St-Wandrille ►

Die Abtei St-Wandrille, nördlich der Seine an der D 982, wurde schon 649 gegründet und im Lauf der Zeit mehrfach zerstört und wieder aufgebaut; heute leben hier wieder Benediktiner. Die Kirche aus dem 13./14. Jh. ist eine malerische Ruine; erhalten blieben die barocken Konventbauten, der Kreuzgang und das romanische Refektorium. Im Laden gibt es u. a. köstlichen Honigkuchen aus dem Kloster (Pain d'épices; www.st-wandrille.com).

Caudebec-en-Caux ►

Das am Nordufer der Seine gelegene Städtchen (2300 Einw.) ist Hauptort des **Pays de Caux**. Samstags findet ein bunter Markt statt. Beherrscht wird Caudebec von der spätgotischen Kirche **Notre-Dame** (1426 – 1534), die Heinrich IV. als schönste seines Königreichs galt (drei wunderbare Westportale, Orgel von Anfang des 16. Jh.s). Alte Seine-Schiffe sind im Musée de la Marine de Seine zu sehen (tägl. nachmittags geöffnet, Jan. geschl.).

Villequier ►

Im hübsch an der Seine gelegenen Nachbarort Villequier (750 Einw.) kamen 1843 die Tochter von Victor Hugo und ihr Mann, Léopoldine und Charles Vacquerie, bei einem Bootsunglück ums Leben. Das Musée Victor Hugo im Haus der Vacqueries erinnert an den Schriftsteller und seine Familie (Di. geschl.). 6 km südwestlich, hinter Norville, beherrscht das **Schloss Etelan** das Tal (Flamboyant-Gotik, Ende 15. Jh.; schöner Ausblick von der Terrasse).

Lillebonne ►

Lillebonne (9000 Einw.) war schon zur Zeit der Römer ein wichtiger Hafen, woran die Reste eines Amphitheaters (2. Jh.) erinnern. Im Auftrag Wilhelm des Eroberers entstand hier im 11. Jh. eine Burg, von der noch der 34 m hohe Donjon erhalten ist.

Tancarville

Marais Vernier ►

In der kleinen Stadt Tancarville (1100 Einw.) an der Seine-Mündung überspannt eine 1410 m lange **Hängebrücke** mit 125 m hohen Pylonen (1959) die Seine. Südlich des Flusses erstreckt sich der Marais

Vernier, ein im 17.–19. Jh. halbwegs trockengelegtes Sumpfgebiet. Es besitzt schöne Dörfer mit reetgedeckten Fachwerkhäusern (ganz zauberhaft, wenn die Obstbäume blühen) wie Marais-Vernier-Village; La Grande Mare ist ein guter Beobachtungsplatz für Vögel.

►dort   **Le Havre**

✳ Côte Fleurie · Blumenküste

An der 32 km langen, schönen »Blumenküste« zwischen Honfleur im Osten und Cabourg im Westen liegen die bekanntesten und schicksten Badeorte im Norden Frankreichs.

An der Seine-Mündung gegenüber von ► Le Havre – mit dem sie durch den Pont de Normandie verbunden ist – liegt die alte Seefahrerstadt Honfleur (8200 Einw.), mit dem bis 1684 angelegten Hafen und zahlreichen malerischen Häusern einer der reizvollsten Orte der Normandie. Von hier gingen viele Schiffsexpeditionen aus, bei denen u. a. 1503 Brasilien erreicht und 1608 Québec gegründet wurde. Im 19. Jh. kamen **zahlreiche Künstler** hierher, darunter die Maler Boudin, Courbet, Sisley, Pissarro, Renoir und Cézanne; ihr Treffpunkt war die Ferme St-Siméon westlich an der Seine-Mündung (heute ein

✳
Honfleur

Hier spürt man noch etwas von den Zeiten der Seefahrer: Alter Hafen von Honfleur

luxuriöses Hotel; www.fermesaintsimeon.fr). Im Musée Boudin (Place Erik Satie) sind Bilder dieses in Honfleur geborenen Malers sowie einiger seiner Kollegen ausgestellt. À propos Satie: Der exzentrische Komponist wurde 1866 in Honfleur geboren (Maisons Satie, 67 Blvd. Charles V). Nördlich des Vieux Bassin die erstaunliche spätgotische Kirche **Ste-Cathérine**, wie der freistehende Glockenturm 1468 von lokalen Schiffsbaumeistern ganz aus Holz errichtet. In der Kirche St-Etienne (14./15. Jh.) illustriert das Musée de la Marine die Geschichte der Seefahrt. Im Gefängnis nebenan ist das Musée d'Art Populaire (normannische Volkskunst) untergebracht. Gut 1 km westlich des Zentrums liegt südlich über der Straße nach Trouville ein Kalvarienberg mit der Kapelle Notre-Dame-de-Grâce (1615), die am Pfingstsonntag Ziel der großen **Seeleute-Prozession** ist. Weiter südöstlich bietet der Mont-Joli eine noch freiere Aussicht auf die Stadt.

Trouville

Deauville

Die aussichtsreiche **Corniche Normande** verbindet Honfleur mit dem beliebten Ferienort Trouville (5400 Einw.). Es besitzt einen schönen Sandstrand und ist etwas ruhiger als das benachbarte noble Deauville jenseits der Touques, das erst 1861 gegründet wurde (4500 Einw. – in der Saison ein Vielfaches). Es gilt als Polo-Hauptstadt Frankreichs, Anfang September sind beim **Festival du Cinéma Américain** auch Hollywood-Größen zu bewundern. Ein illustres Publikum trifft sich zu Pferderennen, Segelregatten, Golf- und Reitturnieren und zum internationalen Pferdemarkt der Einjährigen. Eine attraktive Strandpromenade, ein großzügiger Jachthafen, Spielcasino sowie zahlreiche Film-, Konzert- und andere Veranstaltungen runden das Angebot ab.

Noble Atmosphäre: Hôtel Royal in Deauville

Bis zum Ende der Côte Fleurie passiert man eine Reihe beliebter Ferienorte wie Villers-sur-Mer, Houlgate und Dives-sur-Mer. Das in den 1880er-Jahren gegründete Städtchen Cabourg (3500 Einw.) verdankt seine Bekanntheit dem Romancier **Marcel Proust** (1871 bis 1922), der sich mehrmals im Grand Hôtel aufhielt und hier 1907–1914 »Auf der Suche nach der verlorenen Zeit« schrieb. Im Zimmer Prousts kann man sogar nächtigen.

Cabourg

✳ Pays d'Auge

Das Pays d'Auge, das üppig grüne Hinterland der Côte Fleurie, ist die Heimat der drei kulinarischen lockt »Cs« Cidre, Calvados und Camembert. Die **Route du Cidre** führt durch malerische Städtchen wie Cambremer (4000 Einw.), Beuvron-en-Auge, die »Hauptstadt« des Cidre, Bonnebosq und Beaufour-Druval. Keller können besichtigt, Cidre und Calvados gekostet und erstanden werden. Den drei berühmten Käsesorten des Pays d'Auge widmet sich die **Route du Fromage** von Pont-l'Evêque über Livarot und Vimoutiers nach Camembert.

Cidre, Calvados, Camembert

Der Hauptort des Pays d'Auge (26 000 Einw.), etwa 30 km südlich der Seine-Mündung, ist nach Lourdes der bedeutendste Wallfahrtsort Frankreichs. Die 1873 in Alençon geborene Thérèse Martin wuchs in Lisieux auf und trat mit päpstlicher Genehmigung 15-jährig ins Karmelitinnenkloster ein. Sie starb 1897, 1925 wurde sie heiliggesprochen. Ihr gelten Wallfahrten zur neoromanischen Basilika Ste-Thérè-

✳
Lisieux

Im Pays d'Auge, wo Milch und Cidre fließen

se (1924–1954), eine der größten Kirchen des 20. Jh.s, und zur Chapelle du Carmel. Die im Zweiten Weltkrieg schwer beschädigte Stadt wurde unschön wieder aufgebaut, sehenswert ist aber die Kathedrale St-Pierre (1170–1250, Südturm 1579). In der Hauptkapelle im Chor pflegte Thérèse die Messe zu verfolgen.

Bernay

In Bernay (11 000 Einw.) zwischen Evreux und Lisieux, einem Kleinod normannischer Architektur (Sa. ist Markt), steht die **älteste romanische Kirche der Normandie** (begonnen 1013). Sie gehörte zu einer Abtei, deren Gebäude heute als Rathaus und Museum dienen (einige gute Gemälde, Keramik, normannisches Mobiliar). Nicht auslassen sollte man das 13 km südöstlich von Bernay gelegene elegante barocke Château de Beaumesnil, das »Versailles der Normandie« von 1640 (Juli/Aug. tägl. 11.00–18.00; Ostern–Juni Fr.–Mo., Sept. Mi.–Mo. 14.00–18.00 Uhr). Eine Ausstellung ist der Kunst des Buchbindens gewidmet.

Château de Beaumesnil ▶ ⏲

Le Bec-Hellouin ⏲

In dem idyllischen Ort an der Risle (35 km südwestlich von Rouen) wurde 1034 eine Abtei gegründet, die im späteren Mittelalter zu den bedeutendsten des Landes gehörte (Mi.–Mo. 7.00–19.00 Uhr). Die heutigen Gebäude stammen aus dem 17./18. Jh., nur die freistehende Tour St-Nicolas datiert noch aus dem 15. Jh. In der Messe am späten Vormittag singen die Benediktiner gregorianische Choräle, im Laden wird schöne Keramik aus eigener Fertigung verkauft.

Vimoutiers

Seit der Eingemeindung des Dörfchens Camembert ins 4 km entfernte Vimoutiers (5000 Einw.) nennt sich Letzteres »Käse-Hauptstadt«. Im Musée du Camembert (10 Av. de Gaulle) erfährt man alles über seine Geschichte und Herstellung. In **Camembert** selbst erinnert die Maison du Camembert an Marie Harel, die um 1790 einem verfolgten, aus der Brie stammenden Priester Unterschlupf gewährte; zum Dank überließ er ihr das Rezept für die Herstellung des Käses.

✴ Côte de Nacre · Perlmuttküste

Strände als Mahnmale

Von Ouistreham/Riva-Bella an der Mündung der Orne bis zur Pointe du Hoc bei Grandcamp-Maisy säumen flache Sand- und Kiesstrände die »Perlmuttküste«. Am 6. Juni 1944 landeten hier die Alliierten, woran in dem heute so friedlichen Landstrich viele Soldatenfriedhöfe, Museen und Mahnmale erinnern. Der **Circuit du Débarquement** führt zu den wichtigsten historischen Orten. Einer der meistumkämpften Küstenabschnitte war der Omaha Beach westlich des Fischerorts Port-en-Bessin.

Arromanches-les-Bains

Am Sandstrand des kleinen Badeorts (550 Einw.) legten die Alliierten den Hafen »Mulberry B« an, indem sie vor der Küste riesige Pontons versenkten. Gewaltige Mengen Kriegsmaterial und Soldaten wurden hier an Land gebracht. Bei Ebbe sind noch Reste der Anlagen im

In der hübschen Altstadt von Bayeux

Meer zu sehen. Das Musée du Débarquement gibt Aufschluss über die Ereignisse (Mai–Aug. 9.00–19.00, Sept. bis 18.00, sonst 10.00–12.30, 13.30–17.00 Uhr), im Rundum-Kino »Cinéma Arromanche 360°« wird ein halb dokumentarischer Film zur Landung gezeigt gezeigt (tägl. 10.10–17.10 Uhr, Juni–Aug. 9.40–18.40 Uhr). Im benachbarten Badeort Courseulles-sur-Mer (4000 Einw.) informiert das **Centre Juno Beach** über die Landung der Alliierten (Okt. bis März 10.00–13.00, 14.00–18.00, sonst 9.00–19.00 Uhr), es erinnert auch an die gefallenen kanadischen Soldaten.

Bayeux (15 000 Einw., 27 km nordwestlich von Caen) ist Hauptort des Bessin, wie das mit Wiesen und Äckern überzogene Hinterland genannt wird, und für seinen Samstagsmarkt bekannt. Fast unglaublich, dass der Ort den Zweiten Weltkrieg ohne jeden Schaden überstanden hat. Mittelpunkt der hübschen Altstadt mit Bürgerhäusern aus dem 15. bis 18. Jh. ist die gotische **Kathedrale Notre-Dame**, ein Meisterwerk der normannischen Gotik (13.–15. Jh.). Innen sind der Hauptaltar und das Chorgitter aus dem Barock bemerkenswert. Zum Schmuck der Kirche ließ Bischof Odo, der Bruder Wilhelms des Eroberers, um 1070/1080 den fantastischen **Teppich von Bayeux** (Telle du Conquest; UNESCO-Welterbe) anfertigen, einen 70 m langen und 50 cm hohen gestickten Fries. Er schildert in 58 zum Teil beschrifteten Szenen mit 623 Figuren, 759 Tieren sowie 37 Bauten und Schiffen die Eroberung Englands im Jahr 1066 bis zur Krönung Wilhelms des Eroberers in Westminster (►Abb. S. 36). Ausgestellt ist er im Centre Guillaume-le-Conquérant (Rue Nesmond, tägl. Mai–Aug. 9.00–19.00, sonst 9.30–12.30, 14.00–18.00 Uhr). Im barocken

Bayeux

◄ Tapisserie de Bayeux

◄ weiter auf S. 452

UNTERNEHMEN OVERLORD

Die Wettervorhersage für den 5. Juni war eigentlich miserabel. Doch da entdeckten die Meteorologen der Alliierten ein Zwischenhoch. Der Oberkommandierende der alliierten Streitkräfte, General Eisenhower, erkannte die Gunst der Stunde und befahl, die Invasion in der Normandie am folgenden Tag zu beginnen. Die nächste Gelegenheit hätte sich aufgrund der Gezeitenverhältnisse erst zwei Wochen später ergeben.

Am 6. Juni 1944 begann die größte Militärinvasion aller Zeiten, die die Entscheidung im Zweiten Weltkrieg einleitete. Zwar hatten die deutschen Aufklärer die alliierten Funksprüche aufgefangen, sie gingen aber von einem Täuschungsmanöver aus und glaubten noch viel Zeit zu haben. Jahrelang hatten die Deutschen an ihren Verteidigungsanlagen gearbeitet, vor allem aber erwarteten sie die Landung der Alliierten am Pas de Calais, der schmalsten Stelle des Kanals. Stattdessen entschieden sich die Alliierten, die Operation zwischen der Orne-Mündung und der Halbinsel Cotentin durchzuführen.

In der Nacht vom 5. zum 6. Juni beschossen Luftwaffe und Marine der Alliierten den **Atlantikwall**, im Kanal sammelte sich eine gewaltige Flotte für die Landungsoperation, drei Luftlandetruppen flogen über sie hinweg zu ihren Absprungzonen. Trotz großer Verluste erreichten 23 000 Fallschirmjäger die Küste, eine britische Division im Osten und zwei amerikanische im Westen. Zwischen 6.30 und 7.30 Uhr landeten rund 175 000 Soldaten aus neun Nationen und ca. 20 000 Fahrzeuge an der französischen Küste, die Briten und Kanadier an den Stränden **Gold**, **Juno** und **Sword** im Osten, die Amerikaner am **Utah Beach** und am **Omaha Beach** im Westen. Um das schwere Material an Land zu bringen, hatten sie Molen aus Betonfertigteilen mitgebracht, so genannte Mulberries, die vor Arromanches und am Omaha Beach im Meer versenkt wurden.

Der Anfang vom Ende

Zwar waren die Deutschen von dem Bomben- und Geschosshagel der Luft- und Seestreitkräfte und von der Gewalt des Angriffs überrascht worden, doch konnten die Alliierten die fünf Landungsköpfe erst am 12. Juni zu einer einzigen, etwa 80 km langen Front verbinden. Am 26. Juni fiel Cherbourg, am 9. Juli Caen, die

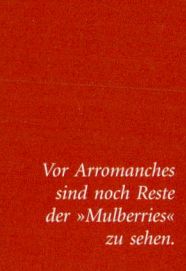

Vor Arromanches sind noch Reste der »Mulberries« zu sehen.

beiden deutschen Schlüsselstellungen. Am 21. August 1944 endete die Schlacht um die Normandie in Tournai-sur-Dives. Die Deutschen hatten über eine Viertelmillion Soldaten verloren, ihre Divisionen waren weitestgehend vernichtet.

Die kanadischen und britischen Armeen stürmten weiter nach Norden, überquerten die Seine und stießen nach Belgien vor. Amerikanische Truppen näherten sich **Paris**, das die Deutschen kampflos und – gegen den Befehl Hitlers – ohne Zerstörungen übergaben. Eisenhower gewährte einer französischen Panzerdivision unter Charles de Gaulle die Ehre, am 25. August im Triumphzug in die Landeshauptstadt einzumarschieren.

Heute erscheint die mit Museen und Kriegsausstellungen, Denkmälern und Befestigungsanlagen übersäte Küste der Normandie zwischen Cabourg im Osten und der Halbinsel Cotentin im Westen als großes Freilichtmuseum, die den »D Day«, den »Jour J« oder den »Tag X« und die darauffolgenden Operationen auf mehr oder minder informative Weise vor Augen führen. Allerdings erzählt jedes Dorf seine eigene Geschichte und trägt so zum Mythos von der Rettung und Befreiung Frankreichs bei. Über vier Millionen Besucher jährlich machen den »Schlachtfeld-Tourismus« zu einem wichtigen Erwerbszweig. Acht Tourismusstraßen, ausgeschildert als **Normandie – Terre Liberée**, führen durch die umkämpften Gebiete und zu den Soldatenfriedhöfen. Weitere Informationen geben die regionalen und die örtlichen Tourismusbüros.

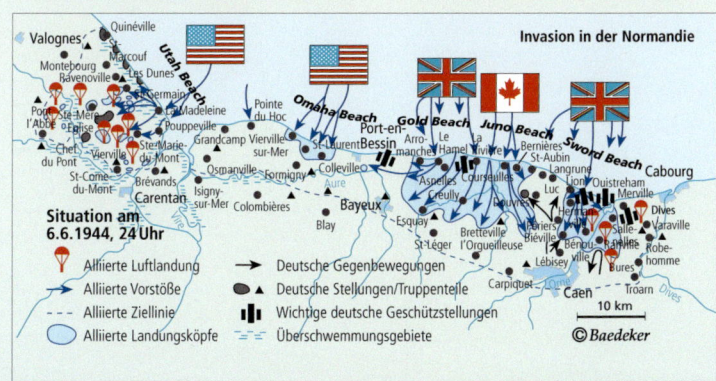

Hôtel du Doyen neben der Kathedrale ist sakrale Kunst ausgestellt; im selben Gebäude befindet sich auch das **Conservatoire de la Dentelle**: In dieser letzten Spitzenmanufaktur von Bayeux wird die Kunst des Spitzenklöppelns gepflegt, im Laden sind die Spitzen zu erstehen (geöffnet Mo. – Sa. 10.00 – 12.00, 14.00 – 18.00 Uhr). Das große **Musée Mémorial de la Bataille de Normandie** am südwestlichen Stadtrand unterrichtet über die Landung der Alliierten 1944 (Blvd. Fabian-Ware, Mai – Mitte Sept. 9.30 – 18.30, sonst 10.00 – 12.30, 14.00 bis 19.00 Uhr); 200 m entfernt ist der britischen Soldatenfriedhof mit fast 5000 Gräbern. Das elegante Château de Balleroy (12 km südwestlich von Bayeux) ist das erste Meisterwerk des großen Barockarchitekten François Mansart. Im Eingangspavillon ein originelles **Museum für die Ballonfahrt** (Mitte März – Mitte Okt. Mi. – Mo. 10.00 – 18.00 Uhr, Juli/Aug. tägl.).

Château de Balleroy ►

Hinterland der Côte de Nacre

Suisse Normande

Das schöne, von eindruckvollen Felsformationen gesäumte Tal der Orne etwa 40 km südlich von Caen nennt sich stolz **Normannische Schweiz**, es erinnert tatsächlich an den Thurgau. Sportfans – vom Kajakfahrer über Wanderer und Mountainbiker bis zum Kletterer – haben die zauberhafte Gegend entdeckt. Hauptorte sind **Thury-Harcourt** (2000 Einw.) und **Clécy** (1200 Einw.), Letzteres mit beliebten Cafés am Fluss. Landschaftliche Höhepunkte sind das Orne-Tal zwischen Thury-Harcourt und Pont d'Ouilly, der **Roche d'Oëtre** südlich von Pont-d'Ouilly über der Rouvre-Schlucht (großartiger Ausblick) sowie die Täler der Nebenflüsse Vère und Noireau.

! *Baedeker* TIPP

Moulin du Vey

Ein wunderbarer Platz, um ein paar Urlaubstage an der Orne zu verbringen, ist die einstige Mühle in Clecy (12 Z., mittlere Preiskategorie, Tel. 02 31 69 71 08, www.moulinduvey.com). Das Restaurant in einem noblen Gartenhaus im normannischen Stil serviert feine Regionalküche.

Falaise

Falaise (9000 Einw.), 35 km südlich von Caen gelegen, wird von einer klotzigen Burg beherrscht: Hier kam im Jahr 1027 **Wilhelm der Eroberer** als illegitimer Sohn des Herzogs Robert und der schönen Arlette zur Welt. Erhalten sind der Donjon (11. Jh.), das wuchtige Stadttor Porte des Cordeliers (13. Jh.) sowie die Kirchen St-Gervais (12. – 15. Jh.) und Ste-Trinité (13. – 16. Jh.).

Haras du Pin

Pferdeliebhaber sollten den Haras du Pin (15 km östlich von Argentan) nicht auslassen, eines der Nationalgestüte Frankreichs. Prachtvoll ist die schlossähnliche Anlage (1715 – 1736), man erfährt viel über Pferderassen, den Normannischen Esel und die Geschichte der Pferdezucht in der Normandie (April – Sept. tägl. 10.00 – 18.00 Uhr, sonst über Mittag geschl.; Pferde- und Wagenparade Juni – Sept. Do. 15.00 Uhr).

Ausblick vom Croix de la Faverie über die Schleifen der Orne

L'Aigle (42 km östlich des Haras du Pin) liegt an der Risle, die sich in dem Städtchen in drei Arme aufteilt, was für hübsche Winkel sorgt. Berühmt ist es für seinen riesigen Markt (mit Viehmarkt) am Dienstagvormittag, einen Blick wert sind das Schloss (17. Jh., J. Hardouin-Mansart zugeschrieben), in dem Rathaus, Tourismusbüro und das Musée Juin 1944 untergebracht sind, sowie der Komplex der Kirche St-Martin, die im Wesentlichen aus dem 16. Jh. stammt; ihre Fenster stammen von Max Ingrand (1908–1969).

Der Naturpark Normandie-Maine erstreckt sich im Süden der Normandie etwa zwischen Mortain im Westen und Alençon im Osten. Auf Wanderer, Kajakfahrer und Segler warten Wälder und zahlreiche Gewässer. 26 km nordwestlich von Alençon liegt das eindrucksvolle Wasserschloss **Château de Carrouges** (15./16. Jh.); wenige Schritte entfernt die Maison du Parc mit Informationen zum Park und dem Angebot an Aktivitäten (www.parc-nature-normandie-maine.fr).

Alençon (30 000 Einw., 120 km südlich von Caen) war im 17./18. Jh. ein Zentrum der **Spitzenherstellung** (»Points d'Alençon«). Zwei Museen präsentieren die unglaublich aufwendig gearbeiteten Spitzen: das Musée de la Dentelle (31 Rue Pont-Neuf, Mo.–Sa. 10.00–12.00, 14.00–18.00 Uhr) und das Musée des Beaux-Arts et de la Dentelle (Cour Carree de la Dentelle, Di.–So. 10.00–12.00, 14.00–18.00 Uhr); Letzteres besitzt auch flämische, französische und italienische Gemälde des 15.–20. Jh.s (u. a. Boudin, Buffet, Courbet). Die Kirche Notre-Dame wurde 1444 im Flamboyant-Stil fertiggestellt

L'Aigle

★

◀ Markt

Parc Naturel Régional de Normandie-Maine

Alençon

★

◀ Notre-Dame

(Turm und Chor 18. Jh.); ein Juwel ist der filigrane **Portalvorbau** (1506), der selbst an Spitzenstickerei erinnert. Neben der Kirche die schöne Maison d'Ozé (15. Jh., Tourismusbüro). Mittelpunkt des hübschen Altstadtviertels St-Léonard – mit bemerkenswerten schmiedeeisernen Balkonen – ist die gleichnamige Kirche (15. Jh.).

✳
**St-Céneri-
le-Gérei** ▶

St-Céneri-le-Gérei in den Alpes Mancelles (ca. 10 km südwestlich von Alençon) gehört zu den »schönsten Dörfern Frankreichs«.

**Mortagne-
au-Perche**

Mortagne-au-Perche(4600 Einw., 40 km östlich von Alençon) ist die an Atmosphäre und Sonnenuhren reiche Hauptstadt der **Perche** – einer Idylle mit Wäldern, Bocage, Wassermühlen und Herrenhäusern –, und der **Blutwurst**, die am 3. März-Wochenende mit einem Festival gefeiert wird; am Wettbewerb, der »Weltmeisterschaft der Blutwurstritter«, nehmen auch deutsche und österreichische Metzger erfolgreich teil (▶S. 434, Veranstaltungen). Beim Rathaus hat man einen herrlichen Ausblick über das Land.

Domfront

Domfront (4300 Einw.), 19 km westlich des Heilbads Bagnoles-de-l'Orne, thront malerisch 135 m über der Varenne auf einem schmalen Felskamm. Von der mittelalterlichen Grenzfestung ist noch ein Wachtturm aus dem 11. Jh. erhalten (herrlicher Ausblick), von den 24 Türmen der Stadtmauer 13. Sehenswert sind die Altstadt mit der kuriosen, quasi-neobyzantinischen Kirche St-Julien von 1924 sowie die Kirche Notre-Dame-sur-l'Eau am Fluss (Ende 11. Jh.); sehr hübsch der Blick auf Letztere von der Brücke über die Varenne. Aus Domfront kommt der **Poiré**, ein fruchtiger Schaumwein aus Birnen (mit AOP).

✳ Presqu'Ile du Cotentin · Halbinsel Cotentin

**Wilde Felsen,
einsame Strände**

Den westlichen Abschluss der Normandie bildet die große, weit in den Ärmelkanal (frz. Manche) ragende Presqu'Ile du Cotentin. Vom Meer umtoste, malerische Klippen, bizarre Felsformationen und lange Sandstrände prägen das Bild der über 300 km langen Küste, das oft dem der Bretagne ähnelt. Sehr reizvoll ist auch die einsame, von Hecken durchzogene Wiesenlandschaft im Landesinnern (Bocage).

**Parc Naturel
Régional des
Marais du Coten-
tin et du Bessin**

Der Naturpark breitet sich über 1500 km² um Carentan aus und umfasst Heckenlandschaft (Bocage) und kanaldurchzogene Marschen (Marais). Die Maison d'Accueil in St-Côme-du-Mont (3 km nördlich von Carentan) bietet Informationen und Exkursionen sowie Unterkunft in »Gîtes Panda« (www.parc-cotentin-bessin.fr).

Isigny-sur-Mer

Isigny-sur-Mer, noch westlich des Vire, ist ein Zentrum der normannischen Milchwirtschaft. Ein Großteil der im Bessin gewonnenen Milch wird weiterverarbeitet, u. a. zu Produkten mit AOP wie Butter, Käse oder Karamellbonbons. Näheres erfährt man in der Cooperative Laitière (Molkereigenossenschaft, 2 Rue du Docteur-Bourtois,

Tel. 02 31 51 33 88, www.isigny-ste-mere.com). Das **Château de Co-lombières**, eine Bilderbuchburg mit Wassergräben und Park (12 km östlich), ist bewohnt und daher nur teilweise zu besichtigen (Juli, Aug. Mo. – Fr. 14.30 – 18.00 Uhr, Sept. nur Sa./So.).

Erste Station an der Cotentin-Küste ist der Utah Beach. Zahlreiche Monumente erinnern an die Invasion, die am 6. Juni 1944 um 0.30 Uhr mit dem Absprung US-amerikanischer Fallschirmjäger begann. In Ste-Mère-Eglise, dem durch den Hollywood-Klassiker »Der längste Tag« bekannt gewordenen Ort, erzählen in der Kirche ein Glasgemälde und das **Musée Airborne** (April – Sept. 9.00 – 18.45, sonst 9.30 – 12.00, 14.00 – 18.00 Uhr geöffnet, Dez./Jan. geschl.) von dramatischen Ereignissen. Das Landleben in der Normandie führt die Ferme-Musée du Cotentin, ein Bauernhof mit Mühle und Tieren, anschaulich vor Augen (Juli, Aug. 11.00 – 19.00, Juni, Sept. 11.00 bis 18.00, April/Mai ab 14.00 Uhr).

Utah Beach

◄ Ste-Mère-Eglise

Mit Blick auf die unbewohnten Iles St-Marcouf geht es über den kleinen Badeort Quinéville nach Valognes (8000 Einw.), dem Zentrum der Region. Einige barocke Palais wie das Hôtel de Beaumont (18. Jh.), erbaut als Winterquartier des Landadels, erinnern an die hohe Zeit des »normannischen Versailles« im 17./18. Jahrhundert. Alles über die Bedeutung und Herstellung der flüssigen Produkte aus Äpfeln erfährt man im **Musée du Cidre** und im **Musée du Calvados** et des Vieux Métiers (beide April – Sept. Mi. – Mo. 10.00 – 12.00, 14.00 – 18.00 Uhr, So. nur nachmittags, Juli/Aug. tägl.).

Valognes

Das hübsche Städtchen St-Vaast-La-Hougue (2200 Einw.) an der Ostküste ist ein beliebter Ferienort. Bekannt ist er für seinen großen Samstagsmarkt und vor allem für seine Austern. Im Süden lädt das **Fort de la Hougue**, ein Festungsturm von Vauban (17. Jh.), zu einem Spaziergang auf die Landzunge ein, die den Austernpark vor dem Meer schützt. Die kleine **Insel Tatihou** vor St-Vaast-la-Hougue war bis ins 19. Jh. eine Festungsinsel. Bei Ebbe kann man sie zu Fuß erreichen (limitierte Besucherzahl, Info: www.tatihou.com). Ein kleines Museum widmet sich der Lebenswelt des Meers, der Kunstgeschichte und Archäologie der Insel; das Lazarett ist ein Kultur- und Tagungszentrum. Mitte August findet hier in mehrtägiges Musikfestival statt. Der Clou: Die Musikbegeisterten wandern bei Ebbe zu Fuß durchs Watt (►S. 434).

Saint-Vaast-la-Hougue

Schon die Wikinger nutzten den Naturhafen von Barfleur (600 Einw.); eindrucksvolle Granitfassaden erinnern daran, dass das hübsche Dorf einer der wichtigsten Häfen der Normandie war. Über Gatteville erreicht man die Landspitze Pointe de Barfleur mit 76 m hohem Leuchtturm (1835, 365 Stufen, spektakulärer Ausblick). An dem Leuchtturm wurde eine der Schlüsselszenen von Jacques Beineix' Film »Diva« gedreht.

Barfleur

◄ Pointe de Barfleur

Cherbourg

Die größte Stadt des Cotentin, Cherbourg (27 000, mit Octeville 90 000 Einw.) ganz im Norden, ist Flottenstützpunkt, Fährhafen nach Großbritannien und gut besuchter Jachthafen. Den besten Überblick über die nach Zerstörungen im Zweiten Weltkrieg nicht allzu attraktiv wieder aufgebaute Stadt und die **gewaltige Hafenanlage** hat man von dem 110 m hoch im Südosten gelegenen **Fort du Roule** (19. Jh.) mit dem Musée de la Libération (über die Zeit von 1940 bis 1944). In der Rue au Blé und Grande Rue erinnern einige Bauten an die hohe Zeit von Cherbourg als wichtigem Transatlantik- und Auswandererhafen. Einen Besuch wert sind der Parc Emmanuel Liais im Norden der Stadt, eine kleine botanische Oase, sowie die Cité de la Mer in den Hallen des einstigen Überseehafens (1924). Eine Attraktion des Meeresmuseums ist das U-Boot »Redoutable« (Mai, Juni, Sept. 9.30 – 18.00, Juli, Aug. bis 19.00 Uhr).

✳
Cité de la Mer ▶
🕐

✳
Cap de la Hague
✳ ✳
Nez de Jobourg ▶

Am wild zerklüfteten Cap de la Hague, dem nordwestlichsten Punkt Frankreichs, ähneln sich Normandie und Bretagne. Einen großartigen Ausblick hat man vom Nez de Jobourg, einer 127 m hohen, wild zerklüfteten und weit in den Atlantik vorspringenden Felsspitze. Auf der Halbinsel liegt auch die bekannte Wiederaufbereitungsanlage für nukleare Abfälle, die kontaminiertes Wasser ins Meer leitet (Infos: www.greenpeace.de). Freunde des Dichters und Drehbuchautors **Jacques Prévert** (1900 – 1977) können seinen letzten Wohnsitz in Omonville-la-Petite besuchen, wo er auch begraben ist.

Cherbourg, Fährhafen nach England und Marinestützpunkt

Barneville-Carteret (2300 Einw.) ist mit seinen langen Sandstränden ein beliebter Badeort, der geschützte Hafen Stützpunkt für Fischerboote und Jachten. Vom Cap de Carteret sieht man bei klarer Luft hinüber zu den britischen Inseln Jersey und Guernsey. Von hier erstrecken sich grandiose Dünen und ein schier endloser Sandstrand (ca. 17 km) nach Norden zum Cap de Flamanville mit seinem Kernkraftwerk.

Barneville-Carteret

In dem Städtchen (1800 Einw.) zwischen Carteret und Coutances treffen sich seit dem 11. Jh. jedes Jahr am 2. Sept.-Wochenende Pferde- und Viehhändler zur berühmten **Foire Sainte Croix**, gehandelt wird mit Pferden, Eseln, Hunden, Vieh und Geflügel. Sehenswert ist auch das 1050 gegründete Kloster mit einer beeindruckend-schlichten frühromanischen Kirche.

Lessay

Auf einer Anhöhe – ca. 10 km von den frequentierten Stränden von Agon-Coutainville – liegt Coutances (11500 Einw.), bis 1796 Hauptstadt des Cotentin. Am höchsten Punkt steht die Kathedrale Notre-Dame (1251 – 1274), eines der schönsten Beispiele der **normannischen Hochgotik**. Im eleganten Innern sind die Glasfenster aus dem 13./14. Jh. und der Chorumgang besonders schön. Etwas über die Lokalgeschichte erfährt man im Musée Quesnel-Mórinière, einen Besuch wert ist auch der Jardin des Plantes. Weit über die Ortsgrenzen bekannt ist das alljährlich um Himmelfahrt stattfindende Festival »Jazz sous les Pommiers«.

Coutances

✶

 ◄ Notre-Dame

Rustikale Gastlichkeit in Omonville-la-Petite nahe dem Cap de la Hague

Breite Sandstrände säumen die Westküste des Cotentin wie hier bei Vauville.

Saint-Lô

Die Départementshauptstadt Saint-Lô (20 000 Einw.), auf einem Hügel über der Vire, wurde im Zweiten Weltkrieg weitgehend zerstört und nicht sehr schön wieder aufgebaut. Wegen des **Nationalgestüts** Haras de Saint-Lô gilt es als »Hauptstadt des Pferdes« (im Osten von St-Lô, Führungen Juni – Sept. tägl. 15.30, Juli, Aug. außer So. 11.00, 14.30, 15.30, 16.30 Uhr). Empfehlenswert sind auch ein Rundgang auf den Festungsmauern (Remparts) und ein Besuch der Kirche Notre-Dame (13. – 16. Jh.), beachtenswert sind hier die Außenkanzel und das Glasfenster von Max Ingrand (1908 – 1969). Das Musée des Beaux-Arts zeigt u. a. Gemälde von Corot, Millet und Boudin. Über Leben und Arbeiten im ländlichen Cotentin informiert das **Musée du Bocage Normand** auf der Ferme de Boisjugan im Südosten von St-Lô (Juni – Sept. Mi. – Fr. 10.00 – 12.00, 14.00 – 18.00 Uhr, Sa., So. sowie übrige Monate nur nachmittags).

Abbaye de Hambye

Die Reste der 1145 gegründeten Abtei Hambye im Sienne-Tal südöstlich von Coutances sind ein beeindruckendes Zeugnis romanischer und gotischer Baukunst (Mi. – Mo. 10.00 – 12.00, 14.00 – 18.00 Uhr).

Granville

Dank der Lage der ummauerten Altstadt auf einem Felsrücken, einem schönen Stadtstrand vor eindrucksvoller Steilküste und weiteren schönen Stränden in der Umgebung ist das Städtchen (12 600 Einw.) ein beliebter Badeort. Weitere Pluspunkte sind ein Casino (daher der Beiname »Monte Carlo des Nordens«) und ein großer Jachthafen. In der Villa »Les Rhumbs«, in der **Christian Dior** (1905 – 1957) zur Welt kam, wird das Schaffen des Modezars dokumentiert (Mitte Mai bis Mitte Sept. tägl. 10.00 – 18.30 Uhr). Schöne Ausblicke auf den Hafen und die Bucht genießt man von den Stadtmauern (Remparts). In der **Grande Porte** illustriert das Musée du Vieux-Granville die regionale Geschichte. Vorbei an der gotischen Kirche Notre-Dame (15./16. Jh., mit einer Madonnenstatue aus dem 14. Jh.) erreicht man den Leuchtturm an der Pointe du Roc. Je nach Jahreszeit lohnt ein Schiffsausflug zur **Grande Ile Chausey** und zur britischen Insel **Jersey**, die für ihre prächtige Flora bekannt sind.

Avranches

In der Stadt (9000 Einw.) an der Baie du Mont St-Michel am Westrand der Normandie fand 1172 ein Konzil statt, auf dem Heinrich II. von England vom Mord an Thomas Becket freigesprochen wurde. Die Kathedrale wurde in der Französischen Revolution zerstört. Von der »Plate-forme«, ihrem Standort, und vom Jardin des Plantes hat man einen wunderbaren Blick auf die Sélune-Mündung und den ▶ **Mont St-Michel**. In der Basilika St-Gervais-et-St-Protais (Ende 19. Jh.) mit ihrem 74 m hohem Turm werden Kunstschätze und die Schädelreliquie des hl. Aubert bewahrt, der im 8. Jh. die Abtei auf dem Klosterberg gründete. Im alten Bischofspalast (Musée Municipal) sind Kunstwerke seit dem Mittelalter und volkskundliche Sammlungen zu sehen, im Scriptorial kostbare **mittelalterliche Handschriften** vom Mont St-Michel (Mai – Sept. Di. – So. 10.00 bis 18.00, Juli, Aug. bis 19.00 Uhr, sonst So. und über Mittag geschl.). Ein Wanderweg führt von Avranches an der Küste entlang nach **Genêts** (9 km westlich); besonders schöne Aussichtspunkte sind Le Grouin du Sud südlich und Le Bec d'Andaine nördlich des kleinen Dorfs. Sehr beliebt ist die Durchquerung des Wattenmeers von Genêts zum Mont St-Michel, wie es die Pilger seit Jahrhunderten tun (einfache Strecke 6,5 km, Rückfahrt mit Bus möglich; Führungen Tel. 02 33 70 83 49, www.traverseebaie.com).

Orléans

J 5

Région: Centre
Département: Loiret

Höhe: 110 m ü. d. M.
Einwohnerzahl: 113 200

Bei Orléans erreicht die ▶ Loire ihren nördlichsten Punkt. Berühmt ist die lebhafte Handels- und Universitätsstadt durch Jeanne d'Arc, die »Jungfrau von Orléans«, die im Hundertjährigen Krieg gegen die Engländer die Wende herbeiführte.

Orléans, nach Tours die größte Stadt an der mittleren Loire, liegt zwischen der fruchtbaren Beauce im Norden und der wald- und seenreichen Sologne im Süden. Die Hauptstadt der Région Centre und des Départements Loiret ist ein bedeutendes Zentrum für die Industrie (Nahrungsmittel, Elektronik, Maschinen, Pharmazie) und den Gartenbau in der Umgebung.

▶ ORLÉANS ERLEBEN

AUSKUNFT

Office de Tourisme
2 Place de l'Etape, 45000 Orléans
Tel. 02 38 24 05 05
www.tourisme-orleans.com
www.orleans.fr

FESTE & EVENTS

Ende April/Anf. Mai: Fêtes Johanni-
ques zu Ehren der Jeanne d'Arc mit
Konzerten, historischem Umzug und
feierlicher Messe in der Kathedrale.
Zweite Juni-Hälfte: Orléans Jazz
(Open Air auf dem Campo Santo,
viele Gratiskonzerte). Vorletzte Sept.-
Woche, ungerade Jahre: Festival de la
Loire mit alten Schiffen, großem
Kulturprogramm und Illumination.
Aktuelle Termine in »Orléans Poche«.

Fête de Jeanne d'Arc

ESSEN

▶ Preiswert/Erschwinglich

① *La Dariole*
25 Rue Etienne Dolet, Tel. 02 38 77 26
67, So. und 3 Wochen im Aug. geschl.
Kleines Restaurant (reservieren) in
einem Fachwerkhaus des 15. Jh.s, mit
Terrasse am autofreien Platz. Kleine,
feine Karte zu angenehmen Preisen.

② *Le Girouet*
14 Quai Châtelet, Tel. 02 38 81 07 14
Sympathischer kulinarischer Anker-
platz mit Terrasse an der Loire, auch
die Speise- und die Weinkarte haben
Bezug zum Fluss. Freundlicher, flotter
Service.

▶ Preiswert

③ *La Chancellerie*
27 Place du Martroi
Tel. 02 38 53 57 54
Die bekannteste Brasserie in Orléans,
in einem noblen Haus aus dem 18. Jh.
am schönsten Platz der Stadt, im
Sommer mit Terrasse. Große Auswahl
an Gerichten und Weinen. Das
»Martroi« am Platz ist ebenfalls
preisgünstig und ordentlich.

ÜBERNACHTEN

▶ Komfortabel/Luxus

① *Hôtel d'Arc*
37 ter Rue de la République
Tel. 02 38 53 10 94
www.hoteldarc.fr
Traditionshaus aus dem Jugendstil.
Moderne, schlichte Zimmer mit
Schallschutzfenstern, ein Schmuck-
stück ist der alte Lift.

▶ Günstig/Komfortabel

② *Hôtel des Cèdres*
17 Rue du Maréchal Foch
Tel. 02 38 62 22 92
www.hotelcedresorleans.com
Sehr gepflegtes, nettes Hotel, ruhig
westlich des Bahnhofs gelegen. 32 gut
ausgestattete Gastzimmer (auch für
Familien) und schöner Park mit den
im Namen genannten Zedern.

③ *Hôtel de l'Abeille*
64 Rue d'Alsace Lorraine
Tel. 02 38 53 54 87
www.hoteldelabeille.com
Wer es nostalgisch mag – bei modernem Komfort –, ist hier richtig.
31 liebevoll gestaltete Zimmer.

Im 3. Jh., in römischer Zeit, war Orléans als »Aurelianum« ein wichtiger Straßenknotenpunkt. 498 eroberte es der Frankenkönig Chlodwig, der es zum Mittelpunkt seines Reichs machte. Schon 1305 wurde die Universität gegründet, ab 1344 entwickelten sich die Herzöge von Orléans zu einem der mächtigsten Adelsgeschlechter Frankreichs. Im **Hundertjährigen Krieg** war Orléans das letzte Bollwerk der Franzosen gegen die Engländer. Die Belagerung der Stadt ab Oktober 1428 brachte das Nationalgefühl der Franzosen auf Trab, und am 7./8. Mai 1429 vollbrachte die 17-jährige **Jeanne d'Arc** (► Berühmte Persönlichkeiten, S. 78) das Wunder, mit einem kleinen Heer Orléans zu befreien. Nun konnte Karl VII. endlich zum König gekrönt werden; schließlich gelang es ihm, die Engländer aus dem Land zu drängen und den Krieg zu beenden – allenthalben wird in Orléans an diesen entscheidenden Punkt in der französischen Geschichte erinnert. In den Religionskriegen (Orléans war damals ein bedeutendes Zentrum des Protestantismus, der Reformator Calvin studierte hier) wurde die Stadt nach 1563 zu großen Teilen zerstört. Zucker- und Textilindustrie machten sie ab dem 17. Jh. reich. Im Juli 1940 fiel ein Teil der Altstadt deutschen Bomben zum Opfer.

Ein wenig Geschichte

Orléans *Orientierung*

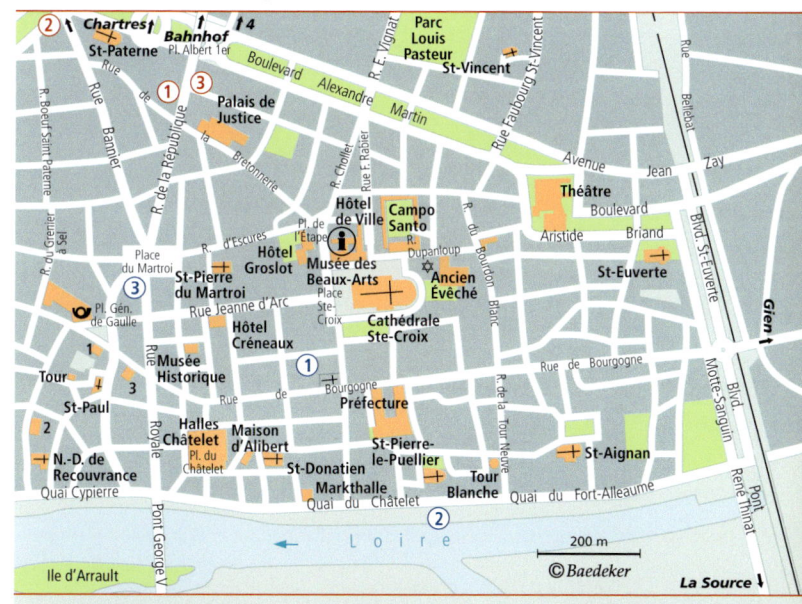

1 Maison de Jeanne d'Arc	
2 Hôtel Toutin	**Essen**
3 Centre Péguy	① La Dariole
4 Muséum d'Histoire Naturelle	② Le Girouet
	③ La Chancellerie

Übernachten
① Hôtel d'Arc
② Hôtel des Cèdres
③ Hôtel de l'Abeille

In Orléans dreht sich alles um Jeanne d'Arc auf der Place du Martroi.

Sehenswertes in Orléans

Cathédrale Ste-Croix Markantester Punkt der Stadt ist die mächtige Heiligkreuz-Kathedrale – nach Ansicht von Marcel Proust die hässlichste in Frankreich. Allerdings ist sie ein Denkmal von nationaler Bedeutung, schließlich wurde Jeanne d'Arc hier selig- (1909) und heiliggesprochen (1920). Die Westfront, die mit ihren 81 m hohen Türmen die prächtig-langweilige Rue Jeanne d'Arc dominiert, entstand erst 1767–1793, was ihre Eigenarten erklärt (Barockdekor, Turmkronen u. a.). Der 114 m hohe Vierungsturm wurde 1858 fertiggestellt. Die Baugeschichte ist somit sehr bewegt: Der romanische Vorgängerbau stürzte im 13. Jh. ein, an der neuen Kathedrale wurde von 1278 bis ins 16. Jh. gearbeitet; in den Religionskriegen wurde sie 1568 weitgehend zerstört, 1601–1829 wieder aufgebaut. Das steril-gleichförmige Innere beeindruckt durch seine Ausmaße (136 m lang). Bemerkenswert sind die Orgel (17. Jh.), das herrliche **Chorgestühl** (1706), dessen Schnitzereien zum Besten der französischen Hofkunst gehören, und die barocke Marmor-Pietà von Bourdin (1623) in der mittleren Chorkapelle. Im linken Querhaus triumphiert eine **hl. Johanna** (1912) über die englischen Leoparden, neben dem Altar liegt das Grabmal für den Kardinal Touchet (1927), der ihre Heiligsprechung betrieb. In der Krypta ist der Kirchenschatz ausgestellt.

Das Museum für bildende Kunst neben der Kathedrale besitzt vorzügliche Werke des 15. bis 19. Jh.s, u. a. Sieneser Meister, Tintoretto, Van Dyck, Boucher, Watteau, Gauguin (die »Fête Gloanec«), Soutine, Dufy, außerdem Skulpturen von Maillol, Zadkine und anderen (Di. bis So. 10.00–18.00 Uhr.

Musée des Beaux-Arts ★ ⏱

Das Hôtel Groslot an der Place de l'Etape, ein überaus reich gestalteter Ziegel-Werkstein-Bau der Renaissance (Mo.–Fr. 9.00–12.00, 14.00–18.00 Uhr), wurde 1549–1555 für den Gouverneur von Orléans errichtet. Hier starb 1560 der knapp 17-jährige König Franz II., der mit seiner 18-jährigen Frau Maria Stuart die Generalstände besuchte; auch andere Könige hielten sich hier auf. Von 1790 bis 1962 diente das Gebäude als **Rathaus**. Die Statue der Jeanne d'Arc vor der doppelläufigen Freitreppe ist ein Werk von Marie d'Orléans (1813 bis 1839), Tochter des Bürgerkönigs Louis-Philippe. Im Park finden sich Reste der Chapelle St-Jacques (Ende 15. Jh.).

Hôtel Groslot

Die lebhafte Place du Martroi, Mittelpunkt der Altstadt, wird geziemend von einem heroischen Reiterstandbild der Jeanne d'Arc geziert (D. Foyatier, 1855). Die nach Norden führende **Rue de la République** ist die Haupteinkaufsstraße von Orléans. In der Rue d'Escures (östlich) stehen Häuser aus dem 17. Jh.; die nach Süden führende **Rue Royale** wurde um 1760 angelegt (und die meisten Gebäude nach 1945 rekonstruiert). Die Rue Royale, in deren Arkaden elegante Läden locken, führt hinunter zum 330 m langen Pont George V von 1755, von dort hat man einen schönen Blick auf die Stadt.

Place du Martroi

Im eleganten Hôtel Cabu (Renaissance, 1550) zeigt das Historische Museum Funde von gallorömischer Zeit – wertvollster Besitz ist der **Schatz von Neuvy-en-Sullias** – bis zum Mittelalter. Ein Saal ist den Heldentaten der Jungfrau von Orléans gewidmet (Okt.–April Mi. 14.00–18.00, Mai, Juni, Sept. Di.–So. 14.00–18.00, Juli/Aug. Di. bis Sa. 9.30–12.15, 13.30–17.45, So 14.00–18.00 Uhr).

Musée Historique et Archéologique ★ ⏱

**Weitere Sehens-
würdigkeiten**
🕐

Im rekonstruierten Fachwerkhaus, in dem Jeanne d'Arc 1429 bei Jacques Boucher wohnte, dem Schatzmeister des Herzogs von Orléans, ist ihr ein Museum gewidmet (Mo. geschl.). Die Kapelle Notre-Dame des Miracles, die die Bomben im Zweiten Weltkrieg von der Kirche St-Paul (15. Jh.) übrig ließen, birgt eine schwarze Muttergottes (16. Jahrhundert). Das Hôtel Toutin (1540) gehörte dem Kammerherrn des Sohns von Franz I. und besitzt einen schönen Innenhof. In der Kirche Notre-Dame de Recouvrance (1519) sind neben Renaissanceplastiken im Chor schöne Glasfenster (11. Jahrhundert) zu sehen. Die Kirche St-Aignan im Südosten der Altstadt – geweiht dem tapferen Bischof, der Orléans im Jahr 451 vor der Zerstörung durch die Hunnen bewahrte – stammt aus dem 15./16. Jahrhundert; die 1029 vollendete Krypta des Vorgängerbaus ist eine der **frühesten und größten gewölbten Hallenkrypten** in Frankreich (zugänglich bei Stadtführungen).

Umgebung von Orléans

✶
**La Source
Parc Floral**

In Orléans-La-Source (8 km südlich) entstand 1959–1963 die Universität. Im 35 ha großen, herrlichen Blumengarten entspringt der **Loiret**, der nur 12 km lange Loire-Nebenfluss, nach dem das Département benannt ist (zu erreichen mit der Straßenbahn Linie 1).

Forêt d'Orléans

✶
Château
Chamerolles ▶
🕐

Nordöstlich der Stadt breiten sich große Wälder und Heidegebiete aus. 25 km nordöstlich von Orléans, 3 km östlich von Chilleurs-aux-Bois, steht das elegante Schloss von Chamerolles, das zu Beginn des 16. Jh.s aus einer Wasserburg des 12. Jh. entstand (Di. und Jan. geschl.). Im Südflügel duftet es herrlich – hier ist ein interessantes **Parfümmuseum** untergebracht. Im schönen Renaissance-Garten werden u. a. Gewürzpflanzen gezogen. Auf dem Rückweg nach Orléans kann man im idyllischen Etang de la Vallée baden und am 1692 angelegten **Canal d'Orléans** entlangfahren.

✶
Châteaudun
🕐

Châteaudun (14 000 Einw.), ca. 50 km nordwestlich von Orléans, besitzt das nördlichste der »Loire-Schlösser«. Auf einem Felsen über dem Loir thront der festungsartige Bau (12. – 16. Jh.; tägl. geöffnet). Johann (1402 – 1468), der uneheliche Sohn Ludwigs von Orléans, wurde 1439 Burgherr; der »Beau Dunois« war ein treuer Gefährte von Jeanne d'Arc. Er veranlasste den Umbau der Burg ab 1451, 1457 zog er sich hierher zurück. Der Donjon aus dem 12. Jh. ist ohne das Dach 31 m hoch. Nördlich schließt die **Sainte-Chapelle** (1464) an, die 15 lebensgroße, einst bemalte Heiligenstatuen – darunter die ganz mit lockigem Haar bedeckte **Ste-Marie-l'Egyptienne** – und ein Fresko (Jüngstes Gericht) besitzt (beides spätes 15. Jh.). Im gotischen Dunois-Flügel (ab 1460) beeindrucken mächtige Balkendecken und teils flämische Gobelins. Eine gotische Wendeltreppe mit reicher Dekoration leitet zum nördlichen Longueville-Flügel über, der schon Merkmale der italienischen Renaissance zeigt (um 1520, unvollen-

✶
Château ▶

det); hier sind wertvolle Wandteppiche (17. Jh.), geschnitzte Truhen und prächtige Kamine zu sehen. In der Altstadt südlich des Schlosses haben wenige Häuser die Brände von 1723 und 1870 überstanden, etwa an der Rue St-Lubin und der Rue des Huileries. Die Kirche **Ste-Madeleine** (12. Jh.) im Süden an der Stadtmauer besitzt ein Figurenportal an der Südseite und eine Krypta aus romanischer Zeit. Östlich des Schlosses liegt die rechtwinklig angelegte, auf die Place du 18 Octobre mit dem Rathaus ausgerichtete Neustadt, die nach dem Brand von 1723 entstand. Von der **Promenade du Mail** im Norden hat man einen schönen Blick auf den Loir. Am Platz steht das **Musée des Beaux-Arts et d'Histoire Naturelle** (Juni – Sept. tägl. 9.30 – 12.00, 13.00 – 18.00, sonst bis 17.00 Uhr; außer Juli/Aug. Di. geschl.) mit ägyptischen Funden, asiatischer Kunst und stadtgeschichtlichen Exponate5n; berühmt ist die Sammlung mit 2500 ausgestopften Vögeln. Von der Rue des Fouleries zwischen dem Fluss und dem Stadtplateau sind die **Grottes du Foulon** zugänglich, Höhlen, die der Loir in den Kalkstein gegraben hat.

◀ Alt- und Neustadt

⊙

★ ★ Paris

Région: Ile-de-France
Département: Ville de Paris

Höhe: 27 – 129 m ü. d. M.
Einwohner: 2,2 Mio.

Eiffelturm, Champs-Élysées, Louvre, Montmartre, Quartier Latin, Notre-Dame, Mekka des Savoir-vivre, multikulturelle Metropole – der unsterbliche Mythos und die einzigartige Atmosphäre machen die Hauptstadt Frankreichs für viele zur schönsten Stadt der Welt.

Paris, Sitz der Regierung, aller wichtigen Behörden und zahlreicher internationaler Organisationen, liegt im Norden Frankreichs in der ▶ Ile-de-France. Mit den gut 11 Mio. Menschen, die im Großraum leben – fast ein Fünftel der Bevölkerung Frankreichs –, ist es trotz der fortschreitenden Regionalisierung *das* politische, administrative, kulturelle und wirtschaftliche Zentrum des Landes. Die Stadt, die sich zu Seiten der Seine ausbreitet und vom Montmartre (129 m), den Buttes-Chaumont (101 m) und der Montagne de Ste-Geneviève (60 m) überragt wird, ist von außerordentlichem Reiz. Folgerichtig hat die UNESCO die großartigen Bauten entlang des Seine-Ufers zwischen Pont de Sully und Pont d'Iéna – Notre-Dame, Pont-Neuf, Louvre, Invalidendom, Ste-Chapelle und Eiffelturm – und die Ile St-Louis zum Welterbe erklärt. Daneben sind es die Parks, die stillen Straßen der alten Wohnviertel, die Cafés und Bistros, bunte Märkte, die klassische Eleganz und die Verrücktheiten der Modeateliers, die vielfältige Gastronomie und das schier unendliche Kulturangebot, die zum einzigartigen Flair der französischen Metropole beitragen, das jährlich über 8 Mio. ausländische Besucher genießen.

Zentrum Frankreichs

◀ weiter auf S. 473

Paris Orientierung

Tour 1
Tour 2
Tour 3
Tour 4

Clichy

La Défense

Bois de Boulogne

Palais des Congrès
Place de la Porte Maillot
Place St-Ferdinand
Espace Wagram
Pl. des Ternes

Parc Monceau
Musée Nissim de Camondo
Salle Pleyel
Musée Jacquemart-André
St-Augustin
St-Augustin

Place Charles-de-Gaulle
Arc de Triomphe de l'Étoile
Chambre de Commerce
Salle Gaveau
St-Philippe-d.-R.
Min. de l'Intérieur

Musée Dapper
Musée Arménien
Musée d'Ennery
St-Honoré d'Eylau
Marché

Centre de Conférences Internationales
Rond-Point des Champs-Élysées
Théâtre Marigny
Pal. de la Glace
Grand Palais
Petit Palais
Espace P. Cardin
Palais de l'Élysée
Ste Madeleine

Musée Marmottan

Place de Mexico
Musée Guimet
Place d'Iéna
Palais de Tokyo
Théâtre des Champs-Élysées
Botschaft der Bundesrepublik Deutschland

Place du Trocadéro
Palais de Chaillot
Port de la Bourdonnais
Seine
Österreich. Botschaft
Min. d. Aff. Etrangères
Palais Bourbon
Min. de la Défense
Institut Géogr.
Ste-Clotilde

Tour Eiffel
Musée du Quai Branly
Champ de Mars
Schweizer Botschaft
Pl. des Invalides
Hôtel des Invalides
Musée Rodin
Hôtel Matignon

Ecole Militaire
St-Léon
St-François-Xavier
Sécrétariat d'Outre-Mer

Imprimerie Nationale
UNESCO
UNESCO
MONTPARNASSE
Tour Montparnasse

250 m
© Baedeker

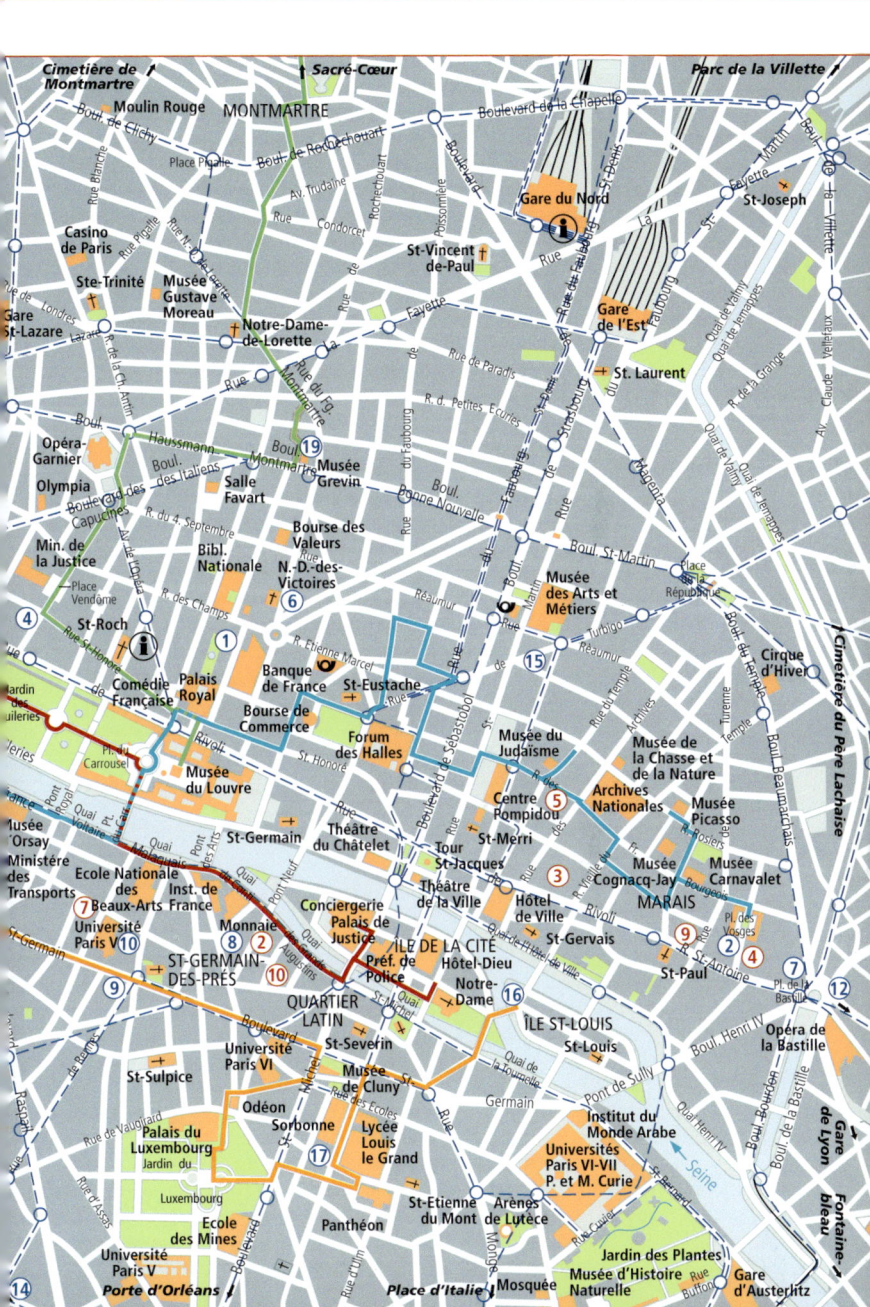

Cimetière de Montmartre
Sacré-Cœur
Parc de la Villette
Boul. de Clichy
MONTMARTRE
Boul. de Rochechouart
Boulevard de la Chapelle
Moulin Rouge
Place Pigalle
Av. Trudaine
Rue de Londres
Boulevard
Rue N.D. de Lorette
Rue Condorcet
Gare du Nord
St-Joseph
Casino de Paris
Ste-Trinité
Musée Gustave Moreau
St-Vincent de-Paul
Gare du Nord
Gare St-Lazare
Notre-Dame-de-Lorette
Rue La Fayette
Gare de l'Est
St-Laurent
Rue de Paradis
R. d. Petites Écuries
Opéra-Garnier
Boul. Haussmann
Boul. Montmartre
Musée Grevin
Olympia
Boul. des Italiens
Salle Favart
Boul. des Capucines
R. du 4. Septembre
Bourse des Valeurs
Bonne Nouvelle
Boul. St-Martin
Place République
Min. de la Justice
Place Vendôme
Bibl. Nationale
N.-D.-des-Victoires
R. des Champs
Réaumur
Cirque d'Hiver
St-Roch
Comédie Française
Palais Royal
Banque de France
St-Eustache
Musée des Arts et Métiers
Réaumur
Boul. du Temple
Cimetière du Père Lachaise
Jardin des Tuileries
Bourse de Commerce
Rue de Rivoli
St-Honoré
Forum des Halles
Musée du Judaïsme
Centre Pompidou
Archives Nationales
Musée de la Chasse et de la Nature
Musée Picasso
Pl. du Carrousel
Musée du Louvre
Théâtre du Châtelet
St-Merri
Tour St-Jacques
Musée Cognacq-Jay
Musée Carnavalet
Musée d'Orsay
Quai Voltaire
Pont Royal
St-Germain
Théâtre de la Ville
Hôtel de Ville
MARAIS
Ministère des Transports
Ecole Nationale des Beaux-Arts
Inst. de France
Conciergerie
Palais de Justice
Rue de Rivoli
St-Gervais
Pl. des Vosges
Université Paris V
Monnaie
Préf. de Police
ÎLE DE LA CITÉ
Hôtel-Dieu
R. St-Antoine
St-Paul
Opéra de la Bastille
ST-GERMAIN-DES-PRÉS
Quai des Augustins
Notre-Dame
Pl. de la Bastille
QUARTIER LATIN
ÎLE ST-LOUIS
St-Louis
Boul. Henri IV
Université Paris VI
St-Séverin
Musée de Cluny
Quai de la Tournelle
Pont de Sully
Gare de Lyon
St-Sulpice
Odéon
Sorbonne
Lycée Louis le Grand
Germain
Institut du Monde Arabe
Palais du Luxembourg
Jardin du Luxembourg
Universités Paris VI-VII P. et M. Curie
Seine
Fontainebleau
Ecole des Mines
Panthéon
St-Étienne du Mont
Arènes de Lutèce
Jardin des Plantes
Musée d'Histoire Naturelle
Gare d'Austerlitz
Université Paris V
Porte d'Orléans
Place d'Italie
Mosquée

● PARIS ERLEBEN

AUSKUNFT

Office de Tourisme et des Congrès
25 Rue des Pyramides, 75001 Paris
Tel. 08 92 68 30 00
http://de.parisinfo.com, www.paris.fr
Infobüros: 25 Rue des Pyramides,
Carrousel du Louvre (Pyramide Inversée), Gare de Lyon, Gare du Nord,
Gare de l'Est, 21 Place du Tertre
(Montmartre), Porte de Versailles

Espace Tourisme de l'Ile-de-France
Carrousel du Louvre, 75001 Paris
Tel. 08 26 16 66 66
www.neues-paris-ile-de-france.fr

ANREISE

Die Autobahnen aus allen Richtungen
münden auf den Boulevard Péripherique, der das Stadtgebiet umschließt.
Die Flughäfen Roissy Charles de
Gaulle (CDG) und Orly (www.aero
portsdeparis.fr) sind durch die RER,
die Busse von RATP (Roissybus, Orlybus) und Air France sowie die Orlyval
mit der Innenstadt verbunden. Die
Kopfbahnhöfe der SNCF bedienen
bestimmte Himmelsrichtungen:
Norddeutschland Gare du Nord;
Süddeutschland, Nordschweiz Gare
de l'Est; Südschweiz Gare de Lyon;
Westfrankreich Gare Montparnasse.

VERKEHR

Man benützt am besten die öffentlichen Verkehrsmittel. Die RATP
(www.ratp.fr) betreibt die Untergrundbahn (Métro), die Buslinien, die
Tram T3, die Vorortbahn RER und
den Orly-Zubringer Orlyval. RER und
Métro verkehren zwischen 4.45/5.20
und 1.20, Busse bis 20.30 Uhr (mit
ausgedünntem Netz bis 0.30 Uhr,
danach die Noctilien-Busse). Die
Züge der Métro fahren in den Stoßzeiten im 90-Sek.-Abstand, sonst alle

2 – 7 Minuten. Netzpläne erhält man
u. a. in den Tourismusbüros und in
den Metro-/RER-Stationen. Das Tagesticket »Mobilis« ist für 2 – 6 Zonen
zu haben. Die Karte »Paris Visite«
(1, 2, 3, 5 Tage) umfasst alle Verkehrsmittel in Paris und Teilen der
Ile-de-France (z. B. Versailles, Fontainebleau) sowie Ermäßigung für
eine Reihe von Sehenswürdigkeiten.
Der Pass Navigo, Nachfolger der Carte
Orange, ist für Touristen nur in der
Version Navigo Découverte erhältlich
(5 €, Passfoto nötig). Taxis, deren
Schild auf dem Dach leuchtet, kann
man auf der Straße anhalten.

STADTRUNDFAHRTEN UND RUNDFLÜGE

Busse von L'Open Tour, Paris Vision,
Cityrama und RATP (Balabus). Seine-Boote von Bateaux Parisiens, Bateaux
Mouches, Batobus, Canauxrama und
Vedettes de Paris. Helikopterflüge mit
der iXAir von Issy-les-Moulineaux
und Le Bourget (www.ixair.com).

FESTE & EVENTS

März: Bose Blue Note Festival; Festival Chorus: Musikfest in La Défense.
21. Juni: Fête de la Musique. 3. Juni-So.: Course des Garçons et Serveuses
de Café (8-km-Lauf der Kellner und
Serviererinnen mit Tablett). Nationalfeiertag: Am Abend des 13. Juli Tanz
auf der Pl. de la Bastille und bei den
Feuerwachen der ganzen Stadt; am 14.
Juli um 10.00 Uhr Militärparade auf
den Champs-Elysées, gegen 23.00 Uhr
Feuerwerk auf dem Champ de Mars.
Ca. 20. Juli – 20. Aug. Paris Plage: Das
Nordufer der Seine wird zum Sandstrand, abends gibt es Musik und
Tanz. Ende Juli: Zielankunft der Tour
de France auf den Champs-Elysées.
Sept. in geraden Jahren: Biennale des

Antiquaires im Carrousel du Louvre. Sept. – Dez.: Festival d'Automne mit Kunst, Musik und Theater. 1. Okt.-Sa.: Nuit Blanche (Nacht der Kunst); Vendanges de Montmartre (Weinfest). 31. Dez.: Silvesterfeiern, v. a. am Eiffelturm und den Champs-Elysées. Veranstaltungstermine in »L'Officiel des Spectacles«, »Pariscope«, »Time Out« sowie in den Tageszeitungen; im Internet: www.paris-spectacle.de, www.paris.org, www.timeout/paris.

MUSEEN

Die meisten Museen sind Mo. oder Di. geschlossen, der Louvre dienstags. Der Paris-Museum-Pass (in Tourismusbüros, FNAC-Läden und angeschlossenen Einrichtungen) gewährt Zutritt zu über 60 Museen etc. in Paris und in der ►Ile-de-France (www.parismuseumpass.com). Er rechnet sich nur selten, macht aber das Schlangestehen überflüssig.

EINKAUFEN

Mode: Rue du Faubourg St-Honoré, Viertel Av. Georges V/Avenue Montaigne/Champs-Elysées, um die Place des Victoires, St-Germain-des-Près, Marais (Pl. des Vosges/Rue des Rosiers). Schuhe: Rue de Grenelle, Rue de Cherche-Midi, Rue de Rennes. Delikatessen: Place Madeleine, um die Rue Montorgueil, Rue Poncelet. Schmuck: Marais; Rue de la Paix; Viertel zwischen Garnier-Oper, Rue Royale und Place Vendôme. Antiquitäten: St-Germain-des-Près; Carré Rive Gauche, Place des Vosges.

ESSEN

► Gourmettempel

① *Le Grand Véfour*
17 Rue de Beaujolais (1. Arr.)
Tel. 01 42 96 56 27
www.grand-vefour.com
Seit 1760 ist das Grand Véfour das

schönste Restaurant von Paris. Guy Martin serviert unter den Arkaden des Palais Royal savoyardische Küche. Napoleon dinierte mit Josephine am Tisch Mitte rechts (Menü mittags 90 €, abends 270 €; Sa., So., Aug. geschl.).

② *L'Ambroisie*
9 Place des Vosges (4. Arr.)
Tel. 01 42 78 51 45
www.ambroisie-placedesvosges.com
Bernhard Pacaud, seit 1986 mit drei Michelin-Sternen ausgezeichnet, wird in der Küche von Sohn Mathieu unterstützt. Im Hôtel des Luynes an der bezaubernden Place des Vosges, luxuriös und doch dezent (Menü ab 180 €; So., Mo., 1. – 21. Aug. geschl.).

③ *Jules Verne*
Tour Eiffel, 2. Plattform (7. Arr.)
Tel. 08 25 56 66 62
www.restaurants-toureiffel.com
Das eindrucksvollste Restaurant der Stadt: Paris liegt einem zu Füßen. Schlichtes Interieur, die Küche unter dem berühmten Alain Ducasse steht dem Panorama nicht nach. Menü Mo. – Fr. mittags 85 €, Sa./So. und abends 200 €. Normale Preise hat das »98 Tour Eiffel« auf der 1. Plattform.

► Fein & teuer

④ *Carré des Feuillants*
14 Rue Castiglione (1. Arr.)
Tel. 01 42 86 82 82, Sa./So. geschl.
www.carredesfeuillants.fr
In einem modern restaurierten Konvent zaubert Alain Dutournier raffinierte Gerichte aus dem Südwesten Frankreichs. Den zwei Michelin-Sternen entspricht auch die Weinkarte.

⑤ *Spoon*
12 Rue Marignan (8. Arr.), im Hotel Marignan, Tel. 01 40 76 34 44
Sa./So. und ca. 25.7. – 20.8. geschl.
Ambitioniertes Bistro von Alain Du-

casse in japanisch angehauchtem modernem Interieur, dennoch nicht steif. Fantasievolle Crossover-Küche.

Pariser Designerstar Christian Liaigre in Mahagoni und Leder. Eine frequentierte »In-Adresse«.

▶ Erschwinglich

⑥ *Chez Georges*
1 Rue du Mail (2. Arr.)
Tel. 01 42 60 07 11, So. und Aug. geschl. Ein Bistro wie aus dem Bilderbuch nahe der Börse, ein Hort der traditionellen Küche.

⑦ *Bofinger*
5 Rue de la Bastille (3. Arr.)
Tel. 01 42 72 87 82, tägl. bis 1.00 Uhr
www.bofingerparis.com
Eine der schönsten Pariser Jugendstil-Brasserien ist das 1864 eröffnete Bofinger mit seiner riesigen Glaskuppel. Empfehlung: Sauerkraut und Meeresfrüchte.

⑧ *Alcazar*
62 Rue Mazarine (6. Arr.)
Tel. 01 53 10 19 99, www.alcazar.fr
Topdesigner Sir Terence Conran wandelte das bekannte Revuetheater in ein schickes Restaurant um (tägl. bis 1.00 Uhr). Einfallsreiche Crossoverküche, guter Gegenwert. Vor oder nach dem Mahl in die Bar Mezzanine.

⑨ *Brasserie Lipp*
151 Boulevard St-Germain (6. Arr.)
Tel. 01 45 48 53 91, tägl. 9.00 – 1.00
1880 gegründet, mit Art-déco-Interieur von 1926: Wohl jeder, der in Kultur oder Politik Rang und Namen hat, war schon hier. Handfeste Küche mit Elsässer Einschlag, wobei noch mehr die Atmosphäre zählt.

⑩ *La Société*
4 Place St-Germain (6. Arr.)
Tel. 01 53 63 60 60, tägl. 9.00 – 2.00
Gehobene Küche, englisches Ambiente und Jazz in einem Gebäude aus dem 19. Jh., ausgestattet von dem

⑪ *Thoumieux*
79 Rue St-Dominique (7. Arr.)
Tel. 01 47 05 49 75
Echte Pariser Brasserie aus den 1930er-Jahren mit langen Tischen, roten Bänken und herzhaften Gerichten des Südwestens.

⑫ *Mansouria*
11 Rue Faidherbe (11. Arr.)
Tel. 01 43 71 00 16, So. geschl.
Die echte Küche Marokkos bzw. Nordafrikas, ein Fest für die Sinne (auch optisch). Ein besonderer Genuss sind die Tajines ebenso wie die Desserts. Für abends reservieren. So./Mo.mittag geschl.

⑬ *Les Caves Solignac*
9 Rue Decrès (14. Arr.)
Tel. 01 45 45 58 59, Sa./So. geschl.
Etwas abgelegen im Montparnasse, aber lohnend: Gemütliches kleines Lokal mit unprätentiöser traditioneller Küche. Zum Sich-Wohlfühlen.

⑭ *La Coupole*
102 Bd. du Montparnasse (14. Arr.)
Tel. 01 43 20 14 20
Elegante Art-déco-Brasserie, seit 1927 eine Institution im Montparnasse, ein Stammlokal von Sartre und de Beauvoir. Die Küche wird dem Renommee allerdings nicht immer gerecht.

▶ Preiswert/Erschwinglich

⑮ *Ambassade d'Auvergne*
22 Rue du Grenier St-Lazare (3. Arr.)
Tel. 01 42 72 31 22, tägl. geöffnet
Eine lohnende Adresse nahe dem Marais, Küche der Auvergne in rustikalem, aber gediegenem Rahmen. Gute Karte mit preiswerten Weinen.

⑯ *Brasserie de l'Isle St-Louis*
55 Quai de Bourbon (4. Arr.)
Tel. 01 43 54 02 59, Mi. und Aug.
geschl. Sehr schön an der Seine
gelegen mit Blick auf die Strebebögen
von Notre-Dame. Seit 1870 genießt
man in drangvoller Enge elsässische
Küche. Wein zu vernünftigen Preisen.

⑰ *Le Cosi*
9 Rue Cujas (5. Arr.)
Tel. 01 43 29 20 20, Mi. Aug. geschl.
Zwischen Luxembourg und Panthéon,
ein kleiner Ausflug nach Korsika:
exzellente Küche (auch Fisch und
Meeresfrüchte) in sehr angenehmem,
informellem Rahmen.

⑱ *Les Olivades*
41 Avenue de Ségur (7. Arr.)
Tel. 01 47 83 70 09
Sa.mittag, So., Mo.mittag geschl.
Gemütliches kleines Lokal mit mediterraner Küche. Bruno Deligne hat
in renommiertesten Restaurants ge-
kocht. Probieren Sie Linseneintopf
mit Foie gras, Jakobsmuschelterrine
oder geschmorte Ochsenbacke.

⑲ *Chartier*
7 Rue du Faubourg-Montmartre (9.
Arr.), Tel. 01 47 70 86 29
Ein Juwel der Belle Epoque. Seit der
Eröffnung 1896 gibt es die gleichen
deftigen Sachen, bedienen Kellner
in langer, weißer Schürze, schwarzer
Weste und Fliege in dem einem
Bahnhofsrestaurant ähnelnden Saal.

ÜBERNACHTEN
▶ Luxus
① *Crillon*
10 Place de la Concorde (8. Arr.)
Tel. 01 44 71 15 00, www.crillon.com
Die beste Adresse in Paris und eines
der vornehmsten (und teuersten)
Hotels der Welt. Von derselben Klasse
ist das Restaurant Les Ambassadeurs.

② *Relais Christine*
3 Rue Christine (6. Arr.)
Tel. 01 40 51 60 80
www.relais-christine.com
Nobles, charmantes Stadtpalais in
einem Augustinerkloster des 13. Jh.s
mitten in St-Germain-des-Prés, dennoch sehr ruhig. Frühstück in der
schönen eingewölbten Klosterküche.

③ *Bourg Tibourg*
19 Rue du Bourg-Tibourg (4. Arr.)
Tel. 01 42 78 47 39
www.bourgtibourg.com
Kleineres Haus, bestens (etwas laut)
gelegen, von Stardesigner Jacques
Garcia »orientalisch-neogotisch«, auf
jeden Fall aber fantastisch dekadent
gestaltet. Kleine Zimmer, einige mit
winzigem Balkon. Der Service ist
ebenso liebevoll. Kein Restaurant.

▶ Komfortabel
④ *Place des Vosges*
12 Rue de Birague (4. Arr.)
Tel. 01 42 72 60 46
www.hotelplacedesvosges.com
Ruhig und schön bei der Place des
Vosges gelegenes freundliches Haus
aus dem 17. Jh.; Salon im Stil eines
Schlosses. Preisgünstige kleine und
teurere sehr große Zimmer.

⑤ *Vieux Marais*
8 Rue du Plâtre (4. Arr.)
Tel. 01 42 78 47 22
www.vieuxmarais.com
In einer ruhigen Seitenstraße nahe
dem Centre Pompidou, schlicht-
moderne Gestaltung ohne Blümchen-
tapeten und Brokat. Sehr angenehm,
sehr gutes Preis-Leistungs-Verhältnis.

⑥ *Hotel de Sèvres*
22 Rue de l'Abbé Grégoire
Tel. 01 45 48 84 07 (6. Arr.)
www.hoteldesevres.com
Ruhig und bestens gelegenes kleines

Hotel in einem Palais des 18. Jh.s. Freundlicher Service, moderne, sehr gut gestaltete Zimmer. Vorzugspreise im Sommer und übers Internet.

⑦ *Lenox St-Germain*
9 Rue de l'Université (7. Arr.)
Tel. 01 42 96 10 95
www.lenoxsaintgermain.com
Hübsche Gestaltung im englischen Stil. Die Art-déco-Bar hat bis in den frühen Morgen geöffnet. Von Mitte Juli bis Ende Aug. »Werbetarife«. In der Umgebung kann man in Buchläden und Antiquitäten stöbern.

⑧ *Hameau de Passy*
48 Rue de Passy (16. Arr.)
Tel. 01 42 88 47 55
www.paris-hotel-hameaudepassy.com
Das 16. Arr. zwischen Trocadéro und Bois de Boulogne gilt als besonders schnieke, die Rue Passy, seine Hauptstraße, ist gespickt mit Jugendstilfassaden und teuren Geschäften. Versteckt und ruhig gelegenes Hotel mit kleinen, modernen Zimmern. Juli/Aug. niedrigere Preise.

▶ **Günstig**
⑨ *Jeanne d'Arc*
3 Rue de Jarente (4. Arr.)
Tel. 01 48 87 62 11
www.hoteljeannedarc.com
Gepflegtes, ein wenig verrückt gestaltetes Haus, exzellente Lage nahe der Place des Vosges. Kleine Zimmer mit 1–4 Betten.

⑩ *St-André des Arts*
66 Rue St-André des Arts (6. Arr.)
Tel. 01 43 26 96 16
www.france-hotel-guide.com
Wunderbar altmodisches Hotel mitten in St-Germain, sehr freundliche Atmosphäre. Gemütliche Zimmer mit freiliegendem Fachwerk (17. Jh.) für 1–4 Menschen.

⑪ *Avre*
21 Rue de l'Avre (15. Arr.)
Tel. 01 45 75 31 03
www.hoteldelavre.com
In einer ruhigen Seitenstraße des Blvd. de Grenelle südlich des Champ de Mars gelegen. Freundliche, sehr hübsche Zimmer zur Straße oder zum Garten, wo man frühstücken kann.

▶ **Jugendherbergen**
Auberges de Jeunesse
Jules Ferry, 8 Blvd. Jules Ferry
Tel. 01 43 57 55 60
Cité des Sciences (nahe La Villette)
24 Rue des Sept Arpents
Tel. 01 48 43 24 11
Info und Buchung unter www.fuaj.fr und www.hihostels.com.

Centres Internationaux de Séjour
BVJ Louvre, 20 Rue Rousseau
Tel. 01 53 00 90 90
BVJ Quartier Latin, 44 Rue des Bernardins, Tel. 01 43 29 34 80
www.bvjhotel.com

Maisons Internationales de la Jeunesse et des Etudiants
11 Rue du Fauconnier/6 Rue de Fourcy/12 Rue des Barres
Drei edle Budgetunterkünfte in alten Adelshäusern im Marais.
Tel. 01 42 74 23 45, www.mije.com

▶ **Bed & Breakfast Appartements**
Alcove & Agapes
Tel. 01 44 85 06 05
www.bed-and-breakfast-in-paris.com

France Appartements
Tel. 01 56 89 31 00
www.rentapart.com

Bed and Breakfast
Tel. 1 800 872 26 32
www.parisbandb.com

Das Département Ville de Paris gliedert sich in **20 Arrondissements** (Bezirke), jedes davon wiederum in **vier Quartiers** (Viertel). Die Arrondissements sind in einer Spirale angeordnet, die sich, vom Louvre (1. Arr.) ausgehend, im Uhrzeigersinn zweimal um den Stadtkern windet. Die letzten beiden Ziffern der Postleitzahl verraten das Arrondissement. Die traditionellen Quartiers leiten ihren Namen von eingegliederten Dörfern her, wie La Villette, Belleville und Chaillot, von Kirchen wie St-Germain-des-Prés, von städtischen Gebäuden wie Les Halles und Opéra oder von historischen Besonderheiten wie das **Quartier Latin**. **Faubourgs** – wörtlich: außerhalb der Burg – sind Vorstädte, die in der Regel nach dem nächstgelegenen Dorf benannt wurden; der Faubourg Montmartre etwa war die Vorstadt in Richtung des Dorfs Montmartre. Im historischen Kern wohnen ca. 500 000 Menschen. Mit 105,4 km² Fläche, davon 7 km² Flüsse, ist Paris eine der am dichtesten bevölkerten Hauptstädte der Welt.

Arrondissements, Quartiers, Faubourgs

> **!** *Baedeker* TIPP
>
> **Paris Greeter**
>
> Entdecken Sie die Seinestadt in Begleitung eines Kenners! Einheimische Führer zeigen Ihnen ihr persönliches Paris, wo sie leben und arbeiten, wo sie sich vergnügen. 2 – 3 stündige Führung für bis zu sechs Personen, und dies kostenlos. Info unter www.parisgreeter.org.

Kleine Geschichte von Paris

Auf der Ile de la Cité hatte der keltische Stamm der Parisier seine Festung Lucotesia, die 52 v. Chr. von den Römern erobert wurde. Diese gründeten am linken Seine-Ufer die Stadt **Lutetia Parisiorum**, die nach Zerstörung durch Franken und Alemannen im 3. Jh. aufgegeben wurde. Unter den Merowingern wurde Paris Hauptstadt des Fränkischen Reichs und unter den Kapetingern im 10. Jahrhundert Kern des französischen Königreichs. Bereits im 13. Jahrhundert war Paris mit einer berühmten **Universität** ein Mittelpunkt der abendländischen Kultur. Der um 1200 von König Philipp II. August errichtete Mauerring war längst zu eng geworden, als Étienne Marcel – der Vorsteher der Kaufmannschaft, der die Stadtregierung an sich gerissen hatte – 1356 den Bau einer neuen Umwallung begann, die von der Seine bis zu den heutigen Großen Boulevards und zur Porte St-Denis reichte.

Antike und Mittelalter

Im 14./15. Jahrhundert hemmte der Hundertjährige Krieg das weitere Wachstum. Unter König **Franz I.** begann eine neue Bautätigkeit (Louvre, Tuilerien, Hôtel de Ville), der eigentliche Aufschwung setzte aber erst um 1600, nach dem Ende der Religionskriege, unter **Heinrich IV.** ein. Unter Ludwig XIII. wurde die unter den Valois begonnene Erweiterung des Mauerrings am rechten Ufer in der ganzen Ausdehnung der Großen Boulevards auch westlich der Porte St-Denis durchgeführt. **Ludwig XIV.** stattete Paris mit vielen Monumentalbau-

Renaissance und Absolutismus

ten aus: Louvre-Kolonnade, Hôtel des Invalides, Kirchen, Place Vendôme. Ab 1614 wurde die Insel St-Louis geschaffen und bebaut. Kurz vor der Revolution wurden die neuen Quartiere zur Überwachung des Stadtzolls mit der »Enceinte des Fermiers Généraux« umschlossen, die an beiden Ufern auf der Linie der heutigen Außenboulevards vom Arc de Triomphe im Westen zur Place de la Nation im Osten verlief. Während und nach der **Französischen Revolution** (ab 1789) wurden die meisten Pariser Klöster, die große Flächen in bester Lage einnahmen, aufgehoben und verschwanden.

Erstes Kaiserreich und Juli-Monarchie

Im Ersten Kaiserreich (1804–1814) war Paris der Mittelpunkt Europas. Was **Napoleon I.** auf seinen Kriegszügen erbeutete, kam seiner Hauptstadt zugute. Er begann den Durchbruch der Rue de Rivoli, die Börse, die Madeleine u. a.; bei seinem Sturz war das meiste noch unvollendet, auch der Arc de Triomphe. Die Juli-Monarchie unter dem »Bürgerkönig« **Louis Philippe** (1830–1848) setzte den unter Napoleon I. begonnenen Ausbau eifrig fort: Über 100 Mio. Goldfrancs wurden in Straßen, Kirchen, Staatsgebäude, Brücken usw. gesteckt. Noch einmal wurde Paris mit einer Befestigung umschlossen, die 13 Dorfgemeinden der Stadt einverleibte.

Zweites Kaiserreich

Zwischen 1850 und 1870 verdoppelte sich die Zahl der Einwohner auf zwei Millionen. Alle bisherige Bautätigkeit wurde unter Napoleon III. (1851–1870) überboten, der 1853 **Georges-Eugène Haussmann** zum Präfekten machte. Durch ihn wurde Paris, das bis dahin, abgesehen von den alten Boulevards, den engen mittelalterlichen Charakter bewahrt hatte, zu der großzügig angelegten Stadt mit ihren großen Sichtachsen, wie wir sie heute kennen. Etwa 25 000 Häuser wurden abgerissen, 70 000 gebaut. Mit den Boulevards de Strasbourg und de Sébastopol am rechten Seine-Ufer sowie den Boulevards du Palais und St-Michel wurde der Anfang gemacht. Dann kamen die Boulevards Haussmann und Magenta am rechten, St-Germain am linken Ufer, die Verlängerung der Rue de Rivoli, die Avenue de l'Opéra sowie das Stadtviertel der Champs-Elysées. Die Stadt erhielt, in der typischen »Gusseisenarchitektur«, Markthallen und Bahnhöfe; unter den öffentlichen Gebäuden sind auch die neuen Flügel des Louvre und das Opernhaus von Charles Garnier zu erwähnen.

> **!** **Baedeker TIPP**
>
> **Paris mit dem Velo**
>
> Paris entdeckt die Freiheit auf zwei Rädern. Häufig darf man die Bus- und Taxispuren benützen, an bestimmten Sonntagen werden bestimmte Bereiche für Motorfahrzeuge gesperrt, z. B. entlang der Seine oder im Marais. An über 1500 automatischen Stationen kann man die Räder von »Vélib« mieten (www.velib.paris.fr).

Dritte Republik

In der Dritten Republik (1870–1940) wurden weitere Straßen durch alte Substanz geschlagen. Das Verkehrswesen wurde ganz wesentlich erweitert, v. a. durch den Bau der Métro. Auf dem Gelände des Befestigungsgürtels entstanden Wohnbezirke mit Grünanlagen; dort wurden auch der Parc des Expositions und die Cité Universitaire geschaffen. Vor allem zu den **Weltausstellungen** wurden spektakuläre Bauten errichtet (1889 Eiffelturm, 1900 Grand und Petit Palais, 1937 Palais de Chaillot, Musée d'Art Moderne). Der Jugendstil (Art Nouveau) hielt seinen Einzug, berühmt sind insbesondere die **Métro-Eingänge** von Hector Guimard. Im Ersten Weltkrieg rettete das »Wunder an der Marne« die Stadt vor der deutschen Besetzung. Während des Zweiten Weltkriegs war Paris 1940–1944 von deutschen Truppen besetzt, blieb aber vor Zerstörungen verschont.

◄ Erster und
Zweiter Weltkrieg

Nach 1945 entstanden bemerkenswerte Bauten: 1958 UNESCO, 1959 die CNIT – das erste Bauwerk in **La Défense**, die im Folgenden zum Experimentierfeld moderner Architektur wurde –, 1963 Maison de la Radio, 1974 Tour Montparnasse und Centre International de Paris, 1977 Centre Pompidou. 1971 wurde der berühmte »Bauch von Paris«, **Les Halles**, abgerissen und 1979 das Forum des Halles eröffnet. Der Bau von Durchgangsstraßen entlang der Seine und einer Ringautobahn erleichtern seit Anfang der 1970er-Jahre den Verkehr. 1977 erhielt die Stadt mit Jacques Chirac erstmals einen gewählten Bürgermeister anstelle des bis dahin eingesetzten Präfekten.

**Vierte und
Fünfte Republik**

Im Jahr 1989 wurde mit großem Aufwand die **Zweihundertjahrfeier der Französischen Revolution** begangen. Das bedeutete auch eine große Zahl von Baumaßnahmen, so die Glaspyramide im Hof des Louvre, die Volksoper an der Place de la Bastille und die Grande Arche in La Défense. 1997 wurde die gewaltige Nationalbibliothek im Tolbiac-Viertel eröffnet, im Jahr 1998 die erste neue Métrolinie seit 1935, die vollautomatische Linie 14, die die erneuerten Stadtviertel im Südosten (Bercy, Rive Gauche) mit dem Zentrum verbindet. Das renovierte Centre Pompidou wurde wieder eröffnet und nach fast zwei Dekaden Bauzeit der Umbau des Lourvre zum größten Kunstmuseum der Welt vollendet.

Bicentenaire

Die weitere Stadtentwicklung knüpft durchaus an die Gigantomanie der Mitterrand-Zeit an; aufgrund des Widerstands der Bürger agiert man aber »sanfter«. Priorität haben der Wohnungsbau und die Schaffung einer **einwohnerfreudlichen Infrastruktur**. Insbesondere werden frühere Industrie- und Arbeiterviertel mit einst schlechtem Ruf umgestaltet: die Rive Gauche zwischen Gare Austerlitz und Porte d'Evry, im Nordosten das Bassin de la Villette mit der Place Stalingrad, nördlich des Montmartre die Gouttes d'Or (eine der ärmsten Zonen von Paris) und südlich des Bois de Boulogne Billancourt, wo auf dem 2005 aufgegebenen Werksgelände von Renault eine »Kunst- und Öko-Stadt« entsteht. Spektakuläre Einzelprojekte sind gegenwärtig u. a. 120 m hohe Wohntürme im 13. Arr., eine 211 m hohe gläserne Pyramide an der Porte de Versailles, zwei 300 m hohe Wolkenkratzer in La Défense und die Philharmonie im Parc de la Villette.

Projekte

Highlights *Paris in vier Touren* (► *Stadtplan*)

Tour 1 (8 km)

Auf der Ile de la Cité beeindrucken die Kathedrale Notre-Dame und die Ste-Chapelle. Dann am Südufer der Seine zum Pont de Carrousel und hinüber zum Louvre (Museumspläne holen). Durch die Tuilerien zur Place de la Concorde. Auf den Champs-Elysées, der schönsten Avenue der Welt, zum Arc de Triomphe (Ausblick von oben!). Zurück zur Avenue Georges V, einer »Schlagader« der Modewelt (bei mehr Bedarf Abstecher in die Av. Montaigne), und zur Place d'Alma. Über das Palais de Tokyo zur Place du Trocadéro mit dem Palais de Chaillot; dann über die Seine zum Eiffelturm, der abends illuminiert wird. Vom Port du Bourdonnais kann man mit einem Bateau-Mouche zur Ile de la Cité zurückfahren.

Tour 2 (5 km)

Früh vormittags in den Louvre (oder, wenn geschlossen, in das Musée d'Orsay), dem man einen halben Tag widmet. Durch den Louvre des Antiquaires zum Palais Royal und weiter durch die Rue St-Honoré zur Place Vendôme. Luxuriös ist auch die Rue de la Paix, auf der man zur Opéra Garnier gelangt. Am Blvd. Haussmann Stippvisite in den Galeries Lafayette. Die Grandeur der Großen Boulevards lässt man auf dem Blvd. Montmartre auf sich wirken. Beim Musée Grevin in die Passage Jouffroy. Nun zum Montmartre: Bei der Notre-Dame de Lorette die Rue des Martyrs hinauf zum Blvd. de Rochechouart und weiter zum berühmten Hügel (Treppenwege oder Bahn). Der Sonnenuntergang ist bei Sacré-Cœur ein besonderes Erlebnis.

Tour 3 (7 km)

Von den Champs-Élysées – Grand Palais und Petit Palais passierend – über die Seine und zum monumentalen Hôtel des Invalides mit dem Invalidendom (Sarkophag Napoleons). Einen schönen Kontrast bietet das benachbarte Musée Rodin. Auf dem Blvd. St-Germain – mit Abstecher südlich in die Rue Grenelle – lernt man die Atmosphäre des Künstler- und Intellektuellenviertels kennen, Boutiquen, Buchläden, Kneipen und Cafés verleiten zum Kaufen und Genießen. Um die Kirche St-Germain-des-Prés, die älteste in Paris, berühmte Adressen: Brasserie Lipp, Café de Flore, Les Deux Magots, in der Rue de l'Ancienne Comédie das Procope, ältestes Kaffeehaus von Paris. Das Musée Hôtel de Cluny zeigt großartiges mittelalterliches Kunsthandwerk. Im Jardin du Luxembourg Pause für die letzte Etappe zur Sorbonne und zum Panthéon. Einen schönen Abend kann man dann auf der Ile-St-Louis verbringen.

Tour 4 (5 km)

Vormittags Musée d'Orsay (oder Louvre). Dann über den Pont Royal und durch die Tuilerien zur Rue de Rivoli: Arkaden mit Galerien, Boutiquen und Cafés. Nach Norden zum Forum des Halles, wo früher die Markthallen standen, und St-Eustache. Die einstige Atmosphäre des Viertels ist in der Rue Montorgueil und Umgebung noch zu spüren; schön sind auch die Passagen Colbert und Vivienne westlich der Place des Victoires. Das Centre Pompidou ist eine Attraktion für sich, bedeutend sein Museum für moderne Kunst (Pause im Dachrestaurant). Dann mit der Métro von Rambuteau Ausflug zur berühmten Cimetière du Père Lachaise (oder zum Parc des Buttes Chaumont); zurück nach Rambuteau. Anschließend Spaziergang durch das Marais; bei Zeit und Energie noch ins Musée Picasso. Auf der schönen Place des Vosges beendet man diese Tour.

Und sonst:

La Défense, Bois de Boulogne, Montparnasse mit Tour Montparnasse und Cimetière, Fahrt auf dem Canal St-Martin zum Parc de la Villette. In der weiteren Umgebung (►Ile-de-France): St-Germain-en-Laye, St-Denis, Giverny, Vaux-le-Vicomte, Fontainebleau und ►Versailles.

✷ ✷ Ile de la Cité

✷

**Palais
de Justice**

Die Cité-Insel ist der älteste Teil von Paris. Am Pont au Change – am Platz des mächtigen Justizpalasts – stand seit den Merowingern eine **Burg**, die zum Königssitz ausgebaut wurde; auch nach dem Bau des Alten Louvre, in den der Hof 1360 umzog, blieb sie offizielle Residenz. Von ihr sind außer der Sainte-Chapelle und Teilen des Unterbaus nur noch drei Außentürme erhalten, die Tour de César, die Tour d'Argent und die zinnengekrönte Tour St-Louis (Bon-Bec), alle aus der Zeit Philipps des Schönen (1285–1314). Die Tour de l'Horloge an der Nordostecke (19. Jh.) besitzt eine vielfach (u. a. 1370) erneuerte Uhr. Ab dem 16. Jh. tagte hier das »Parlement«, der Gerichtshof, der die königlichen Gesetze bestätigte (durch Ludwig XIV. abgeschafft); von 1793 bis 1795 war das Palais Sitz des Revolutionstribunals. Der größte Teil des heutigen Justizpalasts entstand ab 1883 nach einem verheerenden Brand 1871; untergebracht sind hier die hohen Gerichte von Paris. Durch ein schönes schmiedeeisernes Tor (1785) gelangt man in den Cour de Mai, in dem früher der Maibaum stand. Hinter der Galerie Marchande (Halle der Händler) geht es in die Salle des Pas-Perdus (»Saal der verlorenen Schritte«, in Anspielung auf die vergeblichen Anstrengungen der hier Wartenden). Das Palais de Justice ist kein »Museum«, aber es lohnt sich, einen Blick hineinzuwerfen (Mo. – Fr. 9.00 – 18.00 Uhr), man kann auch bei einer Gerichtsverhandlung zusehen.

Besonders schön bei Nacht: Ile de la Cité mit Notre-Dame

Kleiner Abstecher zur Westspitze der Ile de la Cité: Der Platz am Pont Neuf ist an Romantik kaum zu überbieten, besonders zum Sonnenuntergang. Hoch zu Ross grüßt König Heinrich IV., der als Schürzenjäger (»vert galant«) berüchtigt war.

Square du Vert Galant

Ein absolutes Juwel ist die **Heilige Kapelle** (März – Okt. 9.30 bis 18.00, sonst 9.00 – 17.00 Uhr; Konzerte Mitte März – Nov. fast tägl. 19.00 / 20.30 Uhr; Info: www.archetspf.asso.fr). Die zweigeschossige Schlosskapelle wurde unter Ludwig dem Heiligen 1246 – 1248 zur Aufbewahrung eines Dorns aus der Dornenkrone Christi (!) und anderer 1239 nach Frankreich gebrachter Reliquien (heute in der Schatzkammer von Notre-Dame) erbaut. In der Revolution wurde sie 1791 profaniert. Die Untere Kapelle mit nur 6,6 m hohem Gewölbe war für die Palastbediensteten bestimmt, die Obere Kapelle für die königliche Familie. Die Wandflächen der 20 m hohen Kapelle sind fast ganz in 15 m hohe und 4 m breite Fenster aufgelöst, deren Glasmalereien mit über 1100 Szenen aus der Bibel z. T. noch aus der Zeit Ludwigs des Heiligen stammen – die ältesten und bedeutendsten in Paris. Die spätgotische Fensterrose mit der Darstellung der Apokalypse wurde 1493 – 1498 unter Karl VIII. angefertigt. Die Statuen an den Strebepfeilern des Langhauses stellen die zwölf Apostel dar.

✶ ✶
Sainte-Chapelle
⏱

Am Quai de l'Horloge (Nr. 1) liegt der Eingang zur Conciergerie, dem **Palast des Haushofmeisters** (14. Jh.), der in der Revolution als Gefängnis diente. Zu sehen sind außer der riesigen gotischen Salle des Gens-d'Armes aus der Zeit Philipps des Schönen und der Cuisine de St-Louis die Kerker, in denen 1793/1794 2800 Gefangene auf ihre Hinrichtung warteten, darunter Königin Marie-Antoinette, Danton und Robespierre (Öffnungzeiten wie Sainte Chapelle).

Conciergerie

Dem Justizpalast östlich gegenüber steht das Tribunal de Commerce (1866) mit 42 m hoher Kuppel. Dahinter folgt der **Marché aux Fleurs** bzw. Marché aux Oiseaux: Werktags werden dort Blumen feilgeboten, sonntags Vögel. Westlich schließt das Hôtel-Dieu (um 1865) an.

Tribunal de Commerce

Geistliches Gegenstück zum weltlichen Machtzentrum der Königsburg war die gotische **Kathedrale Notre-Dame**. Am Platz einer merowingischen Kirche legte Papst Alexander III. 1163, unter König Ludwig VII. und Bischof Maurice de Sully, den Grundstein. Chor und Querschiff waren 1177 in frühgotischer Form fertig. Der übrige Bau zog sich bis 1345 hin, wobei auch Chor und Querschiff hochgotisch umgestaltet wurden. In der Französischen Revolution wurde die Kirche schwer beschädigt, 1793/1794 diente sie als »Tempel der Vernunft«. 1847 – 1864 stellten E. Viollet-le-Duc und J.-B. Lassus die alte Pracht wieder her. Reste der merowingischen Kirche St-Etienne entdeckte man unter der Place du Parvis-Notre-Dame (Crypte Archéologique, Zugang gegenüber der Kathedrale bei der Präfektur, Di. – So. 10.00 – 18.00 Uhr). Im Pflaster des Vorplatzes markiert ein Stern den

✶ ✶
Notre-Dame de Paris

◀ Crypte Archéologique

NOTRE-DAME DE PARIS

✱ ✱ **Auf der Ile de la Cité thront dieses Meisterwerk der französischen Gotik wie ein Juwel über der Seine. Seit über acht Jahrhunderten begleitet die Kathedrale die Geschichte Frankreichs und seiner Hauptstadt.**

🕐 Öffnungszeiten:
Mo.–Fr. 8.00–18.45, Sa./So. bis 19.15 (letzter Zugang 45 Min. vor Schließung), Hochamt So. 10.00 Uhr, Orgelkonzerte So. 16.30 Uhr
Turmbesteigung: April–Sept. 10.00–18.30, Juli/ Aug. Sa./So. bis 23.00 Uhr, sonst bis 17.30 Uhr
Crypte Archéologique: Di.–So. 10.00–18.00 Uhr

① Königsgalerie
Die riesigen, einst bemalten Statuen wurde nach 1220 von einer Bildhauerwerkstatt in neuem Stil gefertigt. Sie wurden durch Kopien ersetzt.

② Arkadengalerie
Die filigranen Arkaden, die mit nur 20 cm dicken Säulen Turmuntergeschoße und Langhausgiebel verdecken, wurden um 1230 vorgeblendet.

③ Orgel
Das gewaltige Instrument des berühmten Aristide Cavaillé-Coll (1868) ist mit 8500 Pfeifen und 113 Registern die größte Orgel Frankreichs.

④ Notre-Dame de Paris
Vor dem südöstlichen Vierungspfeiler steht die Statue der hochverehrten Patronin der Kathedrale, die um 1330 gefertigt wurde.

⑤ Chorschranken
Ab Ende des 13. Jh.s entstanden die 23 Reliefs an den Chorschranken (Szenen aus dem Leben und Sterben Christi). Ihre Bemalung wurde im 19. Jh. »überrestauriert«

⑥ Strebebögen
Um 1220/1230 bekam die Kathedrale ihre hochgotische Gestalt. Dazu gehörten die Vergrößerung der Obergadenfenster und der Bau der fein gestalteten Strebebögen.

⑦ Schatzkammer
Die 1845–1850 angefügte Sakristei birgt den »Trésor«, zu dem auch die »Großen Reliquien« gehören: ein Dorn aus der Dornenkrone sowie Holz und ein Nagel vom Kreuz Christi (Mi., Sa., So. 14.30–18.00 Uhr).

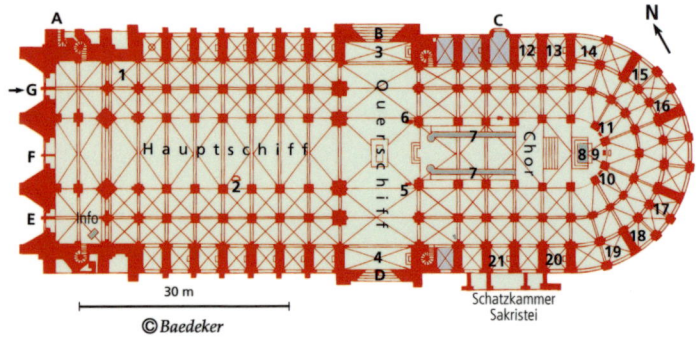

© Baedeker

A	Turmaufgang	1	Taufkapelle	GRABMÄLER	
B	Portail du Cloître	2	Kanzel	12	de Beaumont
C	Porte Rouge	3	Nordrose	13	de Juigné
D	Portal	4	Südrose	14	de Noailles
	Saint-Etienne	5	Notre-Dame	15	de Quelen
E	Portal	6	Saint-Denis	16	de Belloy
	Sainte-Anne	7	Chorgestühl	17	Morlot
F	Portal des	8	Hauptaltar	18	Darboy
	Jüngsten Gerichts	9	Pietà	19	d'Harcourt
G	Portal der	10	Ludwig XIII.	20	Sibour
	Jungfrau Maria	11	Ludwig XIV.	21	Affre

Das Chorgewölbe schwebt in 32,5 m Höhe, für die Mitte des 12. Jh.s eine außergewöhnliche Leistung. Beim Umbau Anfang des 13. Jh.s wurden die Fenster vergrößert und die Anzahl der Geschosse auf drei verringert.

nsterrose im südlichen
it 13 m Durchmesser –
ar, umgeben von Apos-
sowie den klugen und
Jungfrauen, außerdem
die Matthäusgeschichte.

Schreckliche Ungeheuer –
von Viollet-le-Duc gekonnt
dem mittelalterlichen Stil
nachempfunden – bewachen
als Wasserspeier auf den
Balustraden das Gotteshaus.

Die monumentale Westfassade von
Notre-Dame ist die älteste ihrer Art
und wurde zum Vorbild für zahlreiche andere in Nordfrankreich.

© Baedeker

Die F
Querhaus –
stellt Christus
teln, Märtyrer
den törichten

! *Baedeker* TIPP

Notre-Dame besichtigen

Von April bis Oktober gibt es lange Warteschlangen, daher kommt man am besten frühmorgens. Und am besten an einem sonnigen Tag, weil das Innere dann in ein fantastisches Licht-und-Farben-Spiel getaucht ist. Kostenlose Führungen auf Deutsch Fr./Sa. 14.00 Uhr.

Nullpunkt für die Kilometerzählung der Nationalstraßen.

Die harmonische **Westfassade** ist die älteste ihrer Art in Nordfrankreich. Die in der Revolution zerstörten Portalskulpturen wurden nach erhaltenen Resten oder nach dem Muster anderer Kathedralen erneuert. Am Mittelportal prangt ein »Jüngstes Gericht«, ein Meisterwerk von 1230; das südliche Portal (13. Jh.) ist der hl. Anna und der Geschichte ihrer Tochter Maria, das nördliche, ca. 1210–1220 ausgeführte Portail de la Vierge der Jungfrau Maria gewidmet. Über den Portalen verläuft eine markante Galerie mit 28 Statuen der Könige von Juda (Kopien, Originale im Hôtel de Cluny, ▶S. 506), die Fensterrose darüber (um 1220) hat 9,6 m Durchmesser. Den Rahmen der Fassade bilden zwei unvollendete, 69 m hohe **Türme**. Im Südturm hängt die 13 t schwere, 1686 gegossene Glocke »Emmanuel« (»Bourdon de Notre-Dame«).

Turmbesteigung ▶ Er bietet einen herrlichen Ausblick (Zugang: Rue du Cloître Notre-Dame links der Fassade, Öffnungszeiten ▶ S. 480). Achtung: Man hat 422 Stufen zu überwinden, es gibt keine Toiletten. Am südli-

Querschiffe ▶ chen Querschiff ist die Porte St-Etienne, am nördlichen die Porte du Cloître (Domhofportal) mit einer Marienstatue aus dem 13. Jh. sehenswert. Wunderbar ist auch der **Chor** mit seinen kühnen Strebebögen und filigranen Fialen.

Innenraum ▶ Der gewaltige fünfschiffige Raum – 130 m lang, 48 m breit, 35 m hoch – wird durch die Beleuchtung wirkungsvoll in Szene gesetzt.

✳ Von den **Glasmalereien** sind nur die grandiosen Fensterrosen im
Nordrosette ▶ nördlichen Querschiff (80 Darstellungen aus dem Alten Testament, um 1255) und im südlichen Querschiff (1257) älteren Datums.

✳ Von der reichen Ausstattung der **Chorkapellen** sind das Grabmal
Chorkapellen ▶ des Grafen d'Harcourt († 1718) von J.-B. Pigalle und des Jean des Ursins († 1431) besonders hervorzuheben. Das schöne Chorgestühl stammt aus dem 17. Jahrhundert. Besuchen sollte man auch die

⏲ **Schatzkammer** (Trésor; Zugang rechts im Chor, Mo.–Fr. 9.30–18.00, Sa. bis 18.30, So. 13.30–18.30 Uhr). Mehr über die Geschichte der Kathedrale erfährt man im Musée de Notre-Dame
⏲ (Rue du Cloître Notre-Dame 10, nördlich; Mi., Sa., So. 14.30 bis 18.00 Uhr).

✳ Ile St-Louis

Die östlich benachbarte idyllische Ile St-Louis entstand 1614–1630 durch die Verbindung der Inseln Ile Notre-Dame und Ile aux Vaches. Mit schönen **Palästen** – etwa dem Hôtel de Lauzun (1657)
Hôtel Lauzun, und dem Hôtel Lambert (1640), beide vom Hofarchitekten Louis
Hôtel Lambert ▶

Le Vau – hat sie die Aura des 17. Jh.s bewahrt. Heute haben Kunstgalerien, Antiquitätenhändler und Anbieter modischer Verrücktheiten hier ihr Quartier. An der schmalen Hauptstraße steht die reich ausgestattete Kirche **St-Louis-en-l'Ile** (1664–1726); im Sommer gibt es hier fast jeden Abend ein Konzert. Nicht nur gemütliche Cafés, gediegene kleine Hotels und gepflegte Restaurants sind auf der Ile St-Louis zu finden, sondern auch das **beste Eis** von Paris: Bei Berthillon (Rue St-Louis-en-l'Ile 31) kann man aus über 30 köstlichen Sorten wählen.

✷ ✷ Louvre

Der Louvre beherbergt die größte und berühmteste Kunstsammlung der Welt, die im Jahr über 8 Mio. Besucher anzieht. Der älteste Bau hier war eine unter König Philipp II. August Ende des 12. Jh.s errichtete **Burg**, die Karl V. um 1365 glänzend ausgestalten ließ (Reste in Cour Carrée und Cour Napoléon). Im 15. Jh. diente sie als Arsenal und Gefängnis. 1546 beauftragte König Franz I. Pierre Lescot, den hervorragendsten Architekten der französischen Frührenais-

Geschichte

Das Café im Louvre, ein schöner Ort für eine »Kunstpause«

▶ LOUVRE ERLEBEN

AUSKUNFT · ZUGANG

Tel. 01 40 20 51 51, www.louvre.fr
Haupteingang in der Glaspyramide.
Weitere Eingänge: Carrousel du
Louvre, Porte des Lions, Cour Carrée;
Passage de Richelieu (nur für Karten-
inhaber und besondere Gruppen).

ÖFFUNGSZEITEN · KARTEN

Mi. – Mo. ab 9.00 Uhr,
Mi. und Fr. bis 22.00 (ab 18.00 Uhr
ermäßigter Eintritt), sonst bis
18.00 Uhr. Am 1. Sonntag des
Monats ist der Eintritt frei.
Eintrittskarten gibt es u. a. in
Kaufhäusern und in den Filialen von
FNAC, Virgin, Carrefour und Au-
chan, womit man (wie mit dem Paris-
Museum-Pass) das Schlangestehen an
der Kasse vermeidet.
Am besten besorgt man sich zuerst –
um seine Auswahl zu treffen – den
Museumsplan und die Übersicht über
die Öffnungszeiten der verschiedenen
Abteilungen, denn sie sind an unter-
schiedlichen Wochentagen zugäng-
lich. Man kann den Louvre zu einer
Pause verlassen. Auf bequeme Schuhe
achten; ein kleiner Getränke- und
Imbissvorrat ist nicht verkehrt.

sance, mit einem Neubau. Ihm ist v. a. der Südteil der Hoffassade
des Westflügels zu verdanken. Unter den folgenden Herrschern wurde der »Alte Louvre« verändert (Petite Galerie, von Le Brun und Le
Vau) und durch Claude Perrault, der 1667 – 1674 die großartige Ko-
lonnade der Ostfassade schuf, zum größten Teil vollendet. Nachdem
Ludwig XIV. den Hof 1682 nach Versailles verlegt hatte, verfielen die
halb fertigen Bauten. Unter Ludwig XV. kam die Idee auf, hier die
königlichen Sammlungen auszustellen. Napoleon ließ den Louvre, in
dem 1793 das geplante Museum eröffnet worden war, restaurieren.
1981 – 1999 wurde er erweitert, einen modernen Akzent setzt die
22 m hohe Glaspyramide in der Cour Napoléon, die der chinesisch-
amerikanische Architekt Ieoh Ming Pei 1989 schuf.

Kunstwerke Die Ausstellungsfläche des Louvre ist mit 61 300 m² so gewaltig wie
sein Fundus: über 350 000 Werke, davon sind etwa 30 000 ausgestellt.
Hier eine kleine Übersicht über die Kunstepochen mit herausragen-
den Exponaten.

Antike ▶ Etruskische Kunst: Sarkophag von Cerveteri (6. Jh. v. Chr.). Mesopo-
tamien, Iran, Phönizien und Assyrien: Stele von Naram-Sin, König
von Agde (um 2270 v. Chr.); assyrische Flügeltiere (8. Jh. v. Chr.);
Gesetze des Hammurabi. Ägypten: Stele des Schlangengotts Zet (um
3000 v. Chr.); Hockender Schreiber aus Sakkara (um 2500 v. Chr.);
Stele des Antef (Beamter unter Thutmosis III.); Büste des Königs
Amenophis IV.; Sarkophag des Kanzlers Imeneminet (7. Jh. v. Chr.).
Griechenland: Teile des Parthenon in Athen (447 – 438 v. Chr.); Me-
topen vom Zeustempel in Olympia (5. Jh. v. Chr.); **Venus von Milo**
(Aphrodite von der Insel Melos, 2. Jh. v. Chr.); »Dame von Auxerre«

Der größte Magnet: die »Mona Lisa«

(um 630 v. Chr.); **Nike von Samothrake**, eine hellenistische Siegesgöttin (um 200 v. Chr.); Apollo Sauroktónos und Knidische Aphrodite, Kopien nach Praxiteles (4. Jh. v. Chr.), Athlet von Benevent; Ephebe von Agde; römische Sarkophage, 2./3. Jh. n. Chr.

Skulpturen des 12.–19. Jh.s: Michelangelo, »Gefesselte Sklaven«; Donatello, »Johannes der Täufer«, »Maria mit dem Kind«; Tilman Riemenschneider, »Madonna der Verkündigung«; **Grabmal für Philippe Pot** (15. Jh.); Bouchardon, Amor-Statue.

Spanische Malerei des 14. bis 18. Jh.s: El Greco, Zurbaran, Murillo, Ribera, Velázquez, Goya. Deutsche und niederländische Malerei aus Spätgotik und Renaissance (15./16. Jh.): Dürer (Selbstporträt); Werke von H. Holbein d. J. und L. Cranach. Flämische und holländische Malerei des 16./17. Jh.s: P. P. Rubens, Jan van Eyck, Hieronymus Bosch, Brueghel d. Ä., Frans Hals; Rembrandt, »Jünger von Emmaus«; Van Dyck, »Porträt Karls I. von England«. Italienische Malerei des 13. bis 17. Jh.s: Giotto, Filippo Lippi, Botticelli, Mantegna, Tiepolo, Carracci; als größte Kostbarkeiten **»Mona Lisa«** und »Madonna in der Felsengrotte« von Leonardo da Vinci, »Hochzeit zu Kana« von Veronese, »Sklaven« von Michelangelo, »Bildnis des Hofmanns (Baldassare Castiglione)« von Raffael, »Jungfrau Maria« von Caravaggio. Französische Malerei des 16. bis 19. Jh.s: Clouet, Lebrun, Poussin; Georges de La Tour, »Falschspieler«; **»Die Freiheit auf den Barrikaden«** von E. Delacroix; »Ährenleserinnen« von J.-D. Millet; »Das türkische Bad« von J.-D. Ingres. Unter den kunsthandwerklichen Exponaten ragen die Reichtümer aus dem Kloster St-Denis und die Reste des **französischen Kronschatzes** heraus.

◀ Gemälde

◀ Kunsthandwerk

Der Westpavillon des Nordflügels enthält drei Museen (107 Rue de Rivoli, geöffnet Di.–So. 11.00–18.00, Do. bis 21.00 Uhr): **Musée des Arts Décoratifs** (Kunstgewerbemuseum) mit Interieurs und Gebrauchsgegenständen vom Mittelalter bis zum Anfang des 20. Jh.s; das **Musée de la Mode et du Textile** (Modemuseum) zeigt Kleidung vom 16. Jh. bis zur Gegenwart, darunter Roben von Chanel, Dior, Cardin und anderen Couturiers; das **Musée de la Publicité** illustriert anhand von Plakaten, Filmen etc. die Geschichte der Werbung.

★
Museen im Pavillon de Marsan
🕐

Vor der Place du Carrousel steht der 14,6 m hohe Arc de Triomphe du Carrousel (1808), der die Siege Napoleons über Österreich feiert. Unter dem Platz befindet sich eine riesige Einkaufspassage (1993) mit dem Tourismusbüro der Ile-de-France, Boutiquen, Veranstaltungssälen, Restaurants und Galerien. Ein Stück der Stadtmauer des 16. Jh.s wurde in das Bauwerk einbezogen. Eine kopfstehende Pyramide versorgt die Eingangshalle mit Tageslicht.

Arc de Triomphe du Carrousel
◀
Carrousel du Louvre

★
Rue de Rivoli
Nördlich der Tuilerien und des Louvre verläuft die Rue de Rivoli, eine der großartigsten Straßen in Paris, angelegt 1811–1856 mit einheitlichen Fassaden. Unter ihren Arkaden findet man alles von erlesenen Boutiquen, Kunstgalerien und Läden für ausgefallene Geschenke über gemütliche Cafés bis hin zu bunten Souvenirläden; zwischen dem Louvre und dem Hôtel de Ville liegen die großen Kaufhäuser Belle Jardinière und Bazar de l'Hôtel de Ville.

Place de la Concorde · Tuilerien

★ ★
**Place de
la Concorde**
Die glanzvolle Place de la Concorde, geplant um 1755 von Ange-Jacques Gabriel und vollendet 1836–1854 von dem Kölner J. I. Hittorff, wirkt besonders durch die Perspektiven: im Westen die Champs-Elysées mit dem Arc de Triomphe, im Osten die Tuilerien, im Norden die Rue Royale mit der Madeleine und im Süden jenseits der Seine das Palais Bourbon. Gabriel erbaute 1755–1775 das Hôtel de la Marine und das Hôtel Crillon (▶ S. 471). In der Revolution stand auf dem Platz ab 1793 die Guillotine, auf der Ludwig XVI. und Marie-Antoinette, aber auch viele Revolutionäre geköpft wurden. Der fast 23 m hohe und 250 t schwere granitene **Obelisk von Luxor** stand im ägyptischen Theben an einem Tempel der 13. Jh.s v. Chr. und wurde 1833 dem Bürgerkönig Louis Philippe verehrt. Die beiden Brunnen (Themen: Landwirtschaft, Industrie, Seefahrt, Fischfang) stammen wie die Frauenstatuen, die die acht größten Städte Frankreichs repräsentieren, von Hittorff. Den Blick zu den Tuilerien unterbrechen zwei Stahlkuben des US-Amerikaners Richard Serra, zu Ehren seiner Frau »Clara Clara« genannt (2009).

★
**Jardin des
Tuileries**
An der Ostseite der Place de la Concorde bewachen barocke Flügelrosse mit Merkur und Fama (von Coysevox) den Eingang zum Jardin des Tuileries, einst Lustgarten der Könige, angelegt ab 1664 von Le Nôtre. Einst standen hier Ziegeleien, franz. »tuileries«; das Schloss, das Katharina von Medici ab 1564 erbauen ließ, brannte in der Kommune 1871 aus, die Reste wurden 1882 beseitigt. Die Terrasse des Feuillants wird von zwei Gebäuden begrenzt: links das Ballspielhaus (Jeu de Paume), in dem Wechselausstellungen zur Fotografie und Videokunst stattfinden (Mo. geschl.); gegenüber zeigt das Musée de l'Orangerie berühmte Gemälde von Cézanne, Renoir, Matisse, Picasso, Modigliani u. a., darunter das fast 100 m lange Fries **»Nymphéas«** (Seerosen) von Claude Monet (Mi.–Mo. 9.00–18.00 Uhr).

★ ★
Musée de
l'Orangerie ▶
☉

Champs-Elysées · Arc de Triomphe

★ ★
Champs-Elysées
Im westlichsten Teil der **Axe Historique** (▶ S. 510) schlägt das Herz Frankreichs: Die 2 km lange, Ende des 17. Jh.s angelegte Avenue des Champs-Elysées (»Elysische Felder«, d. h. »Gefilde der Seligen«) ist eine der schönsten Prachtstraßen der Welt. Edle Hotels und Restaurants, Luxusgeschäfte, Cafés und Fastfoodlokale, Theater und Kino-

paläste – es gibt vieles für den Zeitvertreib; besonders faszinierend ein Spaziergang zur Zeit des Sonnenuntergangs und nachts. Den Beginn an der Place de la Concorde flankieren die »Pferde von Marly« von Guillaume Coustou (1745, ehemals im Schloss Marly, die Originale sind im Louvre zu sehen).

Für die Weltausstellung 1900 wurden das Grand Palais und das Petit Palais in prächtigem Neobarock erstellt. Das (östliche) Petit Palais enthält das **Musée des Beaux-Arts de la Ville de Paris** mit hervorragenden Gemälden- und Skulpturen von der Antike bis ins 20. Jh.

Die Champs-Elysées, Frankreichs »schönste Avenue«

(u. a. Rembrandt, Van Dyck, Delacroix, Cézanne, Monet), außerdem Bildteppiche, Möbel und Kunsthandwerk (Di. – So. 10.00 – 18.00, Do. bis 20.00 Uhr). Der grandiose Glas-Eisen-Palast des **Grand Palais** mit 45 m hoher Kuppel wird für Ausstellungen genutzt. Der Westflügel ist seit 1937 das **Palais de Découverte**, in dem interaktive Experimente in die Funktionsweise natürlicher Vorgänge einführen sollen (Mo. geschl., www.palais-decouverte.fr).

✷
Petit Palais

◔

Die Champs-Elysées steigen zur Place Charles-de-Gaulle an (bis 1970 Place de l'Etoile). Grandioser Blickfang ist dort der Arc de Triomphe de l'Etoile, ein 49 m hohes, 45 m breites und 22 m tiefes **Nationaldenkmal**. In Auftrag gegeben hat ihn Napoleon 1806, vollendet wurde der mächtige Bau, eine der schönsten Leistungen des Klassizismus der Kaiserzeit, 1836 unter Louis Philippe. Die Pfeiler sind mit kolossalen Bildwerken geschmückt: östlich rechts »Aufbruch der Freiwilligen gegen Preußen 1792« (»Marseillaise«) von F. Rude, links »Krönung Napoleons« (Wiener Frieden 1810) von Cortot; westlich rechts ist der Widerstand des französischen Volks 1814 dargestellt, links die Segnungen des Friedens von 1815. Die Reliefs darüber und an den Schmalseiten schildern Schlachten zur Zeit der Republik und des Kaiserreichs. Ein Relief unter dem Gesims (»Ausmarsch und Heimkehr des Heers«) und innen die Namen von 172 Schlachten

✷✷
Arc de Triomphe de l'Etoile

❗ *Baedeker* TIPP

Offene Türen

An den »Journées du Patrimoine« am Wochenende um den 20. September sind viele Kulturdenkmäler gratis oder zu geringer Gebühr zu besichtigen, auch solche, die sonst nicht zugänglich sind wie der Elysée-Palast (1718, Sitz des Staatspräsidenten), das Palais Royal und das Hôtel de Matignon (Sitz des Premierministers). Info: www.journeesdupatrimoine.culture.fr, Tel. 0820 20 25 02 und in der Vorwoche in der Halle des Kultusministeriums (182 Rue St-Honoré).

Grandioser Blickfang: der Arc de Triomphe

und 386 Generälen (die der gefallenen sind unterstrichen) vervollständigen die Kriegserinnerungen. Unter dem Bogen wurde 1921 das **erste Grabmal des Unbekannten Soldaten** eingeweiht (tägl. 18.30 Uhr Zeremonie). Ein Museum zeigt Dokumente zur Geschichte des Monuments sowie Erinnerungen an Napoleon I. und den Ersten Weltkrieg. Von der Plattform hat man eine traumhafte **Aussicht** über die Stadt (tägl. bis 22.30/23.00 Uhr geöffnet).

✴ Grands Boulevards

Bei der Place de la Concorde beginnen die 30 m breiten Grands Boulevards der Stadterweiterung unter Ludwig XIV., die sich über 4,3 km in einem Bogen bis zur Place de la Bastille ziehen. Mit eleganten Läden, Theatern, Kinos, Diskotheken, Restaurants und Cafés bilden sie neben den Champs-Elysées die Hauptschlagader nördlich der Seine. Den Anfang macht die nach Norden zur Kirche Madeleine führende **Rue Royale**, eine der vornehmsten Einkaufsadressen. Zu finden sind hier z. B. Lalique (Glas und Kristall), Christofle (Tischgerät aus Silber, mit sehenswertem Museum), Gucci und Cerruti, das Café Ladurée und das legendäre Gourmetrestaurant Maxim's. Bei Hausnummer 25 geht es in die Einkaufspassage Village Royale.

Sainte-Marie-Madeleine
Die »Madeleine« wurde 1763 begonnen, ab 1806 ließ Napoleon sie als Tempel des Ruhms fortsetzen, aber erst 1842 wurde sie vollendet. Mächtige korinthische Säulen tragen den Giebel mit einem Jüngsten Gericht (1833). Für den Hochaltar schuf Carlo Marochetti 1837 die Marmorgruppe »Himmelfahrt der Maria Magdalena«. Das gewaltige

Mit der Opéra Garnier setzte sich das Bürgertum des Second Empire in Szene.

Fresko von J. Ziegler über dem Altar zeigt Persönlichkeiten der Geschichte (u. a. Konstantin d. Gr., Dante, Napoleon I., Pius VII.); Orgel von Cavaillé-Coll. Rechts des Eingangs zur Kirche sind die wohl **schönsten öffentlichen Toiletten** von Paris zu finden: Jugendstil von 1905. An der Place Madeleine liegen exquisite Geschäfte: Baccarat mit Kristall, die Delikatessenläden **Fauchon und Hédiard** überbieten sich mit unwiderstehlichen Köstlichkeiten. Die **Pinacothèque de Paris** zeigt interessante Kunstausstellungen (tägl. geöffnet). ⏱

Von der Madeleine-Kirche führen die Boulevards de la Madeleine/des Capucines (mit dem legendären Chanson-Tempel **Olympia**, der 1998 wiedererstand) zur Place de l'Opéra, einem der verkehrsreichsten Punkte von Paris. Links beherbergt das Grand-Hôtel das berühmte, unter Denkmalschutz stehende **Café de la Paix**.

Boulevard des Capucines

Das Théâtre National de l'Opéra, 1862–1875 von Charles Garnier erbaut, ist eines der größten und **prächtigsten Theater** der Welt (zugänglich tägl. 10.00–17.00 Uhr, Führungen auf Franz. und Engl.; www.operadeparis.fr). Seit der Eröffnung der Opéra de la Bastille 1990 (▶S. 489) gibt es hier nur noch Gastspiele und Ballett. An das 54 m lange Foyer du Public schließt sich eine Loggia an, die einen schönen Ausblick bietet.

★ **Opéra Garnier** ⏱

In der Rotonde de l'Empereur rechts der Fassade gewährt die Bibliothèque-Musée Einblick in die Geschichte des Opernhauses (tägl. 10.00–18.00 Uhr). In unmittelbarer Nähe lädt die Multivisionsshow **Paris Story** zu einer Reise durch die 2000-jährige Geschichte (11 bis, Rue Scribe, tägl.; www.paris-story.com). ⏱

Boulevard des Italiens

Musée Grévin ▶

🕐

Im Ostteil des Boulevard des Capucines sowie in seiner Fortsetzung, dem Boulevard des Italiens, sind die elegantesten Läden des Straßenzugs zu finden. An der Einmündung des Boulevard Haussmann beginnt der Boulevard Montmartre. Im 1882 gegründeten Musée Grévin begegnet man großen (Wachs-)Figuren der Geschichte von Karl d. Gr. bis Marilyn Monroe und Zinedine Zidane (tägl. geöffnet).

Porte St-Denis

Porte St-Martin ▶

An der Kreuzung des Boulevard de Bonne-Nouvelle mit der Rue du Faubourg-St-Denis/Rue St-Denis – einer der ältesten Straßen – verherrlicht die Porte St-Denis (Blondel, 1673) die Siege Ludwigs XIV. in Holland. Das Ostende des Boulevard St-Denis wird von der Porte St-Martin markiert, ebenfalls zu Ehren Ludwigs XIV. errichtet, genauer für die Eroberung von Besançon und Limburg sowie die Siege über die Deutschen, Spanier und Holländer (Bullet, 1675).

✳ **Musée des Arts et Métiers**

🕐

Das Conservatoire National des Arts et Métiers, seit 1798 im Kloster St-Martin-des-Champs untergebracht, besitzt ein Museum, das aus einer Sammlung von Maschinen und Werkzeugen für den Unterricht der arbeitenden Klassen hervorging und heute zu den bedeutendsten **technischen Schausammlungen** Europas zählt (Mo. geschl.).

Place de la République

Die 1880 angelegte Place de la République wird von einem pompösen Standbild der Republik (1883) geziert. Davor symbolisiert ein eherner Löwe mit Urne das allgemeine Stimmrecht.

✳ **Cimetière du Père-Lachaise**

Von der Place de la République führt die gleichnamige Avenue östlich zum größten (44 ha) und berühmtesten der drei **Hauptfriedhöfe** von Paris, 1804 angelegt und nach dem Beichtvater Ludwigs XIV. benannt. Pläne sind gratis an allen Eingängen zu bekommen, sodass man seine Auswahl unter den 70 000 pompösen oder schlichten Gräbern treffen kann: ob Abaelard und Heloïse, Balzac oder Oscar Wilde, ob Chopin, Rossini oder Bizet, Yves Montand, Simone Signo-

---

! *Baedeker* TIPP

Kathedralen des Luxus

Was der Louvre unter den Museen, sind unter den Kaufhäusern die Galeries Lafayette (40 Boulevard Haussmann) mit dem wunderschönen Jugendstil-Atrium unter der Glaskuppel. Wenn man sich müde gesehen und/oder gekauft hat, kann man sich im Dachrestaurant erholen. Auch das Kaufhaus Printemps in der Nähe (64 Blvd. Haussmann) ist mit seinem Restaurant unter einem herrlichen Glasdom einen Besuch wert.

ret oder Maria Callas. »Pilgerziele« sind die Gräber von Edith Piaf, dem »Spatz von Paris«, und Jim Morrison, Leadsänger der »Doors«. An der **Mur des Fédérés** (Mauer der Kommunarden) wurden am 28. Mai 1871 147 Mitglieder der Pariser Commune erschossen. Auch der Opfer der nationalsozialistischen Konzentrationslager wird gedacht.

Von der Place Vendôme zur Opéra Bastille

Die harmonische Place Vendôme wurde 1686–1708 von J. Hardouin-Mansart gestaltet, dem bedeutendsten Baumeister des »Grand Siècle«. Die 43,5 m hohe **Vendôme-Säule**, eine Nachahmung der Trajanssäule in Rom, wurde aus dem Metall von 1200 erbeuteten österreichischen und russischen Kanonen gegossen; das Relief stellt den Krieg gegen Österreich und Russland 1805 dar, oben steht Napoleon im römischen Kaiserornat. Im Haus Nr. 12 starb 1849 der Komponist Frédéric Chopin. Zu den Gästen des legendären **Luxushotels Ritz** gehörte auch Prinzessin Diana – es war ihr letzter Wohnort. Die noblen Geschäfte am Platz, etwa Van Cleef & Arpels, Cartier und Boucheron, zählen zu den ersten Adressen in Paris.

✷ Place Vendôme

In der Rue St-Honoré passiert man die Kirche St-Roch, einen der besten barocken Sakralbauten in Paris (J. Lemercier und R. de Cotte, 1653–1740) mit zahlreichen Grabmälern, beachtlichen Bildwerken und hervorragender Rokoko-Orgel von 1752 (Konzerte).

St-Roch

Das Palais Royal gehört zu den bedeutendsten Gebäuden von Paris. 1634–1639 von J. Lemercier für Kardinal Richelieu erbaut, diente es später Mitgliedern der königlichen Familie als Wohnsitz; von hier zogen am 14. Juli 1789 die Massen zur Bastille. In der Revolution und im Ersten Kaiserreich war das Palais ein gesellschaftlicher Treffpunkt mit Restaurants, Spielsaal und Bordell. Im berühmten Restaurant **Le Grand Vefour**, gegründet 1784, dinierten schon Napoleon und Victor

Palais Royal

Eine der ersten Adressen in Paris: Place Vendôme

Hugo. Vom ursprünglichen Bau ist nur die nach ihren Schiffsornamenten benannte Galerie des Proues an der Ostseite des Hofs erhalten. Die **Place du Palais Royal** wird geprägt durch die »Colonnes«, schwarzweiß gestreifte Säulen von Daniel Buren (1986), heute ein beliebter Tummelplatz für Skater. Den Jardin du Palais Royal umgeben Kolonnaden von 1786 mit feinen Boutiquen und Lokalen.

Jardin du Palais Royal ▶

Louvre des Antiquaires

Zwischen Palais Royal und Louvre kann man in Antiquitäten schwelgen: In den einstigen Grands Magasins du Louvre bieten **250 Luxusläden** alles, womit man sein Heim verschönern kann, vom schwülstigen Barock über edles Art déco bis zum tibetanischen Kunsthandwerk (2 Place du Palais Royal, Mo. geschl., Juli/Aug. auch So.).

St-Eustache

Die turmlose Kirche St-Eustache entstand zwischen 1532 und 1637, weshalb sie Züge von Gotik und Renaissance zeigt; die Fassade (1754–1788) ist ein Hauptwerk des französischen Barocks. Von 1795 bis 1803 diente die Kirche als »Temple de l'Agriculture«. Im erhabenen Inneren (88 m lang, 44 m breit, 34 m hoch) sind zahlreiche Kunstwerke zu sehen, so eine Madonna von J.-B. Pigalle (18. Jh.), die »Emmausjünger« von Rubens, das »Martyrium des hl. Eustachius« von Vouet und das Grabmal für J.-B. Colbert († 1683), den Finanzminister Ludwigs XIV. (Coysevox, Entwurf von Le Brun). Musikfreunden ist die Kirche als langjähriger Wirkungsort des Organisten und Komponisten Jean Guillou (*1930) bekannt. Die mächtige **Orgel** (Jan van den Heuvel, 1989) ist sonntags zu den Messen um 11.00/18.00 sowie tägl. um 17.30 Uhr zu hören (gratis). Das lebhafte Viertel um St-Eustache besitzt zahlreiche alteingesessene Lokale und Geschäfte, die von Nippes bis zur Haute Couture alles bieten.

Forum des Halles

An der Stelle des Forum des Halles standen einst die 1854–1859 errichtete zentralen Markthallen **Les Halles**, der »Bauch von Paris«, wie sie Émile Zola titulierte. Bis 1971 wurden sie abgerissen (ein Pavillon hat überlebt, ▶S. 68), der Großmarkt wurde in den südlichen Vorort Rungis bei Orly verlegt und es entstand einer der **größten Knotenpunkte von Métro- und RER-Linien**. Über den Bahnhöfen Les Halles und Châtelet-Les Halles liegen in vier Etagen über 300 Läden, Restaurants, Cafés, Kinos und Theater. Seit 2008 wird das Forum des Halles grundlegend umgestaltet; Wahrzeichen des »Canopée«-Projekts, das 2016 fertig sein soll, wird – auch kein großer Wurf – ein grünes Glasdach, das den Komplex wie eine Baumkrone überspannt.

> ## ! *Baedeker* TIPP
>
> ### Rue Montorgueil
>
> Nördlich des Forum des Halles ist um die Rue Montorgueil trotz der »Veredelung« noch die Atmosphäre der Halles zu spüren. Unter den Lokalen und appetitlichen Lebensmittelläden ragt die Patisserie Stohrer (51 Rue Montorgueil) heraus, gegründet 1730 vom Konditor des polnischen Ex-Königs Stanisław Leszczyński – probieren Sie zum Beispiel die Baba au rhum oder die Réligieuse.

Centre Pompidou: vom »Monstrum« zum erfolgreichen Kulturzentrum

Die königliche Pfarrkirche St-Germain-l'Auxerrois (13. – 16. Jh.) besitzt eine spätgotische Fassade, eine mit Statuen geschmückte Vorhalle (1439), einen kostbaren flämischen Altar und ein Triptychon im
linken Seitenschiff (beide 16. Jh.). Das Gestühl für die königliche Familie schuf **Le Brun** (1684). Viele Künstler, die im 17./18. Jh. im
Dienst der Könige standen, sind hier beigesetzt.

**St-Germain-
l'Auxerrois**

Der Pont Neuf (1578 – 1603), trotz des Namens die älteste der Pariser Brücken, überspannt die beiden Seine-Arme an der Spitze der Ile
de la Cité (►S. 478) und bietet einen wunderschönen Blick auf das
Zentrum. Das Kaufhaus La Samaritaine an seinem Nordende, ein Juwel der Belle Époque, wurde 2002 vom LVMH-Konzern geschlossen;
was daraus wird, ist immer noch unklar. Von hier aus flussaufwärts
bis zum Pont Louis Philippe haben – an beiden Ufern – die **Bouqui-
nistes** (Buchhändler) ihre Stände. Sie öffnen meist gegen 12.00 Uhr
und schließen bei Einbruch der Dunkelheit.

★
Pont Neuf

Auf der Place du Châtelet erinnert die Fontaine de la Victoire (1808)
an den Ägyptenfeldzug Napoleons I. Die Westseite des Platzes nimmt
das Théâtre Musical de Paris ein, die Ostseite das Théâtre de la Ville.
Von hier führt der Pont au Change (schöner Blick) über den nördlichen Seine-Arm zur Cité-Insel (►S. 478). An der Rue de Rivoli ragt
die schöne, 52 m hohe **Tour St-Jacques** auf, Rest der 1797 abgetrage-
nen spätgotischen Kirche St-Jacques-la-Boucherie (1522).

Place du Châtelet

Pont au Change

Ein erstrangiger Kulturtempel ist das **Centre National d'Art et de
Culture Georges Pompidou**, kurz »Centre Pompidou« oder auch
nach dem Stadtteil »Beaubourg« genannt (Di. geschl.). Die immer
noch ungewöhnliche, 166 m lange, 60 m breite und 42 m hohe »Raf-

★ ★
Centre Pompidou
⏲

finerie« aus Glas und Stahl wurde von Richard Rogers und Renzo Piano entworfen und 1977 eingeweiht, bis zu 25 000 Besucher zählt man täglich. In der Bibliothèque Publique (1.–3. Stock) kann man Zeitungen lesen u. a. m. Das Musée National d'Art Moderne (MNAM) ist Frankreichs Flaggschiff der modernen bildenden Kunst (Mi.–Mo. 11.00–21.00 Uhr); die fünfte Etage enthält Werke von 1905 bis 1960, die vierte alles Spätere. Zugang zum Museum hat man durch die gläserne Rolltreppenraupe, die die Fassade hinansteigt. Vom schnieke-modernen **Restaurant Georges im 6. Stock** hat man einen fantastischen Ausblick.

★★
Musée d'Art
Moderne ▶
🕐

Hôtel de Ville

Der Bürgermeister von Paris residiert im Hôtel de Ville an der gleichnamigen Place (von 1310 bis 1832 fanden hier die öffentlichen Hinrichtungen statt). Das prächtige Neorenaissance-Gebäude mit etwa 200 Statuen entstand 1874–1882. Auf dem Vorplatz beginnt der berühmte Kellnerwettlauf am Nachmittag des 3. Juni-Sonntags, im Winter kann man hier schlittschuhlaufen.

★★
Marais

Östlich des Boulevard Sébastopol (3./4. Arr.) erstreckt sich das Marais, bis ins 13. Jh. ein Sumpfgebiet und ab dem 16. Jh. vornehmes Viertel mit prachtvollen Adelshäusern; heute eines der schönsten **Quartiere zum Ausgehen**. Die Rue des Rosiers ist berühmt als Zentrum der jüdischen Gemeinde, wird jedoch allmählich zur austauschbaren Shoppingmeile; das legendäre Lokal Jo Goldenberg schloss 2006. Immerhin kann man bei Finkelsztajn (27 Rue des Rosiers und 24 Rue des Écouffes) jüdische Köstlichkeiten erstehen oder bei Marianne (2 Rue des Hospitalières-St-Gervais) gleich genießen. Einige besonders bemerkenswerte »Hôtels« (Adelspaläste) sind das Hôtel Amelot de Bisseuil (47 Rue Vieille du Temple; niederländische Botschaft); das von Le Vau um 1650 erbaute Hôtel d'Aumont (7 Rue de Jouy; Verwaltungsgericht); Hôtel Beauvais (68 Rue F.-Miron), in dem 1763 der 7-jährige Mozart Gast beim bayerischen Botschafter war; und das Hôtel de Lamoignon von 1598 (24 Rue Pavée) mit der Bibliothèque Historique de la Ville de Paris. Im Hôtel St-Aignan (1647) widmet sich das **Musée d'Art et d'Histoire du Judaïsme** der jüdischen Kultur in Frankreich (71 Rue du Temple, Sa. geschl.).

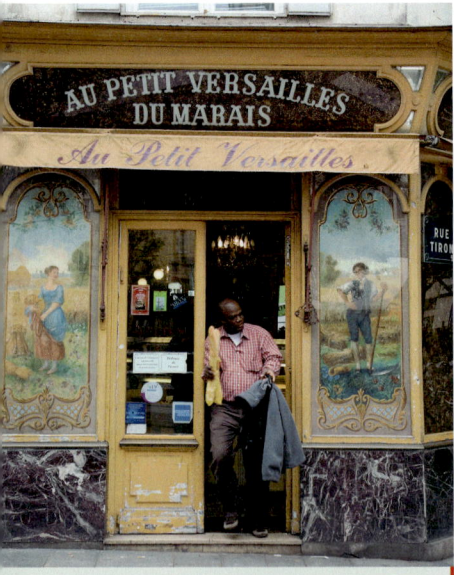

Das Marais, eines der schönsten Viertel in Paris

Ein »Vater« des Picasso-Museums im Hôtel Salé (5 Rue de Thorigny, einst Heim eines Steuereinnehmers) war André Malraux, der als Kulturminister 1966 die Begleichung von Erbschaftsteuern mit Kunstschätzen einführte. So konnte der Staat aus dem Nachlass Picassos eine überwältigende Sammlung mit Werken aus allen Schaffensphasen zusammenstellen: über 250 Gemälde, 160 Skulpturen und 1500 Grafiken, ergänzt durch Werke von »Weggefährten« wie Cézanne, Renoir, Braque und Miró (voraussichtlich bis 2012 wegen Umbau geschlossen).

★ ★
Musée Picasso

Das in einem vornehmen Renaissancebau, erbaut ab 1548, eingerichtete Musée Carnavalet gibt einen interessanten Einblick über die Pariser Stadtgeschichte (23 Rue de Sévigné, Mo. geschl.). Von 1677 bis 1696 war das Palais Wohnsitz von **Madame de Sévigné**, deren Briefwechsel mit ihrer Tochter zu den eindrucksvollsten Dokumenten des Lebens am Hof des Sonnenkönigs zählt.

Musée Carnavalet
🕓

Die 1607–1612 angelegte Place des Vosges, für viele der schönste Platz in Paris, war als Place Royale glanzvoller **Mittelpunkt des Aristokratenviertels**. Hier fanden Staatsempfänge und Hochzeiten statt, außerdem war der Platz bevorzugte Stätte für Duelle. Das Quadrat mit 108 m Seitenlänge umgeben 38 doppelgeschossige Pavillons mit offenen Arkaden. Allerdings sind nur die frühesten Fassaden »echt«, die meisten Häuser sind Fachwerkbauten, bei denen die Gestaltung in Werk- und Backstein mit Stuck und Farbe fingiert wurde. In sei-

★ ★
Place des Vosges

Die Place des Vosges, ein bezauberndes Ensemble aus 36 fast identischen Häusern.

ner Mitte steht ein Reiterstandbild Ludwigs XIII. von 1819. Unter den Arkaden haben sich Cafés, Restaurants und edle Geschäfte etabliert, das »L'Ambroisie« hat drei Michelin-Sterne, sehr gut ist auch das »La Place Royale«. Madame de Sévigné (s. o.) kam in Nr. 1 zur Welt; im Hotel de Rohan-Guéménée (Nr. 6) wohnte der Romancier Victor Hugo von 1832 bis 1848 (Museum, Mo. geschl.).

Place de la Bastille

Unweit südöstlich der Place des Vosges liegt am Ende der Großen Boulevards die Place de la Bastille, meist kurz La Bastille genannt. Hier stand die 1370–1383 erbaute **Bastille St-Antoine**, die im 17. Jh. unter Ludwig XIII. zum Staatsgefängnis bestimmt wurde. Meist saßen hier nur einige wenige gehobene Persönlichkeiten ein, Liberale und Freidenker, und das z. T. unter recht angenehmen Bedingungen. Dennoch wurde sie – was mit dem Nationalfeiertag als heldenhaftes Fanal der Revolution gefeiert wird – am 14. Juli 1789 vom Pariser Volk gestürmt und danach abgetragen. Auf dem Platz ehrt die 51 m hohe Colonne de Juillet die Kämpfer der Julirevolution. Im Unterbau der Säule sind die Gefallenen von 1830 und 1848 beigesetzt. Von der Plattform (283 Stufen) hat man einen schönen Ausblick.

Colonne de Juillet ▶

Bastille-Viertel

1989 wurde die **Opéra de la Bastille** eröffnet, ein äußerlich wenig begeisternder Glasbau des uruguayisch-kanadischen Architekten Carlos Ott; als exzellent gelten Sicht und Akustik im Theatersaal mit 2700 Plätzen (Programm und Karten: www.operadeparis.fr). Ihr Café ist ein beliebter Treffpunkt. Mit dem Bau der Oper begann sich das ganze Viertel zu einem »quartier branché«, zum »angesagten Viertel« zu verändern. In der **Rue du Faubourg St-Antoine** und den benachbarten Straßen mischt sich heute altes Handwerk mit Kunsthandel, Werkstätten wurden in exklusive Lofts, Boutiquen, gestylte Kneipen und Galerien umfunktioniert. Der Markt auf der Place d'Aligre mit denkmalgeschützter Halle von 1779 (!) lässt noch etwas von der alten Szenerie erspüren: Hier trafen sich Immigranten aus den Kolonien und anderen Ländern und Einheimische.

Viaduc des Arts

Die **stillgelegte Bahnlinie** entlang der Avenue Daumesnil südöstlich der Bastille-Oper wurde zur grünen Arterie, die 2 km weit durch das

---

! **Baedeker** TIPP

Train Bleu

Im Gare de Lyon mit seinem 64 m hohen Turm von 1900 ist im Restaurant »Train Bleu« noch die luxuriöse Atmosphäre des Reisens früherer Tage lebendig. Die Lyonnaiser Küche des (teuren) Lokals ist nicht überdurchschnittlich, das Ambiente aber einzigartig.

Viertel Reuilly verläuft. In den Bögen des Viadukts am Beginn der Avenue Daumesnil kann man in schönen Designerläden und Ateliers stöbern, im Café Viaduc (Nr. 41/43) gibt es So. einen Jazzbrunch.

Wohnboote und Jachten, betagte Schleusen und romantische Treidelwege mitten in Paris? Vom Port de l'Arsenal südlich der Place de la Bastille führt der 1825 eröffnete, teilweise überbaute Canal St-Martin über 4,5 km nach Norden zum Bassin und Parc de la Villette (► S. 515) und zum Canal de l'Ourc. Am besten kommt man am Sonntag, wenn die Uferstraßen nördlich der Rue de Faubourg de Temple (ab Quai de Valmy) für Autos gesperrt und die Bistros und Szeneläden geöffnet sind. Auch ein Bootsausflug vom Port de l'Arsenal nach La Villette ist sehr schön (ca. 3 Std.).

✱ Canal St-Martin

Nördliche Stadtteile

In einem herrschaftlichen Palais (158 Blvd. Haussmann) zeigt das Musée Jacquemart-André (tägl. 10.00 – 18.00 Uhr) Werke flämischer Meister des 17. Jh.s, englische Gemälde des 18. Jh.s, französische Gemälde von Boucher, Fragonard u. a. sowie eine der **schönsten Kollektionen der italienischen Renaissance** in Frankreich (Skulpturen und Gemälde). Schon das herrliche Caférestaurant am Ehrenhof ist den Besuch wert (tägl. 11.45 – 17.30 Uhr).

✱ Musée Jacque-mart-André
🕐
🕐

Am Boulevard de Courcelles legte 1778 Herzog Philipp von Orléans den Parc Monceau als Treffpunkt der vornehmen Welt an. Palmen und künstliche Ruinen geben ihm seinen besonderen Reiz. Südöstlich des Parks (63 Rue de Monceau) ließ sich Moïse de Camondo, ein Bankier der Belle Époque und passionierter Sammler, 1911 ein prächtiges Domizil errichten; das Musée Nissim de Camondo zeigt hier seine außergewöhnlich schöne Kollektion von Möbeln, Kunstwerken und Wandteppichen des 18. Jh.s (Mo. geschl.).

Parc Monceau

✱
◄ Musée Nissim de Camondo
🕐

An und auf der 129 m hohen Butte Montmartre, nordöstlich des Gare St-Lazare, erstreckt sich das gleichnamige Viertel, berühmt durch die **Bohème des 19. Jh.s** mit Künstlern wie Toulouse-Lautrec, Manet und Apollinaire. Im Bereich des Boulevard de Clichy findet man alles, was das Geschäft mit der Erotik zu bieten hat; legendär sind die **Place Pigalle** mit zahlreichen Cabarets und Bars sowie das Moulin Rouge an der Place Blanche. Nicht auslassen sollte man das Musée de l'Erotisme (72 Blvd. de Clichy, geöffnet 10.00 – 2.00 Uhr). Einen Besuch lohnt aber auch das Musée de la Vie Romantique (16 Rue Chaptal), das Atelier des seinerzeit sehr erfolgreichen Gesellschaftsmalers Ary Scheffer (1795 – 1858).

Montmartre-Viertel

✱
◄ Musée de l'Erotisme

Von der Place St-Pierre (rechts folgt die schöne **Halle St-Pierre** mit interessanten Ausstellungen naiver Kunst) führen Treppen, Promenaden und eine Standseilbahn auf die Butte Montmartre. Weithin

✱ ✱ Butte Montmartre

sichtbar thront hier eines der Wahrzeichen von Paris, die weiß leuchtende Basilika **Sacré-Cœur**. Der neoromanisch-neobyzantinische Riesenbau über einem griechischen Kreuz als Grundriss, mit 83 m hoher Kuppel, wurde nach dem Krieg 1870/1871 und dem Commune-Aufstand als »Sühneaktion« der Katholiken ab 1876 errichtet (Weihe 1919). Im 94 m hohen Turm hängt die fast 19 t schwere Glocke »La Savoyarde«. Das riesige Goldmosaik im Chor (1923) verherrlicht das »Herz Jesu«. Von der Terrasse vor der Kirche und vor allem von der Kuppel hat man eine prächtige Aussicht (Kirche tägl. 6.00–23.00, Kuppel und Krypta 9.00–18.00 Uhr geöffnet).

Place du Tertre ► Die Straßen und Plätze rings um die Kirche haben trotz des Rummels mit Souvenirläden, Cabarets, Spielhallen etc. ihren netten kleinstädtischen Charakter nicht ganz verloren, auch nicht die Place du Tertre mit immer gut besuchten Cafés und Restaurants sowie den berühmten Schnellporträtisten. Einen Besuch lohnen der Espace Dalí (11 Rue Poulbot, tägl. geöffnet) und das **Musée de Montmartre** in einem Atelier von Renoir (12 Rue Cortot, Mo. geschl.).

Cimetière de Montmartre ► Der 1795 angelegte Friedhof im Westen des Viertels ist die letzte Ruhestätte vieler bekannter Persönlichkeiten, darunter Heinrich Heine, Hector Berlioz, Jacques Offenbach, Alexandre Dumas d. J., Edgar Degas, Nijinski, Dalida und François Truffaut. Der Haupteingang liegt an der Avenue Rachel.

Place du Tertre mit dem Wahrzeichen des Montmartre, der Sacré-Cœur

Vom Pont de l'Alma zum Bois de Boulogne

Der Pont de l'Alma überquert die Seine und den Straßentunnel, in dem am 31. August 1997 Prinzessin Diana, Ex-Gattin des britischen Thronfolgers Prinz Charles, tödlich verunglückte. Die güldene Fackel auf der Place d'Alma, eine Replik der Flamme der New Yorker Freiheitsstatue, wurde zur Pilgerstätte für »our English Rose«. Inzwischen hinterlassen auch Michael-Jackson-Fans ihre Devotionalien.

Pont de l'Alma

Im Ostflügel des **Palais de Tokyo** (11 Av. Prés.-Wilson), zur Weltausstellung 1937 in der Art des Bauhauses errichtet, sind bedeutende Werke vom Nachimpressionismus über Kubismus und Fauves bis zu den neuen Figurativen ausgestellt (geöffnet Di. – So. 10.00 – 18.00 Uhr). Der Westflügel, in Fabrikhallenästhetik gestaltet, ist Kunstwerken gewidmet, die maximal ein Jahr alt sind (Site de Creation Contemporaine). Das Café des Palais de Tokyo ist ein schöner Platz für eine Pause. Im prächtigen **Palais Galliera** wenige Schritte nördlich kann man in Mode schwelgen (Musée de la Mode de la Ville de Paris, Mo. geschl.). Das Musée Guimet (Place d'Iena) gilt als bedeutendstes in Frankreich für die **Kunst des Mittleren und Fernen Ostens**, mit über 50 000 Objekten aus fast 20 Ländern von Afghanistan bis Japan (Di. geschl.). Schöner japanischer Garten.

★
Musée d'Art Moderne de la Ville de Paris
◷

◷
★
◀ Musée Guimet

◷

Von den Terrassen des neoklassizistischen Palais de Chaillot, erbaut zur Weltausstellung 1937 und häufig einfach als »Trocadéro« bezeichnet, hat man den allerschönsten Blick auf den Eiffelturm (Abb. S. 477). Im Westflügel dokumentiert das **Musée National de la Marine** die Geschichte der französischen Handels- und Kriegsmarine; im Ostflügel kann man in der **Cité de l'Architecture et du Patrimoine** wichtige französische Baudenkmäler und Fresken aus zwölf Jahrhunderten in Modellen bzw. Kopien kennenlernen (beide Di. geschl.). Ebenfalls im Westflügel ist das **Musée de l'Homme** untergebracht, das derzeit umstrukturiert und umgebaut wird (bis 2012).

★
Palais de Chaillot

◷

Das Musée Marmottan am Rand des Bois de Boulogne (►S. 512) besitzt außer Empire-Möbeln und mittelalterlichen Miniaturen die **größte Monet-Sammlung der Welt** mit über 60 Werken, darunter dasjenige, das der Stilrichtung ihren Namen gab (»Impression, soleil levant«, 1873), und eine Version der »Cathédrale de Rouen«. Außerdem zeigt es Gemälde anderer bedeutendender Impressionisten wie Renoir, Sisley und Berthe Morisot (2 Rue L. Boilly, Di.– So. 10.00 bis 18.00, Di. bis 21.00 Uhr).

★ ★
Musée Marmottan-Monet

◷

Eiffelturm · Hôtel des Invalides

Das Wahrzeichen von Paris schlechthin, der herrliche, völlig nutzlose Eiffelturm, wurde ab 1887 von **Gustave Eiffel** für die Weltausstellung 1889 errichtet und war bis 1930 das höchste Bauwerk der Erde (Mit-

★ ★
Tour Eiffel

Über den Pont Alexandre III zum Hôtel des Invalides

🕐 te Juni bis Aug. 9.00 – 0.45, sonst 9.30 – 23.45 Uhr). Mit der Fernseh-antenne ist der aus rund 16 500 Eisenteilen und 2,5 Mio. Nieten kon-struierte Turm 324 m hoch. Alle 7 Jahre bekommt er einen neuen Anstrich mit 60 t Farbe. Der Unterbau hat eine Seitenlänge von 129,22 m, das erste Stockwerk in 58 m Höhe eine von 65 m. Die zweite Etage liegt 115 m, die dritte 276 m über dem Boden. Von ihr führt eine Treppe in die 24 m hohe Laterne zu einem Balkon mit 5,75 m Durchmesser. Für den normalen Besucher sind die erste und zweite Etage mit Aufzug oder über Treppen, die dritte nur mit dem Lift erreichbar. An den seltenen ganz klaren Tagen reicht die Aussicht von der oberen Plattform – am besten eine Stunde vor Sonnenunter-gang – 90 km weit. Restaurants gibt es hier oben und auf der ersten Plattform (▶ S. 469), auf beiden Etagen ein Buffet, in der Spitze eine Champagnerbar. Unter www.tour-eiffel.fr kann man sich die nähe-ren Informationen für den Besuch ansehen.

Champs de Mars   Das 1765 angelegte Marsfeld zwischen Tour Eiffel und der École Mi-litaire war einst Exerzierplatz, später Schauplatz großer nationaler Feiern (beim »Fest der Föderation« leistete etwa Ludwig XVI. 1790 den Eid auf die neue Verfassung) und der Pariser Weltausstellungen. Die mächtige **École Militaire** wurde 1751 – 1773 für die neu gegrün-dete Kadettenschule nach Plänen des Hofbaumeisters A.-J. Gabriel errichtet. Seit 1878 ist sie Sitz der Militärhochschule.

Das Hôtel des Invalides, ein mächtiger, 12,7 ha großer Komplex, wurde 1671 unter Ludwig XIV. begonnen und war als Heim für 6000 Veteranen gedacht; heute beherbergt es nur noch wenige Kriegsbeschädigte, dafür mehrere Ämter. Vor der 210 m langen Nordfassade stehen die 18 Geschütze der »Batterie triomphale«, und 20 erbeutete Geschützrohre des 17./18. Jh.s. Vom großen Ehrenhof gelangt man in das **Musée de l'Armée** (Armeemuseum), das das französische Kriegswesen und große Feldzüge dokumentiert; interessant sind auch die Stadtmodelle aus dem 17. bis 19. Jh. im **Musée des Plans-Reliefs** (beide geöffnet April – Sept. tägl. 10.00 – 18.00, Do. bis 21.00, sonst bis 17.00 Uhr). Unter dem Ehrenhof lässt das **Historial de Charles de Gaulle** das Leben des Generals und Staatspräsidenten Revue passieren (Mo. geschl.). In der schlichten Kirche St-Louis des Invalides hängen erbeutete Fahnen aus den Kriegen des 19. Jh.s, in der Chapelle Napoléon rechts des Chors werden Reste des Grabmals Napoleons von St. Helena und der bei der Überführung benutzte Sarg aufbewahrt.

Hôtel des Invalides

✴ ◀ Musée de l'Armée

◷

◀ St-Louis-des-Invalides

Als festlichen Rahmen für seine Anwesenheit bei der Messe ließ Ludwig XIV. den monumentalen Invalidendom aufführen (J. Hardouin-Mansart 1677 – 1706, R. de Cotte bis 1735), der als bedeutendster Sakralbau des französischen Barocks bzw. Klassizismus gilt. Sein »Höhepunkt« ist die Kuppel (97 m hoch, mit Kreuz 107 m) mit vergoldetem Bleidach. Unter der Kuppel stehen der Porphyr-Sarkophag mit den sterblichen Resten **Kaiser Napoleons I.** und der Bleisarg Napoleons II., seines einzigen legitimen Sohns (»l'Aiglon«, Herzog von Reichstadt, 1811 – 1832). In den Querarmen folgen die Grabmäler des Marschalls Turenne (1611 – 1675) und des Festungsbaumeisters Sébastien Le Prestre de Vauban (1633 – 1707), in den Eckkapellen die Grabmäler für Joseph, den ältesten Bruder Napoleons (1768 bis 1844, König von Neapel), den jüngeren Bruder Jérôme (1784 –1860, König von Westfalen) und das Herz von dessen Gattin Katharina von Württemberg († 1835) sowie für die Marschälle Foch (1851 bis 1929) und Lyautey († 1934; Öffnungszeiten wie das Musée de l'Armée).

✴ **Dôme des Invalides**

✴ ◀ Napoleon-Gruft

Der Sarkophag Kaiser Napoleons

Für viele ist das **Musée Rodin** im Hôtel Biron das bevorzugte Pariser Kunstmuseum, gehören doch die Werke von **Auguste Rodin** (1840 bis 1917) und seiner Lebensgefährtin **Camille Claudel** (1864 bis

** ★ ★ **
Musée Rodin

⏱

1943) zu den anrührendsten Plastiken überhaupt: »Der Denker«, »Der Kuss«, »Die Bürger von Calais« u. v. m. Das Palais ließ sich ein durch Spekulation reich gewordener Perückenmacher erbauen (1730); Rodin lebte hier 1908/1909. Im **Skulpturengarten** mit schöner Caféterrasse kann man wunderbar entspannen (Hôtel Biron: Di. bis So. 10.00 – 17.45, Park bis 18.00 Uhr).

Vom Eiffelturm zum Montparnasse

** ★ ★ **
Musée du Quai Branly

⏱

Die ausgezeichneten völkerkundlichen Sammlungen des Musée de l'Homme und des Musée National des Arts d'Afrique et d'Océanie sind in diesem architektonisch beeindruckenden Bau von Jean Nouvel (2006) vereint (Di. – So. ab 11.00 Uhr, Di./Mi./So. bis 19.00, sonst bis 21.00 Uhr). Der Mur Végétal, eine 800 m² große Wand, ist mit 15 000 Pflanzen aus Asien, Amerika und Europa bestückt. Ganz oben kann man sich im edlen Restaurant Les Ombres verwöhnen (preisgünstiges Mittagsmenü); sein Glasdach und die Terrasse geben einen herrlichen Blick auf den Eiffelturm frei.

Égouts de Paris

⏱

An der Place de la Résistance (gegenüber 93 Quai d'Orsay) kann man in die Unterwelt der **Pariser Abwasserkanäle** hinabsteigen; eine kleine Dokumentation skizziert ihre Geschichte und man wirft einen Blick in große Sammelkanäle (Mai – Sept. Sa. – Mi. 11.00 – 17.00, sonst bis 16.00 Uhr).

Quai d'Orsay

** ★ **

Palais Bourbon ►

Jenseits des Aérogare des Invalides (Air-France-Busse zum Flughafen Orly) folgt am Quai d'Orsay das **Außenministerium** (1853), meist einfach als »Quai d'Orsay« bezeichnet. Das repräsentative Palais Bourbon am Pont de la Concorde wurde bis 1728 für Herzogin Louise-Françoise de Bourbon, Tochter Ludwigs XIV. und Madame de Montespan errichtet; seit 1795 bzw. 1827 tagt hier die **Assemblée Nationale** (Nationalversammlung). Führungen gibt es nur für Gruppen auf Einladung eines Abgeordneten; allerdings kann man bei öffentlichen Sitzungen zusehen (sehr begrenzte Anzahl, Eingang 33 Quai d'Orsay, korrekte Kleidung nötig). In der Rue de Lille (Nr. 78), die einen Block südlich der Seine zum Musée d'Orsay führt, liegt das prunkvolle Hôtel de Beauharnais, seit 1968 Residenz des **deutschen Botschafters** (nicht der Botschaft).

** ★ ★ **
Musée d'Orsay

⏱

Der Bahnhof Quai d'Orsay, eine riesige Glas-Eisen-Konstruktion, wurde zur Weltausstellung 1900 von Victor Laloux errichtet; 1940 wurde er, da zu klein geworden, geschlossen und bis 1986 zum Kunstmuseum umgestaltet (Di. – So. 9.30 – 18.00, Do. bis 21.45 Uhr). Sein Besuch ist schlicht obligatorisch, denn es verfügt über eine große Zahl hochberühmter Werke von 1848 bis 1914, vom Realismus über Impressionismus und Symbolismus bis zum Jugendstil. Über den Bestand und die aktuellen Belegungen der Geschosse informiert www.musee-orsay.fr (in Dt.). Gut ist das Café-Bistro.

Einst ein Literatentreff: Café de Flore am Boulevard St-Germain

Die 1635 von Kardinal Richelieu gegründete Académie Française – ihre 40 Mitglieder werden als »Immortels«, »Unsterbliche«, tituliert – hat die Aufgabe, die französische Sprache zu pflegen und rein zu halten. Mit weiteren wissenschaftlichen Akademien hat sie seit 1805 ihren Sitz im **Institut de France** (23 Quai de Conti), das Le Vau aufgrund eines Legats von Kardinal Mazarin bis 1672 als »Gymnasium der Vier Nationen« erbaute. Unter der Kuppel liegt der Große Sitzungssaal mit der Grabplastik des Kardinals (A. Coysevox). Führungen sind nach Anmeldung zwei Monate vorher möglich. Die drei Höfe bilden einen malerischen Durchgang zur Rue Mazarine.

Académie Française

Von der École des Beaux-Arts führt die Rue Bonaparte zur Kirche St-Germain-des-Prés (11. Jh.), der ältesten in Paris. Vorher stand hier die Kirche der 543 gestifteten Abtei »St. Germanus in den Wiesen«, die Grablege der merowingischen Könige. Die um 1850 ausgemalte spätromanisch-frühgotische Kirche enthält schöne Bildwerke und Grabmäler, außerdem die Grabplatte des Philosophen René Descartes († 1650). Nördlich der Kirche (6 Rue de Furstemberg) hatte der romantische Maler **Eugène Delacroix** (1798 – 1863) sein letztes Domizil (Museum, Di. geschl.).

★ St-Germain-des-Prés

Der über 3 km lange Boulevard St-Germain, 1855 – 1866 angelegt, ist die Schlagader des legendären Viertels **St-Germain-des-Prés**. Künstler

★ Boulevard St-Germain

! *Baedeker* TIPP

Luxus bei Ralph Lauren

In einem prachtvollen Palais des 17. Jh.s schräg gegenüber dem Café Flore präsentiert der US-Modeschöpfer luxuriöse Mode. Amerikanisches wird auch im Bistro im Erdgeschoss und im wunderschönen Innenhof kredenzt.

und Intellektuelle – wie in den 1940er-, 1950er-Jahren die Existenzialisten um J.-P. Sartre und S. de Beauvoir, wie Hemingway und Picasso, schätzten die Atmosphäre und die (heute schicken) Cafés und Brasserien: z. B. Lipp (Nr. 151), Deux Magots (Nr. 170), Flore (Nr. 172); das Procope (Rue de l'Ancienne Comédie) ist das älteste Kaffeehaus von Paris, heute Café-Restaurant. Buchhandlungen, Antiquariate und Antiquitätenläden, Boutiquen, Delikatessengeschäfte und Jazzkneipen lassen keine Langeweile aufkommen.

St-Sulpice

Die Rue Bonaparte – mit vielen Kunstgalerien – führt weiter zur Place St-Sulpice mit der gleichnamigen Kirche, in der Heinrich Heine 1841 die Schuhverkäuferin Eugénie Mirat heiratete; seit Dan Browns fantasievoller Mordgeschichte »Sakrileg« (2004) ist sie immer gut besucht. Sechs Architekten waren von 1646 bis 1745 am Bau beteiligt, die klassizistische Fassade (um 1770) gestaltete der Florentiner G. N. Servandoni nach der Londoner St.-Pauls-Kathedrale. Im weiten Inneren (110 m lang, 56 m breit, 33 m hoch), das 1799 Schauplatz eines Banketts für General Bonaparte war, birgt die erste Kapelle rechts Fresken von Eugène Delacroix (1855–1861). Die Marienkapelle hinter dem Hochaltar ist wegen ihrer Rokoko-Architektur und der marmornen »Himmelskönigin« von J.-B. Pigalle sehenswert. Im schönen Orgelgehäuse von 1777 steckt ein fünfmanualiges Instrument von Cavaillé-Coll (1862), das in Konzerten zu erleben ist.

★

◀ Marienkapelle ▶

Palais du Luxembourg

Maria von Medici, Witwe König Heinrichs IV. und Mutter Ludwigs XIII., ließ sich das Palais eines Grafen von Luxemburg als Wohnsitz in florentinischem Stil umbauen (S. de Brosse, 1615–1621). Seit 1800 ist es Sitz des Senats, der Zweiten Kammer des französischen Parlaments. Der zugehörige **Jardin du Luxembourg** ist ein beliebter Park und auch für Kinder ein Paradies: Vom Schiffchen-fahren-Lassen (Verleih) über Ponyreiten und Puppentheater bis allerlei Spielgelegenheiten reicht die Palette, sogar eine Imkerschule mit Orangen- und anderen Obstbäumen gibt es hier, in der Orangerie finden im Sommer Ausstellungen statt. Die romantische **Fontaine des Médicis** erinnert an die erste Besitzerin.

Montparnasse-Viertel

Vom Carrefour de l'Observatoire zieht der Boulevard du Montparnasse durch das gleichnamige Viertel, das nach dem Ersten Weltkrieg – in den »Années Folles« bis 1940 – den Montmartre als Zentrum des Künstlerlebens ablöste. Heute ist es ein **Ausgehviertel** mit vielen Kinos, Cafés und Restaurants. Zu den traditionsreichen Plätzen am Boulevard du Montparnasse gehören die Brasserie La Coupole, das

Rotonde, die Closerie des Lilas, das Dôme (heute ein gutes Fischrestaurant). Zwischen Boulevard du Montparnasse und Boulevard de Vaugirard entstanden in den 1970er-Jahren gewaltige Büro- und Wohnbauten, darunter die 209 m hohe Tour Montparnasse (1974); vom Dach bietet sich ein herrlicher Ausblick (tägl. 9.30 – 22.30/23.30 Uhr), im 56. Stock liegt eine Panorama-Bar.

*
◄ Tour Montparnasse
🕐

Von der Gare Montparnasse fahren Züge (TGV) nach Nordwest- und Südwestfrankreich, die Gleise werden vom Jardin de l'Atlantique überspannt. Östlich von ihr liegt der 1824 angelegte dritte große **Friedhof** von Paris. Begraben sind hier u. a. Baudelaire, Maupassant, Jean-Paul Sartre und Simone de Beauvoir, Jean Seberg und Serge Gainsbourg (kostenloser Plan im Büro; 3 Blvd. E. Quinet). Wenige Schritte entfernt (261 Blvd. Raspail) veranstaltet die Fondation Cartier für zeitgenössische Kunst hochkarätig bestückte Wechselausstellungen (Bau von Jean Nouvel, 1995; Mo. geschl.).

Cimetière du Montparnasse

*
◄ Fondation Cartier

🕐

Auf der Place Denfert-Rochereau (mit einer Bronzeversion des Löwen von Belfort) hat man Zugang zum **schauerlichsten Platz von Paris**: In den einstigen unterirdischen Steinbrüchen, die vom 11. Jh. bis um 1860 ausgebeutet wurden, sind seit 1810 Millionen von Skeletten aus Pariser Friedhöfen gestapelt (Mo. geschl.). Für einen Besuch sollte man sich mit Jacke und Taschenlampe ausrüsten.

Catacombes

🕐

Wochenendvergnügen an und auf der Seine

Vom Quartier Latin zur Place d'Italie

Quartier Latin Das Quartier Latin ist nach der Cité der älteste Teil von Paris und seit Jahrhunderten **Sitz der Hochschulen** und wissenschaftlichen Institutionen; lange war hier Latein die Umgangsprache. Es erstreckt sich zwischen Jardin du Luxembourg und Gare d'Austerlitz bis zum Boulevard de Port-Royal. Neben der Sorbonne sind hier die meisten der Grandes Écoles (Elitehochschulen) und das Collège de France ansässig, dazu traditionsreiche Gymnasien. Hauptschlagader ist der Boulevard St-Michel, kurz »Boul-Mich« genannt, einer der großen Straßenzüge Haussmanns. Mit Mode-und Buchläden, Restaurants und Imbisslokalen ist er während des Schul- und Universitätsjahrs (Oktober – Juni) Treffpunkt von Schülern und Studenten.

Boulevard St-Michel ▶

★★
Hôtel de Cluny Am Platz römischer Thermen erbaute das burgundische Kloster Cluny um 1330 für seine Äbte ein Pariser Domizil. 1485 – 1510 wurde es durch das Hôtel de Cluny ersetzt, außer dem Hôtel de Sens im Marais der einzige **spätmittelalterliche Wohnpalast** in Paris. Es beherbergt ein großartiges Museum für mittelalterliche Kunst und Kultur (Mi. – Mo. 9.15 – 17.45 Uhr, www.musee-moyenage.fr). Unter den vielen einzigartigen Stücken ragen die »Tapisserien der Dame mit dem Einhorn« (um 1500) und der goldene Altarvorsatz aus dem Basler Münster, ein Geschenk des deutschen Kaisers Heinrich II. († 1024) hervor.

☉

★
Kapelle ▶ Eindrucksvoll ist die spätgotische **Kapelle** mit ihren Baldachinen. Im mächtigen Gewölbe des Frigidariums (Kaltbad), dem am besten erhaltenen Teil der **römischen Thermen**, finden Konzerte statt. Sehr schön ist auch der »mittelalterliche« Garten.

Sorbonne Vom Boul-Mich gelangt man auf der Rue des Écoles zur Sorbonne, der alten **Pariser Universität**. Robert de Sorbon, Kaplan Ludwigs IX., eröffnete 1253 ein Konvikt für mittellose Theologiestudenten, das sich zur Theologischen Fakultät der um 1215 gegründeten Universität entwickelte und in der französischen Geistesgeschichte eine führende Rolle spielte. Das 1624 – 1642 durch Kardinal Richelieu, damals Rektor, errichtete und 1885 – 1901 erweiterte Gebäude ist heute Sitz v. a. von sprach- und literaturwissenschaftlichen Fakultäten. Das Grand Amphithéâtre, den größten Hörsaal mit 2700 Plätzen, ziert ein Gemälde von Puvis de Chavannes (»Heiliger Hain der Wissenschaft«). Die markante Kuppel gehört zur 1635 –1642 von Lemercier erbauten Kirche der Sorbonne. Besonders schön ist die Nordfassade; im kahlen Inneren steht das prunkvolle Grabmal (1694, Girardon nach Entwurf von Le Brun) für **Kardinal Richelieu** (1585 –1642).

Eglise de la Sorbonne ▶

Collège de France Das Collège de France östlich der Sorbonne wurde 1530 von König Franz I. als Hohe Schule für Latein, Griechisch und Hebräisch gegründet, um ein von der Kirche unabhängiges Institut zu schaffen. In der 1610 errichteten Pflegestätte des französischen Humanismus werden Vorlesungen über alle möglichen Themen gehalten, die auch heute **für jedermann kostenlos zugänglich** sind, es gibt weder einen Lehrplan noch Examina.

Südöstlich der Sorbonne führt die Rue Soufflot auf die Montagne de Ste-Geneviève zum weiterhin sichtbaren Panthéon. Wo einst eine über dem Grab der hl. Genoveva (6. Jh.) erbaute Kirche stand, wurde 1758 – 1789 aufgrund eines Gelübdes Ludwigs XV. ein höchst beeindruckender Sakralbau errichtet (122 m lang, 84 m breit, 91 m hoch, Gesamthöhe 117 m). 1791 wurde er zur Grab- und **Gedenkstätte hervorragender Männer** des Landes (und einer Frau: Marie Curie). Im Giebel der Vorhalle zeigt ein Relief (1837) von David d'Angers »Frankreich, Kränze an seine Söhne verteilend«. Im düsteren Innern illustrieren Fresken das Leben der hl. Genoveva; Beachtung verdienen rechts vorn die Darstellung ihrer Kindheit (1877) und links im Chor »Die hl. Genoveva wacht über die belagerte Stadt Paris« (1898), beide von Puvis de Chavannes. Vom nördlichen Querarm ist die Kuppel zu ersteigen. Hier hängte Foucault 1851 ein 67 m langes Pendel auf, um die Erdrotation zu demonstrieren. Links im Chor liegt der Eingang zur Krypta, in der u. a. Mirabeau, Rousseau, Voltaire, Victor Hugo, Emile Zola, der Widerstandskämpfer Jean Moulin und Kulturminister André Malraux beigesetzt sind (tägl. geöffnet).

★
Panthéon

★
◄ Fresken

◄ Krypta

☉

Die Kirche St-Etienne du Mont, die mit ihrer Bauzeit von 1492 bis 1626 Spätgotik und Renaissance vereint, ist berühmt für den außerordentlich feinen Lettner von Philibert de l'Orme (1535). Bemerkenswert sind auch die Kanzel von 1640 und die Glasmalereien (16. Jh.) im rechten Seitenschiff. Ein moderner Schrein im Chorumgang enthält Teile des Sarkophags der hl. Genoveva. Am Eingang zur Marienkapelle sind der Philosoph Blaise Pascal (1623 – 1662) und der Dramatiker Jean-Baptiste Racine (1639 – 1699) beigesetzt.

★
St-Etienne du Mont

An der Place de la Contrescarpe südlich von St-Etienne beginnt die schmale Rue Mouffetard, einst Quartier übel riechender Gerbereien (»mofette« = »Stinker«). An der »Mouffe« reihen sich alte Läden, Imbisslokale, Kneipen und mittelalterliche Passagen aneinander, im unteren Teil ist außer montags jeden vormittag **Markt**. Zwangsläufig ist sie zum Szenetreff und zur Touristenattraktion geworden.

Rue Mouffetard

Am Pont de Sully fällt das Institut du Monde Arabe (J. Nouvel, 1988) auf, das dem kulturellen Austausch zwischen Frankreich und der arabischen Welt dient. Hinter den 1600 Glasscheiben der Südfront regulieren Metallblenden das einfallende Tageslicht. Ein hervorragendes **Museum** präsentiert islamische Kultur seit dem 9. Jahrhundert (z. Z. wegen Umgestaltung geschl.). Auf dem Dach ein edles Restaurant mit libanesischer Küche und ein Selbstbedienungsrestaurant; der Ausblick ist herrlich.

★
Institut du Monde Arabe

Das Institut du Monde Arabe vermittelt zwischen Orient und Okzident.

✳ Arènes de Lutèce

Nordwestlich des Jardin des Plantes wurden 1869 die Reste eines römischen **Amphitheaters** aus dem 2. Jh. n. Chr. freigelegt, neben den Thermen des Hôtel de Cluny die einzigen Reste aus gallorömischer Zeit in Paris. Mit einer Größe von ca. 132 × 100 m fasste es rund 17 000 Zuschauer. Heute wird hier Pétanque gespielt.

Mosquée de Paris

An der Westseite des Jardin des Plantes (39 Rue Geoffroy-St-Hilaire) steht die Pariser **Zentralmoschee** mit 33 m hohem Minarett, die 1922 – 1926 als erste Frankreichs erbaut wurde. Wer sie besuchen will, sollte dezent gekleidet sein, die Schuhe müssen ausgezogen werden. In dem Komplex kann man ganz in die **orientalische Welt** eintauchen, denn es gibt auch einen Hammam (Bad), ein Café, ein Restaurant mit schattigem Innenhof und einen Basar (Fr. geschl.). ⊕

✳ Jardin des Plantes

An der Seine beim Gare d'Austerlitz erwartet Naturfreunde ein attraktives Ensemble. 1633 legten die Leibärzte Ludwigs XIII. einen Arzneigarten an, den der große Naturforscher Georges Buffon im 18. Jh. zu einem prachtvollen Park erweiterte; später kamen ein Zoo und schöne Eisen-Glas-Gewächshäuser hinzu. Heute ist das Ganze ein beliebtes Refugium in der Stadt, nicht nur für die Studenten der benachbarten Institute. Es gibt einen romantischen Rosengarten mit 170 Sorten, ein Labyrinth, einen Alpingarten u. v. m. Die Teile des Botanischen Gartens haben unterschiedliche Öffnungszeiten; außer dem Jardin Alpin ist der Zugang gratis. Sehr beeindruckend ist das

✳ Muséum d'Histoire Naturelle ▶ ⊕

seit 1793 existierende Nationale Naturkundemuseum mit der Grande Galerie de l'Evolution und den Galerien für Mineralogie und Paläontologie (Garten und Zoo tägl. zugänglich, Museen Di. geschl.).

1997 wurde am südlichen Seine-Ufer die Nationalbibliothek eröffnet, das letzte einer Reihe exorbitant teurer Projekte (»Grands Travaux«), mit denen sich Staatspräsident Mitterrand Denkmäler setzte. Das bibliothekstechnisch völlig missratene »Babel der Bücher« entwarf Dominique Perrault; die Bestände sind in den vier 78 m hohen Glastürmen untergebracht, was extreme Kosten für Klimatisierung und Bücherlogistik nach sich zieht. Auf über 435 Regalkilometern lagert jede französische Neuerscheinung nach 1945. Im Parterre gibt es 2000 Leseplätze für Forscher und Studenten, im ersten Stock 1600 Plätze für das allgemeine Publikum. Auf der Seine hat das Batofar festgemacht, ein Feuerschiff als »cooler Spot« mit Disco und Lounge (Quai de la Gare), in der Dschunke nebenan gibt es Weltmusik und französische Chansons. Und ein eleganter Fußgängersteg führt über die Seine zum Park von Bercy (►S. 514).

Bibliothèque Nationale

Die Rue Mouffetard (s. o.) geht in die Avenue des Gobelins über. Der Komplex Nr. 42 beherbergt die berühmte **Gobelinmanufaktur**, die 1601 von König Heinrich IV. gegründet und 1667 in die im 15. Jh. gegründete Fabrik der Färberfamilie Gobelin verlegt wurde – daher die Bezeichnung für Bildteppiche. Noch heute werden Wandbehänge und andere dekorative Textilien für die Bedürfnisse des Staats hergestellt und immer noch arbeitet ein Sticker an 1 m² etwa ein Jahr. In der Galerie sind französische, flämische, italienische u. a. Bildteppiche zu sehen (Di. – So. 11.00 – 18.00; Besuch der Manufaktur und der Galerie Di. – Do. 13.00 – 15.00 Uhr).

✱

Manufacture Royale des Gobelins

☉

Die Avenue des Gobelins mündet südlich auf die Place d'Italie, den Verkehrsknoten im südöstlichen Teil von Paris. Hier steht das Einkaufszentrum Italie 2 mit dem 1992 eröffneten **Grand Écran** (Architekt: Kenzo Tange), auch »Gaumont Italie« genannt, mit seinen Kinos – eines davon mit 24 × 10 m großer Leinwand – einst ein Hauptziel der Pariser Cinéasten (geschlossen, mit unklarer Zukunft).

Place d'Italie

Das Hochhausviertel südlich der Place d'Italie hat sich seit den 1970er-Jahren zur Chinatown entwickelt. Die meisten Immigranten der größten **ostasiatischen Gemeinde Europas** kommen allerdings aus Kambodscha, Vietnam und Laos. Insbesondere an der Avenue d'Ivry kann man einkaufen und gut essen, u. a. in dem riesigen Supermarkt der Tang Frères und in den Restaurants der »Dalle des Olympiades«, etwa »Tricotin« (15 Av. de Choisy), aber auch bei »Chez Tang« (168 Av. de Choisy). Eine Attraktion ist das Neujahrsfest Ende Jan./Anf. Febr.in der Avenue de Choisy.

Chinatown

Der charmante, noch dörflich wirkende Bezirk südwestlich der Place d'Italie war 1871 Zentrum des Kommune-Aufstands. Heute kann man erst in der schönen **Piscine von 1924** (Place Paul-Verlaine) plätschern (richtig schwimmen ist leider kaum möglich), die 28 °C warmes Wasser aus einem eigenen Brunnen bezieht, und sich später in

Butte-aux-Cailles

einem der gemütlichen Cafés oder Restaurants niederlassen, etwa im rustikalen »Chez Gladines« (30 Rue des 5 Diamants), im gutbürgerlichen »Temps des Cerises« (18 Rue de la Butte-aux-Cailles) oder im gehobeneren »Chez Nathalie« (45 Rue Vandrezanne).

Sehenswürdigkeiten am Stadtrand

** **
La Défense

Vom Louvre führt die 8 km lange **Axe Historique** – Champs-Élysées, Av. de la Grande Armée und Av. Charles de Gaulle – westlich zum Pont de Neuilly und zur überwältigenden futuristischen Hochhaus-Vorstadt La Défense, die ab Ende der 1950er-Jahre entstand und immer noch weiter ausgebaut wird. Der martialisch-irreführende Name bezieht sich auf eine Statue zur Erinnerung an die Verteidigung von Paris 1871, die 1883 aufgestellt wurde (jetzt beim Bassin Agam). Die erste architektonische Glanzleistung war das Centre des Nouvelles Industries et Techniques (CNIT), dessen 284 m überspannendes Gewölbe auf drei Punkten ruht. Absoluter Blickfang ist aber die **Grande Arche**, der »Triumphbogen der Menschheit«, ein offener Kubus mit 110 m Seitenlänge, entworfen von dem Dänen J. O. von Spreckelsen (1989). Verglaste Panoramalifte fahren hinauf zum Dach, in dem Veranstaltungsräume und ein Computermuseum (Musée de l'Informatique) untergebracht sind; im Restaurant Ô110 speist man auf ho-

Die Grande Arche, der spektakuläre Eingang zum Büroviertel La Défense

hem Niveau, außerdem gibt es eine Brasserie und ein Cybercafé. Aus den weiteren Gebäuden, in denen über 4000 Firmen mit über 100 000 Angestellten ihren Sitz haben, darunter über ein Dutzend der größten Unternehmen Frankreichs, ragt bisher der 190 m hohe Doppelturm Cour Défense heraus; schräg gegenüber steht die Tour EDF (Cobb & Pei, 2001). Geplant sind ein Dutzend weiterer Wolkenkratzer, in Bau sind die Türme First, Phare (300 m) und Signal (301 m). Trotz vieler Restaurants, Kinos und Theater wirkt La Défense nach Geschäftsschluss wie ausgestorben, am belebtesten ist es morgens, mittags zw. 12.00 und 14.00 Uhr und am späten Nachmittag.

Vom Arc de Triomphe führt die 120 m breite Avenue Foch zur Porte Dauphine, dem Hauptzugang zum Bois de Boulogne. Mit seinen Wäldern, Seen, Wasserfällen und einem Freilichttheater ist er ein beliebtes **Naherholungsgebiet** (Boots- und Fahrradverleih), nachts allerdings auch als Straßenstrich. Der heute 8,46 km² große Stadtwald war im Mittelalter ein königlicher Jagdpark, den Heinrich II. mit einer 12 km langen Mauer umgab. Ab dem 17. Jh. zog der Wald immer mehr Spaziergänger an. Nachdem er in der Revolution und den folgenden Jahren fast völlig als Brennmaterial draufgegangen war, ließ Napoleon III. ihn ab 1852 nach dem Vorbild des Londoner Hyde Parks neu anlegen, 1929 wurde er ins Stadtgebiet eingegliedert.

★
Bois de Boulogne

Stimmung im Parc de Bagatelle im Bois de Boulogne

✳
Bagatelle ►

Die Nordecke des Bois nimmt der **Jardin d'Acclimatation** ein, ein beliebter Vergnügungspark für Kinder; an seinem Südrand baut die Fondation Louis Vuitton nach Plänen von Frank O. Gehry ein wild-verschnörkeltes »Treibhaus« für zeitgenössische Kunst (Eröffnungs-termin offen). Im Nordwesten liegt das Schlösschen Bagatelle, das 1777 der Graf von Artois (später König Karl X.) aufgrund einer Wet-te in 64 Tagen erstellen ließ. Der charmante **Rosengarten** mit seinen 1200 Rosensorten steht Ende Mai in voller Blüte, im Juni findet der internationale Rosenzüchterwettbewerb statt. Von Mitte Juni bis Mit-te Juli ist die Orangerie Rahmen für ein Chopin-Festival. In der Mit-te des Parks empfängt in einem königlichen Pavillon das Nobelres-taurant Pré Catalan (Tel. 01 44 14 41 14), weiter westlich, am Carre-four de Longchamp, das ebenso edle Restaurant La Grande Cascade mit seinem fantastischen Jugendstil-Entree (Tel. 01 45 27 33 54). Au-ßerdem gibt es hier zwei berühmte Reitbahnen (Hindernisrennen in **Auteuil**, Flachrennen in **Longchamp**) und das Tennisstadion **Roland Garros**, in dem Ende Mai die French Open ausgetragen werden.

✳
Bois de Vincennes

✳
Château de Vincennes ►

Der Bois de Vincennes am südöstlichen Stadtrand ist mit 9,95 km² der **größte englische Park** von Paris. Ursprünglich war er königliches Jagdgebiet, das Haussmann bis 1867 umgestaltete. Außer romanti-schen Seen findet man den Parc Floral – im Restaurant Les Magno-lias nahe dem Schloss gibt es sonntags Brunch (Tel. 01 48 08 33 88) –, einen Schmetterlings- und einen Tropengarten, Attraktionen für Kinder und den größten Zoo von Paris, im Sommer werden Jazz-konzerte veranstaltet. Das Château de Vincennes, am Südrand des gleichnamigen Vororts gelegen, ist ein ca. 1200 × 700 m großer Komplex, bestehend aus einer mittelalterlichen Burg und repräsenta-tiven Bauten des 17. Jh.s. Es hat eine lange, bedeutende Geschichte als **Wohnsitz der Könige** von Frankreich und nach der Niederlage der Fronde 1652 als Gefängnis für ihre persönlichen oder politischen Feinde, wie Fouquet, Diderot, Mirabeau und de Sade. Philipp II. Au-gust ließ im 12. Jh. den königlichen Jagdsitz zur Residenz ausbauen, die trutzige Festung wurde 1337 vollendet. Im 52 m hohen Wohn-turm dokumentiert ein Museum die Geschichte von Vincennes; ein-drucksvoll sind auch die königlichen Gemächer, die Schatzkammer und die Waffensammlung. Von der Dachterrasse bietet sich ein herr-licher Ausblick. Die 1387–1552 nach dem Vorbild der Sainte-Chapel-le auf der Ile de la Cité erbaute Kapelle besitzt schöne Renaissance-Fenster. In der Nordkapelle ist der Duc d'Enghien beigesetzt, den Napoleon aus Deutschland entführen und 1804 ermorden ließ. Le Vau erstellte 1654–1661 den Pavillon de la Reine und den Pavillon du Roi, in denen Ludwig XIV. und Maria Theresia ihre Flitterwochen
🕐 verbrachten (Mai–Aug. 10.00–18.00, sonst 10.00–17.00 Uhr, Ein-gang 1 Av. de Paris).

Bercy

Der zwölfte Bezirk – im Südwesten rechts der Seine – wurde in den letzten 20 Jahren gründlich umgekrempelt und mit der automati-

Der Parc de Bercy am Seineufer, ein beliebtes Freizeitziel

schen Métro 14 ans Zentrum angeschlossen (www.bercy.fr). In das ehemalige Weindorf, das von Armut und Verfall geprägt war, zog 1989 das **Finanzministerium** vom Nordflügel des ►Louvre in einen Riesenkomplex, der bis über die Seine reicht. Nebenan steht das futuristische Palais Omnisports (1984), das Sport- und Musikveranstaltungen dient. Mit einigen noch erhaltenen **Weindepots**, heute Weinstuben und Cafés, ist der **Parc de Bercy** am Seine-Ufer ein beliebtes Freizeitziel (www.bercyvillage.com). Am Ostrand des Parks beherbergen die kühn verschachtelten Betonkästen, von Frank O. Gehry als American Center erbaut, die Cinémathèque Française mit dem Musée du Cinéma und der nationalen Filmbibliothek, für Filmfreunde ein absolutes Mekka (Programm unter www.cinemateque.fr).

★★
◄ Cinémathèque
Française

Den Pariser Osten, genauer das 20. Arrondissement mit dem Friedhof Père Lachaise (►S. 490), haben mehrere Einwanderungswellen zum exotischsten Bezirk der Hauptstadt gemacht. In das Arbeiterviertel kamen nach dem Ersten Weltkrieg Armenier, nach dem Sieg der Bolschewiken Russen, nach dem Spanischen Bürgerkrieg Franco-Gegner und nach dem Ende der französischen Kolonien sephardische Juden und Araber; außerdem liegt hier die zweite Chinatown der Stadt. Seit Ende des 20. Jh.s wird Belleville »saniert« und als »branché« (trendy) entdeckt. Noch verwandelt sich der Boulevard de Belleville Di. und Fr. (7.30 – 14.30 Uhr) in einen **fantastischen Markt** im Stil orientalischer Basare. Aus ganz Paris kommt man hierher, um Lebensmittel, Exotisches, Stoffe und das, was im Großmarkt Rungis nicht abgesetzt wurde, zu unschlagbaren Preisen zu erstehen.

Belleville

🕐

Danach ergeht man sich im **Parc de Belleville** mit der modernen Maison de l'Air (einem der Luft gewidmeten Museum!), von der man einen wunderbaren Blick auf Paris hat. Preiswert essen und trinken kann man im »Rosa Bonheur«, einer wiederbelebten »Guinguette« von 1867; abends, besonders am Wochenende, wird sie zur frequentierten »Party-Location«.

✱
Parc des Buttes-Chaumont

Im Arbeiterviertel des 19. Arrondissements nördlich von Belleville legte Haussmann bis 1867 in einem Steinbruch den Parc des Buttes-Chaumont an. Im See steht auf einem 30 m hohen Felsen ein Tem-

Parc de la Villette: Spaß für Groß und Klein

pelchen, von hier schöner Blick über die Stadt, auf den Montmartre und die Ebene von St-Denis. Eine noch bessere Aussicht hat man von einer Anhöhe am Südrand des Parks (101 m, mit Café).

In der Nordostecke von Paris zieht der Parc de la Villette, angelegt auf dem ehemaligen Schlachthofgelände, im Jahr 3 Mio. Besucher an – in diesem **Freizeitpark** ist für jeden etwas dabei. In der 270 m langen **Cité des Sciences et de l'Industrie** werden die Besucher (ab 3 Jahren!) in die Welt der Wissenschaften eingeführt. Dieses Zentrum ist umgeben von zehn Themengärten, in denen nicht nur Kinder ihren Spaß haben, und 26 roten »Folies«, in denen Cafés oder Infostellen untergebracht sind. Ein »bewegendes« Erlebnis hat man im **Cinaxe**-Kino, in dem die Technik der Flugsimulatoren verwendet wird. In der spiegelblanken Stahlkugel **Le Géode** werden auf einer 1000 m² großen 172-Grad-Leinwand für dieses Kino gedrehte Dokumentarfilme gezeigt. Daneben das 1957 in Dienst gestellte französische U-Boot Argonaute. Südlich des Canal de l'Ourc bietet die schöne gusseiserne **Grande Halle** (1867), ehemals »Halle aux Bœufs«, Raum für Ausstellungen, Konzerte und andere kulturelle Veranstaltungen. Im Süden des Parks kommen Musikfreunde auf ihre Kosten: Neben dem renommierten Pariser Konservatorium (ganzjährig Konzerte und Ballett) liegt die schneckenförmige **Cité de la Musique** (C. de Portzamparc, 1995), in deren Konzertsaal jede nur denkbare Musik der Welt erklingt (www.cite-musique.fr, Tel. 01 44 84 44 84). Im Musée de la Musique (Mo. geschl.) sind Musikinstrumente vom 16. Jh. bis heute ausgestellt, darunter sechs Violinen von Antonio Stradivari. 2012 soll die neue Philharmonie fertig sein, die nach Plänen von Jean Nouvel gebaut wird. Der Park ist täglich frei zugänglich, die Attraktionen kosten Eintritt; Mo. sind die Einrichtungen (außer Géode) geschlossen. In den Schulferien ist für die Cité des Sciences eine Anmeldung mehrere Tage vorher sinnvoll (www.villette.com, Tel. 01 40 05 70 00). Etwa von 15. Juli bis 20. Aug. gibt es gegen 22.00 Uhr **Open-Air-Kino** (gratis), in der 1. Sept.-Hälfte ein **Jazzfestival**.

★★
La Villette

🕐

🕐

Nördlich des Montmartre-Viertels, zwischen Porte de Clignancourt und Porte St-Ouen nördlich des Boulevard Périphérique, findet seit ca. 1885 samstags bis montags der **Flohmarkt** von St-Ouen statt. Eigentlich sind es zwölf Märkte; der bekannteste ist der Antiquitätenmarkt Biron, der wohl eindrucksvollste der Marché Vernaison mit Stilmöbeln und Nippes (www.parispuces.com).

★
Marché aux
Puces de
St-Ouen

Umgebung von Paris

In einem Radius von ca. 50 km um die Landeshauptstadt gibt es eine große Zahl bedeutender und interessanter Orte, die unter ► Ile-de-France beschrieben werden. Sie sind mit öffentlichen Verkehrsmitteln rasch zu erreichen, im näheren Umkreis mit Métro und Bus, im weiteren mit den Zügen von RER und SNCF.

Ile-de-France

Picardie · Nord-Pas-de-Calais

J–L 1–3

»Le Nord« nennt man das Gebiet nördlich der Ile-de-France mit den Landschaften Picardie, Artois und Flandres. In erster Linie zieht die Küste des Ärmelkanals mit ihren endlosen Sandstränden Urlauber an; das weite, flache, grüne Hinterland ist ein Dorado für Menschen, die Ruhe suchen, und in den alten, noblen Städten sind einige der schönsten Kathedralen Frankreichs zu sehen.

Urlaubsland im Norden
»Le Nord«, der Norden Frankreichs zwischen dem Pariser Raum und dem Ärmelkanal bzw. der belgischen Grenze, ist besonders bei Tagesausflüglern aus England und Belgien beliebt (fast 60 Mio. jährlich), wird aber auch als Urlaubsland zunehmend entdeckt. Die Côte d'Opale, die »Opalküste« zwischen Calais und Berck, bietet an breiten, viele Kilometer langen Sandstränden Entspannung oder sportliche Betätigung. Der Nordosten mit dem Ballungsraum um ▶Lille ist stark industrialisiert, das weite, meist flache Umland jedoch dünn besiedelt und mit Fahrrad-, Wander- und Wasserwegen erschlossen.

Picardie
Die Picardie mit den Départements Aisne, Oise und Somme schließt sich nordöstlich an die Normandie und die Ile-de-France an, Hauptstadt ist ▶Amiens. Geologisch besteht sie aus einer 100 bis 200 m dicken Kreideplatte, die im Westen von der Somme und im Osten von der Oise durchflossen und intensiv landwirtschaftlich genutzt wird.

Côte Opale, hier der Blick auf das Cap Blanc-Nez

»LE NORD« ERLEBEN

AUSKUNFT

CRT Nord – Pas-de-Calais
6 Place Mendès-France, BP 99
59028 Lille Cedex
Tel. 03 20 14 57 57
www.tourisme-nordpasdecalais.fr
www.nordfrankreich-tourismus.com

CRT Picardie
3 Rue Vincent Auriol, CS 1116
80011 Amiens Cedex 1
Tel. 03 22 22 33 66
www.picardietourisme.com

FESTE & EVENTS

Woche um Faschingsdienstag: Karneval in vielen Orten (z. B. Bailleul, Cassel, Dunkerque, Malo-les-Bains). März, Abbeville: Nuits du Blues. Mitte April, Berck: Drachenfestival. 25. April, Villers-Bretonneux: Anzac Day. Mai bis Sept., Douai: Festival des Glockenspiels. Juli, St-Riquier: Musikfestival. Letztes Juli-Wochenende, Wimereux: Muschelfest. Letztes Juli-Wochenende, Boulogne-sur-Mer: Wallfahrt Notre-Dame. 1. Aug.-Hälfte, Le Touquet: Musikfestival.

ESSEN

▶ Fein & teuer

La Matelote
Boulogne-sur-Mer, 80 Blvd. Ste-Beuve
Tel. 03 21 30 33 33, So.abend und Di.-mittag geschl., www.la-matelote.com
Gegenüber dem Nausicaa pflegt Tony Lestienne seit Jahren eine zuverlässig hervorragende Küche des Meeres. Mit kleinen, gemütlichen Zimmern.

Auberge de la Grenouillère
La Madelaine-sous-Montreuil
Tel. 03 21 06 07 22
Hochklassige Gourmetküche mit ungewöhnlichen Variationen und Kombinationen, das Ganze in einem picardischen Bauernhof an der Canche (12 km südöstlich von Le Touquet).

Alain Blot (Auberge du Pont)
Rethondes, 21 Rue Maréchal Foch
Tel. 03 44 85 60 24
Sa.mittag, So.abend – Di. geschl.
Kleines, ein wenig plüschiges Paradies östlich von Compiègne. Modernisierte französische Küche genießt man im Sommer auf der zauberhaften Gartenterrasse, im Winter am Kamin.

▶ Erschwinglich

Auberge Fontenoise
Fontaine-Notre-Dame, 843 Rue de Bapaume, Tel. 03 27 37 71 24
Gehoben-familiäres Restaurant mit echter Cuisine du terroir. 4 km westlich Cambrai, So.abend/Mo. geschl.

La Petite Auberge
Laon, 45 Blvd. P. Brossolette
Tel. 03 23 23 02 38
In der Unterstadt nahe dem Bahnhof, die beste Adresse der Stadt. Einfallsreich-raffinierte Küche in modernem Rahmen. Mit preiswertem Bistrot.

▶ Preiswert/Erschwinglich

Auberge de la Corne
Abbeville, 32 Chaussée du Bois
Tel. 03 22 24 06 34
Außen blaues Fachwerk, innen das Ambiente eines edlen Bistrots von 1900 mit passender herzhafter Küche. Sa.mittag/So. geschl.

Between Terre et Mer
Arras, 12 Rue Taillerie
Tel. 03 21 73 57 79
Feine, schön präsentierte Gerichte aus der Region und ganz Frankreich genießt man in einem sympathischen, schlicht-modernen Ambiente. Wenige Schritte nördlich der Place d'Heros.

Vents d'Anges
Beauvais, 3 Rue de l'Etamine
Tel. 03 44 15 00 08
»Bistrot à vin« bei St-Etienne. Wählen
Sie aus über 60 Posten (Ausschank
auch glasweise und »à la ficelle«, nach
Verbrauch). Dazu gibt es eine moder-
nisierte bodenständig-feine Küche.
Die Desserts sind ein Gedicht.

Estaminet T'Kasteel Hof
Cassel, 8 Rue St-Nicolas
Tel. 03 28 40 59 29
Beliebtes Estaminet, wie die rustikalen
Bistros des Nordens heißen. Hier
genießt man Typisches wie Carbo-
nade flamande. Gegenüber der
Mühle, Do.–So. geöffnet.

La Clé des Champs
Favières, Place des Frères-Caudron
Tel. 03 22 27 88 00, Mo./Di. geschl.
Ländliches, gediegen restauriertes
Haus, als bestes Restaurant an der
Somme-Bucht gerühmt. Fein zuberei-
tete Produkte der Region und ex-
zellenter Weinkeller, alles zu mehr
als erfreulichen Preisen.

ÜBERNACHTEN
► Luxus
Le Moulin de Mombreux
Lumbres, Chemin de Mombreux
15 km südwestlich von St-Omer
Tel. 03 21 39 13 13
www.moulindemombreux.com
Charmante Wassermühle in weitläu-
figem Park, ein wahres Refugium.
Großzügige Gastzimmer in klassisch-
ländlicher Eleganz. Mit Restaurant.

► Komfortabel/Luxus
Bristol
Le Touquet, 17 Rue Monnet
Tel. 03 21 05 49 95, www.hotelbristol.fr
Sehr gepflegtes Haus zwischen Mar-
ché und Meer, großzügige Gastzim-
mer und hübscher Innenhof.

► Komfortabel
La Corne d'Or
Arras, 1 Place Guy-Mollet
Tel. 03 21 58 85 94
www.lamaisondhotes.com
Elegantes Patrizierhaus wenige Schrit-
te westlich der Grand'Place. 5 edle
Zimmer, eines schöner als das andere.

Le Fiacre
Fort-Mahon-Plage, Routhiauville,
6 Rue des Pommiers
Tel. 03 22 23 47 30, www.lefiacre.fr
Malerischer Bauernhof der Marquenterre, einen Steinwurf vom Meer
entfernt. Ländlichen Charme strahlen
die großen Zimmer und das Restaurant aus (Küche der Region).

Château d'Omiécourt
Omiécourt, Route de Chaulnes
Tel. 03 22 83 01 75
www.chateau-omiecourt.fr
15 km südwestlich (!) von Peronne
Ein Refugium nahe den Gedenkstätten der Somme: Hübsches Schlösschen in altem Park, mit 5 noblen,
großzügigen Zimmern und 2 Ferien-
häusern. Innen- und Außenpool.

Hôtel du Cap Hornu
St-Valery-sur-Somme, Tel. 03 22 60
24 24, www.baiedesomme.fr
Hotelanlage im picardischen Stil,
westlich des Orts in einem großen
Park an der Küste gelegen. Nette,
gepflegte Zimmer. Mit Restaurant,
Pool und vielen Freizeitangeboten.

► Günstig/Komfortabel
Abbaye de Valloires
Argoules, Tel. 03 22 29 62 33
www.abbaye-valloires.com
Ein verborgenes Juwel (►S. 525):
Zauberhafte Zimmer mit Blick auf
Garten oder Kreuzgang – fürstliches
Ambiente für wenig Geld. Besonders
preiswert sind die Konversenzimmer.

Le Clos St-Jacques

Cambrai, 9 Rue St-Jacques
Tel. 03 27 74 37 61
www.leclosstjacques.com
Hinter der flämischen Fassade von
1890 liegen fünf schick-charmant
gestaltete Gästezimmer. Exzellentes
Frühstück. Im Stadtzentrum, nordwestlich des Stadtparks.

Domaine Le Parc

Danizy, Rue du Quesny
Tel. 03 23 56 55 23
www.domaineleparc.com
Charaktervolle Villa aus dem 18. Jh.
zwischen St-Quentin und Laon mit
Blick ins Tal der Oise. Private Atmosphäre. Abendessen für Hausgäste.

▶ Günstig

Résidence

Beauvais, 24 Rue L. Borel
Tel. 03 44 48 30 98
www.hotellaresidence.fr
In einer ruhigen Straße nördlich
des Zentrums gelegen (ca. 10 Min.
zu Fuß). Familiäre Atmosphäre,
schlichte, ordentliche Zimmer.

Au Tonnelier

Bergues, 2 – 4 Rue du Mont de Piété
Tel. 03 28 68 70 05
www.autonnelier.com
Nettes älteres Haus, zentral gelegen,
mit schlichten Zimmern. Restaurant
mit traditioneller flämischer Kost.

La Grand' Maison

Haute Escalles, Tel. 03 21 85 27 75
Stilvolles Chambres d'hôtes in einem
Bauernhof des 17. Jh.s. 2 km südöst-
lich des Cap Blanc-Nez.

Bannière de France

Laon, 11 Rue F. Roosevelt
Tel. 03 23 23 21 44
Poststation von 1685 nahe der Kathe-
drale, große Zimmer mit schiefen
Dielen. Ausgezeichnete Küche.

Hostellerie du Marché

Le Cateau-Cambrésis, 45 Rue de
Landrecies, Tel. 03 27 84 09 32
www.hostelleriedumarche.com
Hübsches Backsteinhaus in der Stadt-
mitte mit nett gestalteten Zimmern.
Gutbürgerliches Restaurant.

Hauptstadt dieser nördlichsten Region Frankreichs mit den Départe-
ments Nord und Pas-de-Calais ist ▶ Lille. In der Landschaft **Artois**, **Nord-Pas-de-Calais**
die den größten Teil des Départe-
ments Pas-de-Calais einnimmt,
spielen Landwirtschaft und Viehzucht die große Rolle. Im Nordosten erstreckte sich zwischen Douai
und Béthune das nordfranzösische
Steinkohlenrevier, dessen Ausbeu-
tung Ende des 19. Jh.s einen großen Aufschwung brachte; die letzte
Zeche wurde 1990 geschlossen.
Das **französische Flandern** entspricht dem Département Nord
(mit Dünkirchen und Lille) und
bildet den Südwestteil der hauptsächlich in Belgien liegenden Land-

❓ WUSSTEN SIE SCHON …?

■ Markante Wahrzeichen der Städte des Norden
sind ihre mächtigen »Beffrois«. Nicht weniger
als 23 Stadttürme im Département Somme
und in der Region Nord-Pas-de-Calais wurden
in das UNESCO-Welterbe aufgenommen. Als
Symbol des bürgerlichen Selbstbewusstseins
wurden sie vom 11. bis ins 20. Jh. erbaut
(bzw. rekonstruiert). Besonders bemerkenswerte Exemplare stehen in Calais, Arras,
Bergues, Loos und Lille – Letzterer ist mit
104 m der höchste (Info: www.beffrois.com).

schaft Flandern. In dem meist topfebenen und landwirtschaftlich genutzten Gebiet – mit **typisch flämischen Orten** – ist manchmal noch das Flämische zu hören. Der mittlere Teil Französisch-Flanderns hat südlich von Lille noch Anteil am nordfranzösischen Kohlenbecken und ist weit stärker industrialisiert als das Artois. Berühmt ist seit Jahrhunderten die Herstellung von Leinen- und Baumwollstoffen; schon im 12./13. Jh. blühten Anbau und Verarbeitung von Färberwaid, der bis zur Synthese von Indigo 1880 den blauen Farbstoff lieferte. Das ausgedehnte **Kanalsystem**, das im ganzen Norden den Transport von Massengütern erleichtert, ist heute ein schönes Revier für Ferien auf dem Hausboot.

Ein wenig Geschichte

Die Picardie war im Mittelalter in viele Herrschaften zersplittert. Vom 12. bis 14. Jh. kamen sie nach und nach zur französischen Krone. Dank der europaweit bedeutenden Tuchindustrie erlebte die Region eine erste Blütezeit; in Noyon, Laon, Senlis, Soissons, Amiens und Beauvais entstanden **großartige gotische Kathedralen**. Mit der Hochzeit Margaretes von Flandern mit Philipp II. dem Kühnen 1369 begannen Herrschaft und Aufstieg der burgundischen Herzöge (▶ Burgund, S. 233), die Architektur und bildende Kunst förderten. Mit dem Tod des letzten burgundischen Herzogs, Karls des Kühnen, 1477 gelangten diese Gebiete an Kaiser Maximilian I., im 16. Jh. in den Besitz Spaniens und erst im 17. Jh. wieder an Frankreich. Mit der Entdeckung der reichen Kohlenvorkommen begann die Industrialisierung. Beide Weltkriege hinterließen tiefe Spuren. Besonders grausam war der Erste, v. a. mit der **Schlacht an der Somme** vom 1. Juli bis zum 18. Nov. 1916; bei dieser Offensive der alliierten gegen die deutschen Truppen kamen über 1 Mio. Soldaten ums Leben, ohne dass sie eine Entscheidung gebracht hätte (▶ Albert, S. 532). Im Zweiten Weltkrieg nahmen die deutschen Truppen im Mai 1940 in etwa zwei Wochen den ganzen Norden ein; in Dünkirchen wurden dabei über 330 000 alliierte Soldaten eingeschlossen und in ei-

❓ WUSSTEN SIE SCHON …?

■ Der Norden Frankreichs ist ein festfreudiger Landstrich. Besonders bunt und lärmig geht es im Karneval zu. Eine große Rolle spielen dabei die jahrhundertealten *géants*, große Figuren, die auch bei den Stadtfesten etc. in den Umzügen mitgehen und -tanzen. In Douai gibt es eine ganze Familie davon (*la famille Gayant*), deren 370 kg schweres und 8,5 m hohes Oberhaupt von 6 Männern getragen wird. »Zu Hause« sind die *géants* u. a. auch in Dunkerque, Aire-sur-la-Lys, Bailleul und Cassel. Termine und Wissenswertes sind in der Broschüre »L'Année des Géants« verzeichnet, die von den Tourismusbüros herausgegeben wird.

ner dramatischen Aktion in wenigen Tagen über den Ärmelkanal evakuiert. Die Zeit nach dem Wiederaufbau war durch den Niedergang der Schwerindustrie und eine tiefgreifende **wirtschaftliche Umstrukturierung** gekennzeichnet. Der Eurotunnel nach England und der Anschluss an die TGV-Linien haben die Region allgemein attraktiver gemacht.

Highlights Le Nord

Küste des Opals
Irisierendes Licht und salziger Wind
an kilometerlangen Sandstränden
► Seite 523

Karneval
Von wegen »kühler Norden« …
► Seite 517

Arras
Die Atmosphäre einer alten flämischen
Handelsstadt genießen
► Seite 527

Deutsche Kriegsmaschinerie
Audinghen, La Coupole, Blockhaus d'Eper-
lecques: Zeugen des Schreckens
► Seite 524, 526

Amiens, Beauvais, Laon
Hier lernt man aufs Schönste kennen,
was »Gotik des Nordens« bedeutet.
► Seite 177, 536, 534

Kohlenbergwerk Lewarde
Denkmal einer vergangenen Ära
► Seite 527

Küste am Ärmelkanal

Die bedeutende Hafenstadt Dunkerque (Dünkirchen, 68 000 Einw.) **Dunkerque**
liegt an der Nordseeküste etwa 14 km von der belgischen Grenze entfernt. Ende Mai 1940 war sie Schauplatz der **Evakuierung alliierter
Truppen** nach England, die von der deutschen Armee eingeschlossen
worden waren; zu über 80 % wurde die Stadt damals zerstört und
das Ergebnis des Wiederaufbaus ist nicht als glücklich zu bezeichnen.
Mittelpunkt der Stadt ist die Place Jean-Bart mit einem Denkmal
von David d'Angers für den Kaperkapitän des 17. Jh.s, der in der
Kirche St-Eloi (16. – 19. Jh.) begraben ist. Der 58 m hohe Beffroi
(Stadtturm, 13. – 15. Jh.; Tourismusbüro) diente einst als ihr Kirchturm. Das **Musée des Beaux-Arts** weiter östlich zeigt niederländische,
französische und italienische Gemälde des 16. bis 19. Jh.s (Di.
geschl.). Die nördlich des Rathauses (1900, mit 75 m hohem Turm) ⏱
gelegene Place du Minck ist Ausgangspunkt für eine Besichtigung des
drittgrößten Hafens Frankreichs per Schiff bzw. des Osthafens zu
Fuß. Nördlich der Place du Minck ragt die Tour de Leughenaer
(»Lügnerturm«) auf, ein als Leuchtturm dienender Rest der Befestigung. Interessant sind das am Bassin du Commerce gelegene **Hafenmuseum** (Di. geschl.) mit einem Feuerschiff und der Duchesse Anne, ⏱
einem deutschen Segelschulschiff von 1901. Nördlich steht der
Leuchtturm, mit 63 m Höhe der höchste in Frankreich. Nördlich des
Stadtzentrums ist im LAAC, das in weißer Keramik erstrahlt, internationale Kunst der 1950er- bis 1980er-Jahre ausgestellt (u. a. War-
hol, Saint-Phalle; Mo. geschl.). Berühmt ist der **Karneval** an den Wo- ⏱
chenenden im Februar/März mit abenteuerlichen Verkleidungen, besonders an den Sonntagen vor und nach Aschermittwoch.
Im Nordosten schließt sich der Badeort Malo an mit prachtvollen ◄ Malo-les-Bains
Villen aus Gründerzeit und Jugendstil. Sein Sandstrand setzt sich in

den **Dunes de Flandre** fort, einem herrlichen breiten Strand, der über 15 km bis zum belgischen De Panne reicht (Naturschutzgebiet).

★
Bergues

Seitdem Dany Boon 2007 hier seinen witzigen Film »Willkommen bei den Sch'tis« (»Bienvenue chez les Ch'tis«) drehte, verzeichnet das Städtchen (3900 Einw.) 9 km südlich von Dunkerque, inklusive seiner Frittenbuden, einen Besucherboom. Das Tourismusbüro veranstaltet Führungen auf den Spuren der Dreharbeiten. Die Anlage der Stadt ist von den Befestigungen geprägt, die bis ins 9. Jh. zurückgehen; zuletzt wurde sie, als Teil des Festungssystems »Pré Carré«, ab 1668 von Vauban mit Gräben, Wällen und Toren versehen. Der 47 m hohe **Stadtturm** (Tourismusbüro) wurde, wie ein großer Teil der Stadt auch, nach 1944 mit ockerfarbenen Ziegeln rekonstruiert. Am Montag (Markttag) erklingt ab 11.00 Uhr das Glockenspiel. Die gotische Hallenkirche St-Martin in der Mitte der frühesten Ringfestung wurde nicht originalgetreu wieder aufgebaut; sie besitzt schöne Fenster von Ingrand und Bertrand. Im benachbarten Mont-de-Piété (Pfandleihhaus, 1633) zeigt das Stadtmuseum flämische und französische Gemälde (u. a. La Tour, Van Dyck, Massys). In der Umgebung sehenswert sind die Kirche in **Quaëdypre** (5 km südöstlich) und das 11 km östlich gelegene **Hondschoote**, einst Zentrum der Kammgarnindustrie, mit Renaissance-Rathaus (1558) und der vermutlich seit 1127 bestehenden Windmühle Noordmeulen.

Calais

Calais (75 300 Einw.), an der engsten Stelle der Straße von Dover gelegen, ist der wichtigste Transithafen nach England. Im Jahr passieren etwa 20 Mio. Menschen die Stadt, die im Zweiten Weltkrieg schwer beschädigt und recht geschickt wieder aufgebaut wurde. Vor dem stolzen **Rathaus** in flämischer Renaissance (1922), mit einem 75 m hohem Beffroi, steht das berühmte **Denkmal der »Bürger von Calais«** von Auguste Rodin (1895). Es erinnert an die stolze Belagerung 1346/1347 und das Angebot von sechs Männern, ihr Leben für das der Stadtbewohner zu opfern. Gegenüber, im Parc St-Pierre, ist in einem deutschen Bunker des Zweiten Weltkriegs das Musée Mémoire 1939–1945 eingerichtet (Mai–Sept. tägl. geöffnet; sonst Di. sowie Dez./Jan. geschl.).

> ! *Baedeker* TIPP
>
> **Shoppen in Calais**
>
> Die Briten überqueren den Kanal gerne, um sich mit Dingen einzudecken, die auf der Insel rar oder viel teurer sind, von Wein über Delikatessen bis zu Klamotten. Drei große Einkaufszentren – Cité Europe und Marques Avenue in Coquelles beim Eurotunnel-Terminal, Les 4 Boulevards in der Stadt (Blvd. Jacquard) – lassen fast keine Wünsche offen. Alle haben So. geschlossen.

★★
Musée des
Beaux-Arts ▶

Über den Pont George V geht man nördlich zum Kunstmuseum, das durch Leihgaben aus dem Louvre, dem Musée d'Orsay, dem Musée Picasso, dem Musée National d'Art Moderne und dem Musée Rodin (alle in Paris) wesentlich aufgewertet wurde (So.vormittag, Mo. geschl.). Vorbei an der Kirche **Notre-Dame** im englischen »Perpendi-

cular Style« (13./14. Jh.; mit 17 m hohem Hauptaltar) gelangt man zur Place d'Armes mit der massigen, 38 m hohen Tour Guet (13. Jh.). Über den Pont Henon am Jachthafen und vorbei am Fort Risban vom Ende des 16. Jh.s erreicht man den kilometerlangen Sandstrand, an klaren Tagen kann man die 36 km entfernten **Klippen von Dover** erkennen. Vom 58 m hohen Leuchtturm (1848) schöner Blick über Stadt und Hafen. Südöstlich des Rathauses, am Quai du Commerce, kann man in einer Fabrik von 1870 die schönen Erzeugnisse und die Technik der bedeutenden **Spitzenfabrikation** von Calais kennenlernen (Cité de Dentelle et de la Mode, Mi. – Mo. April – Okt. 10.00 – 18.00, sonst bis 17.00 Uhr).

Rodins Skulpturengruppe vor dem Rathaus

Eurotunnel
Der 1994 eröffnete Eurotunnel unterquert den Ärmelkanal zwischen Sangatte westlich von Calais und Folkestone in der englischen Grafschaft Kent – damit ist Paris nur noch 3 Std. von London entfernt. Der 50,5 km lange Tunnel, der im wasserundurchlässigen Kalkmergel 40 – 115 m unter dem Meeresboden verläuft, hat zwei Hauptröhren mit 7,6 m Durchmesser und einen Wartungstunnel. Das Terminal liegt am südwestlichen Stadtrand von Calais (►S. 150).

★
Côte d'Opale
Die Küste zwischen der belgischen Grenze und der Somme-Bucht – mit über 120 km Stränden – ist wegen ihres besonderen Lichts als »Opalküste« bekannt. 1834 schwärmte Victor Hugo 1834 vom Zauber der welligen Landschaft mit ihren Feldern und Wiesen, die jäh zum Meer hin abbrechen, von alten Dörfern und Kirchtürmen, vom Blick über den Hügeln über das endlose Meer. Ihr großartigster Abschnitt zwischen Calais und Boulogne ist auf der D 940 zu erleben, der »Corniche de la Côte d'Opale«. Viele Wanderwege, darunter der **GR 120 (Littoral)**, erschließen die Landschaft. Markante Punkte in der windgezausten Szenerie sind die beiden Kaps **Cap Blanc-Nez** (134 m, ► Abb. S. 516) und **Cap Gris-Nez** (45 m). Ersteres, mit einem Mahnmal-Obelisken, bietet einen atemberaubenden Blick über

 Baedeker TIPP

Brasserie des Deux Caps
Auf den Feldern hinter der Küste wächst das Getreide, das den Grundstoff für das hervorragende Bier von Christophe Noyon in Tardinghen bildet, vom »2 Caps« bis zum »Belle Dalle« mit 8 %. Geöffnet Fr. – So. 10.00 – 19.00 Uhr und nach Anmeldung Tel. 03 21 10 56 53.

Wimereux an der Côte Opale

die Küste und nach England; auf dem nahen, 151 m hohen Mont d'Hubert ist im Panorama-Restaurant Thomé de Gamond das Musée du Transmanche zu finden (Geschichte des Kanaltunnels; Mitte April – Ende Okt. Di. – So. 14.00 bis 18.00 Uhr). Das Cap Gris-Nez besitzt einen Leuchtturm und Reste deutscher Bunker. Bei **Audinghen** ist in einem Bunker der »Batterie Todt« ein Atlantikwall-Museum untergebracht, unter dem Kriegsgerät ragt das Eisenbahngeschütz K 5 (28 cm) heraus, dessen Geschosse England leicht erreichten (geöffnet Juli/Aug. 9.00 bis 19.00, Febr. bis Juni/Sept. bis Nov. Mo. – Fr. 10.00 – 12.00, 14.00 bis 17.00, Sa./So. 14.00 – 18.00 Uhr; www.route-39-45.com).

Boulogne-sur-Mer

★

Oberstadt ▶

★

Château-Musée ▶

★★

Nausicaa ▶

🕐

Der wichtige Fischereihafen (43 800 Einw.) ist die interessanteste Stadt an der Straße von Dover (die die Fähre in 1.45 Std. überquert). Die historischen Sehenswürdigkeiten liegen in der 410 × 325 m großen, von Wällen des 13. Jh.s umgebenen Oberstadt. In ihrem Westteil das Rathaus (1734) mit 47 m hohem Beffroi (12./18. Jh., Ausblick). Von einer 102 m hohen Kuppel wird die Kirche **Notre-Dame** überragt, die 1827 – 1866 in griechisch-römischem Stil erbaut wurde; beachtenswert sind Krypta (11. Jh.) und Kirchenschatz. In der benachbarten Burg der Grafen von Boulogne (13. Jh.) sind neben antiken und völkerkundlichen Exponaten Werke französischer Maler des 19. Jh.s zu sehen. Im an der Hafeneinfahrt gelegenen Meereszentrum Nausicaa sind Seelöwen, Haie, Seespinnen und viele andere Meerestiere aus allen Ozeanen der Welt fast »hautnah« zu erleben (Juli/Aug. tägl. 9.30 – 19.30, sonst bis 18.30 Uhr, www.nausicaa.fr). 3 km nördlich der Stadt erinnert die 1841 aufgestellte, 54 m hohe Colonne de la Grande Armée an die von Napoleon geplante Invasion Englands (herrliche Aussicht). Am letzten August-Wochenende findet die große **Prozession der Seeleute** statt, mit der an die legendäre »Landung« einer Marienstatue im 7. Jh. erinnert wird.

★

Le Touquet

Das an der Canche-Mündung gelegene Le Touquet (5600 Einw.) ist einer der bekanntesten **Badeorte** an der Opalküste, seit den 1880er-Jahren bei Briten und Parisern beliebt; unter den vielen hübschen Gebäuden diversester Stile sind das Hotel Westminster (1930), auch heute das erste Haus am Platz (www.westminster.fr, Tel. 03 21 06 70 48), und das Rathaus von 1931 hervorzuheben. Dennoch säumen

auch vielstöckige Appartementhäuser den Strand. In der Villa »Way Side« (1925) zeigt das Musée de Touquet Gemälde und Skulpturen des 19./20. Jh.s, v. a. aus der »Schule von Etaples«; zwischen 1880 und 1914 arbeiteten in der Umgebung des Nachbarorts an die 200 Maler aus vielen Ländern (Di. geschl.).

Ein hübsches Ausflugsziel ist das Städtchen **Montreuil**, 10 km südöstlich von Le Touquet über dem Tal der Canche, das noch von Festungswällen aus dem 17. Jh. umgeben ist. Die Stiftskirche St-Saulve (11./12. Jh.) besitzt schöne Kapitelle und Gemälde (18. Jh.). Am anderen Ufer der Canche steht das Kartäuserkloster Notre-Dame-des-Prés (1314), das 1870 von einem Schüler Viollet-le-Ducs wieder aufgebaut wurde.

Das »Westminster« in Le Touquet

Berck-sur-Mer

Über diesem familienfreundlichen Badeort steigen bei den Rencontres Internationales de Cerfs-volants Mitte April eine Woche lang die erstaunlichsten Drachenkonstruktionen in den Himmel. Und im Juli gibt es ein Country-Rock-Festival.

Valloires

Gut 20 km südöstlich von Berck, schon in der Picardie (► S. 525), liegt im Tal der Authie die im 12. Jh. gegründete Abtei Valloires. Die heutige Anlage entstand Mitte des 18. Jh.s und ist das einzige Zisterzienserkloster dieser Zeit in Frankreich, das ganz erhalten ist. Die prachtvollen Bauten sind nur in Führungen zu erleben (Mitte März bis 10. Nov. tägl. zwischen 10.30/11.30 und 16.30/17.30 Uhr), vom Frühjahr bis Dez. finden in der Kirche und im Kreuzgang Konzerte statt. Besonders schön sind in der Kirche die Empore mit der Orgel, das Chorgitter und die schwebenden Engel aus Pappmaché. Der 8 ha große Garten der Abtei ist für sich schon den Ausflug wert. In der Hôtellerie der Abtei kann man fein logieren (► S. 518).

Reiseziele im Hinterland

Saint-Omer

Diese würdige Städtchen (14 800 Einw.), zwischen Calais und Lille in einer von Kanälen durchzogenen Landschaft gelegen, wird von der Kathedrale Notre-Dame dominiert (13.–16. Jh.), eine der schönsten des Nord. Ihre wertvolle Ausstattung umfasst u. a. Grabmäler des hl. Audomar (13. Jh.) und des Bischofs Eustache de Croy (16. Jh.), eine »Kreuzabnahme« von Rubens, eine prachtvolle barocke Orgel und

Drachenfestival in Berck-sur-Mer: fantasievolle Konstruktionen am Himmel

eine astronomische Uhr von 1558. Im Hôtel Sandelin (1777; Mo. geschl.) präsentiert das Musée des Beaux-Arts kostbares Mobiliar, Kunsthandwerk des Mittelalters, Delfter Fayencen, flämische Bildteppiche und Gemälde, darunter eine »Extraktion des Wahnsinnssteins« nach Brueghel d. Ä. Im Osten der Stadt nahe dem Kanal sind von der 1640 gegründeten **Abtei St-Bertin** u. a. ein 58 m hoher Turm und neun Arkaden der Kirche erhalten. 3 km östlich von St-Omer, in **Arques**, ist die große Glasfabrik Arc ansässig, die ihre Produkte weltweit verkauft (Führungen, www.arc-international. com). Nordöstlich von Arques dehnt sich der **Marais Audomarois** aus, einst ein Sumpfgebiet, in dem Gemüse angebaut wird; das Verkehrsmittel hier sind »bacôves«, Kähne mit flachem Boden.

Musée des Beaux-Arts ▶

Die **V 2-Raketenbasis** der deutschen Wehrmacht, eine immense, halb unterirdische Betonkuppel in der Nähe von Helfaut (5 km südlich von St-Omer), ist tägl. zugänglich. Außer der Kriegsmaschinerie inklusive einer echten V 2 wird in einer Audiovisionsschau die Entwicklung der Raketen bis zur Mondlandung vorgeführt. Ca. 15 km nordwestlich von St-Omer ist eine weitere gewaltige Bunkeranlage erhalten, die als V 1- und V 2-Basis dienen sollte, aber 1943 durch US-Bomben unbrauchbar gemacht wurde (Blockhaus d'Eperlecques, April – Okt. ganztags, März/Nov. nachmittags).

La Coupole

Blockhaus ▶

Cassel   Dieses hübsch auf einer fast 180 m hohen, bewaldeten Kuppe gelegene, sehr flämische Städtchen (2300 Einw.) 23 km nordöstlich von St-Omer besitzt noch zahlreiche Bürgerhäuser aus dem 16. bis 18. Jh.; im großartigen Hôtel de la Noble-Cour aus dem 16. Jh. stellt das **Musée Départemental de Flandre** Kunst und Kultur der Region vor. Am höchsten Punkt steht eine Bockwindmühle aus dem 18. Jh. mit roten Flügeln, in der Getreide und Leinsamen verarbeitet werden (Führungen). Hier hat man einen schönen **Blick über Flandern**.

Das Städtchen (9600 Einw.) 19 km südöstlich von Cassel hat v. a. um die Grand'Place sein Bild des 17./18. Jh.s erhalten; der das Rathaus (1721) überragende 58 m hohe Beffroi kann bestiegen werden. Die

Aire-sur-la-Lys

prachtvolle Bailliage in flämischer Renaissance (1604) diente der Bürgerwehr. Die 105 m lange Kirche St-Pierre (Ende 15. Jh.) gehört zu den wichtigsten Kirchen Flanderns zwischen Flamboyant-Gotik und Renaissance; die Vorhalle und der 62 m hohe Turm wurden 1634 fertiggestellt, andere Teile sind barock (um 1730). Am 1. Sept.-So. feiert man die Andouille (Kuttelwurst), die lokale Spezialität.

> ❗ *Baedeker* TIPP
>
> **Louvre in Lens**
>
> Die Bergbaustadt Lens erhält eine »Zweigstelle« des Pariser Louvre. Das Haus, das im Jahr 2012 eröffnen soll, wird in wechselnden Ausstellungen Exponate aus dem schier unerschöpflichen Fundus dieses Supermuseums zeigen. Aktuelle Informationen unter www.louvrelens.fr.

►dort

Lille

Am Rand des Kohlenbeckens, das vom Ruhrgebiet bis in das Artois reicht, liegt rund 40 km südlich von Lille die Industriestadt Douai (42 600 Einw.). Das letzte Bergwerk wurde 1990 geschlossen. Stadtmittelpunkt ist die Place d'Armes mit dem Hôtel du Dauphin (Tourismusbüro). Neben dem Rathaus (15./19. Jh.) steht der 64 m hohe **Stadtturm** (Beffroi, 1380 – 1475) mit dem größten Glockenspiel Europas (Führung). Ein Kartäuserkloster des 16./17. Jh.s jenseits der Scarpe zeigt Werke französischer und niederländischer Künstler, so der **Flügelaltar von Anchin** (J. Bellegambe, 1513), Gemälde der italienischen Renaissance und niederländisch-flämischer Meister (u. a. J. Massys) sowie eine Venus von **Giambologna**, der 1529 in Douai geboren wurde (Di. geschl.). In Lewarde 8 km südöstlich von Douai wurde eine stillgelegte Kohlenzeche zum größten **Bergwerksmuseum** in Frankreich (Centre Historique Minier, tägl. geöffnet).

Douai

★
◄ Musée de la Chartreuse

★
◄ Lewarde
🕐

Arras (42 600 Einw.), einst Hauptort der Grafschaft Artois, war seit dem 14. Jh. für seine **Bildteppiche** berühmt (ital. »arazzi«, d. h. »aus Arras«). Im Ersten Weltkrieg wurde es zu über 80 % zerstört; wichtige alte Komplexe wurden originalgetreu rekonstruiert, der Rest aber in **Jugendstil und Art déco** ersetzt, so dass Arras eines der bedeutendsten derartigen Ensembles in Nordfrankreich besitzt. Im Stadtzentrum öffnen sich zwei großartige Plätze, die mit einheitlichen Arkadenhäusern aus dem 17./18. Jh. die Atmosphäre einer alten flämischen Handelsstadt ausstrahlen. Von der **Grand'Place** gelangt man durch die Rue de la Taillerie zur ebenso schönen **Place des Héros**. Hier steht das rekonstruierte spätgotische Rathaus (Führungen); einen schönen Blick hat man vom 75 m hohen Beffroi (tägl. zugänglich). Das Tourismusbüro im Rathaus ist Ausgangspunkt für einen Besuch der **Boves**, der unterirdischen Steinbrüche, die seit dem 10. Jh. entstanden und als Zufluchtsstätte und Vorratskeller dienten. Die

★
Arras

🕐

Flämisches Flair strahlt die Grand'Place in Arras aus.

★ ★
Musée des
Beaux-Arts ▶
🕐

große Attraktion in puncto Kunst ist das Musée des Beaux-Arts in der Abtei St-Vaast, eines der bedeutendsten Provinzmuseen Frankreichs (Mi. – Mo. 9.30 – 12.00, 14.00 – 17.00 Uhr, geschl. 1. – 8. Mai, 1. – 11. Nov.): herrliche Arazzi, mittelalterliche Skulpturen, französische und niederländische Gemälde des 16. bis 18. Jh.s (u. a. Lebrun, Breughel d. Ä. und d. J., Rubens), religiöse Malerei des 17. Jh.s (darunter sog. Mays aus Notre-Dame in Paris) sowie Landschaftsmaler der »Schule von Arras« (19. Jh.; Corot, Dutilleux etc.). Die Benediktinerabtei, gegründet 667, war in Flandern sehr einflussreich; ab 1746 ließ Kardinal Rohan einen neuen Bau im nüchternen Klassizismus der Zeit errichten. Die zugehörige Kathedrale wurde 1778 begonnen und 1833 geweiht. Südlich in der Nähe folgt das Haus, in dem Maximilien de Robespierre 1787 – 1789 lebte; hier hat die Vereinigung der **Compagnons**, der wandernden Handwerksgesellen, ein interessantes Museum eingerichtet (Mai – Sept. Di. – So. nachmittags, sonst nur Di., Do., Sa., So.). Wenn möglich, sollte man eine Aufführung im **Theater** besuchen: 1785 erbaut, besitzt es einen ungewöhnlich und prachtvoll gestalteten Theatersaal.

🕐

Erster Weltkrieg bei Arras

Im Ersten Weltkrieg waren Arras und seine nördliche Umgebung Schauplatz schwerer Kämpfe: 1915 Lorettoschlacht, 1917 Schlacht von Arras. An sie erinnern viele Soldatenfriedhöfe, Mahnmäler und von Kratern übersätes Gelände, etwa das kanadische Monument bei Vimy (8 km nördlich) und der Friedhof (mit Museum) auf dem Bergkamm Notre-Dame-de-Lorette 10 km nordwestlich von Vimy (Info im Tourismusbüro Arras). In Arras selbst wurden die Gänge der Boves von den Alliierten genutzt, die dort vor der Schlacht im April 1917 24 000 Soldaten versammelten (Carrière Wellington).

St-Valery am inneren südlichen Rand der Somme-Bucht besitzt eine hübsche, teils noch befestigte Oberstadt. Interessant ist dort die Kirche St-Martin mit einem Renaissance-Flügelaltar und hübsch gemustertem Mauerwerk aus Feuer- und Sandstein; ebenso gestaltet ist die hoch gelegene Chapelle des Marins (von hier herrlicher Ausblick). In der Unterstadt illustriert das **Ecomusée Picardie** das Leben alter Zeiten in der Picardie (Ende März – Ende Sept. Mi. – So.).

St-Valery-sur-Somm

Südwestlich der Somme-Mündung geht die Küste in die pittoreske Küstenszenerie der normannischen Côte d'Albâtre (► S. 438) über. Zwei hübsche Ferienorte sind **Ault**, treffend als »Balkon über dem Meer« bezeichnet, da auf hohen Klippen liegend, und Mers-les-Bains (Abb. S. 82/83), das vom bekannten Badeort Tréport in der ► Normandie durch die Bresle getrennt ist: Prachtvolle Villen aus Belle Epoque und Jugendstil künden von der Beliebtheit des Orts nach dem Anschluss ans Bahnnetz 1872.

Südliche Côte Picar

◄ Mers-les-

Die 20 km vom Meer entfernt an der Somme gelegene Stadt (24 000 Einw.) ist die alte Hauptstadt der Landschaft Ponthieu. Sie wurde 1940 durch deutsche Luftangriffe schwer beschädigt und modern wieder aufgebaut. In der Stadtmitte die 1488 begonnene Kirche St-Vulfran (Chor 17. Jh.) mit Fassade in **schönster Flamboyantgotik**. In einem Wachtturm des 13. Jh.s und weiteren Gebäuden (15. Jh.) zeigt das Musée Boucher de Perthes (Di. geschl.) prähistorische Funde, mittelalterliche Skulpturen und andere Kunstobjekte. Südöstlich der Stadt ist das **Schloss Bagatelle** (1754) sehenswert, das sich der Abbeviller Textilfabrikant Josse Van Robais erbauen ließ (Führungen Mitte Juli/Aug.). 1665 hatte sein aus den Niederlanden stammender Vater Abraham in Abbeville die Königliche Textilmanufaktur gegründet.

Abbeville

◄ St-Vulfran

Das Städtchen (1200 Einw.) 9 km nordöstlich von Abbeville entstand um eine im Jahr 625 gegründete Benediktinerabtei. Die **Abteikirche** (1257/1536) ist ein Bau in reiner Flamboyant-Gotik mit 50 m hohem unvollendetem Turm und reicher Ausstattung (17. Jh.). Im Juli findet hier ein 10-tägiges **Festival für klassische Musik** statt. Der Konvent beherbergt auch ein Museum zum ländlichen Leben in der Picardie.

Saint-Riquie

Die **Burg** von Rambures (14 km südwestlich von Abbeville) ist das beste Beispiel für die Wehrarchitektur der 15. Jh.s in der Picardie: ein echtes Bollwerk mit massigen Rundtürmen und 3,5 – 6 m dicken Mauern, im 3-stöckigen Tunnelsystem hatte eine ganze Garnison Platz (Führungen Do. – Di., März/Okt. nur nachmittags, Nov. – Febr. nur So.nachmittag). Frei zugänglich ist der schöne Park.

Rambures

Das Kalkplateau der Picardie bot gute Möglichkeiten, sich unterirdische Zufluchtsstätten zu schaffen. Im alten Dorf Naours 14 km nördlich von Amiens ist ein riesiges Netz von »grottes-refuges«, auch »muches« genannten Höhlen zu finden, eine veritable Stadt, die ab

Naours

⏲ dem 11. Jh. in die Erde gegraben wurde (Ende Jan. – Anf. Nov. 10.00 bis 12.00, 14.00 – 17.00, Mai – Aug. 9.30 – 18.00 Uhr).

Doullens In der sanften grünen Landschaft des Authié-Tals liegt 28 km nördlich von Amiens das charmante Doullens (6300 Einw.) mit einer der größten und **ältesten Zitadellen** des Landes. Franz I. ließ sie im 16. Jh. zum Schutz vor dem spanisch beherrschten Artois errichten (von Vauban erweitert). Anfang Juni ist die Zitadelle Rahmen für die Gartentage von Doullens. Im Rathaus (1898) wurde im März 1918 Marschall Foch der Oberbefehl über die alliierten Truppen übertragen (»Salle du Commandement Unique«, Museum).

Amiens ▶dort

Corbie Corbie (15 km östlich von Amiens) entstand um ein Kloster herum, das um 660 von Bathilde, der Witwe Chlodwigs II., gegründet und mit Mönchen aus Luxeuil besetzt wurde. Seine Bedeutung ist etwa daran zu erkennen, dass hier um 780 die »karolingische Minuskel« entwickelt wurde 822 von hier aus das Kloster Corvey in Niedersachsen gegründet wurde. Erhalten ist nur ein kleiner, aber beeindruckender Teil der 117 m langen »gotischen« Kirche (16./18. Jh.), mit einigen alten Kunstwerken, u. a. einer Statue der hl. Bathilde (14. Jh.). Das Musée des Amis du Vieux Corbie gibt Einblick in die Geschichte
⏲ (Mitte Juni – Mitte Sept. Di. – Sa. 14.30 – 17.30 Uhr).

Schlachtfelder an der Somme Im Ersten Weltkrieg tobte 1916 in der Gegend um Albert, ca. 30 km nordöstlich von Amiens, die mörderische Schlacht an der Somme, an der aufseiten der Alliierten ca. 30 Nationen beteiligt waren. Die Denkmäler und Soldatenfriedhöfe werden heute noch viel besucht, große Daten im »Gedenktourismus« sind etwa der australische Anzac Day (25. April) in Villers-Bretonneux sowie die Feiern am 1. Juli und am 11. Nov., dem Tag des Waffenstillstands. Am »Circuit de Souvenir« (www.somme14-18.com) zwischen **Albert** und **Péronne** liegt eine Reihe von markanten Punkten, so ein riesiger Minenkrater bei Boisselle, das britische Mahnmal in Thiepval, die Monumente von Beaumont und Hamel. Vor der Tour sollte man in Albert das Musée Somme 1916 besuchen (in einem Luftschutzkeller bei der Basilika, Febr. – Mitte Dez. tägl. geöffnet). Auch sonst ist Albert einen Besuch wert: Die zerstörte Stadt wurde **in Jugendstil und Art déco neu aufgebaut**, ein

! *Baedeker* TIPP

P'tit Train de la Haute Somme
In der Somme-Schlacht wurden die Truppen mithilfe von Schmalspurbahnen versorgt. Ein eindrückliches Erlebnis ist die Fahrt durch die weite Landschaft auf der 7-km-Strecke zwischen Froissy 15 km südöstlich von Albert und Dompierre, an manchen Tagen mit Dampfloks. Das Museum in Froissy ist mit 13 Dampf- und über 20 Dieselloks das größte seiner Art in der Welt. Museum und Fahrten nachmittags, Mai/Juni/Sept. So., Juli/Aug. Di. – So. Info: APPEVA, BP 70106, 80001 Amiens Cedex 1, www.appeva.org.

Erinnert an die Schlacht an der Somme: Britisches Mahnmal in Thiepval

seltenses architektonisches Ensemble. Südöstlich der Stadt baut die EADS Airbusse, auf dem zugehörigen Flugplatz landen die riesigen »Belugas«, die Rumpfteile transportieren. Peronne ist ein hübsches Städtchen mit einer wehrhaften Burg vom Anfang des 13. Jh.s; darin ist das **Historial de la Grande Guerre** untergebracht, das über die Schlacht an der Somme informiert (Mitte Jan. – Mitte Dez. tägl.). Eine Fahrt entlang der Somme zwischen Corbie und Peronne sollte man nicht auslassen. Schöne Ausblicke hat man vom Belvédère de Vaux, Ausgangspunkt zweier lohnender Rundwege.

◄ Peronne

🕐

✱

◄ Somme-Tal

St-Quentin (56 400 Einw.) 70 km östlich von Amiens gilt als »flandrischste« Stadt der Picardie. Das wird v. a. um die Grande Place deutlich; das **Rathaus**, 1331 begonnen, bekam 1509 seine prunkvolle Flamboyant-Fassade (lohnend ist eine Führung, beim Tourismusbüro buchen), alle Viertelstunde erklingt das Glockenspiel im Turm. Dominiert wird die Stadt von der 120 m langen Stiftskirche St-Quentin (12. – 15. Jh.), die für die Reliquien des hl. Quentin errichtet wurde. Außen beeindruckt v. a. der Chorabschluss; die Westfassade (Portalturm) stammt noch vom karolingischen Vorgängerbau. Im Inneren mit 34 m hohen Gewölben bemerkenswert der Umgangschor, die Fenster in der Chorscheitelkapelle (1230) und der Orgelprospekt (1703). Die Stadt besitzt etliche **Beginenhöfe**, die teils ins 13. Jh. datieren, und viele **Art-déco-Fassaden**; abends wird die Stadt prachvoll illuminiert. Das Musée d'Entomologie besitzt 600 000 Schmetterlinge, das Musée Lécuyer (Mo., Mi. – Sa. 10.00 – 12.00, 14.00 – 17.00, So. 14.00 – 17.00 Uhr) außer Gemälden des 17./18. Jh.s v. a. Porträts von **Maurice Quentin de la Tour**. Quentin (1704 – 1788) war unter Ludwig XV. ein hochgeschätzter Hofmaler.

Saint-Quentin

✱

◄ Musée Lécuyer

🕐

✳
Laon

✳✳
Notre-Dame ▶

Die schöne alte Stadt Laon (26 500 Einw.), Hauptstadt des Départements Aisne, liegt 37 km südlich von St-Quentin in einer fruchtbaren Ebene auf einem Felsplateau. Im Mittelalter war sie Hauptort des Westfrankenreichs und Bischofssitz. Eine Standseilbahn (»POMA«) bringt Besucher vom Bahnhof hinauf in die Oberstadt. Die Kathedrale Notre-Dame (1155–1235) ist **eine der bedeutendsten frühgotischen Kirchen Frankreichs**. Der mächtige Bau – Länge außen 121 m, innen 110 m, Breite 30,5 m, im Querschiff 53,3 m – war Vorbild für zahlreiche Kathedralen, v. a. die in Chartres, Amiens und Reims. Sie besitzt vier Türme (geplant waren sechs) plus Vierungsoktogon, die in ein filigranes Säulenwerk aufgelöst sind. Surrealistisch schauen oben in den Westtürmen zwischen den Säulen 16 Ochsen hervor, für ihre Bedeutung gibt es verschiedene Hypothesen. Der ungewöhnlich große, gerade abschließende Chor verweist auf den englischen Kathedralbau. Im Inneren, das die romanische Blockhaftigkeit noch nicht ganz zugunsten des gotischen Höhenstrebens überwunden hat, sind prachtvolle Fenster (13. Jh.), das Chorgitter (18. Jh.) und der Domschatz sehenswert. Rechts der Hauptfassade von Notre-Dame steht das Hôtel-Dieu (1177; Tourismusbüro) mit gotischem Krankensaal. Schöne Ausblicke bietet die Promenade von der Kathedrale um die Zitadelle im Osten (16. Jh., Führungen) und weiter, entlang den Stadtmauern im Süden, zur ehemaligen Abtei St-Martin (12./

Die Kathedrale Notre-Dame dominiert die Oberstadt von Laon.

13. Jh.) und zur Porte de Soissons (13. Jh.). In der Kommende neben der Templerkapelle von 1134 zeigt das Musée d'Art et d'Archéologie (Mo. geschl.) Funde aus dem Mittelmeerraum und der Region sowie Gemälde der aus Laon gebürtigen Brüder Le Nain (16./17. Jh.). **Martigny-Courpierre** (10 km südöstlich) überrascht mit einer kleinen, in purem Art déco fantastisch gestalteten Kirche (um 1930).

Die 35 km südwestlich von Laon an der Aisne gelegene Stadt Soissons (28 500 Einw.) war nach dem Sieg Chlodwigs über den römischen Feldherrn Syagrius im Jahr 486 die erste Hauptstadt des Frankenreichs. Im Zentrum die gotische **Kathedrale** St-Gervais-et-St-Protais, ältester Teil ist das südliche Querschiff (ca. 1177). Der 116 m lange und 30,3 m hohe Innenraum besticht durch schlichte Eleganz; seine Schätze sind die Glasfenster im Chor (13. Jh.) und die »Anbetung der Hirten« von P. P. Rubens im nördlichen Querschiff. Das 1076 gegründete Kloster St-Jean-des-Vignes im Süden der Stadt war einst sehr reich. Von den Gebäuden des 13./14. Jh.s sind nur die Kirchenfassade mit 70 bzw. 75 m hohen Türmen (15. Jh.), Reste des Kreuzgangs und das Refektorium erhalten; alles andere wurde ab 1805 für die Restaurierung der Kathedrale verwendet. In der Stiftskirche St-Léger (13. Jh.) ist das Musée d'Archéologie et d'Art untergebracht (gallorömische Zeit und Mittelalter, Gemälde; tägl. geöffnet). Am anderen Ufer der Aisne lag die Abtei St-Médard, einst Grablege der Merowinger; erhalten ist noch eine Krypta des 9. Jh.s.

Soissons

★
◄ St-Gervais-et-St-Protais

★
◄ St-Jean-des-Vignes

⊕

Das 38 km westlich von Soissons an der Oise gelegene Compiègne (42 000 Einw.) war seit den Merowingern ein Lieblingssitz der Könige und ist mit den 150 km² großen, herrlichen **Laubwäldern** in der Umgebung ein beliebtes Ausflugsziel der Pariser. In einer Waldlichtung 6 km östlich der Stadt (Clairière de l'Armistice bei Rethondes) stand der Eisenbahnwagen, in dem am 11. Nov. 1918 der **Waffenstillstand** mit Deutschland unterzeichnet wurde und ein weiterer, unter umgekehrten Vorzeichen, am 22. Juni 1940. Der Wagen wurde später nach Deutschland gebracht und 1943 durch Bomben zerstört; er wurde durch ein Exemplar derselben Bauart ersetzt (Di. und Jan. geschl.). Das nüchterne, mit 200 m langer Front dennoch eindrucksvolle **klassizistische Schloss** in der Stadt, 1751–1788 von A.-J. Gabriel für Ludwig XV. erbaut, besitzt prächtige Gemächer sowie sehenswerte Museen (Di. geschl.), eines zu den Themen Auto und Tourismus, das andere zum Zweiten Kaiserreich, u. a. mit Gemälden von F. X. Winterhalter (1805–1873), der für sein Porträt der österreichischen Kaiserin Elisabeth berühmt ist. Eine Aufführung im **Théâtre Impérial** sollte man sich nicht entgehen lassen; das prachtvolle Haus wurde 1867 begonnen, aber erst 1991 eingeweiht. Im Hôtel Songeons an der Oise zeigt das **Musée Vivenel** u. a. Keramiken von B. Palissy, Email aus Limoges sowie Vasen aus Etrurien und Großgriechenland (So.vormittag/Mo. geschl.). Übrigens startet das berühmte Radrennen Paris–Roubaix nicht in Paris, sondern in Compiègne.

★
Compiègne

⊕

★
◄ Le Palais
⊕

⊕

Umgebung von Compiègne

Ein reizvoller Ausflug führt zunächst nach **Morienval** 16 km südlich von Compiègne. Die dreitürmige spätromanische Abteikirche Notre-Dame de Morienval besitzt im Chorumgang (um 1125) eines der frühesten gotischen Gewölbe. **Pierrefonds** (10 km nordöstlich) wird von einer gewaltigen, eigenartigen Burg überragt: Ludwig von Orléans ließ um 1400 eine ältere Festung ausbauen, 1617 wurde sie von Richelieu geschleift und ab 1857 von Viollet-le-Duc nach dem romantischen Ideal einer mittelalterlichen Ritterburg rekonstruiert (Mai – Anf. Sept. tägl., sonst Mo. geschl.).

Noyon

Das Städtchen Noyon (14 000 Einw.) 24 km nördlich von Compiègne ist bekannt als Zentrum des Anbaus von roten Beeren (großer Markt am 1. Juli-So.). Seit dem 6. Jh. Bischofssitz, wurde hier im Jahr 768 Karl der Große zum fränkischen König gekrönt, 987 Hugo Capet zum König von Frankreich. Die **Kathedrale Notre-Dame**, erbaut 1145 –1235, ist ein schönes Beispiel für den Übergang von der Romanik zur Gotik. Die Doppelturmfassade wirkt konservativ, ebenso die fast originale, gestaffelte Chorpartie mit Umgang und Kapellenkranz; »gotischer« wirkt das Innere mit seiner grazilen Wandgliederung. Sehenswert sind auch der Kapitelsaal, die Bibliothek des Domkapitels (16. Jh., Führungen) und der Bischofspalast (16. Jh.) mit dem Musée du Noyonnais (Mo. geschl.). In Noyon kam der Reformator **Jean Calvin** zur Welt (1509 – 1564), sein rekonstruiertes Geburtshaus ist Museum (Mo. geschl.). Am Waldrand 6 km südlich von Noyon liegt die Abtei Ourscamps, die 1129 von Bernhard von Clairvaux gegründet wurde. Die 102 m lange Kirche ist eine malerische Ruine; sehenswert ist der prachtvolle, als Kirche genutzte **Krankensaal von 1260** mit drei 46 m langen, überwölbten Schiffen.

◀ Notre-Dame

◀ Abtei Ourscamps

Beauvais

Das zwischen Paris und Amiens gelegene Beauvais (55 000 Einw.), einst ein bedeutender Bischofssitz, ist berühmt für seine Gobelins. Östlich der Kathedrale zeigt die Galerie Nationale de la Tapisserie Wandteppiche aus dem 15. bis 20. Jh. (Mo. geschl.); auch die 1664 von Colbert gegründete **Gobelin-Manufaktur** kann besichtigt werden (im Süden der Stadt, Di. – Do. 14.00 – 16.00 Uhr). Die andere Hauptsehenswürdigkeit der Stadt ist die **Kathedrale St-Pierre**, ein Höhepunkt der gotischen Architektur Frankreichs. Der Bau, der alles Bisherige in den Schatten stellen sollte, wurde 1227 begonnen, fertig wurden jedoch nur Chor und Querschiff, die zusammen auch schon 72,5 m lang sind. Falsche Berechnungen führten 1247 und 1284 zum Einsturz der Gewölbe, die nach ihrem Wiederaufbau bis ca. 1320 mit 48,2 m Höhe immer noch zu den höchsten überhaupt gehören. Der unglaubliche 153 m hohe Vierungsturm stürzte 1573 wegen des fehlenden Halts durch ein Langhaus ein und wurde nicht wieder aufgebaut. Das südliche Querhaus mit seiner Fassade in herrlichem Flamboyant schufen Martin Chambiges und Jean Vast (1500 –1548), die Türflügel fertigte Jean Le Pot (1535). Im atemberaubenden Inneren zu beachten sind die Fenster aus lokalen Werkstätten (16. Jh.). Die

◀ St-Pierre

12 m hohe astronomische Uhr (1886) aus über 90 000 Teilen ist eine Kopie der Uhr von Straßburg, die Uhr im Chor datiert von 1305. Vor der Kathedrale steht noch das Langhaus der **karolingischen Kirche** (»Basse Œuvre«). Im Bischofspalast (14./16. Jh.) zeigt das Musée Départemental de l'Oise archäologische Funde, mittelalterliche Plastik, Gobelins und Gemälde (Di. geschl.). Die Place Jeanne-Hachette und das Stadtfest Ende Juni erinnern an Jeanne Laîné genannt Hachette (»Axt«), die 1472 die Stadt gegen Karl den Kühnen verteidigte. An der Südseite steht das Rathaus (18. Jh.).

! Baedeker TIPP

Blues in Beauvais

In der Picardie hat man ein besonderes Faible für den Jazz. In Beauvais organisiert seit 1996 Laurent Macimba das Festival »Le Blues autour du zinc« (im Frühling, www.zinc-blues.com), das schon Größen wie Ray Charles gesehen hat. Und wie es sich für diese Musik gehört, finden die Konzerte meist in Bars, Cafés und Bistros statt.

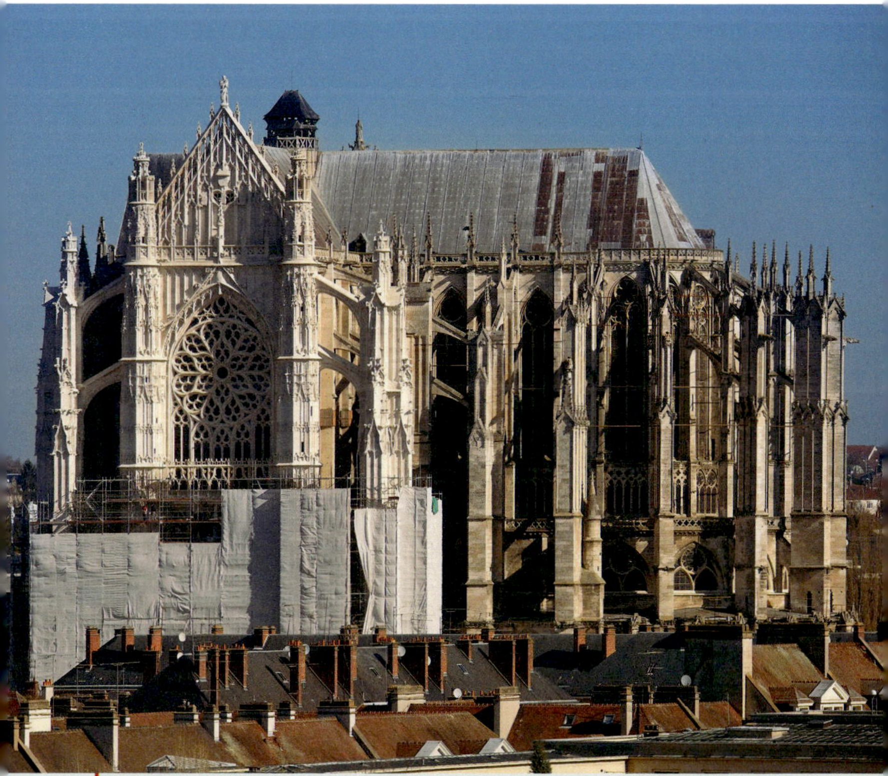

Die Kathedrale St-Pierre in Beauvais: obwohl nur ein Torso, ist sie ein Meisterwerk der Gotik.

✳ ✳ Reims

M 3

Région: Champagne-Ardenne
Département: Marne

Höhe: 83 m ü. d. M.
Einwohnerzahl: 183 500

In Reims wurden vom 11. Jh. an bis 1825 die Könige Frankreichs gekrönt. Heute ist die Hauptstadt der Région ► Champagne-Ardenne berühmt für den Champagner und die Kathedrale, die zu den Meisterwerken der Gotik gehört.

Reims liegt im Norden der Champagne ca. 130 km – mit dem TGV nur 45 Min. – östlich von Paris. Südlich der Stadt steigt die Montagne de Reims an (►Champagne), deren sanfte Hänge mit Reben bedeckt sind; ihre Produkte reifen in den 120 km langen Gängen und Höhlen, die den Kalkuntergrund der Stadt durchziehen, zu der in aller Welt beliebten Edelbrause; nicht weniger als neun bekannte Firmen bieten Führungen und Verkostungen an. Mit über 20 000 Studenten ist Reims außerdem (seit 1548) eine lebhafte **Universitätsstadt**. Die große Attraktion, mit ca. 1,5 Mio. Besuchern jährlich ist die Kathedrale, die mit dem Bischofspalast und dem Kloster St-Rémi zum UNESCO-Welterbe gehört.

Reims gestern und heute

Der Hauptort der keltischen Remi und spätere römische Durocortorum war eine der blühendsten Städte Galliens. Das Ansehen der Bischöfe von Reims, erworben durch ihre Rolle bei der Christianisierung der Franken und ihre Treue zu den Karolingern, verschaffte ihnen unter diesen das Vorrecht, den neuen König zu salben. 816 wurde Ludwig der Fromme hier inthronisiert, auch die Kapetinger ließen sich von Reimser Bischöfen salben (wenn auch an-

> ❗ *Baedeker* TIPP
>
> **Champagner**
>
> Ein Reims-Besuch ist undenkbar ohne den Besuch einer der weltbekannten Champagnerfirmen wie Pommery, Mumm, Taittinger oder Ruinart. Zu besichtigen sind auch die riesigen Keller im Kreideuntergrund. Informationen zu Öffnungszeiten, Führungen und Verkostungen erhält man beim Tourismusbüro und unter www.maisons-champagne.com.

dersgo). Von Heinrich I. im Jahr 1027 bis zu Karl X. 1825 war Reims die **Krönungsstadt Frankreichs**, nicht weniger als 33 Herrscher wurden hier gekrönt. Am 17. Juli 1429 geleitete Jeanne d'Arc Karl VII. zur offiziellen Inthronisation in die Kathedrale. Im Ersten Weltkrieg wurde Reims zu großen Teilen zerstört. Mit der Gesamtkapitulation der Deutschen, die am 7. Mai 1945 in Reims unterzeichnet wurde, fand der Zweite Weltkrieg in Europa sein Ende; am 7. Juli 1962 besiegelten Konrad Adenauer und Charles de Gaulle in der Kathedrale die **Versöhnung zwischen Deutschland und Frankreich**, woran eine Tafel im Pflaster des Vorplatzes erinnert.

← *Eindrucksvoll und harmonisch: die Fassade der Kathedrale in Reims*

▶ REIMS ERLEBEN

AUSKUNFT

Office de Tourisme
2 Rue Guillaume de Machault
51100 Reims
Tel. 03 26 77 45 00,
0892 70 13 51 (0,34 €/Min.)
www.reims-tourisme.com

REIMS CITY CARD

Umfasst einen Besuch der Kathedrale
mit Führer oder Audioguide, Eintritt
für die städtischen Museen und der
Besuch eines Champagnerhauses mit
Verkostung.

FESTE & EVENTS

Mitte–Ende Juni: Les Sacres du
Folklore, die größte Veranstaltung
dieser Art in Nordfrankreich mit
Gruppen aus aller Welt. Juni: Fêtes
Johanniques, mittelalterliches Spekta-
kel um Jeanne d'Arc (u. a. Umzug am
So. mit über 2000 Teilnehmern).
Mitte Juni–Ende Juli »Flâneries
musicales«: über 100 Konzerte an
ungewöhnlichen Plätzen, großes Pick-
nick im Park von Pommery. Nov.:
Jazz Festival bei Pommery. Aktuelle
Termine und Ausgehadressen im
kostenlosen Magazin »Le Monocle«.

ESSEN

▶ Fein & teuer

① *Château Les Crayères*
64 Boulevard Vasnier
Tel. 03 26 82 80 80, Mo./Di. geschl.
www.lescrayeres.com
Luxus pur: ein prächtiges Herrenhaus
von Ende des 19. Jh.s im Louis-XVI-
Stil, einst Besitz der Champagner-
dynastie Pommery, in einem großen
Park. Restaurant der absoluten Spit-
zenklasse, frühzeitige Reservierung ist
notwendig. Mit großzügigen, großartig eingerichteten Zimmern und
einer Bar im englischen Stil.

▶ Preiswert/Erschwinglich

② *L'Opéra*
4 Rue de Thillois, Tel. 03 26 02 68 43
Echte, großzügige Regionalküche aus
frischen Produkten (teils Bio). Empfehlenswert das »Menu champenois«
inkl. aller Getränke (mit Champagner!). Sehr angenehme Preise und
überaus freundlicher Service. Man
kann auch draußen sitzen.

▶ Preiswert

③ *Les Charmes*
11 Rue Brûlart, Tel. 03 26 85 37 63
So. und 4 Wochen Juli/Aug. geschl.
Kleines, charmantes Bistro in der
Nähe von St-Rémi und der Cham-
pagnerkellereien, mit anspruchsvoller
französischer Küche. Ausgezeichnetes
Preis-Leistungs-Verhältnis.

④ *Café du Palais*
14 Place Myron Herrick
Tel. 03 26 47 52 54, Mo.–Sa. mittags
geöffnet, Fr./Sa. auch abends
Seit den 1920er-Jahren eine Institution, charaktervoll trotz des überbor-
denden Deko-Kitschs. Echte Bistro-
küche, gute Auswahl offener Weine
und große Champagnerkarte.

ÜBERNACHTEN

▶ Günstig

① *Hôtel Crystal*
86 Place Drouet d'Erlon
Tel. 03 26 88 44 44
www.hotel-crystal.fr
Charmantes Haus am lebhaften Platz
(Fußgängerzone), angenehme Gästezimmer und schöner Innenhof, in
dem man sommers frühstückt. An der
Place Drouet gibt es weitere empfeh-
lenswerte, nicht teure Häuser: Grand
Hotel Continental (Nr. 93, Tel. 03 26
40 39 35, Grand Hotel du Nord (Nr.
75, Tel. 03 26 47 39 03).

Reims Orientierung

1 Hôtel des Comtes de Champagne
2 Préfecture
3 Palais de Justice
4 Grand Théâtre
5 Bibliothèque Carnegie

Essen
① Les Crayères
② L'Opéra
③ Les Charmes
④ Café du Palais

Übernachten
① Hôtel Crystal
■ Champagner-Kellereien

✶ ✶ Kathedrale Notre-Dame

Die Kathedrale gilt wegen ihrer Einheitlichkeit, der harmonischen Gliederung und der Fülle des plastischen Schmucks als **Meisterwerk der Hochgotik**. Erbaut am Platz eines Baptisteriums aus dem 5. Jh., in dem sich der Frankenkönig Chlodwig 496 von Bischof Remigius taufen ließ, genießt sie als Krönungsstätte besondere Verehrung. Der Bau, im Jahr 1211 von Jean d'Orbais begonnen, war 1294 im Wesentlichen vollendet, doch zogen sich die Arbeiten bis Ende des

Baugeschichte

15. Jh.s hin (Turmgeschosse 1428). Verzögerungen brachte ein Brand 1481. Der Vierungsturm (1485) wurde mit anderen Teilen der Kathedrale 1914 zerstört und nicht wieder aufgebaut.

Die **Hauptfassade** besteht u. a. aus drei großartigen, tief gestaffelten Spitzbogenportalen, die über und über mit Skulpturen bedeckt sind. Über der herrlichen Fensterrose mit 12 m Durchmesser reihen sich 4,5 m hohe Statuen, die sog. **Galerie der Könige**; die helmlosen Türme sind 82,5 m hoch (geführte Turmbesteigung, Kasse im Palais du Tau). Die 2303 Statuen und Reliefs, mit denen der ganze Bau geschmückt ist, gehören zu den besten Leistungen der mittelalterlichen Skulptur; viele sind durch Kopien ersetzt, von den Wasserspeiern stammt immerhin noch einer aus dem 13. Jh. Die Bildwerke am Mittelportal beziehen sich auf das Leben der Muttergottes: unter der Marienkrönung rechts Heimsuchung und Verkündigung, links Anna, Joachim, Maria, Joseph und die großartige Figur des Salomo. Am linken Portal, links neben der Tür, der als **Sourire de Reims** bekannte lächelnde Engel (wiederhergestellt). An der nördlichen Querschiff-Fassade am Mittelportal Statuen u. a. von Bischöfen, am linken Nebenportal ein großer segnender Christus, darunter das **Jüngste Gericht**, das bedeutendste Relief aus der Reimser Bauhütte (13. Jh.).

Inneres Der Innenraum der mit 149 m **längsten Kathedrale Frankreichs** (innen 138,7 m, 37,95 m hoch, Querhaus 49,5 m breit) wurde später weniger verändert als die meisten anderen Kathedralen und macht trotz der prachtvollen, leuchtenden Fenster einen ernsten, fast strengen Eindruck. Einzigartig ist die **Westwand** mit 120 Steinfiguren (um 1260), wichtigen Zeugnissen für die Entwicklung der französischen Plastik des 13. Jh.s; besonders beachtenswert ist die Kommunionsszene in der untersten Reihe rechts des Hauptportals. Die meisten mittelalterlichen Glasmalereien gingen verloren; viele wurden im 18./19. Jh. restauriert. Die Fenster im unteren Teil der Chorscheitelkapelle schuf, mit dem typischen leuchtenden Blau, Marc Chagall 1974 (von links: Wurzel Jesse, Abraham und Isaak, die Kreuzigung Christi, Große Ereignisse in Reims).

Weitere Sehenswürdigkeiten in Reims

★

Palais du Tau Das gotische Bischofspalais, dessen Grundriss die Form des griechischen Buchstabens Tau hat, wurde bis 1690 von J. Hardouin-Mansart und R. de Cotte – beides Architekten von Versailles – neu gestaltet. Hier bewahrt das Museum der Kathedrale (Mo. geschl.) Originalstatuen, Gemächer der Könige, die während der Krönung im Palais wohnten, großartige Wandteppiche aus Arras (15. Jh.) und höchst kunst- und wertvolle »Souvenirs« der Königskrönungen (Trésor).

Place Cardinal-Luçon
★ ★
◀ Musée des Beaux-Arts

Vor dem Justizpalast (1846) steht auf dem Kathedralplatz eine bronzene Jeanne d'Arc hoch zu Ross, das Schwert schwingend (P. Dubois, 1896). In der Abbaye de St-Denis (18. Jh.) zeigt das Musée des Beaux-Arts (Di. geschl.) Gemälde vom 15. bis zum 20. Jh., Skulpturen, Altertümer und Kunsthandwerk (u. a. Emile Gallé). Zu seinen großen Schätzen gehören 13 Bildnisse – großenteils sächsischer Kurfürsten und -fürstinnen – von **L. Cranach d. Ä. und L. Cranach d. J.**, 27 Werke von **Camille Corot**, Werke von Impressionisten, Nabis und Fauves, »Toiles peintes« (Gemälde des 15./16. Jh.s) und ein **»Tod des Marat«** (1793) von Jacques-Louis David und Schülern.

Die lang gestreckte **Place Drouet-d'Erlon** bildet mit ihren Ladenarkaden, Restaurants und Cafés das Herz der Stadt. Am Südende die Kirche **St-Jacques** (12.–16. Jh.) mit modernen Fenstern von da Silva und Sima. Im Norden öffnet sich der Platz zum Square Colbert. Ein Bronzestandbild von 1860 erinnert dort an den aus Reims gebürtigen Jean-Baptiste Colbert (1619–1683), Finanzminister Ludwigs XIV.

Die nordöstlich anschließende **Place de la République** wird von der 33 m hohen **Porte de Mars** dominiert, einem der vier Stadttore der gallorömischen Stadt (3. Jh.), die bis 1544 ihre Funktion erfüllte. Die **Halles du Boulingrin** nebenan, ein kühnes Stahlbetonbauwerk von 1929, soll ab 2012 wieder den Markt beherbergen, bis dahin findet er in einem Zelt statt. Die 1966 geweihte **Chapelle Foujita** weiter östlich wurde von dem zum Katholizismus konvertierten Japaner

Place Drouet-d'Erlon, Herz der Stadt Reims

Leonard Foujita (1886–1968) in neoromanischem Stil erbaut und auf 200 m² mit christlichen Themen, aber japanischer Raffinesse ausgemalt (Mai–Okt. Do.–Di. 14.00–18.00 Uhr).

Musée de la Reddition
🕐

Im Collège Technique hinter dem Bahnhof ist der Raum des amerikanischen Hauptquartiers zugänglich, in dem am 7. Mai 1945 um 2.40 Uhr morgens Generaloberst Alfred Jodl die **Kapitulation der deutschen Wehrmacht** unterzeichnete (Di. geschl.). Mit einem Film und Exponaten wird dieser historische Moment dokumentiert.

Place du Forum
🕐

Vom Hôtel de Ville (1630) führt die Rue Colbert zur Place du Forum mit einem Kryptoportikus, der den Zugang zum römischen Forum bildete (2. Jahrhundert n. Chr.). An der Nordostecke des Platzes steht das **Hôtel le Vergeur**, ein Patrizierhaus aus Gotik und Renaissance (13.–16. Jahrhundert) mit dem Stadtgeschichtlichen Museum (Mo. geschl.). Außer historischem Interieur sind hier Holzschnitte von **Albrecht Dürer** zu sehen: »Große Passion« und »Apokalypse« (1496 bis 1498).

Musée Automobile
🕐

Freunde alter Autos dürfen das Musée Automobile de Reims-Champagne nicht auslassen (84 Av. Georges Clémenceau, Di. geschl.). Zu den über 200 »Juwelen« von 1908 bis heute kommen noch Motorräder und über 5000 Spielzeugautos.

Le Chemin Vert

St-Nicaise ►

Nach dem Ersten Weltkrieg wurden am Stadtrand mit amerikanischer Hilfe Gartenstädte angelegt. Die wichtigste, Le Chemin Vert, dehnt sich südöstlich mit 600 Häuschen im elsässischen Stil aus. Mittendrin steht die Kirche St-Nicaise über dem Grundriss eines griechischen Kreuzes, die mit raffiniertem Jugendstildekor von Denis, Lalique, Simon u. a. aufwartet.

★ ★
St-Rémi
🕐

Die dem hl. Remigius geweihte Kirche eines Benediktinerklosters gilt als eine der **großartigsten romanischen Kirchen Nordfrankreichs**. Sie entstand von etwa 1007 bis 1049 (Weihe durch Papst Leo IX.) am Platz eines karolingischen Baus. Von ihr erhalten sind der Südturm und die unteren Geschosse des Schiffs; 1162–1182 erhielt die Kirche den Umgangschor mit Kapellenkranz, gotischen Spitzbögen und Kreuzgratgewölbe sowie die Dienste, die vor den Bündelpfeilern zum Gewölbe hinaufführen. Bemerkenswert sind das **Grabmal des hl. Remigius** (um 1605, wiederhergestellt), die intarsierten Steinfliesen (13. Jh.) und der Flügelaltar der »Drei Taufen« (Christus, Konstantin, Chlodwig; 1610). Von Ende Juni bis Anf. Okt. wird die Basilika samstags um 21.30 Uhr mit Musik und Licht in Szene gesetzt (Musique et Lumière). In den Klostergebäuden, u. a. im herrlichen Kapitelsaal, zeigt das **Musée Abbaye St-Rémi** (tägl. 14.00–18.30 Uhr) Kunstwerke von der Antike bis zum Mittelalter, eine militärgeschichtliche Sammlung und prachtvolle Wandteppiche mit Szenen aus der Remigius-Legende.

★ Rennes

F 4

Région: Bretagne
Département: Ille-et-Vilaine

Höhe: 30 m ü. d. M.
Einwohnerzahl: 208 000

Rennes ist die Hauptstadt der ► Bretagne und ihr kultureller und wirtschaftlicher Mittelpunkt. Die Stadt liegt weit von den Küsten entfernt und macht auch keinen sehr »bretonischen« Eindruck, da sie nach einem Großbrand im Jahr 1720 neu angelegt wurde.

Die vom Brand verschont gebliebenen Gassen um die Kathedrale St-Pierre besitzen mit malerischem buntem Fachwerk noch eine mittelalterliche Atmosphäre (dazu viele kleine Straßencafés); in herbem Gegensatz dazu stehen die kühl-repräsentativen Plätze und Boulevards der klassizistisch-barocken Neustadt. Vielleicht weniger als zu erwarten prägen die ca. 50 000 Studenten der beiden Universitäten und der über zwei Dutzend Hochschulen das Stadtbild. Wissenschaft und Forschung werden in Rennes großgeschrieben; 1982 wurde das »Triangle d'Or« begründet, eine enge Kooperation von Lehre, Forschung und Praxis, sodass in den Forschungseinrichtungen – von der Elektronik und Biotechnik bis zur Medizin – über 4000 Menschen arbeiten. Außerdem spielen Autos (Citroën), Druck- und Verlagswesen (Ouest-France, die auflagenstärkste Tageszeitung Frankreichs) sowie Lebensmittelindustrie eine große Rolle.

Stadt der Forschung

> **? WUSSTEN SIE SCHON …?**
>
> ■ Ein wunderbarer Akzent im Stadtbild von Rennes sind die Mosaiken in Jugendstil und Art déco, etwa in der Pâtisserie Le Daniel (Galerie du Théâtre), am Haus Valton (Rue d'Antrain), am Haus Poirier (Av. Janvier) und am Haus von Isidore Odorico (Rue J. Sauveur).

Im Frühmittelalter war Rennes eine der wichtigsten Grenzfestungen der Franken gegen die Bretonen. Nach dem Sieg Nominoës über Karl den Kahlen bei Redon hatten hier die bretonischen Herzöge ihre Machtbasis, bis mit dem Tod von **Anne de Bretagne** 1532 die Bretagne an die Krone fiel (1491 hatte die 14-jährige Anne unter Zwang König Karl VIII. geheiratet); ab 1561 war Rennes Sitz des bretonischen »Parlement« (Gerichtshof). Am 22. Dezember 1720 zerstörte ein Feuer die Innenstadt mit über 900 Häusern; der berühmte Architekt des Königs, Ange-Jacques Gabriel (1666–1742), legte sie schachbrettförmig neu an. 1899 fand im Lycée Emile Zola der zweite Prozess gegen den jüdischen Hauptmann **Alfred Dreyfus** statt, der fälschlicherweise des Hochverrats bezichtigt wurde; er führte zu seiner Begnadigung und Freilassung, 1906 wurde Dreyfus rehabilitiert.

Ein wenig Geschichte

> **! _Baedeker_ TIPP**
>
> **Auf der Zunge zergehen …**
> … die Tarte aux pommes und der Kouign Amann von Jean-Luc Coupel (21 Rue St-Helier), der als bester Konditor in Rennes gilt.

Rennes Orientierung

Essen
- ① Le Saison
- ② La Botte Dorée
- ③ La Réserve
- ④ Quatre B

Übernachten
- ① Pen' Roc
- ② Nemours
- ③ Des Lices

━━●━━ Métro

Sehenswertes in Rennes

★ Altstadt

Die kanalisierte und teils unterirdisch fließende Vilaine – zu erkennen am Straßenzug der »Quais« – trennt die neue Südstadt vom alten Stadtzentrum im Norden, das beim Brand 1720 verschont blieb. Um die Kathedrale (s. u.) sind mittelalterliche Häuser mit vorkragenden Geschossen und geschnitzten Balkenköpfen erhalten wie in der **Rue des Dames**. In der Kapelle St-Yves (1494) südlich der Kathedrale sind das Tourismusbüro und eine Ausstellung zur Geschichte von Rennes untergebracht. Das **Hôtel de Blossac** (1728) markiert

 RENNES ERLEBEN

AUSKUNFT

Office du Tourisme
11 Rue St-Yves, 35000 Rennes
Tel. 02 99 67 11 11
www.tourisme-rennes.com

VERKEHR

Flughafen Rennes-St-Jacques 7 km
südlich (Bus 57 ins Zentrum). TGV-
Bahnhof. Metro und Busse der STAR,
Infobüro: 12 Rue du Pré Botté (nahe
der Hauptpost).

CITY-PASS

2 Tage gültiges Couponheft für Ver-
günstigungen bei Sehenswürdigkeiten, Bus & Metro, Aktivitäten etc.

FESTE & EVENTS

Mai/Juni: Festival Gourmand, mit
Fest Mitte Juni in den Martenot-
Markthallen. 1. Juli-Hälfte: Tombées
de la Nuit (Musik und Theater in der
Altstadt). Okt.: »Yaouank«, ein breto-
nisches Festival, von Samstagabend
bis zum Sonntagmorgen. Mitte Dez.:
Transmusicales (Rock, Pop etc.).

ESSEN

► Erschwinglich/Fein & teuer

① *Le Saison*
St-Grégoire (3 km nördlich), 1 Impasse Vieux Bourg, Tel. 02 99 68 79 35
www.le-saison.com, Mo. geschl.
»Cuisine gourmande«, einfallsreich
neu aufpoliert, in modernem Ambiente. Wunderbare Terrasse.

► Erschwinglich

② *La Botte Dorée*
Vitré, 20 Rue d'En Bas
Tel. 02 23 55 27 81
Kleines Restaurant nahe dem Schloss,
einfach, aber gemütlich eingerichtet.
Hervorragende französische Küche
mit interessanten Varianten.

► Preiswert/Erschwinglich

③ *La Réserve*
Rennes, 38 Rue de la Visitation
Tel. 02 99 84 02 02, So./Mo. geschl.
Feine französische und bretonische
Gerichte zu fairen Preisen in einem
hübsch modernisierten Bistro.

④ *Quatre B*
Rennes, 4 Place Bretagne
Tel. 02 99 30 42 01
So. und Mo.mittag geschl.
Kleines; modernes Restaurant mit
informeller Atmosphäre, ebenso
modernisierte klassische Küche.

ÜBERNACHTEN

► KomfortabeL/Luxus

① *Pen' Roc*
Chateaubourg-St-Didier, La Peinière
Tel. 02 99 00 33 02, www.penroc.fr
Ca. 20 km östlich von Rennes
Aus einem Bauernhof entstand ein
bezauberndes Domizil – einige Zim-
mer haben eine private Terrasse zum
Garten – mit Pool, Sauna und einem
exquisiten Restaurant.

► Komfortabel

② *Nemours*
Rennes, 5 Rue de Nemours
Tel. 02 99 78 26 26
www.hotelnemours.com
Zentral nahe der Metro gelegenes
älteres Haus, geschmackvoll moder-
nisiert (mit Schallschutzfenstern).
Bester Service, gutes Frühstück.

► Günstig

③ *Hôtel des Lices*
Rennes, 7 Place des Lices
Tel. 02 99 79 14 81
www.hotel-des-lices.com
Komfortable moderne Zimmer, z. T.
mit Balkon. Von den oberen Stockwerken herrlicher Ausblick.

Schön gerahmt: Place Champs-Jacquet

die Westgrenze des zerstörten Viertels und gilt als schönes Zeugnis der Neuanlage der Stadt. Hier residierte der Gouverneur der Bretagne, heute beherbergt es den Denkmalschutz der Bretagne (Centre de Documentation sur le Patrimoine). Weitere sehenswerte Häuser stehen in der um den Chor der Kathedrale St-Pierre führenden Rue de la Psallette (Nr., 1609; Nr. 8 war einst Schule des Kathedralchors). Das schiefe Fachwerkhaus **Ty Koz** (3 Rue St-Guillaume) aus dem 16. Jh. gehört zu den schönsten der Stadt (mit der Bar »El Teatro«).

Die imposante **Kathedrale St-Pierre** war für den Philosophen Hippolyte Taine das »scheußlichste Gebäude, das ich gesehen habe«, der Denkmalschützer Prosper Mérimée meinte hingegen, dass sie »Lobreden rechtfertigt«. Innen wirkt die nach Plänen des Nantaisers Mathurin Crucy 1787–1844 am Platz der 1762 eingestürzten Vorgängerin erbaute Kirche düster, trotz prachtvoller Ausmalung und viel Stuck und Vergoldung. In der Kapelle vor dem rechten Querhaus ein beachtenswerter vergoldeter **flämischer Schnitzaltar** (1520) mit Szenen aus dem Marienleben. Die Portes Mordelaises nordwestlich der Kathedrale sind ein Rest der Stadtbefestigung des 15. Jh.s.

Portes Mordelaises ▶

St-Sauveur

Die vom Stadtbrand verschont gebliebene Kirche St-Sauveur (1728) hat ihr Portal im Osten statt wie üblich im Westen; der Brand machte die Umorientierung notwendig. Innen sind die schmiedeeiserne vergoldete Kanzel (1781), ein geschnitzter Baldachin (1768) und die »wundertätige« Statue der Notre-Dame des Miracles erwähnenswert.

Place des Lices

Auf der Place des Lices fanden im Mittelalter die Turniere statt, heute findet in den und um die beiden **Markthallen** (J.-B. Martenot, 1868/ 1871) am Samstagvormittag ein Markt statt, der als der zweitgrößte in Frankreich gilt. Flankiert wird der Platz im Norden von prächtigen Patrizierhäusern des 17. Jh.s, im Westen von den Hochhäusern »Tours des Horizons« (Georges Maillol, 1960).

★

Place du Champ-Jacquet

Die Nordseite des Platzes (mit Denkmal für den Bürgermeister Jean Leperdit) nehmen hohe Fachwerkhäuser des 17. Jh.s ein, in denen sich kleine Restaurants eingerichtet haben; beachtlich das Hôtel de

Die Grande Chambre, der Gerichtssaal im Justizpalast

Tizé (1660) in der Südwestecke. Alte Häuser findet man auch in der **Rue St-Michel** und in der Einkaufsstraße **Pont-aux-Foulons**.

An der schönen **Place du Palais** mit eleganten Häusern aus dem 17. und 18. Jh. steht das berühmteste Bauwerk der Stadt, das Palais de Justice (Palais du Parlement). Das »Parlement« mit 100–120 Mitgliedern – die meisten aus dem bretonischen Adel – war der oberste Gerichtshof de Bretagne. Errichtet wurde das Palais zwischen 1618 und 1655 nach Plänen von Salomon de Brosse, dem Architekten des Pariser Palais du Luxembourg. Die Ausgestaltung bis 1709 übernahmen die berühmtesten Maler, Schreiner und Bildhauer der Zeit Ludwigs XIV. Im Zuge des Wiederaufbaus der Stadt gestaltete A.-J. Gabriel 1726 die Fassade neu. Bei Unruhen bretonischer Fischer wurde das Palais 1994 teilweise zerstört, dann wiederhergestellt (zugänglich in Führungen, Anmeldung im Tourismusbüro). Besonders prunkvoll gestaltet ist die 20 × 10 m große und 7 m hohe **Grande Chambre**; im Saal der Dicken Pfeiler (Salle des Gros Piliers) hatten noch bis 1840 Händler ihre Verkaufsstände.

★★
Palais de Justice

🕐

Am Rathausplatz im Zentrum des klassizistischen Stadtviertels stehen sich **Rathaus** (A.-J. Gabriel, 1734–1743; ► Abb. S. 66) und Theater gegenüber. Im Rathaus sind der Festsaal, eine Monumentaltreppe sowie ein Pantheon der Gefallenen des Ersten Weltkriegs bemerkenswert. Im weiß strahlenden neoklassizistischen **Theater** (C. Millardet, 1831) hat der Bretone J.-J. Lemordant die Decke des Zuschauerraums mit bretonischen Tanzszenen ausgemalt. Sehr schön ist der Blick von der Mitte des Rathausplatzes südlich durch die Rue d'Orléans auf das Palais de Commerce (►unten).

★
Place de la Mairie

Am Ende der vom Stadtbrand verschonten Rue St-Georges mit prächtigen **Fachwerkhäusern** liegt das Palais St-Georges, erbaut 1670

Palais St-Georges

für die Äbtissin Madeleine de La Fayette (heute Behördensitz). Weiter nördlich folgt an der Rue Gambetta die **Piscine** (Schwimmbad), eines der schönsten Jugendstil-Gebäude Frankreichs (E. Le Ray, 1925); ihre Mosaiken schuf der aus dem Friaul stammende Isidore Odorico. Le Ray entwarf auch die Markthalle »La Criée« an der Place Honoré Commeurec, in der heute moderne Kunst ausgestellt wird; täglich ist hier Viktualienmarkt, donnerstags Trödelmarkt.

St-Mélaine

Die Pfarrkirche von 1672 war früher Kirche des Benediktinerklosters St-Mélaine. Die Vierung mit Hufeisenbögen und einige Pfeiler des Langhauses (11. Jh.) sind seltene Beispiele der **Romanik in der Bretagne**. Dazu gehört ein schöner Kreuzgang (1663), nebenan der Bischofspalast (1672). Durch ein kunstvoll geschmiedetes Tor betritt man den Jardin du Thabor, den einstigen Obstgarten der Abtei. Der Park mit Musikpavillon und Volière entstand um 1866. Der Botanische Garten beherbergt 3000 Pflanzenarten und einen Rosengarten.

✴

Jardin du Thabor ►

St-Aubin

Die alte Rue St-Mélaine führt hinunter zur **Place Ste-Anne** mit der neogotischen Kirche St-Aubin (J.-B. Martenot), hübschen Fachwerkhäusern aus dem 16. Jh. und kleinen Restaurants. Im Couvent des Franciscains fand 1491 die Verlobung von Anne de Bretagne und König Karl VIII. statt. Bücher zur und Musik aus der Bretagne hat die Buchhandlung Breiz in der Rue de Penhoët; sie gehört zur bedeutenden bretonischen Kulturinitiative »Coop Breizh« (www.breizh.de).

Librairie Breiz ►

Place de la République

Die 1840 kanalisierte Vilaine bildet die Ost-West-Achse von Rennes; über dem Fluss wurde die Place de la République angelegt. Den Blick auf die für unappetitlich gehaltene Unterstadt – das Viertel der Gerber, Färber und Metzger – versperrte damals das monumentale **Palais de Commerce** (1886–1932, heute Hauptpost).

✴ ✴

Musée des Beaux-Arts

Das einstige Universitätsgebäude (1849) östlich des Palais du Commerce beherbergt das **bedeutendste Kunstmuseum der Bretagne**. Es zeigt Gemälde des 14. bis 20. Jh.s, u. a. Werke von Rubens (»Tigerjagd«, gemalt um 1616 für das Schloss Schleißheim bei München), Veronese, Georges de La Tour (»Das Neugeborene«) und der Schule von Pont-Aven, Grafik (u. a. Da Vinci, Dürer, Botticelli) und archäologische Exponate aus Ägypten, Griechenland und Italien (Di. 10.00 bis 18.00, Mi.–So. 10.00–12.00, 14.00–18.00 Uhr).

🕐

Les Champs Libres

Im Süden der Stadt ist nahe dem Bahnhof das Kulturzentrum Les Champs Libres zu finden (10 Cours des Alliés), bis 2006 erbaut von dem international renommierten Bretonen Christian de Portzamparc. Hier sind die Stadtbücherei, ein Planetarium und das reich ausgestattete Bretagne-Museum beheimatet, das sich der Geschichte der Region widmet (Di. 12.00–21.00, Mi.–Fr. 12.00–19.00, Sa./So. 14.00–19.00 Uhr). Sehr interessant ist auch die 10 000 Stücke umfassende Dokumentation zur Affäre Dreyfus.

✴ ✴

Musée de Bretagne ►

🕐

Am südlichen Stadtrand (Straße nach Noyal-Châtillon) liegt die Ferme de la Bintinais. In dem großen Bauernhof lernt man die Landwirtschaft der Region und ihre Geschichte kennen, alte Nutzpflanzen und Haustiere alter Rassen werden erhalten; interessante Vorführungen gibt es je nach Jahreszeit (April–Sept. Di.–Fr. 9.00–18.00, Sa. 14.00–18.00, So. 14.00–19.00 Uhr).

★ **Ecomusée du Pays de Rennes**

Umgebung von Rennes

Châteaugiron (6300 Einw.) 16 km südöstlich von Rennes gehörte im Mittelalter zu den bedeutendsten Städten der Bretagne. Im 16. Jh. trat es zum Protestantismus über, weshalb es 1589 von der katholischen Liga verwüstet wurde. Eine neue Blüte erlebte es als Zentrum der Segeltuchherstellung. Schöne alte **Fachwerkhäuser** aus dem 16. bis 19. Jh. und die Burg erinnern an diese Zeiten; aus dem 13. Jh. stammen die Tour de l'Horloge und der 38 m hohe Donjon.

★ **Châteaugiron**

Vitré (16 700 Einw.) 35 km östlich von Rennes ist eine der besterhaltenen Festungsstädte an der einstigen Ostgrenze der Bretagne. Am höchsten Punkt liegt das **mächtige Schloss** (11./14./15. Jh.), das mit mittelalterlicher Kunst, Mobiliar und Wandteppichen ausgestattet ist (Mai–Sept. Di. geschl., sonst auch So.vormittag). Die Tour L'Argen-

★ ★ **Vitré**

Vitré, eine der besterhaltenen Festungsstädte der Bretagne

terie enthält ein Kuriositätenkabinett; dessen originellste Exponate sind ausgestopfte Frösche in zeitgenössischen Kostümen, die den Alltag des bretonischen Adels darstellen. In der Renaissance-Kapelle der Tour L'Oratoire ein Triptychon (1544) mit 32 Emailletafeln aus Limoges (Szenen aus dem Neuen Testament). Unter den pittoresken Gassen der **Altstadt** sind besonders die Rue Baudrairie sehenswert, die Straße der Sattler, die Rue Poterie, die Rue d'En Bas und die Rue de Sévigné mit dem Haus der Madame de Sévigné (Nr. 9, s. u.). Die Kirche Notre-Dame in Flamboyant-Gotik (15./16. Jh.) besitzt eine ungewöhnliche Außenkanzel. Das Hôtel Ringues ihr gegenüber, im 16. Jh. für einen Kaufmann erbaut, ist heute ein Gemeindezentrum.

Château des Rochers-Sévigné ⏱
Knapp 7 km südlich von Vitré liegt das Schloss Les Rochers, in dem 1654 – 1690 Madame de Sévigné lebte, die berühmte Chronistin des höfischen Lebens zur Zeit Ludwigs XIV. (Museum, Mai – Sept. Di. geschl., sonst auch So.vormittag).

La Guerche-de-Bretagne
Das hübsche Städtchen La Guerche-de-Bretagne (4200 Einw.) 22 km südlich von Vitré gehörte zur Kette von Befestigungen, die die Ostgrenze der Bretagne sicherten. Die Festung wurde 1739 zerstört, erhalten blieb die historische Altstadt mit Fachwerkhäusern aus dem 16. bis 18. Jh. und der Kirche Notre-Dame (15./16. Jh.). Am Dienstag findet der Markt statt. 15 km westlich von La Guerche, zwischen Retiers und Essé, liegt eines der bedeutendsten **Megalithdenkmäler** der Bretagne. Der »Feen-Felsen« mit vierteiliger Kammer ist 22 m lang, 6 m breit und 4 m hoch und wurde vermutlich um 2500 v. Chr. aufgetürmt (▸Baedeker Special S. 228).

★
La Roche-aux-Fées ▸

★★
Fougères ⏱ ⏱
Fougères (20 700 Einw.), knapp 60 km nordöstlich von Rennes an einer Schleife des Nançon gelegen, ist für seine Schuhindustrie bekannt, aber auch landwirtschaftlich orientiert; auf dem größten **Rindermarkt** Europas im nahen La Selle-en-Luitré werden jährlich über 100 000 Tiere verkauft (Do. ab 14.00 Uhr). Als einstige Grenzstadt besitzt Fougères eine **gewaltige Burg** (11. – 15. Jh.) mit 13 Türmen und 5 m dicken, 30 m hohen und 320 m langen Mauern, eine der Hauptattraktionen der Bretagne (tägl. geöffnet, Jan. geschl.). Ihre Höfe werden als Freilichttheater genutzt, u. a. für das Festival des Voix de Pays Anfang Juli. Die spätgotische Kirche **St-Sulpice** (14. bis 18. Jh., südlich der Burg) mit eigenartigem schiefergedecktem Vierungsturm besitzt in den Chorkapellen schöne Altaraufsätze aus Granit. Den besten Blick auf die Burg hat man im Jardin Public, der über dem Nançon angelegt wurde. Von der spätgotischen Kirche St-Léonard an seinem Südende führt die Rue Nationale mit prachtvollen Häusern aus dem 17. Jh. nach Norden. In einem Fachwerkhaus neben dem Rathaus (beide 16. Jh.) ist das Musée Emmanuel de la Villéon untergebracht; der impressionistische Maler (1858 – 1944) stammte aus Fougères. Der achteckige Wehrturm (15. Jh.) an der Place Guéhenno ist einer der ältesten Bergfriede der Bretagne.

Schöne Kulisse für das alljährliche Mittelalter-Fest: Josselin

Forêt de Paimpont

Das 70 km² große Waldgebiet 40 km südwestlich von Rennes, das größte der Bretagne, ist der Rest des **Zauberwaldes von Brocéliande**, der einst weite Teile des Binnenlands bedeckte – Schauplatz der Sagen von König Artus und den Rittern der Tafelrunde. Mystisch präsentiert er sich bis heute, mit überwucherten Felsen, Bächen, uralten Eichen, Dolmen und Menhiren. Der ca. 70 km lange Fernwanderweg »Tour de Brocéliande« führt zu den sagenhaften Punkten, aber auch auf vielen anderen Pfaden und MTB-Wegen kann man sich verzaubern lassen (Information: Office de Tourisme de Paimpont-Brocéliande, www.paimpont.fr; www.broceliande-tourisme.info).

★ **Josselin**

Auch die kleine mittelalterliche Stadt (2600 Einw.) Josselin ca. 35 km südwestlich des Forêt de Paimpont besitzt ein mächtiges Schloss, das **Château des Rohan** (14. – 16. Jh.) am Fluss Oust. Der Stammsitz des berühmten Geschlechts der Rohan hat eine überaus wechselvolle Geschichte; vom Wiederaufbau nach 1488 stammt die herrliche Flamboyant-Fassade des Palas zum Hof hin. Das Schloss wird von einem Herzog Rohan bewohnt, weshalb nur das neogotisch restaurierte Erdgeschoss zugänglich ist (Führungen Juni – Sept. tägl., April/Mai nur Sa./So. nachmittags). Auf der Place Notre-Dame mit schönen Fachwerkhäusern steht die Kirche Notre-Dame du Roncier (12. Jh.) mit großartigen Glasfenstern aus dem 15./16. Jahrhundert. Am Nationalfeiertag, dem 14. Juli, findet ein großes **Mittelalter-Fest** statt.

★★ Rouen

Région: Haute-Normandie   **Höhe:** 10 m ü. d. M.
Département: Seine-Maritime   **Einwohner:** 109 000

Rouen, die Hauptstadt der ▶ Normandie, liegt an der Seine zwischen Paris und Ärmelkanal. Mit ihrer zauberhaften Altstadt, prächtigen gotischen Kirchen und Museen ist die »Ville d'Art et d'Histoire« eine der besuchenswertesten Städte Nordfrankreichs.

Rouen gestern und heute Obwohl Rouen auf der Seine noch etwa 120 km – auf der Straße sind es 65 km – von der Küste entfernt liegt, besitzt die Stadt den fünftgrößten Seehafen Frankreichs; in der Agglomeration leben ca. 400 000 Menschen. Der Handel, der Hafen und die Tuchmacherei ließen die Stadt aufblühen, woran die vielen prachtvollen Bürgerhäuser erinnern. Für herbe Rückschläge sorgten etwa der Hundertjährige Krieg, während dessen **Jeanne d'Arc** 1431 hier den Tod auf dem Scheiterhaufen erlitt, und die Aufhebung des Edikts von Nantes (1683), nach der über die Hälfte der Bürger die Stadt verließen. Im

Rouen, die alte Hauptstadt der Normandie an der Seine

▶ ROUEN ERLEBEN

AUSKUNFT

Office de Tourisme
25 Place de la Cathédrale, BP 666
76008 Rouen
Tel. 02 32 08 32 40
www.rouentourisme.com
www.rouen.fr

VERKEHR

Busse und Metro der TCAR (Info: Théâtre des Arts, 9 Rue Jeanne d'Arc, www.tcar.fr). Hafenrundfahrten April bis Sept. Mi./Sa. 14.30 Uhr vom Quai Boisguilbert, Embarcadère Jean Ango (Anmeldung im Office de Tourisme).

FESTE & EVENTS

Jan.: Les Puces Rouennaises d'Hiver (Antiquitätenmarkt). Letztes Mai-Wochenende: Fête Jeanne d'Arc mit Mittelaltermarkt und prächtigem Umzug. Anfang Juli (alle 4 – 5 Jahre): Armada, das größte Segelschiff-Treffen der Welt mit großem Volksfest (wieder 2013). Aktuelle Termine in »L'Agenda Rouennais« (gratis).

ESSEN

▶ Fein & teuer

① Gill
8 – 9 Quai de la Bourse
Tel. 02 35 71 16 14, www.gill.fr
So., Mo. geschl.
Gilles Tournadre ist einer der Spitzenköche in Frankreichs Norden, sein Degustationsmenü eine Hommage an die normannische Heimat. Preiswerter isst man im Gill Côté Bistro (14 Place du Vieux Marché, Tel. 02 35 89 88 72, tägl. geöffnet).

▶ Erschwinglich

② La Couronne
31 Place du Vieux Marché
Tel. 02 35 71 40 90
www.lacouronne.com

Ob es das älteste Gasthaus Frankreichs ist – jedenfalls gehört das Fachwerkhaus von 1345 zu den schönsten. Und die Rouennaiser Ente ist ausgezeichnet. Am Platz zu empfehlen sind auch das Edelbistro P'tit Zinc (So. geschl.) und das beliebte, preiswerte Les Maraîchers.

▶ Preiswert

③ Brasserie Paul
1 Place de la Cathédrale
Tel. 02 35 71 86 07
Aufgrund der privilegierten Lage und der Atmosphäre sehr populär, dennoch gute Bistro-Küche und sehr preiswert.

ÜBERNACHTEN

▶ Komfortabel

① L'Ermitage Bouquet
58 Rue Bouquet, Tel. 02 32 12 30 40
www.hotel-ermitagebouquet.com
Geschmackvoll eingerichtetes Hotel in einem Stadthaus von Ende des 19. Jh.s, komfortable, gemütliche Zimmer.

▶ Günstig/Komfortabel

② De la Cathédrale
12 Rue St-Romain, Tel. 02 35 71 57 95
www.hotel-de-la-cathedrale.fr
Gediegenes Haus aus dem 17. Jh. nahe der Kathedrale mit wunderbarer Atmosphäre. Besonders zu empfehlen sind die zum Innenhof gelegenen Zimmer. Mit Salon de Thé.

▶ Günstig

③ Le Vieux Carré
34 Rue Ganterie, Tel. 02 35 71 67 70
www.vieux-carre.fr
Schönes, stimmungsvolles Fachwerkhaus von 1715 mit Innenhof und hübschen Zimmern. Man frühstückt im zauberhaften Salon de Thé.

Rouen Orientierung

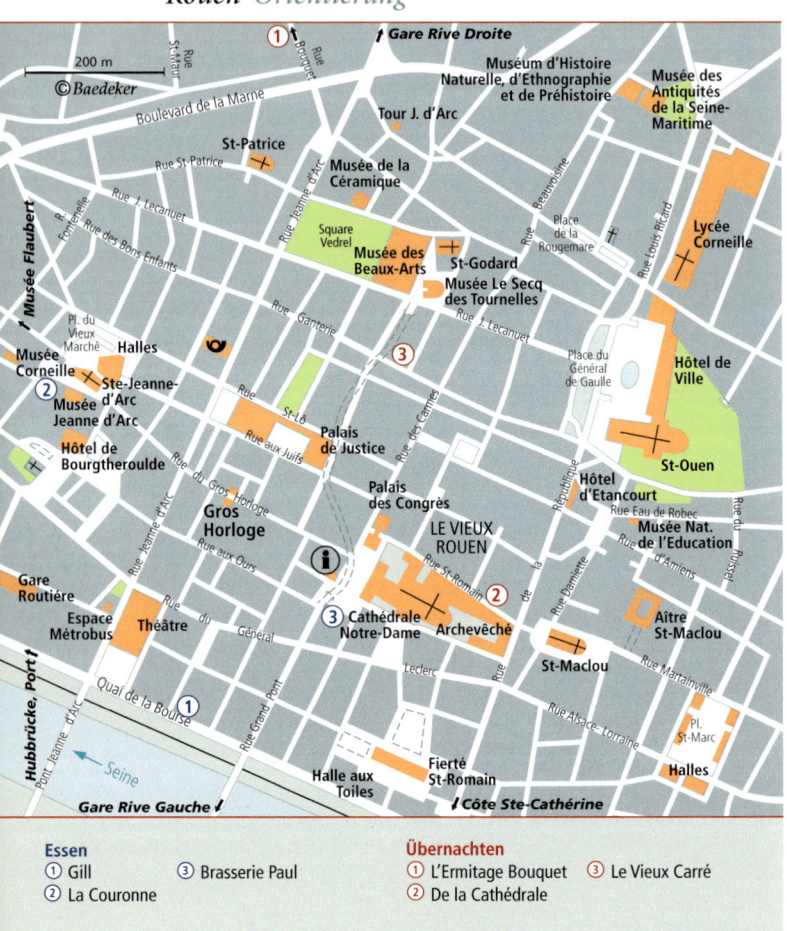

① Gare Rive Droite

Muséum d'Histoire Naturelle, d'Ethnographie et de Préhistoire

Musée des Antiquités de la Seine-Maritime

Tour J. d'Arc

St-Patrice

Musée de la Céramique

Square Vedrel

Musée des Beaux-Arts

St-Godard

Musée Le Secq des Tournelles

Place de la Rougemare

Lycée Corneille

Musée Flaubert

Pl. du Vieux Marché

Halles

Musée Corneille

② Ste-Jeanne-d'Arc

Musée Jeanne d'Arc

Hôtel de Bourgtheroulde

Palais de Justice

Place du Général de Gaulle

Hôtel de Ville

St-Ouen

Gros Horloge

ⓘ

Palais des Congrès

LE VIEUX ROUEN

Hôtel d'Etancourt

Musée Nat. de l'Education

Gare Routière

Espace Métrobus

Théâtre

③ Cathédrale Notre-Dame

② Archevêché

St-Maclou

Aître St-Maclou

Pl. St-Marc

Halles

Hubbrücke, Port

Quai de la Bourse

① Seine

Halle aux Toiles

Fierté St-Romain

Gare Rive Gauche

Côte Ste-Cathérine

Essen
① Gill
② La Couronne
③ Brasserie Paul

Übernachten
① L'Ermitage Bouquet
② De la Cathédrale
③ Le Vieux Carré

Zweiten Weltkrieg wurde die mittelalterliche Stadt zu großen Teilen zerstört, ihr Wiederaufbau darf als gelungene Synthese aus liebevoller Rekonstruktion und Moderne gelten. Weit über die Stadtgrenzen hinaus bekannt ist die »Armada«, zu der die größten Segelschiffe der Welt kommen (▶ S. 555); seit der Einweihung der Hubbrücke Pont Flaubert (2008) mit 55 m lichter Höhe über Hochwasser können sie im Zentrum vor Anker gehen. Aus Rouen stammten die Schriftsteller **Pierre Corneille** (1606–1684), **Gustave Flaubert** (1821–1880), an die zwei Museen erinnern, sowie Maurice Leblanc (1864–1941), der geistige Vater des Meisterdiebs Arsène Lupin.

Sehenswertes in Rouen

Die großartige gotische Kathedrale Notre-Dame entstand im Wesentlichen 1201–1220 (Querschiff 1280). Ihre 56 m breite Flamboyant-Fassade (1509–1530) hat **Claude Monet** in nicht weniger als 28 Bildern verewigt, grundlegenden Werken des Impressionismus. Das Tympanon des Mittelportals ziert eine schöne »Wurzel Jesse« (1524). Links der Fassade erhebt sich die Tour St-Romain, deren unterer Teil vom romanischen Vorgängerbau stammt, rechts die 77 m hohe Tour de Beurre (1485–1507): Ihr Bau wurde durch eine Steuer finanziert, die für die Erlaubnis kassiert wurde, in der Fastenzeit Butter essen zu dürfen. Die Spitze des Vierungsturms aus Gusseisen (1876) schließt den mit 151 m höchsten Kirchturm Frankreichs ab. Besonders schön sind auch die Seitenportale, v. a. das Portail des Libraires im Norden. Das 135 m lange und in der Vierung 51 m hohe Innere beeindruckt durch Eleganz und Harmonie. Im wunderbaren **Umgangschor** sind u. a. Rollo, der erste Herzog der Normandie, und das Herz von Richard Löwenherz bestattet (der Körper in Fontevraud, ► Loire). Glanzstück ist das **Grabmal der Kardinäle von Amboise** (1520) in der Chapelle de la Vierge. In der Krypta aus dem 11. Jh. ist das Herz König Karls V. beigesetzt.

Das mit Medaillons, Putti und Grotesken geschmückte ehemalige **Bureau des Finances** gegenüber, ein Renaissancebau von 1509, beherbergt das Office de Tourisme. Östlich stößt an die Kathedrale der Erzbischöfliche Palast (15./18. Jh.), in dem Jeanne d'Arc der Prozess gemacht wurde. Die hier verlaufende Rue St-Romain ist eine der **malerischsten Gassen** von Rouen mit wunderschönen Fachwerkbauten.

Ein Juwel der Spätgotik ist die Kirche St-Maclou (1437–1521, Vierungsturm 1868). Hinter der filigranen fünffachsigen Vorhalle liegen drei Portale; das mittlere und das linke, wohl von Jean Goujon, zeigen feine Holzreliefs mit Szenen aus der Bibel. Auch das Orgelgehäuse im Innern stammt von Goujon. An der Nordseite der Kirche verläuft die von schönen Fachwerkhäusern gesäumte Rue Martainville. Der Aître St-Maclou (Zugang über Haus Nr. 186) ist ein Friedhof für die Opfer der Pest von 1348. Umgeben ist er von Fachwerkgalerien (um 1530), die mit geschnitzten Totentanzszenen verziert sind.

Südlich der Kathedrale erstreckt sich bis zur Seine ein modernes Wohnviertel. Einziger Rest der Altstadt ist die an die Markthalle (Halle aux Toiles) gebaute Fierté St-Romain, beide aus der Renaissance (1542). 1860 wurde durch die Altstadt die Rue Jeanne d'Arc gebrochen, die heutige Nord-Süd-Achse.

Das Musée National de l'Education nordöstlich der Kathedrale, im malerischen einstigen Färber- und Gerberviertel, informiert über die Geschichte von Erziehung und Schule seit dem 16. Jh. Ein paar Schritte weiter folgt die ehemalige Benediktinerabtei St-Ouen. Ihre 1318–1339 erbaute Kirche, ein schönes Werk der Spätgotik, ist statt-

✱ ✱
Kathedrale
Notre-Dame

Öffnungszeiten:
Mo. 14.00–18.00
Di.–Sa. 8.00–18.00
So. 8.00–18.00

◄ Archevêché,
Rue St-Romain

✱
St-Maclou

✱
◄ Aître
St-Maclou

Weitere Sehens-
würdigkeiten

✱

◄ Saint-Ouen

Die »Krone der Normandie« wird der Vierungsturm auch genannt.

liche 137 m lang. Der Abschluss des 151 m hohen Vierungsturms heißt »Krone der Normandie«. Das Westportal mit den Türmen entstand erst 1846–1851. Am südlichen Querschiff ist das Portail des Marmousets zu beachten, in dessen Tympanon Tod, Himmelfahrt und Aufnahme Marias in den Himmel dargestellt sind. Innen sind die Fenster aus dem 13.–16. Jh. und ein schönes **Chorgitter** (1747) sehenswert; im Orgelprospekt von 1630 ein berühmtes Instrument von Cavaillé-Coll (19. Jh.). Das barocke Konventsgebäude ist seit der Revolution Rathaus (**Hôtel de Ville**).

★
**Place du
Vieux Marché**

Kern der östlichen Altstadt ist die Place du Vieux Marché, auf der Jeanne d'Arc am 30. Mai 1431 verbrannt wurde; ein Kreuz und eine Tafel markieren die Stelle. In der Eglise Ste-Jeanne-d'Arc von 1979 sind die Fenster der 1944 zerstörten Kirche St-Vincent (16. Jh.) zu sehen. Im Süden säumen schöne Fachwerkhäuser den Platz. Das prächtige **Hôtel du Bourgtheroulde** entstand 1486–1531 für den Gerichtsherrn Guillaume Le Roux. Nordwestlich von hier, im Hôtel-Dieu, kam 1821 **Gustave Flaubert** zur Welt. Heute beherbergt es das Musée Flaubert und ein Museum zur Geschichte der Medizin (Di. 10.00–18.00, Mi.–Sa. 10.00 bis 12.00, 14.00–18.00 Uhr).

Musée Flaubert ▶

🕐

**Rue du
Gros-Horloge**

Vom Alten Markt zur Kathedrale führt die Rue du Gros-Horloge, Hauptschlagader der Altstadt mit Fachwerkhäusern des 15. bis 17. Jh.s. Das heimliche Wahrzeichen der Stadt ist die **Gros-Horloge** (Uhr mit Stundenzeiger, 1389; Aussichtsterrasse) in einem Renaissance-Torbau, der Wehrturm nebenan entstand bis 1398. Das Haus Nr. 60 – 66 ist das ehemalige Rathaus (1607), entworfen von Jacques Gabriel, dem Urgroßvater des berühmten Ange-Jacques Gabriel.

Das Palais de Justice nördlich der Gros-Horloge, ein Meisterwerk der Gotik, wurde bis 1509 von R. Leroux erbaut. Im Ehrenhof wurden Reste eines jüdischen Gemeindebaus entdeckt (Monument Juif, um 1100; Führungen Di., Anmeldung im Tourismusbüro).

★
◄ Palais de Justice

Um die Square Vedrel gruppieren sich interessante Museen: In der gotischen Kirche St-Laurent zeigt das **Musée Le Secq des Tournelles** eine Sammlung schmiedeeiserner Kunstwerke (Öffnungszeiten ►Keramikmuseum). Das Musée des Beaux-Arts gegenüber ist eines der wichtigsten Provinzmuseen Frankreichs mit einer beeindruckenden Sammlung von Werken der Impressionisten, u. a. auch eine »Fassade der Kathedrale von Rouen« von Monet (Mi. – So. 10.00 – 18.00 Uhr). Das **Musée de la Céramique** im Hôtel d'Hocqueville (1657) zeigt eine Keramiksammlung (Mi. – Mo. 10.00 – 13.00, 14.00 – 18.00 Uhr). Von hier ist es nicht weit zur **Tour Jeanne d'Arc**, Rest der großen, um 1200 von König Philipp II. Augustus erbauten Burg, in der Jeanne d'Arc 1431 von den Richtern verhört und gefoltert wurde.

Museen

★
◄ Musée des Beaux-Arts
☉

☉

Umgebung von Rouen

Zwischen Rouen und ►Le Havre verläuft – meist parallel zur Seine – die D 982 als ausgeschilderte Route des Abbayes (»Straße der Abteien«). Die abwechslungsreiche Landschaft und die vielen Kulturdenkmäler machen sie zum großem Erlebnis (►Normandie).

★
Route des Abbayes

Sattgrüne Wiesen und waldreiche Täler bestimmen das Bild des nordöstlich von Rouen an der Grenze zur Picardie gelegenen Pays de Bray. Hauptort ist das für seinen Käse bekannte **Neufchâtel-en-Bray**. In der sympathischen Bäderstadt Forges-les-Eaux (17 km südlich) mit hübschen Sommervillen, Promenaden und einem Casino kurten schon französische Könige sowie Kardinal Richelieu.

Pays de Bray

◄ Forges-les-Eaux

★ ★ Saint-Malo

Région: Bretagne	**Höhe:** Meereshöhe
Département: Ille-et-Vilaine	**Einwohnerzahl:** 48 600

Für Flaubert eine »Steinkrone auf den Wellen«, für Chateaubriand eine »granitene Zitadelle« war die wehrhafte Altstadt von St-Malo. Seit dem Ende des 19. Jahrhunderts ist die bedeutende Hafenstadt im Osten der ►Bretagne ein beliebter Ferien- und Badeort.

Alte Seefahrer-stadt

Die festungsartige Altstadt von St-Malo (»Ville Close«) war ursprünglich eine Insel und ist heute durch Dämme mit dem Festland verbunden. Seit dem 17. Jh. ist die Hafenstadt an der »Cote d'Emeraude« stark gewachsen; 1967 wurden Paramé (östlich der Ville Close) und St-Servan (südlich) eingemeindet. Viele schöne alte Villen, die »Malouinières«, belegen, dass St-Malo seit Ende des 19. Jh.s auch ein frequentiertes Sommerferienziel ist. Wichtige Einnahmequelle ist immer noch der Hafen, wo Handels- und Fährschiffe, Fischtrawler und Jachten landen.

Ein wenig Geschichte

Im 6. Jh. ließ sich der walisische Einsiedlermönch Maclow – einer der sieben heiligen Gründer der Bretagne – auf der Landzunge Aleth nieder (heute St-Servan). Aus »Maclow« wurde französisch »Maclou« und bretonisch »Malo«. Normannische Überfälle im 9. Jh. zwangen die Bewohner, auf die leichter zu verteidigende Insel überzusiedeln. Im Lauf der Zeit entstanden mächtige **Wehrmauern**, die letzten Verstärkungen 1693 – 1695 nach Plänen von S. Garangeau, einem Schüler von Vauban. Vom Meer aus konnte die Stadt nie erobert werden. Seinen Wohlstand verdankte St-Malo schon früh der Seefahrt. 1534 entdeckte der Malouiner **Jacques Cartier** Kanada. Seinen Aufstieg zum Zentrum der Korsaren erlebte St-Malo Ende des 17., Anfang des 18. Jh.s, als Malouiner Piraten die Weltmeere unsicher machten; die zwei berühmtesten waren René Duguay-Trouin (1673 – 1736) und Robert Surcouf (1773 – 1827). Als es mit der Seeräuberei zu Ende ging, verlegte man sich auf den Sklavenhandel und die Hochseefischerei vor Labrador und Neufundland. 1768 kam in St-Malo der Schriftsteller und französische Außenminister **F.-R. de Chateaubriand** († 1848) zur Welt. Im August 1944 zerstörten alliierte Luftangriffe 80 % der Innenstadt; in den folgenden Jahren wurde die Altstadt im klassizistischen Stil des 18. Jh.s wieder aufgebaut.

> ! **Baedeker** TIPP
>
> **Segeln wie einst**
>
> Wer mal richtig Seeluft schnuppern will, kann das zünftig auf dem Korsarenkutter »Le Renard« tun, gebaut nach einem Vorbild von 1812. Info: www.cotre-corsaire-renard.com. Charter über www.etoile-marine.com, die auch andere aufregende (alte und moderne) Schiffe anbietet.

✳ ✳ Ville Close

Tour des Remparts

Am besten beginnt man die Besichtigung von Vieux Malo (auch »Intra Muros« genannt, »Innerhalb der Mauern«) mit einem Rundgang auf dem Mauerring. Je nach den Gezeiten – der Unterschied zwischen Ebbe und Flut beträgt zwischen 8 und 13 m (▶ Baedeker Special S. 564) – hat man spektakuläre Ausblicke auf Meer, Hafen, Inseln und Stadt. Das heutige Bauwerk stammt im Wesentlichen aus der ersten Hälfte des 18. Jh.s, als sich die Stadt auf 24 ha ausdehnte. Der Hauptzugang befindet sich am südlichen Schlossturm an der

ST-MALO ERLEBEN

AUSKUNFT

Office de Tourisme
Esplanade St-Vincent, 35400 St-Malo
Tel. 08 25 13 52 00
www.saint-malo-tourisme.com

SCHIFFSVERKEHR

Die Schiffe nach Dinard/Dinan/St-
Servan und anderen Ausflugszielen
fahren vom Südkai der Ville Close ab,
die nach England und zu den Kanal-
inseln Jersey und Guernsey vom
Fährhafen südlich der Ville Close.

FESTE UND EVENTS

Di./Fr. Markt in der Ville Close (Halle
aux Blés, Place de la Poissonnerie).
Pfingsten: Festival Etonnants Voya-
geurs (Festival des Abenteuerromans).
Mitte Juli – Mitte Aug.: Festival für
sakrale Musik (Konzerte in der Ka-
thedrale und anderen Orten). Juli:
Folklore du Monde (Musik und Tanz
aus aller Welt). Juli/Aug.: Son et
Lumière. Mitte Aug.: Route du Rock
(Rockfestival). Okt.: Quai des Bulles
(Comic-Festival).

ESSEN

► Erschwinglich/Fein & teuer

① *À la Duchesse Anne*
5 Place Guy La Chambre
Tel. 02 99 40 85 33
Mo.mittag/Mi. geschl., in der
Nebensaison auch So.abend
Traditionsreiches Restaurant inner-
halb der Stadtmauer. Französische
Küche nach echter bürgerlicher Art,
vornehmlich exzellenter Fisch.

② *St-Placide*
St-Servan, 6 Place Poncel
Tel. 02 99 81 70 73
Haus von 1907 mit Terrasse an hüb-
schem Platz. Hochklassige Küche,
besonders Fisch und Meeresfrüchte –

etwa Jakobsmuscheln mit Trüffel oder
Risotto mit Hummer und Bacon.

► Preiswert/Erschwinglich

③ *Côté Brasserie*
Rue des Cordiers, Tel. 02 99 56 83 40
Galettes, Pizza, Meeresfrüchte, Fleisch
vom Grill, Crêpes – herzhafte Genüsse in einer netten Brasserie.

④ *La Dent Creuse*
4 Place de la Poissonnerie
Tel. 02 99 40 19 92
Im »Hohlen Zahn« am ehemaligen
Fischmarkt genießt man frische
Meeresfrüchte.

ÜBERNACHTEN

► Luxus

① *Grand Hôtel de Courtoisville*
9 Rue Michelet/69 Blvd. Hébert
Tel. 02 99 40 83 83, www.hotel-saint-
malo-courtoisville.com
Das Flair eines Hotelpalasts von Anfang des 19. Jh.s, dennoch familiäre
Atmosphäre. Die Zimmer sind recht
schlicht eingerichtet. Zu Fuß 20 Min.
östlich der Ville Close und 50 m vom
Strand. Bei Internet-Buchung Rabatt
möglich.

► Komfortabel

② *Hotel Central*
6 Grand Rue, Tel. 02 99 40 87 70
www.hotel-central-stmalo.com
Gepflegtes Haus in der Ville Close mit
netten modernen Zimmern. Maritimes Restaurant »La Pêcherie«.

③ *Ascott Hotel*
St-Servan, 35 Rue du Chapitre
Tel. 02 99 81 89 93
www.ascotthotel.com
Kleine Bürgervilla aus dem 19. Jh.,
ausgestattet in charmantem Mix von
Alt und Modern. Mit Garten.

St-Malo Ville Close Orientierung

1 Musée de la Ville
2 Geburtshaus
   Châteaubriand
3 Musée
   de la Poupée
4 Halle aux Blés
5 Bibliothèque

Essen
① Duchesse Anne
② St-Placide
③ Côté Brasserie
④ La Dent Creuse

Übernachten
① Grand Hôtel
   de Courtoisville
② Hôtel Central
③ Ascott Hotel

100 m

©Baedeker

Porte St-Vincent (1709); besonders trutzig wirkt die **Grande Porte** von 1582. Der Ville Close vorgelagert sind einige Inseln, die eine wichtige Verteidigungslinie darstellten und z. T. befestigt wurden.

✱ Château

Das wehrhafte **Schloss** ließen zum großen Teil im 15./16. Jh. die Herzöge der Bretagne zur Verteidigung der Stadt errichten – aber auch zu deren Kontrolle. Ältester Teil ist der Petit Donjon (14. Jh.); 1424 errichtete man den Grand Donjon (südlich). 1475 entstand die Tour Générale. In den Türmen ist das **Musée de la Ville et du Pays Malouin** untergebracht, das die Hochseefischerei, das Alltagsleben in der Region und den frühen Fremdenverkehr dokumentiert (April – Sept. tägl. 10.00 – 12.30, 14.00 – 18.00 Uhr, sonst Mo. geschl.). 1498 wurde der Turm Quic-en-groigne an den Petit Donjon angebaut. Sein Name spielt auf eine Devise der Anne de Bretagne an: »Qui qu'en groigne, ainsi sera, car tel est mon plaisir.« (»Mag man auch murren, so soll es sein; denn so macht es mir Spaß.«) Die Kasernen aus dem 18. Jh. wurden zum Rathaus umfunktioniert. Zur Esplanade St-Thomas hin baute man im 16. Jh. an das Schloss die »Galère« an, die von Vauban zu einer dreiseitigen Anlage verstärkt wurde.

Stadtmuseum ▶

☉

Tour Quic-en-groigne ▶

Weitere Sehenswürdigkeiten

Im Haus Nr. 2 an der lebhaften **Place Chateaubriand** (im Norden der Ville Close) wohnte die Familie Chateaubriand fünf Jahre; gebo-

Place Chateaubriand

ren wurde der Schriftsteller im Haus Rue Chateaubriand Nr. 3. Der Platz ist Ausgangspunkt eines Rundwegs. Wo das Grab des hl. Malo gelegen haben soll, steht die **Kathedrale St-Vincent**, die im 12./ 13. Jh. auf den Resten eines karolingischen Vorgängerbaus entstand. Chorgestühl und Kanzel stammen aus der Zeit Ludwigs XIV.; die modernen Glasfenster von M. Ingrand und J. Le Moal geben dem düsteren Raum Licht und Farbe. In der Rue de Toulouse 13 ist eine bezaubernde **Sammlung von über 300 Puppen** und anderem Spielzeug zu sehen (April – Sept. tägl. geöffnet, sonst Mo. geschl.).

Außenbezirke und Umgebung von St-Malo

Zur Sicherung St-Malos, v. a. vor Angriffen der Engländer, befestigte man im 17. Jh. die vor der Stadt gelegenen Inseln. Auf dem Felsen von **Islet** – bei Ebbe zu Fuß erreichbar – wurde 1689 das Fort National erbaut. Zu Fuß erreichbar ist auch **Grand-Bé**, auf der Chateaubriand beigesetzt ist. 300 m westlich liegt die kleinere Insel Petit Bé. Die 1692/1756 befestigte **Ile de Cézembre** 4 km nordwestlich wird wegen ihres schönen Strands besucht. 1,5 km nordöstlich von ihr erhebt sich die Festung La Conchée (Vauban/Garangeau, um 1700).
Vorgelagerte Inseln

Ein schöner Spaziergang führt um die Cité d'Aleth auf der gleichnamigen Halbinsel südlich der Ville Close. Ausgangspunkt ist die Place St-Pierre mit den Ruinen der **Kathedrale von Aleth**. Das nordwestlich gelegene Fort von 1759 wurde im Zweiten Weltkrieg von der deutschen Besatzung ausgebaut (»Mémorial 33/45«). Südlich der Place St-Pierre erhebt sich am Wasser die gewaltige, aus drei Rundtürmen zusammengesetzte **Tour Soulidor** (1369 – 1382) mit dem Museum der Kap-Horn-Fahrer (Musée International du Long Cours Cap-Hornier, April – Sept. tägl., sonst Mo. geschl.). ⏱
Cité d'Aleth

Der hübsche Badeort St-Servan südlich der Cité d'Aleth besitzt einen der größten Sporthäfen der Bretagne. Ein beliebtes Familienausflugsziel ist das spektakuläre **Grand Aquarium** im Südosten des Orts (Av. du Général Patton, D 137; tägl. geöffnet, Jan. geschl.); ein Höhepunkt sind die Haie, die den Besucher in einem Aquarium umkreisen. ⏱
Saint-Servan

Bei der Ville Close beginnt die gut 2 km lange **Grande Plage**, die sich östlich bis Paramé erstreckt, einem gut besuchten See- und Kurbad (Thalassotherapiezentrum, Casino); die Uferpromenade ist von den eleganten Villen der Gründerzeit (»Malouinières«) gesäumt.
Paramé

*Das Gezeitenkraftwerk
in der Rance
bei St-Malo*

ATMUNG DES MEERES

**Das faszinierendste Naturschauspiel an der Atlantikküste bieten Ebbe und
Flut. Zweimal am Tag enthüllen sie die Schönheiten und Reichtümer der
Strände, um sie dann wieder dem Auge des Betrachters zu entziehen.**

Das Fallen und Steigen des Meeres-
spiegels geht auf die Anziehungskräfte
von Mond und Sonne zurück (wobei
der Mond doppelt so stark wirkt). Die
Anziehung bewirkt, dass ständig zwei
Flutberge um die Erde laufen, und
zwar im Abstand von durchschnittlich
12 Std. und 25 Min.; das heißt, dass
das Meer zweimal pro Tag ansteigt
und wieder absinkt, wobei sich der
Abstand zwischen den Gezeiten täglich um etwa 50 Min. verschiebt. Bei
Neu- und Vollmond, wenn sich Sonne, Mond und Erde auf einer Linie
befinden, verstärken sich die Anziehungskräfte von Sonne und Mond,
und es kommt zu den starken **Spring-
tiden**. Wenn dagegen bei Halbmond
Sonne, Erde und Mond im rechten
Winkel zueinander stehen, ist die
Gesamtanziehungskraft am niedrig-
sten; da die Sonne die Wassermassen
an andere Stellen der Erde zieht,
entstehen die schwächeren Nipptiden:
Der Meeresspiegel bleibt dann einige
Dezimeter unter der mittleren Hoch-
wassermarke.
Der Tidenhub, der Höhenunterschied
zwischen Hochwasser und Niedrig-
wasser, ist örtlich sehr unterschied-

lich. Auf den offenen Ozeanen beträgt
er nur einige Dezimeter, in engen
Buchten und trichterförmigen Flussmündungen dagegen erreicht er mehrere Meter. In der Ostsee liegt er bei
etwa 11 cm, an der deutschen Nordseeküste bei 4 m, an der englischen
Südwestküste bei 11,5 m und in der
Fundy Bay an der Atlantikküste Ka-
nadas bis zu 16 m – der höchste der
Erde. Die Tiden im Nordosten Frankreichs sind die stärksten in Europa:
Der Gezeitenunterschied in der Bucht
von St-Malo erreicht 14 m, in der
östlich benachbarten Bucht des Mont
St-Michel 15 m, wobei sich das Meer
bei Ebbe 15 km weit zurückzieht. Von
der Flut in der Bucht des Mont St-
Michel heißt es, sie presche heran
»wie galoppierende Pferde«.
Wenn auch die Gezeiten an den
anderen Küstenabschnitten des Atlantiks nicht solche Ausmaße annehmen,
sind sie doch überall deutlich wahr-
zunehmen. Selbst im Landesinneren
zeigen sich ihre Auswirkungen, etwa
in den Abers, den bis zu 30 km weit
ins Land vordringenden trichterförmigen Buchten nordwestlich von
Brest. Mächtig strömt der Fluss Odet

bei Flut durch die 16 km vom Meer entfernte bretonische Stadt Quimper; bei Ebbe ähnelt er einem Rinnsal.

Zu Fuß im Meer fischen

Die Gezeiten sorgen an der Küste für ein ständig wechselndes Bild. Wo eben noch Boote im Hafen dümpelten, liegen sie zur Seite geneigt auf dem Schlick. Wie aus dem Nichts tauchen Felsen und Riffe auf. Sandbänke und Inseln werden für kurze Zeit mit dem Festland verbunden, sind oft trockenen Fußes erreichbar. Feuchter Sand, mal grauweiß, mal goldfarben, der in der Sonne glänzt und in dem zahlreiche, mit Algen überwucherte Felsen liegen, kommt zum Vorschein. Es riecht nach Jod auf diesen neu entstandenen Stränden, auf deren vorherigen Besitzer kleine Wassertümpel hinweisen und auf denen man kilometerweit gehen muß, um ans Wasser zu gelangen. Das ist dann der Zeitpunkt für das Wattfischen, die **Pêche à pied**. Die Amateure der Strandfischerei stochern fachkundig in Wasserlöchern, stöbern Muscheln, Krebse und andere essbare Lebewesen des Meeres in ihren Verstecken auf und sammeln sie in Plastikeimern. Doch auch andere sind auf der Jagd: Silbermöwen, Seeschwalben, Fischreiher, Brachvögel usw. Dann aber erobert das Meer für sechs Stunden seine Rechte zurück.

Die Flut in der Bucht von Mont St-Michel machten sich die Mönche mit einem genialen Plan zunutze, als sie im 10. Jh. mit dem Bau ihres Klosters begannen. Als Baumaterial kamen nur Steine von den rund 30 km draußen im Meer liegenden Inseln von Chausey in Frage. So bauten sie riesige Holzflöße, beluden sie bei Ebbe auf der Insel und ließen sie dann von der Kraft der Flut zu ihrem Bestimmungsort tragen.

Schon im 12. Jh. nutzten die Bewohner der Gegend das Hin und Her des Wassers zur **Energiegewinnung**: In künstlich angelegten Staubecken sammelten sie das Flutwasser, um mit ihm Mühlräder anzutreiben. Heute wird der starke Tidenhub für die Stromerzeugung genützt. Im Mündungstrichter der Rance bei St-Malo, wo er bis 14 m beträgt und die Flut 22 km tief ins Land vordringt, wurde 1966 das erste Gezeitenkraftwerk (Usine marémotrice) der Welt in Betrieb gekommen, ein 750 m langer Staudamm mit 24 horizontalen Rohrturbinen, deren Flügel auf die Fließrichtung eingestellt werden können. Die jährliche Stromerzeugung dieses Kraftwerks liegt bei 550 Mio. kWh, fast 10 % des Bedarfs der Bretagne.

An der Atlantikküste lebt man mit Ebbe und Flut. In den Zeitungen, in Hotels, Häfen und Badeorten werden ihre Zeiten täglich bekannt gemacht.

Rothéneuf

🕐

✱

Rochers
Sculptés ►

Östlich schließt das zwischen Felsklippen und Buchten gelegene Ro-théneuf an. In der Rue David Macdonald Stewart steht das Wohn-haus des Kanada-Entdeckers **Jacques Cartier** (Museum, Juli/Aug. tägl., Juni – Sept. Mo. – Sa.). Sehenswert sind auch die »skurrilen Pi-raten« des Abbé Fouré, bekannt als Ermite de Rothéneuf (1839 bis 1910). Ein Schlaganfall machte ihn im Alter von 30 Jahren halbseitig gelähmt und stumm, weshalb er sich an diesen schönen Fleck zu-rückzog und über 25 Jahre lang die Klippen bearbeitete, aus denen er über 300 Piraten, Seeungeheuer und andere Figuren schuf.

Usine maré-motrice

Zwischen St-Servan und Dinard holt im 750 m langen Damm über die Rance ein **Gezeitenkraftwerk** Energie aus der Strömung (Besich-tigung über das Tourismusbüro in Dinard; ► S. 212).

✱✱ Straßburg · Strasbourg

P 4

Région: Alsace (Elsass)
Département: Bas-Rhin

Höhe: 143 m ü. d. M.
Einwohnerzahl: 272 000

Straßburg nennt sich zu Recht »Carrefour de l'Europe«, »Schnitt-punkt Europas«. Die herrliche alte Hauptstadt des ► Elsass ist in der französischen und in der deutschen Kultur gleichermaßen ver-wurzelt und als Sitz zahlreicher europäischer Institutionen heute politische und kulturelle Mittlerin in einem geeinten Europa.

Europäische Stadt mit Geschichte

In Straßburg, der Hauptstadt des Départements Bas-Rhin, haben der Europarat, der Europäische Gerichtshof für Menschenrechte, die Eu-ropäische Menschenrechtskommission und (im Wechsel mit Brüssel) das Europäische Parlament ihren Sitz. Darüber hinaus ist es mit drei Universitäten, der Nationalen Verwaltungsschule ENA, Museen, Theatern und Opernhäusern sowie dem französisch-deutschen TV-Kanal Arte die Kulturmetropole der Region. Für den Besucher ist Straßburg jedoch in erster Linie die **herrliche alte Reichsstadt**, die mit dem Münster, Fachwerkhäusern aus dem 16./17. Jh. sowie den repräsentativen Bauten des 18. Jh.s und der wilhelminischen Ära von der UNESCO zum Welterbe erklärt wurde. Nicht zuletzt ist Straß-burg Mittelpunkt der kulinarischen Landschaft Elsass.

Ein wenig Geschichte

Bei einer Keltensiedlung an der Kreuzung wichtiger Straßen legten die Römer 16 n. Chr. an der Ill das Kastell Argentoratum an, das sich zum bedeutenden Handelsplatz entwickelte. 498 kam der Ort ans Frankenreich. Als »Strataburgum«, »Burg an den Straßen«, wurde es erstmals im 6. Jh. erwähnt. 842, nach dem Tod ihres Vaters, Kaiser Ludwig der Fromme, verschworen sich hier Ludwig der Deutsche und Karl der Kahle gegen ihren Bruder Lothar I.; ihre **»Straßburger Eide«** sind das älteste erhaltene Dokument in althochdeutscher und

Strasbourg   *Orientierung*

Haguenau

Ausstellungsgelände

Palais de la Musique et des Congrès

© Baedeker

300 m

Gare des Marchandises

Stade

Quai Maurice Barrès

Canal de Dérivation

Fritz Kieffer

Place de Bordeaux

R. Ohmacht

Colmar, Mulhouse

Autoroute A35

Fossé des Remparts

Place de Haguenau

Avenue

Boulevard

des

Synagogue

WILHELMINISCHE NEUSTADT

St-Pierre-le-Jeune (kath.)

Palais du Rhin

Préfecture

Vosges

Palais de l'Europe

Pal. de Justice

Pl. de la Republ.

Bibliothèque Nationale

St-Paul

Université

Gare

Opéra du Rhin

Théâtre National

Musée T. Ungerer

St-Pierre-le-Jeune

Hôtel de Klinglin

Place de la Gare

St-Jean Baptiste

Hôtel de Ville

L'Aubette

Temple Neuf

FRANZÖSISCHES VIERTEL

St-Etienne

St-Pierre-le-Vieux

Place Kléber

Maison Kammerzell

Cathédrale

St-Guillaume

KRUTENAU

St-Martin

Pharm. du Cerf

Château des Rohan

PETITE FRANCE

VIEILLE VILLE

St-Thomas

Musée Notre-Dame

Ste-Madeleine

Musée d'Art Moderne

Barrage Vauban

Ancienne Douane

Mus. Hist. Cour du Corbeau

St-Nicolas

Musée Alsacien

Citadelle

Faculté de Médecine

Hôpital Civil

Centre Administratif

Cimetière St-Urbain

Colmar

► STRASSBURG ERLEBEN

AUSKUNFT

Office de Tourisme
17 Place de la Cathédrale, BP 70020
67082 Strasbourg
Tel. 03 88 52 28 28
www.otstrasbourg.fr

Centre d'Information sur les
Institutions Européennes
26 a Avenue de Paix, 67000 Strasbourg
Tel. 03 88 15 70 80
www.strasbourg-europe.com

VERKEHR

Die Innenstadt ist teilweise für den
Durchgangsverkehr gesperrt. Von den
»Relais-Tram«-Parkplätzen an den
Stadtzufahrten gelangt man mit der
Straßenbahn rasch ins Zentrum
(Mo.–Sa. Parkgebühr inkl. Fahrt für
alle Insassen in die Innenstadt und
zurück). Hübsche Bootsfahrt auf den
Kanälen der Ill (vom Palais Rohan).

FESTE & EVENTS

Das ganze Jahr über viele Veranstaltungen, einige wichtige: Febr./März:
Karneval; Juni: Festival de Musique;
1. Aug.-Hälfte: Festival für Straßen-
kunst; 2. Sept.-Hälfte: Festival für
zeitgenössische Musik. Seit 1570 im
Advent Weihnachtsmarkt, v. a. vor
dem Münster, auf dem Bahnhofsplatz
sowie auf den Plätzen Kléber (hier der
große Christbaum) und Broglie.

ESSEN

► Fein & teuer

① *Au Crocodile/Buerehiesel*

Kochkunst der Extraklasse wird im
Au Crocodile (10 Rue de l'Outre, Tel.
03 88 32 13 02, So./Mo. geschl.) und
im Buerehiesel (Parc de l'Orangerie,
Tel. 03 88 45 56 65, So./Mo. geschl.)
gepflegt; Letzteres ist in Ambiente und
Küche »eher« nach traditioneller Art.

► Erschwinglich/Fein & teuer

② *La Cambuse*

1 Rue Dentelles, Tel. 03 88 22 10 22
Winziges, gemütliches Lokal nach Art
einer Jachtkombüse, nur Fisch und
anderes Meeresgetier, teils mit asiati-
schem Touch. So./Mo.geschl.

③ *Maison Kammerzell*

16 Place de la Cathédrale
Tel. 03 88 32 42 14
Trotz der einzigartigen Lage und des
einzigartigen Hauses – mit prachtvollen Räumen – keine Touristenfalle:
ausgezeichnete Küche zu angemessenen Preisen. Empfehlenswert und
nicht zu teuer ist das Hotel im Haus
(www.maison-kammerzell.com).

► Preiswert/Erschwinglich

④ *Ancienne Douane*

6 Rue de la Douane
Tel. 03 88 15 78 78
Sehr beliebt (auch bei Touristen), eine
Institution: Kaufhaus aus dem 14. Jh.
mit Terrasse an der Ill. Hier gibt es
herzhafte elsässische Küche, auch
guten Flammenkuchen.

⑤ *Caveau Gurtlerhoft*

13 Place de la Cathédrale
Tel. 03 88 75 00 75
Im Mittelalter lagerten in den Keller-
gewölben die Domherren ihren Wein.
Gemütliches, rustikales Restaurant
mit elsässischen Spezialitäten.

⑥ *Le Clou*

3 Rue du Chaudron
Tel. 03 88 32 11 67, www.le-clou.com
Eine der besten Weinstuben in
Straßburg, in puncto Ambiente
(prachtvolle Täfelung) und Küche
gleichermaßen. Probieren Sie einmal
»Os à moëlle« oder »Jambon en
croûte«. Unbedingt reservieren.

*Weitere traditionsreiche »Winstubs«
und »Bierstubs«*

Ami Schutz, 1 Rue Ponts Couverts
Chez Yvonne, 10 Rue du Sanglier
Hailich Graab (St-Sepulcre),
    15 Rue des Orfèvres
's Kaechele, 8 Rue de l'Argile
Munsterstuewel, 8 Pl. du
    Marché-aux-Cochons-de-Lait

ÜBERNACHTEN

Während der Sitzungsperioden des
Europäischen Parlaments (Mo. – Fr.,
genaue Zeiten nennt das Tourismusbüro) und im Dezember ist es schwierig, spontan ein Zimmer zu finden.
Frühzeitige Buchung ist notwendig.

▶ Luxus
① *Regent Petite France*
5 Rue des Moulins, Tel. 03 88 76 43
43, www.regent-hotels.com
Eine ehemalige Stangeneisfabrik an
den Kanälen der Ill, mit traumhaftem
Blick auf die Petite France. Avantgar-
distische Gestaltung, u. a. von Philippe Starck. Durchaus bezahlbares
gutes Restaurant (v. a. zu Mittag).

▶ Komfortabel
② *Best Western Europe*
38 Rue Fossée des Tanneurs
Tel. 03 88 32 17 88
www.hotel-europe.com
Fachwerkhaus aus dem 15. Jh. in
einer Seitenstraße der Grand'Rue,
komfortable, moderne Gästezimmer.
Das Haus hatte viele berühmte Gäste,
darunter Voltaire und Goethe.

▶ Günstig / Komfortabel
③ *Gutenberg*
31 Rue des Serruriers
Tel. 03 88 32 17 15
www.hotel-gutenberg.com
Noble, freundliche große Zimmer in
einem charmanten Palais von 1745.
Sehr gutes Preis-Leistungs-Verhältnis.
Wenn möglich, Zimmer 34 oder ein
Mansardenzimmer nehmen.

④ *Hôtel du Dragon*
2 Rue de l'Ecarlate
Tel. 03 88 35 79 80, www.dragon.fr
Haus aus dem 17. Jh. mit schönen,
schlicht-modernen Zimmern. Gut
gelegen, freundlicher Service.

altfranzösischer Sprache. Unter den Staufern erhielt Straßburg 1150
das Stadtrecht, 1262 wurde es Freie Reichsstadt. Zeitweise war es die
reichste und glänzendste Stadt des Deutschen Reichs, Kunst und
Wissenschaft blühten. Auf die Mystiker Meister Eckhart und Johannes Tauler folgten Humanisten wie Geiler von Kaysersberg und Sebastian Brant. 1434 – 1444 entwickelte Johannes Gutenberg hier den
Druck mit beweglichen Lettern. Nach der ab 1520 eingeführten Reformation lebten hier der Satiriker Johannes Fischart (1546 – 1590)
und der Pädagoge Johannes Sturm (1507 – 1589); Letzterer gründete
eine theologische Akademie, die Vorläuferin der Universität, an der
Goethe und Herder studierten. 1681 wurde die Stadt von König Ludwig XIV. annektiert; im 18. Jh. gewann die »neue« französische Kultur im Elsass die Vorherrschaft. Im Deutsch-Französischen Krieg
wurde die Stadt im August 1871 belagert, und mit dem Elsass kam
sie wieder zum Deutschen Reich, bei dem sie bis zum Ende des Ersten Weltkriegs blieb. Im Zweiten Weltkrieg war Straßburg 1940 bis
1944 in deutscher Hand und seit 1949 ist es Sitz des Europarats

Highlights *Straßburg*

Münster
Himmelstürmende Gotik als Ausdruck des bürgerlichen Selbstbewusstseins
▶ **Seite 570**

Palais Rohan
Prunkvolle Demonstration der neuen »französischen« Zeit
▶ **Seite 573**

Petite France
Fachwerkidylle an den Kanälen der Ill
▶ **Seite 574**

Musée d'Art Moderne
Zeitgenössische Kunst, kunstvoll-modern verpackt
▶ **Seite 574**

Wilhelminische Neustadt
Das andere Straßburg: Preußischer Pomp aus der Zeit nach 1871
▶ **Seite 575**

Europäisches Parlament
Wo Europa »gemacht« wird
▶ **Seite 576**

Wirtschaft ▶ Bis 1871 war Straßburg Zentrum einer Agrarregion und Garnisonsstadt. Dank der verkehrsgünstigen Lage am Rhein erlebte es einen enormen Aufschwung, Kohlen- und Erzumschlag förderten die chemische Industrie, hinzu kamen Metallverarbeitung, Nahrungsmittelindustrie, Holzverarbeitung und in jüngerer Zeit Elektronik und Bekleidung. Auch heute ist der Port Autonome – nach Duisburg **zweitgrößter Rheinhafen** überhaupt, nach Paris zweitgrößter Flusshafen Frankreichs – bedeutend. Internationale Kongresse und Messen ziehen rund um das Jahr eine große Zahl von Teilnehmern an.

✳ ✳ Kathedrale Notre-Dame

Baugeschichte

🕐 Öffnungszeiten: tägl. 7.00 – 11.30, 12.40 – 19.00

Das historische Zentrum nimmt die »Grande Ile« ein, die von der Ill und der Fossé du Faux Rempart eingeschlossen wird. Ihr Mittelpunkt ist das **Münster** aus rotem Vogesensandstein, ein bedeutendes Denkmal abendländischer Baukunst. 1176 begann man mit der Erneuerung des durch Brand zerstörten romanischen Baus von 1015. Um 1225 waren Chor und Vierung fertig, 1230 die Querhäuser, um 1275 das Langhaus. Eine andere Epoche der Gotik verkörpert die ab 1277 erbaute Westfassade mit reichem Figurenschmuck und einzigartig filigranem Maßwerk; geplant war sie als klassisch französische Zweiturmfassade, ausgeführt wurde nur der Nordturm. Als der Baumeister Erwin von Steinbach 1318 starb, war die 13,5 m große Fensterrose fertig. Der Mittelteil des dritten Geschosses entstand ab 1384 nach Plänen von Michael Parler. Der Ulmer Münsterbaumeister Ulrich von Ensingen begann 1399 mit dem 142 m hohen Nordturm, den der Kölner Johannes Hültz 1439 beendete. 1793 fielen der Revolution 235 Statuen und unzählige Ornamente zum Opfer. Die Turmspitze sollte abgetragen werden, da sie die anderen Gebäude überragt und so angeblich die Gleichheit verletzte; doch dann verkleidete man sie nur mit einer rot angestrichenen Jakobinerhaube aus Blech, was sie rettete. 329 Stufen sind es zur **Plattform** in 66 m Höhe, die einen großartigen Blick auf Stadt und Umland eröffnet (Zugang rechts der Hauptfassade, tägl. geöffnet, Juni – Aug. Fr./Sa. bis in den Abend).

Die im 13. Jh. entstandenen hervorragenden Portalskulpturen – überwiegend durch Kopien ersetzt, einige Originale im Musée de l'Œuvre Notre-Dame – wurden sowohl von der Bildidee her als auch stilistisch zu Vorbildern. Die Tympanen des Hauptportals und des linken Seitenportals zeigen Szenen aus dem Leben Christi. Das rechte Seitenportal wird von den Gewändefiguren der törichten Jungfrauen mit dem Versucher und der klugen Jungfrauen mit Christus als Bräutigam flankiert. Das romanische Doppelportal im südlichen Querhaus (Uhrenportal, 13. Jh.) zeigt im linken Bogenfeld den Tod Marias, im rechten ihre Krönung; die Frauenfiguren eines unbekannten Meisters (um 1220) links und rechts des Königs Salomo stehen für Ecclesia (Christentum) und Synagoge (Judentum).

★ ★
Skulpturen

Straßburger Münster Orientierung

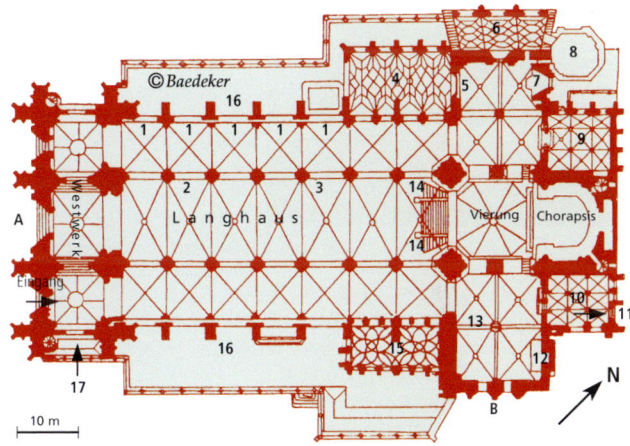

A Hauptportal (1277–1298)
B Uhrenportal (um 1220)
1 Kaiserfenster (12.–14. Jh.)
2 Orgel (urspr. A. Silbermann, 1716; Gehäuse 1385/1489)
3 Kanzel (H. Hammer, 1487)
4 Martinskapelle (1515–1520), Altäre 1698
5 Ölberg-Gruppe (15. Jh.)
6 Laurentiuskapelle (1495–1505)
7 Taufstein (J. Dotzinger, 1453)
8 Sakristei

9 Johanneskapelle (um 1240; darüber Kapitelsaal)
10 Andreaskapelle (12. Jh.)
11 zur Ausstellung
12 Astronomische Uhr (1539–1584/1838–1842)
13 Engelspfeiler (1230–1240)
14 Treppen zur Krypta
15 Katharinenkapelle (1331; Gewölbe 1563)
16 Kaufbudenschranken (1772–1778)
17 Aufgang zum Turm

✷✷
Inneres

Gewaltig wirkt der 103 m lange und 41 m breite Innenraum, dessen Gestaltung von der Kathedrale in St-Denis (▶ S. 323) beeinflusst ist. Schlanke Bündelpfeiler tragen das 31,5 m hohe Gewölbe des Mittelschiffs. Die herrlichen **Glasfenster** des 12. bis 14. Jh.s bestehen aus rund 500 000 Teilen. Im nördlichen Seitenschiff zeigen sie 21 deutsche **Kaiser und Könige**. Auf den Baldachin über der Christusfigur der spätgotischen Kanzel (1486) fällt zu Frühlings- und Herbstanfang ein grüner Lichtstrahl, bei der Wintersonnenwende ein weißer. Die Schwalbennestorgel ist ein Instrument von Andreas Silbermann (1716); am Gehäuse (1385/1489) sind zwei groteske Figuren zu erkennen, die schimpfen können. Im südlichen Querhaus ist mit dem Engels- oder **Weltgerichtspfeiler** (1230–1240) ein weiteres Meisterwerk gotischer Bildhauerkunst zu sehen. Die 18 m hohe **astronomische Uhr** fertigten bis 1574 Isaac und Josias Habrecht, von 1836 bis 1843 baute J.-B. Schwilgué an der genialen Mechanik. Um 12.30 Uhr werden die Figuren in Gang gesetzt. Der Eingang im Südportal ist ab 11.40 geöffnet, Karten gibt es 11.35–12.20 Uhr (Sa./So. gratis); die Kathedrale ist während der Vorführung geschlossen.

Straßburgs Mittelpunkt: das Münster

✷✷
Musée de l'Œuvre Notre-Dame

🕐

Das Gebäude der Dombauhütte (14./16. Jh.) ist Sitz des Frauenwerk-Museums, das elsässische Wohnkultur (u. a. eine getäfelte Renaissancestube) und der Baugeschichte des Münsters gewidmet ist: gotische Baupläne, zahlreiche Originalskulpturen und herrliche mittelalterliche Glasmalerei, u. a. der **Christuskopf** aus der Abteikirche von Wissembourg (um 1070), das älteste Zeugnis abendländischer Glasmalerei (Di.–Fr. 12.00–18.00, Sa./So. 10.00–18.00 Uhr).

Weitere Sehenswürdigkeiten in Straßburg

✷
Maison Kammerzell

Den **Münsterplatz** zieren zwei der schönsten Fachwerkhäuser der Stadt: in der Nordecke die Maison Kammerzell (Erdgeschoss 1467, Fachwerkoberbau 1589) mit Butzenscheiben und überreicher Holzschnitzerei, zur Rue Mercière (Krämergasse) hin das Gebäude der Hirschapotheke (Pharmacie du Cerf, 1567), die seit 1268 besteht.

Palais Rohan, Bischofssitz und schönes Beispiel für den Geschmack des 18. Jahrhunderts

Am Platz des mittelalterlichen Bischofssitzes entstand 1728 – 1742 das erzbischöfliche Palais Rohan, entworfen vom Hofbaumeister Robert de Cotte, ein hervorragendes Beispiel für den neuen französischen Geschmack im 18. Jahrhundert. Hier sind drei Museen untergebracht (alle geöffnet Mo., Mi. – Fr. 12.00 – 18.00, Sa./So. 10.00 bis 18.00 Uhr): das **Musée des Beaux-Arts** mit hervorragenden Gemälden italienischer, spanischer und französischer Meister von der Gotik bis zum 18. Jh. (u. a. Botticelli, Raffael, Zurbarán, Murillo, Goya, El Greco, Van Dyck, Rubens, Delacroix), das **Musée Archéologique** und das **Musée des Arts Décoratifs** mit elsässischem Kunsthandwerk und einer der schönsten Keramiksammlungen Frankreichs. Sie stammt aus der Manufaktur Hannong, die ab 1721 Straßburg zu einem Zentrum der Fayence- und Porzellanproduktion machte. Vor dem Palais, dessen Schaufront zur Ill geht, fahren die Boote zur Rundfahrt ab.

Südwestlich hinter dem Frauenwerk-Museum erstreckt sich in Richtung Ill der malerische Place aux Cochons de Lait (Ferkelmarkt), nordöstlich schließt sich die **Place du Marché-aux-Poissons** an (Fischmarkt). Am Samstagvormittag findet hier ein Viktualienmarkt statt. In der um 1586 erbauten Grande Boucherie – Große Metzig, also Schlachthaus – befindet sich das **Historische Museum** der Stadt (Öffnungszeiten wie Palais Roh-

> ❗ **Baedeker** TIPP
>
> **La Choucrouterie**
>
> Die letzte Sauerkrautfabrik Straßburgs bekam eine adäquate neue Aufgabe: Das dreisprachige Kabarett – Elsässisch, Deutsch, Französisch – ist ebenso beliebt wie das kleine Restaurant (20 Rue Saint-Louis, Tel. 03 88 36 52 87, Sa.-/So.mittag, Mo. geschl., www.choucrouterie.com).

an). Gegenüber steht die Ancienne Douane (»Altes Kaufhüs«, 1358; 1957 rekonstruiert); hier gibt es ein Restaurant mit Terrasse zur Ill und interessante Ausstellungen.

★
Cour de Corbeau

Man überquert die Ill auf dem Pont du Corbeau (Rabenbrücke). Hier liegt der Eingang zum **Cour de Corbeau** (Rabenhof), einem der schönsten Innenhöfe der Stadt; er gehörte zu einem Gasthaus, das bis 1854 bestand und in dem u. a. Voltaire, Casanova und Friedrich der Große übernachteten.

★
Musée Alsacien

Flussaufwärts befindet sich in drei Gebäuden des 17./18. Jh.s das Elsässische Museum mit Exponaten zu Brauchtum, Handwerk und Volkskunst sowie zum jüdischen Leben im Elsass; zwei Räume sind dem Pfarrer **Johannes Friedrich Oberlin** gewidmet, einem bedeutenden und verehrten Sozialreformer des 19. Jh.s (Öffnungszeiten wie Palais Rohan; Juli/Aug. tägl. 10.00 – 18.00 Uhr).

Cave Historique de l'Hôpital

Spitäler waren einst eine wichtige soziale Einrichtung und für die finanzielle Basis sorgte gegebenenfalls der Weinbau. Die beeindruckenden Spital-Weinkeller von 1395 sind etwas südlich des Musée Alsacien zu finden, und zwar im Hôpital Civil an der Place de l'Hôpital (hinter dem Tor links, Sa.nachmittag und So. geschl.).

St-Thomas

Nun geht es wieder zurück über die Ill. Am Weg zur Petite France liegt die Thomaskirche, die **einzige gotische Hallenkirche im Elsass** (9. – 14. Jh.). In dem heute protestantischen Gotteshaus predigte 1521 der Reformator Martin Bucer. Bemerkenswert sind das pathetische Grabmal für den Marschall Moritz von Sachsen († 1750) von J.-B. Pigalle (1777) und die barocke Silbermann-Orgel (1740), auf der 1778 Mozart ein Konzert gab und Albert Schweitzer oft spielte.

★★
Petite France

Überaus malerisch ist das **Gerberviertel** (Quartier des Tanneurs), das »Klein-Frankreich« mit Fachwerkhäusern und engen Gassen. Ihren Namen hat die Petite France von einem Hospital des 16. Jh.s für Syphiliskranke – die Krankheit galt einst als »französisches Übel«. Am Rand stehen noch vier Türme der mittelalterlichen **Stadtbefestigung**, zu der auch die Ponts Couverts gehörten, gedeckte Holzbrücken über die Arme der Ill (heutige Brücken um 1860). Schöner Blick von der Terrasse der Barrage Vauban. Das Stauwerk gehörte zur 1686 – 1700 unter Ludwig XIV. angelegten Stadtbefestigung.

Ponts Couverts ▶

Barrage Vauban ▶

★★
Musée d'Art Moderne et Contemporaine

Am anderen Ufer der Ill wurde 1998 das Museum für moderne und zeitgenössische Kunst eröffnet (Architekt: A. Fainsilber). Die beeindruckende Sammlung reicht vom Impressionismus bis in die Gegenwart; ein Schwerpunkt ist das Werk des gebürtigen Straßburgers **Hans Arp** (Di. – Fr. 12.00 – 19.00 (Do. bis 21.00), Sa./So. 10.00 – 18.00 Uhr). Von der Skulpturenterrasse und vom schicken Café hat man einen schönen Blick auf die Altstadt.

! *Baedeker* TIPP

Baden in schönstem Jugendstil

Entspannen Sie sich in den Bains Municipaux, erbaut von dem Berliner Architekten Fritz Beblo und 1908 eröffnet. Unter prachtvollem Gewölbe zieht man seine Bahnen, oder man schwitzt im herrlichen Römischen Bad mit viel Marmor, Kupfer und Keramik (10 Boulevard de la Victoire, tägl. geöffnet, unterschiedliche Zeiten).

Die Place Gutenberg westlich der Kathedrale wird vom **Hôtel du Commerce** beherrscht, dem bedeutendsten Renaissance-Gebäude im Unterelsass, 1582 – 1585 als Rathaus errichtet. Der Nordteil der Altstadt entstand im 18. Jh.; Zentrum ist die nach dem 1753 in Straßburg geborenen General benannte **Place Kléber**. An ihrer Nordseite steht die ehemalige Hauptwache (L'Aubette, 1772). Nordöstlich der Place Kléber wurde 1742 die lang gestreckte Place Broglie angelegt. Das **Rathaus** entstand 1736 als Hanauer Hof für den hessischen Landgrafen. Die Nordostseite des Platzes nimmt die Opéra National du Rhin ein (1822); ein Muss ist eine Pause in ihrem sehr »theatralischen« Café. Die Banque de France steht an der Stelle des Hauses, in dem am 26. April 1792 C.-J. Rouget de Lisle erstmals das Lied gesungen haben soll, das zur »Marseillaise« wurde (Gedenktafel).

Nördliche Altstadt

Nordöstlich der Altstadtinsel liegen beiderseits der Ill die Viertel der wilhelminischen Zeit mit großspurigen Gebäuden nach Art der Florentiner Renaissance. (Auch der Bahnhof westlich der Altstadt entstand um 1880; 2007 bekam er seine futuristische Glasvorhalle.) An der **Place de la République** – früher Kaiserplatz, mit dem expressiven Denkmal »Mutter Elsass hält ihre für Frankreich und Deutschland gefallenen Söhne« (1936) – steht das **Palais du Rhin**, als Residenz Kaiser Wilhelms I. bis 1889 erbaut. Im Musée Tomi Ungerer gegenüber dem Nationaltheater kommen Fans des Zeichners und Illustrators mit der ätzenden Feder auf ihre Kosten (Öffnungszeiten wie Palais Rohan). An der Post vorbei führt die Avenue de la Liberté zur Ill; jenseits liegt rechts das herrliche Jugendstil-Stadtbad (▶Tipp). Nördlich des Boulevards de la Victoire erhebt sich das gigantische **Palais de l'Université** (1884), im anschließenden Botanischen Garten sind das Planetarium und das Zoologische Museum zu finden.

★ Wilhelminische Viertel

★★ ◀Musée Tomi Ungerer

Vom Palais de l'Université führt die Allée de la Robertsau nordöstlich zum idyllischen Parc de l'Orangerie, angelegt 1804 nach Plänen von Le Nôtre, mit dem Schlösschen der Kaiserin Joséphine (1805). Im Park ist das »Buerehiesel« zu finden, eines der besten Restaurants Frankreichs, untergebracht in einem alten Fachwerkhaus aus Molsheim, das 1885 hier wieder aufgebaut wurde (▶S. 568).

Parc de l'Orangerie

Europa-Stadt

✳ Nordwestlich des Parc de l'Orangerie beeindruckt die Europa-Stadt die Besucher. Im festungsartig-kubischen Aluminium-Glas-Gebäude des Europa-Palais (Henri Bernard, 1977) tagt der **Europarat**, jenseits der Ill das markante **Europaparlament** mit seiner gekurvten Glasfassade (Architecture Studio Europe, 1998), auf der anderen Seite des Rhein-Marne-Kanals der **Europäische Gerichtshof für Menschenrechte** (Richard Rogers, 1994). Informationen zur Besichtigung und zum Besuch von Sitzungen geben das Tourismusbüro und das Centre d'Information sur les Institutions Européennes (▶S. 568).

Port Autonome

Einen Besuch wert ist der Port Autonome, der sich östlich der Stadt am Rhein erstreckt; vom Palais du Rohan fahren Batorama-Boote durch den Hafen. Am stadtseitigen Rand des Hafens dient das 1989 außer Dienst gestellte Schubschiff »Strasbourg« (35 m lang, 4000 PS) als Museum der Rheinschifffahrt (18 Rue du Général Picquart, März bis Dez. Di., Mi., So. 14.30 – 17.30 Uhr).

Naviscope ▶
🕑

Das an der Biegung der Ill gebaute Europaparlament

★ Tours

H 5

Région: Centre
Département: Indre-et-Loire

Höhe: 55 m ü. d. M.
Einwohnerzahl: 136 500

Die Touraine ist berühmt als »Garten Frankreichs«, in dem der Großteil der Loire-Schlösser zu finden ist (►Loire-Tal). Ihr Zentrum ist das an Loire und Cher gelegene Tours, eine moderne, ein wenig an Paris erinnernde Stadt mit südlich-heiterer Atmosphäre, die in puncto Lebensqualität zu den beliebtesten des Landes zählt.

Die auf halbem Weg zwischen Orléans und Angers liegende Hauptstadt des Département Indre-et-Loire ist ein bedeutender Industriestandort (Textilien, Pharmazie, Nahrungsmittel, Druckereien), Handelszentrum für landwirtschaftliche Produkte und Wein sowie Sitz einer Universität mit 20 000 Studenten, die wesentlich zur »jungen« Atmosphäre beitragen. Berühmtester Sohn der Stadt ist der Romanautor **Honoré de Balzac** (1799 – 1850).

Hauptstadt der Touraine

Tours Orientierung

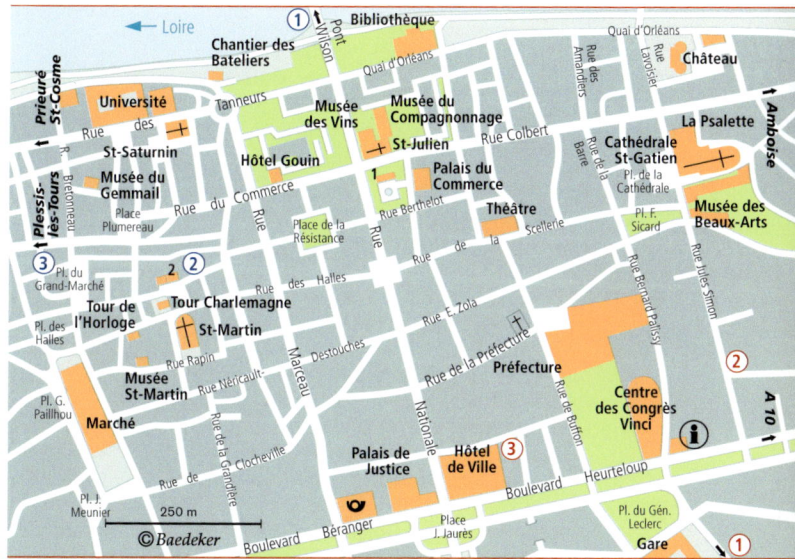

1 Hôtel Beaune-Semblançay
2 Logis des Ducs de Touraine

Essen
① Charles Barrier
② La Deuvalière
③ Les Linottes Gourmandes

Übernachten
① Manoir de Clairbois
② Du Manoir
③ Moderne

▶ TOURS ERLEBEN

AUSKUNFT

Office de Tourisme
78/82 Rue B. Palissy, 37000 Tours
Tel. 02 47 70 37 37
www.ligeris.com, www.ville-tours.fr

FESTE & EVENTS

Mai, 1. Sa. bis 2. So.: Foire de Tours.
Letzter Sa. im Juli: Knoblauch-Basili-
kum-Markt. Juni: Fêtes Musicales en
Touraine. Sept.: Jazz en Touraine (in
Montlouis, ▶S. 378).

ESSEN

▶ Erschwinglich/Fein & teuer

① *Charles Barrier*
101 Av. Tranchée, Tel. 02 47 54 20 39
Sa.mittag/So./Mo. geschl.
Michelin-besterntes Restaurant nördlich des Pont Wilson. Auch unter
Hervé Lussault, der es 1998 übernahm, eine zuverlässige Adresse.

▶ Preiswert / Erschwinglich

② *La Deuvalière*
18 Rue de la Monnaie, Tel. 02 47 64
01 57, Sa.mittag/So./Mo. geschl.
Gemütlich-modernes Lokal in einem
Haus aus dem 15. Jh., ausgezeichnete
Küche nach Jahreszeit, bestes Preis-
Leistungs-Verhältnis. Reservieren.

③ *Les Linottes Gourmandes*
22 Rue G. Courteline

Tel. 02 47 38 34 82, So./Mi. geschl.
Sympathische Atmosphäre (wenn
auch etwas laut) mit Tuffstein und
Holzbalken, raffinierte, hübsch prä-
sentierte Bistrot-Gerichte. Große
Weinauswahl aus ganz Frankreich.

ÜBERNACHTEN

▶ Komfortabel/Luxus

① *Manoir de Clairbois*
2 Impasse du Cher, 37270 Larçay
Tel. 02 47 50 59 75
www.manoirdeclairbois.com
Herrschaftliches Anwesen von 1830,
8 km östlich des Zentrums am Cher,
mit Park und Pool. 3 sehr »blumige«
Zimmer/Suite. Man spricht deutsch.
Fein essen kann man im »Chandelles
Gourmandes«; im Sommer Tanz in
der »Guinguette« am Cher.

▶ Günstig

② *Du Manoir*
2 Rue Traversière, Tel. 02 47 05 37 37
http://site.voila.fr/hotel.manoir.tours
Innen und außen hübsches Haus aus
dem 19. Jh., teils mit altem Mobiliar.
Frühstück im Gewölbekeller.

③ *Moderne*
1 – 3 Rue V. Laloux, Tel. 02 47 05 32
81, www.hotelmoderne37.com
Angenehm-komfortables, familiengeführtes Hotel nahe dem Rathaus.

Ein wenig Geschichte

Tours war im 4. Jh. als Urbs Turonum (nach dem gallischen Stamm der Turonen) Hauptstadt von vier römischen Provinzen. Im 3. Jh. predigte der hl. Gatianus hier das Christentum, doch erst der be-rühmte **hl. Martin**, der ab 372 Bischof von Tours war, konnte es etab-lieren. Seine Grabstätte wurde zum Nationalheiligtum der Franken; so entstand die Stadt Martinopolis mit Basilika und Kloster, die im 14. Jh. mit der Cité, die auf die römische Niederlassung zurückgeht, vereinigt wurde. 732 schlug Karl Martell in der Schlacht bei Tours

❗ In der Kasbah von St-Denis
Orientalischer Markt vor den Toren von
Paris – nahe der Grablege der französi-
schen Könige ▶ Seite 324

❗ Musik im Park
Entspannung nach einem Tag in Paris:
Sommerabende im Park von Sceaux
bei klassischer Musik ▶ Seite 337

❗ Pays des Impressionnistes
Hier stellten einst die Künstler Renoir und
Monet ihre Staffeleien auf. ▶ Seite 340

❗ Appartement Perret
Funktionale Ästhetik in Le Havre, der
»Poesie aus Beton« ▶ Seite 342

Feines aus Dijon bei Mulot et Petitjean

❗ Braderie de Lille
200 km Gehsteige mit Trödel und edlen
Antiquitäten – dafür stärkt man sich
mit Tonnen von »moules frites«.
▶ Seite 351

❗ Festival des Jardins
Vom Frühjahr bis in den Herbst ist
Chaumont an der Loire ein Mekka
für Gartenfreunde. ▶ Seite 375

❗ Königliche Tomaten
Botanische und kulinarische Raritäten
in einem Loire-Schloss ▶ Seite 378

❗ Villandry im Kerzenschein
Tausende von Kerzen und Barockmusik
verzaubern die Renaissance-Gärten.
▶ Seite 379

❗ Village du Livre
Das lothringische Fontenoy-la-Joûte hat
zu einer neuen Identität gefunden.
▶ Seite 399

❗ Jugendstil in Nancy
»Art Nouveau« in einer großartigen Stadt
und einem großartigen Museum erleben
▶ Seite 418

❗ Windiger Spaß
Am Strand von Dieppe tanzen bunte
Drachen in der steifen Meeresbrise.
▶ Seite 439

❗ Rosen in Giverny
Nicht nur Monets berühmter Garten ist
einen Besuch wert. ▶ Seite 442

❗ Paris Greeter
Erleben Sie die Seine-Metropole aus der
Perspektive eines echten Insiders.
▶ Seite 473

❗ Shoppen in Calais
Die »Invasion« von den Britischen Inseln
ist heute durchaus friedlich. ▶ Seite 522

❗ Brasserie des Deux Caps
In der Salzluft gereiftes Getreide wird zu
vorzüglichem Bier. ▶ Seite 523

❗ Die Somme-Bucht zu Fuß
Esoterische Gefühle sind auf einer
Wanderung durchs Watt nicht
ausgeschlossen. ▶ Seite 530

❗ Wilhelminischer Badetempel
In dem prachtvollen Jugendstil-Hallenbad
macht das Schwimmen doppelt Spaß.
▶ Seite 575

Hier treffen sich Anhänger der Kelten aus ganz Europa: Festival de Cornouaille in Quimper
▶ **Seite 105**

PREISKATEGORIEN

▶ **Hotels**
Übernachtung für 2 Personen im Doppelzimmer mit Bad, ohne Frühstück
Günstig   bis 80 €
Komfortabel   80 – 125 €
Luxus   über 125 €

▶ **Restaurants**
Für ein Drei-Gänge-Menü
Preiswert   bis 25 €
Erschwinglich   25 – 40 €
Fein & teuer   über 40 €

Ein außergewöhnliches Erlebnis: mit dem Heißluftballon über der herrlichen Landschaft des Elsass zu schweben
▶ Seite 132

TOUREN

REISEZIELE VON A BIS Z

nachdenken · klimabewusst reisen
atmosfair

Der Mont St-Michel, die »wunderbare → Pyramide« (Victor Hugo), ragt eindrucksvoll aus dem Watt des Golfe de St-Malo. Das bedeutende Werk mittelalterlicher Baukunst gehört zu den größten Attraktionen Frankreichs.

DIE BESTEN BAEDEKER-TIPPS

Aus den vielen Tipps in diesem Band haben wir hier besonders interessante zusammengestellt – erleben und genießen Sie den Norden Frankreichs von seiner schönsten Seite.

🔴 Rue St-Laud
Das Juwel in Angers mit Fachwerkhäusern, hübschen Läden und Cafés
▶ **Seite 182**

🔴 Treppauf, treppab
Werfen Sie einen Blick hinter die Kulissen von Besançon.
▶ **Seite 188**

🔴 Loire aus der Vogelschau
Erleben Sie die Landschaft des Loire-Tals aus dem Heißluftballon, dem Sportflugzeug oder Helikopter.
▶ **Seite 195**

🔴 Ziemlich große Fahrt
Von Brest aus können Sie auf einem Zweimastschoner ihre Seetauglichkeit prüfen. ▶ **Seite 202**

🔴 Auf Schmugglerpfaden
Auf den »Sentiers des Douaniers« lässt sich die ganze Bretagne umrunden.
▶ **Seite 211**

🔴 La Criée
Meeresfrüchte schmecken noch besser, wenn Sie einmal in aller Frühe eine Auktion erlebt haben. ▶ **Seite 220**

🔴 Terre de sel
In der Guerande erleben Sie, wie das Salz der Feinschmecker gewonnen wird. ▶ **Seite 232**

🔴 Anis de Flavigny
Schon im 9. Jh. haben Nonnen die Anisbonbons von Flavigny erfunden.
▶ **Seite 239**

🔴 Gregorianik in Vézelay
In der Basilika von Vézelay sind bei den Gottesdiensten wunderbare Chöre zu hören. ▶ **Seite 240**

🔴 Radfahrparadies Burgund
Zu den Highlights gehören die »Voies Bleues« an Wasserstraßen und die »Voie des Vignes« durch das Weinland der Côte d'Or. ▶ **Seite 247**

🔴 Champagner-Paradies
In Épernay können Sie aussuchen, welche Edelbrause Ihnen am besten schmeckt. ▶ **Seite 261**

🔴 Velosolex
Fast unglaublich, was sich mit diesem urfranzösischen Fortbewegungsmittel anstellen lässt. ▶ **Seite 266**

🔴 Feines aus Dijon
Traditionelle kulinarische Pro... dargeboten in schönem Rahmen
▶ **Seite 280**

🔴 Musik und Romanik
Konzerte machen die Kirchen an der Romanischen Straße im Elsass noch erlebenswerter. ▶ **Seite 292**

🔴 Fermes-auberges
Handfeste Genüsse und schlichtes Nachtlager in der ländlichen Idylle der Vogesen ▶ **Seite 304**

🔴 Köstliches aus dem Kamin
Wo im Haut-Doubs Schinken und Würste hängen ▶ **Seite 320**

Benediktinerabtei Murbach im Elsass

11 ✶✶ Lille
Vor kurzem noch Industriemetropole,
heute Kunststadt mit Lebensart
▶ **Seite 351**

12 ✶✶ Opalküste & Somme-Bucht
Endlose Sandstrände, Dünen und ein
faszinierendes Licht ▶ **Seite 523, 529**

13 ✶✶ Amiens
Die Kathedrale von Amiens gilt als der
klassische Musterbau der französischen
Gotik. ▶ **Seite 177**

14 ✶✶ Beauvais
Berühmte Gobelins und eine »halbe«,
dennoch überwältigende Kathedrale.
▶ **Seite 536**

15 ✶✶ Ile de France
St-Denis, Fontainebleau, Chantilly, St-Germain-en-Laye … auch heute besitzen die
alten Kronlande ein besonderes Flair.
▶ **Seite 323**

16 ✶✶ Paris
Über die faszinierende Hauptstadt Frankreichs braucht man eigentlich kein Wort
zu verlieren. ▶ **Seite 465**

17 ✶✶ Versailles
Der Sonnenkönig hat sich hier sein grandioses Denkmal gesetzt. ▶ **Seite 596**

18 ✶✶ Rouen
Die reizvolle alte Metropole des unteren
Seine-Tals ▶ **Seite 554**

19 ✶✶ Normandie
Geschichtsträchtiges Land der Normannen
zwischen dramatischen Felsküsten und
ländlicher Idylle ▶ **Seite 433**

20 ✶✶ Mont St-Michel
Der Mystik des Klosterbergs nachspüren,
die herrliche Szenerie bei Sonnenuntergang genießen ▶ **Seite 408**

21 ✶✶ St-Malo
Die alte Seefahrerstadt, eine steinerne
Bastion am Meer, dazu ein beliebter
Badeort ▶ **Seite 559**

22 ✶✶ Bretagne
Pittoreske Felsküsten und Sandstrände, ein
bäuerliches grünes Hinterland und eine
besondere alte Kultur ▶ **Seite 205**

23 ✶✶ Chartres
Himmelstrebende Gotik und herrliche
Glasmalereien in einer der berühmtesten
Kathedralen Frankreichs ▶ **Seite 270**

24 ✶✶ Bourges
Auch die Kathedrale von Bourges ist für
Kunstfreunde ein Muss. ▶ **Seite 196**

25 ✶✶ Loire-Tal
Legendärer »Garten Frankreichs« und
»Spielwiese der Könige« mit über
600 Märchenschlössern ▶ **Seite 357**

26 ✶✶ Nantes
Ehemalige Hauptstadt der Bretagne mit
Herzogsschloss und klassizistischen
Reederhäusern ▶ **Seite 424**

1440, die spätgotische Flamboyant-Westfassade 1484. Die Türme (16. Jh.) besitzen Renaissance-Helme; vom Südturm bietet sich ein herrlicher Ausblick. Prunkstück der Kirche sind die 800 m² großen **Glasmalereien** von 1260 im Chor und die Fensterrosen aus dem 14./15. Jh. (ein Fernglas ist hilfreich). In der ersten Chorkapelle rechts befindet sich das wunderbare Marmorgrabmal (Anfang 16. Jh.) für Charles-Orland und Charles, Söhne von König Karl VIII. und Anne de Bretagne. Im August gibt es Mi. und So. Orgelkonzerte. Nördlich schließt sich an die Kathedrale der dreiseitige Kreuzgang (15./16. Jh.) an, genannt »La Psalette« nach der einst hier untergebrachten Chorschule; der Treppenturm ist dem in Blois nachgebildet.

St-Gatien mit dem Erzbischöflichen Palast

Im einstigen Erzbischöflichen Palast (17./18. Jahrhundert) zeigt das Kunstmuseum außer Mobiliar und Skulpturen des 17./18. Jahrhunderts eine für ein Provinzmuseum höchst beachtliche Gemäldesammlung: Realisten von Barbizon, Impressionisten wie Monet und Dégas, Werke von Rembrandt, Rubens und Andrea Mantegna (Letztere wurden von Napoleon aus San Zeno in Verona geraubt). Im Hof sind eine 1804 gepflanzte Libanonzeder und der ausgestopfte Elefant Fritz aus dem Zirkus Barnum & Bailey zu sehen, der 1904 in Tours getötet werden musste (Mi.–Mo. 9.00–12.45, 14.00–18.00 Uhr).

★★
Musée des Beaux-Arts

Am Blvd. Heurteloup stehen sich die »Denkmäler« zweier Epochen gegenüber, der schöne **Bahnhof** (Victor Laloux, 1898) und das **Centre de Congrès Vinci** (Jean Nouvel, 1993).

Südstadt

Außenbezirke von Tours

Am östlichen Stadtrand, am rechten Loire-Ufer zwischen Autobahn und N 152, existieren noch Teile der im Jahr 372 vom hl. Martin gegründeten einst mächtigen Abtei Marmoutier (Privatschule, nicht zugänglich). Das beeindruckende Portal stammt von 1220. Zu Marmoutier gehörte auch die 6 km nördlich stehende **Grange de Meslay** von 1220, eine 60 × 25 m große Scheune mit offenem Kastanienholz-Dachstuhl (15. Jh.). Im Rahmen der Fêtes Musicales en Touraine finden hier Konzerte statt.

Abbaye de Marmoutier

Prieuré St-Cosme Ein hübsches Plätzchen mit ihrem Rosengarten sind die Reste des 1092 gegründeten **Priorats St-Cosme** im westlichen Außenbezirk La Riche. Pierre de Ronsard (1525–1585), als bedeutendster Vertreter der »Pléiade« einer der großen französischen Dichter, war hier Prior; er ist im Chor beigesetzt. Außer Teilen der Kirche (11./12. Jh.) sind u. a. noch das Refektorium und das Wohnhaus des Priors erhalten.

Plessis-lès-Tours Ca. 1 km südlich der Prieuré St-Cosme steht der schlichte noch erhaltene Flügel des Schlosses, das König Ludwig XI. ab 1474 erbauen ließ und in dem er 1483 starb, und zwar in den Armen des hl. Franz von Paula, Begründer des Minimen-(Paulaner-)Ordens.

Umgebung von Tours

Le Lude Die kleine, ca. 50 km nordwestlich von Tours am Loir gelegene Stadt Le Lude (4500 Einw.) besitzt ein herrliches, von schönen Gärten umgebenes Renaissanceschloss (www.lelude.com). Seit dem 18. Jh. wird es von derselben Familie bewohnt. Am ersten Juni-Wochenende findet die **Fête des Jardiniers** statt, die der Gartengestaltung und -arbeit gewidmet ist; Mitte Juli und Mitte August gibt es die Journées musicales et gourmandes. In dem Komplex mit seinen gotischen Rundtürmen sind in Führungen die Bibliothek, der Festsaal, der Speisesaal mit grandiosem Kamin, Salons mit altem Mobiliar und Gobelins sowie die Kapelle mit Wandmalereien der Primaticcio-Werkstatt (15. Jh.) zu besichtigen. Gut essen und nächtigen kann man in der Auberge Alsacienne (14 Rue de la Boule d'Or, Tel. 02 43 48 20 45) und im La Renaissance (2 Avenue de la Libération, Tel. 02 43 94 63 10).

★ ★ Troyes

M 4

Région: Champagne-Ardenne	**Höhe:** 113 m ü. d. M.
Département: Aube	**Einwohnerzahl:** 61 800

Troyes bezaubert durch seine Altstadt mit vielen Fachwerkhäusern, eine der schönsten »Sammlungen« in Frankreich. Zahlreiche kostbar ausgestattete Kirchen – wie die elegante Kathedrale St. Peter und Paul – und Museen zeugen vom traditionellen Wohlstand der Stadt.

Troyes – im Süden der ▶Champagne an der Seine gelegen, die sich hier in mehrere Arme teilt – war im Mittelalter eine europaweit bedeutende Messestadt. Seit dem 15. Jh. besteht die Wirk- und Strickwarenindustrie, die heute noch ca. 15 000 Arbeitsplätze bietet. Polohemden von Lacoste, Unterwäsche von Dim, Kinderklamotten von Petit Bateau, das alles und noch mehr kommt aus Troyes. Und aus dem Verkauf von zweiter Wahl und Restposten entwickelte sich eine der Hauptattraktionen der Stadt, die Factory-Outlets (▶Tipp S. 585).

Troyes Orientierung

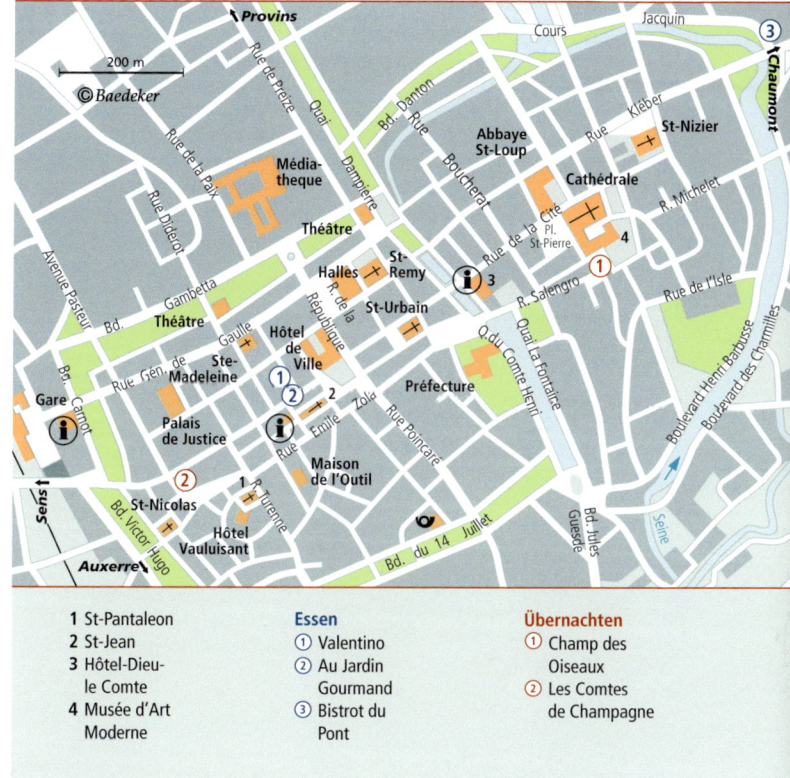

1 St-Pantaleon	**Essen**	**Übernachten**
2 St-Jean	① Valentino	① Champ des
3 Hôtel-Dieu-le Comte	② Au Jardin Gourmand	Oiseaux
4 Musée d'Art Moderne	③ Bistrot du Pont	② Les Comtes de Champagne

Der Hauptort der gallischen Tricassen hieß unter den Römern, nach der Eroberung 20 v. Chr., Augustobona; 212 wurde sie in Tricassium umbenannt. Einige römische Reste sind noch erhalten. Auf den Katalaunischen Feldern nördlich von Troyes schlugen im Jahr 451 die mit Burgundern, Franken und Westgoten verbündeten weströmischen Legionen die »Geißel Gottes« Attila. Im 10. Jh. fiel die Stadt an die Grafen der Champagne, die Kirchen und Hospitäler bauten und die noch heute stattfindende Messe begründeten. Ein Sohn der Stadt war **Chrétien de Troyes** (ca. 1140–1190), der Begründer des höfischen Versromans; von ihm stammt der »Roman de Perceval«, die einflussreichste Fassung der Geschichte vom Heiligen Gral. 1284 kam die Grafschaft durch Heirat an die französische Krone. Der Vertrag von Troyes 1420 war ein wichtiges Datum im Hundertjährigen Krieg: Unter dem Einfluss von Isabeau von Bayern ernannte ihr Gatte, der zeitweise regierungsunfähige König Karl VI., seinen Schwiegersohn,

Ein wenig Geschichte

● TROYES ERLEBEN

AUSKUNFT

Office de Tourisme
16 Boulevard Carnot, 10000 Troyes
Tel. 03 25 82 62 70
www.tourisme-troyes.com
www.ville-troyes.fr

PASS'TROYES

Umfasst Eintritt für alle Museen,
Stadtführung, Verkostung lokaler
Produkte und Rabatte in den Outlets.

FESTE & EVENTS

Im Sommer, Fr. – So., 22.00 Uhr:
»Ville en lumières«. Ende Juni – Mitte
Aug., Fr./Sa. 21.00 Uhr: »Ville en
musiques« mit allen Arten Musik.
Ende Okt./Anfang Nov.: »Nuits de
Champagne« (Musikfestival).

Einkaufsparadies: Factory Outlets

ESSEN

► Erschwinglich/Fein & teuer

① *Valentino*
35 Rue Paillot de Montabert
Tel. 03 25 73 14 14, So.abend/Mo.
sowie 2. Aug.hälfte geschl.
In einem malerischen Haus aus dem
16. Jh., schöne Terrasse. Feine Küche
mit interessanten neuen Ideen.

► Erschwinglich

② *Au Jardin Gourmand*
31 Rue Paillot de Montabert, Tel. 03
25 73 36 13, So./Mo.mittag geschl.
Wer einmal die Troyenner Spezialität
Andouillette (Kaldaunenwurst) in
vielen Varianten testen will, ist hier
richtig. Neben Traditionellem gibt es
aber auch Kreatives. Große Auswahl
an offenen Weinen.

► Preiswert

③ *Bistrot du Pont*
Pont-Ste-Marie, 5 Place Ch. de Gaulle
(3 km nordöstlich), Tel. 03 25 80 90
99, So.abend/Mo. geschl.
So angenehm wie der Rahmen ist die
bodenständige Küche in diesem Lokal
an einem Seitenarm der Seine. Sehr
gutes Preis-Leistungsverhältnis.

ÜBERNACHTEN

► Luxus

① *Champ des Oiseaux*
20 Rue Linard Gonthier
Tel. 03 25 80 58 50
www.champdesoiseaux.com
Traumhaft schön: drei Fachwerkhäuser aus dem 15./16. Jh., mit
modernem Komfort ausgestattet.
Frühstück im Kaminsalon, im Sommer im zauberhaften Hof. Nebenan
das vergleichbare Hotel Maison de
Rhodes (Tel. 03 25 43 11 11) mit
hervorragendem Restaurant.

► Günstig/Komfortabel

② *Les Comtes de Champagne*
54 – 56 Rue de la Monnaie
Tel. 03 25 73 11 70
www.comtesdechampagne.com
Aus vier Fachwerkhäusern des 16. Jh.s
wurde ein charmantes, etwas altmodisches Haus mit 29 unterschiedlichen und unterschiedlich teuren
Zimmern. Sehr freundlicher Service.

den englischen König Heinrich V., zum Thronfolger. Sein eigener Sohn, Karl VII., kam im Juli 1429 mit Jeanne d'Arc durch Troyes – nach der Befreiung von Orléans, auf dem Weg nach Reims, wo er zum König gesalbt werden sollte. 1524 zerstörte ein Brand die Stadt, beim Wiederaufbau verwendete man vorzugsweise Stein und Ziegeln. Die bedeutende **Textilindustrie** geht auf die bereits 1505 urkundlich bezeugten »Bonnetiers« zurück, die Hersteller von Mützen und Strümpfen; die Rue Bégand südlich des Bahnhofs vermittelt ein gutes Bild von der Troyenner Industriearchitektur.

Troyes' Bedeutung als Kunststadt beruht auf den seit dem 13. Jh. existierenden Werkstätten, die dann in der Renaissance einen eigenen Stil entwickelten, die **Schule von Troyes**. Ihre hervorragendsten Vertreter waren die Bildhauer Jean Gailde und Jacques Julyot (15./16. Jh.). Hohes Ansehen genoss auch die Glasmalerei vom 14. bis zum 17. Jh., deren Zeugnisse die Kirchen der Stadt schmücken; die wichtigsten Künstler waren Jean Soudain (16. Jh.) und Linard Gonthier (1565–1642). Aus Troyes stammten auch der Maler Pierre Mignard (1612–1695), neben Le Brun der bedeutendste französische Maler des klassizistischen Barocks zu Zeiten Ludwigs XIV., und der Bildhauer François Girardon (1628–1715).

 Baedeker TIPP

Einkaufsparadies

Busladungsweise – 3 Mio. pro Jahr – kommen die Schnäppchenjäger nach Troyes, um in den riesigen Factory-Outlets einzukaufen. Die wichtigsten Zonen sind Marques Avenue und Au Fil des Marques in St-Julien-les-Villas 3 km südöstlich (N 71) sowie McArthur Glen und Marques City in Pointe Ste-Marie 3 km nordöstlich (N 77/ D 960). Sie haben Mo. – Fr. 10.00 – 19.00 und Sa. 9.30 – 19.00 Uhr geöffnet. Info beim Office de Tourisme und unter www.troyesmagusine.com.

Sehenswertes in Troyes

Die Altstadt zwischen den Boulevards Gambetta, Victor Hugo und 14 Juillet sowie dem Seine-Bogen erinnert, passend für die Champagne, an einen Champagnerkorken: Die **Cité**, die Bischofs-und-Adels-Stadt um die Kathedrale, bildet den Kopf, der **Bourg**, die Händler-Handwerker-Stadt, den Stopfen. Die meisten Häuser sind **Fachwerkbauten**, die schönsten sind im Viertel um die Kirche St-Jean zu finden; ganz malerisch ist die schmale **Ruelle des Chats** zwischen den Rues Champeaux und Charbonnet.

 Altstadt

Die Kirche St-Nicolas, nach dem Stadtbrand 1524 entstanden, besitzt ein schönes Südportal vom einheimischen François Gentil (16. Jh.; der bewegende »Christus unter dem Kreuz zusammenbrechend« wird dem fast unbekannten Meister von Chaource zugeschrieben) sowie eine ungewöhnliche Empore mit der Chapelle du Calvaire und dem »Christus an der Säule«, ebenfalls von Gentil. Das Chorgestühl stammt aus dem 17. Jahrhundert.

St-Nicolas

St-Pantaléon   Die spätgotische Kirche St-Pantaléon wurde nach 1527 wieder aufge-baut, gegen Ende des 17. Jh.s erhielt sie das ungewöhnliche hölzerne Schiffskielgewölbe. Zu sehen sind zahlreiche Skulpturen der Schule von Troyes (16. Jh.). Die Fenster mit Grisaille-Malerei stammen aus der Mitte des 16. Jh.s.

Hôtel Vauluisant   Im prächtigen Hôtel Vauluisant (16. Jh.) gegenüber gibt es zwei Mu-seen (beide Mo. geschl.): Musée de la Bonneterie (Geschichte der Strickwarenherstellung in Troyes) und Musée Historique de Troyes et de la Champagne (Kunst des 13. bis 16. Jh.s, Münzen, Kostüme).

Maison de l'Outil   Das Hôtel de Mauroy, ein schönes Patrizierhaus aus der Renaissance (1560), beherbergt eine großartige Sammlung von über 25 000 Werk-zeugen vergangener Jahrhunderte (ausgestellt sind 10 000), betreut von den **Compagnons du Devoir**, der Vereinigung der wandernden Gesellen (März – Sept. tägl. geöffnet, sonst Di. geschl.).

Malerische Atmosphäre in der Rue Champeaux

In der im 13. bis 16. Jh. erbauten Basilika St-Jean fand 1420 die Hochzeit von Katharina, Tochter von König Karl VI. und Isabeau, und Heinrich V. von England statt. Das Langhaus ist gotisch, der wesentlich höhere Chor folgte im 16. Jh. Sehenswert sind der prunkvolle **Hochaltar** (Tabernakel von François Girardon, 1693; »Taufe Christi« von Pierre Mignard, 1667) sowie die Heimsuchungsgruppe im rechten Seitenschiff (16. Jh.). An der Place du Maréchal Foch das Rathaus im Louis-Treize-Stil (1624 – 1670, 1935 erweitert).

St-Jean-au-Marché

◄ Hôtel de Ville

Ste-Madeleine ist die älteste Kirche der Stadt, gotisches Lang- und Querhaus stammen aus dem 12. Jh., Turm und Chor aus der Renaissance (16. Jh.). Der großartige, filigrane steinerne **Lettner** mit reicher Flamboyant-Verzierung ist ein Werk von Jean Gailde (1508 – 1517); beachtenswert sind im rechten Seitenschiff die Statue der hl. Martha (15. Jh.) in volkstümlicher Tracht sowie schöne Fenster im Chor (Schöpfung und Wurzel Jesse, Ende 14./Anfang 15. Jh.).

Ste-Madeleine

Die Kirche St-Urbain, eines der feinsten gotischen Bauwerke der Champagne, wurde 1262 – 1286 im Auftrag des aus Troyes stammenden Papstes Urban IV. (Jacques Pantaléon, geb. 1185) erbaut; seine Reliquien wurden 1935 von Perugia, wo er 1264 gestorben war, nach Troyes gebracht und im Chor bestattet. Dieser Papst führte übrigens des Fronleichnamsfest ein. Beachtlich sind das Tympanon im Hauptportal (Jüngstes Gericht, 13. Jahrhundert) und die meisterlichen Wasserspeier. Im Chor trägt ein feines steinernes »Gerüst« die schönen Glasmalereien aus dem 13. Jh., in der Südkapelle ist die einst bemalte **»Madonna mit der Weintraube«** zu sehen, ein Hauptwerk der Renaissance in Troyes (16. Jh.).

★
St-Urbain

> **!** *Baedeker* TIPP
>
> **Feines aus Troyes**
>
> Die Markthalle aus dem 19. Jh. hat tägl. außer So.nachmittag geöffnet. Aus Champagner, rosé und weiß, wird nach altem Rezept das Gelee de Vin de Champagne gemacht (D3M, 42 Boulevard V. Hugo). Für gute traditionelle Charcuterie, wie die Véritable Andouillette de Troyes, sind die Metzgereien Thierry (73 Avenue Galliéni) und Maury (28 Rue Général de Gaulle) bekannt.

Einen städtebaulichen Akzent setzt die Médiathèque de l'Agglomération Troyenne, ein Glaspalazzo von 2002. Die Bibliothek besitzt mit über 500 000 Bänden aus der Zeit vor 1900, 8000 Handschriften – darunter welche aus dem Kloster Clairvaux (12. Jh.) – und 700 Inkunabeln die zweitwichtigste französische Sammlung nach der Nationalbibliothek in Paris. Eine Ausstellung informiert über die vielfältigen Schätze der Bibliothek (tägl. außer So. geöffnet).

Médiathèque

⊙

Im von der Universität genutzten Hôtel-Dieu-le-Comte ist eine schöne Apotheke (Apothicairerie) vom Anfang des 17. Jh.s erhalten (Mo. geschl.). Ein herrliches schmiedeeisernes Gitter von 1760 schließt den Hof ab.

Hôtel-Dieu

⊙

Harmonische Eleganz in der Kathedrale St-Pierre-et-Paul

St-Pierre-et-St-Paul

An der Kathedrale, einem Hauptwerk der Gotik in der Champagne, wurde von 1208 bis 1638 gebaut. Beeindruckend sind schon ihre Abmessungen: 114 m lang, 50 m breit, 28,5 m Gewölbehöhe. Die doppeltürmige Westfassade und das nördliche Querschiff mit dem herrlichen **Beau Portail** (1546) stammen von Martin Chambiges, der auch an den Kathedralen von Beauvais und Sens wesentlich beteiligt war. Gebaut wurde nur ein Turm (»St-Pierre«, »St-Paul« sollte der Südturm heißen). Das fünfschiffige Innere wird durch wunderbare **Fenster** aus dem 13., 15. und 16. Jh. erhellt (insgesamt ca. 1500 m²); im linken Seitenschiff das Fenster mit dem »Christus in der Kelter« (L. Gontier, 1625). Sehenswert ist auch der Domschatz mit Email-, Elfenbein-, Goldschmiede- und Stickarbeiten des 11. bis 19. Jh.s.
Im **Cellier St-Pierre** gegenüber der Kathedrale lagerten die Kanoniker Getreide und Wein; seine Holzkonstruktionen datieren aus dem 13. Jh. und gehören zu den ältesten in Frankreich.

Musée d'Art Moderne ⏲

Das Bischofspalais (16./17./19. Jh.) nebenan beherbergt das Museum für Moderne Kunst mit Werken von 1850 bis 1950 (u. a. Bonnard, Cézanne, Degas, Gauguin, Matisse, Picasso u. a.), außerdem eine Sammlung afrikanischer und ozeanischer Kunst (Mo. geschl.).

Abbaye St-Loup ⏲

Die Abtei St-Loup (17./18. Jh.) beherbergt das **Musée des Beaux-Arts** (Mo. geschl.) mit Altertümern, französischen, italienischen und flämischen Gemälden des 16.–19. Jh. sowie Skulpturen aus der Schule von Troyes (13.–15. Jh.).

Vendôme

J 5

Région: Centre   **Höhe:** 82 m ü. d. M.
Département: Loir-et-Cher   **Einwohnerzahl:** 16 800

Vendôme, das nördlich der mittleren Loire liegt, ist ein idyllisches Kleinod. Seine Altstadt ist von zwei Armen des Loir umgeben und von schmalen Kanälen durchzogen. Die interessante Geschichte hinterließ einige bedeutende und schöne Bauwerke.

Das gallorömische Vindocinum (»Weißer Berg«) wurde im 10. Jh. Grafschaft und bekam im 11. Jh. vom Grafen Geoffroy Martel eine Benediktinerabtei (geweiht 1040), der er aus Konstantinopel mitgebrachte Reliquien vermachte: eine Träne Christi und einen Arm des hl. Georg; damit wurde sie eine wichtige Station am Jakobsweg (seit 1803 sind die Reliquien im Vatikan). Honoré Balzac war 1807–1813 Schüler des Oratorianerkollegs. Heute ist Vendôme für Handschuhe, Elektrotechnik und Maschinenbau bekannt. Bis vor einigen Jahren druckten hier die renommierten Presses Universitaires de France, die wichtige Werke zu niedrigen Preisen herausbringen, ihre Bücher. Der westliche Vorort Villiers verfügt über einen TGV-Bahnhof.

Aus der Geschichte

 ## VENDÔME ERLEBEN

AUSKUNFT

Office de Tourisme
47 Rue Poterie
41100 Vendôme
Tel. 02 54 77 05 07
www.vendome.eu

ESSEN

▶ Preiswert/Erschwinglich
Le Moulin du Loir
21–23 Rue du Change
Tel. 02 54 67 13 51
Mo.mittags geschl.
Freundliches Lokal nahe der Chapelle St-Jacques, mit Terrasse am Kanal. Sehr ordentliche Küche.

Le Paris Grill
1 Rue Darreau, Tel. 02 54 77 02 71
So. abends, Mo., Mi. abends geschl. Kreative Küche, vor allem Meeresfrüchte und Gegrilltes. Hervorragende regionale Weine, charmanter Service. Im Norden der Stadt, in der Nähe des Bahnhofs.

ÜBERNACHTEN

▶ Günstig
Auberge de la Madeleine
Place de la Madeleine
Tel. 02 54 77 20 79
Das angenehme, familiäre und familienfreundliche Hotel im Norden der Altstadt hat wie sein Restaurant (Mi. geschl.) einen guten Ruf; schöne Terrasse am Loir.

Le Vendôme
15 Faubourg Chartrain
Tel. 02 54 77 02 88
www.hotelvendomefrance.com
Recht ansprechendes Mittelklassehaus in altem Gebäude, nördlich des Zentrums. Ohne Restaurant.

Sehenswertes in Vendôme

✦
Abbaye de la Trinité

Bedeutendstes Bauwerk der Stadt ist die Kirche des Dreifaltigkeitsklosters mit ihrem 83 m hohen, frei stehenden Turm (12. Jh.). Der 72 m lange Bau (12.–16. Jh.) besitzt eine **herrliche Fassade** in Flamboyant-Gotik (1506). Im lichten, klar gegliederten Inneren sind die Glasfenster im Chor (14./16. Jh.) sehenswert, die Scheitelkapelle besitzt ein Marienfenster von 1140, die älteste Glasmalerei mit diesem Thema. Chorschranken und -gestühl (16. Jh.) sowie die bemalten romanischen Statuen an den Vierungssäulen sind ebenfalls beeindruckend. Links des Hauptaltars steht der Sockel des »Steinernen Schreins«, der einst die verehrte Träne Christi enthielt. Das Mönchshaus am Kreuzgang beherbergt das nette Musée de Vendôme (Geschichte, Volkskunde, sakrale Kunst; Di. geschl.).

Stadtrundgang

Von der Brücke über den Loir östlich der Abteikirche hat man einen schönen Blick auf diese und die Porte d'Eau. Zurück geht es durch die Rue de l'Abbaye zur Place St-Martin mit der Tour St-Martin, dem Rest einer 1857 abgerissenen Renaissance-Kirche, und einer Rochambeau-Statue. Von der Nordostecke des Platzes führt die Rue du Change zur ehemaligen Chapelle du Lycée (St-Jacques, 1452). Westlich der Chapelle folgt das 1623 gegründete Oratorianerkolleg, heute Rathaus. Schön ist hier der **Parc Ronsard** mit dem Hôtel du Saillant (15. Jh., Tourismusbüro) und einem alten Waschhaus. Nordwestlich des Rathauses (Rue St-Jacques) steht die Madeleine-Kirche (1474) mit einem Tonnengewölbe aus Holz. Auf der **Rue Poterie** nach Süden kommt man zum Stadttor Porte St-Georges (14. Jh., 1807 verbreitert), von dort nördlich des Loir – vorbei an der Markthalle von 1861, Markt ist am Freitag – zur Rue St-Bié, dort kann man den Fluss überqueren und zur Burg hinaufsteigen.

Burgruine

Auf dem Kalkfelsen südlich der Altstadt sind von der Burg, die ins 9. Jh. zurückgeht, noch Türme und Mauern aus dem 13./14. Jh. erhalten, die Tour de Poitiers wurde im 15. Jh. erneuert. Im Garten die Reste der Stiftskirche St-Georges, Grabstätte der Herren von Vendôme. Von der Promenade de Montagne bietet sich ein herrlicher Blick.

✦
Loir-Tal

Das Tal des Loir ist ein wenig besuchter, jedoch entdeckenswerter Landstrich. Bis zur Einmündung in die Sarthe bei ▶Angers sind entlang dem Fluss Radwege ausgewiesen, unterwegs sorgen hübsche Orte, idyllische Natur, Weinkeller, Schlösser und andere historische Zeugnisse für Abwechslung (Informationen beim Tourismusbüro Vendôme). Zwei »Schmuckstücke« knapp 20 km westlich von

Lavardin ▶

Vendôme seien hervorgehoben: zunächst Lavardin (250 Einw.) mit der Ruine einer mächtigen Burg (12.–15. Jh.), einer mittelalterlichen Brücke (13. Jh.) und der schlichten frühromanischen Prioratskirche St-Genest (11.–13. Jh., bedeutende Fresken des 12. bis 16. Jh.s).

Montoire ▶

Hübsch ist der Blick von der Brücke in Montoire (4500 Einw.), in dem am 24. Oktober 1940 Hitler mit Marschall Pétain, dem Chef der Vichy-Regierung, zusammentraf (Beginn der »Kollaboration«); Dokumente dazu sind im Bahnhof zu sehen. Südlich der Brücke steht die Kapelle St-Gilles, die einst zu einem Benediktinerpriorat gehörte und hervorragende Fresken aus dem 12./13. Jh. besitzt.

Verdun

N 3

Région: Lorraine (Lothringen)
Département: Meuse
Höhe: 119 m ü. d. M.
Einwohnerzahl: 19 200

Der Name von Verdun ist mit der mörderischen Schlacht verbunden, die 1916/1917 im Umland tobte und etwa 0,8 Mio. Menschenleben forderte. Verdun hat sich zur Stadt des Friedens und der Versöhnung erklärt und zählt das ganze Jahr über viele Besucher.

Auch vor dem Ersten Weltkrieg spielte Verdun, das im Nordwesten ► Lothringens im Tal der Meuse (Maas) liegt, in der Geschichte Deutschlands und Frankreichs eine zentrale Rolle. 843 wurde im **Vertrag von Verdun** das Reich Karls des Großen in ein Westreich (Karl der Kahle), ein Mittelreich (Lothar I.) und ein Ostreich (Ludwig der Deutsche) aufgeteilt, die Keimzellen für die späteren Nationen Deutschland und Frankreich. Mit dem Mittelreich kam Verdun 925 zum Heiligen Römischen Reich, das die Bischöfe als weltliche Herren einsetzte; später wurde es Freie Reichsstadt. 1552 besetzte es König Heinrich II., 1648 fiel Verdun endgültig an Frankreich. Im Anschluss daran folgte der Ausbau zur Festung, v. a. durch Vauban (ab 1675); nach 1871 wurden die Bollwerke weiter verstärkt und um die Stadt ein doppelter Gürtel von Forts errichtet.

Geschichte

 Baedeker TIPP

Das Bier der Maas

An der Maas liebt man das Bier. Die Tradition wird im L'Estaminet hochgehalten, einer lebhaften Brasserie mit über 250 handwerklich hergestellten Biersorten, darunter 5 aus der eigenen Brauerei (45 Rue des Rouyers, So geschl.). Und in Stenay 45 km nördlich von Verdun ist in einer alten Mälzerei das interessante Europäische Biermuseum ansässig (März – Nov. tägl. geöffnet).

Im Ersten Weltkrieg wurde die Stadt zu einem Hauptpfeiler der französischen Verteidigung. Zwischen dem 21. Februar 1916 und August 1917 verlief die Front 4 bis 15 km nördlich der Stadt, wobei die Angriffe von beiden Seiten mit äußerster Härte vorgetragen wurden. Über die **Voie Sacrée** (Heiliger Weg), die Straße von Bar-le-Duc her, wurde die umkämpfte Stadt versorgt, heute ein Nationaldenkmal mit einer besonderen Straßennummer (D 1916). Nach anfänglichen deutschen Erfolgen wuchs der Widerstand der Franzosen und es entwickelte sich ein für beide Gegner mörderischer Stellungskrieg, mit

Schlacht um Verdun 1916

▶ VERDUN ERLEBEN

AUSKUNFT

Office de Tourisme
Pavillon Japiot, Av. du Gén. Mangin
55100 Verdun
Tel. 03 29 84 55 55
www.tourisme-verdun.com
www.verdun.fr

CHAMP DE BATAILLE

Busfahrten zu den wichtigen Gedenkstätten führt das Tourismusbüro
durch: April – Juni, Sept./Okt. Fr. bis
So., Juli/Aug. tägl., Abfahrt stündlich
9.00 – 17.00 Uhr, Unterbrechung ist
überall möglich. Für Termine zu
anderen Jahreszeiten erkundige man
sich beim Tourismusbüro.

EINKAUFEN

Regionale Köstlichkeiten wie Dragées
de Verdun, Johannisbeerkonfitüre aus
Bar-le-Duc und Madeleines de Commercy kann man im alten Laden von
Braquier erstehen (50 Rue du Fort-de-
Vaux, tägl. geöffnet; Führungen
Mo. – Fr.). In der Markthalle von
1853 kann man sich am Fr.vormittag
mit feinem Proviant versorgen.

FESTE & EVENTS

Im Sommer, Sa./So.: Met Festival
(Gratis-Konzerte) am Quai de Londres. Juni/Juli, Fr.- und Sa.abend:
»Des Flammes à la Lumière«, eine
Darstellung der Schlacht von Verdun
mit über 300 Akteuren; im Steinbruch
von Haudainville am südlichen Ortsrand (www.spectacle-verdun.com).

ESSEN

▶ Preiswert

Le Clapier
34 Rue des Gros Degrés
Tel. 03 29 86 20 14, So geschl.
Bodenständiges, unprätentiöses
Restaurant mit Lothringer Küche.

Epices et tout
35 Rue des Gros Degrés, Tel. 0 3 29 86
46 88, So., Mi.abend geschl.
Neben dem Clapier wagt der junge
Chef eine ungewöhnliche Küche auf
der Basis von Gewürzen und Kräutern. Sympathische Atmosphäre und
gutes Preis-Leistungs-Verhältnis.

La Péniche
1 Quai de la République
Tel. 03 29 85 71 74 35
Der Lastkahn am Ostufer der Maas
bietet nicht nur ein besonderes Ambiente, sondern auch eine exzellente
traditionelle Küche.

ÜBERNACHTEN

▶auch S. 258 (Champagne/Argonne)

▶ Günstig

Le Montaulbain
4 Rue de la Vieille Prison
Tel. 03 29 86 00 47
Einfaches, aber angenehmes Haus
nahe der Kathedrale (Fußgängerzone), gepflegte Zimmer zu un-
schlagbarem Preis. Kein Restaurant.

Auberge de la Jeunesse
Place Monseigneur Ginisty
Tel. 03 29 86 28 28, www.fuaj.org
Jugendherberge im alten Grand
Séminaire zwischen Kathedrale und
Bischofspalast, großzügige moderne
Zimmer für 5 – 12 Personen.

La Métairie du Manoir
Watronville, 3 Rue Principale
(15 km östlich von Verdun)
Tel. 03 29 87 32 21
www.lametairiedesvergers.com
Chambres d'Hôtes in einem charmanten Bürgerhaus von 1851, drei
liebevoll verschnörkelte Zimmer.
Abendessen für Hausgäste.

dem Ergebnis von insgesamt **rund 800 000 Gefallenen** sowie vielen Verwundeten, Vermissten und Gefangenen.

Sehenswertes in Verdun

Verdun besteht aus der alten **Oberstadt** mit Zitadelle und Kathedrale sowie der Unterstadt mit den Geschäftsvierteln. Den höchsten Punkt nimmt die romanische Kathedrale Notre-Dame ein. Von 990 bis 1024 entstand nach dem Vorbild der rheinischen Kaiserdome eine Pfeilerbasilika mit je einem Chor und Querschiff im Osten und im Westen; 1136–1140 wurde der Ostteil nach burgundischer Art erneuert. Veränderungen folgten im 14. bis 16. Jh. sowie nach einem Brand 1755 (u. a. wurden die Türme abgerissen und die Westtürme errichtet, das Innere wurde barock gestaltet). Beachtlich sind das romanische Löwenportal mit Christus als Weltenrichter, das Chorgestühl, die Orgel (1762), die romanische Krypta und der Kirchenschatz. An der Südseite der Kathedrale der Kreuzgang (14./15. Jh.).

★ **Notre-Dame**

Im Bischofspalast, erstellt 1725–1754 von Robert de Cotte, dem Hofbaumeister Ludwigs XV., ist das **Centre Mondial de la Paix** untergebracht, das Weltzentrum des Friedens, das mit seinen Ausstellungen, Seminaren und anderen Veranstaltungen v. a. junge Menschen ansprechen soll (Mo. geschl., www.cmpaix.eu).

Palais Episcopal

🕑

Vauban erbaute die Zitadelle am Platz der 952 gegründeten Abtei St-Vanne, von der noch die Tour de Vanne stammt (12. Jh.). Ihre unterirdische Anlage, entstanden 1887–1897, beherbergte bis zu 10 000 Soldaten und hatte während des Ersten Weltkriegs große logistische Bedeutung. 7 km lange Gänge verbanden die unterschiedlichen Einrichtungen, von der Großbäckerei über Krankenreviere bis zu den Munitionsdepots (Besichtigungsfahrten; tägl. geöffnet, Jan. geschl.).

Zitadelle

🕑

Im eleganten Hôtel de la Princerie (Renaissance, 16. Jh.) illustrieren vielfältige Sammlungen die Geschichte der Stadt bis ins 19. Jh. (April bis Okt. Mi.–Mo.). In der Nähe steht das mächtige Siegesdenkmal (Monument à la Victoire, 1920–1929).

Musée de la Princerie

🕑

Zur Ringmauer gehörten die eindrucksvolle Porte Chaussée mit zwei mächtigen Rundtürmen (14. Jh., am linken Maas-Ufer) und die Porte Châtel (15. Jh.; nördlich des Palais Episcopal).

Befestigungen

Man entspannt sich gern auf den zentral gelegenen Terrassen des Quai des Londres mit seinen Cafés und Restaurants. Die im Ersten Weltkrieg zerstörten Häuser wurden nicht wieder aufgebaut, mithilfe der Stadt London wurde bis 1924 das Kai angelegt. Gegenüber legen die »Mosa«-Boote zu Rundfahrten ab. Am Canal des Augustins ist die Schleusenbrücke St-Amand zu bewundern, erbaut im 17. Jh. von Vauban und als einzige von drei funktionsfähig erhalten.

An der Maas

Verdun Schlachtfelder *Orientierung*

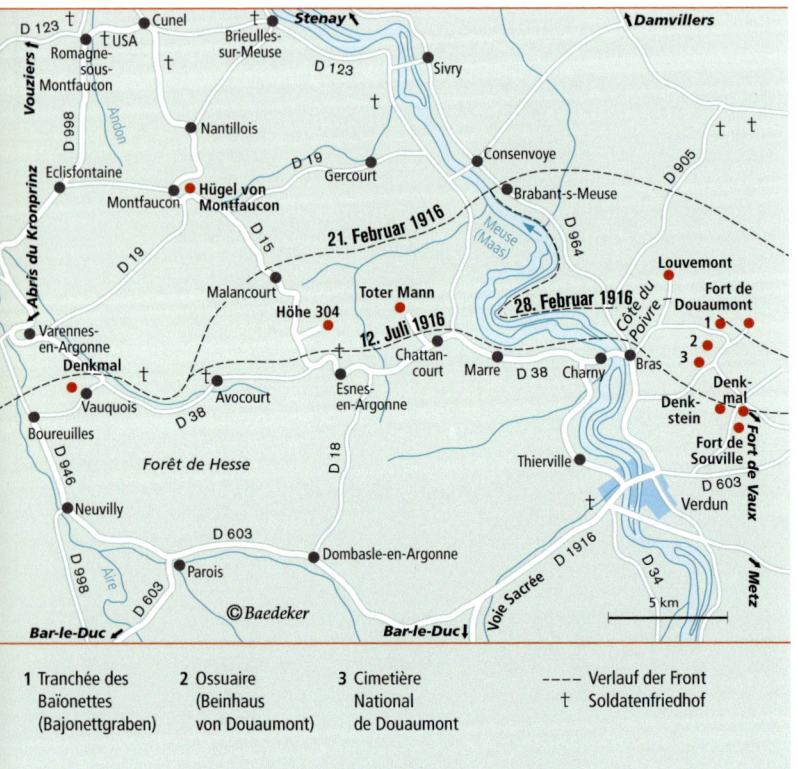

1 Tranchée des Baïonettes (Bajonettgraben)	**2** Ossuaire (Beinhaus von Douaumont)	**3** Cimetière National de Douaumont	---- Verlauf der Front † Soldatenfriedhof

Schlachtfelder und Gedenkstätten

Die Schlachtfelder, die heute noch Beklemmung auslösen (wenn auch nicht wenige Touristen sie mit einem Freizeitpark verwechseln), liegen nördlich der Stadt zu beiden Seiten der Maas. Die Gedenkstätten sind im Januar geschlossen, sonst tägl. geöffnet, von April bis August ohne Mittagspause.

Rechts der Maas Man verlässt Verdun auf der D 603 nach Osten und passiert den französischen Soldatenfriedhof Faubourg-Pavé. An der abzweigenden D 112 Richtung Dieppe folgen nach 6 km das Denkmal für den Erbauer der Maginot-Linie (►Baedeker Special S. 390) und das **Fort de Souville**. An der Kreuzung bei der Chapelle Ste-Fine markiert ein steinerner Löwe den südlichsten Punkt der Front 4 km vor Verdun. Weiter östlich führt von der D 913 eine Stichstraße zum **Fort de Vaux** (Museum), dessen Anhöhe einen weiten Ausblick bietet. Zurück geht

Mahnmal und Grab für 130 000 Soldaten: Ossuaire de Douaumont

es auf der D 913 nach Nordwesten. Jenseits des Mémorial de la Bataille de Verdun erinnert eine Stele an das 16-mal eroberte und zurückgewonnene, zerstörte Dorf Fleury-devant-Douaumont.

Den französischen Nationalfriedhof passierend erreicht man das monumentale, schauerliche Beinhaus von Douaumont für die sterblichen Reste von 130 000 unbekannten französischen und deutschen Soldaten. Die 137 m lange Halle mit 46 m hohem Turm ist das bedeutendste französische Denkmal für den Ersten Weltkrieg.

Ossuaire de Douaumont

Nordöstlich des Ossuaire liegt eine weitere Gedenkstätte, das 1885 erbaute **Fort de Douaumont**, das am 25. Februar 1916 fiel. Zwischen Beinhaus und Fort liegt die überdachte **Tranchée des Baïonettes**, ein Schützengraben, in dem französische Infanteristen, mit aufgepflanztem Bajonett zum Sturm bereit, verschüttet wurden. Dieses Massengrab blieb unangetastet.

Fort de Douaumont

Am linken Maas-Ufer – nordwestlich von Verdun in Richtung Charny – lagen ebenfalls heftig umkämpfte Stellungen, darunter die Doppelhöhe **Toter Mann** (Mort-Homme, 295/265 m), die Höhe 304 und der **Hügel von Montfaucon** (Butte de Montfaucon, 336 m), auf dem sich ein 70 m hoher, von den USA errichteter Denkmalturm erhebt. Von der Plattform überblickt man den nordwestlichen Teil des Schlachtfelds. Weiter nordwestlich liegt der riesige US-amerikanische Soldatenfriedhof Romagne-sous-Montfaucon.

Links der Maas

Versailles

K 4

Région: Ile-de-France
Département: Yvelines

Höhe: 132 m ü. d. M.
Einwohnerzahl: 87 000

Der Name des Schlosses vor den Toren von Paris steht wie der seines Bauherrn, des Sonnenkönigs Ludwig XIV., für den schier unvorstellbaren Glanz und die Machtfülle der absolutistischen Herrscher im 17./18. Jahrhundert.

✶ ✶ Schloss Versailles

Ein wenig Geschichte

Für ein Jahrhundert, von 1682 bis 1789, war Versailles die Residenz der französischen Könige. Die Prinzipien absoluter Herrschaft verlangten, dass der Hochadel sich ständig am Hof aufhielt, und die Anlagen des Schlosses boten den angemessenen Rahmen für das Motto des Sonnenkönigs: »L'état c'est moi«, »Der Staat bin ich«. Architektur und Ausstattung des Schlosses, der Park und die prunkvolle Hofhaltung dienten vielen europäischen Königs- und Fürstenhöfen der Zeit als Vorbild. Ludwig XIV. ließ sich ein kleines Jagdschloss seines Vaters, Ludwig XIII., von den besten Architekten und Künstlern 1661–1710 zur Residenz ausbauen. An dem Projekt, das den Staat an den Rand des Ruins brachte, arbeiteten bis zu 36 000 Menschen und 6000 Pferde gleichzeitig.

Hier nahm aber auch die Französische Revolution ihren Ausgang. 1789 wurden die Reichsstände nach Versailles berufen; der dritte Stand, das Bürgertum, konstituierte sich als Nationalversammlung und schwor im Jeu de Paume (Ballspielsaal), den Saal nicht zu verlassen, bis der König die neue Verfassung akzeptiert hätte. Am 5./6. Oktober 1789 wurde Ludwig XVI. gezwungen, nach Paris in die Tuilerien überzusiedeln, womit Versailles seine Bedeutung verlor. Ab 1837 diente das Schloss als Museum. Im Deutsch-Französischen Krieg wurde es am 19. September 1870 von deutschen Truppen besetzt, bis zum 6. März 1871 war es deutsches Hauptquartier. Am 18. Januar 1871 wurde im Spiegelsaal das Deutsche Reich proklamiert, nach dem Ersten Weltkrieg kam die Revanche: Am 28. Juni 1919 wurde dort der vernichtende Friedensvertrag von Versailles unterzeichnet. Heute zählen das Schloss und seine Parks, beide UNESCO-Welterbe, im Jahr über 5 Mio. Besucher.

❗ *Baedeker* TIPP

Königliche Feste

Wie der Sonnenkönig seine Gartenfeste feierte, lassen die »Grandes Eaux Musicales« ahnen: An den Wochenenden von April bis Ende Okt. begleitet barocke Musik die wunderbaren Wasserspiele (mehrmals am Tag, um 21 Uhr mit Feuerwerk vor dem Grand Canal). Von Juni bis Ende September flaniert man mittwochs durch die »Musikalischen Gärten«. Darüber hinaus gibt es Konzerte unter freiem Himmel und in der Opéra. Info und Karten: Tel. 01 30 83 78 89, www.chateauversaillesspectacles.fr.

Versailles *Orientierung*

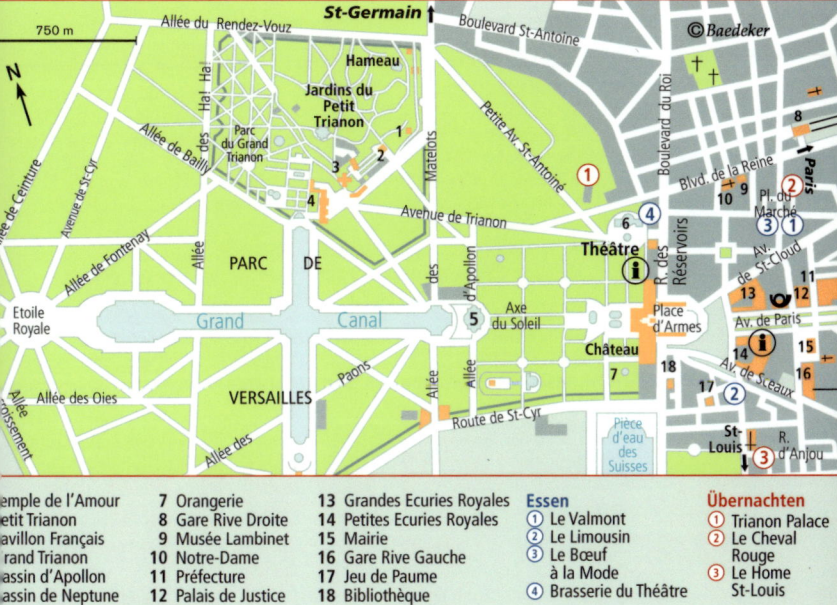

			Essen	**Übernachten**
emple de l'Amour	7 Orangerie	13 Grandes Ecuries Royales	① Le Valmont	① Trianon Palace
etit Trianon	8 Gare Rive Droite	14 Petites Ecuries Royales	② Le Limousin	② Le Cheval
avillon Français	9 Musée Lambinet	15 Mairie	③ Le Bœuf	Rouge
rand Trianon	10 Notre-Dame	16 Gare Rive Gauche	à la Mode	③ Le Home
assin d'Apollon	11 Préfecture	17 Jeu de Paume	④ Brasserie du Théâtre	St-Louis
assin de Neptune	12 Palais de Justice	18 Bibliothèque		

Der Vorhof (Avant-Cour) wird von zwei Gebäuden für die Minister des Königs flankiert, dann folgt die **Cour Royale** mit einem Reiterstandbild Ludwigs XIV. (1835). Diese verengt sich zur **Cour de Marbre**, die bis 1830 mit farbigem Marmor ausgelegt war. Die Gebäude um den Marmorhof gehören noch zum Jagdschloss Ludwigs XIII.; im ersten Stock liegen die Privatgemächer des Königs. An die beiden Längsseiten des Jagdschlosses baute Le Vau bis 1670 je einen Flügel für die Repräsentationsräume des Königs (Grand Appartement du Roi) und der Königin (Grand Appartement de la Reine, im ersten Stock; im Parterre die Räume der Thronfolger/innen). Hardouin-Mansart verband ab 1676 die beiden Komplexe an der Parkseite mit dem **Spiegelsaal** und erweiterte die Anlage um Nord- und Südflügel. Mit der Schlosskirche (Hardouin-Mansart/Cotte) und dem Opernhaus (A.-J. Gabriel) wurde das insgesamt 580 m lange Schloss fertiggestellt. Für die Ausstattung zeichnete **Charles Le Brun** verantwortlich, Maler und Direktor der Königlichen Gobelin-Manufaktur.

Schlossanlage

Von den 700 Räumen des Komplexes seien die wichtigsten kurz dargestellt. Der erste Raum im Südflügel des Mittelpavillons ist der Krönungssaal, dem das Gemälde »Krönung Napoleons I. und der Kaiserin Joséphine« von J. L. David (1748–1825) den Namen gab.

Salle du Sacre

CHÂTEAU DE VERSAILLES

✹ ✹ **Das größte und berühmteste Schloss in Frankreich entstand als märchenhafte Residenz des Sonnenkönigs. Bis ins 20. Jahrhundert war es das symbolische Zentrum des französischen Staats.**

🕐 Öffnungszeiten:
Schloss: Di.–So. 9.00–18.30 Uhr, Nov.–März bis 17.30 Uhr. Park: 7.00–20.30 Uhr, im Winter 8.00 bis 18.00 Uhr. Trianon-Schlösser: Di.–So. 12.00 bis 18.30 Uhr, Nov.–März bis 17.30 Uhr
Kassenschluss 45 Min. vor Schließung
Die Termine für die Wasserspiele etc. sind dem Veranstaltungskalender zu entnehmen.

① Chambre du Roi

Im Zentrum des gesamten Schlosskomplexes lag (ab 1701) das Schlafzimmer des Sonnenkönigs, A und O des Lebens bei Hofe – der Schauplatz des »lever (bzw. coucher) du roi«. Enge Vertraute brachten die neuesten Nachrichten, während der König aufstand, vom Hofarzt untersucht, dann rasiert und gepudert wurde. Darauf folgte das Grand Lever mit Dutzenden von »Zuschauern«, bei dem er seine Schokolade nahm und sich fertig ankleidete. Eine Balustrade teilte den »privaten« vom »öffentlichen« Teil des Raums.

② Wasserparterre

Die Wasserbecken vor der Hauptfassade zieren große Bronzefiguren, die die Flüsse Frankreichs darstellen. Im großen Foto auf der Klappe die Rhône (im Französischen »der« Rhône).

③ Boskette

Zu Seiten der Sonnenachse bilden hübsche, unterschiedlich gestaltete »Wäldchen« aus Buchenhecken intime Räume für diverse Festlichkeiten und Vergnügungen.

④ Orangerie

Unterhalb des Südparterres, zwischen den »Treppen der 100 Stufen«, hat Hardouin-Mansart die Orangerie versteckt. Dank der Doppelverglasung sank die Temperatur nie unter 5 °C. Über 1000 in Kübel gepflanzte exotische Bäume geleiten zum fast 700 m langen »Schweizer Teich«.

⑤ Opernhaus

Zur Hochzeit des künftigen Königs Ludwig XVI. wurde der Theatersaal fertiggestellt. Er besteht ganz aus Holz und hat daher eine ausgezeichnete Akustik. Die blaue Bespannung der über 700 Sitze harmoniert schön mit dem Golddekor.

Im Spiegelsaal wurden Bälle gefeiert und Gesandte empfangen, 1871 der deutsche Kaiser proklamiert und 1919 der Friedensvertrag nach dem Ersten Weltkrieg unterzeichnet.

waren die
es Weilers
), den
ntoinette
ließ,
nischen
äusern
ildet,
aren sie
usgestattet.

© Baedeker

Die 1710 geweihte
Chapelle Royale
(Schlosskirche) hat
zwei Stockwerke:
Die oberen Etage
war dem König und
seiner Familie vor-
behalten, im Erdge-
schoss versammelte
sich der Hof.

▶ VERSAILLES ERLEBEN

AUSKUNFT

Office de Tourisme
2 bis Av. de Paris, 78000 Versailles
Tel. 01 39 24 88 88
www.mairie-versailles.fr
www.versailles-tourisme.com
www.chateauversailles.fr

ANFAHRT VON PARIS

Ca. 20 km südwestlich (A 13, N 10).
SNCF-Züge von St-Lazare und La
Défense nach Versailles-Rive Droite
(1 km vom Schloss), von Montparnasse nach Versailles-Chantiers
(1,2 km vom Schloss). RER Linie C
nach Versailles-Rive Gauche (600
m). Der RATP-Bus 171 vom Pont de
Sèvres fährt bis vors Schloss.

TIPPS FÜR DIE BESICHTIGUNG

Öffnungszeiten ▸S. 598. Für den
Besuch des Schlosses sollte man
mindestens einen ganzen Tag einplanen. Der Andrang ist Sa./So.
sowie am Di. am größten, wenn der
Louvre in Paris geschlossen ist. Es
lohnt sich, früh am Morgen da zu
sein; will man sich nur die Grands
Appartements ansehen, ist auch
15.30 – 16.00 Uhr eine gute Zeit.
Im Park kann man picknicken und
Fahrräder mieten.

EINTRITTSKARTEN · ZUGANG

Karten kauft man am besten vor der
Anfahrt an einem Schalter der SNCF,
in einem FNAC oder übers Internet.
Der Paris Museum Pass gilt auch
hier. EU-Bürger bis 26 Jahre gehen
gratis, als Ticket genügt ein Personalausweis. Info und Tickets im
Vorhof links. Der »Passeport« umfasst den Eintritt für das Schloss, die
Trianons und ggf. die Grandes Eaux
Musicales; außerdem gibt es Karten
nur für das Schloss oder die Tria-

nons. Ein Audioguide (auch in
Deutsch) ist im Preis enthalten.
Während der Umgestaltung des
Eingangbereichs bis ca. 2011 gibt es
für Einzelbesucher nur den Eingang
A (Cours Royale links).

ESSEN

▶ Erschwinglich/Fein & Teuer

① *Le Valmont*
20 Rue du Pain, Tel. 01 39 51 39 00
Um die Markthallen gibt es eine
Reihe Restaurants, dieses ist eine
gute, wenn auch nicht billige Wahl.
»Theatralischer« Rahmen, traditio-
nelle Küche. Di. – Fr. preiswertes
Mittagsmenü.

▶ Erschwinglich

② *Le Limousin*
1 Rue de Satory, Tel. 01 39 50 21 50
Gediegenes Bistro im Stil des be-
ginnenden 19. Jahrhunderts. Hier
gibt es vor allem Fleisch, die Spezialität ist Lammkeule mit Kräutern.
Kein Ruhetag.

▶ Preiswert/Erschwinglich

③ *Le Bœuf à la Mode*
4 Rue du Pain, Tel. 01 39 50 31 99
Herzhafte Küche zum Sich-sattessen,
zu angenehmen Preisen und in
schlichtem, aber schönem Rahmen.

④ *Brasserie du Théâtre*
15 Rue des Réservoirs
Tel. 01 39 50 03 21, kein Ruhetag
Brasseriekultur und -küche nach
bester französischer Art, von den
Versaillern als »Petit Lipp« apostro-
phiert. Guter Gegenwert.

ÜBERNACHTEN

▶ Luxus

① *Trianon Palace*
1 Blvd. Reine, Tel. 01 30 84 50 00

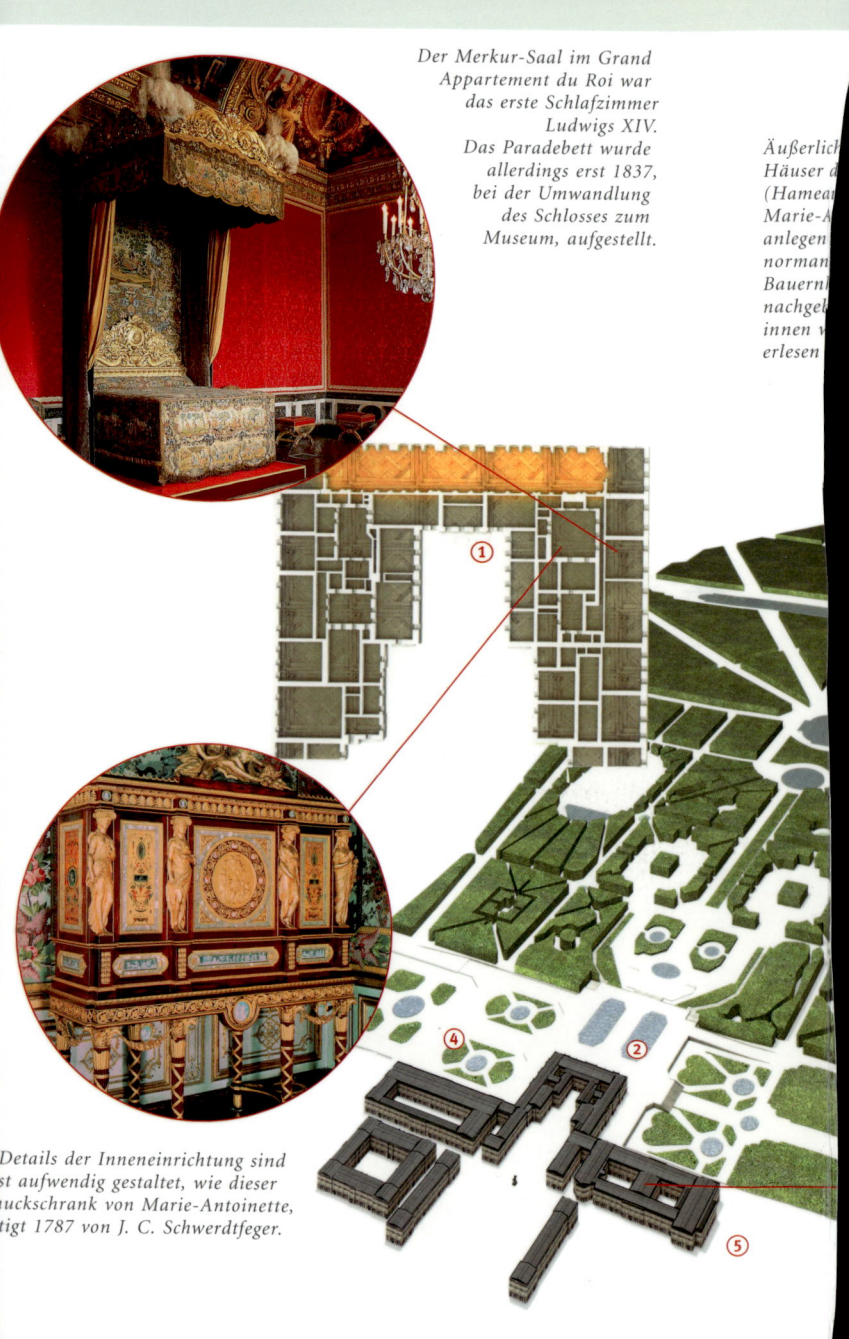

Der Merkur-Saal im Grand
Appartement du Roi war
das erste Schlafzimmer
Ludwigs XIV.
Das Paradebett wurde
allerdings erst 1837,
bei der Umwandlung
des Schlosses zum
Museum, aufgestellt.

Äußerlich
Häuser d
(Hamea
Marie-A
anlegen
norman
Bauernl
nachgel
innen w
erlesen

① ④ ② ⑤

Details der Inneneinrichtung sind
st aufwendig gestaltet, wie dieser
nuckschrank von Marie-Antoinette,
tigt 1787 von J. C. Schwerdtfeger.

www.starwoodhotels.com
Wahrhaft königlich logiert man hier –
am Rand des Trianon-Parks – in
elegantem Ambiente von Anfang des
20. Jh.s. Das Restaurant Gordon
Ramsay ist das beste in Versailles,
erschwinglicher ist es im edel-modern
gestalteten La Veranda.

▶ **Günstig/Komfortabel**
② *Le Cheval Rouge*
18 Rue André-Chénier
Tel. 01 39 50 03 03

www.chevalrougeversailles.fr
Haus mit historischem Flair 10 Min.
vom Schloss, schlicht, aber gepflegt.
Ein großer Vorteil: Gratis-Parkplatz
im eigenen Hof.

▶ **Günstig**
③ *Le Home St-Louis*
28 Rue St-Louis
Tel. 01 39 50 23 55
Gepflegtes älteres Haus, sehr günstig
südlich des Schlosses im ruhigen
Viertel St-Louis gelegen.

Eine prächtige Treppe (1679–1681) führt zu den Gemächern der Königin. Das **Grand Cabinet de la Reine** – Thron- und Audienzsaal – ließ Marie-Antoinette 1785 umgestalten, nur das Deckengemälde von Michel Corneille (1671) stammt aus der Zeit Maria Theresias (1638–1683), der Gemahlin Ludwigs XIV. Das große Porträt stellt Ludwig XV. dar. Vom Schlafzimmer sind die Privaträume (Cabinets intérieurs) zugänglich, eingerichtet zur Zeit Marie-Antoinettes (1770 bis 1781): Goldenes Kabinett, Bibliothek, Billardsalon etc.

*Grand Apparte-
ment de la Reine*

Die Spiegelgalerie wird im Sinne klassischer Symmetrie von zwei Salons eingefasst: an die Gemächer der Königin schließt der **Salon de la Paix** (Salon des Friedens) an, auf der Nordseite der **Salon de la Guerre** (Salon des Kriegs). Das Deckengemälde im Salon de la Paix schuf Le Brun, das Bild Ludwigs über dem Kamin Lemoyne. Im weltberühmten Spiegelsaal (73 m lang, 10,5 m breit, 12,3 m hoch) – Spiegel waren damals exorbitant teuer – machten die Höflinge und Kurtisanen ihre Aufwartung. Den 17 Spiegelbogen liegen auf der Parkseite 17 Rundbogenfenster gegenüber. Das Mobiliar wurde originalgetreu rekonstruiert. Die Gemälde im Tonnengewölbe erzählen die Geschichte der Regentschaft Ludwigs XIV.

Salons

◀ Galerie des
Glaces

Der Salon de l'Œil de Bœuf, nach dem Ovalfenster (»Ochsenauge«) benannt, diente als Vorzimmer für die Zeremonien des Zubettgehens und Aufstehens des Königs. Es enthält Gemälde von Veronese, bemerkenswert ist auch der 53 m lange Fries mit spielenden Kindern.

*Salon de
l'Œil de Bœuf*

Das ganz in Gold gehaltene **Schlafzimmer** des Königs wurde 1701 eingerichtet; hier starb Ludwig XIV. am 1. Sept. 1715. Bemerkenswert: Es lag im Zentrum der gesamten Schlossanlage! Erhalten sind hier Gemälde von Valentin de Boulogne, Carracci, Domenichino und Van Dyck. Im folgenden **Ratszimmer** wurden zu Zeiten Ludwigs XV. und XVI. alle wichtigen Beschlüsse gefasst. Die weiß-goldene

Chambre du Roi

◀ Cabinet du
Conseil

Ausstattung in meisterhaftem Rokoko stammt von A.-J. Gabriel. Von hier aus sind die Cabinets Intérieurs du Roi zugänglich, die Privatgemächer des Königs, die ebenfalls von Gabriel gestaltet wurden.

Grand Appartement du Roi

Nun folgen die **Repräsentationsräume des Königs**: Salon d'Apollon (Deckengemälde von C. de la Fosse); die Salons de Mercure, de Mars, de Diane, de Vénus, de l'Abondance und – schon im Nordflügel – der Salon d'Hercule. Die Decken aller sieben Räume sind mit mythologischen Themen ausgemalt; mit diesem Rückgriff auf die Antike unterstrich Ludwig XIV. seine eigene Größe.

La Chapelle

Die im Nordflügel anschließende Kapelle (1699–1710) wurde von J. Hardouin-Mansart begonnen und von Robert de Cotte ausgestaltet. A.-J. Gabriel entwarf für Ludwig XV. den Opernsaal am Ende des Nordflügels, erst 1770 wurde er fertiggestellt.

Opéra ▶

Musée de l'Histoire de France

Räume im Nord- und Südflügel beherbergen das **Museum der Geschichte Frankreichs**, das 1837 vom »Bürgerkönig« Louis-Philippe gegründet wurde und in bombastischen Gemälden und Plastiken den Ruhm Frankreichs kündet (Niederlagen werden ignoriert). Fast über den ganzen Südflügel ziehen sich die 120 m langen und 13 m breiten **Galeries des Batailles** (Schlachtengalerie) mit 36 Riesengemälden, u. a. von Delacroix. Im Sitzungssaal im Erdgeschoss feiert eine Ausstellung die »Sternstunden des Parlaments«.

✷✷ Parc de Versailles

Der Park von Versailles ist das vollendete Beispiel für die französische Gartenbaukunst des 17. Jahrhunderts. **André Le Nôtre** (1613 bis 1700), Sohn eines Gärtners der Tuilerien in Paris, hat hier sein Meisterwerk geschaffen. Symmetrie und auf geometrische Formen zurechtgestutzte Natur entsprachen dem Ideal der französischen Klassik, die Beherrschung der Natur durch den Menschen. Bis zur Allée d'Apollon sind die Gärten mit ihren Wasserbecken und Hunderten von Statuen und Vasen im ursprünglichen Zustand erhalten. Am schönsten ist das Bild von der obersten Terrasse, wenn die Wasserspiele in Betrieb sind. Das **Bassin de Neptune** im Norden stammt von Le Nôtre (1684), seine Skulpturen von Adam, Bouchardon und Lemoyne (ab 1740). Vom Parterre du Midi führen Marmortreppen südlich zur **Orangerie** (Mansart, 1686) hinunter, dahinter liegt der Teich Pièce d'Eau des Suisses, ein schöner Platz zum Picknicken.

Tapis vert

Auf der großen Hauptachse der Schlossanlage, der **Axe du Soleil** (Sonnenachse), verbindet die Allée Royale, auch »Tapis vert« (Grüner Teppich) genannt, die Leto- (Mutter Apollons) und Apollo-Becken. Die Figur des Apollo auf dem Sonnenwagen mit seinen ungestümen Pferden (J.-B. Tuby, 1670) soll Ludwig XIV. darstellen.

Bassin d'Apollon ▶

Grand Canal, Petit Canal

Ein Gewässer, auf dem echte Schiffe an die Macht Frankreichs zur See erinnerten und die Sonne über einer großen Wasserfläche unterging, durfte in der Inszenierung nicht fehlen. 1588 m lang und 62 m breit ist der Große Kanal, der vom Kleinen Kanal gekreuzt wird. Heute kann man sich hier im Ruderboot vergnügen.

Trianon hieß das Dorf, das Ludwig XIV. kaufte und abtragen ließ, um sich einen Platz zu schaffen, wo er dem strengen Protokoll entfliehen und mit seiner Familie ein Privatleben pflegen konnte. Mit dem heute zu sehenden **Grand Trianon** (oder »Marmor-Trianon«) ersetzte Hardouin-Mansart 1687/1688 das ursprüngliche »Porzellan«-Trianon. Marie-Antoinette passte es dem Zeitgeschmack an, dasselbe taten Napoleon und Louis-Philippe. Das Schlösschen **Petit Trianon** mit seinem hübschen englischen Garten ließ Ludwig XV. 1766 von Gabriel für Madame Pompadour erstellen, Ludwig XVI. schenkte es später Königin Marie-Antoinette. 1784 wurde ein Weiler angelegt – ein Bauernhof mit See, Molkerei, Mühle und Taubenhaus –, in dem sich die Damen des Hofs, als Bäuerinnen ausstaffiert, vergnügten.

Les Trianons

◀ Le Hameau

Sehenswürdigkeiten in der Stadt

Von der Place d'Armes vor dem Schloss gehen die Hauptachsen der Stadt aus. Die Ostseite des Platzes nehmen die Königlichen Stallungen ein (J. Hardouin-Mansart, 1678 – 1682). In der **Grande Ecurie** (nördlich) standen bis zu 2500 Pferde, hier erhielten die jungen Adligen und Offiziere die notwendige Reiterausbildung. Heute setzt die Académie du Spectacle Equestre mit ca. 40 Pferden die Tradition fort: Besichtigung ca. 20. Mai – Anf. Juli 10.00 – 12.00 Uhr; Matinales (mit Musik) Sa./So. 11.15 Uhr; La Voie de l'Ecuyer (große Schau mit Musik) Sa. 18.00 bzw. 20.00, So. 15.00 Uhr.

Place d'Armes Ecuries Royales

🕐

🕐

Unweit südlich der Av. de Sceaux steht die Salle du **Jeu de Paume**, die 1686 erbaute »Tennishalle«, in der 1789 die umwälzende Nationalversammlung stattfand (Führungen Sa. 15.00 Uhr, Anmeldung im Tourismusbüro). Weiter südlich erhebt sich die **Kathedrale St-Louis**, erbaut 1743 – 1754 durch Jacques Hardouin-Mansart in prachtvollem, etwas steifem Klassizismus. Westlich der Kathedrale liegen die Carrés St-Louis, ein »Geschäftszentrum« von 1755, östlich davon der um 1680 angelegte, 9 ha große **Potager du Roi** (Königlicher Gemüsegarten, Mo. geschl.), der heute noch Restaurants beliefert; in der »Boutique« kann man selber einkaufen. Das Palais 5 Rue de l'Indépendance-Américaine ist der Grand-Commun, einst das Außenministerium (Hôtel des Affaires Etrangères, J.-B. Berthier, 1762); hier ist die Bibliothèque Municipale mit dem Bestand der Königlichen Bibliothek untergebracht. Nördlich der Avenue St-Cloud liegen – im lebhaften Geschäftsviertel – die Kirche Notre-Dame (Hardouin-Mansart, 1686), der sehenswerte **Marché Notre-Dame** von 1841 und das **Musée Lambinet** in einem Hôtel particulier von 1751, das mit seinen Exponaten die Geschichte von Versailles und die Französische Revolution veranschaulicht (Mo. und 1. – 15. Aug. geschl.).

Weiteres Sehenswerte

🕐

🕐

REGISTER

VERZEICHNIS DER KARTEN & GRAFISCHEN DARSTELLUNGEN

BILDNACHWEIS

IMPRESSUM

Ausstattung:
269 Abbildungen, 54 Karten und grafische
Darstellungen, eine große Reisekarte
Text:
Dr. Bernhard Abend, Anja Schliebitz
mit Beiträgen von Achim Bourmer, Dr. Martin
Hirsch, Dr. Madeleine Reincke
Bearbeitung:
Dr. Bernhard Abend, Anja Schliebitz
Kartografie:
Franz Huber, München; Christoph Gallus,
Hohberg; Klaus-Peter Lawall, Unterensingen
MAIRDUMONT Verlag, Ostfildern (Reisekarte)
3D-Illustrationen:
jangled nerves, Stuttgart
Gestalterisches Konzept:
independent Medien-Design, München (Kathrin
Schemel)

Sprachführer in Zusammenarbeit mit
Ernst Klett Sprachen GmbH, Stuttgart,
Redaktion PONS Wörterbücher

Chefredaktion:
Rainer Eisenschmid, Baedeker Ostfildern

1. Auflage 2011

Urheberschaft:
Karl Baedeker Verlag, Ostfildern
Nutzungsrecht:
MAIRDUMONT GmbH & Co KG, Ostfildern
Der Name Baedeker ist als Warenzeichen
geschützt. Alle Rechte im In- und Ausland sind
vorbehalten. Jegliche – auch auszugsweise –
Verwertung, Wiedergabe, Vervielfältigung,
Übersetzung, Adaption, Mikroverfilmung,
Einspeicherung oder Verarbeitung in EDV-
Systemen ausnahmslos aller Teile des Werks
bedarf der ausdrücklichen Genehmigung durch
den Verlag Karl Baedeker.

Anzeigenvermarktung:
MAIRDUMONT MEDIA
Tel. 0049 711 4502 333
Fax 0049 711 4502 1012
media@mairdumont.com
http://media.mairdumont.com

Printed in China
Gedruckt auf 100 % chlorfrei gebleichtem Papier

 atmosfair

Reisen bereichert und verbindet Menschen und Kulturen. Jedoch wer reist, erzeugt auch CO_2. Dabei trägt der Flugverkehr mit bis zu 10% zur globalen Erwärmung bei. Wer das Klima schützen will, sollte sich somit nach Möglichkeit für die schonendere Reiseform entscheiden (wie z. B. die Bahn). Wenn keine Alternative zum Fliegen besteht, kann man mit *atmosfair* handeln und klimafördernde Projekte unterstützen.
atmosfair ist eine gemeinnützige Klimaschutzorganisation unter der Schirmherrschaft von Klaus Töpfer. Die Idee: Flugpassagiere spenden einen kilometerabhängigen Beitrag für die von ihnen verursachten

nachdenken · klimabewusst reisen

 atmosfair

Emissionen und finanzieren damit Projekte in Entwicklungsländern, die dort den Ausstoß von Klimagasen verringern helfen. Dazu berechnet man mit dem Emissionsrechner auf **www.atmosfair.de**, wieviel CO_2 der Flug produziert und was es kostet, eine vergleichbare Menge Klimagase einzusparen (z. B. Berlin – London – Berlin 13 Euro). *atmosfair* garantiert die sorgfältige Verwendung Ihres Beitrags. Auch der Karl Baedeker Verlag fliegt mit *atmosfair*. Unterstützen auch Sie unser Klima. Alle Informationen dazu auf www.atmosfair.de.

BAEDEKER VERLAGSPROGRAMM

und Poitiers die Mauren. Karl der Große schickte 796 Alkuin hierher, der eine Universität und eine im karolingischen Reich berühmte Schreibschule gründete. Von Ludwig XI. bis Franz I. war Tours Sitz der Könige. Die durch ihre Seidenindustrie reich gewordene Stadt wurde früh protestantisch und damit in die Religionskriege hineingezogen. Im Juni 1940 war Tours für drei Tage Sitz der aus Paris geflohenen Regierung; deutsche Bombardements 1940, 1942 und 1944 zerstörten große Teile der Stadt.

Sehenswertes in Tours

Die Innenstadt wird von der 1763 angelegten **Rue Nationale** geteilt, einer Shoppingmeile mit Kaufhäusern und schicken Boutiquen. An der Place Jaurès an ihrem Südende stehen das stattliche Rathaus (1905) und der Justizpalast (1843). Westlich der Rue Nationale dehnt sich die lebhafte Altstadt aus, die auf Martinopolis zurückgeht. Ihr bekanntester und schönster Punkt ist die Place Plumereau (»Place Plum«) mit Fachwerkhäusern aus dem 15. Jahrhundert, im Sommer ein einziges großes Straßencafé. Von den Sträßchen des Viertels ist insbesondere die von der Nordwestecke der Place Plumereau nach Norden führende **Rue Briçonnet** erwähnenswert, mit Fassaden von der Romanik bis zum 18. Jahrhundert; an ihrem Nordende die Maison de Tristan (Ende 15. Jahrhundert). Im Hôtel Raimbault (Rue de Mûrier) zeigt das Musée du Gemmail (Gemmail ist eine Art Glas) Arbeiten u. a. von Picasso und Braque. Zu den schönsten Gebäuden gehört das um 1510 nach italienischem Vorbild erbaute Hôtel Goüin (Abb. S. 65), in dem das Musée Archéologique de Touraine untergebracht ist (Vorgeschichte, gallorömische Funde, Kunst vom Mittelalter bis zum 18. Jahrhundert).

Altstadt

★
◄ Place Plumereau

> ! *Baedeker* TIPP
>
> **Einkaufen in Tours**
>
> In der Rue de la Scellerie findet man nicht nur Kunstgalerien, Antiquitätenläden und Buchhandlungen, sondern auch die herrliche alte Chocolatière Menard, die als bester Pralinentempel der Stadt gilt. Die älteste Konditorei der Stadt, seit 1807 bestehend, ist Poirault (6 Rue Nationale). Gourmands dürfen den Markt auf der Place du Résistance am ersten Freitag des Monats nicht versäumen.

★
◄ Hôtel Goüin

Südlich der Place Plumereau stand bis 1802 die **Basilika St-Martin**. Reste der 110 m langen, fünfschiffigen Kirche, die im 11./13. Jh. über dem Grab des hl. Martin entstand, sind die Tour d'Horloge, die zur Westfassade gehörte, und die Tour Charlemagne, die das Ende des nördlichen Querschiffs markiert. Die Rue des Halles zeigt in etwa den Verlauf des Schiffs an. Die **neue Basilika** erbaute Victor Laloux, Architekt des Pariser Gare d'Orsay, 1886–1902 im byzantinischen Stil. In der Apsis ein Altar mit der Schädelreliquie und in der Krypta – am originalen Platz – das **Grabmal des hl. Martin**. Das Musée St-Martin (Rue Rapin) ist dem Heiligen und der Basilika gewidmet.

Basilika St-Martin

Die Place Plumereau – quirliges Zentrum in der Innenstadt

Viertel St-Julien

Südlich des 434 m langen Pont Wilson (1774) steht die Kirche St-Julien (1259), die zu einem Benediktinerkloster gehörte; vom Vorgängerbau des 10. Jh.s stammt ihr Glockenturm, die modernen Fenster fertigte z. T. Max Ingrand. Im Weinkeller des Klosters ist das interessante **Musée des Vins de Touraine** untergebracht (Fr. – So.), im Kapitelsaal das **Musée du Compagnonnage**, das Leben und Arbeit der französischen Handwerksgesellen darstellt (Di. geschl.). Von der Rue Nationale ist der Hof mit den Resten des prächtigen Hôtel de Beaune-Semblançay (Palais des Finanzministers von Ludwig XII. und Franz I.) und der Fontaine de Beaune (1511) zugänglich.

Hôtel de Beaune ▶

Cité

Im Bereich der Kathedrale lag die antike Römerstadt, von der noch Reste zu sehen sind (östlich der Kathedrale). Ihre Hauptachse markiert die Rue Colbert mit schönen Häusern des 15./16. Jh.s und alten Cafés. An der Loire steht die Tour de Guise, ein Rest der um 1260 erbauten Burg; im Logis du Gouverneur residiert das Atelier Histoire de Tours (Ausstellung zur Geschichte der Stadt).

Château ▶

Kathedrale St-Gatien

Die Kathedrale ist dem ersten Bischof von Tours geweiht. Der Chor der dreischiffigen Basilika war um 1260 fertig, das Langhaus um

▶ Namibia
▶ Neuseeland
▶ New York
▶ Niederlande
▶ Norwegen
▶ Oberbayern
▶ Oberital. Seen • Lombardei • Mailand
▶ Österreich
▶ Paris
▶ Peking
▶ Piemont
▶ Polen
▶ Polnische Ostseeküste • Danzig • Masuren
▶ Portugal
▶ Prag
▶ Provence • Côte d'Azur
▶ Rhodos
▶ Rom
▶ Rügen • Hiddensee
▶ Ruhrgebiet
▶ Rumänien
▶ Russland (Europäischer Teil)
▶ Sachsen
▶ Salzburger Land
▶ St. Petersburg
▶ Sardinien
▶ Schottland
▶ Schwäbische Alb
▶ Schwarzwald
▶ Schweden
▶ Schweiz
▶ Sizilien
▶ Skandinavien
▶ Slowenien
▶ Spanien
▶ Spanien • Norden • Jakobsweg

▶ Sri Lanka
▶ Stuttgart
▶ Südafrika
▶ Südengland
▶ Südschweden • Stockholm
▶ Südtirol
▶ Sylt
▶ Teneriffa
▶ Tessin
▶ Thailand
▶ Thüringen
▶ Toskana
▶ Tschechien
▶ Tunesien
▶ Türkei
▶ Türkische Mittelmeerküste
▶ Umbrien
▶ Ungarn
▶ USA
▶ USA • Nordosten
▶ USA • Nordwesten
▶ USA • Südwesten
▶ Usedom
▶ Venedig
▶ Vietnam
▶ Weimar
▶ Wien
▶ Zürich
▶ Zypern

BAEDEKER ENGLISH

▶ Andalusia
▶ Austria
▶ Bali
▶ Barcelona
▶ Berlin
▶ Brazil
▶ Budapest

▶ Cape Town • Garden Route
▶ China
▶ Cologne
▶ Dresden
▶ Dubai
▶ Egypt
▶ Florence
▶ Florida
▶ France
▶ Gran Canaria
▶ Greece
▶ Iceland
▶ India
▶ Ireland
▶ Italy
▶ Japan
▶ London
▶ Mexico
▶ Morocco
▶ New York
▶ Norway
▶ Paris
▶ Portugal
▶ Prague
▶ Rome
▶ South Africa
▶ Spain
▶ Thailand
▶ Tuscany
▶ Venice
▶ Vienna
▶ Vietnam

LIEBE LESERINNEN, LIEBE LESER,

ein herzliches Dankeschön, dass Sie sich für einen Baedeker Allianz Reiseführer entschieden haben. Er wird Sie zuverlässig auf Ihrer Reise begleiten und Sie nicht im Stich lassen.

Natürlich beschreibt er die wichtigen Sehenswürdigkeiten, aber er empfiehlt auch die nettesten Bistros, dazu Hotels für den großen und kleinen Geldbeutel, gibt Tipps für Restaurants, Shopping und für vieles mehr, was eine Reise zum Erlebnis macht. Dafür haben die Redakteure Dr. Bernhard Abend und Anja Schliebitz Sorge getragen. Sie sind für Sie regelmäßig in den Norden Frankreichs gereist und haben all ihre Erfahrungen und Kenntnisse in diesen Reiseführer gepackt.

Trotzdem: Die Erfahrung zeigt, dass Fehler und Änderungen nach Drucklegung, für die der Verlag keine Haftung übernehmen kann, nicht ausgeschlossen werden können. Für Kritik, Berichtigungen und Verbesserungsvorschläge sind wir Ihnen außerordentlich dankbar. Schreiben Sie uns, mailen Sie uns oder rufen Sie an:

► **Verlag Karl Baedeker GmbH**
Redaktion
Postfach 3162
D-73751 Ostfildern
Tel. (0711) 4502-262, Fax -343
E-Mail: info@baedeker.com

Besuchen Sie uns auch im Internet unter www. baedeker.com. Hier finden Sie jeden Monat den aktuellen Reisetipp der Redaktion und das gesamte Verlagsprogramm. Hier können Sie auch lesen, wer Karl Baedeker war und wie er seinen ersten Reiseführer geschrieben hat. Mit seinen über 180 Jahren ist der Karl Baedeker Verlag der älteste Reiseführer-Verlag der Welt.

www.baedeker.com

⊙ ZU GEWINNEN: STADTREISE NACH LONDON

Unter allen Einsendungen verlost der Verlag am Jahresende – unter Ausschluss des Rechtswegs – eine Städtekurzreise für zwei Personen nach London.
Freuen Sie sich auf ein spannendes Wochenende in London. Natürlich ist ein Baedeker Allianz Reiseführer